로이어스
민소법
사례형
집 중

이 책의 머리말

작년에 로이어스 사례형 집중(이하 '사집') 시리즈를 처음 선 보인 후, 이제 개정판을 출간하기에 이르렀습니다.

사집시리즈는 변호사시험 전회차와 최근 4개년 법전협 모의시험을 대상으로 진도별로 정리한 교재입니다.

이와 같은 구성을 취한 것은 최근 2023년 제12회 변호사시험까지 다년간에 걸쳐 누적된 방대한 분량의 기출문제 전체에 대해 학습하는 것보다는, 최근 수험경향에 맞춰서 시험 준비를 하기 위해 내용적으로는 물론 분량적으로도 압축·정리하여 학습하는 것이 효율적이기 때문입니다. 실제로 로이어스 선택형 집중(이하 '선집') 시리즈의 출간 및 연계강의를 통해 선택형 수험서로서의 효용성이 입증되었고, 사례형의 경우에도 작년부터 사례형기출이 아닌 사집을 통해서 강의가 이뤄졌고 선택형과 마찬가지로 긍정적인 결과를 보이고 있습니다.

이번 개정판에서는 여러 변호사님, 강사님들과 강의수강생, 수험생 여러분의 피드백을 받아서 다음과 같이 달라진 모습으로 출간합니다.

2단 구성 – 주요 법령의 설시

해설과 별도로, 답안 작성에 필요한 주요 법령을 2단 구성하여 별도의 단에서 기재하여 해당 문제에 필요한 조문을 따로 찾아보지 않아도 되도록 구성하였습니다.

진도별+회차별 복합 구성

제1부 진도별 배치 : 유사 쟁점의 기출문제 답안을 반복학습하면서 사례형 논리 구조에 자연스럽게 스며들 수 있으며, 단순히 기본서 해당 파트를 숙독한 후에 사례문제를 읽기만 하더라도 관련쟁점을 이해할 수 있습니다.

제2부 회차별 배치 : 진도별로 구성한 제1부를 통해 기본학습을 한 이후에, 제2부에서 회차별 학습을 가능하도록 하였습니다. 즉, 기출문제와 해설 목차를 통해 실전 답안 작성 학습을 할 수 있도록 하였습니다.

03
'사다' 시리즈 내용 추가

'사다' 시리즈와 중첩되는 내용에는 2색으로 표시하여 반드시 암기해야 하는 쟁점만 한눈에 확인 가능하도록 도왔습니다.

두괄식 혹은 미괄식

정답이 비교적 명확한 변호사시험의 사례문제 특성상 결론을 먼저 배치하여 배점에 유리하도록 하는 두괄식 구성으로 진행하였습니다. 다만, 형법의 경우에는 죄수관계까지 검토를 한 이후에 결론이 도출되기 때문에 미괄식 구성으로 할 수밖에 없었고, 민사법의 경우에도 미괄식 구성을 선호하시는 분들이 계시기 때문에 다양화를 추구하였습니다.

변화하는 수험경향에서도 흔들림 없는 지표가 될 수 있도록 교재 완성도를 더 높여가도록 하겠습니다.

2023. 4

이 책의 구성과 특징

◎◎ 효과적이고 효율적인 학습

누적된 모든 기출문제를 벗어나 2012년~2023년 12회분의 변호사시험과 2019년~2022년 최근 4개년의 법전협 모의시험(12회분) 출제분만 추출하여 24회차분을 진도별로 구성하였습니다.

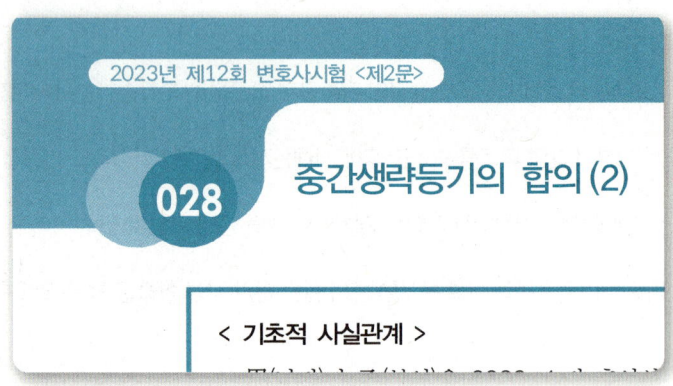

◎◎ 강의에 최적화된 구성

최신 개정법령과 변경판례를 반영한 2024 로이어스 사례형 기출 시리즈를 기반으로 만들어진 사집 시리즈는 로이어스 강의와 연계된 효율적인 학습을 위한 교재로, 24회분만으로도 강의를 통해서 짧은 시간 안에 주요 사례기출문제를 분석하고, 쟁점의 문제화가 어떻게 되는지 학습하고, 실제 답안지에 현출 가능한 답안 작성을 연습함으로써 더욱 효율적이고 효과적인 학습을 할 수 있습니다.

⊙⊙ 변호사시험과 법전협모의시험의 구분 및 기출 출처 수록

변호사시험 기출에는 파란색 박스로 표시하여 흑색 박스인 법전협 모의시험과 명확하게 구분하여 변호사시험 기출문제만 빠르게 회독 가능하도록 하였습니다. 또한, 각 해당 기출문제 출처를 병기하여 해당 연도에 어떤 문제가 출제되었는지 확인할 수 있습니다.

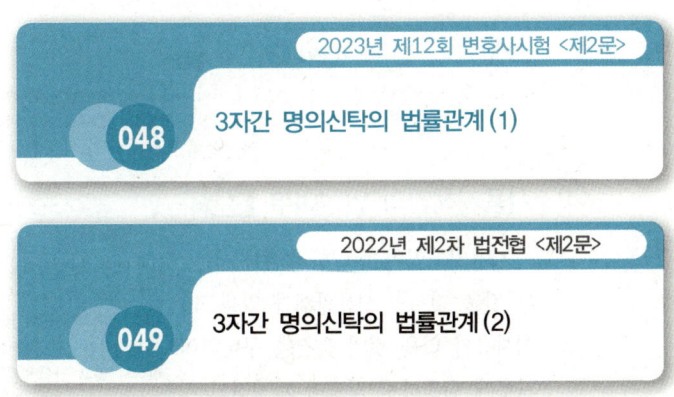

⊙⊙ 출제경향분석표 활용

출제경향분석표를 수록하여 지금까지 출제경향과 최근 어떤 문제들이 출제되었는지 확인할 수 있도록 하였습니다. 다만, 복수 쟁점이 있을 경우, 강의에 맞춰 본문에서 위치 조정을 하였으므로 출제경향분석표는 본문과 순서가 상이할 수 있습니다.

이 책의 구성과 특징

∞ 2단구성-주요법령 기재

답안 작성에 필요한 주요 법령을 기재하여 따로 법령을 찾아보지 않고도 학습 가능하도록 하였습니다.

민법

제750조 【불법행위의 내용】
고의 또는 과실로 인한 위법행위로 타인에게 손해를 가한 자는 그 손해를 배상할 책임이 있다.

제756조 【사용자의 배상책임】
① 타인을 사용하여 어느 사무에 종사하게 한 자는 피용자가 그 사무집행에 관하여 제삼자에게 가한 손해를 배상할 책임이 있다. 그러나 사용자가 피용자의 선임 및 그 사무감독에 상당한 주의를 한 때 또는 상당한 주의를 하여도 손해가 있을 경우에는 그러하지 아니하다.
② 사용자에 갈음하여 그 사무를 감독하는 자도 전항의 책임이 있다.
③ 전2항의 경우에 사용자 또는 감독자는 피용자에 대하여 구상권을 행사할 수 있다.

Ⅰ. 문제의 소재 2점

사안에서 甲이 A에게 불법행위에 기한 손해배상청구 또는 채무불이행에 기한 손해배상청구를 하기 위해서는 乙에게 A의 피용자의 지위 또는 이행보조자의 지위가 인정되어야 하는데, 乙에게 위 각 지위가 인정될 수 있는지 여부가 각 문제된다.

Ⅱ. 사용자책임의 인정여부 6점

사용자책임이 성립하기 위해서는 ① 피용자의 가해행위가 민법 제750조의 요건을 갖출 것 ② 사용관계가 있을 것 ③ 사무집행관련성이 있을 것 ④ 사용자의 면책사유가 없을 것의 요건을 구비하여야 한다(제756조). 사용관계는 반드시 영리적인 사무에 한정하지 않으며 가정적인 사무도 포함한다. 실질적인 사용관계만 있다면 법률적·계속적인 것에 한하지 않고 사실·일시적 사무라도 무방하며 반드시 유효일 필요는 없다. 그러나 피용자라고 하기 위하여는 실질적인 지휘·감독관계가 있어야 한다.

∞ '사다' 시리즈 내용 추가

'암기'에 중점을 두고 사례 쟁점을 쓸 수 있을 분량으로 정리한 '사다' 시리즈와 중첩되는 내용에는 2색으로 표시하여 강조함으로써 반드시 암기해야 하는 쟁점만 한눈에 확인가능하도록 하면서 시험장에서 최대한 시간 절약에 도움이 될 수 있도록 하였습니다.

🔗 제2부-회차별 학습

기출문제 + 해설 목차 구성

진도별로 구성한 1부의 답안을 학습하고 나면, 회차별 기출문제와 해설 목차만으로 구성되어 있는 2부에서는 본인이 얼마나 목차를 구성할 수 있는지 확인할 수 있습니다.

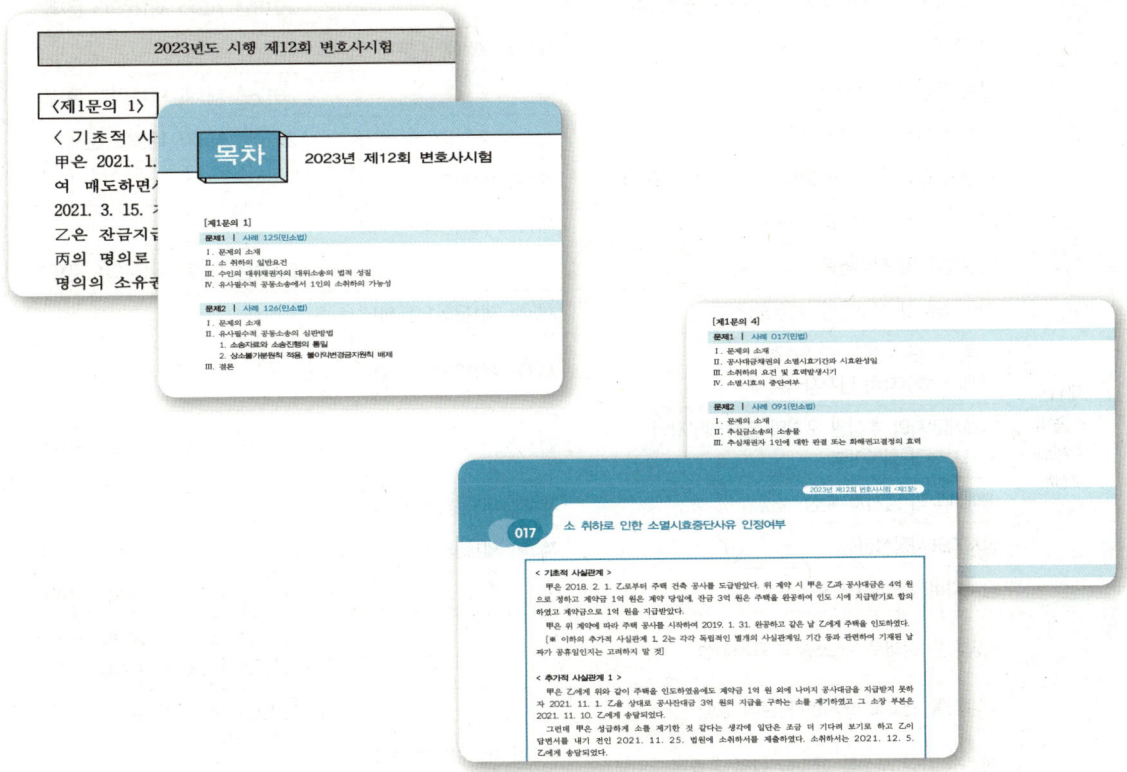

1부 진도별 관련 기출 사례 번호 제시

제1부는 진도별 해설로, 제2부는 회차별 문제 해설로 구성이 되었는데 특히 제2부를 잘 활용하셨으면 합니다. 각 기출 목차 오른쪽에는 1부 진도별 해당 기출 사례 번호를 제시하였습니다. 사례경험자의 경우 2부를 먼저 확인하고, 얼마나 목차를 구성할 수 있는지 확인을 할 수 있고, 미진한 부분은 1부에서 확인할 수 있습니다.

출제경향 분석표

교재 목차	쟁점	변시	모의고사
제1편 소송의 주체와 객체	변론관할과 제척		2016년 제3차 제1문의1 문제1,2
	손해배상청구 소송의 관할법원과 변론관할의 성립 여부		2020년 제1차 제1문의1
	관할합의	제1회 제1문 문제3	2022년 제2차 제1문의6 문제2
	관할위반의 이송신청		2018년 제3차 제1문의3 문제1 2022년 제1차 제1문의1 문제1,2
	이송결정이 위법한 경우 이에 대한 불복방법		2018년 제3차 제1문의3 문제2
	관련재판적	제11회 제1문의 문제1	
	관련재판적과 이송신청		2017년 제1차 제1문의1 문제5
	등기청구에서 당사자적격		2020년 제3차 1문의2 문제1
	채권의 압류 및 추심금청구에서의 당사자적격	제3회 제1문의2	
	채권압류 및 추심명령, 시효중단	제11회 제1문의5 문제2	
	채권압류 및 전부명령		2020년 제2차 제1문의1 문제2
	채권압류 및 전부명령, 시효중단	제8회 제1문의1 문제1	
	압류 및 전부명령이 있는 경우 원래의 채무자의 당사자적격	제3회 제1문의3 문제1	
	압류채권자의 추심권 포기와 압류채무자의 당사자적격 회복여부		2017년 제3차 제1문의4 문제1
	매매계약의 당사자 확정	제4회 제1문의5 문제1	
	당사자표시정정신청	제5회 제1문의3 문제1	
	당사자확정과 당사자표시정정		2018년 제1차 제1문의1 문제1
	사망자를 상대로 한 소송의 표시정정		2019년 제3차 제1문의2 문제1,2 2021년 제3차 제1문의1 문제1
	사망자를 원고로 표시한 판결의 효력		2018년 제3차 제1문의2 문제1
	제소전 사망 사실을 간과한 판결의 효력	제5회 제1문의3 문제1 제11회 제1문의5 문제1	
	소송계속 전 소송능력의 상실		2022년 제3차 제1문의1 문제1,2
	당사자가 소송 중 사망한 경우의 소송절차	제3회 제1문의1 문제5	
	참가인의 사망과 소송절차의 중단		2017년 제1차 제1문의2 문제2
	소송계속 중 사망한 자가 소송대리인을 선임하지 않은 소송절차	제5회 제1문의3 문제 2-가,나	
	소송계속 중에 사망한 자를 상대로 한 청구의 상속인에 대한 효력		2013년 제2차 제1-2문 문제2
	소송절차의 중단과 상속인의 수계신청		2016년 제1차 제1문 문제2-4

제1편 소송의 주체와 객체	당사자 확정 및 당사자를 잘못 표시한 경우에 표시정정		2014년 제2차 제1문의1 문제1
	소송계속 중 당사자가 사망한 경우 선고된 판결의 효력 및 사망한 당사자에 대한 공시송달의 효력	제8회 제1문의2 문제2	
	소송계속 중 변론 종결 전 피고가 사망한 경우에 상속인들에 대한 판결의 효력	제2회 제1문의2 문제2	2021년 제2차 제1문의2 문제2
	항소심 중 당사자가 사망하였는데 상속인이 사망자 명의로 소송대리인 선임, 소송을 진행하다 상고심에서 수계신청한 경우		2022년 제1차 제1문의2 문제2
	당사자 사망과 상소제기 특별수권		2019년 제1차 제1문의1
	피보전채권이 인정되지 않는 경우 법원의 판결	제4회 제1문의1 문제1	
	대위소송에서 피보전채권의 부존재		2019년 제1차 제1문의2 문제1,2 2021년 제2차 제1문의1 문제2
	비법인 사단의 대표자 당사자적격		2019년 제2차 제1문의5 2021년 제2차 제1문의2 문제1
	조합의 수동소송에서 피고		2012년 제2차 제1문 문제1,3
	조합의 당사자 능력 / 확인의 이익		2022년 제2차 제1문의2 문제1
	조합관계에서의 공동소송		2013년 제1차 제1-1문 문제1
	특별수권대리인의 대리권 범위	제12회 제1문의5	
	피성년후견인의 소송능력		2021년 제1차 세1문의1 문지3
	대표자의 지위를 상실한 자의 소취하행위의 효력	제5회 제1문의4 문제2	2021년 제3차 제1문의2 문제1
	소송대리권의 부활	제9회 제1문의1 문제2	
	종합문제		2011년 제1문의1
제2편 제1심의 소송절차	부제소 합의 및 부제소 합의 위반		2022년 제2차 제1문2 문제2
	원고의 선이행을 조건으로 하는 법원의 장래이행판결		2014년 제1차 제1문 문제1
	장래이행의 소의 적법요건	제1회 제1문 문제4	
	장래이행의 소의 가능성과 손해배상청구의 선택적병합		2020년 제1차 제1문의3 문제1
	집행불능 대비 장래이행청구		2016년 제3차 제1문의2 문제3
	단순이행청구시, 장래 이행의판결 가능 여부	제2회 제1문의1 문제2	
	확인의 이익		2015년 제3차 제1문 문제3-1
	근저당권자의 유치권부존재확인을 구하는 소의 이익	제6회 제1문의2 문제2	

출제경향 분석표

제2편 제1심의 소송절차	소멸시효 중단을 위한 재소의 소의 이익		2021년 제1차 제1문의1 문제1
	채권자취소소송에서의 권리보호이익		2018년 제3차 제1문의1 문제3
	소장에 대표자의 기재가 부정확한 경우 소장각하명령의 가부		2021년 제3차 제1문의3 문제1
	무변론판결 선고요건		2014년 제3차 제1문의2 문제1
	가압류 등기의 말소방법		2015년 제1차 제2문의1 문제1
	일부청구와 중복제소		2018년 제1차 제1문의2 문제3
	중복소송금지원칙		2012년 제2차 제2문 문제5
	중복제소		2013년 제2차 제1문의1 문제4 2020년 제2차 제1문의1 문제1-가
	상계항변과 중복제소	제6회 제1문의5 문제2	
	중복제소와 확인의 이익	제9회 제1문의3 문제1	
	압류·추심명령과 중복제소		2016년 제2차 제1문의2 문제2,3
	채권자대위권에 기한 소를 제기한 경우에 후소에 대한 법원의 판단		2015년 제1차 제2문의2 문제1
	사해행위취소의 소제기와 중복제소	제7회 제1문의1 문제1	
	인수참가와 소멸시효중단	제9회 제1문의3 문제4	
	일부청구와 소멸시효중단		2022년 제1차 제1문의5 문제1 2022년 제3차 제1문의3 문제1
	처분권주의		2019년 제2차 제1문의4 문제1
	일부청구와 과실상계		2014년 제2차 제1문의2 문제1 2018년 제1차 제1문의2 문제2
	소멸시효기산일이 주요사실인지 여부	제6회 제1문의5 문제1	
	직권조사사항, 일부종원에 대한 소집통지에 따른 결의가 적법한지 여부	제8회 제1문의3 문제1	
	과실의 주요사실 여부		2016년 제1차 제1문 문제 2-1
	법원의 석명의무와 원고의 청구변경		2011년 제2문 문제4
	자백의 구속력 인정 여부		2013년 제1차 제1-2문 문제1
	지상물매수청구와 석명권		2015년 제3차 제2문의1 문제2 2022년 제1차 제1문의2 문제1
	석명권의 범위		2014년 제2차 제1문의3 문제1
	소취하 합의조건의 미이행과 소의 이익		2017년 제1차 제1문의1 문제4
	소송 중 소취하 계약의 유효성		2013년 제2차 제1-1문 문제6

제2편 제1심의 소송절차	소취하계약과 소취하간주		2015년 제2차 제1문의1 문제1
	추후보완항소		2019년 제2차 제1문의3 2019년 제3차 제1문의3 문제1
	근무장소에서의 유치송달		2021년 제1차 제1문의4 문제1
	공시송달		2014년 제3차 제1문의1 문제3
	보충송달	제12회 제1문의3	
	소 종료		2015년 제2차 제1문의1 문제1-나
	진술 번복의 성질	제3회 제1문의1 문제4	
	2단추정의 복멸과 자백의 철회		2011년 제2문 문제1
	문서의 진정성립		2019년 제1차 제1문의4 문제1 2022년 제3차 제1문의2 문제1
	서증의 진정성립에 관한 자백의 성립여부와 철회		2013년 제3차 제1문 문제1 2022년 제3차 제1문의2 문제2
	재판상 자백과 변제 및 보증사실의 증명책임		2017년 제1차 제1문의2 문제1
	재판상자백, 시효이익의 포기	제7회 제1문의1 문제3	
	재판상 자백		2014년 제1차 제1문 문제3
제3편 소송의 종료	재판상 자백의 요건과 효력		2017년 제2차 제1문의1 문제2
	문서의 진정성립에 관한 증명과 2단의 추정		2015년 제1차 제1문의1 문제2,3
	계약서의 인영날인의 진정이 인정되지 않는 경우 증거력	제2회 제1문의1 문제1-가	
	자백간주 규정이 미적용되는 공시송달	제2회 제1문의1 문제2-가	
	녹음테이프 증거조사		2019년 제2차 제1문의1 문제1
	손해액의 증명부족 및 민사소송법 제202조의2	제9회 제1문의2 문제1	
	소송상 화해	제8회 제1문의2 문제1	
	화해의 법적성질과 기판력		2018년 제2차 제1문의1 문제1
	소취하의 효력 및 취소		2017년 제1차 제1문의1 문제3 2022년 제3차 제1문의4
	소취하 철회와 피고의 동의		2016년 제3차 제1문의2 문제2
	부대항소와 재소금지원칙		2014년 제1차 제1문 문제2 2014년 제2차 제1문의1 문제2
	채권자대위권과 재소금지원칙		2021년 제2차 제1문의1 문제1
	소취하 후 계쟁물의 소유권이전과 재소금지원칙		2022년 제1차 제1문의3 문제1

출제경향 분석표

제3편 소송의 종료	정기금판결에 대한 변경의 소		2016년 제1차 제1문 문제2-5 2020년 제1차 제1문의2 문제1
	확정판결의 기판력과 변론종결 뒤의 승계인		2011년 제2문 문제3 2020년 제1차 제1문의2 문제2 2020년 제2차 제1문의3
	기판력의 작용	제10회 제1문의4	2015년 제3차 제1문 문제3-4 -가,나 2021년 제1차 제1문의2 문제2
	기판력의 주관적·객관적 범위 종합		2021년 제3차 제1문의4 문제1
	기판력과 시효중단을 위한 소송의 심리		2021년 제1차 제1문의1 문제2
	어음금청구 확정판결의 기판력		2016년 제2차 제1문의1 문제3
	판결주문에서의 반대급부에 대한 판단의 기판력		2013년 제1차 제1-1문 문제2
	변론 종결 뒤에 계쟁물을 취득한 자의 승계인 인정여부		2013년 제3차 제1문 문제3 2022년 제1차 제1문의3 문제2
	면책적 채무인수인의 변론종결 후의 승계인 해당 여부		2017년 제3차 제1문의2 문제2
	가등기에 기한 본등기와 변론종결후 승계인		2016년 제2차 제1문의3
	전소에서 주장하지 않은 공제항변을 후소에서 주장하는 것이 기판력에 반하는지 여부	제1회 제1문 문제7	
	판결의 편취와 구제방법		2017년 제2차 제1문의3 문제1
	허위주소송달에 의한 판결의 편취		2019년 제3차 제1문의3 문제2
	허위공시송달에 의한 판결의 편취		2013년 제3차 제1문 문제4,5 2021년 제1차 제1문의2 문제1
	기판력의 표준시		2017년 제1차 제1문의3 문제1
	임차인의 판결확정 후에 건물매수청구권 행사여부		2014년 제2차 제1문의3 문제2
	기판력의 시적범위	제9회 제1문의3 문제2,3 제10회 제1문의1	
	전소 상계권행사의 법적성격		2016년 제2차 제1문의2 문제1
	상계의 항변과 기판력의 객관적 범위	제9회 제1문의1 문제1	2017년 제3차 제1문의3 문제1 2022년 제2차 제1문의1
	항변에 제공한 자동채권에 대하여 기판력이 인정되는 범위		2015년 제1차 제1문의1 문제4

편	항목		
제3편 소송의 종료	변론종결 후 승계인에 해당하는지 여부	제8회 제1문의3 문제3	
	변론종결 후의 승계인의 범위		2015년 제1차 제1문의2 문제2
	변론종결 전 승계인		2018년 제3차 제1문의2 문제2
	전소판결의 기판력의 객관적 범위 및 시적 범위		2015년 제2차 제1문의1 문제3
	추심금판결의 기판력	제12회 제1문의4 문제2	
	계약이 무효인 경우 실체법적으로 무효인 전소판결의 기판력	제4회 제1문의1 문제3	
	재판누락에 대한 항소제기 및 추가판결		2011년 제2문 문제2
제4편 병합소송과 상소심 절차	예비적 병합에서 예비적 청구만 인용되고 피고만 항소한 경우 이심 및 심판의 범위	제8회 제1문의3 문제2	2019년 제1차 제1문의4 문제2
	단순병합을 선택적 병합으로 청구한 경우, 일부판결에 대해 항소시 이심 및 판단 범위		2021년 제3차 제1문의5 문제1
	단순병합, 전부판결에서 피고만 항소한 경우 이심 및 심판범위		2021년 제3차 제1문의5 문제2
	실질이 선택적 병합인 부진정예비적 병합	제11회 제1문의2	2019년 제3차 제1문의1 문제1,2 2022년 제3차 제1문의3 문제2
	피보전채권의 변경이 소의 변경에 해당하는지 여부		2013년 제1차 제2문 문제3
	사해행위 취소소송에 있어서 피보전채권의 교환적 변경		2018년 제3차 제1문의1 문제1
	항소심에서의 추가적 변경, 기판력		2018년 제2차 제1문의2 문제1
	반소의 적법요건	제1회 제2문의1	2011년 제1문의2 2015년 제3차 제1문 문제3-3 2020년 제1차 제1문의3 문제2
	사해행위 취소소송과 반소	제10회 제1문의5 문제1	2022년 제2차 제1문의4
	항소심에서 상대방의 동의없는 예비적 반소	제8회 제1문의2 문제3	
	공동원고로의 추가신청	제5회 제1문의4 문제1	
	예비적 공동소송	제4회 제1문의1 문제2-(1),(2) 제11회 제1문의1	2020년 제1차 제1문의4 2020년 제3차 제1문의2 문제2 가,나
	통상공동소송(종합문제)	제3회 제1문의1 문제2-1, 3 제7회 제1문의1 문제2 제10회 제1문의6	

출제경향 분석표

제4편 병합 소송과 상소심 절차	공동명의계좌의 예금반환청구소송의 소송형태		2017년 제3차 제1문의1 문제1
	통상공동소송과 주장공통의 원칙	제11회 제1문의3 문제2	2013년 제2차 제1-1문 문제5 2016년 제3차 제1문의2 문제1 2020년 제3차 제1문의1
	원고가 제3자를 소송의 당사자로 추가하는 방법		2014년 제1차 제1문 문제6 2015년 제2차 제1문의1 문제2-나
	참가승계에서 피참가인이 탈퇴하지 않은 경우 소송의 형태		2021년 제1차 제1문의3 문제1
	예비적·선택적 공동소송의 법률상 양립할 수 없는 경우		2014년 제3차 제1문의1 문제2 2019년 제1차 제1문의3
	예비적 병합과 예비적 공동소송		2017년 제2차 제1문의4 문제1
	피고경정의 요건		2014년 제3차 제1문의1 문제1 2022년 제1차 제1문의4 문제1
	분양대금채권을 양도받은 자의 항소심 참가방법		2013년 제1차 제1-1문 문제3
	공동불법행위자 사이의 과실비율에 관한 판단과 보조참가요건		2015년 제2차 제1문의1 문제2-가
	공동소송인 독립의 원칙		2015년 제1차 제1문의2 문제3
	공동소송인 독립의 원칙과 상소불가분의 원칙		2020년 제2차 제1문의2 문제1
	보조참가		2018년 제2차 제1문의3 문제1
	보조참가인의 소송행위의 효력	제10회 제1문의2 문제1	2020년 제2차 제1문의2 문제2
	보조참가인의 항소제기		2017년 제1차 제1문의2 문제3
	보조참가인이 본인의 상소기간 도과 후 상소제기 가능여부	제1회 제1문 문제6	
	참가적 효력	제10회 제1문의2 문제2	2018년 제2차 제1문의3 문제2
	기판력과 참가적 효력		2018년 제2차 제1문의3 문제3
	보조참가와 참가효의 배제		2012년 제3차 제1문 문제3,4,6
	보조참가의 요건 중 '법률상 이해관계를 가진 자'와 참가승계의 경우 승계인 적격		2013년 제3차 제1문 문제2-가,나
	독립당사자참가에 있어서 소송자료의 통일		2017년 제2차 제1문의5 문제1,2
	사해행위취소와 독립당사자참가	제6회 제1문의2 문제1-(1),(2)	
	독립당사자참가인의 항소	제10회 제1문의3 문제1,2	2018년 제1차 제1문의3 문제1
	공동소송참가 / 독립당사자참가 / 참가승계		2015년 제3차 제1문 문제3-2

제4편 병합소송과 상소심 절차	공동소송적 보조참가인의 동의 없이 한 소취하의 효력	제12회 제1문의1 문제1	
	유사필수적 공동소송의 심판방법	제12회 제1문의1 문제2	
	참가승계와 필수적 공동소송		2022년 제2차 제1문의3
	면책적 채무인수와 인수승계		2017년 제3차 제1문의2 문제1
	인수승계의 요건	제5회 제1문의3 문제3	2014년 제3차 제1문의2 문제2
	종전당사자 탈퇴에 따른 공동소송의 형태		2014년 제3차 제1문의1 문제4
	소송인수		2015년 제1차 제1문의2 문제1
	소송탈퇴와 시효중단		2021년 제2차 제1문의2 문제4
	단순병합과 통상공동소송 관계에 있어서 상소불가분의 원칙		2013년 제2차 제1-2문 문제1
	불이익변경금지원칙의 적용에 따른 항소심의 판결	제11회 제1문의4	2018년 제3차 제1문의4 문제1-가,나 2021년 제2차 제1문의2 문제3
	환송판결의 기속력, 불이익변경금지의 원칙		2022년 제2차 제1문의5
	부대항소, 고유필수적 공동소송과 불이익변경금지 원칙		2021년 제1차 제1문의3 문제2
	상계항변	제12회 제1문의2	2018년 제3차 제1문의4 문제2
	상소의 이익		2019년 제2차 제1문의4 문제2
	상소이익의 판단기준과 묵시적 일부청구		2014년 제2차 제1문의2 문제2
	묵시적 일부청구와 청구취지 확장		2018년 제1차 제1문의2 문제1
	위자료청구와 상소이익		2016년 제1차 제1문 문제2-2, 2-3
	이심의 범위와 심판대상		2014년 제1차 제1문 문제5

이 책의 목차

제1부 진도별 (문제+해설)

제1편 소송의 주체와 객체

- 001 손해배상청구 소송의 관할법원과 변론관할의 성립 여부 ··· 2
- 002 관할합의(1) ··· 4
- 003 관할합의(2) ··· 8
- 004 관할위반의 이송신청 ··· 10
- 005 관련재판적 ··· 14
- 006 등기청구에서 당사자적격 ··· 16
- 007 채권의 압류 및 추심금청구에서의 당사자적격 ··· 18
- 008 채권압류 및 추심명령, 시효중단 ··· 20
- 009 채권압류 및 전부명령 ··· 22
- 010 채권자대위소송 중 피대위채권에 대한 전부명령의 효력 ··· 24
- 011 채권압류 및 전부명령, 시효중단 ··· 26
- 012 압류 및 전부명령이 있는 경우 원래의 채무자의 당사자적격 ··· 30
- 013 매매계약의 당사자 확정 ··· 32
- 014 당사자표시정정신청 ··· 34
- 015 사망자를 상대로 한 소송의 표시정정 ··· 36
- 016 사망자를 상대로 한 소송, 당사자표시정정, 시효중단의 시기 ··· 39
- 017 제소 전 사망 사실을 간과한 판결의 효력(1) ··· 41
- 018 제소 전 사망 사실을 간과한 판결의 효력(2) ··· 43
- 019 소송계속 전 소송능력의 상실 ··· 44
- 020 당사자가 소송 중 사망한 경우의 소송절차 ··· 47
- 021 소송계속 중 사망한 자가 소송대리인을 선임하지 않은 소송절차 ··· 49
- 022 소송계속 중 사망한 자가 소송대리인을 선임한 경우 일부 상속인에 의한 항소제기 ··· 52
- 023 소송계속 중 당사자가 사망한 경우 선고된 판결의 효력 및 사망한 당사자에 대한 공시송달의 효력 ··· 54
- 024 소송계속 중 변론 종결 전 피고가 사망한 경우에 상속인들에 대한 판결의 효력 ··· 56
- 025 항소심 중 당사자가 사망하였는데 상속인이 사망자 명의로 소송대리인 선임, 소송을 진행하다 상고심에서 수계신청한 경우 ··· 59
- 026 당사자 사망과 상소제기 특별수권 ··· 61
- 027 피보전채권이 인정되지 않는 경우 법원의 판결 ··· 64
- 028 대위소송에서 피보전채권의 부존재 ··· 66
- 029 종중대표자 당사자적격 ··· 69
- 030 조합의 당사자능력 / 확인의 이익 ··· 71
- 031 특별수권대리인의 대리권 범위 ··· 73
- 032 피성년후견인의 소송능력 ··· 74
- 033 대표자의 지위를 상실한 자의 소취하행위의 효력(1) ··· 75
- 034 대표자의 지위를 상실한 자의 소취하행위의 효력(2) ··· 77
- 035 소송대리권의 부활 ··· 79

제2편 제1심의 소송절차

036	소송요건의 선순위성	… 84
037	소멸시효 중단을 위한 재소의 이익과 후소법원의 심판범위	… 86
038	소장에 대표자 표시의 잘못과 소장각하명령의 가부	… 89
039	부제소 합의 및 부제소 합의 위반	… 91
040	장래이행의 소의 적법요건	… 93
041	장래이행의 소의 가능성과 손해배상청구의 선택적병합	… 97
042	단순이행청구시, 장래 이행의 판결 가능 여부	… 100
043	근저당권자의 유치권부존재확인을 구하는 소의 이익	… 103
044	중복제소	… 106
045	상계항변과 중복제소	… 108
046	중복제소와 확인의 이익	… 110
047	사해행위취소의 소제기와 중복제소(1)	… 112
048	사해행위취소의 소제기와 중복제소(2)	… 114
049	인수참가와 소멸시효중단(1)	… 116
050	인수참가와 소멸시효중단(2)	… 118
051	일부청구와 소멸시효중단(1)	… 120
052	일부청구와 소멸시효중단(2)	… 122
053	처분권주의	… 124
054	공유물분할청구와 처분권주의, 법원의 재량에 따른 분할 방법의 선택	… 126
055	소멸시효기산일이 주요사실인지 여부	… 128
056	직권조사사항, 일부 종원에 대한 소집통지에 따른 결의가 적법한지 여부	… 130
057	지상물매수청구와 석명권	… 132
058	추후보완항소(1)	… 134
059	추후보완항소(2)	… 136
060	근무장소에서의 유치송달	… 138
061	보충송달	… 140
062	진술 번복의 성질	… 142
063	문서의 진정성립(1)	… 145
064	문서의 진정성립(2)	… 147
065	서증의 진정성립에 관한 자백의 성립여부와 철회	… 149
066	재판상 자백, 시효이익의 포기	… 151
067	계약서의 인영날인의 진정이 인정되지 않는 경우 증거력	… 154
068	자백간주 규정이 미적용되는 공시송달	… 156
069	녹음테이프 증거조사	… 159
070	손해액의 증명부족 및 민사소송법 제202조의2	… 161

제3편 소송의 종료

071	소송상 화해	… 166
072	소취하의 효력 및 취소	… 169
073	채권자대위소송에서의 소취하와 채무자의 재소금지	… 172
074	소취하 후 계쟁물의 소유권이전과 재소금지원칙	… 174
075	정기금판결에 대한 변경의 소	… 176
076	확정판결의 기판력과 변론종결 뒤의 승계인(1)	… 178
077	확정판결의 기판력과 변론종결 뒤의 승계인(2)	… 181
078	확정판결의 기판력과 변론종결 뒤의 승계인(3)	… 183
079	채권자대위소송이 피보전채권의 변제로 인하여 각하, 확정된 경우의 기판력	… 185
080	기판력의 작용	… 187
081	변론 종결 뒤에 계쟁물을 취득한 자의 승계인 인정여부	… 189
082	전소에서 주장하지 않은 공제항변을 후소에서 주장하는 것이 기판력에 반하는지 여부	… 191
083	허위주소송달에 의한 판결의 편취	… 194
084	허위공시송달에 의한 판결의 편취	… 197
085	진정명의회복을 원인으로 한 소유권이전등기청구와 기판력	… 199
086	기판력의 시적범위(1)	… 201
087	기판력의 시적범위(2)	… 204
088	상계의 항변과 기판력의 객관적 범위(1)	… 206
089	상계의 항변과 기판력의 객관적 범위(2)	… 209
090	변론종결 후 승계인에 해당하는지 여부	… 211
091	추심금판결의 기판력	… 214
092	계약이 무효인 경우 실체법적으로 무효인 전소판결의 기판력	… 217

제4편 병합소송과 상소심절차

093	단순병합에서 이심 및 심판의 범위	⋯ 224
094	예비적 병합에서 예비적 청구만 인용되고 피고만 항소한 경우 이심 및 심판의 범위(1)	⋯ 226
095	예비적 병합에서 예비적 청구만 인용되고 피고만 항소한 경우 이심 및 심판의 범위(2)	⋯ 228
096	단순병합으로 구할 수개의 청구를 선택적 병합으로 청구한 경우	⋯ 230
097	실질이 선택적 병합인 부진정예비적 병합(1)	⋯ 232
098	실질이 선택적 병합인 부진정예비적 병합(2)	⋯ 235
099	실질이 선택적 병합인 부진정예비적 병합(3)	⋯ 239
100	반소의 적법요건(1)	⋯ 242
101	반소의 적법요건(2)	⋯ 248
102	사해행위취소소송과 반소(1)	⋯ 250
103	사해행위취소소송과 반소(2)	⋯ 252
104	항소심에서 상대방의 동의없는 예비적 반소	⋯ 254
105	공동원고로의 추가신청	⋯ 256
106	예비적 공동소송(1)	⋯ 258
107	예비적 공동소송(2)	⋯ 260
108	예비적 공동소송(3)	⋯ 262
109	예비적 공동소송(4)	⋯ 264
110	통상공동소송(종합문제)(1)	⋯ 267
111	통상공동소송(종합문제)(2)	⋯ 270
112	통상공동소송(종합문제)(3)	⋯ 274
113	통상공동소송과 주장공통의 원칙(1)	⋯ 279
114	통상공동소송과 주장공통의 원칙(2)	⋯ 281
115	참가승계에서 피참가인이 탈퇴하지 않은 경우 소송의 형태	⋯ 284
116	예비적·선택적 공동소송의 법률상 양립할 수 없는 경우	⋯ 286
117	피고경정의 요건	⋯ 288
118	공동소송인 독립의 원칙과 상소불가분의 원칙	⋯ 289
119	보조참가인의 소송행위의 효력(1)	⋯ 291
120	보조참가인의 소송행위의 효력(2)	⋯ 293
121	보조참가인이 본인의 상소기간 도과 후 상소제기 가능여부	⋯ 295
122	참가적 효력	⋯ 297
123	사해행위취소와 독립당사자참가	⋯ 299
124	독립당사자참가인의 항소	⋯ 301
125	공동소송적 보조참가인의 동의 없이 한 소취하의 효력	⋯ 304

이 책의 목차

126	유사필수적 공동소송의 심판방법	⋯ 306
127	참가승계와 필수적 공동소송	⋯ 308
128	인수승계의 요건	⋯ 310
129	불이익변경금지원칙의 적용에 따른 항소심의 판결	⋯ 312
130	부대항소, 고유필수적 공동소송과 불이익변경금지원칙	⋯ 314
131	환송판결의 기속력, 불이익변경금지의 원칙	⋯ 316
132	상계항변	⋯ 318
133	상소의 이익	⋯ 320
134	소각하 판결에 대하여 인수참가인만 항소한 경우 불이익변경금지원칙	⋯ 322

제2부 회차별 (문제+목차)

변호사시험

2023년도 제12회 변호사시험	⋯ 326
2022년도 제11회 변호사시험	⋯ 338
2021년도 제10회 변호사시험	⋯ 348
2020년도 제9회 변호사시험	⋯ 359
2019년도 제8회 변호사시험	⋯ 367
2018년도 제7회 변호사시험	⋯ 378
2017년도 제6회 변호사시험	⋯ 386
2016년도 제5회 변호사시험	⋯ 396
2015년도 제4회 변호사시험	⋯ 405
2014년도 제3회 변호사시험	⋯ 414
2013년도 제2회 변호사시험	⋯ 425
2012년도 제1회 변호사시험	⋯ 435

법전협 모의시험

2022년도 제3차 법전협 모의시험	⋯ 444
2022년도 제2차 법선협 모의시험	⋯ 455
2022년도 제1차 법전협 모의시험	⋯ 468
2021년도 제3차 법전협 모의시험	⋯ 479
2021년도 제2차 법전협 모의시험	⋯ 491
2021년도 제1차 법전협 모의시험	⋯ 501
2020년도 제3차 법전협 모의시험	⋯ 512
2020년도 제2차 법전협 모의시험	⋯ 520
2020년도 제1차 법전협 모의시험	⋯ 529
2019년도 제3차 법전협 모의시험	⋯ 539
2019년도 제2차 법전협 모의시험	⋯ 548
2019년도 제1차 법전협 모의시험	⋯ 557

제1부

제1편

진도별 문제 + 해설

소송의 주체와 객체

001 손해배상청구 소송의 관할법원과 변론관할의 성립 여부

2020년 제1차 법전협 <제1문1>

> 부산광역시 동래구[토지관할 법원은 부산지방법원임]에 거주하는 甲은 경상남도 양산시[토지관할 법원은 울산지방법원임]에 있는 영업소 겸 공장에서 각종 자동차 부품을 생산해 자동차 제조 회사에 납품하는 기업을 경영하는 사람이고, 乙 주식회사는 자동차 부품을 생산하는 데 필요한 각종 기계·기구를 제조·판매하는 회사로서 주된 사무소는 경기도 수원시[토지관할 법원은 수원지방법원임]에 있다. 甲은 부산광역시 강서구[토지관할 법원은 부산지방법원 서부지원임]에 있는 乙 주식회사의 부산영업소에서 乙 주식회사가 제조·판매하는 공작기계를 구입했는데 그 기계에 중대한 하자가 있어 그것으로 생산한 자동차 부품에 많은 하자가 발생해 막대한 손해를 입었다는 취지로 주장하면서 부산지방법원에 乙 주식회사에 대한 손해배상 청구의 소를 제기했다. 乙 주식회사는 그 사건의 관할법원에 관해서는 아무런 언급도 하지 않은 채 乙 주식회사가 甲에게 제조·공급한 기계에는 아무런 하자도 없다고 주장하는 답변서를 부산지방법원에 제출했다. 그 후 부산지방법원은 민사소송법 제34조 제1항의 규정에 의해 이 소송을 수원지방법원으로 이송하는 결정을 했다. 그 이송결정은 법률상 타당한가? (20점)

Ⅰ. 문제의 소재 [2점]

사안에서는 ① 부산지방법원에 관할이 있는지 여부, ② 관할이 없다면 변론관할이 성립하였는지 여부, ③ 관할이 없다면 법원의 이송결정이 적법한지 여부가 각 문제된다.

Ⅱ. 부산지방법원의 관할 [10점]

1. 보통재판적

소는 피고의 보통재판적이 있는 곳의 법원이 관할하는 것이 원칙이고(제2조), 법인 그 밖의 사단 또는 재단의 보통재판적은 이들의 주된 사무소 또는 영업소가 있는 곳에 따라 정한다(제5조 제1항 전단). 따라서 乙 주식회사의 주된 사무소가 있는 경기 수원시의 관할법원인 수원지방법원이 원칙적 관할법원이다.

2. 영업소의 관할

사무소 또는 영업소가 있는 사람에 대해 그 사무소 또는 영업소의 업무와 관련이 있는 소를 제기하는 경우에는 그 사무소 또는 영업소가 있는 곳의 법원에 제기할 수 있으므로(제12조), 乙 주식회사의 부산영업소가 있는 부산 강서구의 관할법원인 부산지방법원 서부지원도 관할법원이 될 수 있다.

민사소송법

제2조 【보통재판적】
소(訴)는 피고의 보통재판적(普通裁判籍)이 있는 곳의 법원이 관할한다.

제5조 【법인 등의 보통재판적】
① 법인, 그 밖의 사단 또는 재단의 보통재판적은 이들의 주된 사무소 또는 영업소가 있는 곳에 따라 정하고, 사무소와 영업소가 없는 경우에는 주된 업무담당자의 주소에 따라 정한다.
② 제1항의 규정을 외국법인 그 밖의 사단 또는 재단에 적용하는 경우 보통재판적은 대한민국에 있는 이들의 사무소·영업소 또는 업무담당자의 주소에 따라 정한다.

제12조 【사무소·영업소가 있는 곳의 특별재판적】
사무소 또는 영업소가 있는 사람에 대하여 그 사무소 또는 영업소의 업무와 관련이 있는 소를 제기하는 경우에는 그 사무소 또는 영업소가 있는 곳의 법원에 제기할 수 있다.

3. 의무이행지

재산권에 관한 소를 제기하는 경우에는 거소지 또는 의무이행지의 법원에 제기할 수 있고(제8조), 특정물 인도와 채무변제는 원칙적 채권자의 현주소에서 해야 하며, 그러나 영업에 관한 채무의 변제는 채권자의 현영업소에서 해야 하므로(민법 제467조 제1항, 제2항) 甲의 영업소가 있는 경남 양산시의 관할법원인 울산지방법원도 관할법원이 될 수 있다.

4. 소결

부산지방법원은 위 각 관할법원 어디에도 해당하지 않으므로, 원칙적으로 이 사건 소송에 대한 관할이 없다.

Ⅲ. 변론관할의 성립여부 5점

변론관할이 성립하기 위해서는 ① 소가 관할권 없는 제1심 법원에 제기되어야 하고, ② 피고가 이의없이 본안에 관하여 변론을 하여야 하며, ③ 관할위반항변이 없어야 한다(제30조).

단순히 답변서만을 제출한 경우와 관련하여 학설은 긍정설과 부정설이 대립하나, 판례1)는 '동법 제27조의 소정의 응소관할이 생기려면 피고의 본안에 관한 변론이나 준비절차에서의 진술은 현실적인 것이어야 하므로 피고의 불출석에 의하여 답변서 등이 법률상 진술 간주되는 경우는 이에 포함되지 아니한다.'고 판시하여 출석 후 구술변론을 요구하고 있는데, 위 판결에 따르면 사안에서 乙 주식회사는 답변서만을 제출하였을 뿐 진술을 하지 않았으므로, 변론관할이 성립하지 않았다.

Ⅳ. 부산지방법원의 이송결정 3점

법원은 소송의 전부 또는 일부에 대하여 관할권이 없다고 인정하는 경우에는 결정으로 이를 관할법원에 이송하여야 하고(제34조), 사안에서 부산지방법원은 관할권이 없으므로, 관할권이 있는 수원지방법원에 이송한 법원의 결정은 적법하다.

---

1) 대결 1980.9.26.80마403

민사소송법

제8조【거소지 또는 의무이행지의 특별재판적】
재산권에 관한 소를 제기하는 경우에는 거소지 또는 의무이행지의 법원에 제기할 수 있다.

제30조【변론관할】
피고가 제1심 법원에서 관할위반이라고 항변(抗辯)하지 아니하고 본안(本案)에 대하여 변론(辯論)하거나 변론준비기일(辯論準備期日)에서 진술하면 그 법원은 관할권을 가진다.

제34조【관할위반 또는 재량에 따른 이송】
① 법원은 소송의 전부 또는 일부에 대하여 관할권이 없다고 인정하는 경우에는 결정으로 이를 관할법원에 이송한다.
② 지방법원 단독판사는 소송에 대하여 관할권이 있는 경우라도 상당하다고 인정하면 직권 또는 당사자의 신청에 따른 결정으로 소송의 전부 또는 일부를 같은 지방법원 합의부에 이송할 수 있다.
③ 지방법원 합의부는 소송에 대하여 관할권이 없는 경우라도 상당하다고 인정하면 직권으로 또는 당사자의 신청에 따라 소송의 전부 또는 일부를 스스로 심리·재판할 수 있다.
④ 전속관할이 정하여진 소에 대하여는 제2항 및 제3항의 규정을 적용하지 아니한다.

민법

제467조【변제의 장소】
① 채무의 성질 또는 당사자의 의사표시로 변제장소를 정하지 아니한 때에는 특정물의 인도는 채권성립당시에 그 물건이 있던 장소에서 하여야 한다.
② 전항의 경우에 특정물인도 이외의 채무변제는 채권자의 현주소에서 하여야 한다. 그러나 영업에 관한 채무의 변제는 채권자의 현영업소에서 하여야 한다.

002 관할합의 (1)

甲(주소지: 서울 성동구)은 2009. 3. 1. 乙(주소지: 서울 강남구)로부터 서울 강남구 소재 대한빌딩 중 1, 2층을 임대보증금 1억 원, 월 차임 400만 원, 임대차기간 2년으로 약정하여 임차하였다. 그리고 위 임대차계약서 말미에 "본 임대차와 관련하여 甲과 乙 사이에 소송할 필요가 생길 때에는 서울중앙지방법원을 관할법원으로 한다."라는 특약을 하였다. 甲은 乙에게 위 임대보증금 1억 원을 지급한 후 위 건물에서 '육고기뷔페'라는 상호로 음식점을 경영하고 있다. 甲은 도축업자인 丙(주소지: 서울 노원구)에게서 돼지고기를 구입하여 왔는데, '육고기뷔페'의 경영 악화로 적자가 계속되어 丙에게 돼지고기 구입대금을 제때에 지급하지 못하여 2010. 12.경에는 丙에 대한 외상대금이 1억 원을 넘게 되었다. 이에 丙이 甲에게 위 외상대금을 갚을 것을 여러 차례 독촉하자 甲은 부득이 乙에 대한 위 임대보증금반환채권을 丙에게 2011. 1. 17. 양도하게 되었고, 甲은 2011. 1. 20. 乙에게 내용증명 우편으로 위 채권양도 사실을 통지하여 다음날 乙이 위 내용증명 우편을 직접 수령하였다. 한편, 甲에 대하여 3,000만 원의 대여금채권을 가지고 있는 A는 위 채권을 보전하기 위하여 甲의 乙에 대한 위 임대보증금반환채권에 대하여 채권자를 A로, 채무자를 甲으로, 제3채무자를 乙로 하여 법원에 채권가압류신청을 하였고 위 신청에 대한 가압류결정이 고지되어 가압류결정 정본이 2011. 1. 22. 제3채무자인 乙에게 송달되었다. 甲과 乙은 2011. 2. 28. 위 임대차기간을 2년 연장하기로 합의(묵시의 갱신은 문제되지 아니하는 것을 전제로 함.)하였다. 임대차기간이 연장된 것을 전혀 모르는 丙이 乙에게 임대보증금의 지급을 요구하자 乙은 위 임대차기간이 연장되었음을 이유로 丙에게 임대보증금의 반환을 거절하였다.

< 문제 >
3. 甲과 乙이 한 위 관할합의에 관한 특약은 丙에게 효력이 미치는가? (20점)

【참조조문】 각급 법원의 설치와 관할구역에 관한 법률

제1조(목적) 이 법은「법원조직법」제3조 제3항에 따라 각급 법원의 설치와 관할구역을 정함을 목적으로 한다.
제2조(설치) ① 고등법원, 특허법원, 지방법원, 가정법원, 행정법원과 지방법원의 지원(支院) 및 가정법원의 지원을 별표 1과 같이 설치한다.
② 시법원 또는 군법원(이하 "시·군법원"이라 한다)을 별표 2와 같이 설치한다.
제3조(합의부지원) 지방법원의 지원 및 가정법원의 지원에 합의부를 둔다. 다만, 대법원규칙으로 정하는 지원에는 두지 아니한다.
제4조(관할구역) 각급 법원의 관할구역은 다음 각 호의 구분에 따라 정한다. 다만, 지방법원 또는 그 지원의 관할구역에 시·군법원을 둔 경우「법원조직법」제34조 제1항 제1호 및 제2호의 사건에 관하여는 지방법원 또는 그 지원의 관할구역에서 해당 시·군법원의 관할구역을 제외한다.

1. 각 고등법원·지방법원과 그 지원의 관할구역: 별표 3
2. 특허법원의 관할구역: 별표 4
3. 각 가정법원과 그 지원의 관할구역: 별표 5
4. 행정법원의 관할구역: 별표 6
5. 각 시·군법원의 관할구역: 별표 7
6. 항소사건(抗訴事件) 또는 항고사건(抗告事件)을 심판하는 지방법원 본원 합의부 및 지방법원 지원 합의부의 관할구역: 별표 8
7. 행정사건을 심판하는 춘천지방법원 및 춘천지방법원 강릉지원의 관할구역: 별표 9

제5조(행정구역 등의 변경과 관할구역) ① 법원의 관할구역의 기준이 되는 행정구역이 변경된 경우에는 이 법에 따라 법원의 관할구역이 정하여질 때까지 정부와 협의하여 그 변경으로 인한 관할구역을 대법원규칙으로 정할 수 있다.
② 인구 및 사건 수 등의 변동으로 인하여 시·군법원의 관할구역을 조정할 필요가 있다고 인정되는 경우에는 이 법에 따라 관할구역이 정하여질 때까지 그 관할구역의 변경을 대법원규칙으로 정할 수 있다.

[별표 3] 고등법원·지방법원과 그 지원의 관할구역 중 일부

고등법원	지방법원	지원	관할구역
서울	서울중앙		서울특별시 종로구·중구·성북구·강남구·서초구·관악구·동작구
	서울동부		서울특별시 성동구·광진구·강동구·송파구
	서울남부		서울특별시 영등포구·강서구·양천구·구로구·금천구
	서울북부		서울특별시 동대문구·중랑구·도봉구·강북구·노원구
	서울서부		서울특별시 서대문구·마포구·은평구·용산구

Ⅰ. 문제의 소재 2점

甲과 乙의 관할합의가 유효한지, 전속적 관할합의인지 문제된다. 甲과 乙의 관할합의의 효력을 제3자인 채권양수인 丙에게도 주장할 수 있는지 문제된다.

Ⅱ. 관할합의의 유효요건 3점

관할합의가 유효하기 위해서는 ① 제1심 법원의 임의 관할에 대한 합의여야 하며 ② 특정한 법률관계에 대해서만 이루어져야 하며 ③ 서면에 의해 이루어져야 하며 ④ 법원을 특정해야 한다(제29조).
사안의 경우 甲과 乙은 서울중앙지방법원에 대하여 관할을 합의하여 제1심 법원을 특정하여 관할을 합의하였고, 임대차계약에 대한 분쟁으로 특정하였으므로 법률관계도 특정되었고, 임대차계약서 말미에 특약을 하였으므로 서면으로 이루어진 합의에 해당한다. 따라서 甲과 乙의 관할합의는 유효하다.

민사소송법
제29조【합의관할】
① 당사자는 합의로 제1심 관할법원을 정할 수 있다.
② 제1항의 합의는 일정한 법률관계로 말미암은 소에 관하여 서면으로 하여야 한다.

Ⅲ. 당사자의 합의가 전속적 관할합의인지 여부 [6점]

1. 당사자의 관할합의가 불분명한 경우

甲과 乙은 서울중앙지방법원으로 관할합의를 하였는데, 서울중앙지방법원이 전속적인 관할합의인지 불분명하다. 이 경우 당사자의 합의가 전속적 관할합의인지에 대하여 판례는 법정관할 중 하나에 대한 합의이면 다른 관할을 배제하는 전속적 관할합의로 판시[2]하였다.

2. 이 사건의 관할합의가 전속적 관할합의인지 여부

甲이 피고가 되는 임대목적물반환 혹은 임차료 지급에 대한 乙의 소송의 관할법원은 甲의 주소지인 성동구의 관할인 서울동부지방법원(제2조) 또는 건물의 주소지인 강남구의 관할인 서울중앙지방법원(제20조)이고, 甲의 乙에 대한 임대보증금 반환 등의 소송은 乙의 주소지인 강남구의 관할인 서울중앙지방법원(제2조) 또는 甲의 주소지인 성동구의 관할인 서울동부지방법원이 된다(제8조).

당사자의 관할합의가 서울중앙지방법원이므로 이는 법정관할 중 하나의 법원을 특정한 것으로 판례에 따르면 전속적 관할합의에 해당한다.

Ⅳ. 甲과 乙의 관할합의가 채권의 양수인에게도 미치는지 여부 [6점]

1. 관할합의의 효력이 미치는 범위

관할합의의 효력이 채권의 특정승계인에게 관할합의의 효력이 미치는지 문제된다. 판례는 지명채권과 같이 그 권리관계의 내용을 당사자가 자유롭게 정할 수 있는 경우에는 당해 권리관계의 특정승계인은 그와 같이 변경된 권리관계를 승계한 것이라고 할 것이어서, 관할합의의 효력은 지명채권의 특정승계인에게도 미친다고 판시[3]하였다.

2. 丙이 지명채권의 특정승계인인지 여부

판례는 임대보증금반환채권을 지명채권으로 보아 보증금반환채권의 양도에 민법 제450조 이하의 지명채권의 양도 규정을 준용하고 있다[4]. 사안의 경우, 양도인인 甲이 丙에 대해 채권을 양도하였다는 통지를 채무자인 乙에게 하였으므로 丙은 보증금반환채권의 특정승계인에 해당하여, 전속적 관할합의의 효력이 미친다.

---

2) 대판 2008.3.13. 2006다68209
3) 대결 2006.3.2. 2005마902
4) 대판 2010.5.13. 2010다8310

민사소송법
제2조【보통재판적】
소(訴)는 피고의 보통재판적(普通裁判籍)이 있는 곳의 법원이 관할한다.
제8조【거소지 또는 의무이행지의 특별재판적】
재산권에 관한 소를 제기하는 경우에는 거소지 또는 의무이행지의 법원에 제기할 수 있다.
제20조【부동산이 있는 곳의 특별재판적】
부동산에 관한 소를 제기하는 경우에는 부동산이 있는 곳의 법원에 제기할 수 있다.

민법
제450조【지명채권양도의 대항요건】
① 지명채권의 양도는 양도인이 채무자에게 통지하거나 채무자가 승낙하지 아니하면 채무자 기타 제삼자에게 대항하지 못한다.
② 전항의 통지나 승낙은 확정일자있는 증서에 의하지 아니하면 채무자 이외의 제삼자에게 대항하지 못한다.

Ⅴ. 사안의 해결 3점

　　甲과 乙의 관할합의는 민사소송법 제29조의 관할합의의 유효요건을 충족하여 유효하다. 법정관할 중 하나인 서울중앙지방법원을 특정한 합의는 전속적 관할합의에 해당한다. 丙은 지명채권인 임대차보증금반환채권의 양수인으로써, 丙에게도 전속적 관할합의의 효력이 미친다.

003 관할합의(2)

2022년 제2차 법전협 <제1문6>

< 공통된 사실관계 >

甲은 2019. 1. 30. A로부터 원금 3억 원을 변제기 2021. 1. 30.로 정하여 무이자로 차용하고, 이를 담보하기 위하여 2019. 2. 1. 甲 소유 X 부동산에 채권최고액 3억 6천만 원으로 하는 A 명의의 근저당권을 설정하여 주었다.

甲은 A에 대한 변제기 이후에도 위 차용금 채무를 변제하지 않던 중, 2021. 2. 10. 乙에게 X 부동산을 10억 원에 매도하되, A에 대한 채무 3억 원을 공제하고, 나머지 7억 원을 지급받기로 약정하였다. 甲과 乙은 매매계약 체결 당시 특약사항으로 "위 7억 원과는 별개로 乙은 X 부동산에 관한 등기서류를 교부받는 잔금 지급기일인 2021. 6. 10.까지 A에 대한 차용금 채무를 대신 변제한다."고 약정하였다. 乙은 매매계약 체결 시부터 甲의 A에 대한 위 차용금 채무의 미변제를 알고 있었고 위 7억 원을 甲에게 모두 지급하였다.

※ 추가된 사실관계는 각 별개임.

< 추가된 사실관계 2 >

甲의 乙에 대한 소유권이전등기가 이루어지지 않고 있던 중, 乙은 2022. 2. 16. 甲(주소: 서울 서초구 서초동)이 변제할 것을 요구한 차용금의 원리금을 모두 A에게 변제하였다. 이때 甲과 乙은 X 부동산(소재지: 대전 서구 둔산동)에 대한 매매계약서를 다시 작성하면서 2021. 2. 10. 체결한 매매계약서에 '甲은 乙에게 X 부동산의 소유권이 원만히 이전될 수 있도록 협조한다. 이후 X 부동산의 소유권 귀속 및 소유권에 기한 각종 청구에 관하여는 서울중앙지방법원을 관할법원으로 한다.'라는 특약을 추가하였다. 이후 乙은 2022. 2. 17. X 부동산 소유권이전등기를 경료한 다음, 2022. 2. 25. 丙에게 X 부동산을 매도하고, 2022. 2. 27. 丙 앞으로 소유권이전등기를 마쳐주었다. 그럼에도 甲이 X 부동산을 인도하지 않자 丙은 甲을 상대로 2022. 3. 31. 소유권에 기한 X 부동산의 인도청구의 소를 대전지방법원에 제기하였다. 이에 대하여 甲은 서울중앙지방법원에 전속적 합의관할이 있으므로 관할위반이라고 주장하였다.

< 문제 >
2. 甲의 주장은 타당한가? (20점)

Ⅰ. 문제의 소재 1점

① 甲과 乙사이의 관할합의의 성질이 문제되며 ② 그 합의의 효력이 물권승계인 丙에게도 미치는지가 문제된다.

Ⅱ. 甲과 乙사이의 관할합의의 성질 9점

1. 관할합의의 요건 3점

제1심 법원의 임의관할에 관하여, 일정한 법률관계로 말미암은 소에 관하여, 관할

법원을 특정하여 서면으로 하여야 한다(제29조). 사안에서 甲과 乙은 법률관계 및 법원을 특정하여 서면으로 관할합의를 하였는 바 요건을 갖추고 있다.

민사소송법
제29조【합의관할】
① 당사자는 합의로 제1심 관할법원을 정할 수 있다.
② 제1항의 합의는 일정한 법률관계로 말미암은 소에 관하여 서면으로 하여야 한다.

2. 전속적 합의와 부가적 합의의 구별 6점

가. 구별기준

관할합의는 그 해석에 따라 '법정관할 외에 다른 법원을 덧붙이기로 하는 경우(= 부가적 합의)'와 '특정의 법원에만 관할권을 인정하기로 하는 경우(= 전속적 합의)'가 있다. 관할합의가 두 가지 중 어느 쪽인지는 결국 당사자 의사 해석의 문제이고, 불분명할 경우 통설과 판례5)는 경합하는 법정관할 중 어느 하나를 특정하거나 그 가운데 어느 하나를 배제하는 경우에는 전속적 합의로 본다.

나. 사안의 경우

법정관할 중 하나인 서울중앙지방법원을 관할법원으로 특정한 합의는 전속적 합의에 해당한다.

Ⅲ. 관할합의의 주관적 효력범위 9점

1. 판례6)

설문과 유사한 사안에서 대법원은 "관할합의의 효력은 부동산에 관한 물권의 특정승계인에게는 미치지 않는다고 새겨야 할 것인바, 부동산 양수인이 근저당권 부담부의 소유권을 취득한 특정승계인에 불과하다면(근저당권 부담부의 부동산의 취득자가 그 근저당권의 채무자 또는 근저당권설정자의 지위를 당연히 승계한다고 볼 수는 없다), 근저당권설정자와 근저당권자 사이에 이루어진 관할합의의 효력은 부동산 양수인에게 미치지 않는다."고 판시한 바 있다.

2. 사안의 경우

甲과 乙은 X 부동산의 소유권 귀속 및 소유권에 기한 각종 청구에 관하여 관할합의를 하였고, 丙은 소유권 이전등기를 乙로부터 취득한 후 소유권에 기한 인도청구를 하였기 때문에 丙은 甲과 乙의 법률관계에 대한 특정승계인에 해당한다. 이는 甲과 乙의 법률관계가 물권에 관한 것으로서 법률상 정형화 되어 있어 물권법정주의에 따라 당사자가 자유롭게 변경할 수 없는 것이어서 그 법률관계를 신뢰한 특정승계인을 보호하여야 하므로 물권승계인 丙은 甲과 乙의 관할합의에 구속되지 아니한다.

Ⅳ. 결론 1점

甲과 乙의 관할합의는 전속적 관할합의에 해당하지만 그 관할합의는 물권의 특정승계인인 丙에게는 승계되지 아니하므로 甲의 관할위반의 주장은 타당하지 아니하다.

---

5) 대판 2008.3.13. 2006다68209
6) 대결 1994.5.26. 94마536

004 관할위반의 이송신청

< 공통된 사실관계 >

서울 강남구에 본점이 있는 甲 은행은 2020. 5. 1. 대구 수성구에 주소를 두고 거주하는 乙에게 1억 원을 대여하면서 약관에 의한 대출계약을 체결하였다. 위 약관에는 향후 대출 관련 분쟁이 발생할 경우 '甲 은행의 영업점 소재지 법원'을 관할법원으로 한다는 조항이 포함되었다. 甲 은행의 영업점은 서울, 부산, 대구, 광주에 있었는데, 위 대출계약은 대구 수성구에 있는 영업점에서 체결되었다.

<아래 추가된 사실관계는 상호 독립적임>

< 추가된 사실관계 1 >

위 대출계약 체결 이후인 2021년 상반기에 甲 은행의 영남 지역 소송 관련 업무는 부산 영업점에서 전담하는 것으로 업무조정이 이루어졌다. 이후 乙이 대출원리금을 변제하지 못하는 상황에 이르자, 甲 은행은 2022. 4. 30. 乙을 상대로 대출금반환청구소송을 제기하면서 부산 영업점 소재지를 관할하는 부산지방법원에 소장을 제출하였다. 소장 부본을 송달받은 乙은 관할위반을 주장하면서 대구지방법원으로의 이송을 신청하였다.

< 문제 >
1. 법원은 乙의 관할위반을 이유로 한 이송신청에 대하여 어떻게 처리하여야 하는가? (15점)

< 추가된 사실관계 2 >

甲 은행은 乙에 대한 대출금채권을 자산유동화업무를 하는 丙 유한회사에게 2021. 8. 1. 양도하고 그 무렵 乙에게 채권양도 통지를 하였다. 서울 중구에 본점이 있는 丙 유한회사는 2022. 5. 1. 서울중앙지방법원에 양수금청구소송을 제기하였다. 소장 부본을 송달받은 乙은 관할위반을 주장하며 대구지방법원으로의 이송을 신청하였다.

< 문제 >
2. 乙의 관할위반 주장은 타당한가? (10점)

문제 1. 15점

Ⅰ. 문제의 소재 2점

사안에서는 ① 甲과 乙의 관할에 대한 합의가 전속적 관할합의에 해당하는지 여부, ② 위 합의가 약관규제에 관한 법률 등을 위반하여 효력이 없는지 여부, ③ 관할위반을 이유로 한 당사자의 이송신청의 법적 성격 및 이에 대한 법원의 판단방법이 각 문제된다.

Ⅱ. 전속적 관할합의 3점

당사자들이 관할합의를 하였는데, 그 합의가 부가적 관할합의인지 전속적인 관할합의인지 불분명할 경우와 관련하여 판례[7]는 "당사자들이 법정 관할법원에 속하는 여러 관할법원 중 어느 하나를 관할법원으로 하기로 약정한 경우, 그와 같은 약정은 그 약정이 이루어진 국가 내에서 재판이 이루어질 경우를 예상하여 그 국가 내에서의 전속적 관할법원을 정하는 취지의 합의라고 해석될 수 있다."고 판시하였다.

Ⅲ. 약관규제법에 따른 전속적 관할합의의 효력 4점

약관의 전속적 관할합의의 효력과 관련하여 판례[8]는 "주택분양보증약관에서 '대한주택보증 주식회사의 관할 영업점 소재지 법원'을 전속적 합의관할 법원으로 정한 사안에서, 위 회사의 내부적인 업무조정에 따라 위 약관조항에 의한 전속적 합의관할이 변경된다고 볼 경우에는 당사자 중 일방이 지정하는 법원에 관할권을 인정한다는 관할합의조항과 다를 바 없고, 사업자가 그 거래상의 지위를 남용하여 사업자의 영업소를 관할하는 지방법원을 전속적 관할로 하는 약관조항을 작성하여 고객과 계약을 체결함으로써 건전한 거래질서를 훼손하는 등 고객에게 부당하게 불이익을 주는 것으로서 무효인 약관조항이라고 볼 수밖에 없으므로, 위 약관조항에서 말하는 '위 회사의 관할 영업점 소재지 법원'은 주택분양보증계약이 체결될 당시 이를 관할하던 위 회사의 영업점 소재지 법원을 의미한다."고 판시하였다.

사안에서 甲 은행과 乙은 대출계약상 약관조항에 근거하여 당초 대출계약이 체결된 대구 수성구를 관할하는 대구지방법원을 전속적 관할합의의 관할법원으로 정하였다. 위 판례에 따르면 甲 은행의 내부적인 업무조정에 따라 부산 영업점에서 영남지역 소송 관련 업무를 전담하게 되었다 하더라도 부산지방법원은 대출금반환청구 소송의 관할법원이 될 수 없다.

---

[7] 대판 2008.3.13. 2006다68209
[8] 대결 2009.11.13. 2009마1482

Ⅳ. 관할위반을 이유로 한 이송신청 6점

관할위반의 경우에는 직권으로 관할권 있는 법원으로 이송한다(제34조 제1항).

이와 관련하여 판례9)는 "당사자가 관할위반을 이유로 한 이송신청을 한 경우에도 이는 단지 법원의 직권발동을 촉구하는 의미밖에 없는 것이고, 따라서 법원은 이 이송신청에 대하여는 재판을 할 필요가 없고, 설사 법원이 이 이송신청을 거부하는 재판을 하였다고 하여도 항고가 허용될 수 없으므로 항고심에서는 이를 각하하여야 한다."고 판시하였다.

위 판결에 따르면 법원은 乙의 이송신청에 대하여는 재판을 할 필요가 없고, 직권으로 대구지방법원으로 이송하여야 한다.

민사소송법
제34조 【관할위반 또는 재량에 따른 이송】
① 법원은 소송의 전부 또는 일부에 대하여 관할권이 없다고 인정하는 경우에는 결정으로 이를 관할법원에 이송한다.
② 지방법원 단독판사는 소송에 대하여 관할권이 있는 경우라도 상당하다고 인정하면 직권 또는 당사자의 신청에 따른 결정으로 소송의 전부 또는 일부를 같은 지방법원 합의부에 이송할 수 있다.
③ 지방법원 합의부는 소송에 대하여 관할권이 없는 경우라도 상당하다고 인정하면 직권으로 또는 당사자의 신청에 따라 소송의 전부 또는 일부를 스스로 심리·재판할 수 있다.
④ 전속관할이 정하여진 소에 대하여는 제2항 및 제3항의 규정을 적용하지 아니한다.

---

9) 대결 1993.12.6. 93마524 전원합의체

문제 2. 10점

Ⅰ. 문제의 소재

사안에서는 관할합의의 효력이 채권의 특정승계인에게 효력이 미치는지 여부가 문제된다.

Ⅱ. 관할합의의 효력이 미치는 범위 10점

이와 관련하여 판례[10]는 "관할의 합의는 소송법상의 행위로서 합의 당사자 및 그 일반승계인을 제외한 제3자에게 그 효력이 미치지 않는 것이 원칙이지만, 관할에 관한 당사자의 합의로 관할이 변경된다는 것을 실체법적으로 보면, 권리행사의 조건으로서 그 권리관계에 불가분적으로 부착된 실체적 이해의 변경이라 할 수 있으므로, 지명채권과 같이 그 권리관계의 내용을 당사자가 자유롭게 정할 수 있는 경우에는, 당해 권리관계의 특정승계인은 그와 같이 변경된 권리관계를 승계한 것이라고 할 것이어서, 관할합의의 효력은 특정승계인에게도 미친다."고 판시하였다.

사안에서 甲 은행과 乙 사이의 대출계약상 약관조항에 근거한 전속적 관할합의는 甲 은행의 대출금채권을 양수한 丙 유한회사에도 미치므로 관할법원은 서울중앙지방법원이 아니라 대구지방법원이 된다. 따라서 乙의 관할위반 주장은 타당하다.

---

[10] 대결 2006.3.2. 2005마902

005 관련재판적

< 기초적 사실관계 >

버섯 재배업자인 乙은 버섯 판매업자인 丙과 신선도가 떨어지는 버섯을 속여 판매하기로 공모하고, 丙은 소매업자 甲에게 위 버섯을 공급하는 계약을 甲과 체결하였다. 甲은 불량 버섯에 대한 소비자들의 항의가 빗발치자 이를 확인하는 과정에서 乙과 丙이 공모하여 불법행위를 저지른 사실을 알게 되었다.
[※ 추가적 사실관계는 각각 별개임]

< 추가적 사실관계 1 >

甲은 乙과 丙을 상대로 서울중앙지방법원에 불법행위로 인한 1억 원의 손해배상청구의 소를 제기하였다. 甲의 주소지는 인천광역시[토지관할 법원은 인천지방법원]이고, 乙의 주소지는 서울 서초구[토지관할 법원은 서울중앙지방법원]이며, 丙의 주소지는 대전광역시[토지관할 법원은 대전지방법원]이다.

< 문제 >

1. 소장부본을 송달받은 丙은 甲이 서울중앙지방법원에 제기한 소가 자신에게 관할이 없는 법원에 제기된 것이므로 각하되어야 한다고 주장하였다. 법원은 어떻게 판단하여야 하는가? (「민사소송법」 제18조에 따른 불법행위지의 특별재판적은 고려하지 말 것) (10점)

Ⅰ. 문제의 소재 1점

사안에서는 ① 관할권을 가지는 각 법원 ② 관련재판적이 인정될 수 있는지 여부가 각 문제된다.

Ⅱ. 보통재판적 및 특별재판적 3점

사안에서 乙의 주소지는 서울 서초구, 丙의 주소지는 대전이므로 서울중앙지방법원과 대전지방법원에 각 관할권이 있다(제2조). 또한 재산권에 관한 소를 제기하는 경우에는 의무이행지의 법원에 제기할 수 있고 (제8조), 지참채무의 원칙상 채권자인 원고의 현주소가 의무이행지가 되므로, 원고 甲의 주소지인 인천지방법원도 관할권이 있다.

Ⅲ. 관련재판적 6점

공동소송에 있어서 관련재판적에 관하여 민사소송법 제25조 제2항은 '소송목적이 되는 권리나 의무가 여러 사람에게 공통되거나 사실상 또는 법률상 같은 원인으로 말미암아 그 여러 사람이 공동소송인으로서 당사자가 되는 경우에는 제1항의 규정을 준용한다.'고 규정하고 있는데, 이는 민사소송법 제65조 전단의 '소송목적이 되는 권리나 의무가 여러 사람에게 공통되거나 사실상 또는 법률상 같은 원인으로 말미암아 생긴 경우에는 그 여러 사람이 공동소송인으로서 당사자가 될 수 있다.'는 규정의 공동소송의 경우에만 관련재판적을 인정한다는 의미이고, 같은 조 후단의 '소송목적이 되는 권리나 의무가 같은 종류의 것이고, 사실상 또는 법률상 같은 종류의 원인으로 말미암은 것인 경우에도 또한 같다.'는 규정의 공동소송에 대해서는 관련재판적을 인정하지 않는다는 의미이다.

사안에서 乙과 丙의 손해배상채무는 사실상 같은 원인으로 말미암은 것이므로 관련재판적이 인정된다. 따라서 丙에 대한 청구에 대해서도 서울중앙지방법원이 관할권을 가질 수 있다. 결국 법원은 丙의 주장을 배척하여야 한다.

민사소송법

제2조 【보통재판적】
소(訴)는 피고의 보통재판적(普通裁判籍)이 있는 곳의 법원이 관할한다.

제8조 【거소지 또는 의무이행지의 특별재판적】
재산권에 관한 소를 제기하는 경우에는 거소지 또는 의무이행지의 법원에 제기할 수 있다.

제25조 【관련재판적】
① 하나의 소로 여러 개의 청구를 하는 경우에는 제2조 내지 제24조의 규정에 따라 그 여러 개 가운데 하나의 청구에 대한 관할권이 있는 법원에 소를 제기할 수 있다.
② 소송목적이 되는 권리나 의무가 여러 사람에게 공통되거나 사실상 또는 법률상 같은 원인으로 말미암아 그 여러 사람이 공동소송인(共同訴訟人)으로서 당사자가 되는 경우에는 제1항의 규정을 준용한다.

006 등기청구에서 당사자적격

2020년 제3차 법전협 <제1문2>

> 甲은 주택을 신축하려고 2019. 2. 2. 乙로부터 그 소유의 X토지를 12억 원에 매수하였는데, 잔금지급 및 토지인도는 2019. 3. 3.에 하기로 하되, 甲의 세금관계상 이전등기는 위 잔금일 후 甲이 요구하는 날에 마치기로 했으며(통지는 7일 전에 하기로 함), 위 3. 3.에 인도 및 잔금지급을 마쳤다.
>
> 세금문제가 해소되어 甲이 2019. 9. 9. 乙에게 이전등기를 요청했으나 乙이 응하지 않았고 그 후에도 몇 차례 독촉했으나 乙의 반응이 없다. (이하의 각 사실관계는 독립적임)
>
> < 문제 >
> 1. 甲이 확인한 결과, 乙은 이미 2019. 12. 1.에 X토지를 丙에게 매도하고 丙 앞으로 소유권이전등기를 마쳤다. 甲은 乙을 상대로 ① 丙 앞으로 마쳐진 소유권이전등기의 말소등기 및 ② 2019. 2. 2. 매매를 원인으로 한 소유권이전등기를 구하는 소를 제기하려 한다. 甲이 乙을 피고로 삼아서 위 ① 또는 ②의 소를 제기하는 경우, 각 소는 소송절차상 적법한가? (20점)

Ⅰ. 문제의 소재 3점

사안에서는 ① 말소등기청구 소송의 피고적격, ② 이행청구소송의 당사자적격, ③ 집행불능인 소의 제기가 권리보호이익이 있는지 여부가 각 문제된다.

Ⅱ. 말소등기청구소송의 피고적격 10점

이와 관련하여 판례[11]는 '등기의무자, 즉 등기부상의 형식상 그 등기에 의하여 권리를 상실하거나 기타 불이익을 받을 자(등기명의인이거나 그 포괄승계인)가 아닌 자를 상대로 한 등기의 말소절차이행을 구하는 소는 당사자적격이 없는 자를 상대로 한 부적법한 소이다.'라고 판시하여 등기명의인(또는 그 포괄승계인)이나 등기상 이해관계 있는 제3자를 피고적격자로 본다. 이에 대하여 당사자적격 유무는 원고의 주장 자체에 의하여 판단해야 하므로 원고가 말소등기절차 의무자로 지정한 자가 피고적격자이고, 심리 결과 등기부상 등기명의자가 아닌 경우는 주장 자체로 이유 없는 경우로 보아 청구기각 판결을 선고해야 하며, 판례는 당사자적격의 문제와 실체법상의 권리 또는 의무의 귀속자인지의 문제인 본안적격의 문제를 혼동하였다고 비판하는 반대 견해가 있다.

---
11) 대판 1994.2.25. 93다39225

위 판결에 따르면, 甲의 乙에 대한 말소등기청구소송은 피고적격이 없는 자를 상대로 제기한 것이어서 부적법하다.

Ⅲ. 이행청구소송의 당사자적격 3점

소유권이전등기청구소송은 그 법적 성질이 이행의 소이고, 이행의 소에 있어서는 권리자라고 주장하는 자가 원고적격을, 그로부터 의무자라고 주장되는 자가 피고적격을 가진다. 따라서 甲의 乙에 대한 이전등기청구소송은 당사자적격의 요건을 구비하였다.

Ⅳ. 집행불능의 소의 권리보호이익 4점

사안에서 甲이 乙에 대하여 소유권이전등기청구소송을 제기하여 승소하더라도, 丙 명의의 이전등기가 말소되지 않는 한 집행불능상태이다.
이와 관련하여 판례[12])는 '순차 경료된 소유권이전등기의 각 말소 청구소송은 보통공동소송이므로 그 중의 어느 한 등기명의자만을 상대로 말소를 구할 수 있고, 최종 등기명의자에 대하여 등기말소를 구할 수 있는지에 관계없이 중간의 등기명의자에 대하여 등기말소를 구할 소의 이익이 있다.'고 판시하여 권리보호이익을 인정하고 있다.
위 판결에 따르면 甲의 乙에 대한 이전등기청구소송은 권리보호이익이 있는 적법한 소이다.

---

12) 대판 1998.9.22. 98다23393

007 채권의 압류 및 추심금청구에서의 당사자적격

2014년 제3회 변호사시험 <제1문2>

< 사실관계 >

C는 A에 대하여 3천만 원의 대여금 채권이 있고, A는 B에 대하여 1천만 원의 대여금 채권이 있다. C는 위 3천만 원의 대여금 채권에 대하여 이미 승소확정판결을 받았고 이를 집행권원으로 하여 A를 채무자, B를 제3채무자로 한 채권압류 및 추심명령을 신청하여 법원으로부터 채권압류 및 추심명령을 받았는데 그 후 A가 B를 상대로 대여금반환청구의 소를 제기하였다.

< 문제 >

위 사실관계 기재 소송의 제1심 변론종결 전에 C가 위 채권압류 및 추심명령 신청을 취하하고 추심권을 포기한 경우(그 관련 서류가 증거로 법원에 제출되었다) 법원은 어떤 판결 주문(소송비용부담과 가집행 관련 주문은 제외한다)으로 선고하여야 하는지와 그 근거를 서술하시오. (15점)

Ⅰ. 문제의 소재 3점

채권의 압류 및 추심이 있는 경우 채무자가 당사자적격을 잃게 되는지, 채권 압류 및 추심명령 신청이 취하 되는 경우 채무자가 소 제기 당시 당사자적격이 없더라도 그 후에 당사자적격을 회복하는 경우 채무자의 제3채무자에 대한 청구가 인용되는지 문제된다.

Ⅱ. 채권의 압류 및 추심금 청구에서의 당사자적격 5점

1. 당사자적격의 의미

당사자적격이란 특정한 소송사건에서 정당한 당사자로서 소송을 수행하고 본안판결을 받기에 적합한 자격을 말한다.

2. 채권의 압류 및 추심의 당사자적격자

제3자 소송담당이란 권리관계 주체 이외의 제3자가 당사자적격을 갖는 경우를 말하며 판례는 <u>채권에 대한 압류 및 추심명령이 있으면 제3채무자에 대한 이행의 소는 추심채권자만이 제기할 수 있고 채무자는 피압류채권에 대한 이행소송을 제기할 당사자적격을 상실한다고 판시</u>13)하여 갈음형 제3자 소송담당으로 보고 있다.

사안의 경우 C의 채권의 압류 및 추심명령이 유효하게 존속한다면 A의 대여금반환청구의 소는 당사자적격의 흠결로 부적법 각하되어야 한다.

Ⅲ. 소송요건의 존부 판단시기 [4점]

판례는 채권에 대한 압류 및 추심명령이 있으면 제3채무자에 대한 이행의 소는 추심채권자만이 제기할 수 있고 채무자는 피압류채권에 대한 이행소송을 제기할 당사자적격을 상실하나, <u>채무자의 이행소송 계속 중에 추심채권자가 압류 및 추심명령 신청의 취하 등에 따라 추심권능을 상실하게 되면 채무자는 당사자적격을 회복한다. 이러한 사정은 직권조사사항으로서 당사자가 주장하지 않더라도 법원이 직권으로 조사하여 판단하여야 하고, 사실심 변론종결 이후에 당사자적격 등 소송요건이 흠결되거나 그 흠결이 치유된 경우 상고심에서도 이를 참작하여야 한다고 판시</u>14)하였다.

Ⅳ. 결론 [3점]

소 제기 시에는 소송요건을 갖추지 못하였으나, 압류 및 추심명령 신청 취하로 인해 당사자적격을 회복하였으므로 A의 소 제기는 적법하다. 법원은 A의 대여금반환청구를 인용해야 한다.

---

13) 대판 2000.4.11. 99다23888
14) 대판 2010.11.25. 2010다64877

008 채권압류 및 추심명령, 시효중단

2022년 제11회 변호사시험 <제1문5>

< 기초적 사실관계 >

대부업자 甲은 2013. 5. 21. 乙에게 2억 원을 변제기 2014. 5. 20.로 정하여 대여하였다.
[※ 추가적 사실관계는 각각 별개임]

< 추가적 사실관계 2 >

甲은 2019. 5. 1. 乙을 상대로 위 대여금 2억 원의 지급을 구하는 소를 제기하였다. 그런데 甲에 대해 1억 원의 채권을 보유하고 있는 丙은 甲을 채무자, 乙을 제3채무자로 하여 위 대여금 채권 중 1억 원에 대해 압류 및 추심 명령을 받았고, 위 명령은 2019. 6. 1. 乙에게 송달되었다.

< 문제 >

2. 甲의 乙에 대한 대여금청구소송에서, "丙이 압류 및 추심 명령을 받은 부분에 대해서는 甲에게 당사자적격이 없음을 확인하고, 乙은 甲에게 1억 원을 지급한다."라는 내용의 화해권고결정이 2019. 11. 1. 확정되었다. 그 후 丙은 2020. 1. 10. 乙을 상대로 1억 원의 추심금 지급을 구하는 소를 제기하였다. 乙은 甲의 위 대여금 채권이 시효로 소멸하였다고 주장한다. 乙의 주장은 타당한가? (20점)

Ⅰ. 문제의 소재 3점

사안에서는 ① 甲의 대여금채권의 소멸시효 완성여부, ② 채무자의 소제기로 인한 시효중단의 효력이 추심채권자에게도 승계되는지 여부가 각 문제된다.

Ⅱ. 소멸시효 완성여부 5점

대부업자 甲의 대여금 채권의 소멸시효기간은 5년이고(상법 제46조 제8호, 동법 제64조), 변제기인 2014. 5. 20.로부터 5년이 경과한 2019. 5. 20. 소멸시효가 완성된다.

그런데 甲은 시효완성전인 2019. 5. 1. 乙을 상대로 2억 원을 청구함으로써 일응 소멸시효가 중단되었다가 丙이 압류 및 추심 명령을 받은 1억 원에 대해서는 甲에게 당사자적격이 없음을 이유로 각하한다는 취지의 화해권고결정이 확정되었으므로, 丙이 추심명령을 받은 1억 원에 대한 부분은 원칙적으로 소멸시효중단의 효력이 실효된다.

Ⅲ. 시효중단의 효력의 승계 12점

이와 관련하여 판례[15]는 '재판상의 청구는 소송의 각하, 기각 또는 취하의 경우에는 시효중단의 효력이 없지만, 그 경우 6개월 내에 재판상의 청구, 파산절차참가, 압류 또는 가압류, 가처분을 한 때에는 시효는 최초의 재판상 청구로 인하여 중단된 것으로 본다(민법 제170조). 그러므로 채무자가 제3채무자를 상대로 제기한 금전채권의 이행소송이 압류 및 추심명령으로 인한 당사자적격의 상실로 각하되더라도, 위 이행소송의 계속 중에 피압류채권에 대하여 채무자에 갈음하여 당사자적격을 취득한 추심채권자가 위 각하판결이 확정된 날로부터 6개월 내에 제3채무자를 상대로 추심의 소를 제기하였다면, 채무자가 제기한 재판상 청구로 인하여 발생한 시효중단의 효력은 추심채권자의 추심소송에서도 그대로 유지된다고 보는 것이 타당하다.'고 판시하여 추심채권자의 시효중단의 효력의 승계를 인정하고 있다.

위 판결에 따르면, 丙은 화해권고결정이 확정된 2019. 11. 1.로부터 6개월 내인 2020. 1. 10. 추심금청구소송을 제기하였으므로 당사자적격이 없다고 판단된 1억 원 부분의 소멸시효는 그 시효 완성 전인 2019. 5. 1. 중단되었으며, 위 시효중단의 효력은 추심채권자인 丙의 추심금청구소송에서도 그대로 유지된다. 따라서 소멸시효가 완성되었다는 취지의 乙의 주장은 타당하지 않다.

상법
제46조【기본적 상행위】
영업으로 하는 다음의 행위를 상행위라 한다. 그러나 오로지 임금을 받을 목적으로 물건을 제조하거나 노무에 종사하는 자의 행위는 그러하지 아니하다.
  8. 수신·여신·환 기타의 금융거래

제64조【상사시효】
상행위로 인한 채권은 본법에 다른 규정이 없는 때에는 5년간 행사하지 아니하면 소멸시효가 완성한다. 그러나 다른 법령에 이보다 단기의 시효의 규정이 있는 때에는 그 규정에 의한다.

민법
제170조【재판상의 청구와 시효중단】
① 재판상의 청구는 소송의 각하, 기각 또는 취하의 경우에는 시효중단의 효력이 없다.
② 전항의 경우에 6월내에 재판상의 청구, 파산절차참가, 압류 또는 가압류, 가처분을 한 때에는 시효는 최초의 재판상 청구로 인하여 중단된 것으로 본다.

---

15) 대판 2019.7.25. 2019다212945

2020년 제2차 법전협 <제1문1>

009 채권압류 및 전부명령

< 기초적 사실관계 >

甲은 2010. 1. 5. 乙에게 1억 원을 변제기 2010. 3. 4.로 정하여 무이자로 대여하였다.(아래의 각 설문은 독립적임. 지연손해금은 고려하지 말 것.)

< 문제 >

2. 甲에 대하여 공사대금채권을 가지는 甲의 채권자 丙은 甲을 대위하여 乙을 상대로 위 대여금의 지급을 구하는 소를 제기하여, 자백간주로 승소판결을 받았고, 위 판결은 그대로 확정되었다. 丙은 판결 직후 甲에게 위 확정판결문 사본을 등기우편으로 송부하여 甲이 수령하였다.

그 후 甲의 다른 채권자 丁은 강제집행을 승낙하는 취지가 기재된 소비대차계약 공정증서를 집행권원으로 하여 甲의 乙에 대한 위 대여금 채권에 관한 채권압류 및 전부명령신청을 하여, 채권압류 및 전부명령이 내려지고, 그 결정문이 甲, 乙에게 각 송달되었다. 甲, 乙 모두 즉시항고 기간 내에 항고하지 않았다.

丁은 乙을 상대로 전부금 청구의 소를 제기하였는데, 乙은 이미 甲의 다른 채권자 丙이 채권자대위소송을 제기하여 승소확정판결을 받고 甲도 그러한 사정을 알고 있으므로, 丁의 채권압류 및 전부명령은 무효라고 주장하였다.

법원은 어떠한 판결을 하여야 하며(소 각하/청구 기각/청구 인용), 그 근거는 무엇인가? (20점)

Ⅰ. 문제의 소재

사안에서는 ① 대위소송이 제기되어 대위채무자가 이 사실을 알게 된 후 피대위채권에 대하여 집행된 전부명령이 무효인지 여부, ② 전부명령이 무효이더라도 압류 자체는 유효인지 여부가 각 문제된다.

민법
제405조【채권자대위권행사의 통지】
① 채권자가 전조 제1항의 규정에 의하여 보전행위 이외의 권리를 행사한 때에는 채무자에게 통지하여야 한다.
② 채무자가 전항의 통지를 받은 후에는 그 권리를 처분하여도 이로써 채권자에게 대항하지 못한다.

Ⅱ. 피대위채권에 대한 전부명령의 효력 **12점**

대위소송 계속 중(또는 확정 후) 피대위채권에 대하여 집행된 전부명령의 효력과 관련하여 판례16)는 '채권자대위소송이 제기되고 대위채권자가 채무자에게 대위권 행사사실을 통지하거나 채무자가 이를 알게 되면 민법 제405조 제2항에 따라 채무자는 피대위채권을 양도하거나 포기하는 등 채권자의 대위권 행사를 방해하는 처분행위를 할 수 없게 되고 이러한 효력은 제3채무자에게도 그대로 미치는데, 그럼에도

---
16) 대판 2016.8.29. 2015다236547

그 이후 대위채권자와 평등한 지위를 가지는 채무자의 다른 채권자가 피대위채권에 대하여 전부명령을 받는 것도 가능하다고 하면, 채권자대위소송의 제기가 채권자의 적법한 권리행사방법 중 하나이고 채무자에게 속한 채권을 추심한다는 점에서 추심소송과 공통점도 있음에도 그것이 무익한 절차에 불과하게 될 뿐만 아니라, 대위채권자가 압류·가압류나 배당요구의 방법을 통하여 채권배당절차에 참여할 기회조차 가지지 못하게 한 채 전부명령을 받은 채권자가 대위채권자를 배제하고 전속적인 만족을 얻는 결과가 되어, 채권자대위권의 실질적 효과를 확보하고자 하는 민법 제405조 제2항의 취지에 반하게 된다. 따라서 채권자대위소송이 제기되고 대위채권자가 채무자에게 대위권 행사사실을 통지하거나 채무자가 이를 알게 된 이후에는 민사집행법 제229조 제5항이 유추적용되어 피대위채권에 대한 전부명령은, 우선권 있는 채권에 기초한 것이라는 등의 특별한 사정이 없는 한 무효이다.'라고 판시하였다.

위 판결에 따르면, 사안에서 대위채무자는 확정판결문 사본을 송달받음으로써 대위소송의 제기사실을 알았으므로, 대위채무자에게 대위소송의 효력이 미치게 되고, 따라서 丁의 피대위채권에 대한 전부명령은 무효가 된다.

Ⅲ. 전부명령이 무효인 경우 압류의 효력 **5점**

이와 관련하여 판례[17]는 '원고의 위 채권압류 및 전부명령은 그 압류명령이 같은 공사대금채권에 대하여 얻은 원판시 소외 신풍건업주식회사의 채권가압류와 경합된 상태에서 전부명령이 발부된 것이므로 그 전부명령은 무효라 할지라도 채권압류의 효력은 유효히 지속된다.'고 판시하여 압류 자체의 효력은 인정하고 있고, 또한 민사집행법 제229조 제5항은 '전부명령이 제3채무자에게 송달될 때까지 그 금전채권에 관하여 다른 채권자가 압류·가압류 또는 배당요구를 한 경우에는 전부명령은 효력을 가지지 아니한다.'고 규정하여 전부명령의 효력만을 부인하고 있기 때문에 압류 자체의 효력은 인정된다.

Ⅳ. 결론 **3점**

사안에서 丁의 압류는 유효하지만, 전부명령은 무효이므로, 丁은 전부금채권을 보유하고 있지 않다. 따라서 丁의 청구는 기각되어야 한다.

---

17) 대판 1976.9.28. 76다1145

민사집행법
제229조 [금전채권의 현금화방법]
① 압류한 금전채권에 대하여 압류채권자는 추심명령(推尋命令)이나 전부명령(轉付命令)을 신청할 수 있다.
② 추심명령이 있는 때에는 압류채권자는 대위절차(代位節次) 없이 압류채권을 추심할 수 있다.
③ 전부명령이 있는 때에는 압류된 채권은 지급에 갈음하여 압류채권자에게 이전된다.
④ 추심명령에 대하여는 제227조 제2항 및 제3항의 규정을, 전부명령에 대하여는 제227조 제2항의 규정을 각각 준용한다.
⑤ 전부명령이 제3채무자에게 송달될 때까지 그 금전채권에 관하여 다른 채권자가 압류·가압류 또는 배당요구를 한 경우에는 전부명령은 효력을 가지지 아니한다.
⑥ 제1항의 신청에 관한 재판에 대하여는 즉시항고를 할 수 있다.
⑦ 전부명령은 확정되어야 효력을 가진다.
⑧ 전부명령이 있은 뒤에 제49조 제2호 또는 제4호의 서류를 제출한 것을 이유로 전부명령에 대한 즉시항고가 제기된 경우에는 항고법원은 다른 이유로 전부명령을 취소하는 경우를 제외하고는 항고에 관한 재판을 정지하여야 한다.

010 채권자대위소송 중 피대위채권에 대한 전부명령의 효력

< 공통된 사실관계 >

甲은 乙에게 2020. 1. 1. 5,000만 원을, 2020. 3. 1. 1억 원을 각 무이자로 대여하여 주었는데, 乙은 2020. 4. 1. 甲으로부터 차용한 위 금원 중 5,000만 원을 다시 丙에게 대여하여 주었다. 甲은 위 각 채권의 변제기가 도래하였음에도 불구하고 乙로부터 1억 5천만 원을 변제받지 못하자, 2020. 5. 1. 위 채권 중 2020. 1. 1.자 5,000만 원의 대여금 채권을 피보전채권으로 하여 무자력자인 乙을 대위하여 丙을 상대로 "丙은 甲에게 2020. 4. 1.자 대여금 5,000만 원을 지급하라"는 취지의 소(전소)를 제기하였다. 한편 甲은 전소 계속 중인 2020. 7. 1. 乙에게 소송고지를 하였다. (아래 각 질문은 독립적임)

< 추가적 사실관계 2 >

전소에서 제1심 법원은 2020. 10. 24. 청구인용 판결을 선고하였고 그 판결은 2020. 11. 13. 확정되었다. 한편, 丁은 乙에 대한 1억 원의 집행력 있는 지급명령 정본에 기초하여 2020. 10. 20. 乙의 丙에 대한 5,000만 원의 대여금 채권에 대하여 채권압류 및 전부명령을 받았다. 이 명령은 丙에게 송달되고 2020. 11. 21. 확정되었다.

< 문제 >

3. 丁이 丙을 상대로 위 채권압류 및 전부명령에 따라 5,000만 원의 지급을 구하는 전부금 청구의 소를 제기하였다. 법원은 어떤 판결(각하, 기각, 인용)을 하여야 하는가? (10점)

Ⅰ. 문제의 소재

사안에서는 대위소송이 제기되어 대위채무자가 이 사실을 알게 된 후 피대위채권에 대하여 집행된 전부명령의 효력에 따라 丁의 청구가 이유가 없게 되는지 문제된다.

Ⅱ. 전부명령에 앞서 채권자대위소송 판결이 있는 경우 6점

　　대위소송 계속 중(또는 확정 후) 피대위채권에 대하여 집행된 전부명령의 효력과 관련하여 판례는 '채권자대위소송이 제기되고 대위채권자가 채무자에게 대위권 행사 사실을 통지하거나 채무자가 이를 알게 되면 민법 제405조 제2항에 따라 채무자는 피대위채권을 양도하거나 포기하는 등 채권자의 대위권 행사를 방해하는 처분행위를 할 수 없게 되고 이러한 효력은 제3채무자에게도 그대로 미치는데, 그럼에도 그 이후 대위채권자와 평등한 지위를 가지는 채무자의 다른 채권자가 피대위채권에 대하여 전부명령을 받는 것도 가능하다고 하면, 채권자대위소송의 제기가 채권자의 적법한 권리행사방법 중 하나이고 채무자에게 속한 채권을 추심한다는 점에서 추심소송과 공통점도 있음에도 그것이 무익한 절차에 불과하게 될 뿐만 아니라, 대위채권자가 압류·가압류나 배당요구의 방법을 통하여 채권배당절차에 참여할 기회조차 가지지 못하게 한 채 전부명령을 받은 채권자가 대위채권자를 배제하고 전속적인 만족을 얻는 결과가 되어, 채권자대위권의 실질적 효과를 확보하고자 하는 민법 제405조 제2항의 취지에 반하게 된다. 따라서 채권자대위소송이 제기되고 대위채권자가 채무자에게 대위권 행사사실을 통지하거나 채무자가 이를 알게 된 이후에는 민사집행법 제229조 제5항이 유추적용되어 피대위채권에 대한 전부명령은, 우선권 있는 채권에 기초한 것이라는 등의 특별한 사정이 없는 한 무효이다(대판 2016.8.29. 2015다236547).'라고 판시하였다.

Ⅲ. 결론 4점

　　甲이 丙에 대한 채권자대위 소송 중 채무자 乙에게 소송고지를 하여 채무자 乙이 甲의 대위권 행사사실을 알게 되었으므로 민법 제405조 제2항의 처분권 제한 효력이 생겼다. 이후 이루어진 乙의 丙에 대한 채권을 피압류채권으로 한 丁의 이 사건 전부명령은 무효인 바, 이 사건 전부명령에 기한 丙의 丁에 대한 채무는 존재하지 않는다.

　　따라서 丁의 청구는 이유 없고 법원은 청구기각판결을 선고해야 한다.

민법

제405조 【채권자대위권행사의 통지】
① 채권자가 전조 제1항의 규정에 의하여 보전행위 이외의 권리를 행사한 때에는 채무자에게 통지하여야 한다.
② 채무자가 전항의 통지를 받은 후에는 그 권리를 처분하여도 이로써 채권자에게 대항하지 못한다.

민사집행법

제229조 【금전채권의 현금화방법】
① 압류한 금전채권에 대하여 압류채권자는 추심명령(推尋命令)이나 전부명령(轉付命令)을 신청할 수 있다.
② 추심명령이 있는 때에는 압류채권자는 대위절차(代位節次) 없이 압류채권을 추심할 수 있다.
③ 전부명령이 있는 때에는 압류된 채권은 지급에 갈음하여 압류채권자에게 이전된다.
④ 추심명령에 대하여는 제227조 제2항 및 제3항의 규정을, 전부명령에 대하여는 제227조 제2항의 규정을 각각 준용한다.
⑤ 전부명령이 제3채무자에게 송달될 때까지 그 금전채권에 관하여 다른 채권자가 압류·가압류 또는 배당요구를 한 경우에는 전부명령은 효력을 가지지 아니한다.
⑥ 제1항의 신청에 관한 재판에 대하여는 즉시항고를 할 수 있다.
⑦ 전부명령은 확정되어야 효력을 가진다.
⑧ 전부명령이 있은 뒤에 제49조 제2호 또는 제4호의 서류를 제출한 것을 이유로 전부명령에 대한 즉시항고가 제기된 경우에는 항고법원은 다른 이유로 전부명령을 취소하는 경우를 제외하고는 항고에 관한 재판을 정지하여야 한다.

011 채권압류 및 전부명령, 시효중단

2019년 제8회 변호사시험 <제1문1>

< 기초적 사실관계 >

중고차매매업을 하는 甲과 乙은 영업장 확보를 위하여 2012. 1. 6. 丙의 보증 아래 A은행으로부터 3억 원을 연이율 7%, 변제기 1년으로 하여 차용하였고, 甲은 A은행에 집행력 있는 공정증서의 형식으로 차용증을 따로 작성해 주었다.

한편 甲과 乙은 변제기인 2013. 1. 5.까지의 이자는 모두 지급하였으나 그 이후로 아무런 변제를 못하고 있다.

< 추가적 사실관계 >

A은행이 甲, 乙, 丙의 재산을 찾아보았더니, 甲은 B은행에 9천만 원의 정기예금을, 丙은 A은행에 1억 2천만 원의 정기예금을 가지고 있었다. 이에 A은행은 2013. 5. 2. 丙에게 위 대출금채권 중 원금 1억 2천만 원을 2013. 1. 5. 만기인 위 1억 2천만 원의 정기예금채무와 상계한다는 통지를 보냈고, 이는 2013. 5. 3. 丙에게 도달하였다.

그리고 A은행은 甲을 상대로 위 공정증서에 기한 강제집행에 착수하여, 2015. 1. 6. 甲의 B은행에 대한 정기예금채권에 채권압류 및 전부명령이 있었고, 이는 다음 날 甲과 B은행에 송달된 후 확정되었다. 그런데 甲의 B은행에 대한 위 정기예금채권에는 2014. 12. 3. 甲에 대한 다른 채권자인 C가 甲에 대한 1억 원의 대여금채권을 청구채권으로 하여 신청한 채권가압류가 있었고, 이는 다음 날 甲과 B은행에 송달된 사실이 있었다.

한편 乙은 2018. 11. 9. A은행에 남은 대출금 채무를 전액 변제하겠다는 확약서를 제출하였다.

< 문제 >

1. 현재 A은행은 甲, 乙, 丙에 대하여 각 얼마의 대출금 지급을 구할 수 있는가? (금액은 원금에 한하고, 다수 채무자 간의 중첩적 채무관계는 별도로 표시할 필요 없음) (30점)

Ⅰ. 문제의 소재 3점

사안에서는 ① 甲과 乙이 연대채무자의 관계인지 여부, ② 丙이 甲과 乙에 대하여 연대보증인의 관계인지 여부, ③ A은행의 丙에 대한 상계권 행사의 유효성 및 효력, ④ A은행의 甲의 정기예금채권에 대한 채권압류 및 전부명령이 압류가 경합되어 무효인지 여부 및 시효중단의 효력이 있는지 여부, ⑤ 乙의 대여금 채무가 시효로 소멸하였는지 여부 및 소멸시효완성의 甲과 丙에 대한 효력, ⑥ 乙의 시효이익포기의 효력이 각 문제된다.

Ⅱ. 甲, 乙, 丙 상호간의 관계 3점

甲과 乙은 중고차매매업을 하는 상인이고, 공동으로 상인인 A은행으로부터 사업자금으로 금원을 차용하였으므로 이는 상행위에 해당하고, 甲과 乙은 A은행에 대하여 연대채무자의 관계에 있다(상법 제57조 제1항). 또한 丙은 甲과 乙의 채무를 단순보증하였으나, 주채무인 대여금채무가 상사채무이므로 丙은 甲과 乙에 대하여 연대보증인의 관계에 있다(상법 제57조 제2항).

Ⅲ. A 은행의 丙에 대한 상계권 5점

자동채권에 항변권이 부착된 경우의 상계와 관련하여 판례[18]는 '항변권이 붙어 있는 채권을 자동채권으로 하여 타의 채무와의 상계를 허용한다면 상계자 일방의 의사표시에 의하여 상대방의 항변권행사의 기회를 상실케 하는 결과가 되므로 이와 같은 상계는 그 성질상 허용될 수 없다.'고 판시하여 상계를 허용하지 않으나, 사안에서 丙은 단순보증인이 아닌 연대보증인이므로 보증성이 없어 최고·검색의 항변권을 행사할 수 없다. 따라서 A은행의 상계권 행사는 유효하다.

그리고 연대보증인에게 발생한 사유 중 주채무자를 면책시키는 사유(변제, 공탁, 대물변제, 상계)를 제외하고는 주채무자에게 영향이 없으나, 상계는 주채무자를 면책시키는 사유이므로 주채무자에게도 효력이 발생한다.

따라서 1억 2천만 원의 상계로 인하여 甲, 乙, 丙은 일응 연대하여 1억 8천만 원의 채무를 부담하게 된다.

상법

제57조 【다수채무자간 또는 채무자와 보증인의 연대】
① 수인이 그 1인 또는 전원에게 상행위가 되는 행위로 인하여 채무를 부담할 때에는 연대하여 변제할 책임이 있다.
② 보증인이 있는 경우에 그 보증이 상행위이거나 주채무가 상행위로 인한 것인 때에는 주채무자와 보증인은 연대하여 변제할 책임이 있다.

---

18) 대판 2002.8.23. 2002다25242

Ⅳ. 甲의 정기예금채권에 대한 압류 및 전부명령의 효력 8점

사안에서 甲의 B은행에 대한 정기예금채권에는 甲의 또 다른 채권자인 C가 1억원을 청구채권으로 한 가압류를 신청하여 2014. 12. 4. 그 효력이 발생하였고, 그 이후 A은행은 위 정기예금채권에 대한 압류 및 전부명령을 신청하여 2015. 1. 7. 그 효력이 발생하였다.

이와 같이 압류가 경합된 경우의 효력과 관련하여 판례[19]는 '동일한 채권에 대하여 두 개 이상의 채권압류 및 전부명령이 발령되어 제3채무자에게 동시에 송달된 경우 당해 전부명령이 채권압류가 경합된 상태에서 발령된 것으로서 무효인지의 여부는 그 각 채권압류명령의 압류액을 합한 금액이 피압류채권액을 초과하는지를 기준으로 판단하여야 하므로 전자가 후자를 초과하는 경우에는 당해 전부명령은 모두 채권의 압류가 경합된 상태에서 발령된 것으로서 무효로 될 것이지만 그렇지 않은 경우에는 채권의 압류가 경합된 경우에 해당하지 아니하여 당해 전부명령은 모두 유효하게 된다고 할 것이다.'라고 판시하여 전부명령의 효력을 인정하지 않으나(민사집행법 제229조 제5항), 전부명령이 무효라고 하더라도 압류의 효력은 그대로 유지되므로, 위 압류는 소멸시효중단의 효력이 있다.

사안에서 A은행의 甲에 대한 대여금채권의 소멸시효 기간은 A은행과 甲이 모두 상인이므로 상사채권에 해당하여 5년이 되고(상법 제64조), A은행의 대여금채권의 변제기는 2013. 1. 5.이므로 소멸시효의 기산점은 2013. 1. 6.이 된다.

A은행은 甲에 대한 대여금채권의 소멸시효 완성 전인 2015. 1. 7. 압류집행을 하였으므로, A은행의 대여금채권의 소멸시효는 중단되었고, 위 중단의 효과는 보증인에게도 미치므로 丙에 대한 연대보증채권의 소멸시효도 중단되었다(민법 제440조). 한편 연대채무자에 대한 이행청구만이 절대적 효력을 가지고(민법 제416조), 다른 시효중단사유는 모두 상대적 효력만이 있으므로(민법 제423조) A은행의 甲에 대한 압류로 인한 시효중단의 효력은 乙에게는 그 효력이 미치지 않는다. 결국 甲의 채무와 丙의 甲에 대한 연대보증채무만이 시효로 중단되었다.[20]

---

19) 대판 2002.7.26. 2001다68839
20) 대판 2001.8.21. 2001다22840

민사집행법

제229조【금전채권의 현금화방법】
⑤ 전부명령이 제3채무자에게 송달될 때까지 그 금전채권에 관하여 다른 채권자가 압류·가압류 또는 배당요구를 한 경우에는 전부명령은 효력을 가지지 아니한다.

민법

제416조【이행청구의 절대적 효력】
어느 연대채무자에 대한 이행청구는 다른 연대채무자에게도 효력이 있다.

제421조【소멸시효의 절대적 효력】
어느 연대채무자에 대하여 소멸시효가 완성한 때에는 그 부담부분에 한하여 다른 연대채무자도 의무를 면한다.

제423조【효력의 상대성의 원칙】
전7조의 사항외에는 어느 연대채무자에 관한 사항은 다른 연대채무자에게 효력이 없다.

제424조【부담부분의 균등】
연대채무자의 부담부분은 균등한 것으로 추정한다.

제433조【보증인과 주채무자항변권】
① 보증인은 주채무자의 항변으로 채권자에게 대항할 수 있다.
② 주채무자의 항변포기는 보증인에게 효력이 없다.

제440조【시효중단의 보증인에 대한 효력】
주채무자에 대한 시효의 중단은 보증인에 대하여 그 효력이 있다.

상법

제64조【상사시효】
상행위로 인한 채권은 본법에 다른 규정이 없는 때에는 5년간 행사하지 아니하면 소멸시효가 완성한다. 그러나 다른 법령에 이보다 단기의 시효의 규정이 있는 때에는 그 규정에 의한다.

V. 乙의 채무의 시효완성의 효과 4점

사안에서 A은행은 乙에 대하여 소멸시효기간 만료일인 2018. 1. 5. 이전 별도의 시효중단 조치를 하지 않았으므로, 乙의 채무는 일응 시효로 소멸하였다.

연대채무자 중 일인의 시효완성의 효력은 부담부분에 한하여 절대적 효력이 발생하고(민법 제421조), 연대채무자의 부담부분은 균등한 것으로 추정되므로(민법 제424조), 甲은 乙의 부담부분인 9천만 원 범위내에서 채무를 면하게 된다.

그리고, 주채무가 시효로 소멸하면 보증채무도 부종성에 따라 소멸하므로[21], 丙의 乙에 대한 연대보증채무도 소멸한다.

VI. 乙의 시효이익포기의 효력 4점

乙은 자신의 채무의 소멸시효기간이 도과한 2018. 11. 9. 대출금 채무 전액의 변제를 확약하였는데, 이는 소멸시효완성이후의 시효이익의 포기에 해당하고[22], 따라서 乙은 잔존 채무 전액인 1억 8천만 원의 채무를 부담한다.

한편, 연대채무자 중 일인이 시효이익을 포기하더라도 이는 절대적 효력이 없어 甲에게는 아무런 영향이 없고(민법 제423조), 또한 주채무자의 항변포기는 보증인에게 효력이 없으므로 연대보증인인 丙에게는 아무런 영향이 없다(민법 제433조 제2항).

VII. 결론 3점

甲은 9천만 원의 채무를 부담하여야 하고, 乙은 시효이익의 포기로 인하여 1억 8천만 원의 채무를 부담하여야 하며, 丙은 乙에 대한 연대보증채무는 모두 소멸하였으나, 甲에 대한 연대보증채무는 여전히 부담하므로 9천만 원의 채무를 부담하여야 한다.

---

21) 대판 2002.5.14. 2000다62476
22) 대판 1992.5.22. 92다4796

012 압류 및 전부명령이 있는 경우 원래의 채무자의 당사자적격

< 사실관계 >

- A가 B에 대하여 가지는 1억 원의 대여금 채권을 A가 C에게 2012. 2. 9.에 채권양도하고 A가 2012. 4. 9. B에게 내용증명 우편으로 채권양도통지를 하여 2012. 4. 11.에 위 내용증명 우편이 B에게 송달되었다. 위 대여금 채권에 대하여 A의 채권자인 D가 제주지방법원에 채권가압류신청을 하여 위 법원이 2012. 3. 15. 채권자 D, 채무자 A, 제3채무자 B, 청구금액 5천만 원으로 된 채권가압류 결정을 발한 다음 위 결정이 2012. 3. 17.에 B에게 송달되었다. C는 위 양수금 채권 1억 원(지연손해금은 청구하지 아니한다)의 지급을 구하는 소송을 B를 상대로 2013. 1. 3.에 제기하였다. C가 위 양수금 청구 소송을 제기하기 전인 2012. 4. 2. 제주지방법원에서 채권자 D는 청구채권 원금 5천만 원과 이자 및 지연손해금 800만 원 등 합계 5,800만 원으로 하여 위 채권가압류결정에 기하여 본압류로 전이하는 채권압류 및 전부명령을 발령받아 그 결정은 2012. 4. 4.에 D, A, B에게 각 동시에 송달되었고, 위 채권압류 및 전부명령이 2012. 4. 12.에 확정되었다.

< 문제 >

위 양수금 소송에서

1. 피고 B는 위 압류 및 전부명령으로 인하여 C는 원고 적격이 없다고 주장하는데 이에 대하여 법원은 어떤 판단을 하여야 하는지와 그 근거를 서술하시오. (10점)

Ⅰ. 문제의 소재 **1점**

압류 및 전부명령이 있는 경우 원래의 채무자가 당사자적격을 상실하는지 문제된다.

Ⅱ. 압류 및 전부명령이 있는 경우의 원래의 채무자의 당사자적격 구비 여부 **7점**

1. 이행의 소의 당사자적격의 판단

이행의 소의 당사자적격 유무는 원고의 주장 자체에 의하여 결정된다. 자기에게 이행청구권이 있음을 주장하는 자가 원고적격을 가지며, 그로부터 이행의무자로 주장된 자가 피고적격을 갖는다. 원고가 실제로 이행청구권자이며 피고가 이행의무자인지는 본안 판단의 사안이다.

2. 채권의 압류 및 전부명령의 경우

채권의 압류 및 전부명령이 있는 경우는 채권의 압류 및 추심명령과 달리 채권 자체가 전부명령을 취득한 자에게 이전되기 때문에 이행의 소의 일반원칙에 따라 자기에게 이행청구권이 있다고 주장하는 것 자체로 원고적격이 있다.

Ⅲ. 결론 **2점**

압류 및 전부명령이 유효하여 전부명령자가 채권을 취득하는지는 본안 판단 문제이므로 C가 원고적격이 없다는 B의 주장은 이유 없고, 법원은 본안 판단을 해야 한다.

013 매매계약의 당사자 확정

< 기초적 사실관계 >

B는 A로부터 2005. 2. 17.부터 2008. 6. 30.까지 사이에 합계 4억 3,000만 원을 차용하였다.

B는 2008. 7. 28. D와 매매대금 2억 원에 D 소유의 X부동산에 대한 매매계약을 체결하고, 자신의 아들인 C와 합의 아래 C에게 위 매매를 원인으로 한 소유권이전등기를 마쳤다.

C 명의로 위 소유권이전등기가 마쳐질 무렵, B의 채무는 A에 대한 4억 3,000만 원과 그 외 금융기관에 대한 1억 원의 대출금 채무가 있었던 반면, B의 재산으로는 시가 1억 원 상당의 주택 외에, 현금 2억 원이 있었는데 그 돈은 X부동산의 매수대금으로 사용되었다.

A는 2009. 5. 10. C를 상대로 하여 B와 C 사이의 명의신탁이 채권자를 해하는 행위라는 이유로 채권자취소소송을 제기하였다.

< 추가적 사실관계 >

B가 D와 사이에 X부동산에 관한 매매계약을 체결할 때 매매계약서상의 매수인 명의를 B와 D의 합의로 B의 아들인 C로 하였다.

B는 X부동산을 매수하는 계약을 체결한 후, 이를 계속 점유·사용하였다.

매도인 D는 매매계약서에 당사자로 표시된 C를 한 번도 만난 적이 없고, 매매계약과 관련된 협상과 거래는 모두 B를 상대로 하였다고 증언하였다.

C는 당시 대학생(25세)으로서 X부동산을 직접 매수할 만한 자력이 있었다는 자료도 없다.

< 문제 >

1. 위 채권자취소소송에서 C는 자신이 X부동산 매매계약의 당사자이므로 명의신탁이 아니라고 주장하였다. 매매계약의 당사자 확정에 관한 원칙에 대하여 설명하고, 이를 이 사안에 구체적으로 적용한 결과를 서술하시오. (10점)

Ⅰ. 문제의 소재 1점

계약행위자와 명의자가 다른 경우 계약당사자가 누군지 문제된다.

Ⅱ. 계약당사자 확정 5점

타인의 이름을 임의로 사용하여 계약을 체결한 경우에는 누가 그 계약의 당사자인가를 먼저 확정하여야 할 것으로서, 행위자 또는 명의인 가운데 누구를 당사자로 할 것인지에 관하여 행위자와 상대방의 의사가 일치한 경우에는 그 일치하는 의사대로 행위자의 행위 또는 명의자의 행위로서 확정하여야 할 것이지만, 그러한 일치하는 의사를 확정할 수 없을 경우에는 계약의 성질, 내용, 체결 경위 및 계약체결을 전후한 구체적인 제반 사정을 토대로 상대방이 합리적인 인간이라면 행위자와 명의자 중 누구를 계약 당사자로 이해할 것인가에 의하여 당사자를 결정하고, 이에 터잡아 계약의 성립 여부와 효력을 판단하여야 한다.[23]

Ⅲ. 결론 4점

사안에서 D는 매수인이 B인 것으로 생각하였고, B와 모든 계약 체결행위를 하였으므로 계약당사자에 관한 의사의 일치가 있다. 계약서에서는 매수인이 C로 기재되었으나, D는 C와 실질적 매매계약의 체결행위에 관한 행위를 하지 않았으므로, C는 계약의 당사자가 될 수 없다. 따라서 계약의 실제 행위자인 B가 매매계약의 당사자이다.

---

[23] 명의신탁약정이 3자간 등기명의신탁인지 아니면 계약명의신탁인지의 구별은 계약당사자가 누구인가를 확정하는 문제로 귀결되는데, 계약명의자가 명의수탁자로 되어있다 하더라도 계약당사자를 명의신탁자로 볼 수 있다면 이는 3자간 등기명의신탁이 된다. 따라서 계약명의자인 명의수탁자가 아니라 명의신탁자에게 계약에 따른 법률효과를 직접 귀속시킬 의도로 계약을 체결한 사정이 인정된다면 명의신탁자가 계약당사자라고 할 것이므로, 이 경우의 명의신탁관계는 3자간 등기명의신탁으로 보아야 한다(대판 1995.9.29. 94다4912).

014 당사자표시정정신청

> 甲 소유의 X 토지에 관하여 乙이 등기서류를 위조하여 乙 명의로 소유권이전등기를 마쳤다. 이에 甲은 乙을 상대로 甲의 소유권에 기한 방해배제청구로서 乙 명의의 소유권이전등기에 대한 말소등기절차의 이행을 구하는 소(이하 '이 사건 소'라 한다)를 제기하였다.
>
> < 문제 >
> 1. 이 사건 소 제기 전에 乙이 이미 사망하였는데, 이를 알지 못한 甲은 乙을 상대로 소를 제기하였다.
>   가. 이 사건 소 제기 후 甲은 피고를 乙의 상속인 H로 바꿀 수 있는지와 그 근거를 설명하시오. (10점)

Ⅰ. 문제의 소재 2점

당사자 확정의 기준에 의하여 사자 상대의 소송의 경우 실질적 피고가 누구인지 판단하고, 상속인으로 피고를 변경하는 방법이 무엇인지 검토한다.

Ⅱ. 당사자 확정의 기준 2점

<u>소장의 당사자는 기재뿐만 아니라 청구의 취지·원인 그 밖의 일체의 기재사항 등 소장의 전체를 기준으로 합리적으로 해석 판단</u>하여야 한다(이른바 실질적 표시설).24)

이에 따를 때, 사안의 경우 실질적 피고는 당사자능력이 없어 소송당사자가 될 수 없는 乙이 아니라 처음부터 사망한 사람의 상속인인 H이다.

---

24) 대판 1996.3.22. 94다61243

Ⅲ. 상속인으로 당사자를 변경하는 방법 5점

　　원고가 피고의 사망사실을 모르고 선의로 사망자를 피고로 표시하여 소를 제기한 경우,25) 피고의 사망사실을 알고 있더라도 그 상속인이 누구인지 알 수 없어 사망자를 피고로 표시하여 소를 제기한 후 사실조회 등을 통하여 상속인을 확인한 경우26) 원고는 상속인을 피고로 하는 당사자 표시정정을 할 수 있다.27) 사안의 경우 원고 甲은 당사자표시정정신청을 통하여 피고를 실질적 피고인 상속인 H로 변경할 수 있다.

Ⅳ. 결론 1점

　　원고 甲은 당사자표시정정신청을 통하여 피고를 상속인 H로 변경할 수 있다.

---

25) 대판 1983.12.27. 82다146
26) 대판 2011.3.10. 2010다99040
27) 표시설에 의하면 당초 사망자를 상대로 한 소송은 당사자가 실재하지 아니한 소송으로 되어 부적법하게 되고, 이를 상속인으로 정정하는 것은 동일성을 벗어나 허용될 수 없으나, 사망자의 상속인이 현실적으로 소송에 관여하게 되어 상속인과 실질적인 소송관계가 성립된 경우라면 신의칙상 상속인에게 그 소송수행의 결과나 판결의 효력을 인수시키는 것이 타당하기 때문이다. 이 때 실질적인 피고로 해석되는 상속인은 실제로 상속을 하는 사람을 가리키므로, 상속을 포기한 사람은 이에 해당하지 아니하고 후순위 상속인이라도 선순위 상속인의 상속포기 등으로 실제로 상속인이 되는 경우에는 이에 해당한다(대결 2006.7.4. 2005마425, 대판 2009.10.15. 2009다49964). 한편 원고로 표시된 자가 소장이 제1심법원에 접수되기 전에 사망한 경우 그 원고 명의의 제소는 부적법하고, 사망자의 상속인들에 의한 소송수계신청도 허용될 수 없다(대결 1979.7.24. 79마173). 다만, 상속인이 전치절차 중 사망한 피상속인 명의로 조세부과처분취소소송을 제기한 경우에는 실제 그 소를 제기한 자는 상속인이라 볼 것이므로 당사자표시정정이 가능하다(대판 1994.12.2. 93누12206).

015 사망자를 상대로 한 소송의 표시정정

> 가전제품 판매상인 甲은 2015. 6. 30. 乙에게 300만 원 짜리 TV 1대를 판매·인도하고 대금은 2015. 12. 31.에 받기로 약정했다. 甲은 그와 같은 사실을 잊고 지내다가 2018. 12. 26. 乙에 대해 그 300만 원의 지급을 청구하는 내용의 소장을 법원에 제출했다. 그런데 乙은 2018. 12. 1. 사망했고, 丙이 단독으로 乙의 권리·의무를 상속했는데도, 甲은 그러한 사정을 모르고 乙로부터 그 TV 판매대금을 받기 위해 그 소를 제기했다. 소장부본이 송달되는 과정에서 甲이 위와 같은 사정을 비로소 알고 2019. 3. 20. 피고를 丙으로 바꾸어 달라는 피고경정 신청서를 법원에 제출했다.
>
> < 문제 >
> 1. 법원은 甲의 피고경정 신청에 대해 어떤 조치를 할 수 있는가? (10점)
> 2. 甲의 채권에 관한 소멸시효는 중단되었는가? 중단되었다면 그 중단 시점은 언제인가? (20점)

문제 1. 10점

Ⅰ. 문제의 소재 2점

사안에서는 ① 제소 전 피고가 사망한 경우 당사자표시정정의 방식으로 당사자를 수정할 수 있는지 여부, ② 원고가 당사자표시정정이 아닌 피고경정 신청을 한 경우에도 이를 당사자표시정정신청으로 선해하여야 하는지 문제된다.

Ⅱ. 소송의 당사자의 확정 5점

소송당사자의 확정과 관련해서는 원고나 법원이 당사자로 삼으려는 자가 당사자가 된다는 의사설, 당사자로 행위한 자가 당사자가 된다는 행위설, 소장의 표시 및 청구원인의 기재를 기준으로 결정하여야 한다는 표시설이 대립하고 있는데, 이와 관련하여 판례[28]는 '<u>원고가 사망 사실을 모르고 사망자를 피고로 표시하여 소를 제기한 경우에, 청구의 내용과 원인사실, 당해 소송을 통하여 분쟁을 실질적으로 해결하려는 원고의 소제기 목적 내지는 사망 사실을 안 이후의 원고의 피고 표시 정정신청 등 여러 사정을 종합하여 볼 때 사망자의 상속인이 처음부터 실질적인 피고이다.</u>'라고 판시하여 원고의 의사를 기준으로 당사자를 확정하였다. 위 판결에 따라 사안을 보면 이 소송의 피고는 乙의 상속인인 丙이 된다.

---

[28] 대결 2006.7.4. 2005마425

Ⅲ. 피고의 보정방법 3점

사망한 자를 피고로 소를 제기한 경우 피고의 보정방법과 관련하여 민사소송법 제260조의 피고경정절차를 통하여야 한다는 견해와 피고표시정정절차를 통하여야 한다는 견해의 대립이 있는데, 이와 관련하여 판례29)는 '재심원고가 재심대상판결 확정 후에 이미 사망한 당사자를 그 사망사실을 모르고 재심피고로 표시하여 재심의 소를 제기하였을 경우에 사실상의 재심피고는 사망자의 상속인이고 다만 그 표시를 그릇한 것에 불과하다고 해석함이 타당하므로 사자를 재심피고로 하였다가 그 후 그 상속인들로 당사자 표시를 정정하는 소송수계신청은 적법하다.'고 판시하며 표시정정절차에 따라 피고를 보정할 수 있다고 하였으며, 또한 판례30)는 '채권자가 채무자의 사망 이후 그 1순위 상속인의 상속포기 사실을 알지 못하고 1순위 상속인을 상대로 소를 제기하였다가 실제 상속인을 피고로 하는 피고경정신청을 한 경우, 피고표시정정으로 인정할 수 있다.'고 판시하였다.

위 각 판결에 따르면, 법원은 甲의 피고경정신청을 피고표시정정신청으로 인정하여 피고를 乙에서 丙으로 정정하고 소송을 진행하여야 한다.

민사소송법
제260조 【피고의 경정】
① 원고가 피고를 잘못 지정한 것이 분명한 경우에는 제1심 법원은 변론을 종결할 때까지 원고의 신청에 따라 결정으로 피고를 경정하도록 허가할 수 있다. 다만, 피고가 본안에 관하여 준비서면을 제출하거나, 변론준비기일에서 진술하거나 변론을 한 뒤에는 그의 동의를 받아야 한다.
② 피고의 경정은 서면으로 신청하여야 한다.
③ 제2항의 서면은 상대방에게 송달하여야 한다. 다만, 피고에게 소장의 부본을 송달하지 아니한 경우에는 그러하지 아니하다.
④ 피고가 제3항의 서면을 송달받은 날부터 2주 이내에 이의를 제기하지 아니하면 제1항 단서와 같은 동의를 한 것으로 본다.

---

29) 대판 1983.12.27. 82다146
30) 대판 2009.10.15 2009다49964

문제 2. 20점

I. 문제의 소재 3점

사안에서는 ① 甲의 乙에 대한 매매대금채권의 시효기간 및 기산점, ② 甲의 재판상 청구로 인한 시효중단 효과가 소장을 제출한 시점에 발생하는지 여부가 각 문제된다.

II. 매매대금채권의 시효기간 및 기산점 4점

사안에서 甲은 가전제품 판매상이므로 상인에 해당하고, 甲의 매매대금채권은 민법 제163조 제6호의 상인의 물건의 판매대가에 해당하므로 소멸시효기간은 3년이다. 그리고 甲과 乙은 2015. 12. 31. 매매대금의 변제기로 정하였으므로, 소멸시효의 기산점은 그 다음날인 2016. 1. 1.이 된다. 따라서 甲의 매매대금채권의 소멸시효는 2018. 12. 31. (저녁 12시) 완성된다.

III. 소제기의 실체법적 효력 13점

사안에서 甲은 소멸시효기간 도과 전인 2018. 12. 26. 소장을 제출하였고, 소멸시효기간 도과 후에 피고경정신청서를 제출하여 소제기의 실체법적 효력의 발생시점이 문제된다. 만약 甲의 피고경정신청을 문언대로 피고경정신청의 효력을 인정하게 되면 민사소송법 제265조에 따라 피고경정신청서를 제출한 시점에 소멸시효중단의 효력이 발생하게 된다(제265조, 제260조).

그러나 이와 관련하여 판례[31]는 '채무자 甲의 乙 은행에 대한 채무를 대위변제한 보증인 丙이 채무자 甲의 사망사실을 알면서도 그를 피고로 기재하여 소를 제기한 사안에서, 채무자 甲의 상속인이 실질적인 피고이고 다만 소장의 표시에 잘못이 있었던 것에 불과하므로, 보증인 丙은 채무자 甲의 상속인으로 피고의 표시를 정정할 수 있고, 따라서 당초 소장을 제출한 때에 소멸시효중단의 효력이 생긴다.'고 판시하여 피고표시정정의 경우 소장 제출 시에 실체적법 효력을 인정하였다.

위와 같이 甲의 피고경정신청서는 그 형식에 상관없이 피고표시정정신청서로 선해하여야 하므로, 소멸시효중단의 효력은 소장 제출 시에 발생하고, 따라서 甲의 매매대금채권은 시효로 소멸하지 않았다.

---

31) 대판 2011.3.10. 2010다99040

민사소송법

제265조 【소제기에 따른 시효중단의 시기】
시효의 중단 또는 법률상 기간을 지킴에 필요한 재판상 청구는 소를 제기한 때 또는 제260조 제2항·제262조 제2항 또는 제264조 제2항의 규정에 따라 서면을 법원에 제출한 때에 그 효력이 생긴다.

제260조 【피고의 경정】
① 원고가 피고를 잘못 지정한 것이 분명한 경우에는 제1심 법원은 변론을 종결할 때까지 원고의 신청에 따라 결정으로 피고를 경정하도록 허가할 수 있다. 다만, 피고가 본안에 관하여 준비서면을 제출하거나, 변론준비기일에서 진술하거나 변론을 한 뒤에는 그의 동의를 받아야 한다.
② 피고의 경정은 서면으로 신청하여야 한다.
③ 제2항의 서면은 상대방에게 송달하여야 한다. 다만, 피고에게 소장의 부본을 송달하지 아니한 경우에는 그러하지 아니하다.
④ 피고가 제3항의 서면을 송달받은 날부터 2주 이내에 이의를 제기하지 아니하면 제1항 단서와 같은 동의를 한 것으로 본다.

민법
제163조 【3년의 단기소멸시효】
다음 각호의 채권은 3년간 행사하지 아니하면 소멸시효가 완성한다.
6. 생산자 및 상인이 판매한 생산물 및 상품의 대가

016 사망자를 상대로 한 소송, 당사자표시정정, 시효중단의 시기

2021년 제3차 법전협 <제1문1>

甲으로부터 2010. 10. 27. 3,000만 원을 차용한 乙이 2016. 4. 7. 사망하자, 망인의 1순위 단독 상속인인 자녀 丙이 상속포기신고를 하여 2016. 7. 6. 수리되었다. 그러므로 망인의 형인 丁이 그 2순위 단독 상속인으로서 위 차용금채무를 상속하게 되었다.

甲은 2020. 10. 23. 위 1순위 상속인인 丙을 피고로 하여 대여금반환청구의 소를 제기하였다가 2021. 6. 19. 피고를 위 2순위 상속인인 丁으로 바꾸는 피고경정신청서를 법원에 제출하였다.

이에 丁은 피고의 경정이 있는 경우 시효중단의 효과는 경정신청서를 제출한 때에 발생하며, 이 사건 대여금채권은 甲이 위 피고경정신청서를 제출하였을 당시에 이미 10년의 소멸시효기간이 지나 시효로 소멸한 것으로 보아야 한다고 항변을 하였다.

< 문제 >
1. 위와 같은 丁의 시효항변이 정당한지를 그 논거와 함께 서술하시오. (10점)

Ⅰ. 문제의 소재　1점

사안에서는 ① 소송당사자가 제2순위 상속인인 丁인지 여부, ② 제소 전 사망자를 상대로 소를 제기한 경우 당사자 변경의 방법, ③ 당사자표시정정신청서가 아닌 피고경정신청서를 제출한 경우 표시정정의 효력이 발생하는지 여부, ④ 이 경우 소제기의 실체법적 효력이 발생하는 시기가 각 문제된다.

Ⅱ. 소송당사자의 확정 및 당사자표시정정신청　3점

소송당사자의 확정과 관련하여 학설은 표시설, 의사설, 행동설, 실질적 표시설이 대립하고 있으나, 제소 전 당사자(피고)가 사망한 경우와 관련하여 판례[32]는 '원고가 사망 사실을 모르고 사망자를 피고로 표시하여 소를 제기한 경우, 청구의 내용과 원인사실, 당해 소송을 통하여 분쟁을 실질적으로 해결하려는 원고의 소제기 목적 내지는 사망 사실을 안 이후의 원고의 피고 표시 정정신청 등 여러 사정을 종합하여 볼 때 사망자의 상속인이 처음부터 실질적인 피고이고 다만 그 표시를 잘못한 것으로 인정된다면, 사망자의 상속인으로 피고의 표시를 정정할 수 있다. 그리고 이 경우에 실질적인 피고로 해석되는 사망자의 상속인은 실제로 상속을 하는 사람을 가

---
[32] 대결 2006.7.4. 2005마425

리키고, 상속을 포기한 자는 상속 개시 시부터 상속인이 아니었던 것과 같은 지위에 놓이게 되므로 제1순위 상속인이라도 상속을 포기한 경우에는 이에 해당하지 아니하며, 후순위 상속인이라도 선순위 상속인의 상속포기 등으로 실제 상속인이 되는 경우에는 이에 해당한다.'고 판시하여, 의사설의 입장(판례는 실질적 표시설의 입장이라는 견해도 존재하며 이에 따라 서술해도 무방하다)에 따라 실질적 상속인이 소송당사자이고, 원고는 소송계속 중 당사자표시정정절차를 통하여 피고의 표시를 변경할 수 있다고 하였다. 위 판결에 따르면 소송당사자는 후순위 상속인인 丁이다.

III. 피고경정신청을 당사자표시정정으로 선해할 수 있는지 여부 3점

이와 관련하여 판례[33]는 '변경 전후 당사자의 동일성이 인정됨을 전제로 진정한 당사자를 확정하는 표시정정의 대상으로서의 성질을 지니는 이상 비록 소송에서 피고의 표시를 바꾸면서 피고 경정의 방법을 취하였다 해도 피고표시정정으로서의 법적 성질 및 효과는 잃지 않는다고 보아야 할 것이다.'고 판시하여 당사자표시정정신청으로 선해하였다.

위 판결에 따르면, 사안에서 甲이 피고경정신청서를 제출하였다 하더라도 이를 당사자표시정정신청서를 제출한 것으로 보아야 한다.

IV. 소제기의 실체법적 효력 발생시기 3점

피고경정의 경우에는 피고경정신청서를 제출한 시점에 소제기의 실체법적 효력이 발생하지만(제265조, 제260조 제2항), 당사자표시정정신청으로 인한 시효중단과 관련하여 판례[34]는 '이 사건의 실질적 피고는 당사자능력이 없어 소송당사자가 될 수 없는 사망자인 소외인이 아니라 처음부터 사망자의 상속인인 피고이고 다만 소장의 표시에 잘못이 있었던 것에 불과하므로, 원고는 소외인의 상속인으로 피고의 표시를 정정할 수 있고, 따라서 당초 소장을 제출한 때에 소멸시효중단의 효력이 생긴다고 할 것이다.'고 판시하였다.

위 판결에 따르면 甲은 시효기간인 10년이 도과하기 전인 2020. 10. 23. 이 사건 소를 제기하였으므로 이때 시효중단의 효력이 발생하고, 따라서 甲의 대여금채권이 시효로 소멸하였다는 취지의 丁의 주장은 근거가 없다.

---

33) 대판 2009.10.15. 2009다49964
34) 대판 2011.3.10. 2010다99040

민사소송법

제265조【소제기에 따른 시효중단의 시기】
시효의 중단 또는 법률상 기간을 지킴에 필요한 재판상 청구는 소를 제기한 때 또는 제260조 제2항·제262조 제2항 또는 제264조 제2항의 규정에 따라 서면을 법원에 제출한 때에 그 효력이 생긴다.

제260조【피고의 경정】
① 원고가 피고를 잘못 지정한 것이 분명한 경우에는 제1심 법원은 변론을 종결할 때까지 원고의 신청에 따라 결정으로 피고를 경정하도록 허가할 수 있다. 다만, 피고가 본안에 관하여 준비서면을 제출하거나, 변론준비기일에서 진술하거나 변론을 한 뒤에는 그의 동의를 받아야 한다.
② 피고의 경정은 서면으로 신청하여야 한다.
③ 제2항의 서면은 상대방에게 송달하여야 한다. 다만, 피고에게 소장의 부본을 송달하지 아니한 경우에는 그러하지 아니하다.
④ 피고가 제3항의 서면을 송달받은 날부터 2주 이내에 이의를 제기하지 아니하면 제1항 단서와 같은 동의를 한 것으로 본다.

017 제소 전 사망 사실을 간과한 판결의 효력 (1)

2022년 제11회 변호사시험 <제1문5>

< 기초적 사실관계 >

대부업자 甲은 2013. 5. 21. 乙에게 2억 원을 변제기 2014. 5. 20.로 정하여 대여하였다.
[※ 추가적 사실관계는 각각 별개임]

< 추가적 사실관계 1 >

甲은 乙을 상대로 2억 원에 대한 대여금청구의 소를 제기하기 위하여 2019. 2. 1. A변호사를 소송대리인으로 선임하였고, 그 당시 작성된 소송위임장에는 A변호사에게 상소 제기에 관한 특별한 권한을 부여하는 내용이 명시되어 있었다. A변호사는 甲의 소송대리인으로서 소송위임장을 첨부하여 2019. 2. 20. 乙을 피고로 2억 원의 대여금지급을 구하는 소를 제기하였다.

< 문제 >

1. 乙은 소장부본이 송달되기 전인 2019. 2. 25. 사망하였고, 丙은 乙의 유일한 상속인이다. 乙에 대한 소장부본이 송달되지 않자, 제1심 법원은 공시송달의 방법으로 소송을 진행하여 甲의 乙에 대한 일부 승소 판결을 선고하였고, 판결정본 역시 공시송달의 방법으로 송달되었다. A변호사는 항소기간 내에 甲의 패소 부분에 대해 甲을 항소인, 乙을 피항소인으로 하여 항소를 제기하였다. 甲은 항소심에서야 비로소 乙의 사망 사실을 알게 되어 피고를 丙으로 정정하는 당사자표시정정 신청서를 제출하였다. 위 당사자표시정정 신청은 적법한가? (10점)

Ⅰ. 문제의 소재 2점

사안에서는 ① 제소 전 사망 사실을 간과한 판결의 효력, ② 당사자의 불복방법이 각 문제된다.

Ⅱ. 제소 전 사망의 간과판결의 효력 5점

　제소 전 사망을 간과한 판결의 효력과 관련하여 판례[35]는 '원래 재심의 소는 종국판결의 확정력을 제거함을 그 목적으로 하는 것으로 확정된 판결에 대하여서만 제기할 수 있는 것이므로 소송수계 또는 당사자표시 정정 등 절차를 밟지 아니하고 사망한 사람을 당사자로 하여 선고된 판결은 당연무효로서 확정력이 없어 이에 대한 재심의 소는 부적법하다.'고 판시하여 당연무효의 판결로 보고 있다.

　한편 판례[36]는 판결선고 전이라면 피고 표시정정절차를 통한 보정을 허용하고 있고, 나아가 피고 사망을 이유로 소 각하 판결을 선고한 1심 판결이 항소된 경우 항소심에서의 표시정정절차를 허용하고 있다.[37]

Ⅲ. 당연무효판결에 대한 불복방법 3점

　이와 관련하여 판례[38]는 '당사자가 소 제기 이전에 이미 사망하여 주민등록이 말소된 사실을 간과한 채 본안 판단에 나아간 원심판결은 당연무효라 할 것이나, 민사소송이 당사자의 대립을 그 본질적 형태로 하는 것임에 비추어 사망한 자를 상대로 한 상고는 허용될 수 없다 할 것이므로, 이미 사망한 자를 상대방으로 하여 제기한 상고는 부적법하다.'고 판시하였다.

　위 판결에 따르면 A의 항소 및 당사자표시정정신청 모두 부적법하다.

---

35) 대판 1994.12.9. 94다16564
36) 대결 2014.10.2. 2014마1248
37) 1심에서 사망자를 상대로 한 제소라 하여 각하한 판결에 대하여 항소심이 당사자표시 정정을 한 경우에는 1심판결을 취소하고 환송을 해야 한다(대판 1974.10.8. 74다834).
38) 대판 2000.10.27. 2000다33775

018 제소 전 사망 사실을 간과한 판결의 효력 (2)

2016년 제5회 변호사시험 <제1문3>

> 甲 소유의 X 토지에 관하여 乙이 등기서류를 위조하여 乙 명의로 소유권이전등기를 마쳤다. 이에 甲은 乙을 상대로 甲의 소유권에 기한 방해배제청구로서 乙 명의의 소유권이전등기에 대한 말소등기절차의 이행을 구하는 소(이하 '이 사건 소'라 한다)를 제기하였다.
>
> < 문제 >
> 1. 이 사건 소 제기 전에 乙이 이미 사망하였는데, 이를 알지 못한 甲은 乙을 상대로 소를 제기하였다.
> 나. 법원은 乙이 이 사건 소 제기 전에 사망한 사실을 모르고 소송을 진행하였는데 乙이 재판에 출석하지 않자 자백간주로 원고 승소판결을 선고하였다. 이에 대하여 乙의 상속인 H가 항소를 제기한 경우 항소심 법원은 어떠한 판단을 하여야 하는지와 그 근거를 설명하시오. (5점)

I. 문제의 소재 4점

1. 제소 전 사망 사실을 간과한 판결의 효력

이미 제소 이전 사망한 자를 당사자로 한 소송에서 당사자표시정정의 절차없이 그대로 판결이 선고가 된 경우, 판례는 당연무효의 판결로써 확정력이 없다고 보고 있다.[39]

2. 당연무효판결에 대한 불복방법

당연무효인 판결에 대한 불복방법과 관련하여 판례는 민사소송이 당사자의 대립을 그 본질적 형태로 하는 것임에 비추어 사망한 자를 상대로 한 상고는 허용될 수 없다 할 것이므로, 이미 사망한 자를 상대방으로 하여 제기한 상고는 부적법하다고 하여 상소 또는 재심의 방법으로는 불복할 수 없다고 하였다.[40]

II. 결론 1점

항소심법원은 항소를 각하하여야 한다.

---

39) 대판 1994.12.9. 94다16564
40) 대판 2000.10.27. 2000다33775

019 소송계속 전 소송능력의 상실

2022년 제3차 법전협 <제1문1>

> **< 공통된 사실관계 >**
>
> A는 2022. 3. 15. 원래 알고 지내던 변호사 B에게 2억 원의 대여금 반환청구의 소제기를 위임하였고, 이들은 위임계약을 체결함에 있어서 추가로 증거를 수집한 후 2달 이내에 소장을 제출하기로 약정하였다. 그런데 A가 2022. 4. 5. 교통사고로 사망하였고 유족으로 16세의 아들 C만 있다. C의 법정대리인은 조부인 D이다. B는 2022. 4. 7. A의 사망사실을 모른 채로 A를 원고로 기재하여 소를 제기하였다.
>
> **< 문제 >**
> 1. 위 소제기는 적법한가? 판례의 입장을 설명하고 이를 비판해 보라. (15점)
> 2. 1심 소송계속 중 C는 어떤 조치를 해야 하는가? 만약 1심 소송계속 중에 아무런 C의 조치 없이 원고가 A로 기재된 채로 판결이 선고되었다면, 그 판결의 효력이 어떠한가? C측이 위 판결에 불복할 경우 어떤 조치를 취해야 하는가? (10점) (B에 대한 상소제기의 특별수권은 없었음을 전제로 함)

문제 1. 15점

Ⅰ. 문제의 소재 1점

사안에서는 ① 당사자가 소송대리인에게 소송 위임을 하고, 소 제기 전 사망을 한 경우 소송당사자가 사망한 당사자인지 아니면 사망자의 상속인인지 여부가 문제되고, 그 논의의 전제로서 ② 사망한 자를 당사자로 표시한 소제기의 원칙적 효력이 문제된다.

Ⅱ. 사망한 자를 당사자로 표시한 소제기의 효력 4점

이와 관련하여 판례[41]는 '소 제기 당시 이미 사망한 당사자와 상속인이 공동원고로 표시된 손해배상청구의 소가 제기된 경우, 이미 사망한 당사자 명의로 제기된 소 부분은 부적법하여 각하되어야 할 것이다.'라고 판시하였고, 또한 판례[42]는 '민사소송에서 소송당사자의 존재나 당사자능력은 소송요건에 해당하고, 이미 사망한 자를 상대로 한 소의 제기는 소송요건을 갖추지 않은 것으로서 부적법하며, 상고심에 이르러서는 당사자표시정정의 방법으로 그 흠결을 보정할 수 없다.'고 판시하여 원, 피고 불문 원칙적 부적법한 소로 보고 있다.

따라서 법원은 원칙적으로 원고의 소를 각하하여야 하고, 이를 간과하여 본안판결을 선고하더라도 이는 당연무효의 판결이 된다.

Ⅲ. 원고가 소송위임 후 사망한 경우 6점

이와 관련하여 판례[43]는 '당사자가 사망하더라도 소송대리인의 소송대리권은 소멸하지 아니하므로(민사소송법 제95조 제1호), 당사자가 소송대리인에게 소송위임을 한 다음 소 제기 전에 사망하였는데 소송대리인이 당사자가 사망한 것을 모르고 당사자를 원고로 표시하여 소를 제기하였다면 소의 제기는 적법하고, 시효중단 등 소 제기의 효력은 상속인들에게 귀속된다. 이 경우 민사소송법 제233조 제1항이 유추적용되어 사망한 사람의 상속인들은 소송절차를 수계하여야 한다.'고 판시하여 소송당사자는 상속인들이고, 소제기는 적법하다고 판단하였다.

Ⅳ. 판례에 대한 비판 4점

위 판결은 당사자 사망에 관한 기존의 판례와 배치되는 중대한 예외를 인정하는 것인데, 상대방이 인식하기 어려운 사정 즉, 원고가 사망하기 전 소송을 위임하였다는 사정만을 이유로 예외를 인정하는 것이 합리적인지 여부는 의문이다.

---

41) 대판 2015.8.13. 2015다209002
42) 대판 2012.6.14. 2010다105310
43) 대판 2016.4.29. 2014다210449

민사소송법

제95조 【소송대리권이 소멸되지 아니하는 경우】
다음 각호 가운데 어느 하나에 해당하더라도 소송대리권은 소멸되지 아니한다.
1. 당사자의 사망 또는 소송능력의 상실
2. 당사자인 법인의 합병에 의한 소멸
3. 당사자인 수탁자(受託者)의 신탁임무의 종료
4. 법정대리인의 사망, 소송능력의 상실 또는 대리권의 소멸·변경

제233조 【당사자의 사망으로 말미암은 중단】
① 당사자가 죽은 때에 소송절차는 중단된다. 이 경우 상속인·상속재산관리인, 그 밖에 법률에 의하여 소송을 계속하여 수행할 사람이 소송절차를 수계(受繼)하여야 한다.
② 상속인은 상속포기를 할 수 있는 동안 소송절차를 수계하지 못한다.

제238조 【소송대리인이 있는 경우의 제외】
소송대리인이 있는 경우에는 제233조 제1항, 제234조 내지 제237조의 규정을 적용하지 아니한다.

문제 2. 10점

Ⅰ. 문제의 소재 1점

사안에서는 C가 취하여야 할 소송법적 조치가 문제된다.

Ⅱ. 소송상 수계 3점

이와 관련하여 판례44)는 '당사자가 사망하더라도 소송대리인의 소송대리권은 소멸하지 아니하므로(민사소송법 제95조 제1호), 당사자가 소송대리인에게 소송위임을 한 다음 소 제기 전에 사망하였는데 소송대리인이 당사자가 사망한 것을 모르고 당사자를 원고로 표시하여 소를 제기하였다면 소의 제기는 적법하고, 시효중단 등 소 제기의 효력은 상속인들에게 귀속된다. 이 경우 민사소송법 제233조 제1항이 유추적용되어 사망한 사람의 상속인들은 소송절차를 수계하여야 한다.'고 판시하였는데, 위 판결에 따르면 C는 소송절차를 수계하여야 한다.

Ⅲ. 간과판결의 효력 4점

또한 이와 관련하여 판례45)는 '당사자가 사망하였으나 소송대리인이 있는 경우에는 소송절차가 중단되지 아니하고(민사소송법 제238조, 제233조 제1항), 소송대리인은 상속인들 전원을 위하여 소송을 수행하게 되며, 판결은 상속인들 전원에 대하여 효력이 있다. 이 경우 심급대리의 원칙상 판결정본이 소송대리인에게 송달되면 소송절차가 중단되므로 항소는 소송수계절차를 밟은 다음에 제기하는 것이 원칙이다. 다만 제1심 소송대리인이 상소제기에 관한 특별수권이 있어 상소를 제기하였다면 상소제기시부터 소송절차가 중단되므로 항소심에서 소송수계절차를 거치면 된다.'고 판시하여 판결이 유효하고, 그 효력이 상속인들에게 미친다고 판단하였다.

위 판결에 다르면 사망자를 원고로 표시하여 판결이 선고되더라도 이는 유효한 판결이고, 그 판결의 효력은 상속인인 C에게 미치게 된다. 다만 심급대리의 원칙상 판결정본 송달시 소송절차가 중단된다.

Ⅳ. C의 조치 2점

위와 같이 위 판결은 판결정본 송달과 동시에 중단된 상태이므로, C는 항소장과 수계신청서를 1심 법원에 제출함으로써 1심 판결에 불복할 수 있다. 단, C는 미성년자이므로 법정대리인 D가 대리하여야 한다.

---

44) 대판 2016.4.29. 2014다210449
45) 대판 2016.4.29. 2014다210449

2014년 제3회 변호사시험 <제1문1>

020 당사자가 소송 중 사망한 경우의 소송절차

< 공통된 사실관계 >

甲은 乙에게서 P시에 소재하는 1필의 X토지 중 일부를 위치와 면적을 특정하여 매수했으나 필요가 생기면 추후 분할하기로 하고 분할등기를 하지 않은 채 X토지 전체 면적에 대한 甲의 매수 부분의 면적 비율에 상응하는 지분소유권이전등기를 甲 명의로 경료하고 甲과 乙은 각자 소유하게 될 토지의 경계선을 확정하였다.

< 추가된 사실관계 >

甲과 乙은 각자 소유하는 토지 부분 위에 독자적으로 건축허가를 받아 각자의 건물을 각자의 비용으로 신축하기로 하였다. 각 건물의 1층 바닥의 기초공사를 마치고 건물의 벽과 지붕을 건축하던 중 자금이 부족하게 되자 甲과 乙은 공동으로 丁에게서 건축 자금 1억 원을 빌리면서 X토지 전체에 저당권을 설정해 주었다. 이후 건물은 완성되었으나 준공검사를 받지 못하여 소유권보존등기를 하지 못하고 있던 차에 자금 사정이 더욱 나빠진 甲과 乙은 원리금을 연체하게 되어 결국 저당권이 실행되었고 경매를 통하여 戊에게 X토지 전체에 대한 소유권이전등기가 경료되었다. 戊는 甲과 乙에게 법률상 근거 없이 X토지를 점유하고 있다는 이유로 각 건물의 철거 및 X토지 전체의 인도를 청구하고 있다. 甲과 乙은 위 소송과정에서 자신들이 승소하기 위하여 법률상 필요하고 유효적절한 항변을 모두 하였다.

< 소송의 경과 >

戊가 위 소송 도중에 사망하였으나, 변호사 A가 戊를 소송대리하고 있었기 때문에 소송이 중단되지는 않았다. 그런데 戊의 유일한 상속인인 B가 미처 소송수계를 신청하지 않은 상태에서 변론이 종결되고 제1심 판결이 선고되었다.

< 문제 >

5. 위 판결선고 이후 B가 소송수계신청을 하지 않은 상태에서 변호사 A에게 판결정본이 송달된 경우 위 판결이 확정되는지 여부 및 그 근거를 각 경우의 수로 나누어 서술하시오. (10점)

Ⅰ. 문제의 소재 2점

당사자가 소송 중 사망한 경우에 상소의 특별수권 여부에 따라 판결이 확정되는지 문제된다.

Ⅱ. 당사자가 소송 중 사망한 경우의 소송절차의 진행 6점

1. 소송대리인이 있는 경우 소송절차의 중단 여부

민사소송법 제238조에 따르면 당사자가 사망한 경우에 소송대리인이 있는 경우에는 소송절차가 중단되지 않는다고 규정하고 있으며, 판례 또한 당사자가 사망하였으나 그를 위한 소송대리인이 있어 소송절차가 중단되지 아니한 경우에는 원칙적으로 소송수계라는 문제가 발생하지 아니하고 그 소송대리인은 상속인들 전원을 위하여 소송을 수행하게 된다고 판시[46]하였다.

2. 소송대리인의 수권 범위

소송대리인은 반소, 참가 등의 소송행위에 대한 소송대리권이 있으나(제90조 제1항) 반소의 제기, 소의 취하, 포기, 인낙, 상소의 제기 및 취하에 대해서는 특별한 권한을 받아야 한다(제90조 제2항).

3. 상소의 특별 수권에 따라 소송절차가 중단되는지 여부

소송대리인에게 상소의 특별수권이 없는 경우에는 판례는 심급대리의 원칙상 심급의 판결정본이 소송대리인에게 송달되면 당해 소송대리인의 소송대리권이 소멸되므로 소송절차는 중단된다고 판시[47]하였다. 그러나 소송대리인에게 상소에 관한 특별한 수권이 있다면 판결정본이 송달되어도 대리권이 소멸하지 않기 때문에 소송절차가 중단되지 않는다. 따라서 판결정본이 소송대리인에게 송달되는 날부터 상소기간이 진행하게 된다.

Ⅲ. 결론 2점

소송대리인 A에게 상소의 특별 수권이 없는 경우 판결정본이 송달된 때 절차가 중단되어 판결이 확정되지 않으나, 특별 수권이 있는 경우 판결 정본 송달 후 2주 내에 상소 제기가 없다면 판결은 확정된다.

---

46) 대결 1991.5.29. 91마342
47) 대판 1996.2.9. 94다61649

민사소송법

제90조【소송대리권의 범위】
① 소송대리인은 위임을 받은 사건에 대하여 반소(反訴)·참가·강제집행·가압류·가처분에 관한 소송행위 등 일체의 소송행위와 변제(辨濟)의 영수를 할 수 있다.
② 소송대리인은 다음 각호의 사항에 대하여는 특별한 권한을 따로 받아야 한다.
  1. 반소의 제기
  2. 소의 취하, 화해, 청구의 포기·인낙 또는 제80조의 규정에 따른 탈퇴
  3. 상소의 제기 또는 취하
  4. 대리인의 선임

제238조【소송대리인이 있는 경우의 제외】
소송대리인이 있는 경우에는 제233조 제1항, 제234조 내지 제237조의 규정을 적용하지 아니한다.

021 소송계속 중 사망한 자가 소송대리인을 선임하지 않은 소송절차

2016년 제5회 변호사시험 <제1문3>

> 甲 소유의 X 토지에 관하여 乙이 등기서류를 위조하여 乙 명의로 소유권이전등기를 마쳤다. 이에 甲은 乙을 상대로 甲의 소유권에 기한 방해배제청구로서 乙 명의의 소유권이전등기에 대한 말소등기절차의 이행을 구하는 소(이하 '이 사건 소'라 한다)를 제기하였다.
>
> < 문제 >
> 2. 甲이 소송대리인을 선임하지 않은 채 이 사건 소송계속 중 사망하였다.
>   가. 甲의 사망으로 발생하는 소송법적 효과와, 이에 대하여 甲의 상속인 O가 소송상 취할 수 있는 조치에 대하여 설명하시오. (10점)
>   나. 법원은 甲이 이 사건 소송계속 중 사망한 사실을 모르고 소송을 진행하여 원고 패소판결을 선고하였다. 이에 대하여 甲의 상속인 O는 소송상 어떠한 조치를 취할 수 있는지와 그 근거를 설명하시오. (5점)

문제 2.-가 10점

I. 문제의 소재 1점

甲의 사망으로 인해 소송절차가 중단되는지, 소송당사자의 지위가 상속인 O에게 당연히 승계되는지, 상속인이 수계신청을 할 수 있는지 문제된다.

II. 甲의 사망으로 발생하는 소송법적 효과 5점

1. 소송절차의 중단

소송능력의 흠이 소제기 후에 생긴 경우에는 소가 부적법한 것이 아니므로 각하하여서는 안 되고 법정대리인이 소송수계할 때까지 소송절차가 중단된다(제233조 제1항). 다만 소송대리인이 있는 경우 소송절차가 중단되지 아니한다(제238조).

2. 상속인의 당연승계

소송도중 당사자가 사망하면 수계신청여부와 상관없이 상속인이 당연히 새로운 당사자가 되는지 여부에 대해 긍정설과 부정설이 대립하나, 판례는 소송도중 어느 일방의 당사자가 사망함으로 인해서 당사자로서의 자격을 상실하게 된 때에는 대립당사자구조가 없어져 버린 것이 아니고, 그때부터 소송은 그의 지위를 당연히 이어 받게 되는 상속인들과의 관계에서 대립당사자 구조를 형성하여 존재한다고 보아 당연승계를 긍정한다.[48]

민사소송법

제233조【당사자의 사망으로 말미암은 중단】
① 당사자가 죽은 때에 소송절차는 중단된다. 이 경우 상속인·상속재산관리인, 그 밖에 법률에 의하여 소송을 계속하여 수행할 사람이 소송절차를 수계(受繼)하여야 한다.
② 상속인은 상속포기를 할 수 있는 동안 소송절차를 수계하지 못한다.

제238조【소송대리인이 있는 경우의 제외】
소송대리인이 있는 경우에는 제233조 제1항, 제234조 내지 제237조의 규정을 적용하지 아니한다.

Ⅲ. 상속인의 조치 2점

상속인은 중단 당시의 법원에 소송수계신청을 할 수 있다.49) 상속포기를 할 수 있는 동안은 소송절차를 수계하지 못한다(제233조 제2항).50) 수계신청을 받은 법원은 직권으로 조사하여 그 신청이 이유가 없다고 인정한 때에는 결정으로 기각하여야 하며(제243조 제1항), 신청이 적법하면 별도의 재판 없이 그대로 절차를 진행한다.

Ⅳ. 사안의 해결 2점

甲이 소송대리인을 선임하지 않은 채 소송계속 중 사망하였으므로 소송절차는 중단되고, 상속인 O가 소송 당사자의 지위를 당연승계한다. 따라서 상속인 O는 중단 당시의 법원에 소송수계신청을 할 수 있다.

민사소송법

제241조 【상대방의 수계신청권】
소송절차의 수계신청은 상대방도 할 수 있다.

제243조 【수계신청에 대한 재판】
① 소송절차의 수계신청은 법원이 직권으로 조사하여 이유가 없다고 인정한 때에는 결정으로 기각하여야 한다.
② 재판이 송달된 뒤에 중단된 소송절차의 수계에 대하여는 그 재판을 한 법원이 결정하여야 한다.

---

48) 당사자가 사망하여 실재하지 아니한 자를 당사자로 하여 소가 제기된 경우는 당초부터 원고와 피고의 대립당사자 구조를 요구하는 민사소송법상의 기본원칙이 무시된 것이므로, 그와 같은 상태하에서의 판결은 당연무효라고 할 것이지만 일응 대립당사자 구조를 갖추고 적법히 소가 제기되었다가 소송도중 어느 일방의 당사자가 사망함으로 인해서 그 당사자로서의 자격을 상실하게 된 때에는 그 대립당사자 구조가 없어져 버린 것이 아니고, 그때부터 그 소송은 그의 지위를 당연히 이어 받게 되는 상속인들과의 관계에서 대립당사자 구조를 형성하여 존재하게 되는 것이고, 다만 상속인들이 그 소송을 이어 받는 외형상의 절차인 소송수계절차를 밟을 때까지는 실제상 그 소송을 진행할 수 없는 장애사유가 발생하였기 때문에 적법한 수계인이 수계절차를 밟아 소송에 관여할 수 있게 될 때까지 소송절차는 중단되도록 법이 규정하고 있을 뿐인바 …(대판 1995.5.23. 94다28444 전원합의체).
49) 소송절차의 수계신청은 상대방도 할 수 있다(제241조).
50) 다만, 상속포기기간 중에 한 소송수계신청을 받아들여 소송절차를 진행한 하자가 있다고 하더라도 그 후 상속의 포기 없이 상속개시 있음을 안 날로부터 3월을 경과한 때에는 그 전까지의 소송행위에 관한 하자는 치유된다(대판 1995.6.16. 95다5905).

문제 2. - 나 5점

Ⅰ. 문제의 소재 1점

소송 계속 중에 당사자가 사망하여 소송절차가 중단되었음에도 이를 간과하고 판결을 선고한 경우 유효여부가 문제되고, 상속인이 취할 수 있는 조치로서 상소제기, 수계신청 가능성이 문제된다.

Ⅱ. 소송계속 중 당사자 사망 사실을 간과한 판결의 효력과 상속인의 구제책 3점

① 상속인에 대한 당사자 지위의 당연승계의 인정여부에 따라 이를 부정하는 견해는 대립당사자 구조가 파괴되어 당연무효로 보고, 당연승계를 긍정하는 견해는 대립당사자구조는 유지되므로 당연무효는 아니고 절차상의 하자로 위법한 판결이라고 본다.

② 판례는 당연승계를 긍정하는 입장에서 소송계속 중 당사자 사망에 의한 소송절차 중단을 간과한 판결은 <u>위법하지만 당연무효가 아니라고 본다</u>.51) <u>판결확정 전에는 상소가 허용되고</u>(제424조 제1항 제4호 유추적용)52), <u>판결확정 후에는 재심의 소가 허용된다</u>(제451조 제1항 제3호 본문 유추적용).53) <u>또한 민사소송법 제243조 제2항에 원심법원에 수계신청을 하도록 규정하고 있음에도 상소심법원에도 수계신청을 허용하고 있다</u>.54)

Ⅲ. 사안의 해결 1점

당사자의 사망을 간과한 판결은 위법하지만 당연무효는 아니므로, 상속인은 판결확정 전에는 상소하고 상소법원에 수계신청을 할 수 있고, 판결확정 후에는 재심에 의하여 판결의 취소를 구할 수 있다.

---

51) 이와 같은 중단사유를 간과하고 변론이 종결되어 판결이 선고된 경우에는 그 판결은 소송에 관여할 수 있는 적법한 수계인의 권한을 배제한 결과가 되는 절차상 위법은 있지만 그 판결이 당연무효라 할 수는 없고, 다만 그 판결은 대리인에 의하여 적법하게 대리되지 않았던 경우와 마찬가지로 보아 대리권흠결을 이유로 상소(제394조 제1항 제4호) 또는 재심(제422조 제1항 제3호)에 의하여 그 취소를 구할 수 있을 뿐이다(대판 1995.5.23. 94다28444 전원합의체).

52) 상소 시 원심판결을 취소·파기하고, 소를 각하하여야 한다. 따라서 상소를 각하하여서는 아니 된다.

53) 다만 민사소송법 제394조 제2항을 유추하여 볼 때 당사자가 판결 후 명시적 또는 묵시적으로 원심의 절차를 적법한 것으로 추인하면 그 상소사유 또는 재심사유는 소멸한다고 보아야 할 것이다(대판 1995.5.23. 94다28444 전원합의체).

54) 따라서 이와 같은 판결이 선고된 후 그 상속인들이 수계신청을 하여 판결을 송달받아 상고하거나 또는 다음에 설시하는 이 사건의 경우와 같이 적법한 상속인들이 사실상 송달을 받아 상고장을 제출하고, 상고심에서 수계절차를 밟은 경우에도 그 수계와 상고는 적법한 것이라고 보아야 하고, 그 상고를 판결이 없는 상태에서 이루어진 상고로 보아 부적법한 것이라고 각하해야 할 것은 아니다(대판 1995.5.23. 94다28444 전원합의체).

민사소송법

제243조【수계신청에 대한 재판】
① 소송절차의 수계신청은 법원이 직권으로 조사하여 이유가 없다고 인정한 때에는 결정으로 기각하여야 한다.
② 재판이 송달된 뒤에 중단된 소송절차의 수계에 대하여는 그 재판을 한 법원이 결정하여야 한다.

제424조【절대적 상고이유】
① 판결에 다음 각호 가운데 어느 하나의 사유가 있는 때에는 상고에 정당한 이유가 있는 것으로 한다.
   4. 법정대리권·소송대리권 또는 대리인의 소송행위에 대한 특별한 권한의 수여에 흠이 있는 때

제451조【재심사유】
① 다음 각호 가운데 어느 하나에 해당하면 확정된 종국판결에 대하여 재심의 소를 제기할 수 있다. 다만, 당사자가 상소에 의하여 그 사유를 주장하였거나, 이를 알고도 주장하지 아니한 때에는 그러하지 아니하다.
   3. 법정대리권·소송대리권 또는 대리인이 소송행위를 하는 데에 필요한 권한의 수여에 흠이 있는 때. 다만, 제60조 또는 제97조의 규정에 따라 추인한 때에는 그러하지 아니하다.

022 소송계속 중 사망한 자가 소송대리인을 선임한 경우 일부 상속인에 의한 항소제기

2021년 제2차 법전협 <제1문2>

< 공통된 사실관계 >

甲 종중(대표자 A)은 2009. 8. 7. 乙에게 3억 원을 변제기 1년으로 하여 대여하였는데, 乙이 변제기가 지나서도 변제하지 않자, 2019. 6. 11. 乙을 상대로 3억 원의 대여금 청구의 소를 제기하였다. 위 소송에서 乙은 소송대리인 B를 선임하였고, B는 제1회 및 제2회 변론기일에서 대표자 A가 甲종중의 적법한 대표자가 아니고 또한 乙이 위 3억 원을 대여 받지 않았다고 주장하였다. (아래 각 질문은 독립적임)

< 추가된 사실관계 1 >

제3회 변론기일 직전에 乙이 사망하였고 그 상속인으로는 C와 D가 있었으나 C만이 소송절차를 수계하였다. 제1심 법원은 乙의 상속인이 2명인 사실을 알지 못한 채 피고를 C로만 표시한 원고청구 일부 인용 판결을 선고하였고 그 판결문은 2021. 1. 7. B에게 송달되었다. B에게는 상소제기에 관한 특별수권이 없다.

< 문제 >

2. C는 2021. 1. 15. 자신의 명의로만 항소를 제기하였다. 위 제1심 판결 및 항소제기의 효력은 D에게도 미치는가? (15점)

Ⅰ. 문제의 소재 2점

소송계속 중 당사자가 사망하였으나 소송대리인 있는 경우 소송절차 중단되는지 여부 및 그 판결 효력을 검토하고 소송절차 중단시점과 항소의 효력범위가 논의된다.

Ⅱ. 소송 계속 중 乙이 사망의 경우 대리인에 의한 재판 절차와 판결 효력이 D에게도 미치는지 여부 7점

1. 당사자의 사망과 대리인이 있는 경우 재판 절차

소송계속 중 당사자가 사망하는 경우 원칙적으로 소송절차는 중단되나, 소송대리인이 있는 경우엔 중단되지 않는다(제233조 제1항 1문, 제238조). 망인의 소송대리인은 당사자 지위의 당연승계로 인해 상속인에게서 새로 수권 받을 필요 없이 법률상 당연히 상속인의 소송대리인으로 취급되어 상속인들 모두를 위해 소송을 수행하게 된다. 소송대리인에게 상소제기 특별수권이 없는 경우 심급대리 원칙상 해당 소송은 그 소송대리인에게 판결 정본이 송달된 때 중단된다(제90조 제2항 참조, 대판 1997.10.10. 96다35484).

민사소송법

제233조 【당사자의 사망으로 말미암은 중단】
① 당사자가 죽은 때에 소송절차는 중단된다. 이 경우 상속인·상속재산관리인, 그 밖에 법률에 의하여 소송을 계속하여 수행할 사람이 소송절차를 수계(受繼)하여야 한다.
② 상속인은 상속포기를 할 수 있는 동안 소송절차를 수계하지 못한다.

제238조 【소송대리인이 있는 경우의 제외】
소송대리인이 있는 경우에는 제233조 제1항, 제234조 내지 제237조의 규정을 적용하지 아니한다.

사안에서 소송계속 중 乙이 사망한 경우 소송대리인 B가 있으므로 소송절차는 중단되지 않고 B는 상속인들의 소송대리인으로 취급된다. 소송대리인 B가 그 판결문을 송달 받은 2021. 1. 7.에 당해 절차가 중단되고, 이후 사망한 乙의 상속인이 소송수계를 해야 다시 진행된다. 소송절차가 중단되지 않은 경우에도 상속인은 소송절차를 수계할 수 있다(대판 1972.10.31. 72다1271,72다1272).

2. 판결의 효력범위

소송대리인이 수계절차 밟지 않아도 신당사자의 소송대리인이 되므로 판결서에 신당사자가 잘못 표시된 경우에도 판결의 효력은 정당한 상속인에게 미친다. 乙의 상속인 C, D 중 C만 소송절차를 수계하여 피고를 C로만 표시한 제1심판결이 선고되었더라도, 소송대리인 B는 상속인 C, D를 위한 소송대리인이 되므로 <u>제1심 판결 효력은 당연히 D에게도 미친다.</u>

Ⅲ. C의 항소제기의 효력이 D에게 미치는지 3점

1. 상속인 중 일부만 항소 제기한 경우

상속인들의 소송수행 관계는 <u>통상 공동소송</u>에 해당하므로 제1심 판결문이 소송대리인에게 송달된 후 <u>상속인 중 일부만 스스로 항소를 제기한 경우</u> 상소에 관해 수계한 상속인에게는 특별한 사정이 없는 한 <u>수계하지 않은 당사자를 대리할 권한이 없으므로</u> 항소심으로는 항소를 제기한 상속인에 대한 부분에 한하여 이심되고 심판대상이 된다.

2. 사안의 적용

사안에서 C는 판결문이 B에게 송달된 2021. 1. 7.로부터 2주 내인 2021. 1. 15. 자기 명의로만 항소를 제기했으므로 이는 적법한 항소로서 C에게만 효력이 있고, 위 기간 내 <u>항소를 제기하지 않은 D는 소송대리인 B에게 판결이 송달되어 소송절차가 중단된 상태</u>에 있다.

Ⅳ. 결론 3점

제1심 판결의 효력은 D에게도 미치지만 항소제기 효력은 D에게 미치지 않는다.

023 소송계속 중 당사자가 사망한 경우 선고된 판결의 효력 및 사망한 당사자에 대한 공시송달의 효력

< 기초적 사실관계 >

甲은 乙로부터 X부동산을 5억 원에 매수하였다며 2017. 3. 2. 乙을 상대로 "乙은 甲에게 X부동산에 관하여 2015. 7. 1. 매매를 원인으로 한 소유권이전등기절차를 이행하라."라는 취지의 소유권이전등기청구의 소를 제기하였다.

< 추가적 사실관계 >

제1심 법원이 甲의 청구를 기각하자 甲이 항소하였고 乙은 甲의 항소 직후 사망하였다. 그런데 항소심 법원이 이를 간과한 채 소송을 진행하여 항소장 부본 및 변론기일 소환장이 공시송달의 방법으로 송달되었다. 항소심 법원은 甲의 항소를 받아들여 甲의 청구를 인용하는 판결을 선고하였고 판결문까지 공시송달의 방법으로 송달되었다. 乙의 상속인으로는 A, B가 있고 A, B는 상소기간 도과 후인 2018. 10. 28.에야 이러한 사실을 알게 되었는데, A는 위 판결을 그대로 받아들이기로 했으나 B는 위 판결의 효력을 다투고 있다.

< 문제 >

2. B가 혼자서 2018. 11. 5. 추후보완상고를 제기하였다면 이는 적법한가? (15점)

Ⅰ. 문제의 소재 2점

사안에서는 ① 소송계속 중 당사자가 사망한 경우 선고된 판결의 효력, ② 소송계속 중 사망한 당사자에 대한 공시송달의 효력, ③ 상고 대신 추후보완상고를 제기한 경우의 효력이 각 문제된다.

Ⅱ. 소송계속 중 당사자 사망 간과 판결의 효력 3점

이와 관련하여 판례[55]는 '소송계속 중 어느 일방 당사자의 사망에 의한 소송절차 중단을 간과하고 변론이 종결되어 판결이 선고된 경우에는 그 판결은 소송에 관여할 수 있는 적법한 수계인의 권한을 배제한 결과가 되는 절차상 위법은 있지만 그 판결이 당연무효라 할 수는 없고, 다만 그 판결은 대리인에 의하여 적법하게 대리되지 않았던 경우와 마찬가지로 보아 대리권흠결을 이유로 상소 또는 재심에 의하여 그 취소를 구할 수 있을 뿐이다.'라고 판시하여 판결의 효력을 인정하고 있다.

사안에서 乙은 소송계속 중 사망하였으므로, 소송절차가 중단되었어야 하나 그 상태에서 판결이 선고되었다고 하여 그 판결이 당연무효가 되지는 않는다.

Ⅲ. 사망한 당사자에 대한 공시송달의 효력 및 추후보완상고의 효력 10점

이와 관련하여 판례[56]는 '소액사건에 있어서 원심변론종결 전 사망한 당사자에 대하여 실시한 판결문의 송달은 위법하여 원칙적으로 무효이고, 따라서 불변기간인 상고기간이 진행될 수 없으므로 추완상고의 문제는 생기지 아니하나, 단지 상속인들이 제기한 추완상고는 상속인들이 판결문을 송달받은 날로부터 적법한 상고기간 내에 제출된 상고로서 적법하다.'고 판시하여, 공시송달이 무효여서 원칙적으로 추후보완상고의 대상이 아니지만 당사자의 추후보완상고를 단순상고로 보아 적법성을 판단하여야 한다고 보았다.

사안에서 소송당사자인 상속인들은 2018. 10. 28.에 이르러 판결문이 공시송달로 송달된 사실을 알게 되었으므로, 이 날로부터 상고기간이 진행되는데, B는 이 날로부터 2주 이내인 2018. 11. 5. 추후보완상고를 제기하였으므로(제396조, 제425조), 이는 적법한 상고이고, A는 상고를 제기하지 않았으므로 A에 대한 부분은 그대로 확정되었다.

---

55) 대판 1995.5.23. 94다28444 전원합의체
56) 대판 2005.10.14. 2004다52705 (문제와 사실관계가 동일한 사안)

민사소송법

제396조【항소기간】
① 항소는 판결서가 송달된 날부터 2주 이내에 하여야 한다. 다만, 판결서 송달전에도 할 수 있다.
② 제1항의 기간은 불변기간으로 한다.

제425조【항소심절차의 준용】
상고와 상고심의 소송절차에는 특별한 규정이 없으면 제1장의 규정을 준용한다.

024 소송계속 중 변론 종결 전 피고가 사망한 경우에 상속인들에 대한 판결의 효력

< 공통된 기초사실 >

- A 주식회사(대표이사 B)는 2009. 1. 3. 乙의 대리인임을 자처하는 甲으로부터 乙 소유의 X 부동산을 대금 7억 원에 매수하면서, 계약금 1억 원은 계약 당일 지급하고, 중도금 3억 원은 2009. 3. 15. 乙의 거래은행 계좌로 송금하는 방법으로 지급하며, 잔금 3억 원은 2009. 3. 31. 乙로부터 X 부동산에 관한 소유권이전등기 소요서류를 교부받음과 동시에 지급하되, 잔대금 지급기일까지 그 대금을 지급하지 못하면 위 매매계약이 자동적으로 해제된다고 약정한 후(이하 '이 사건 매매계약'이라 함), 같은 날 甲에게 계약금 1억 원을 지급하였다.

< 추가된 사실관계 >

- 한편, A 주식회사 대표이사 B는 이 사건 매매계약의 중도금을 지급하기 위하여 C에게 돈을 빌려줄 것을 부탁하였고, 이에 C는 연대보증인 2인을 구해 오면 1억 원을 빌려주겠다고 하였다.
- B는 우선 당시 A 주식회사의 이사로 있던 D에게 위와 같은 사정을 설명하고 연대보증을 허락받았고, 다른 한 명의 연대보증인은 연대보증의 의미나 효과에 대해서 전혀 알지 못하는 등록된 지적장애인인 자신의 조카 E(남, 38세)에게 부탁하였다. C는 B, D, E를 직접 만나서 2009. 3. 1.경 D와 E의 연대보증 아래 A 주식회사에게 1억 원을 변제기 2010. 3. 1. 이율 월 2%로 정하여 대여하였고, 계약 체결 당시 B는 E가 조카여서 연대보증을 해 주는 것이라 설명하여, C는 E의 지적장애 상태를 알지 못한 채 위 계약을 체결하였다.
- A 주식회사 대표이사 B는 위 차용금 채무의 변제기가 다가오자 C를 찾아가 몇 개월만 더 변제기를 연장해 달라고 부탁하여, 2010. 2. 1. C와 사이에서 위 채무의 변제기를 2010. 10. 1.까지 연장하기로 합의하였다.
- 한편, D는 2010. 1. 10. A 주식회사의 이사직을 사임한 후 퇴직하였고, 그 직후인 2010. 1. 12. C에게 A 주식회사 이사직을 사임하였으므로 위 연대보증계약을 해지한다고 내용증명우편으로 통보하여, 위 통보가 2010. 1. 18. C에게 도달되었다.

< 소송의 경과 >

- C는 A 주식회사 측에 위 대여금의 지급을 촉구하였으나 지급받지 못하자 C1 변호사에게 소송을 의뢰하였고, C1은 C의 소송대리인이 되어 2012. 8. 1. D 및 E를 상대로 연대보증채무의 이행을 구하는 소송을 제기하였다.
- D는 C의 소장을 송달받은 후 변호사 D1을 소송대리인으로 선임하면서 ① 일체의 소송행위, ② 반소의 제기 및 응소, 상소의 제기 및 취하, ③ 소의 취하, 화해, 청구의 포기 및 인낙 등의 권한을 위임하였다.
- E는 2012. 11. 3. 금치산선고를 받았는데, 아버지 E1이 후견인으로 선임된 후 친족회 동의를 얻어 E의 법정대리인으로서 C의 본소에 대하여 답변하는 한편, 반소로서 위 연대보증채무(C가 E에게 청구한 본소청구 금액 전부)가 존재하지 아니한다는 내용의 채무부존재확인의 소를 제기하였다.

> < 문제 >
> 2. 만약 위 소송에서 피고 D가 소송계속 중 상속인으로 처와 아들 1명을 남기고 사망하였으나, 법원이 이를 알지 못한 채 피고를 D로 표시한 판결을 선고하였고, 그 판결문이 소송대리인 D1에게 송달되었다면 위 판결의 효력이 상속인들에게 미치는지 여부와 상소기간이 진행되는지 여부를 각 논거와 함께 서술하시오. (20점)

Ⅰ. 문제의 소재 3점

소송계속 중 변론 종결 전 피고가 사망한 경우에 소송대리인이 있는 경우 소송절차가 중단되지 않아 상속인들에게 판결의 효력이 미치는지 문제된다. 소송대리인에게 송달된 경우 소송대리인에게 상소의 특별수권이 있는 경우 상소기간이 그대로 진행되는지 문제된다.

민사소송법
제238조 【소송대리인이 있는 경우의 제외】
소송대리인이 있는 경우에는 제233조 제1항, 제234조 내지 제237조의 규정을 적용하지 아니한다.

Ⅱ. 소송계속 중 변론종결 전 당사자 사망의 효과 10점

1. 당사자 지위의 당연승계 여부

소송 중 당사자가 사망한 경우에는 수계신청권자인 상속인이 소송수계신청을 할 수 있다. 그러나 수계신청을 하지 않은 경우에도 상속인이 당사자 지위를 승계하는지 문제된다. 판례는 소송수계에 관계없이 상속인들이 그 지위를 당연히 이어받게 된다고 판시하여 당연 승계된다는 입장57)이다.

사안의 경우 피고 D의 처와 아들이 소송을 수계하였는지에 관계없이 상속인들이 그 지위를 승계하고 판결의 효력도 미친다.

2. 소송절차의 중단 여부

민사소송법 제238조에 따르면 당사자가 사망한 경우에 소송대리인이 있는 경우에는 소송절차가 중단되지 않는다고 규정하고 있으며, 판례 또한 당사자가 사망하였으나 그를 위한 소송대리인이 있어 소송절차가 중단되지 아니한 경우에는 원칙적으로 소송수계라는 문제가 발생하지 아니하고 그 소송대리인은 상속인들 전원을 위하여 소송을 수행하게 된다고 판시58)하였다.

사안의 경우 D1이 소송대리인으로서 소송을 수행하고 있으므로 소송절차가 중단되지 않는다.

---

57) 대판 1995.5.23. 94다28444 전원합의체
58) 대결 1991.5.29. 91마342

Ⅲ. 소송대리인에게 상소 특별수권이 있는 경우 상소기간의 진행 여부 5점

1. 소송대리인의 수권 범위

　　소송대리인은 반소, 참가 등의 소송행위에 대한 소송대리권이 있으나(제90조 제1항) 반소의 제기, 소의 취하, 포기, 인낙, <u>상소의 제기 및 취하에 대해서는 특별한 권한을 받아야 한다</u>(제90조 제2항).

2. 상소의 특별 수권에 따라 소송절차가 중단되는지 여부

　　소송대리인에게 상소의 특별수권이 없는 경우에는 판례는 심급대리의 원칙상 심급의 판결정본이 소송대리인에게 송달되면 당해 소송대리인의 소송대리권이 소멸되므로 소송절차는 중단되지 않는다고 판시[59]하였다. <u>그러나 소송대리인에게 상소에 관한 특별한 수권이 있다면 판결정본이 송달되어도 대리권이 소멸하지 않기 때문에 소송절차가 중단되지 않는다.</u> 따라서 판결정본이 소송대리인에게 송달되는 날부터 상소기간이 진행하게 된다.

3. 사안의 경우

　　D1에게 상소의 제기 및 취하의 특별 수권이 있어 소송절차가 중단되지 않고 상소기간이 진행하게 된다. 소송대리인이 송달을 받은 날로부터 2주 내에 상소를 제기해야 한다.

Ⅳ. 결론 2점

　　소송 계속 중 당사자가 사망하였더라도 소송대리인이 있으므로 절차가 계속 진행되며 상속인인 처와 아들에게 판결의 효력이 미친다. 소송대리인에게 상소의 특별수권이 있으므로 상소기간 또한 진행한다.

민사소송법

제90조 【소송대리권의 범위】
① 소송대리인은 위임을 받은 사건에 대하여 반소(反訴)·참가·강제집행·가압류·가처분에 관한 소송행위 등 일체의 소송행위와 변제(辨濟)의 영수를 할 수 있다.
② 소송대리인은 다음 각호의 사항에 대하여는 특별한 권한을 따로 받아야 한다.
　1. 반소의 제기
　2. 소의 취하, 화해, 청구의 포기·인낙 또는 제80조의 규정에 따른 탈퇴
　3. 상소의 제기 또는 취하
　4. 대리인의 선임

---

[59] 대판 1996.2.9. 94다61649

025

항소심 중 당사자가 사망하였는데 상속인이 사망자 명의로 소송대리인 선임, 소송을 진행하다 상고심에서 수계신청한 경우

> **< 문제 >**
> 2. 甲이 A 토지의 각 1/2 지분 공유자인 乙과 丙을 상대로 A 토지를 소유의 의사로 평온·공연하게 점유함으로써 취득시효가 완성되었다는 것을 이유로 각 공유지분에 관한 소유권이전등기를 구하는 소를 제기하였다. 2018. 7. 16. 甲의 청구를 모두 기각하는 제1심판결이 선고되었다. 이에 甲이 같은 해 8. 13. 항소를 제기하였고, 같은 해 8. 30. 丙이 항소심 소송대리인을 선임하지 아니한 상태에서 사망하였다. 그런데 丙의 단독 상속인 乙은 그 소송수계절차를 밟음이 없이 丙이 생존하여 있는 것처럼 같은 해 10. 11. 乙과 丙 명의로 변호사 B를 소송대리인으로 선임하여 그 변호사에 의하여 소송절차가 진행되었다. 항소심 법원은 丙이 사망한 사실을 모른 채 변론을 종결한 후 2019. 5. 4. 제1심 판결을 취소하고 甲의 청구를 인용하는 판결을 선고하였으며, 그 판결정본이 B에게 송달되었다. 그러자 乙은 같은 해 5. 30. 丙도 상고인의 한사람으로 표시하여 항소심 판결에 대하여 불복한다는 취지의 상고장을 제출하였다. 乙은 같은 해 7. 5.에 이르러 비로소 丙이 사망하였다고 하면서 대법원에 소송수계신청을 함과 동시에 항소심 판결의 절차상 흠에 관하여는 상고이유로 삼지 아니하고 본안에 관하여만 다투는 내용의 상고이유서를 제출하였다.
> 위 丙의 패소 부분에 관한 상고가 적법한지를 그 논거와 함께 서술하시오. (10점)

I. 문제의 소재

사안에서는 적법한 상속인이 사실상 송달을 받아 상고장을 제출하고, 상고심에서 수계절차를 밟은 경우에 상고가 적법한지 여부가 문제된다.

Ⅱ. 상고의 효력 　10점

　　이와 관련하여 판례60)는 "소송계속 중 어느 일방 당사자의 사망에 의한 소송절차 중단을 간과하고 변론이 종결되어 판결이 선고된 경우에는 그 판결은 소송에 관여할 수 있는 적법한 수계인의 권한을 배제한 결과가 되는 절차상 위법은 있지만 그 판결이 당연무효라 할 수는 없고, 다만 그 판결은 대리인에 의하여 적법하게 대리되지 않았던 경우와 마찬가지로 보아 대리권흠결을 이유로 상소 또는 재심에 의하여 그 취소를 구할 수 있을 뿐이므로, 판결이 선고된 후 적법한 상속인들이 수계신청을 하여 판결을 송달받아 상고하거나 또는 사실상 송달을 받아 상고장을 제출하고 상고심에서 수계절차를 밟은 경우에도 그 수계와 상고는 적법한 것이라고 보아야 하고, 그 상고를 판결이 없는 상태에서 이루어진 상고로 보아 부적법한 것이라고 각하해야 할 것은 아니다. 민사소송법 제394조 제2항을 유추하여 볼 때 당사자가 판결 후 명시적 또는 묵시적으로 원심의 절차를 적법한 것으로 추인하면 위 상소사유 또는 재심사유는 소멸한다고 보아야 한다."고 판시하여 상고가 적법하다고 보았다.

　　甲이 丙 상대로 제기한 소유권이전등기청구 소송은 항소심 계속 중 丙의 사망으로 절차가 중단되었다. 따라서 丙의 상속인인 乙이 소송수계 등의 절차 없이 변호사 B를 선임하여 丙 명의로 소송을 진행하여 받은 항소심 판결에는 소송절차상 위법이 있다.

　　그러나 위 판례에 따르면 항소심 판결이 선고된 후 적법한 상속인인 乙이 사실상 송달을 받아 상소장을 제출하고 상소심에서 수계절차를 밟았다면 그 수계와 상고는 적법한 것이므로 법원은 이를 각하할 수 없다.

민사소송법
제424조 【절대적 상고이유】
① 판결에 다음 각호 가운데 어느 하나의 사유가 있는 때에는 상고에 정당한 이유가 있는 것으로 한다.
　1. 법률에 따라 판결법원을 구성하지 아니한 때
　2. 법률에 따라 판결에 관여할 수 없는 판사가 판결에 관여한 때
　3. 전속관할에 관한 규정에 어긋난 때
　4. 법정대리권・소송대리권 또는 대리인의 소송행위에 대한 특별한 권한의 수여에 흠이 있는 때
　5. 변론을 공개하는 규정에 어긋난 때
　6. 판결의 이유를 밝히지 아니하거나 이유에 모순이 있는 때
② 제60조 또는 제97조의 규정에 따라 추인한 때에는 제1항 제4호의 규정을 적용하지 아니한다.

---

60) 대판 1995.5.23. 94다28444 전원합의체

026 당사자 사망과 상소제기 특별수권

< 기초적 사실관계 >

甲은 乙을 상대로 乙 소유로 등기되어 있던 X 토지에 관하여 매매를 원인으로 한 소유권이전등기를 청구하는 소(이하 'A소'라고 한다)를 제기하였다. 소송계속 중 乙은 변호사인 丙에게 소송대리를 위임한 후 사망하였는데, 丁이 그 유일한 상속인이었다. 乙의 사망 사실을 알지 못 한 법원은 乙을 피고로 하여 청구인용 판결을 선고하였고, 판결정본이 甲과 丙에게 송달된 때로부터 30일이 경과한 후 甲은 위 판결에 기하여 자신 앞으로 X 토지에 관한 소유권이전등기를 마쳤다.

그 후 丁은 위 소유권이전등기가 원인무효라고 주장하면서 그 말소를 청구하는 소(이하 'B소'라고 한다)를 제기하였다. 심리 결과 "甲은 乙로부터 X 토지를 매수한 적이 없고, 다른 실체법상 등기원인도 존재하지 않는다."는 점이 밝혀졌다.

< 문제 >

乙이 사망 전에 丙에게 상소제기의 수권을 한 경우와 위 수권을 하지 않은 경우를 나누어, 각 경우에 B소 법원이 어떠한 판결을 해야 하는지 논하시오. (30점)

Ⅰ. 문제의 소재 3점

사안에서는 논의의 전제로 소송계속 중 당사자가 사망한 경우 소송절차가 중단되는지 여부, 丙에게 상소제기의 수권이 있는 경우, ① 상소기간이 진행하여 판결이 확정되는지 여부, ② 확정된 판결에 대하여 丁이 그 효력을 부인하며 B소를 제기한 것이 전소인 A소의 기판력에 반하는지 여부가 문제되고, 丙에게 상소제기의 수권이 없는 경우, ① 심급대리의 원칙상 판결정본이 송달된 후 A소가 중단되었는지 여부, ② A소가 확정되지 않았다면 이에 기하여 마쳐진 소유권이전등기가 무효인지 여부, ③ 丁이 B소로써 소유권이전등기의 말소를 구할 수 있는지 여부가 각 문제된다.

Ⅱ. 당사자 사망시 소송절차의 중단 여부 5점

소송계속 중 당사자가 사망한 경우, 소송대리인이 없는 경우에는 소송절차가 중단되나, 소송대리인이 있는 경우에는 소송절차가 중단되지 않는다(제233조 제1항, 제238조). 이와 관련하여 판례[61]도 '당사자가 사망하였으나 소송대리인이 있어 소송절차가 중단되지 아니한 경우 원칙적으로 소송수계라는 문제가 발생하지 아니하고 소송대리인은 상속인들 전원을 위하여 소송을 수행하게 되는 것이며, 그 사건의 판결은 상속인들 전원에 대하여 효력이 있다.'고 판시하였다.

민사소송법

제233조【당사자의 사망으로 말미암은 중단】

① 당사자가 죽은 때에 소송절차는 중단된다. 이 경우 상속인·상속재산관리인, 그 밖에 법률에 의하여 소송을 계속하여 수행할 사람이 소송절차를 수계(受繼)하여야 한다.

② 상속인은 상속포기를 할 수 있는 동안 소송절차를 수계하지 못한다.

제238조【소송대리인이 있는 경우의 제외】

소송대리인이 있는 경우에는 제233조 제1항, 제234조 내지 제237조의 규정을 적용하지 아니한다.

---

61) 대결 1991.5.29. 91마342

Ⅲ. 상소제기의 특별수권이 있는 경우 10점

1. A소가 확정되는지 여부

소송대리인은 반소, 참가 등의 소송행위에 대한 소송대리권이 있으나(제90조 제1항) 반소의 제기, 소의 취하, 포기, 인낙, 상소의 제기 및 취하에 대해서는 특별한 권한을 받아야 한다(제90조 제2항). 소송대리인에게 상소에 관한 특별한 수권이 있다면 판결정본이 송달되어도 대리권이 소멸하지 않기 때문에 소송절차가 중단되지 않는다. 따라서 판결정본이 소송대리인에게 송달되는 때(송달일의 다음날부터 기산)부터 2주간의 상소기간이 진행하게 된다.

사안에서 丙에게 상소제기의 특별수권이 있다면, 상소기간이 진행하고, 상소기간 내 상소를 제기하지 않았으므로, A소는 확정된다.

2. 기판력에 저촉되는지 여부

확정된 A소의 기판력은 'A소의 변론종결일 기준 甲과 乙(丁) 사이에 甲의 乙(丁)에 대한 X토지에 관한 매매계약에 기한 소유권이전등기청구권 있음'에 대하여 미친다. 그리고 확정된 전소 판결의 기판력은 동일, 선결, 모순관계에 있는 후소에 대하여 모두 미치게 된다.

한편, 丁은 B소를 제기하면서 A소 확정판결에 따른 소유권이전등기의 말소등기를 청구하였는데 이와 관련하여 판례62)는 '판결이 형식적으로 확정되면 그 내용에 따른 기판력이 생기므로 소유권이전등기 절차를 명하는 확정판결에 의하여 소유권이전등기가 마쳐진 경우에 다시 원인무효임을 내세워 그 말소등기절차의 이행을 청구함은 확정된 이전등기청구권을 부인하는 것이어서 기판력에 저촉된다.'고 판시하였다. 따라서 丁의 B소는 A소의 기판력에 저촉된다.

3. 후소법원의 판단

기판력의 본질에 관하여 모순금지설과 반복금지설이 대립하고 있으나, 판례는 모순금지설의 입장에서 전소 승소자가 다시 동일한 소를 제기하면 후소법원은 권리보호이익의 흠결을 이유로 소를 각하하여야 하고, 전소 패소자가 다시 동일한 소를 제기하면 후소법원은 권리보호이익의 흠결을 이유로 소각하 할 수는 없지만 전소판결 내용과 모순되는 판단을 할 수 없다는 구속력 때문에 청구기각 판결을 선고하여야 한다는 입장이다. 또한 전소의 기판력에 모순되는 청구와 관련하여 판례63)는 '원고의 이 사건 소 중 그 승소부분에 해당하는 2분의 1 부분은 권리보호의 요건을 갖추지 못한 부적법한 것이라 하여 이를 각하하여야 하고 패소부분에 해당하는 나머지 2분의 1 부분은 그와 모순되는 판단을 할 수 없는 것이라 하여 형식적으로 이를 기각하여야 한다.'고 판시하였다.

따라서 후소법원은 丁의 B소에 따른 청구를 기각하여야 한다.

---

62) 대판 1987.3.24. 86다카1958
63) 대판 1979.9.11. 79다1275

민사소송법
제90조 【소송대리권의 범위】
① 소송대리인은 위임을 받은 사건에 대하여 반소(反訴)·참가·강제집행·가압류·가처분에 관한 소송행위 등 일체의 소송행위와 변제(辨濟)의 영수를 할 수 있다.
② 소송대리인은 다음 각호의 사항에 대하여는 특별한 권한을 따로 받아야 한다.
 1. 반소의 제기
 2. 소의 취하, 화해, 청구의 포기·인낙 또는 제80조의 규정에 따른 탈퇴
 3. 상소의 제기 또는 취하
 4. 대리인의 선임

Ⅳ. 상소제기의 특별수권이 없는 경우 **10점**

1. A소가 확정되는지 여부

소송대리인에게 상소의 특별수권이 없는 경우 판례[64]는 '당사자가 사망하였으나 그를 위한 소송대리인이 있는 경우에는 소송절차가 중단되지 아니하고, 그 소송대리인은 상속인들 전원을 위하여 소송을 수행하게 되어 그 사건의 판결은 상속인들 전원에 대하여 효력이 있다고 할 것이며, 다만 심급대리의 원칙상 그 판결정본이 소송대리인에게 송달된 때에는 소송절차가 중단된다.'고 판시하였는데, 위 판결에 따르면 A소의 판결정본이 소송대리인 丙에게 송달되면 그 때 소송절차가 중단되고, 상소기간이 진행하지 않는다.

2. 기판력에 저촉되는지 여부

위와 같이 A소는 판결정본이 송달된 시점에 중단되어 있으므로, 상소기간이 진행되지 않고, 따라서 판결이 확정될 수 없다. 판결이 확정되지 않았으므로, 기판력 역시 발생하지 않는다.

3. 후소법원의 판단

위와 같이 A소는 기판력이 없으므로, B소의 법원은 기판력에 구속되지 않고 자유심증에 따라 판결을 할 수 있는 것이 원칙이다. 그리고, 확정되지 않은 판결에 기하여 마쳐진 등기의 효력과 관련하여 판례[65]는 '사위판결에 기하여 경료된 부동산에 관한 소유권이전등기는 실체적 권리관계에 부합될 수 있는 특별한 사정이 없는 한 원인무효로써 말소될 처지에 있고, 또 그 상대방이 사위판결에 대하여 상소를 제기하지 아니하고 별소에 의하여 소유권이전등기의 말소를 구한다 하더라도 그 등기명의인으로서는 이를 거부할 수 없는 것이다.'라고 판시하여 원칙적 원인무효의 등기로 보고 실체관계에 따라 후소법원이 판단할 수 있다고 보았다.

위 판결에 따르면, A소는 기판력이 없고, B소 법원은 위 소유권이전등기의 등기원인이 존재하지 않는다고 심증을 형성하였으므로, B소 법원은 丁의 청구를 인용할 수 있다.

Ⅴ. 결론 **2점**

소송대리인에게 상소제기의 특별수권이 있는 경우에는, 법원은 등기원인이 존재하지 않는다는 심증에도 불구하고, 판례의 입장인 모순금지설에 따라 청구기각 판결을 하여야 하고, 소송대리인에게 상소제기의 특별수권이 없는 경우에는, 법원은 소유권이전등기가 확정판결에 의하지 아니한 것일 뿐 아니라 그 실체적 등기원인도 없는 것이므로 청구인용의 판결을 선고하여야 한다.

---

[64] 대판 1996.2.9. 94다61649
[65] 대판 1992.4.24. 91다38631

027 피보전채권이 인정되지 않는 경우 법원의 판결

< 기초적 사실관계 >

B는 2002. 1. 1. 주택을 신축할 목적으로 C로부터 X토지를 매매대금 10억 원에 매수하면서, 소유권이전등기는 추후 B가 요구하는 때에 마쳐주기로 하였다. B는 2002. 4. 5. 매매대금 전액을 지급하고 C로부터 X토지를 인도받았다.

B는 그 무렵 이후 C에게 X토지에 관한 소유권이전등기절차의 이행을 요구하였는데, C는 X토지를 매도할 당시보다 시가가 2배 이상 상승하였다고 주장하면서 매매대금으로 10억 원을 더 주지 않으면 B에게 소유권이전등기를 마쳐줄 수 없다고 하였다.

B는 C에게 수차례 소유권이전등기절차의 이행을 구하다가 2009. 12. 4. A에게 X토지를 25억 원에 매도하였다.

< 추가적 사실관계 >

A는 2011. 5. 8. 법원에 C를 상대로 B에 대한 X토지에 관한 소유권이전등기청구권을 보전하기 위하여 B를 대위하여 2002. 1. 1.자 매매를 원인으로 한 소유권이전등기절차 이행을 구하는 소를 제기하였다.

< 문제 >

1. 재판과정에서, A가 2010. 9. 10. B를 상대로 X토지에 관하여 2009. 12. 4.자 매매를 원인으로 한 소유권이전등기청구의 소를 제기하였다가 그 매매계약이 적법하게 해제되었다는 이유로 패소판결을 선고받아 그 판결이 2010. 12. 30. 확정된 사실이 밝혀졌다. 이 경우 법원은 어떠한 판단을 하여야 하며, 그 이유는 무엇인가? (10점)

Ⅰ. 문제의 소재 2점

피보전채권이 인정되지 않는 경우 법원이 기각판결을 할 것인지 각하판결을 할 것인지 문제된다.

Ⅱ. 피보전채권에 대한 패소판결이 존재하는 경우 5점

채권자대위소송의 요건은 ① 피보전채권의 존재 ② 피대위권리의 존재 ③ 보전의 필요성 ④ 채무자의 권리불행사 등이다. 이 중 피보전채권의 존재, 보전의 필요성, 채무자의 권리불행사 요건은 소송의 적법요건이다.

판례는 역시 "채무자에 대한 소유권이전등기청구권을 보전하기 위하여 채무자를 대위하여 제3자 명의의 소유권이전등기의 말소를 청구하기 위하여는 우선 채권자의 채무자에 대한 소유권이전등기청구권을 보전할 필요가 인정되어야 할 것이고 그러한 보전의 필요가 인정되지 않는 경우에는 소가 부적법하므로 직권으로 이를 각하하여야 할 것인바, 채권자가 채무자를 상대로 소유권이전등기절차이행의 소를 제기하였으나 패소확정판결을 받았다면 위 판결의 기판력으로 말미암아 채권자로서는 더 이상 소유권이전등기청구를 할 수 없게 되었다 할 것이고, 가사 채권자가 채권자대위소송에서 승소하였다 한들 채권자가 채무자에 대하여 다시 소유권이전등기절차의 이행을 구할 수 있는 것도 아니므로 채권자로서는 채권자대위권을 행사함으로써 위 소유권이전등기청구권을 보전할 필요가 없게 되었다 할 것이다."라고 한다.[66]

Ⅲ. 결론 3점

사안에서 피보전채권은 A의 B에 대한 매매계약에 기한 소유권이전등기청구권이다. A가 B를 상대로 2009. 12. 4. 자 매매를 원인으로 한 소유권이전등기청구의 소를 제기하였다가 패소판결을 선고받아 그 판결이 2010. 12. 30. 확정되었으므로 그 판결의 기판력으로 인하여 A는 더 이상 소유권이전등기청구를 할 수 없다. 따라서 A가 B를 대위하여 2002. 1. 1. 자 매매를 원인으로 한 소를 제기한 것은 보전의 필요성이 없어 소가 각하되어야 한다.

---

[66] 대판 1993.2.12. 92다25151

028 대위소송에서 피보전채권의 부존재

< 기초적 사실관계 >

甲은 乙에게 토지를 대금 1억 원에 매도한 후 위 대금의 지급기일이 도래하였음에도 채무초과 상태에서 위 대금 채권을 행사하지 않았다(이러한 사실은 아래 각 소송절차에서 모두 주장·증명되었다). 그 후 丙은 자신이 2016. 5. 4. 甲에게 2억 원을 변제기일은 2017. 5. 3.로 정하여 대여하였다는 사실(이하 '이 사건 대여사실'이라고 한다)을 주장하면서 위 2억 원의 대여금채권을 피보전채권으로 하여 甲을 대위하여 乙을 상대로 위 대금 1억 원의 지급을 청구하는 소(이하 'A 소'라고 한다)를 2018. 7. 2. 제기하였다. 甲은 같은 날 A 소의 제기 사실을 알게 되었다.

제1심법원은 이 사건 대여사실이 존재하지 않는다는 이유로 A 소를 각하하는 판결을 선고하였고, 이 판결은 그대로 확정되었다. 그 후 丙은 甲을 상대로 대여금 2억 원의 반환을 청구하는 소(이하 'B 소'라고 한다)를 제기한 후 그 소송절차에서 이 사건 대여사실이 존재한다는 진술을 하고 A 소의 소송절차에서는 제출되지 않았던 새로운 증거를 제출하여 B소 제1심법원으로 하여금 이 사건 대여사실이 존재한다는 확신을 갖게 하였다.

< 문제 >

1. A 소를 각하한 위 판결은 타당한가? (이 사건 대여사실이 존재하지 않는다는 법원의 판단에는 아무런 문제가 없음을 전제로 할 것) (15점)
2. B 소에 대하여 제1심법원은 어떠한 판결을 선고하여야 하는가? (15점)

문제 1. 15점

Ⅰ. 문제의 소재 3점

사안에서는 대위소송에서 피보전채권이 존재하지 않는 경우, 법원의 판단이 문제된다.

Ⅱ. 대위소송의 법적 성질 5점

이와 관련하여, 채권자대위소송은 법률이 채권자가 자기 채권의 보전을 할 수 있도록 채권자에게 채무자의 권리에 관한 관리처분권, 즉 소송수행권을 부여한 것이고 채권자는 소송담당자라는 견해와 채권자대위소송은 채권자가 자신에게 인정된 대위권이라는 실체법상의 권리를 행사하는 것이고 채권자는 소송담당자가 아니라는 견해가 대립하고 있으나, 법정소송담당자설이 다수설과 판례의 견해이다.

Ⅲ. 피보전채권과 당사자적격 7점

대위소송에서 피보전채권이 인정되지 않는 경우와 관련하여 판례[67]는 '채권자대위소송에 있어서 대위에 의하여 보전될 채권자의 채무자에 대한 권리가 인정되지 아니할 경우에는 채권자가 스스로 원고가 되어 채무자의 제3채무자에 대한 권리를 행사할 당사자적격이 없게 되므로 그 대위소송은 부적법하여 각하할 수밖에 없다.'고 판시하여 당사자적격을 인정하지 않고 있다.

사안에서 A의 법원은 대위채권자인 丙의 피보전채권이 존재하지 않는다고 심증을 형성하였으므로, A소는 당사자적격의 흠결을 이유로 각하되어야 한다. 따라서 법원의 판단은 타당하다.

---

67) 대판 1988.6.14. 87다카2753

문제 2. 15점

Ⅰ. 문제의 소재 3점

사안에서는 대위소송에서 피보전채권의 부존재에 대한 기판력이 피보전채권의 이행청구소송에도 그대로 미치는지 여부가 문제된다.

Ⅱ. A소의 기판력의 범위 5점

A소의 기판력은 '전소 변론종결일 기준 丙과 乙사이에 丙의 피보전채권이 없음'에 대하여 미치고, 소송요건에 대해서도 기판력이 미치게 된다. 그리고 대위채무자인 甲은 대위소송이 제기된 사실을 알게 되었으므로, 원칙적으로 A소의 기판력이 甲에게도 미치게 된다.

Ⅲ. 후소법원의 판단 7점

한편, 피보전채권의 부존재에 대한 기판력의 인정범위와 관련하여 판례68)는 "민사소송법 제218조 제3항은 '다른 사람을 위하여 원고나 피고가 된 사람에 대한 확정판결은 그 다른 사람에 대하여도 효력이 미친다.'고 규정하고 있으므로, 채권자가 채권자대위권을 행사하는 방법으로 제3채무자를 상대로 소송을 제기하고 판결을 받은 경우 채권자가 채무자에 대하여 민법 제405조 제1항에 의한 보존행위 이외의 권리행사의 통지, 또는 민사소송법 제84조에 의한 소송고지 혹은 비송사건절차법 제49조 제1항에 의한 법원에 의한 재판상 대위의 허가를 고지하는 방법 등 어떠한 사유로 인하였든 적어도 채권자대위권에 의한 소송이 제기된 사실을 채무자가 알았을 때에는 그 판결의 효력이 채무자에게 미친다고 보아야 한다. 이때 <u>채무자에게도 기판력이 미친다는 의미는 채권자대위소송의 소송물인 피대위채권의 존부에 관하여 채무자에게도 기판력이 인정된다는 것이고, 채권자대위소송의 소송요건인 피보전채권의 존부에 관하여 당해 소송의 당사자가 아닌 채무자에게 기판력이 인정된다는 것은 아니다.</u> 따라서 채권자가 채권자대위권을 행사하는 방법으로 제3채무자를 상대로 소송을 제기하였다가 채무자를 대위할 피보전채권이 인정되지 않는다는 이유로 소각하 판결을 받아 확정된 경우 그 판결의 기판력이 채권자가 채무자를 상대로 피보전채권의 이행을 구하는 소송에 미치는 것은 아니다."라고 판시하였다.

위 판결에 따르면, A소의 소송요건에 관한 기판력은 후소인 B소에 미치지 않고, 법원은 丙의 甲에 대한 대여금채권의 존재에 대한 심증을 형성하였으므로, 丙의 甲에 대한 청구를 인용하여야 한다.

---

68) 대판 2014.1.23. 2011다108095

민사소송법

제84조【소송고지의 요건】
① 소송이 법원에 계속된 때에는 당사자는 참가할 수 있는 제3자에게 소송고지(訴訟告知)를 할 수 있다.
② 소송고지를 받은 사람은 다시 소송고지를 할 수 있다.

제218조【기판력의 주관적 범위】
① 확정판결은 당사자, 변론을 종결한 뒤의 승계인(변론 없이 한 판결의 경우에는 판결을 선고한 뒤의 승계인) 또는 그를 위하여 청구의 목적물을 소지한 사람에 대하여 효력이 미친다.
② 제1항의 경우에 당사자가 변론을 종결할 때(변론 없이 한 판결의 경우에는 판결을 선고할 때)까지 승계사실을 진술하지 아니한 때에는 변론을 종결한 뒤(변론 없이 한 판결의 경우에는 판결을 선고한 뒤)에 승계한 것으로 추정한다.
③ 다른 사람을 위하여 원고나 피고가 된 사람에 대한 확정판결은 그 다른 사람에 대하여도 효력이 미친다.
④ 가집행의 선고에는 제1항 내지 제3항의 규정을 준용한다.

민법

제405조【채권자대위권행사의 통지】
① 채권자가 전조 제1항의 규정에 의하여 보전행위 이외의 권리를 행사한 때에는 채무자에게 통지하여야 한다.
② 채무자가 전항의 통지를 받은 후에는 그 권리를 처분하여도 이로써 채권자에게 대항하지 못한다.

비송사건절차법

제49조【재판의 고지】
① 대위의 신청을 허가한 재판은 직권으로 채무자에게 고지하여야 한다.
② 제1항에 따른 고지를 받은 채무자는 그 권리를 처분할 수 없다.

029 종중대표자 당사자적격

< 기초적 사실관계 >

A 종중의 대표자 甲은 종중총회의 결의를 거치지 않고 A 종중을 대표하여 A 종중 소유의 X 토지를 乙에게 매도하고 乙 명의로 소유권이전등기를 경료해 주었는데, 그 당시 A 종중의 규약에는 종중재산 처분에 관한 내용이 없었다.

그 후 A 종종의 대표자로 선임된 丙은 "위와 같은 X 토지의 처분은 종중총회의 결의 없이 이루어진 것이므로 위 소유권이전등기는 원인무효이다."라고 주장하면서 자신을 원고로 하여 乙을 상대로 위 소유권이전등기 말소등기청구의 소를 제기하였다. 위 소제기 전에 A 종중의 총회에서는 위 소제기에 찬성하는 결의가 있었다.

< 문제 >
제1심 법원은 어떠한 판결을 해야 하는가? (10점)

I. 문제의 소재 1점

사안에서는 종중재산의 보존행위에 관한 소송을 제기하는 경우 종중의 대표자 자신이 당사자적격이 인정될 수 있는지 여부가 문제된다.

Ⅱ. 종중의 소송수행방법

종중은 비법인사단으로서 종중 자신이 당사자가 될 수 있으므로, 대표자가 있는 경우 종중 자신의 명의로 소를 제기할 수 있다(제52조).

Ⅲ. 종중대표자의 당사자적격 9점

이와 관련하여 판례69)는 '민법 제276조 제1항은 "총유물의 관리 및 처분은 사원총회의 결의에 의한다." 같은 조 제2항은 "각 사원은 정관 기타의 규약에 좇아 총유물을 사용, 수익할 수 있다."라고 규정하고 있을 뿐 공유나 합유의 경우처럼 보존행위는 그 구성원 각자가 할 수 있다는 민법 제265조 단서 또는 민법 제272조 단서와 같은 규정을 두고 있지 아니한바, 이는 법인 아닌 사단의 소유형태인 총유가 공유나 합유에 비하여 단체성이 강하고 구성원 개인들의 총유재산에 대한 기본권이 인정되지 아니하는 데에서 나온 당연한 귀결이라고 할 것이다. 따라서 <u>총유재산에 관한 소송은 법인 아닌 사단이 그 명의로 사원총회의 결의를 거쳐 하거나 또는 그 구성원 전원이 당사자가 되어 필수적 공동소송의 형태로 할 수 있을 뿐 그 사단의 구성원은 설령 그가 사단의 대표자라거나 사원총회의 결의를 거쳤다 하더라도 그 소송의 당사자가 될 수 없고, 이러한 법리는 총유재산의 보존행위로서 소를 제기하는 경우에도 마찬가지라 할 것이다.</u>'라고 판시하였다.

위 판결에 따르면 종중의 대표자는 총유물의 보존행위에 관한 소송이라도 자신의 명의로 소를 제기할 수는 없고, 이는 당사자적격이 없는 자의 소제기에 해당하여 부적법하다. 따라서 법원은 丙이 제기한 소를 각하하여야 한다.

---

69) 대판 2005.9.15. 2004다44971 전원합의체

민사소송법
제52조 【법인이 아닌 사단 등의 당사자능력】
법인이 아닌 사단이나 재단은 대표자 또는 관리인이 있는 경우에는 그 사단이나 재단의 이름으로 당사자가 될 수 있다.

민법
제265조 【공유물의 관리, 보존】
공유물의 관리에 관한 사항은 공유자의 지분의 과반수로써 결정한다. 그러나 보존행위는 각자가 할 수 있다.
제272조 【합유물의 처분, 변경과 보존】
합유물을 처분 또는 변경함에는 합유자 전원의 동의가 있어야 한다. 그러나 보존행위는 각자가 할 수 있다.
제276조 【총유물의 관리, 처분과 사용, 수익】
① 총유물의 관리 및 처분은 사원총회의 결의에 의한다.
② 각 사원은 정관 기타의 규약에 좇아 총유물을 사용, 수익할 수 있다.

030 조합의 당사자능력 / 확인의 이익

2022년 제2차 법전협 <제1문2>

< 공통된 사실관계 >

甲과 A는 乙(주택재개발정비사업조합)이 실시하는 건축설계도급 입찰에 참가하기 위하여 민법상 조합에 해당하는 공동수급체를 구성하였다. 乙은 임시총회에서 위 공동수급체의 경쟁업체인 B를 낙찰자로 선정하고, B와의 건축설계계약 체결을 승인하는 결의(이하 '이 사건 결의')를 하였다. 그러자 甲이 乙을 상대로 위 결의에 대하여 무효확인을 구하는 소를 제기하였다.

※ 추가된 사실관계는 각 별개임.

< 추가된 사실관계 1 >

위 소송에서 乙은 '1) 조합인 공동수급체의 구성원 중 1인인 甲이 단독으로 이 사건 소를 제기한 것은 부당하고, 2) 이 사건 결의는 乙과 B 사이의 권리관계에 관한 것인데 제3자에 불과한 甲이 그 효력 유무의 확인을 구하는 것은 부당하다'고 주장하였다.

< 문제 >

1. 乙의 위 각 주장은 타당한가? (20점)

I. 乙의 1)주장에 대한 판단 9점

1. 문제의 소재

설문과 같이 경쟁업체의 낙찰자 선정 무효를 구하는 것이 합유재산의 보존행위에 해당하는지가 문제된다.

2. 민법상 조합의 당사자능력과 소송수행 형태

민법상 조합은 당사자능력이 없어 조합원 전원이 당사자가 되어야 하는 것(필수적 공동소송)이 원칙이나, 합유재산의 보존행위는 각 합유자 단독으로 할 수 있다.

3. 판례[70]

민법상 조합인 공동수급체가 경쟁입찰에 참가하였다가 다른 경쟁업체가 낙찰자로 선정된 경우, 그 공동수급체의 구성원 중 1인이 그 낙찰자 선정이 무효임을 주장하며 무효확인의 소를 제기하는 것은 그 공동수급체가 경쟁입찰과 관련하여 갖는 법적 지위 내지 법률상 보호받는 이익이 침해될 우려가 있어 그 현상을 유지하기 위하여 하는 소송행위이므로 이는 합유재산의 보존행위에 해당한다고 판시한 바 있다.

---

[70] 대판 2013.11.28. 2011다80449

4. 사안의 해결

판례에 따르면 사안에서 이 사건 소의 제기는 합유재산의 보존행위에 해당하므로, 조합의 구성원 중 1인인 甲이 단독으로 이 사건 소를 제기할 수 있다. 따라서 乙의 주장은 부당하다.

II. 乙의 2)주장에 대한 판단 9점

1. 문제의 소재

확인의 소가 권리보호의 이익을 갖춘 것으로서 적법하려면 확인의 이익이 필요하다. 이와 관련하여 설문과 같이 당사자 일방과 제3자 사이의 권리관계에 관하여 무효확인의 소를 구하는 경우(제3자 확인의 소) 확인의 이익을 인정할 수 있는지가 문제된다.

2. 판례[71]

설문과 유사한 사안에서 대법원은 확인의 소에서 오로지 당사자 사이의 권리관계만이 확인의 대상이 될 수 있는 것은 아니고, 당사자 일방과 제3자 사이의 권리관계 또는 제3자 사이의 권리관계에 관하여도 그에 관하여 당사자 사이에 다툼이 있어서 당사자 일방의 권리관계에 불안이나 위험이 초래되고 있고, 다른 일방에 대한 관계에서 그 법률관계를 확정시키는 것이 당사자의 권리관계에 대한 불안이나 위험을 제거할 수 있는 유효·적절한 수단이 되는 경우에는 당사자 일방과 제3자 사이의 권리관계 또는 제3자 사이의 권리관계에 관하여도 확인의 이익이 있다고 판시한 바 있다.

3. 사안의 해결

乙이 B를 낙찰자로 선정하고 B와의 건축설계계약 체결을 승인한 이 사건 결의의 효력 유무에 따라 이 사건 입찰에 참가한 원고 조합의 법적 지위나 법률상 보호되는 이익에 직접 영향을 받게 되므로, 甲으로서는 B가 건축설계계약에 따른 의무 이행을 완료하였다는 등의 특별한 사정이 없는 한 그에 관한 불안이나 위험을 유효·적절하게 제거하기 위하여 이 사건 결의에 대하여 무효확인을 구할 수 있다고 할 것이다. 따라서 乙의 주장은 부당하다.

III. 결론 2점

乙의 각 주장은 모두 부당하다.

---

[71] 대판 2013.11.28. 2011다80449

031 특별수권대리인의 대리권 범위

< 사실관계 >

甲은 X토지를 소유하고 있는 乙과 X토지에 관한 매매계약을 체결하고 잔금까지 지급하였으나, 매도인인 乙이 이전등기를 마쳐 주지 않자 A변호사를 소송대리인으로 선임하여 乙을 상대로 소유권이전등기청구의 소를 제기하였다.

甲은 A변호사에게 소송위임을 하면서 '소의 취하, 화해, 청구의 포기·인낙'에 관한 특별수권을 하였다. 소송 중에 A변호사는 乙이 甲에게 소유권이전등기를 마쳐 주지 못한 이유가 X토지의 일부를 도로로 사용하고 있는데 甲이 소유권을 취득한 후 그 도로를 없애버리면 곤란해지기 때문이라는 점을 파악하고, 乙과 X토지 전체의 5%에 해당하는 도로 부분을 분할하여 그 부분을 제외한 나머지 부분에 대하여 甲에게 소유권이전등기를 마쳐 주는 내용으로 소송상 화해를 하였다. 이에 대하여 甲은 준재심의 소를 제기하면서 자신이 A변호사에게 화해에 관한 권한은 부여하였으나, X토지 전체의 5%를 처분할 수 있는 권한을 준 것은 아니라고 주장하였다.

< 문제 >

甲의 주장이 타당한지 판단하고 근거를 서술하시오. (10점)

Ⅰ. 문제의 소재

소송상 화해나 청구의 포기에 관한 특별수권이 있는 소송대리인이 당해 소송물인 권리의 처분이나 포기에 대한 대리권도 보유하는지 여부가 문제된다.

Ⅱ. 소송대리인의 실체법상 권리의 처분권

이와 관련하여 판례는[72] '소송상 화해나 청구의 포기에 관한 특별수권이 되어 있다면 특별한 사정이 없는 한 그러한 소송행위에 대한 수권만이 아니라 그러한 소송행위의 전제가 되는 당해 소송물인 권리의 처분이나 포기에 대한 권한도 수여되어 있다고 봄이 상당하다.'고 판시하였다.

위 판결에 따르면 A변호사에 대한 소송상 화해에 관한 특별수권에는 그 소송물인 소유권이전등기청구권의 처분에 관한 권한의 수여도 포함된다. 따라서 甲의 주장은 부당하다.

---

72) 대판 1994.3.8. 93다52105

032 피성년후견인의 소송능력

2021년 제1차 법전협 <제1문1>

乙은 丙에게 4,000만 원을 대여하여 주고 이를 돌려받지 못하고 있다. 이에 乙은 위 채권을 甲에게 양도하였고, 그 후 甲은 丙을 상대로 양수금청구의 소(전소)를 제기하여 2008. 6. 4. 전부승소판결을 받았고 이 판결은 같은 달 20. 확정되었다. 판결 확정 후에도 丙으로부터 전혀 변제를 받지 못한 甲은 2018. 5. 25. 채권 소멸시효중단을 위해 다시 丙을 상대로 위 양수금의 지급을 구하는 소(후소)를 제기하였다. (아래의 각 문제는 독립적임)

< 문제 >
3. 후소의 소송계속 중 제2회 변론기일에서 甲이 후소의 소장 송달 하루 전에 이미 가정법원으로부터 성년후견개시심판을 받은 사실이 밝혀졌다. 법원은 어떠한 조치를 취해야 하는가? (10점)

I. 문제의 소재 1점

사안에서는 ① 후소 소장 송달 하루 전에 이미 성년후견심판을 받은 사실이 있는 경우, 피성년후견인 甲에게 소송능력이 인정될 수 있는지 여부 및 ② 법원의 조치가 각 문제된다.

II. 피성년후견과 소송능력 3점

피성년후견인은 사무처리능력이 지속적으로 결여되어 행위능력의 제한을 받은 경우로서 소송능력이 없고, 법정대리인에 의해서만 소송행위를 할 수 있다. 그리고, 피성년후견인의 행위 중 가정법원이 취소할 수 없다고 정한 행위에 대하여는 소송능력이 인정된다(제55조 제1항 제2호).

사안에서는 甲이 이미 가정법원으로부터 성년후견개시심판을 받는 과정에서 가정법원이 취소할 수 없는 별도의 행위를 정한 내용이 없으므로, 소송능력이 인정되는 경우에 해당하지 않는다.

III. 소송계속 전 소송능력의 상실과 법원의 조치 6점

소송능력의 유무는 소송요건으로서 직권조사사항이며, 소송능력이 없는 경우 법원은 그 소를 각하하여야 한다. 그리고, 소송무능력자의 소송행위는 무효이지만 법정대리인의 추인이 있으면 소급적으로 유효하게 될 수 있다.

사안에서 甲은 소송무능력자로서 그의 소송행위는 무효이지만, 추인의 여지가 있으므로 법원은 기간을 정하여 그 보정을 명하여야 한다(제59조 전단). 따라서 변론 종결시까지 소송능력을 보정하지 아니하면 법원은 소를 각하하여야 하며, 甲의 법정대리인의 추인이 있는 경우에는 절차를 속행한다.

민사소송법

제55조 【제한능력자의 소송능력】
① 미성년자 또는 피성년후견인은 법정대리인에 의해서만 소송행위를 할 수 있다. 다만, 다음 각 호의 경우에는 그러하지 아니하다.
  1. 미성년자가 독립하여 법률행위를 할 수 있는 경우
  2. 피성년후견인이 「민법」 제10조 제2항에 따라 취소할 수 없는 법률행위를 할 수 있는 경우
② 피한정후견인은 한정후견인의 동의가 필요한 행위에 관하여는 대리권 있는 한정후견인에 의해서만 소송행위를 할 수 있다.

제59조 【소송능력 등의 흠에 대한 조치】
소송능력·법정대리권 또는 소송행위에 필요한 권한의 수여에 흠이 있는 경우에는 법원은 기간을 정하여 이를 보정(補正)하도록 명하여야 하며, 만일 보정하는 것이 지연됨으로써 손해가 생길 염려가 있는 경우에는 법원은 보정하기 전의 당사자 또는 법정대리인으로 하여금 일시적으로 소송행위를 하게 할 수 있다.

033 대표자의 지위를 상실한 자의 소취하행위의 효력 (1)

2016년 제5회 변호사시험 <제1문4>

> 자동차 판매대리점을 하는 乙은 2014. 3. 10. 甲종중(대표자 A)으로부터 1억 원을, 丙으로부터 2억 원을 각각 이자 연 12%, 변제기 2015. 3. 9.로 정하여 차용하면서, 이를 담보하기 위해 乙 소유의 X 토지에 관하여 甲종중 및 丙과 1개의 매매예약을 체결하였고, 이에 따라 X 토지에 관하여 甲종중과 丙의 채권액에 비례하여 甲종중은 1/3 지분으로, 丙은 2/3 지분으로 각 특정하여 공동명의의 가등기를 마쳤다.
>
> 甲종중은 위 변제기가 지난 후 단독으로 「가등기담보 등에 관한 법률」이 정한 청산절차를 이행하고, 2015. 10. 14. 乙을 상대로 X 토지에 대한 1/3 지분에 관하여 가등기에 기한 본등기절차이행을 구하는 소(이하 '이 사건 소'라 한다)를 제기하였다.
>
> < 문제 >
> 2. 이 사건 소송계속 중 A는 甲종중의 대표자 지위를 상실하게 되었다. 그럼에도 A는 그 후 계속 소송을 수행하다가 이 사건 소를 취하하였다. A의 소 취하는 효력이 있는지와 그 근거를 설명하시오. (10점)

I. 문제의 소재 1점

甲종중의 대표자의 지위를 상실한 A가 소를 취하한 행위가 효력을 가지기 위한 요건이 문제된다.

II. 법인 등 단체의 대표자의 지위 2점

비법인 사단의 대표자는 법정대리와 법정대리인에 관한 규정이 준용된다(제64조). 따라서 사안의 경우 甲종중은 비법인사단으로서 대표자 A에게 법정대리와 법정대리인에 관한 규정이 적용된다.

민사소송법

제63조 【법정대리권의 소멸통지】
① 소송절차가 진행되는 중에 법정대리권이 소멸한 경우에는 본인 또는 대리인이 상대방에게 소멸된 사실을 통지하지 아니하면 소멸의 효력을 주장하지 못한다. 다만, 법원에 법정대리권의 소멸사실이 알려진 뒤에는 그 법정대리인은 제56조 제2항의 소송행위를 하지 못한다.
② 제53조의 규정에 따라 당사자를 바꾸는 경우에는 제1항의 규정을 준용한다.

제64조 【법인 등 단체의 대표자의 지위】
법인의 대표자 또는 제52조의 대표자 또는 관리인에게는 이 법 가운데 법정대리와 법정대리인에 관한 규정을 준용한다.

제235조 【소송능력의 상실 법정대리권의 소멸로 말미암은 중단】
당사자가 소송능력을 잃은 때 또는 법정대리인이 죽거나 대리권을 잃은 때에 소송절차는 중단된다. 이 경우 소송능력을 회복한 당사자 또는 법정대리인이 된 사람이 소송절차를 수계하여야 한다.

Ⅲ. 대표권의 소멸통지 5점

1. 원칙

소송절차가 진행되는 중에 법정대리권이 소멸한 경우에는 본인 또는 대리인이 상대방에게 소멸된 사실을 통지하지 아니하면 소멸의 효력을 주장하지 못한다(제63조 제1항 본문). 법정대리권이 소멸하더라도 통지가 있기 전까지는 소송절차의 중단(제235조)의 효과가 생기지 아니한다.

따라서 <u>대리권의 소멸통지가 상대방에게 도달할 때까지는 구 대리인이 한, 또는 구대리인에 대한 소송행위는 유효하다. 상대방이 법정대리권 소멸사실을 알고 있었던 경우라도 통지를 하여야 하며, 상대방이 소멸사유의 발생을 알든 모르든, 모른 데 대한 과실이 있든 없든 그 소송행위는 유효</u>하다.73)

2. 예외

법원에 법정대리권의 소멸사실이 알려진 뒤에는 그 법정대리인은 제56조 제2항의 행위 즉, 소의 취하, 화해, 청구의 포기·인낙 또는 제80조 규정에 의한 탈퇴를 하지 못한다(제63조 제1항 단서). 이 경우 종전 대리인 내지 대표자가 상대방과 통모하여 본인에게 손해를 입히는 행위를 할 수 있기 때문이다.

Ⅳ. 결론 2점

설문에서 甲종중의 대표자A의 대표권 소멸사실을 피고 乙에게 통지하였다거나 법원이 알았다는 사정이 보이지 않으므로 A가 한 소 취하는 유효하다.

---

73) 대판 1998.2.19. 95다52710 전원합의체

민사소송법

제56조【법정대리인의 소송행위에 관한 특별규정】
① 미성년후견인, 대리권 있는 성년후견인 또는 대리권 있는 한정후견인이 상대방의 소 또는 상소 제기에 관하여 소송행위를 하는 경우에는 그 후견감독인으로부터 특별한 권한을 받을 필요가 없다.
② 제1항의 법정대리인이 소의 취하, 화해, 청구의 포기·인낙(認諾) 또는 제80조에 따른 탈퇴를 하기 위해서는 후견감독인으로부터 특별한 권한을 받아야 한다. 다만, 후견감독인이 없는 경우에는 가정법원으로부터 특별한 권한을 받아야 한다.

제63조【법정대리권의 소멸통지】
① 소송절차가 진행되는 중에 법정대리권이 소멸한 경우에는 본인 또는 대리인이 상대방에게 소멸된 사실을 통지하지 아니하면 소멸의 효력을 주장하지 못한다. 다만, 법원에 법정대리권의 소멸사실이 알려진 뒤에는 그 법정대리인은 제56조 제2항의 소송행위를 하지 못한다.
② 제53조의 규정에 따라 당사자를 바꾸는 경우에는 제1항의 규정을 준용한다.

제80조【독립당사자참가소송에서의 탈퇴】
제79조의 규정에 따라 자기의 권리를 주장하기 위하여 소송에 참가한 사람이 있는 경우 그가 참가하기 전의 원고나 피고는 상대방의 승낙을 받아 소송에서 탈퇴할 수 있다. 다만, 판결은 탈퇴한 당사자에 대하여도 그 효력이 미친다.

034. 대표자의 지위를 상실한 자의 소취하행위의 효력 (2)

2021년 제3차 법전협 <제1문2>

乙 종중(대표자 회장 甲)은 2020. 5. 15. 丙을 상대로 매매에 기한 부동산 소유권이전등기청구의 소를 제기하였다. 그런데 甲은 같은 해 7. 31. 乙 종중 회장직에서 해임되었으며, 乙 종중은 丙에게 甲의 대표권 소멸사실을 통지하지는 않았지만, 같은 해 8. 18. 법원에 乙 종중의 새로운 대표자 丁이 대표자 변경신고서를 제출하였다. 甲은 같은 달 19. 자신의 해임에 앙심을 품고 乙 종중 명의로 위 소를 취하하는 소취하서를 법원에 제출하였으며, 그 소취하서의 부본은 같은 달 25. 丙에게 송달되었고, 丙이 같은 달 31. 위 소취하에 동의하였다.

< 문제 >
1. 甲이 한 乙 종중 명의의 소취하는 유효한지를 그 논거와 함께 서술하시오 (10점).

I. 문제의 소재 1점

사안에서는 乙종중 대표자 지위를 상실한 甲이 한 소취하가 효력을 가지는지 여부가 문제된다.

II. 법인 등 단체의 대표자의 지위 2점

법인이 아닌 사단이나 재단은 대표자 또는 관리인이 있는 경우에는 그 사단이나 재단의 이름으로 당사자가 될 수 있고(제52조), 비법인 사단의 대표자는 법정대리와 법정대리인에 관한 규정이 준용된다(제64조). 사안의 경우 乙종중은 비법인사단으로서 대표자 甲에게 법정대리와 법정대리인에 관한 규정이 적용된다.

민사소송법

제52조 【법인이 아닌 사단 등의 당사자능력】
법인이 아닌 사단이나 재단은 대표자 또는 관리인이 있는 경우에는 그 사단이나 재단의 이름으로 당사자가 될 수 있다.

제63조 【법정대리권의 소멸통지】
① 소송절차가 진행되는 중에 법정대리권이 소멸한 경우에는 본인 또는 대리인이 상대방에게 소멸된 사실을 통지하지 아니하면 소멸의 효력을 주장하지 못한다. 다만, 법원에 법정대리권의 소멸사실이 알려진 뒤에는 그 법정대리인은 제56조 제2항의 소송행위를 하지 못한다.
② 제53조의 규정에 따라 당사자를 바꾸는 경우에는 제1항의 규정을 준용한다.

제64조 【법인 등 단체의 대표자의 지위】
법인의 대표자 또는 제52조의 대표자 또는 관리인에게는 이 법 가운데 법정대리와 법정대리인에 관한 규정을 준용한다.

Ⅲ. 대표권의 소멸통지 **7점**

소송절차가 진행되는 중에 법정대리권이 소멸한 경우에는 본인 또는 대리인이 상대방에게 소멸된 사실을 통지하지 아니하면 소멸의 효력을 주장하지 못한다(제63조 제1항 본문). 법정대리권이 소멸하더라도 통지가 있기 전까지는 소송절차의 중단(제235조)의 효과가 생기지 아니한다.

따라서 대리권의 소멸통지가 상대방에게 도달할 때까지는 구 대리인이 한 또는 구대리인에 대한 소송행위는 유효하다. 상대방이 법정대리권 소멸사실을 알고 있었던 경우라도 통지를 하여야 하며, 상대방이 소멸사유의 발생을 알든 모르든, 모른 데 대한 과실이 있든 없든 그 소송행위는 유효하다.74)

그러나 법원에 법정대리권의 소멸사실이 알려진 뒤에는 그 법정대리인은 제56조 제2항의 행위 즉, 소의 취하, 화해, 청구의 포기 및 인낙 또는 제80조 규정에 의한 탈퇴를 하지 못한다(제63조 제1항 단서).

사안의 경우 비록 乙종중 측이 소를 취하할 때까지 상대방인 피고 丙에게 대표자 甲의 대표권 소멸사실을 통지한 적이 없다 하더라도, 법원이 대표권 소멸사실을 알고 있었으므로 甲이 한 乙종중 명의의 소취하는 효력이 없다.

---

74) 대판 1998.2.19. 95다52710 전원합의체

제235조 【소송능력의 상실, 법정대리권의 소멸로 말미암은 중단】
당사자가 소송능력을 잃은 때 또는 법정대리인이 죽거나 대리권을 잃은 때에 소송절차는 중단된다. 이 경우 소송능력을 회복한 당사자 또는 법정대리인이 된 사람이 소송절차를 수계하여야 한다.

제56조 【법정대리인의 소송행위에 관한 특별규정】
① 미성년후견인, 대리권 있는 성년후견인 또는 대리권 있는 한정후견인이 상대방의 소 또는 상소 제기에 관하여 소송행위를 하는 경우에는 그 후견감독인으로부터 특별한 권한을 받을 필요가 없다.
② 제1항의 법정대리인이 소의 취하, 화해, 청구의 포기·인낙(認諾) 또는 제80조에 따른 탈퇴를 하기 위해서는 후견감독인으로부터 특별한 권한을 받아야 한다. 다만, 후견감독인이 없는 경우에는 가정법원으로부터 특별한 권한을 받아야 한다.

제80조 【독립당사자참가소송에서의 탈퇴】
제79조의 규정에 따라 자기의 권리를 주장하기 위하여 소송에 참가한 사람이 있는 경우 그가 참가하기 전의 원고나 피고는 상대방의 승낙을 받아 소송에서 탈퇴할 수 있다. 다만, 판결은 탈퇴한 당사자에 대하여도 그 효력이 미친다.

035 소송대리권의 부활

2020년 제9회 변호사시험 <제1문1>

< 기초적 사실관계 >
甲은 乙로부터 X건물을 대금 1억 원에 매수하였다.

< 문제 >
2. 甲이 乙을 상대로 위 매매를 원인으로 한 소유권이전등기 청구의 소를 제기하였다. 1심에서 패소한 甲은 변호사 A를 선임하여 위 소의 항소심을 수행하게 하였으나 항소 기각 판결을 선고받자 변호사 B를 선임하여 상고를 제기하였다. 상고심 법원은 원심을 파기하여 항소심으로 환송하는 판결을 선고하였다. 환송 후 항소심 법원은 변론기일 통지서를 변호사 A에게 송달하였다. 위 송달은 적법한가? (15점)

Ⅰ. 문제의 소재 2점

사안에서는 ① 상고심 대리인인 변호사 B의 소송대리권이 파기환송 판결과 함께 소멸하는지 여부, ② 파기환송 판결 후 항소심 대리인인 변호사 A의 소송대리권이 부활하는지 여부, ③ 위 논의의 전제로 심급대리의 원칙과 파기환송 판결의 법적 성질이 각 문제된다.

Ⅱ. 심급대리의 원칙 3점

심급대리 원칙의 인정여부와 관련하여 긍정설은 민사소송법 제90조 제2항에는 상소의 제기로 되어 있지만 해석상 상대방이 제기한 상소에 피상소인으로서 응소하는 것도 특별수권사항에 해당하므로 소송대리인의 대리권은 맡은 심급에 한한다고 보고, 부정설은 우리 법은 일본법의 '항소·상고'와 달리 '상소의 제기'로 되어 있으므로 상소에 대한 응소는 특별수권사항에 포함되지 않는다고 보는데, 판례[75]는 '소송대리권의 범위는 특별한 사정이 없는 한 당해 심급에 한정되어, 소송대리인의 소송대리권의 범위는 수임한 소송사무가 종료하는 시기인 당해 심급의 판결을 송달받은 때까지라고 할 것이다.'고 판시하여 심급대리 원칙을 인정하고 있다.

민사소송법

제90조 【소송대리권의 범위】
① 소송대리인은 위임을 받은 사건에 대하여 반소(反訴)·참가·강제집행·가압류·가처분에 관한 소송행위 등 일체의 소송행위와 변제(辨濟)의 영수를 할 수 있다.
② 소송대리인은 다음 각호의 사항에 대하여는 특별한 권한을 따로 받아야 한다.
1. 반소의 제기
2. 소의 취하, 화해, 청구의 포기·인낙 또는 제80조의 규정에 따른 탈퇴
3. 상소의 제기 또는 취하
4. 대리인의 선임

---

75) 대결 2000.1.31. 99마6205

Ⅲ. 변호사 B의 소송대리권의 소멸과 파기환송 판결의 법적 성질 5점

이와 관련하여 판례76)는 '원래 종국판결이라 함은 소 또는 상소에 의하여 계속 중인 사건의 전부 또는 일부에 대하여 심판을 마치고 그 심급을 이탈시키는 판결이라고 이해하여야 할 것이다. 대법원의 환송판결도 당해 사건에 대하여 재판을 마치고 그 심급을 이탈시키는 판결인 점에서 당연히 제2심의 환송판결과 같이 종국판결로 보아야 할 것이다.'고 판시하여 종국판결임을 명시하였다. 위 판결에 따르면 파기환송 판결도 종국판결이므로, 심급대리의 원칙에 따라 상고심 소송대리인인 변호사 B의 소송대리권은 파기환송 판결의 판결문 송달과 동시에 소멸한다.

Ⅳ. 변호사 A의 소송대리권의 부활 5점

파기환송후 항소심의 소송대리권과 관련하여 판례77)는 '사건이 상고심에서 환송되어 다시 항소심에 계속하게 된 경우는 <u>상고전의 항소심에서의 소송대리인의 대리권은 그 사건이 항소심에 계속되면서 다시 부활하는 것이므로 환송받은 항소심에서 환송 전의 항소심에서의 소송대리인에게 한 송달은 소송당사자에게 한 송달과 마찬가지의 효력이 있다.</u>'고 판시하여 항소심 대리인의 소송대리권의 부활을 인정하고 있다.

위 판결에 따르면, 파기환송 판결에 따라 종전 항소심 소송대리인인 변호사 A의 소송대리권이 부활하게 된다. 따라서 항소심 법원이 변호사 A에게 변론기일 통지서를 송달한 것은 적법하다.

---

76) 대판 1995.2.14. 93재다27, 93재다34(반소) 전원합의체
77) 대판 1984.6.14. 84다카744

본 페이지는 빈 페이지입니다.

제2편

제1심의 소송절차

036 소송요건의 선순위성

> **< 공통된 사실관계 >**
>
> 甲 종중(대표자 A)은 2009. 8. 7. 乙에게 3억 원을 변제기 1년으로 하여 대여하였는데, 乙이 변제기가 지나서도 변제하지 않자, 2019. 6. 11. 乙을 상대로 3억 원의 대여금 청구의 소를 제기하였다. 위 소송에서 乙은 소송대리인 B를 선임하였고, B는 제1회 및 제2회 변론기일에서 대표자 A가 甲종중의 적법한 대표자가 아니고 또한 乙이 위 3억 원을 대여 받지 않았다고 주장하였다. (아래 각 질문은 독립적임)
>
> **< 문제 >**
>
> 1. 제1심 법원은 심리 결과 甲 종중 대표자 A가 적법한 대표자인지에 대하여는 확신을 갖지 못하였으나 甲의 대여금 청구에 대하여는 이유 없다는 확신이 들었다. 이러한 경우 법원이 바로 청구기각 판결을 할 수 있는가? (10점)

Ⅰ. 문제의 소재 _{1점}

B의 주장과 관련하여 비법인사단의 대표권 유무에 대해 확신이 없는 것에 대한 소송법상 효과와 본안에 대해 확신을 가진 경우 소송요건의 선순위성이 문제된다.

Ⅱ. 비법인사단의 대표권 유무에 대한 법원의 판단방법 _{2점}

1. 직권조사사항에 해당하여 법원이 심리·조사해야 하는지 여부

판례[78]는 '비법인사단이 당사자인 사건에서 대표자에게 적법한 대표권이 있는지 여부는 소송요건에 관한 것으로서 법원의 직권조사사항이므로, 법원에 판단의 기초자료인 사실과 증거를 직권으로 탐지할 의무까지는 없다 하더라도 이미 제출된 자료에 의하여 대표권의 적법성에 의심이 갈만한 사정이 엿보인다면 그에 관하여 심리·조사할 의무가 있다.'고 판시하였다.

사안에서는 B가 비법인사단의 대표권을 다투고 있어 의심이 갈만한 사정이 있고 법원은 그에 관하여 심리·조사할 의무가 있다.

---

78) 대판 2011.7.28. 2010다97044.

2. 법관이 확신을 갖지 못한 경우의 판단

　　소송요건도 원칙적으로 엄격한 증명을 요한다. 판례[79]는 '직권조사사항에 관하여도 그 사실의 존부가 불명한 경우에는 입증책임의 원칙이 적용되어야 할 것인바, 본안판결을 받는다는 것 자체가 원고에게 유리하다는 점에 비추어 직권조사사항인 소송요건에 대한 입증책임은 원고에게 있다.'고 판시하였다. 사안에서 甲 종중 대표자 A가 적법한 대표자인지 여부의 증명책임은 원고에게 있는데 법원 심리 결과 적법한 대표자 여부에 대해 확신을 갖지 못했으므로 원고가 불이익을 입게 된다. 법원은 부적법한 소이므로 소각하 판결을 선고해야 한다.

Ⅲ. 소송요건의 선순위성에 반하는지 여부 5점

1. 문제점

　　소송요건의 존부가 불분명한 반면 본안이 이유 없다고 확신을 가진 경우 바로 청구기각의 본안판결이 가능한지 문제된다.

2. 학설과 판례

　　① 소송요건과 본안요건은 동일평면의 판결선고요건이기 때문에 어느 쪽이 먼저 심리가 종결되면 그에 따라 판결을 선고할 수 있다는 부정설이 있으나 ② 다수설과 판례[80]는 소송요건은 본안판결의 요건으로 본안판결에 앞서 미리 조사하여야 한다는 긍정설의 입장이다.

3. 사안의 경우

　　甲 종중 대표자 A에게 적법한 대표자격 있는지 여부에 대해 불확실한 상태에서 곧바로 甲의 청구가 이유 없다는 판단 하에 청구기각 판결을 하는 것은 소송요건의 선순위성에 반하므로 허용되지 않는다.

Ⅳ. 결론 2점

　　법원은 소송요건의 흠결을 이유로 소각하 판결을 선고할 수 있고 소송요건의 선순위성에 따라 곧바로 청구기각판결을 선고할 수는 없다.

---

79) 대판 1997.7.25. 96다39301.
80) 대판 1990.12.11. 88다카4727

037 소멸시효 중단을 위한 재소의 이익과 후소법원의 심판범위

乙은 丙에게 4,000만 원을 대여하여 주고 이를 돌려받지 못하고 있다. 이에 乙은 위 채권을 甲에게 양도하였고, 그 후 甲은 丙을 상대로 양수금청구의 소(전소)를 제기하여 2008. 6. 4. 전부승소판결을 받았고 이 판결은 같은 달 20. 확정되었다. 판결 확정 후에도 丙으로부터 전혀 변제를 받지 못한 甲은 2018. 5. 25. 채권 소멸시효중단을 위해 다시 丙을 상대로 위 양수금의 지급을 구하는 소(후소)를 제기하였다. (아래의 각 문제는 독립적임)

< 문제 >
1. 후소는 적법한가? (10점)
2. 후소에서 법원은 甲이 乙로부터 채권을 양도받아 2008. 6. 4. 판결을 선고받은 사실은 인정하면서도, 乙이 丙에게 위 채권의 양도사실을 통지하였거나 채권양도에 대한 丙의 승낙을 인정할 아무런 증거가 없다고 판단하였다. 법원은 甲이 위 채권의 적법한 양수인이라 할 수 없다는 이유로 甲의 청구를 기각할 수 있는가? (15점)

문제 1. 10점

Ⅰ. 문제의 소재 1점

사안에서는 전소의 양수금 청구의 소가 제기되어 전부승소판결이 확정되었고 소멸시효 중단을 위해 후소로 다시 양수금 청구의 소가 제기되었다. 따라서 소멸시효 중단을 위한 재소의 이익이 인정되는지 여부가 문제된다.

Ⅱ. 이행의 소의 소의 이익 3점

사실심의 변론종결시까지 이행기에 도달한 청구권의 이행을 구하는 소는 원칙적으로 권리보호의 이익을 증명할 필요가 없으나, 이행의 소를 통해 승소확정판결을 받은 원고가 다시 새로운 이행의 소를 제기하는 경우에는 권리보호의 요건을 갖추지 못하여 부적법 각하하여야 한다.[81]

Ⅲ. 소멸시효 중단을 위한 재소의 이익 6점

이와 관련하여 판례[82]는 '확정된 승소판결에는 기판력이 있으므로, 승소 확정판결을 받은 당사자가 그 상대방을 상대로 다시 승소 확정판결의 전소와 동일한 청구의 소를 제기하는 경우 그 후소(後訴)는 권리보호의 이익이 없어 부적법하다. 하지만 예외적으로 확정판결에 의한 채권의 소멸시효기간인 10년의 경과가 임박한 경우에는 그 시효중단을 위한 소는 소의 이익이 있다.'고 판시하여 소멸시효기간이 임박한 경우 소멸시효 중단을 위한 재소의 이익을 인정하였다.

위 판결에 따르면, 甲은 전소 양수금 청구의 전부승소판결이 확정된 2008. 6. 20.로부터 10년이 도과하기 직전인 2018. 5. 25. 소멸시효의 중단을 위하여 丙을 상대로 위 양수금의 지급을 구하는 후소를 제기하였으므로, 甲의 후소는 소의 이익이 인정된다.

---

[81] 대판 1979.9.11. 79다1275
[82] 대판 2018.7.19. 2018다2208 전원합의체

문제 2. 15점

Ⅰ. 문제의 소재 2점

사안에서는 시효중단을 위한 후소가 제기된 법원이 전소에 대해서 실체심리를 할 수 있는지 여부가 문제된다.

Ⅱ. 기판력의 시적 범위 3점

기판력은 표준시의 권리관계 존재 여부에 대한 판단에 관하여 발생하므로 이에 반하는 판단이나 주장은 금지된다. 따라서 당사자는 표준시의 권리관계의 존재 여부 판단을 다투기 위해 표준시 이전에 존재하였던 사실에 기한 공격·방어방법을 제출할 수 없다.

Ⅲ. 시효중단을 위한 후소의 심판범위 10점

이와 관련하여 판례[83]는 '확정된 승소판결에는 기판력이 있으므로 당사자는 확정된 판결과 동일한 소송물에 기하여 신소를 제기할 수 없는 것이 원칙이나, 시효중단 등 특별한 사정이 있는 경우에는 예외적으로 신소가 허용되는데, 이러한 경우에 신소의 판결이 전소의 승소확정판결의 내용에 저촉되어서는 아니되므로, 후소 법원으로서는 그 확정된 권리를 주장할 수 있는 모든 요건이 구비되어 있는지에 관하여 다시 심리할 수 없다.'고 판시하였다.

위 판결에 따르면, 전소인 양수금청구소송에서 양수금채권이 확정되었다면, 그 후 전소의 피고인 丙을 상대로 소멸시효중단을 위해 제기된 후소에서는 채권양도 대항요건의 구비여부 등 실체관계에 관하여 다시 심리할 수 없다. 따라서 후소법원은 甲의 청구를 기각할 수 없다.

---

[83] 대판 2018.4.24. 2017다293858

038 소장에 대표자 표시의 잘못과 소장각하명령의 가부

< 기초적 사실관계 >

甲과 乙 법인은 2층으로 된 X 건물을 2분의 1 지분씩 공동으로 소유하고 있는데, 건물 구입 당시 함께 추진하기로 한 사업이 여의치 않게 되어 甲은 이 건물을 매각하고 그 자금으로 다른 사업을 하고자 하나, 甲에 비하여 자금사정이 좋은 乙 법인은 시장상황이 좋아지기를 기다리며 매각을 반대하고 있다. 이에 甲은 乙 법인을 상대로 X 건물의 분할청구의 소를 제기하였다. (각 설문은 독립적임)

< 문제 >

1. 甲이 제출한 소장에는 乙 법인의 대표로 A가 기재되어 있으나, 막상 소장에 첨부된 乙 법인의 등기부 등본에는 B가 대표자로 등재되어 있다. 이에 재판장은 甲에게 소장을 보정하도록 명하였다.

이후 재판장은 보정명령으로 정해진 기간이 지났음에도 甲이 보정하지 않으므로 소장을 각하하였다. 이러한 재판장의 소장각하명령은 적절한가? (10점)

Ⅰ. 문제의 소재 1점

사안에서는 ① 소장심사의 내용, ② 법인의 대표자 기재가 잘못된 경우 소장각하가 가능한지 여부가 각 문제된다.

Ⅱ. 소장심사의 내용 2점

이와 관련하여 판례[84]는 '민사소송법 제254조에 의한 소장심사의 대상이 되는 것은 소장에 필요적 기재사항, 즉 청구취지 및 원인 등이 빠짐없이 기재되어 있는지의 여부에 있고, 소장에 일응 청구의 특정이 가능한 정도로 청구취지 및 원인이 기재되어 있다면 비록 그것이 불명확하여 파악하기 어렵다 하더라도 그 후는 석명권 행사의 문제로서 민사소송법 제254조 제1항의 소장심사의 대상이 되지는 않는다고 할 것이고, 석명권 행사에 의하여도 원고의 주장이 명확하게 되지 않는 경우에는 비로소 원고의 청구를 기각할 수 있을 뿐이다.'라고 판시하였다. 따라서 기재의 진실성이나 당부는 법원의 심리를 통하여 판단할 사항이므로 소장심사의 대상이 아니다.

Ⅲ. 소장각하명령의 가능성 7점

대표자 기재가 잘못된 경우와 관련하여 판례[85]는 '민사소송법 제254조에 의한 재판장의 소장심사권은 소장이 같은 법 제249조 제1항의 규정에 어긋나거나 소장에 법률의 규정에 따른 인지를 붙이지 아니하였을 경우에 재판장이 원고에 대하여 상당한 기간을 정하여 그 흠결의 보정을 명할 수 있고, 원고가 그 기간 내에 이를 보정하지 않을 때에 명령으로써 그 소장을 각하한다는 것일 뿐이므로, 소장에 일응 대표자의 표시가 되어 있는 이상 설령 그 표시에 잘못이 있다고 하더라도 이를 정정 표시하라는 보정명령을 하고 그에 대한 불응을 이유로 소장을 각하하는 것은 허용되지 아니한다. 이러한 경우에는 오로지 판결로써 소를 각하할 수 있을 뿐이다.'라고 판시하였다.

위 판결에 따르면 甲이 제출한 소장에 등기부상 대표자 B가 아닌 A가 대표로 기재되어 있고 甲이 재판장의 대표자 표시 잘못을 시정하기 위한 보정명령에 응하지 않았다고 하더라도, 재판장은 소장을 각하해서는 안되고 심리 후 소송요건의 흠결이 밝혀지면 판결로 소를 각하하여야 한다.

민사소송법

제254조【재판장등의 소장심사권】
① 소장이 제249조 제1항의 규정에 어긋나는 경우와 소장에 법률의 규정에 따른 인지를 붙이지 아니한 경우에는 재판장은 상당한 기간을 정하고, 그 기간 이내에 흠을 보정하도록 명하여야 한다. 재판장은 법원사무관 등으로 하여금 위 보정명령을 하게 할 수 있다.
② 원고가 제1항의 기간 이내에 흠을 보정하지 아니한 때에는 재판장은 명령으로 소장을 각하하여야 한다.
③ 제2항의 명령에 대하여는 즉시항고를 할 수 있다.
④ 재판장은 소장을 심사하면서 필요하다고 인정하는 경우에는 원고에게 청구하는 이유에 대응하는 증거방법을 구체적으로 적어 내도록 명할 수 있으며, 원고가 소장에 인용한 서증(書證)의 등본 또는 사본을 붙이지 아니한 경우에는 이를 제출하도록 명할 수 있다.

제249조【소장의 기재사항】
① 소장에는 당사자와 법정대리인, 청구의 취지와 원인을 적어야 한다.
② 소장에는 준비서면에 관한 규정을 준용한다.

---

84) 대결 2004.11.24. 2004무54
85) 대결 2013.9.9. 2013마1273

039 부제소 합의 및 부제소 합의 위반

2022년 제2차 법전협 <제1문2>

< 공통된 사실관계 >

甲과 A는 乙(주택재개발정비사업조합)이 실시하는 건축설계도급 입찰에 참가하기 위하여 민법상 조합에 해당하는 공동수급체를 구성하였다. 乙은 임시총회에서 위 공동수급체의 경쟁업체인 B를 낙찰자로 선정하고, B와의 건축설계계약 체결을 승인하는 결의(이하 '이 사건 결의')를 하였다. 그러자 甲이 乙을 상대로 위 결의에 대하여 무효확인을 구하는 소를 제기하였다.

※ 추가된 사실관계는 각 별개임.

< 추가된 사실관계 2 >

甲과 A는 위 입찰절차에서 乙에게 '乙이 정한 업체 선정방법, 乙의 총회에서의 낙찰자 및 계약자 선정 결과에 대하여 민·형사상 어떠한 소송도 제기하지 않고 이를 따르기로 한다'고 약정하였고, 이 약정사실은 법원에 제출된 입찰관련 서류에 포함되어 있다. 그런데 甲이나 乙이 소송에서 위 약정의 성격이나 효력을 쟁점으로 삼아 소의 적법 여부를 다툰 바는 없다.

< 문제 >

2. 이 경우 법원은 어떠한 조치를 취하여야 하는가? (15점)

Ⅰ. 문제의 소재

부제소합의의 소송상 효력과 이에 대한 법원의 조치가 문제된다.

Ⅱ. 부제소합의가 있는 경우 소송상 취급 5점

설문의 약정은 특정한 권리나 법률관계에 관하여 분쟁이 있어도 제소하지 아니하기로 하는 합의로서, 소송합의 중 부제소합의에 해당한다.

통설은 소송합의는 항변사유라고 보지만, 판례[86]는 "부제소합의에 위배되어 제기된 소는 권리보호의 이익이 없고, 신의성실의 원칙(제1조 제2항)에도 어긋나는 것이므로, 법원은 직권으로 소의 적법 여부를 판단할 수 있다"는 입장이다.

민사소송법
제1조 【민사소송의 이상과 신의성실의 원칙】
① 법원은 소송절차가 공정하고 신속하며 경제적으로 진행되도록 노력하여야 한다.
② 당사자와 소송관계인은 신의에 따라 성실하게 소송을 수행하여야 한다.

---

86) 대판 2013.11.28. 2011다80449

Ⅲ. 부제소합의 위반에 대한 법원의 조치 7점

1. 판례[87][88]

대법원은 설문과 유사한 사안에서 "당사자들이 부제소 합의의 효력이나 그 범위에 관하여 쟁점으로 삼아 소의 적법 여부를 다투지 아니하는데도 법원이 직권으로 부제소 합의에 위배되었다는 이유로 소가 부적법하다고 판단하기 위해서는 그와 같은 법률적 관점에 대하여 당사자에게 의견을 진술할 기회를 주어야 하고, 부제소 합의를 하게 된 동기 및 경위, 그 합의에 의하여 달성하려는 목적, 당사자의 진정한 의사 등에 관하여도 충분히 심리할 필요가 있다."고 판시한 바 있다.

2. 사안의 경우

법원은 이 사건 소의 제기가 부제소합의에 위반한 것인지에 관하여 甲과 乙에게 의견을 진술할 기회를 부여한 후 소를 부적법 각하하여야 할 것이다.

Ⅳ. 결론 3점

법원은 당사자에게 이 사건 소의 제기가 부제소합의에 위반한 것인지에 관하여 의견을 진술할 기회를 부여한 후, 이 사건 소를 부적법 각하하여야 한다.

---

87) 대판 2013.11.28. 2011다80449
88) 이에 대해, 부제소합의 위반 여부는 항변사항이라고 보아 위 판례에 반대하는 의견이 다수이다.

040 장래이행의 소의 적법요건

甲(주소지: 서울 성동구)은 2009. 3. 1. 乙(주소지: 서울 강남구)로부터 서울 강남구 소재 대한빌딩 중 1, 2층을 임대보증금 1억 원, 월 차임 400만 원, 임대차기간 2년으로 약정하여 임차하였다. 그리고 위 임대차계약서 말미에 "본 임대차와 관련하여 甲과 乙 사이에 소송할 필요가 생길 때에는 서울중앙지방법원을 관할법원으로 한다."라는 특약을 하였다. 甲은 乙에게 위 임대보증금 1억 원을 지급한 후 위 건물에서 '육고기뷔페'라는 상호로 음식점을 경영하고 있다. 甲은 도축업자인 丙(주소지: 서울 노원구)에게서 돼지고기를 구입하여 왔는데, '육고기뷔페'의 경영 악화로 적자가 계속되어 丙에게 돼지고기 구입대금을 제때에 지급하지 못하여 2010. 12.경에는 丙에 대한 외상대금이 1억 원을 넘게 되었다. 이에 丙이 甲에게 위 외상대금을 갚을 것을 여러 차례 독촉하자 甲은 부득이 乙에 대한 위 임대보증금반환채권을 丙에게 2011. 1. 17. 양도하게 되었고, 甲은 2011. 1. 20. 乙에게 내용증명 우편으로 위 채권양도 사실을 통지하여 다음날 乙이 위 내용증명 우편을 직접 수령하였다. 한편, 甲에 대하여 3,000만 원의 대여금채권을 가지고 있는 A는 위 채권을 보전하기 위하여 甲의 乙에 대한 위 임대보증금반환채권에 대하여 채권자를 A로, 채무자를 甲으로, 제3채무자를 乙로 하여 법원에 채권가압류신청을 하였고 위 신청에 대한 가압류결정이 고지되어 가압류결정 정본이 2011. 1. 22. 제3채무자인 乙에게 송달되었다. 甲과 乙은 2011. 2. 28. 위 임대차기간을 2년 연장하기로 합의(묵시의 갱신은 문제되지 아니하는 것을 전제로 함.)하였다. 임대차기간이 연장된 것을 전혀 모르는 丙이 乙에게 임대보증금의 지급을 요구하자 乙은 위 임대차기간이 연장되었음을 이유로 丙에게 임대보증금의 반환을 거절하였다.

< 문제 >
4. 丙은 변호사 丁이 위 2.에서 답변한 내용에 따라 소송을 제기하기로 하여 그에 따른 소장을 작성한 후, 2011. 6. 10. 위 소장을 서울중앙지방법원에 접수하였고, 그 소장 부본은 2011. 6. 24. 소장에 기재된 피고측에 송달되었다. 한편, 乙은 甲을 상대로 2011. 6. 9. 서울동부지방법원에 甲의 3기 이상 월 차임 연체를 이유로 한 임대차계약의 해지를 청구원인으로 하여 위 건물 1, 2층의 인도를 구하는 소송을 제기하였고, 그 소장 부본은 2011. 6. 28. 甲에게 송달되었다. 丙이 제기한 소와 乙이 제기한 소는 각각 적법한가? (40점)

I. 문제의 소재 3점

丙의 乙에 대한 청구가 장래이행의 소의 적법요건을 구비하였는지, 丙의 甲에 대한 채권자대위소송의 적법요건을 구비하였는지 문제된다. 乙의 甲에 대한 소송이 전속적 관할합의 위반에 해당하여 이송되어야 하는지, 그리고 중복소제기에 해당하여 부적법 각하 되어야 하는지 문제된다.

Ⅱ. 丙의 乙에 대한 양수금 청구소송의 적법 여부 7점

1. 장래이행의 소에 해당하는지 여부

丙은 乙에 대하여 甲으로부터 임대목적물을 인도받음과 동시에 임차보증금 1억 원을 지급하라는 상환이행청구를 해야 한다. 이는 장래에 甲이 임대목적물을 인도하는 것을 조건으로 그와 동시에 1억 원의 임차보증금 지급을 청구하는 것이므로, 장래이행의 소에 해당한다.

2. 장래이행의 소의 적법요건(제251조)

장래이행의 소가 적법하기 위해서는 ① 청구적격으로 청구권 발생의 기초가 되는 사실상, 법률상의 관계가 이미 형성되어 있고, 그러한 법률관계가 변론종결 뒤의 이행기까지 계속될 것이 확정적으로 예정되어 있어야 한다. ② 이행의무의 성질, 의무자의 태도를 고려하여 미리 청구할 필요가 있어야 한다.

3. 사안의 경우

丙의 甲에 대한 채권자 대위 소송을 통해 乙이 임대목적물을 인도 받을 수 있으므로, 청구권발생의 기초가 되는 사실상, 법률상의 관계가 이미 형성되어 있고, 임대목적물 인도와 임대보증금반환이 동시이행관계에 있어 한쪽이 이행을 하지 않으면 그러한 법률관계가 계속될 것이 예정되어 있고 甲과 乙이 인도를 거절하고 있어 미리 청구할 필요도 인정되므로 상환이행을 청구하는 장래이행의 소는 적법하다.

Ⅲ. 丙의 甲에 대한 채권자대위소송의 적법 여부 10점

1. 채권자대위소송의 적법 요건(민법 제404조)

전술한 바와 같이, 丙은 乙을 대위하여 甲에게 임대목적물을 반환할 것을 청구할 수 있는데, 채권자대위소송의 요건을 구비하여야 丙의 甲에 대한 소제기가 적법하다. 채권자 대위권의 행사가 적법하기 위해서는 ① 피보전채권의 존재 ② 피보전채권의 변제기 도래 ③ 보전의 필요성 ④ 대위할 권리에 대하여 채무자가 권리를 행사하지 않을 것의 요건을 구비하여야 하며, 이는 채권자대위 소송이 적법하기 위한 요건에 해당한다. ⑤ 피대위채권의 존재 및 인용 여부는 소송이 인용되기 위한 요건에 해당한다.

2. 사안의 경우

丙이 채권자대위소송을 접수하기 하루 전인 2011. 6. 9.에 채무자 乙이 甲을 상대로 임대차계약해지를 원인으로 한 임대목적물의 인도청구소송을 제기하였으므로, 丙의 청구는 채무자가 권리를 행사하지 않을 것이라는 당사자적격이 흠결되어 부적법 각하되어야 한다.

민사소송법
제251조 【장래의 이행을 청구하는 소】
장래에 이행할 것을 청구하는 소는 미리 청구할 필요가 있어야 제기할 수 있다.

민법
제404조 【채권자대위권】
① 채권자는 자기의 채권을 보전하기 위하여 채무자의 권리를 행사할 수 있다. 그러나 일신에 전속한 권리는 그러하지 아니하다.
② 채권자는 그 채권의 기한이 도래하기 전에는 법원의 허가없이 전항의 권리를 행사하지 못한다. 그러나 보전행위는 그러하지 아니하다.

단, 乙의 소가 중복소제기 등 사유가 있어 부적법각하 된다면 채무자가 권리를 행사하지 않은 것이 되므로 부적법하지 않다.

Ⅳ. 乙의 甲에 대한 목적물 인도청구의 소 적법 여부 15점

1. 전속적 관할합의 위반 여부

가. 전속적 관할합의 위반에 해당하는지

甲과 乙은 전속적 관할합의로 서울중앙지방법원에 소를 제기하기로 합의하였으므로 乙이 2011. 6. 9. 서울동부지방법원에 甲에 대한 임대차계약 해지를 원인으로 한 임대목적물의 인도를 구하는 청구는 전속적 관할합의의 위반에 해당한다.

나. 관할합의 위반의 하자를 치유할 수 있는지

전속적 관할합의도 임의관할이므로, 甲이 변론 또는 변론준비기일에 이의 없이 본안에 관하여 변론 또는 진술하면 변론관할(제30조)이 인정되어 관할위반의 하자가 치유될 수 있으나, 위 사안에서는 그러한 사정이 없으므로 전속적 관할합의 위반에 해당한다.

다. 관할합의 위반의 효과

관할권이 존재하지 않는 경우 소송경제를 위해 직권으로 이송한다(제34조 제1항).

2. 중복소제기 위반 여부

가. 중복소제기의 금지 의의 및 요건

소송경제를 도모하고 판결의 모순, 저촉을 방지하기 위하여 중복소제기를 금지하고 있다(제259조). 중복소제기에 해당하기 위해서는 ① 전소와 후소의 당사자가 동일해야 하고 ② 전소와 후소의 소송물이 동일해야 하며 ③ 전소가 적법하게 계속된 후 후소를 제기한 경우이어야 한다.

나. 전소, 후소의 판별기준

전소, 후소의 판별은 소를 제기한 날이 아니라 소송계속이 발생한 때, 즉 소장이 피고에게 송달된 날을 기산점으로 한다. 사안의 경우 丙이 甲에 대하여 제기한 소의 소장은 2011. 6. 24. 피고 甲에게 송달되었고, 乙이 甲에게 제기한 소의 소장은 2011. 6. 28. 피고 甲에게 송달되었으므로 乙이 제기한 소가 후소에 해당한다.

민사소송법
제30조【변론관할】
피고가 제1심 법원에서 관할위반이라고 항변(抗辯)하지 아니하고 본안(本案)에 대하여 변론(辯論)하거나 변론준비기일(辯論準備期日)에서 진술하면 그 법원은 관할권을 가진다.

제259조【중복된 소제기의 금지】
법원에 계속되어 있는 사건에 대하여 당사자는 다시 소를 제기하지 못한다.

다. 채권자대위소송 중 채무자의 별소가 중복소제기에 해당하는지 여부

판례는 채권자가 채무자를 대위하여 제3채무자를 상대로 제기한 채권자대위소송이 법원에 계속중 채무자와 제3채무자 사이에 채권자대위소송과 소송물을 같이하는 내용의 소송이 제기된 경우, 양 소송은 동일소송이므로 후소는 중복제소금지원칙에 위배되어 제기된 부적법한 소송이라 할 것이라고 판시[89]하였다.

라. 전소가 부적법한 경우에도 후소가 중복소제기에 해당하는지 여부

판례는 이미 동일한 사건에 관하여 전소가 제기되었다면 설령 그 전소가 소송요건을 흠결하여 부적법하다고 할지라도 후소의 변론종결시까지 취하·각하 등에 의하여 소송계속이 소멸되지 아니하는 한 후소는 중복제소금지에 위배된다고 판시[90]하였다.

마. 사안의 해결

丙이 제기한 전소가 당사자적격의 흠결 등으로 각하되지 않으면 乙이 제기한 후소는 중복소제기로서 부적법 각하되어야 한다.

V. 사안의 해결 5점

丙의 乙에 대한 청구는 상환이행 청구에 해당하며, 장래이행의 소의 적법요건을 구비하였으나, 丙의 甲에 대한 채권자대위소송 적법요건 중 채무자의 권리불행사 요건에 위배되어 부적법 각하 될 수 있다. 乙의 甲에 대한 소송이 전속적 관할합의 위반에 해당하는 것은 이송을 통해 해결할 수 있으나, 중복소제기에 해당하여 부적법 각하 되어야 한다.

---

89) 대판 1992.5.2. 91다41187
90) 대판 1998.2.27. 97다45532

041 장래이행의 소의 가능성과 손해배상청구의 선택적병합

2020년 제1차 법전협 <제1문3>

< 기초적 사실관계 >

甲은 2018. 4. 1.경 丙으로부터 X 점포를 매수하고 같은 날 이에 관한 소유권이전등기를 마쳤는데, 乙은 丙으로부터 X 점포를 임대차보증금 1억 원, 임대차기간 2018. 1. 1.부터 2018. 12. 31.까지, 차임 월 500만 원(매월 1일 지급)으로 정하여 임차하고 위 임대차보증금을 丙에게 교부한 후 사업자등록을 마치고 음식점을 운영하고 있었다. 甲은 2018. 11. 말경 자신이 X 점포를 사용할 계획이어서 임대차계약의 갱신을 거절한다는 취지를 乙에게 통지하였다. 乙은 2018. 12. 31.이 지나도록 X 점포를 인도하지 않고 계속 음식점을 운영하면서 2019. 1.부터는 차임을 지급하지 않고 있다.

< 문제 >

1. 甲은 乙을 상대로 채무불이행과 불법행위를 원인으로 하여 2019. 1. 1.부터 乙이 X 점포를 甲에게 인도할 때까지 월 500만 원의 지급을 구하는 소를 병합하여 제기하였다. 법원은 甲의 청구에 대하여 어떠한 판결을 하여야 하는가? (20점)

Ⅰ. 문제의 소재 2점

사안에서는 ① 甲이 乙로부터 X 점포를 인도받을 때까지 차임 상당의 금전의 지급을 구하는 것이 장래 이행의 소로서 허용되는지 여부, ② 甲이 乙을 상대로 채무불이행을 원인으로 한 손해배상청구와 불법행위를 원인으로 한 손해배상청구에 대한 법원의 심판을 구하는 것이 선택적 병합에 해당하는지 여부 및 그 심판방법, ③ 甲의 청구가 실체법적 요건을 구비하였는지 여부가 각 문제된다.

Ⅱ. 장래이행의 소의 가능성 8점

장래이행의 소는 변론종결시를 표준으로 하여 이행기가 장래에 도래하는 이행청구권을 주장하는 소를 의미하는데(제251조), 기한부청구권, 정지조건부청구권 등 장래 효력이 발생할 청구권이라도 그 청구권 발생의 법률상·사실상 기초관계가 사실심의 변론종결시에 존재하고, 그러한 상태가 장래까지 계속될 것이 변론종결 당시에 확실히 예측되어 청구권 발생의 개연성이 충분히 인정되며, 청구의 내용이 명확한 때에는 이행의 소의 대상이 될 수 있고, 이행의무의 성질, 이행의무자의 태도에 비추어 장래의 이행기에 임의이행을 기대할 수 없는 경우 미리 청구할 필요가 인정된다.

장래의 손해배상금 청구와 관련하여 판례[91]는 '피고들이 서울특별시와의 특약에 따라 원고에게 각 신축된 건물의 3층 부분을 무상으로 10년 간 사용하게 할 의무가 있음에도 건물 준공 후 원고의 두 차례에 걸친 사용수익 요구에도 불구하고 제3자에게 임대하여 그들로 하여금 사용수익하게 하여 왔을 뿐 아니라 서울특별시와의 위 특약의 효력 자체를 다투고 있다면 위 피고들의 채무불이행의 상태는 장래에도 계속되리라고 충분히 예측될 수 있고, 이는 위 특약에 따른 위 피고들의 의무가 사용대차에 기한 소극적인 성질의 것이라 하여 달리 볼 것은 아니며, 따라서 원고가 위 피고들에 대하여 장래에 발생할 손해배상 또는 부당이득까지 미리 청구할 필요가 있다고 볼 소지가 충분하다.'고 판시하며 장래의 손해배상청구 내지 부당이득반환청구를 인정하고 있다.

사안에서 乙은 변론종결일 이후 임의이행을 기대하기 어려우므로, 甲에게는 미리 청구할 필요가 인정된다.

> **민사소송법**
> **제251조 【장래의 이행을 청구하는 소】**
> 장래에 이행할 것을 청구하는 소는 미리 청구할 필요가 있어야 제기할 수 있다.

Ⅲ. 선택적 병합에 해당하는지 여부 5점

양립할 수 있는 여러 개의 청구 가운데 어느 하나만 인용되면 소송의 목적을 달성할 수 있어 다른 청구에 대한 심판을 원하지 않는 형태의 병합을 선택적 병합이라고 한다. 청구의 선택적 병합은 여러 개의 청구 가운데 하나의 청구가 인용될 것을 해제조건으로 하여 다른 청구에 대한 심판을 구하는 것이다. 선택적 병합의 경우 원고승소 판결을 하는 때에는 병합된 청구 중 이유 있는 청구를 선택하여 인용하는 판단을 하면 되고, 원고패소 판결을 하는 때에는 병합된 청구 전부에 대하여 배척하는 판단을 하여야 한다.

사안에서 甲의 채무불이행 및 불법행위에 기한 각 손해배상청구는 실체법적 근거가 다르지만, 법률상 양립가능하되, 중복해서 청구할 수는 없으므로, 이는 선택적 병합에 해당하고, 따라서 법원은 선택적 병합의 예에 따라 심판을 하여야 한다.

---

91) 대판 1993.7.27. 92다13332

Ⅳ. 甲의 각 청구의 인정여부 5점

　　채무불이행책임과 관련하여, 임대차계약이 종료되면 임차인의 임대차목적물 반환의무와 임대인의 보증금반환의무는 동시이행관계에 있고, 임대인은 자신의 임대보증금 반환의무를 이행하거나 이행의 제공을 하여 임차인의 동시이행항변권을 상실시키지 않으면 임차인이 임대차목적물을 반환하지 않더라도 임차인은 이행지체책임을 부담하지 않는다. 사안에서 甲은 임대차보증금반환의 이행의 제공을 하지 않았으므로, 채무불이행에 기한 손해배상청구를 할 수 없다.

　　불법행위책임과 관련하여, 판례[92]는 '임대차계약 종료 후에도 임차인이 동시이행의 항변권을 행사하여 임차건물을 계속 점유하여 온 것이라면, 임대인이 임차인에게 보증금반환의무를 이행하였다거나 현실적인 이행의 제공을 하여 임차인의 건물명도의무가 지체에 빠지는 등의 사유로 동시이행의 항변권을 상실하지 않는 이상, 임차인의 건물에 대한 점유는 불법점유라고 할 수 없으며, 따라서 임차인으로서는 이에 대한 손해배상의무도 없다.'고 판시하여 불법행위책임을 인정하지 않았다. 따라서 甲은 불법행위에 기한 손해배상청구도 할 수 없다.

　　甲의 채무불이행 및 불법행위에 기한 각 손해배상청구는 그 요건을 구비하지 못하였으므로, 법원은 선택적 병합의 심판방법에 따라 甲의 각 청구를 모두 기각하여야 한다.

---

[92] 대판 1998.5.29. 98다6497

042 단순이행청구시, 장래 이행의 판결 가능 여부

2013년 제2회 변호사시험 <제1문1>

< 공통된 기초사실 >

- A 주식회사(대표이사 B)는 2009. 1. 3. 乙의 대리인임을 자처하는 甲으로부터 乙 소유의 X 부동산을 대금 7억 원에 매수하면서, 계약금 1억 원은 계약 당일 지급하고, 중도금 3억 원은 2009. 3. 15. 乙의 거래은행 계좌로 송금하는 방법으로 지급하며, 잔금 3억 원은 2009. 3. 31. 乙로부터 X 부동산에 관한 소유권이전등기 소요서류를 교부받음과 동시에 지급하되, 잔대금 지급기일까지 그 대금을 지급하지 못하면 위 매매계약이 자동적으로 해제된다고 약정한 후(이하 '이 사건 매매계약'이라 함), 같은 날 甲에게 계약금 1억 원을 지급하였다.

< 추가된 사실관계 >

- 甲은 乙의 사촌 동생으로서 乙의 주거지에 자주 내왕하는 사이였는데, 乙의 건강이 악화되어 관리가 소홀한 틈을 타 평소 乙의 거실 서랍장에 보관되어 있던 乙의 인장을 임의로 꺼내어 위임장을 위조한 후 그 인감증명서를 발급받는 한편 평소 위치를 보아 둔 X 부동산의 등기권리증을 들고 나와 A 주식회사 대표이사 B에게 제시하면서 乙의 승낙 없이 이 사건 매매계약을 체결한 것이었다.

- 乙은 2009. 3. 15. A 주식회사로부터 자신의 거래 계좌로 3억 원을 송금받자 이를 이상히 여기고 평소 의심스러운 행동을 보이던 甲을 추궁한 끝에, 甲이 乙의 승낙 없이 A 주식회사에게 X 부동산을 매도하고 계약금 1억 원을 착복하였으며 그 중도금으로 3억 원이 위와 같이 입금되었다는 사정을 알게 되었다. 그러나 乙은 평소 甲에 대하여 1억 원 가량의 채무를 부담하고 있었던 터라 甲과 사이에서 이 사건 매매계약을 그대로 유지하고 甲에게는 더 이상의 책임을 추궁하지 않기로 합의하였으며, 그 무렵 甲은 이를 B에게 통지하여 주었다.

- 乙은 2008. 11.경 丙으로부터 1억 5,000만 원을 차용하면서 그 담보로 丙에게 X 부동산에 관하여 저당권(이하 '이 사건 저당권'이라 함)을 설정하고 그 등기를 마쳐준 바 있는데, 丙은 2008. 12.경 丁에게 위 대여금 채권을 양도하고 이를 乙에게 통지하는 한편 이 사건 저당권을 양도하고 같은 날 丁에게 이 사건 저당권 이전의 부기등기를 마쳐 주었다.

< 소송의 경과 >

- A 주식회사는 2012. 10.경 乙·丁을 상대로 이 사건 소송을 제기하여, ① 乙에 대하여는 甲이 乙을 적법하게 대리하여 이 사건 매매계약을 체결한 것이라고 주장하면서 X 부동산에 관하여 이 사건 매매계약을 원인으로 한 소유권이전등기를 구하고, ② 丁에 대하여는 乙이 丁에게 이 사건 저당권에 의한 피담보채무를 전액 변제하였다고 주장하면서 이 사건 매매계약에 기한 소유권이전등기청구권 보전을 위하여 乙을 대위하여 소유권에 기한 방해배제로서 X 부동산에 관하여 마쳐진 이 사건 저당권 설정등기 및 이 사건 저당권 이전 부기등기의 각 말소등기를 구하였다.

> < 문제 >
> 2. 丁에 대한 각 말소등기청구 관련(아래 각 문항에서 대위의 요건은 모두 갖추어진 것으로 가정한다)
>   나. 만일 丁이 제1회 변론기일에 출석하여 저당권의 피담보채권 중 2,000만 원이 변제되지 아니한 채 남아 있다고 주장하였고, 심리 결과 그것이 사실로 인정된 경우, 위 각 청구에 대한 결론[각하, 청구 전부인용, 청구일부인용(일부 인용되는 경우 그 구체적인 금액 또는 내용을 기재할 것), 청구기각]을 그 논거와 함께 서술하시오. (20점)

Ⅰ. 문제의 소재 3점

원고가 단순 이행의 청구(저당권설정등기말소청구)를 하는 경우에 장래 이행의 판결(원고가 피담보채무를 변제한 후 저당권설정등기말소청구를 이행)을 할 수 있는지 문제된다.

Ⅱ. 장래이행의 소의 의미, 취지 2점

변론종결 뒤에 이행기가 도래하는 소가 장래이행의 소이다. 변론종결 시 이행기가 도래하지 않았거나 피고가 이행할 의무가 없는 경우이므로 원칙적으로 청구를 기각할 것이 명백하나, 장래에 이행기가 도래하거나 피고가 의무가 발생함이 명백한데 별소를 제기해야 한다면 원고에게 가혹하므로 이를 인정하고 있다.

Ⅲ. 장래이행의 소의 적법요건 2점

장래이행의 소가 적법하기 위해서는 ① 청구적격(권리보호자격)으로서 청구의 기초가 되는 사실상, 법률상의 관계가 변론종결시 까지 존재하고 변론종결 뒤 까지 확정적으로 계속될 것이 예정되어야 하며 ② 의무자의 태도, 이행의무의 성질 등으로 볼 때 미리 청구할 필요(권리보호이익)가 있어야 한다.

Ⅳ. 선이행청구의 적법요건 5점

선이행청구란 원고가 선이행의무가 있기 때문에 먼저 자기 채무의 이행을 해야 이행기가 도래하는 이행청구를 말한다. 선이행청구 또한 청구적격과 미리 청구할 필요의 요건을 갖추어야 한다. ① 청구적격과 관련하여 이는 조건부청구로서 조건성취의 개연성이 크기 때문에 청구적격이 있으며 ② 미리 청구할 필요와 관련하여 판례는 채권자가 피담보채무의 액수를 다투거나 담보의 목적이 아님을 다투는 경우 채무자가 변제하여도 등기 말소에 즉시 협력을 기대할 수 없으면 미리 청구할 필요가 인정된다고 판시93)하였다.

사안의 경우, 원고가 저당권이전등기말소를 적극적으로 구하고 있어 조건성취의 개연성이 크고 피고 丁이 저당권피담보채무의 액수를 다투고 있으므로, 미리 청구할 필요가 인정된다.

> **민사소송법**
> **제203조【처분권주의】**
> 법원은 당사자가 신청하지 아니한 사항에 대하여는 판결하지 못한다.

Ⅴ. 처분권주의 위배 여부 5점

1. 처분권주의의 의미

처분권주의란 절차의 개시, 심판의 대상 그리고 절차의 종결에 대하여 당사자에게 주도권을 주어 그 처분에 맡기는 원칙을 말한다.

2. 선이행 판결의 처분권주의 위배 여부

판례는 채무자가 피담보채무 전액을 변제하였다고 하거나, 피담보채무의 일부가 남아 있음을 시인하면서 그 변제와 상환으로 담보목적으로 경료된 소유권이전등기의 회복을 구함에 대하여 채권자는 그 소유권이전등기가 담보목적으로 경료된 것임을 다투고 있는 경우, 채무자의 청구 중에는 만약 그 소유권이전등기가 담보목적으로 경료된 것이라면 소송 과정에서 밝혀진 잔존피담보채무의 지급을 조건으로 그 소유권이전등기의 회복을 구한다는 취지까지 포함되어 있는 것으로 해석한다고 판시94)하였다.

사안의 경우, 원고의 의사는 피담보채무를 변제해서라도 저당권을 말소하기를 원한다고 보아야 한다. 선이행판결을 하더라도 처분권주의에 위배되지 않는다.

Ⅵ. 결론 3점

원고의 청구는 일부 인용된다. 법원은 피고는 원고로부터 2천만 원을 지급받은 다음, 원고에게 X부동산에 관하여 저당권설정등기의 말소등기절차를 이행하라는 판결을 해야 한다.

---

93) 대판 1992.1.21. 91다35175
94) 대판 1996.11.12. 96다33938

043 근저당권자의 유치권부존재확인을 구하는 소의 이익

2017년 제6회 변호사시험 <제1문2>

< 기초적 사실관계 >

甲은 주택 신축 등을 목적으로 하는 사업을 하면서 乙 및 친척인 丙에게 각각 1억 원의 대여금채무를 비롯하여 총 합계 3억 원 이상의 채무를 부담하게 되어 채무초과 상태에 이르게 되었다. 甲은 유일한 재산인 X토지를 소유하고 있었는데, 丙에 대한 甲의 대여금 채무를 위한 담보로 제공하는 저당권설정계약(이하 '이 사건 계약'이라 한다)을 丙과 체결하였다.

甲은 丙의 독촉에도 이 사건 계약에 의한 저당권설정등기를 미루고 있었는데, 이에 丙은 甲을 피고로 이 사건 계약을 원인으로 하여 저당권설정등기를 청구하는 소를 제기하였다. 丙의 위 소송에 대하여 甲은 제대로 응소하지 않고 있다.

위와 같은 소식을 들은 乙은 이 사건 계약의 체결 과정을 조사한 결과, 甲은 이 사건 계약으로 인하여 책임재산에 부족이 생기거나 이미 부족상태에 있는 책임재산이 한층 더 부족하게 됨으로써 乙의 채권을 완전하게 만족시킬 수 없다는 사실을 인식하였고, 丙도 그러한 점을 알고 있었다는 사실을 알게 되었다. 이에 乙은 원고 丙과 피고 甲 사이의 위 소송에 참가하려고 한다.

< 추가된 사실관계 >

X토지에 대한 저당권설정등기를 경료받은 丙은 변제기가 도래하여도 甲이 피담보채무를 변제하지 않자, X토지를 목적물로 하는 부동산경매신청을 하였다. 이 경매절차에서 X토지의 감정평가액은 2억 원으로 평가되었고, 丙의 청구금액은 1억 원(이자 및 지연손해금은 무시한다)이었다. 그런데 丁은 자신이 X토지의 기반공사를 하였고 이에 따른 공사대금채권 9,000만 원을 피담보채권으로 하는 유치권이 있다고 주장하며 유치권 신고를 하였다.

이에 대해 丙은 丁을 피고로 하여 丁이 X토지에 관한 공사대금채권을 가지고 있지 않음에도 위와 같은 유치권 신고를 하였다면서, 丁의 유치권 부존재 확인을 구하는 소를 제기하였다. 이 소송을 심리한 법원은 丁이 주장하는 유치권의 피담보채권이 7,000만 원의 한도로 존재한다고 판단하였다.

< 문제 >

2. 법원은 丙의 청구에 대해 어떠한 판결을 하여야 하는가? (20점)

Ⅰ. 문제의 소재 3점

사안에서는 ① 근저당권자 丙이 丁의 유치권부존재확인을 구할 확인의 이익이 있는지 여부 및 ② 유치권의 피담보채권이 일부만 존재한다고 판단될 경우 법원의 조치가 각 문제된다.

Ⅱ. 확인의 이익의 의미 3점

확인의 이익이라 함은 법률관계가 법원의 판결로 즉시 확정되는 것에 대하여 원고가 가지는 법률상 이익 즉 즉시확정의 법률상 이익을 의미한다. 확인의 이익은 ① 원고의 권리 또는 법률상의 지위에 현존하는 불안·위험이 있고, ② 그 불안·위험을 제거함에 피고를 상대로 확인판결을 받는 것이 가장 유효적절한 수단일 때에만 인정된다.

Ⅲ. 근저당권자에게 유치권부존재확인을 구할 확인의 이익이 있는지 여부 5점

이와 관련하여 판례[95]는 담보권 실행을 위한 경매절차에서 근저당권자가 제기한 유치권부존재확인의 소에 대해 '유치권자는 자신의 피담보채권이 변제될 때까지 유치목적물인 부동산의 인도를 거절할 수 있어 경매목적 부동산이 그만큼 낮은 가격에 낙찰될 우려가 있다고 할 것인바, 이와 같은 저가낙찰로 인해 근저당권자의 배당액이 줄어들 위험은 경매절차에서 근저당권자인 원고의 법률상 지위를 불안정하게 하는 것이므로 위 불안을 제거하는 원고의 이익을 단순한 사실상·경제상의 이익으로 볼 수 없고, 원고에게는 이 사건 확인을 구할 법률상의 이익이 있다.'고 판시하였다.

사안에서 丙은 근저당권자로서 저가낙찰의 위험을 제거하기 위해 丁의 유치권부존재확인을 구하는 소를 제기한 것이므로 확인의 이익이 있다.

---

[95] 대판 2004.9.23. 2004다32848

Ⅳ. 유치권 신고를 한 사람이 피담보채권으로 주장하는 금액 중 일부만 경매절차에서 유치권으로 대항할 수 있는 경우 법원이 취할 조치 5점

유치권부존재확인의 소의 소송물은 원칙적으로 유치권이고, 담보물권의 불가분성에 따라 유치권의 피담보채권이 일부라도 잔존하게 되면 원칙적으로 유치권이 적법하게 존재하는 것이다. 이에 유치권부존재확인의 소를 제기하면서 추가적으로 유치권의 피담보채권의 액수의 확인을 구할 수 있는지 여부 및 원고가 주장하는 피담보채권의 액수를 초과하는 것으로 판단된 경우 법원의 판결의 형식이 문제된다.

이와 관련하여 판례[96]는 '근저당권자는 유치권 신고를 한 사람을 상대로 유치권 전부의 부존재뿐만 아니라 경매절차에서 유치권을 내세워 대항할 수 있는 범위를 초과하는 유치권의 부존재 확인을 구할 법률상 이익이 있고, 심리 결과 유치권 신고를 한 사람이 유치권의 피담보채권으로 주장하는 금액의 일부만이 경매절차에서 유치권으로 대항할 수 있는 것으로 인정되는 경우에는 법원은 특별한 사정이 없는 한 그 유치권 부분에 대하여 <u>일부패소의 판결</u>을 하여야 한다.'고 판시하였다.

사안에서 법원은 丁이 주장하는 유치권의 피담보채권이 7,000만 원의 한도로 존재한다고 판단하였으므로, 丙의 이 부분 청구에 대해 일부패소의 판결을 하여야 한다.

Ⅴ. 결론 4점

丙의 청구는 적법하고 일부 이유 있으므로, 법원은 丁의 유치권의 피담보채권이 7,000만 원을 초과하여 존재하지 아니함을 확인하고, 丙의 나머지 청구를 기각하여야 한다(각하가 아님을 유의).

---

96) 대판 2016.3.10. 2013다99409

044 중복제소

2020년 제2차 법전협 <제1문1>

< 기초적 사실관계 >

甲은 2010. 1. 5. 乙에게 1억 원을 변제기 2010. 3. 4.로 정하여 무이자로 대여하였다(아래의 각 설문은 독립적임. 지연손해금은 고려하지 말 것).

< 문제 >

1. 甲은 乙을 상대로 2020. 2. 11. 위 대여금의 지급을 구하는 소를 제기하였고, 그 소장은 2020. 2. 22. 乙에게 송달되었다. 한편 甲의 채권자 丙은 강제집행을 승낙하는 취지가 기재된 소비대차계약 공정증서를 집행권원으로 하여 2020. 3. 10. 甲의 乙에 대한 위 대여금 채권에 관한 채권압류 및 추심명령 신청을 하여, 2020. 3. 15. 채권압류 및 추심명령이 내려지고, 2020. 3. 20. 乙에게 위 추심명령이 송달되었다. 丙은 甲의 乙에 대한 소송의 변론기일이 계속 진행 중인 상태에서 2020. 5. 1. 乙을 상대로 추심금 청구의 소를 제기하였다.

　가. 丙의 소는 적법한가? (15점)

Ⅰ. 문제의 소재

사안에서는 압류채무자의 제3채무자에 대한 이행청구소송 계속 중 추심금청구 소송이 제기되었는데, 추심금 소송의 소송물은 피추심채권이고, 추심채권자는 추심채무자에 갈음하여 소송수행권을 가지게 되는 제3자 소송담당에 해당하여 추심채무자는 원칙적으로 당사자적격을 상실하게 된다. 그러나, 추심금소송은 압류채무자의 이행청구소송과 실질적으로 동일소송에 해당하여 중복제소금지를 위반하여 부적법한지 여부가 문제된다.

Ⅱ. 중복제소의 요건 5점

중복제소의 금지라 함은 법원에 계속되어 있는 사건에 대하여 당사자는 다시 소를 제기하지 못하는 것을 의미하는데(제259조), 이를 위반한 후소는 부적법하여 각하되는 것이 원칙이다. 중복제소가 성립하기 위해서는 ① 당사자가 동일할 것 ② 소송물이 동일할 것 ③ 전소 계속 중에 후소가 제기될 것의 요건이 구비되어야 한다.

Ⅲ. 중복제소인지 여부 10점

채무자의 본안소송 계속 중 추심채권자의 추심금 청구소송이 제기된 경우와 관련하여 판례[97]는 '채무자가 제3채무자를 상대로 제기한 이행의 소가 이미 법원에 계속되어 있는 상태에서 압류채권자가 제3채무자를 상대로 제기한 추심의 소의 본안에 관하여 심리·판단한다고 하여, 제3채무자에게 불합리하게 과도한 이중 응소의 부담을 지우고 본안 심리가 중복되어 당사자와 법원의 소송경제에 반한다거나 판결의 모순·저촉의 위험이 크다고 볼 수 없고, 압류채권자는 채무자가 제3채무자를 상대로 제기한 이행의 소에 민사소송법 제81조, 제79조에 따라 참가할 수도 있으나, 채무자의 이행의 소가 상고심에 계속 중인 경우에는 승계인의 소송참가가 허용되지 아니하므로 압류채권자의 소송참가가 언제나 가능하지는 않으며, 압류채권자가 채무자가 제기한 이행의 소에 참가할 의무가 있는 것도 아니고, 채무자가 제3채무자를 상대로 제기한 이행의 소가 법원에 계속되어 있는 경우에도 압류채권자는 제3채무자를 상대로 압류된 채권의 이행을 청구하는 추심의 소를 제기할 수 있으므로, 제3채무자를 상대로 압류채권자가 제기한 추심의 소는 채무자가 제기한 이행의 소에 대한 관계에서 민사소송법 제259조가 금지하는 중복된 소제기에 해당하지 않는다.'고 판시하여 중복제소에 해당하지 않는다고 하였다.

위 판결에 따르면, 전소와 후소는 소송물이 동일하고 전소의 계속 중 후소가 제기된 것이 맞으나, (당사자가 다르므로) 중복제소에 해당하지 않는다.

민사소송법

제259조 【중복된 소제기의 금지】
법원에 계속되어 있는 사건에 대하여 당사자는 다시 소를 제기하지 못한다.

제79조 【독립당사자참가】
① 소송목적의 전부나 일부가 자기의 권리라고 주장하거나, 소송결과에 따라 권리가 침해된다고 주장하는 제3자는 당사자의 양 쪽 또는 한 쪽을 상대방으로 하여 당사자로서 소송에 참가할 수 있다.
② 제1항의 경우에는 제67조 및 제72조의 규정을 준용한다.

제81조 【승계인의 소송참가】
소송이 법원에 계속되어 있는 동안에 제3자가 소송목적인 권리 또는 의무의 전부나 일부를 승계하였다고 주장하며 제79조의 규정에 따라 소송에 참가한 경우 그 참가는 소송이 법원에 처음 계속된 때에 소급하여 시효의 중단 또는 법률상 기간준수의 효력이 생긴다.

---

97) 대판 2013.12.18. 2013다202120 전원합의체

045 상계항변과 중복제소

甲은 2014. 8. 10. 乙에게 1억 원을 변제기 2015. 8. 10.로 정하여 대여하였는데 乙이 변제기가 지난 후에도 이를 변제하지 않고 있다고 주장하면서, 2015. 9. 18. 위 대여금의 지급을 구하는 대여금반환청구의 소를 제기하였다. 이에 乙은 甲과 체결한 물품공급계약에 따라 2015. 5. 10. 인도한 물품의 대금채권 1억 5,000만 원(위 물품대금채권의 변제기는 2015. 8. 10.이다) 중 1억 원을 반대채권으로 하여 상계의 항변을 하였고, 그와 동시에 나머지 물품대금 5,000만 원의 지급을 구하는 반소를 제기하였다(물품대금채권의 지연손해금은 고려하지 않음).

< 문제 >
2. 乙이 제기한 반소는 적법한가? (15점)

Ⅰ. 문제의 소재 1점

사안에서는 乙의 반소가 ① 본소의 청구와 상호 관련성이 인정되는지 여부 및 ② 중복제소에 해당하는지 여부가 각 문제된다.

Ⅱ. 반소의 요건 3점

반소는 ① 본소의 청구 또는 방어의 방법과 서로 관련이 있어야 하고, ② 소송절차를 현저히 지연시키지 아니하여야 하며, ③ 본소가 사실심에 계속되고 변론을 종결할 때까지 제기되어야 하고, ④ 본소와 같은 종류의 소송절차에 의하며, ⑤ 다른 법원의 전속관할이 아니어야 한다(제269조 제1항). 이 중 ②, ③, ④, ⑤ 요건은 문제되지 않고, ① 본소와의 상호 관련성 요건을 검토한다.

민사소송법

제269조 【반소】

① 피고는 소송절차를 현저히 지연시키지 아니하는 경우에만 변론을 종결할 때까지 본소가 계속된 법원에 반소를 제기할 수 있다. 다만, 소송의 목적이 된 청구가 다른 법원의 관할에 전속되지 아니하고 본소의 청구 또는 방어의 방법과 서로 관련이 있어야 한다.

② 본소가 단독사건인 경우에 피고가 반소로 합의사건에 속하는 청구를 한 때에는 법원은 직권 또는 당사자의 신청에 따른 결정으로 본소와 반소를 합의부에 이송하여야 한다. 다만, 반소에 관하여 제30조의 규정에 따른 관할권이 있는 경우에는 그러하지 아니하다.

Ⅲ. 본소와 상호관련성이 있는지 여부 3점

　　본소의 방어방법과 상호관련성이 있다는 것은 반소청구가 본소의 항변사유와 대상·발생원인에 있어서 법률상 또는 사실상으로 공통성이 있음을 말한다. 사안에서 乙은 상계의 항변을 제출하고 반소로 그 자동채권의 잔액의 지급을 청구하는 것이므로, 반소는 乙의 상계항변과 관련성이 있다.

Ⅳ. 중복제소인지 여부 6점

　　이와 관련하여 상계항변은 일종의 중간확인의 반소라고 보아 중복제소에 해당한다는 견해와 항계항변은 방어방법에 불과하므로 중복제소에 해당하지 않는다는 견해가 대립하고 있는데, 판례[98]는 '상계의 항변을 제출할 당시 이미 자동채권과 동일한 채권에 기한 소송을 별도로 제기하여 계속 중인 경우라도 특별한 사정이 없는 한 별소로 계속 중인 채권을 자동채권으로 하는 소송상 상계의 주장이 허용되지 않는다고 볼 수는 없다.'고 판시하였다.

　　위 판결의 취지에 따르면 乙이 甲의 청구에 대해 1억 원을 반대채권으로 하여 상계의 항변을 하고 나머지 5,000만 원의 지급을 구하는 반소를 제기하는 것을 중복제소라고 볼 수 없다.

Ⅴ. 결론 2점

　　乙이 제기한 반소는 적법하다.

---

98) 대판 2001.4.27. 2000다4050

046 중복제소와 확인의 이익

2020년 제9회 변호사시험 <제1문3>

> **< 기초적 사실관계 >**
> 甲은 2008. 4. 1. 乙에게 1억 원을 변제기 2009. 3. 31.로 정하여 대여하였다.
> ※ 아래 문제에서 공휴일 여부는 고려하지 말 것
>
> **< 문제 >**
> 1. 乙은 2012. 4. 1. 甲을 상대로 위 대여금 채무가 부존재한다는 확인의 소를 제기하였다. 이에 甲은 乙을 상대로 위 대여금 1억 원의 지급을 청구하는 반소를 제기하였다. 乙의 소는 적법한가? (15점)

Ⅰ. 문제의 소재 2점

사안에서는 본소로 채무부존재확인의 소가 제기되고, 반소로 채무이행청구의 소가 제기된 경우, ① 반소 청구가 중복제소에 해당하는지 여부, 및 ② 이미 제기된 본소가 사후적으로 확인의 이익이 소멸되는지 문제된다.

Ⅱ. 반소의 요건 3점

반소는 본소의 청구 또는 방어방법과 서로 관련이 있고, 소송절차를 현저히 지연시키지 않아야 하며, 본소가 사실심 계속 중이고, 동종의 절차에 따라 심판되며, 공통의 관할이 인정되어야 한다(제269조).

민사소송법
제269조 【반소】
① 피고는 소송절차를 현저히 지연시키지 아니하는 경우에만 변론을 종결할 때까지 본소가 계속된 법원에 반소를 제기할 수 있다. 다만, 소송의 목적이 된 청구가 다른 법원의 관할에 전속되지 아니하고 본소의 청구 또는 방어의 방법과 서로 관련이 있어야 한다.
② 본소가 단독사건인 경우에 피고가 반소로 합의사건에 속하는 청구를 한 때에는 법원은 직권 또는 당사자의 신청에 따른 결정으로 본소와 반소를 합의부에 이송하여야 한다. 다만, 반소에 관하여 제30조의 규정에 따른 관할권이 있는 경우에는 그러하지 아니하다.

Ⅲ. 중복제소 5점

이와 관련하여 판례99)는 '채권자가 채무인수자를 상대로 제기한 채무이행청구소송 (전소)과 채무인수자가 채권자를 상대로 제기한 원래 채무자의 채권자에 대한 채무부존재확인소송(후소)은 그 청구취지와 청구원인이 서로 다르므로 중복제소에 해당하지 않는다.'고 판시하였는데, 위 판결에 따르면 乙의 甲에 대한 소와 甲의 乙에 대한 소는 청구취지와 청구원인이 다르므로 甲의 반소는 중복제소에 해당하지 않는다.

Ⅳ. 확인의 이익 5점

확인의 소에 있어서 권리보호요건으로서 확인의 이익이 있어야 하며 확인의 이익은 자신의 권리 또는 법률상의 지위에 현존하는 불안, 위험이 있어 이를 즉시 제거하여야 할 필요성이 있고 그 불안, 위험을 제거함에 확인판결을 받는 것이 가장 유효 적절한 수단일 때에만 인정된다.

사안과 같이 채무부존재확인의 전소의 확인의 이익과 관련하여, 학설은 원고가 채무부존재확인소송에 의하여 달성하려는 목적과 동일하므로 이행의 반소로 인하여 본소는 그 확인의 이익이 소멸한다는 소멸설과 이행의 반소가 제기되었다고 하더라도 언제든지 취하 가능하므로 채무 존부에 대한 기판력을 구하는 확인의 본소를 유지할 실익이 있다는 불소멸설이 대립하고 있는데, 판례100)는 '소송요건을 구비하여 적법하게 제기된 본소가 그 후에 상대방이 제기한 반소로 인하여 소송요건에 흠결이 생겨 다시 부적법하게 되는 것은 아니므로, <u>원고가 피고에 대하여 손해배상채무의 부존재확인을 구할 이익이 있어 본소로 그 확인을 구하였다면, 피고가 그 후에 그 손해배상채무의 이행을 구하는 반소를 제기하였다 하더라도 그러한 사정만으로 본소청구에 대한 확인의 이익이 소멸하여 본소가 부적법하게 된다고 볼 수는 없다.</u>'고 판시하였다.

사안에서 甲의 반소로 인하여 乙의 본소가 사후적으로 부적법한 것으로 변하지는 아니므로, 乙의 소는 적법하다.

---

99) 대판 2001.7.24. 2001다22246
100) 대판 2010.7.15. 2010다2428, 2435

047 사해행위취소의 소제기와 중복제소 (1)

2018년 제7회 변호사시험 <제1문1>

< 기초적 사실관계 >

甲은 2011. 8. 1. 丙과 丁의 연대보증 아래 乙에게 3억 원을 변제기 2012. 7. 31., 이율 연 12%(변제기에 지급)로 정하여 대여(이하 '이 사건 대여'라 한다)하였다.

丁은 무자력 상태에서 2015. 10. 1. 자신의 유일한 재산인 시가 4억 원 상당의 X토지를 戊에게 1억 원에 매도(이하 '이 사건 매매계약'이라 한다)하고 같은 달 10. 소유권이전등기(이하 '이 사건 소유권이전등기'라 한다)를 마쳐주었다.

丁에 대해 변제기가 2014. 11. 30.인 2억 원의 물품대금채권을 가지고 있던 K는 戊를 상대로 2016. 9. 1. 이 사건 매매계약의 취소와 소유권이전등기의 말소를 구하는 사해행위취소의 소를 제기하였다.

< 문제 >

1. K의 사해행위취소의 소가 법원에 계속 중인 2016. 9. 30. 甲이 丁에 대한 연대보증채권을 피보전채권으로 하여 K와 동일한 청구취지의 사해행위취소의 소를 같은 법원에 제기하였고, 법원이 두 사건을 병합하여 2017. 5. 1. 판결을 선고하는 경우 甲과 K의 청구의 결론[각하, 기각, 인용, 일부인용]과 논거를 서술하시오. (20점)

Ⅰ. 문제의 소재 3점

사안에서 K와 甲은 丁에 대한 별개의 피보전채권에 기하여 戊에 대하여 각 사해행위취소소송을 제기하였으므로, ① 사해행위취소소송의 일반요건을 구비하였는지 여부, ② 연대보증인의 사행행위를 판단함에 있어서 주채무자의 자력이 영향을 미치는지 여부, ③ 다수 채권자의 사해행위취소소송이 중복제소에 해당하는지 여부 및 권리보호이익이 있는지 여부가 각 문제된다.

Ⅱ. 사해행위취소소송의 요건 및 원상회복의 방법 5점

　　사해행위취소소송을 제기하기 위해서는 ① 채권자의 피보전채권, ② 채무자의 사해행위, ③ 채무자의 사해의사 및 수익자의 악의가 인정되어야 하고, 사해행위취소에 따른 원상회복은 원칙적으로 원물반환의 방법에 따라야 한다. 사안에서 K와 甲의 피보전채권이 인정되고, 丁은 무자력상태에서 처분행위인 매매계약을 체결하여 사해행위도 인정되며, 사해행위가 인정되는 이상 丁의 사해의사와 戊의 악의도 추정된다. 또한 채무자인 丁이 戊에게 토지를 매도하였으나, 이미 존재하던 근저당권이 변제로 소멸하지도 않았고, 선의의 전득자도 없으므로 원물반환의 방법에 따라 원상회복이 이루어져야 한다.

Ⅲ. 연대보증인의 사해행위 4점

　　연대보증인의 사해행위의 판단과 관련하여 판례[101]는 '연대보증인의 법률행위가 사해행위에 해당하는지 여부를 판단함에 있어서 주채무에 관하여 주채무자 또는 제3자 소유의 부동산에 대하여 채권자 앞으로 근저당권이 설정되어 있는 등으로 채권자에게 우선변제권이 확보되어 있는 경우가 아닌 이상, 주채무자의 일반적인 자력은 고려할 요소가 아니다.'라고 판시하였다. 사안에서 주채무자인 乙의 무자력여부와 상관없이 연대보증인인 丁이 무자력상태에서 유일한 재산을 매도하였으므로, K와 甲에 대하여 사해행위가 성립한다.

Ⅳ. 중복제소 및 권리보호이익 8점

　　이와 관련하여 판례[102]는 '채권자취소권의 요건을 갖춘 각 채권자는 고유의 권리로서 채무자의 재산처분행위를 취소하고 그 원상회복을 구할 수 있는 것이므로 각 채권자가 동시 또는 이시에 사해행위의 취소 및 원상회복을 구하는 소송을 제기하였다 하여도 그 중 어느 소송에서 승소판결이 선고·확정되고 그에 기하여 재산이나 가액의 회복을 마치기 전에는 각 소송이 중복제소에 해당한다거나 권리보호의 이익이 없게 되는 것은 아니다.'라고 판시하였다.

　　위 판결에 따르면, 사안에서 K와 甲이 이시에 사해행위취소 및 원상회복을 청구하였다 하더라도 먼저 확정되어 집행이 완료된 소송은 없으므로, 법원은 K와 甲의 각 청구를 전부 인용하여야 한다.

---

101) 대판 2003.7.8. 2003다13246
102) 대판 2013.4.26. 2011다37001

048 사해행위취소의 소제기와 중복제소 (2)

A는 2020. 11. 1. 甲에게 5,000만 원을 변제기 2021. 10. 31.로 정하여 무이자로 대여하였다. 甲은 채무초과 상태에 있던 2021. 3. 7. 처인 乙, 처제인 丙, 처남인 丁에게 각 그들에 대한 차용금의 변제로 1억 원씩 계좌이체의 방법으로 송금하였다.

A는 2022. 1. 20. 乙, 丙, 丁을 상대로 채권자취소권을 행사하여 위 각 변제를 전부 취소하고, 원상회복으로서 각 1억 원씩의 지급을 구하는 소를 제기하였다. 증거조사 결과 乙, 丙, 丁은 실제로 2020년경 甲에게 각 1억 원씩 대여한 사실이 있으나, 자신들 외에 다른 채권자들이 다수 있고 그 채권액을 합하면 30억 원에 이르지만, 甲에게는 위 3억 원 외에 다른 재산이 전혀 없는 사실을 알고 있었고, 그럼에도 불구하고 자신들의 채권을 우선적으로 변제받기 위해 甲을 재촉하여 각 변제를 받은 사실이 인정되었다.

< 추가된 사실관계 >

소송 중에 밝혀진 바에 의하면, 甲의 또 다른 채권자인 B는 2021. 4. 20. 乙을 상대로 乙에 대한 변제가 사해행위임을 이유로 그 취소와 원상회복을 구하는 소를 제기하여 2022. 2. 25. 원고 승소 판결이 선고되었고, 이에 대해 乙이 항소하여 현재 항소심이 계속 중이다. 乙은 "채권자 B가 먼저 자신을 상대로 사해행위취소소송을 제기하여 승소판결을 받았음에도 A가 동일한 사해행위취소소송을 제기하는 것은 중복제소에 해당하고 권리보호이익도 없으므로 이 사건 소는 부적법하다."고 주장하였다.

< 문제 >

2. (문제1과는 독립적이다.) 乙의 위 주장은 타당한가? (20점)

Ⅰ. 문제의 소재

사안에서는 수인의 채권자가 각 사해행위취소소송을 제기하는 것이 중복제소에 해당하여 부적법한지 여부가 문제된다.

Ⅱ. 중복제소 및 권리보호이익

이와 관련하여 판례[103]는 '채권자취소권의 요건을 갖춘 각 채권자는 고유의 권리로서 채무자의 재산처분행위를 취소하고 그 원상회복을 구할 수 있는 것이므로 각 채권자가 동시 또는 이시에 사해행위의 취소 및 원상회복을 구하는 소송을 제기하였다 하여도 그 중 어느 소송에서 승소판결이 선고·확정되고 그에 기하여 재산이나 가액의 회복을 마치기 전에는 각 소송이 중복제소에 해당한다거나 권리보호의 이익이 없게 되는 것은 아니다.'고 판시하였다.

위 판결에 따르면, 甲의 또 다른 채권자인 B가 乙을 상대로 1심 승소판결을 선고받았다 하더라도, 사해행위 취소권을 행사하는 각 채권자는 고유의 권리를 행사하는 것이므로, A의 후소가 중복제소에 해당하지 않고, 또한 B가 제기한 소송이 확정되어 집행이 종료된 것이 아니므로, A의 후소는 여전히 권리보호이익이 있다. 따라서 乙의 주장은 모두 타당하지 않다.

---

[103] 대판 2013.4.26. 2011다37001

049 인수참가와 소멸시효중단 (1)

2020년 제9회 변호사시험 <제1문3>

< 기초적 사실관계 >

甲은 2008. 4. 1. 乙에게 1억 원을 변제기 2009. 3. 31.로 정하여 대여하였다.

※ 아래 문제에서 공휴일 여부는 고려하지 말 것

< 문제 >

4. 甲은 2018. 11. 1. 乙을 상대로 위 대여금 1억 원의 지급을 청구하는 소(전소)를 제기하였다. 전소에서 甲은 丙에게 위 대여금 채권을 양도하였다고 주장하면서 丙에 대한 소송인수 신청을 하였고, 법원이 소송인수 결정을 하였으며, 甲은 2019. 5. 1. 乙의 동의를 얻어 전소에서 탈퇴하였다. 인수참가인 丙에 대한 청구 인용 판결이 선고되자 乙은 항소를 제기하였다. 항소심은 위 채권양도가 무효라고 판단하여 丙에 대한 청구 기각 판결을 선고하였고 위 판결은 2019. 8. 1. 확정되었다. 채권양도가 무효로 판단됨에 따라 甲은 2019. 12. 1. 乙을 상대로 다시 위 대여금 1억 원의 지급을 청구하는 소(후소)를 제기하였다. 후소에서 乙은 '위 대여금 청구가 변제기로부터 10년이 도과하여 소멸시효가 완성되었다'고 주장하였고, 甲은 '시효완성 전에 전소를 제기하였고 비록 전소에서 탈퇴하였으나 전소 판결의 확정일부터 6개월 이내에 후소를 제기하였으므로 소멸시효가 중단되었다'고 주장하였다. 甲과 乙의 위 주장은 타당한가? (20점)

I. 문제의 소재 `3점`

사안에서는 ① 甲의 대여금채권의 소멸시효의 시효기간 및 기산점, ② 甲의 후소 제기로 인한 시효중단의 효력이 최초의 소제기 시점으로 소급하는지 여부가 각 문제된다.

II. 甲의 대여금채권의 소멸시효의 시효기간 및 기산점 `4점`

甲의 대여금채권은 일반민사채권이므로 그 시효기간은 10년이고, 소멸시효는 권리를 행사할 수 있는 때로부터 진행하므로(민법 제166조), 대여금채권의 변제기인 2009. 3. 31.의 다음날인 2009. 4. 1.부터 진행하며, 2019. 3. 31. 그 소멸시효가 완성된다.

민법

제166조 【소멸시효의 기산점】

① 소멸시효는 권리를 행사할 수 있는 때로부터 진행한다.
② 부작위를 목적으로 하는 채권의 소멸시효는 위반행위를 한 때로부터 진행한다.

Ⅲ. 시효중단의 상대효 3점

시효의 중단은 당사자 및 그 승계인간에만 효력이 있는데(민법 제169조), 처음 甲이 제기한 소의 시효중단의 효력은 丙이 인수승계를 함으로써 丙에게도 그 효력이 미치게 된다(제81조).

Ⅳ. 甲의 후소제기로 인한 시효중단의 효력 10점

사안에서는 丙의 청구가 기각되는 판결이 확정되었고, 이로 인하여 甲의 소제기로 인한 시효중단의 효력도 소급하여 소멸되는지 문제되는데, 이와 관련하여 판례104)는 '소송목적인 권리를 양도한 원고는 법원이 소송인수 결정을 한 후 피고의 승낙을 받아 소송에서 탈퇴할 수 있는데(제82조 제3항, 제80조), 그 후 법원이 인수참가인의 청구의 당부에 관하여 심리한 결과 인수참가인의 청구를 기각하거나 소를 각하하는 판결을 선고하여 판결이 확정된 경우에는 원고가 제기한 최초의 재판상 청구로 인한 시효중단의 효력은 소멸한다. 다만 소송탈퇴는 소취하와는 성질이 다르며, 탈퇴 후 잔존하는 소송에서 내린 판결은 탈퇴자에 대하여도 효력이 미친다(제82조 제3항, 제80조 단서). 이에 비추어 보면 인수참가인의 소송목적 양수 효력이 부정되어 인수참가인에 대한 청구기각 또는 소각하 판결이 확정된 날부터 6개월 내에 탈퇴한 원고가 다시 탈퇴 전과 같은 재판상의 청구 등을 한 때에는, 탈퇴 전에 원고가 제기한 재판상의 청구로 인하여 발생한 시효중단의 효력은 그대로 유지된다.'고 판시하였다.

위 판결에 따르면, 甲은 소멸시효 완성 전인 2018. 11. 1. 대여금청구소송을 제기하여 일응 소멸시효가 중단되었다. 그리고 丙의 청구가 기각되었으나 그 이유는 대여사실이 부인된 것이 아니고 대여금의 양도사실이 인정되지 않은 것이므로, 甲은 전소 확정일인 2019. 8. 1.로부터 6개월 이내에 새로운 소를 제기함으로써 소멸시효를 중단시킬 수 있는데, 사안에서 甲은 2019. 12. 1. 새로운 소를 제기하였으므로, 甲의 소제기의 효과는 최초 소제기일로 소급하게 된다. 따라서 甲의 주장이 타당하다.

---

104) 대판 2017.7.18. 2016다35789

민사소송법

제80조【독립당사자참가소송에서의 탈퇴】
제79조의 규정에 따라 자기의 권리를 주장하기 위하여 소송에 참가한 사람이 있는 경우 그가 참가하기 전의 원고나 피고는 상대방의 승낙을 받아 소송에서 탈퇴할 수 있다. 다만, 판결은 탈퇴한 당사자에 대하여도 그 효력이 미친다.

제81조【승계인의 소송참가】
소송이 법원에 계속되어 있는 동안에 제3자가 소송목적인 권리 또는 의무의 전부나 일부를 승계하였다고 주장하며 제79조의 규정에 따라 소송에 참가한 경우 그 참가는 소송이 법원에 처음 계속된 때에 소급하여 시효의 중단 또는 법률상 기간준수의 효력이 생긴다.

제82조【승계인의 소송인수】
① 소송이 법원에 계속되어 있는 동안에 제3자가 소송목적인 권리 또는 의무의 전부나 일부를 승계한 때에는 법원은 당사자의 신청에 따라 그 제3자로 하여금 소송을 인수하게 할 수 있다.
② 법원은 제1항의 규정에 따른 결정을 할 때에는 당사자와 제3자를 심문(審問)하여야 한다.
③ 제1항의 소송인수의 경우에는 제80조의 규정 가운데 탈퇴 및 판결의 효력에 관한 것과, 제81조의 규정 가운데 참가의 효력에 관한 것을 준용한다.

민법

제169조【시효중단의 효력】
시효의 중단은 당사자 및 그 승계인간에만 효력이 있다.

050 인수참가와 소멸시효중단 (2)

2021년 제2차 법전협 <제1문2>

< 공통된 사실관계 >

甲 종중(대표자 A)은 2009. 8. 7. 乙에게 3억 원을 변제기 1년으로 하여 대여하였는데, 乙이 변제기가 지나서도 변제하지 않자, 2019. 6. 11. 乙을 상대로 3억 원의 대여금 청구의 소를 제기하였다. 위 소송에서 乙은 소송대리인 B를 선임하였고, B는 제1회 및 제2회 변론기일에서 대표자 A가 甲종중의 적법한 대표자가 아니고 또한 乙이 위 3억 원을 대여 받지 않았다고 주장하였다. (아래 각 질문은 독립적임)

< 추가된 사실관계 2 >

甲은 위 소송계속 중 丙에게 위 대여금채권을 양도했다고 주장하면서 소송인수를 신청하였다. 제1심 법원은 2020. 9. 30. 丙을 원고 인수참가인으로 하여 소송인수결정을 하였고, 같은 날 甲은 乙의 승낙을 받아 소송에서 탈퇴하였다. 제1심 법원은 2021. 2. 8. 甲과 丙 사이의 채권양도가 소송행위를 하게 하는 것을 주된 목적으로 이루어져 무효라는 이유로 丙에 대해 소각하 판결을 선고하였다. (아래 각 질문은 독립적임)

< 문제 >

4. 위 소각하 판결에 대해 어느 쪽도 항소하지 않아 2021. 3. 7. 판결이 확정되자 甲은 2021. 4. 8. 乙을 상대로 위 2019. 6. 11.자 전소와 동일한 소(후소)를 다시 제기하였다. 이에 후소 법원은 위 대여금 채권은 소멸시효가 완성되었고 원고가 전소를 제기함으로써 발생한 시효중단의 효력도 원고가 전소에서 탈퇴한 2020. 9. 30.에 소멸하였다고 판단하여 甲의 청구를 기각하는 판결을 선고하였다. 이러한 법원의 판단은 정당한 것인가? (10점)

I. 소송탈퇴 후 법률관계 5점

소송인수 후 종전 당사자가 소송에서 탈퇴한 경우, 그 판결의 효력은 탈퇴한 당사자에게도 미친다(제82조 제3항, 제80조). 한편 소송인수인은 그 소송에 참가한 경우 처음 소 제기 시로 소급하여 시효중단 또는 법률상 기간 준수 효력을 갖는다(동법 제82조 제3항, 제81조).

민사소송법
제80조 【독립당사자참가소송에서의 탈퇴】
제79조의 규정에 따라 자기의 권리를 주장하기 위하여 소송에 참가한 사람이 있는 경우 그가 참가하기 전의 원고나 피고는 상대방의 승낙을 받아 소송에서 탈퇴할 수 있다. 다만, 판결은 탈퇴한 당사자에 대하여도 그 효력이 미친다.

Ⅱ. 사안의 경우 3점

甲은 乙에 대해 3억 원의 대여금채권을 가지고 해당 채권의 소멸시효 기산점은 변제기인 2010. 8. 7.이고 그로부터 10년 후인 2020. 8. 7.에 소멸시효가 완성된다. 그러나 甲은 소멸시효 완성 전인 2019. 6. 11. 乙을 상대로 위 대여금채권 지급을 구하는 소를 제기하여 소멸시효가 중단되었고(민법 168조 제1호), 그 소송계속 중 甲으로부터 위 대여금채권을 양수한 丙에게 2020. 9. 30. 소송인수 결정을 통해 소송이 인수된 바, 그 소멸시효 중단효는 유지된다. 다만 위 소송에서 2021. 2. 8. 소각하 판결이 선고되었으나 확정된 때로부터 6월 내인 2021. 4. 8. 종전 소송 당사자인 甲이 乙을 상대로 후소를 제기하였다. 따라서 판결 효력을 받는 甲이 이처럼 소멸시효 중단효가 계속된 소송에서, 그 인수관계가 무효란 이유로 소각하 판결이 난 경우 다시 소송 당사자로서 그 판결 있은지 6월 내 다시 소제기 시 소멸시효 중단 효과가 유지된다(대판 2017.7.18. 2016다35789, 민법 제170조 제2항).

Ⅲ. 결론 2점

법원의 판단은 정당하지 않다.

민사소송법

제81조 【승계인의 소송참가】
소송이 법원에 계속되어 있는 동안에 제3자가 소송목적인 권리 또는 의무의 전부나 일부를 승계하였다고 주장하며 제79조의 규정에 따라 소송에 참가한 경우 그 참가는 소송이 법원에 처음 계속된 때에 소급하여 시효의 중단 또는 법률상 기간준수의 효력이 생긴다.

제82조 【승계인의 소송인수】
① 소송이 법원에 계속되어 있는 동안에 제3자가 소송목적인 권리 또는 의무의 전부나 일부를 승계한 때에는 법원은 당사자의 신청에 따라 그 제3자로 하여금 소송을 인수하게 할 수 있다.
② 법원은 제1항의 규정에 따른 결정을 할 때에는 당사자와 제3자를 심문(審問)하여야 한다.
③ 제1항의 소송인수의 경우에는 제80조의 규정 가운데 탈퇴 및 판결의 효력에 관한 것과, 제81조의 규정 가운데 참가의 효력에 관한 것을 준용한다.

민법

제168조 【소멸시효의 중단사유】
소멸시효는 다음 각호의 사유로 인하여 중단된다.
  1. 청구
  2. 압류 또는 가압류, 가처분
  3. 승인

051 일부청구와 소멸시효중단 (1)

2022년 제1차 법전협 <제1문5>

< 기초적 사실관계 >

전자기기 판매업을 하고 있는 甲은 2014. 3. 10. 乙에게 사무용 컴퓨터 100대를 대당 100만 원씩 총 대금 1억 원에 매도하면서, 위 컴퓨터는 모두 2014. 3. 31. 인도하고, 2014. 4. 30. 위 물품대금을 지급받기로 약정하였다. 甲은 2014. 3. 31. 乙에게 컴퓨터 100대를 모두 인도하였으나, 물품대금지급기일이 지났음에도 물품대금을 지급받지 못하였다. 한편, 乙은 2014. 3. 31. 甲으로부터 인도받은 컴퓨터는 100대가 아니라 80대라고 주장하였다. 甲은 2016. 8. 5. 乙을 상대로 물품대금의 지급을 청구하는 소를 제기하면서 소장에 '일부청구'라는 제목 하에 "원고는 피고에게 1억 원의 물품대금채권을 가지고 있으나 정확한 금액은 추후 관련 자료를 확인하여 계산하고 우선 이 중 일부인 8,000만 원에 대하여만 청구합니다."라고 기재하였다. 甲은 위 소송이 종료될 때까지 청구금액을 확장하지 아니하였다. 법원은 2017. 3. 12. '피고는 원고에게 금 8,000만 원 및 이에 대한 지연손해금을 지급하라'는 판결을 선고하였고, 위 판결은 2017. 3. 28. 확정되었다.

※ 추가된 사실관계는 각각 별개임.

< 추가적 사실관계 1 >

위 판결이 확정된 이후 甲은 乙이 2014. 3. 31. 컴퓨터 100대를 모두 수령하였음을 확인하는 내용으로 작성한 서류를 찾아내었다. 甲은 2017. 8. 10. 乙을 상대로 나머지 물품대금 2,000만 원 및 이에 대한 지연손해금을 지급하라는 소송을 제기하였다. 이 소송에서 乙은 '위 물품대금채권 2,000만 원은 시효로 소멸하였다'고 항변하였다.

< 문제 >

1. 위 소송에서 법원은 어떠한 판단을 하여야 하는지 1) 결론(소 각하/청구 기각/청구 인용/청구 일부 인용 – 일부 인용의 경우에는 인용 범위를 특정할 것)과 2) 논거를 기재하시오. (25점)

I. 문제의 소재

사안에서는 명시적 일부청구의 경우 시효중단의 범위가 문제된다.

II. 물품대금채권의 소멸시효기간 및 기산점 3점

상인이 판매한 상품의 대가는 3년의 단기 소멸시효가 적용된다(민법 제163조 제6호). 甲의 물품대금채권은 상인이 판매한 상품의 대가에 해당하며 변제기의 다음 날인 2014. 5. 1.부터 3년의 소멸시효가 진행되어 2017. 5. 1. 24:00에 완성된다.

민법

제163조 【3년의 단기소멸시효】
다음 각호의 채권은 3년간 행사하지 아니하면 소멸시효가 완성한다.
6. 생산자 및 상인이 판매한 생산물 및 상품의 대가

Ⅲ. 명시적 일부청구의 시효중단의 범위 14점

1. 일부청구를 한 부분

명시적 일부청구로 인한 시효중단의 효력과 관련하여, 판례105)는 "하나의 채권 중 일부에 관하여만 판결을 구한다는 취지를 명백히 하여 소송을 제기한 경우에는 소제기에 의한 소멸시효중단의 효력이 그 일부에 관하여만 발생한다. 소장에서 청구의 대상으로 삼은 채권 중 일부만을 청구하면서 소송의 진행경과에 따라 장차 청구금액을 확장할 뜻을 표시하였으나 당해 소송이 종료될 때까지 실제로 청구금액을 확장하지 않은 경우에는 소송의 경과에 비추어 볼 때 채권 전부에 관하여 판결을 구한 것으로 볼 수 없으므로, 나머지 부분에 대하여는 재판상 청구로 인한 시효중단의 효력이 발생하지 아니한다"고 판시하였다.

사안에서 甲의 물품대금채권 중 일부(8,000만 원)에 대해서는 2016. 8. 5. 재판상 청구로 인한 시효중단의 효력이 발생한다. 그러나 나머지 부분(2,000만 원)에 대해서는 당해 소송 종료시까지 실제로 청구취지 확장을 하지 않았으므로 시효중단 효력이 발생하지 않는 것이 원칙이다.

2. 일부청구를 하지 않은 부분

이와 관련하여 판례106)는 "소를 제기하면서 장차 청구금액을 확장할 뜻을 표시한 채권자로서는 장래에 나머지 부분을 청구할 의사를 가지고 있는 것이 일반적이라고 할 것이므로, 다른 특별한 사정이 없는 한 당해 소송이 계속 중인 동안에는 나머지 부분에 대하여 권리를 행사하겠다는 의사가 표명되어 최고에 의해 권리를 행사하고 있는 상태가 지속되고 있는 것으로 보아야 하고, 채권자는 당해 소송이 종료된 때부터 6월 내에 민법 제174조에서 정한 조치를 취함으로써 나머지 부분에 대한 소멸시효를 중단시킬 수 있다."고 판시하여 청구취지 확장을 유보한 부분에 대해서는 최고의 효력을 인정하였다.

> **민법**
> **제174조 【최고와 시효중단】**
> 최고는 6월내에 재판상의 청구, 파산절차참가, 화해를 위한 소환, 임의출석, 압류 또는 가압류, 가처분을 하지 아니하면 시효중단의 효력이 없다.

Ⅳ. 결론 8점

사안의 경우 甲의 최초 소제기로 인하여 나머지 부분(2,000만 원)에 대해서 최고로 인한 시효중단의 효력이 발생하고, 위 소송이 종료된 2017. 3. 27.부터 6개월 내인 2017. 8. 10. 乙을 피고로 나머지 부분에 대하여 재판상 청구를 하였으므로, 최초 소제기 시점인 2016. 8. 5. 나머지 부분에 대한 소멸시효가 중단되었다. 따라서 乙의 소멸시효 항변은 이유가 없으므로, 원고의 청구를 인용하여야 한다.

---

105) 대판 2020.2.6. 2019다223723
106) 대판 2020.2.6. 2019다223723

052 일부청구와 소멸시효중단 (2)

< 공통된 사실관계 >

甲은 2017. 12. 28. 야간에 대리운전 업체 乙 주식회사(이하 '乙'이라고 한다) 소속 기사 A가 운전하는 차량을 타고 귀가하던 중 차량이 도로 옆 가로수에 부딪히면서 그 충격으로 약 12주의 치료를 요하는 요추 골절상을 입고 병원에 입원하였다. 입원 치료를 마치고 2018. 4. 1. 퇴원한 甲은 2020. 9. 30. 대리운전 업체인 乙을 상대로 사용자책임에 기하여 불법행위를 원인으로 한 적극적 손해의 배상금으로 2억 원의 지급을 구하는 소를 제기하였다.

※ 추가된 사실관계는 각 별개임.

< 추가된 사실관계 1 >

甲이 제출한 소장에는 청구금액을 위 2억 원으로 하되, 향후 치료 경과에 따라 청구금액이 확장될 수 있으며 2억 원은 전체 손해배상액 중 일부라는 기재가 있었다. 그런데 甲은 2020. 11. 1. 제출한 청구취지 및 청구원인 변경신청서에서 위 2억 원 중 퇴원 시 구입한 보조구 구입비 2천만 원을 청구범위에서 제외한다는 의사를 밝히고 청구금액을 1억 8천만 원으로 감축하였다. 그런데 甲은 2021. 11. 2. 제출한 청구취지 및 청구원인 변경신청서에서 추가로 소요된 치료비를 포함하여 청구금액을 3억 원으로 증액하면서 여기에는 위 보조구 구입비 2천만 원이 포함된다고 기재하였다. 이에 대하여 乙은 2021. 12. 1. 자 준비서면에서 보조구 구입비 2천만 원 부분은 채무자 및 손해를 안 날(보조구 구입일인 2018. 4. 1.)로부터 3년이 지나 청구한 것이므로 소멸시효가 이미 완성된 것이라고 항변하였다.

< 문제 >

1. 乙의 위 소멸시효 항변은 타당한가? (15점)

Ⅰ. 문제의 소재

사안에서는 명시적 일부청구로 인한 시효중단의 범위가 문제된다.

Ⅱ. 명시적 일부청구로 인한 시효중단의 범위

이와 관련하여 판례107)는 '하나의 채권 중 일부에 관하여만 판결을 구한다는 취지를 명백히 하여 소송을 제기한 경우에는 소 제기에 의한 소멸시효중단의 효력이 그 일부에 관하여만 발생하고, 나머지 부분에는 발생하지 않는다. 다만 소장에서 청구의 대상으로 삼은 채권 중 일부만을 청구하면서 소송의 진행경과에 따라 장차 청구금액을 확장할 뜻을 표시하고 해당 소송이 종료될 때까지 실제로 청구금액을 확장한 경우에는 소 제기 당시부터 채권 전부에 관하여 재판상 청구로 인한 시효중단의 효력이 발생하나, 소장에서 청구의 대상으로 삼은 채권 중 일부만을 청구하면서 소송의 진행경과에 따라 장차 청구금액을 확장할 뜻을 표시하였더라도 그 후 채권의 특정 부분을 청구범위에서 명시적으로 제외하였다면, 그 부분에 대하여는 애초부터 소의 제기가 없었던 것과 마찬가지이므로 재판상 청구로 인한 시효중단의 효력이 발생하지 않는다.'고 판시하였다.

위 판결에 따라 사안을 보면 甲은 최초 2억 원을 청구하면서 일부청구임을 명시하면서 보조구 구입비용을 포함시켰으나, 이후 청구취지를 감축하면서 명시적으로 보조구 구입비용을 제외하였다. 따라서 보조구 구입비용은 최초의 소제기로 인하여 시효가 중단되지 않았다.

이후 2021. 11. 2. 청구취지를 3억 원으로 확장하면서 보조구 구입비용을 포함시켰다 하더라도 이는 이미 소멸시효가 도과된 이후이므로 시효중단의 효력이 발생할 수 없고, 따라서 乙의 소멸시효 항변은 타당하다.

---

107) 대판 2021.6.10. 2018다44114

053 처분권주의

2019년 제2차 법전협 <제1문4>

< 기초적 사실관계 >

甲 소유인 X 토지에 관하여 乙 앞으로 매매를 원인으로 한 소유권이전등기(이하 '이 사건 등기'라고 한다)가 마쳐졌다. 丙은 "丙은 甲으로부터 X 토지를 매수하였으므로 甲에 대하여 X 토지에 관한 소유권이전등기청구권을 갖는다. 그리고 乙은 甲으로부터 X 토지를 매수하지 않았음에도 등기관련서류를 위조하여 이 사건 등기를 마쳤으므로 이 사건 등기는 원인무효이다. 따라서 丙은 甲에 대한 위 소유권이전등기청구권을 보전하기 위하여 甲을 대위하여 乙을 상대로 이 사건 등기의 말소를 청구할 수 있다."라고 주장하면서, 甲과 乙을 공동피고로 하여, 甲에 대하여는 丙에게 X 토지에 관하여 매매를 원인으로 한 소유권이전등기절차를 이행할 것을 청구하고, 乙에 대하여는 甲에게 이 사건 등기의 말소등기절차를 이행할 것을 청구하는 소를 제기하였다.

소송과정에서 甲, 乙, 丙 중 누구도 "甲이 丙에게 X 토지를 증여하였다."라는 주장을 하지 않았는데, 제1심 법원은 甲이 제출한 증거를 통하여 '甲이 丙에게 X 토지를 매도한 것이 아니라 증여하였다.'는 확신을 갖게 되었다. 이에 제1심 법원은 甲에 대하여는 丙에게 X 토지에 관하여 증여를 원인으로 한 소유권이전등기절차를 이행할 것을 명하고, 乙에 대하여는 甲에게 이 사건 등기의 말소등기절차를 이행할 것을 명하는 판결을 선고하였다(乙에 대한 판결에 있어, 법원은 丙의 甲에 대한 증여를 원인으로 한 소유권이전등기청구권을 피보전권리로 인정하였다).

< 문제 >

1. 제1심 판결 중 甲에 대하여 증여를 원인으로 한 소유권이전등기절차의 이행을 명한 부분은 타당한가? (15점)

Ⅰ. 문제의 소재 **1점**

사안에서는 丙이 매매에 기한 소유권이전등기청구권을 주장하였음에도 불구하고, 丙이 증여에 기한 소유권이전등기청구권이 있다고 판결한 것이 처분권주의 및 변론주의를 위반한 것인지 문제된다.

Ⅱ. 처분권주의의 위반여부 8점

처분권주의라 함은 절차의 개시, 심판의 대상과 범위 그리고 절차의 종결에 대하여 당사자에게 주도권을 주어 그의 처분에 맡기는 것을 의미하는데(제203조), 구소송물이론의 입장인 판례에 따르면 실체법상의 권리가 다르면 소송물도 다른 것으로 보고 있고, 구체적으로 판례108)는 '소유권이전등기청구사건에 있어서 등기원인을 달리하는 경우에는 그것이 단순히 공격방어방법의 차이에 불과한 것이 아니므로 대물변제를 등기원인으로 소유권이전등기를 구하는 전소 확정판결의 기판력이 취득시효완성을 청구원인으로 소유권이전등기를 구하는 후소에 미치지는 아니한다.'고 판시하여 소유권이전등기청구소송의 등기원인이 다르면 소송물이 다른 것으로 보고 있다.

사안에서 丙은 매매에 기한 소유권이전등기청구권을 주장하였는데, 매매에 기한 소유권이전등기청구권은 증여에 기한 소유권이전등기청구권과 완전히 다른 소송물이고, 법원은 당사자가 심판의 대상으로 삼지 않은 것에 대하여 판결을 한 것이므로, 이는 처분권주의를 위반한 것이다.

민사소송법
제203조【처분권주의】
법원은 당사자가 신청하지 아니한 사항에 대하여는 판결하지 못한다.

Ⅲ. 변론주의의 위반여부 6점

변론주의라 함은 재판의 기초가 되는 소송자료인 사실과 증거의 수집을 당사자에게 맡기고, 당사자가 변론에 제출한 소송자료만을 재판의 기초로 삼는 입장을 의미하는데, 구체적으로 사실의 주장책임, 증거의 제출책임, 자백의 구속력을 그 내용으로 하고 있다. 사안에서 甲의 丙에 대한 증여사실은 丙이 주장·증명하여야 할 주요사실인데, 당사자들 모두가 증여에 대하여 아무런 주장을 한 적이 없다. 만약 당사자가 제출한 증거 중 증여사실을 뒷받침해 줄 수 있는 증거가 있었다 하더라도 당사자들이 이에 관한 주장을 한 적이 없다면, 법원은 증여사실을 인정할 수 없고, 당사자의 주장이 없었던 주요사실을 법원이 임의로 인정한다면 이는 변론주의의 위반이 된다. 결국 사안의 판결은 처분권주의 및 변론주의를 위반한 위법이 있다.

---

108) 대판 1991.1.15. 88다카19002

054 공유물분할청구와 처분권주의, 법원의 재량에 따른 분할 방법의 선택

< 기초적 사실관계 >

甲과 乙 법인은 2층으로 된 X 건물을 2분의 1 지분씩 공동으로 소유하고 있는데, 건물 구입 당시 함께 추진하기로 한 사업이 여의치 않게 되어 甲은 이 건물을 매각하고 그 자금으로 다른 사업을 하고자 하나, 甲에 비하여 자금사정이 좋은 乙 법인은 시장상황이 좋아지기를 기다리며 매각을 반대하고 있다. 이에 甲은 乙 법인을 상대로 X 건물의 분할청구의 소를 제기하였다. (각 설문은 독립적임)

< 문제 >

2. 위 소송을 심리한 법원은 매각분할을 구하는 甲의 청구취지와 1층의 확보를 원하는 乙 법인의 요구를 고려하여, 乙 법인은 1층 전부의 소유권을 취득하고, 2층 전부의 소유권은 甲에게 부여하되, 乙 법인이 甲에게 각 층의 가치의 차액에 상당하는 5억 원을 배상하는 것이 합리적이라고 판단하고 있다. 법원은 위와 같은 분할판결을 할 수 있는가? (10점)

Ⅰ. 문제의 소재 `1점`

사안에서는 공유물분할 청구소송에서 법원이 원고의 청구와 다른 내용의 판결을 할 수 있는지 여부가 문제된다.

Ⅱ. 처분권주의 `2점`

처분권주의라 함은 절차의 개시, 심판의 대상과 범위 그리고 절차의 종결에 대하여 당사자에게 주도권을 주어 그의 처분에 맡기는 것을 의미한다(제203조). 그러나 성질은 비송사건이지만 형식은 소송절차를 거치는 형식적 형성의 소에 대해서는 처분권주의가 적용되지 않는다.

Ⅲ. 공유물분할청구에 대한 법원의 판단 `7점`

공유물분할의 방법과 관련하여 판례109)는 '공유물 분할의 방법은 당사자가 구하는 방법에 구애받지 아니하고 법원의 재량에 따라 공유관계나 그 객체인 물건의 제반 상황에 따라 공유자의 지분비율에 따른 합리적인 분할을 하면 되는 것이고, 여기에서 공유지분비율에 따른다 함은 지분에 따른 가액비율에 따름을 의미한다.'고 판시하여 법원이 처분권주의에 구속되지 않고 재량에 따라 분할할 수 있음을 인정하였다. 따라서 원고 甲이 경매분할을 원하였다고 하여 분할방법이 경매분할에 한정되는 것은 아니므로, 법원은 청구취지와 다른 판결을 선고할 수 있다.

민사소송법
제203조 【처분권주의】
법원은 당사자가 신청하지 아니한 사항에 대하여는 판결하지 못한다.

---

109) 대판 1993.12.7. 93다27819, 대판 2004.10.14. 2004다30583

055 소멸시효기산일이 주요사실인지 여부

< 기초적 사실관계 >

서울 강남구에 거주하고 있는 甲은 2004. 2. 15. 춘천시에 살고 있는 친구 乙에게 1억 원을 변제기 2005. 2. 15.로 정하여 대여하였다. 甲은 위 변제기가 지난 2005. 7. 10. 乙에게 위 대여금의 반환을 독촉하였으나, 乙은 아무런 응답이 없었다.

甲은 친구인 乙을 상대로 소를 제기하는 것을 망설이다가 2015. 7. 13.에 이르러서야 서울중앙지방법원에 乙을 상대로 1억 원의 지급을 구하는 대여금반환청구의 소를 제기하였다. 乙은 2015. 8. 13.에 열린 위 소송의 변론기일에 출석하여 甲이 최종적으로 위 대여금의 변제를 요구한 2005. 7. 10.을 기산일로 하여 10년의 위 대여금채무의 소멸시효가 완성되었다고 항변하였다.

< 문제 >

1. 법원은 위 사안을 심리한 후, 甲의 乙에 대한 위 대여금채권은 변제기인 2005. 2. 15.을 기산일로 하여 10년의 소멸시효가 완성되었으므로 결국 甲의 위 대여금채무는 소멸시효 완성으로 인하여 소멸되었다고 판단하면서, 甲의 청구를 기각하였다. 위와 같은 법원의 판단은 타당한가? (15점)

Ⅰ. 문제의 소재 2점

사안에서는 乙이 법원의 판단과 달리 2005. 7. 10.을 기산일로 주장하는데, ① 甲의 대여금채권의 소멸시효의 기산일이 언제인지 여부 및 ② 소멸시효의 기산일이 주요사실로서 변론주의의 적용 대상인지 여부가 각 문제된다.

Ⅱ. 대여금채권의 소멸시효의 기산일 3점

소멸시효는 권리를 행사할 수 있는 때로부터 진행하므로(민법 제166조 제1항), 甲의 대여금채권은 변제기인 2005. 2. 15.을 기산일로 한다. 한편 甲이 2005. 7. 10. 한 최고는 그로부터 6월 내 다른 시효중단 조치가 없었으므로 시효중단의 효과가 없다(민법 제174조).

민법
제166조 【소멸시효의 기산점】
① 소멸시효는 권리를 행사할 수 있는 때로부터 진행한다.
② 부작위를 목적으로 하는 채권의 소멸시효는 위반행위를 한 때로부터 진행한다.

제174조 【최고와 시효중단】
최고는 6월내에 재판상의 청구, 파산절차참가, 화해를 위한 소환, 임의출석, 압류 또는 가압류, 가처분을 하지 아니하면 시효중단의 효력이 없다.

Ⅲ. 소멸시효의 기산일이 주요사실인지 여부 8점

1. 변론주의의 의의

변론주의는 사실과 증거의 수집·제출의 책임을 당사자에게 맡기고 법원은 당사자가 제출한 소송자료만을 재판의 기초로 삼아야 한다는 원칙으로, ① 주요사실의 주장책임, ② 자백의 구속력 및 ③ 증거제출책임을 그 내용으로 한다. 여기서 주요사실의 의미에 대해, 통설·판례인 법규기준설은 법률효과를 발생시키는 법규의 직접요건에 해당하는 사실을 주요사실이라고 한다.

2. 소멸시효의 기산일이 변론주의의 적용 대상인지 여부

이와 관련하여 판례110)는 '소멸시효 기산일은 채무의 소멸이라고 하는 법률효과를 발생시키는 법률요건에 해당하는 소멸시효기간 계산의 시발점으로서 소멸시효 항변의 법률요건을 구성하는 구체적인 사실에 해당하므로 이는 변론주의의 적용대상이라고 할 것이고 따라서 본래의 소멸시효 기산일과 당사자가 주장하는 기산일이 서로 다른 경우에는 변론주의의 원칙상 법원은 당사자가 주장하는 기산일을 기준으로 소멸시효를 계산하여야 하는데, 이는 당사자가 본래의 기산일보다 뒤의 날짜를 기산일로 하여 주장하는 경우는 물론이고 특별한 사정이 없는 한 그 반대의 경우에 있어서도 마찬가지이다.'라고 판시하여, 법원은 당사자가 주장하는 소멸시효 기산일에 구속된다고 보았다.

Ⅳ. 결론 2점

법원이 乙이 주장하는 2005. 7. 10.을 기산일로 하여 소멸시효의 완성 여부를 판단하였어야 하는데 그렇지 아니하고 2005. 2. 15.을 기산일로 한 것은 위법하나, 2005. 7. 10.을 기산일로 하더라도 甲의 소가 제기된 2015. 7. 13.은 소멸시효가 완성된 이후이므로 甲의 청구를 기각한 것은 결론에 있어 타당하다. 따라서 판결이유에 불만이 있다 하여 乙이 이에 대해 항소할 수는 없다.111)

---

110) 대판 1995.8.25. 94다35886
111) 상소는 자기에게 불이익한 재판에 대하여 유리하게 취소변경을 구하기 위하여 하는 것이므로 승소판결에 대한 불복상소는 허용할 수 없고 재판이 상소인에게 불이익한 것인지의 여부는 원칙적으로 재판의 주문을 표준으로 하여 판단하여야 하는 것이어서, 청구가 인용된 바 있다면 비록 그 판결이유에 불만이 있더라도 그에 대하여는 상소의 이익이 없다(대판 1992.3.27. 91다40696).

056 직권조사사항, 일부 종원에 대한 소집통지에 따른 결의가 적법한지 여부

> **< 기초적 사실관계 >**
>
> 甲종중의 대표자 乙은 2018. 5.경 일부 종원들이 乙 몰래 甲종중 소유의 X토지를 종원 丙에게 매도하고 관련서류를 위조하여 소유권이전등기를 마쳐 준 사실을 알게 되어 甲종중을 원고로 하여 丙을 상대로 X토지에 관한 소유권이전등기말소청구의 소를 제기하였다.
>
> **< 추가적 사실관계 >**
>
> 위 소송에서 丙은 甲종중이 그 종중을 나타내는 특별한 명칭을 사용한 적이 없고 서면으로 된 정식 종중규약도 없으며, 그 대표자라는 乙이 일부 종원들에게는 소집통지를 하지 않고 乙에게 우호적인 종원들에게만 소집통지를 하여 개최된 종중총회의 결의에 의하여 선임되었을 뿐이라고 주장하고 있다. 그럼에도 불구하고 제1심 법원은 甲종중에 대하여 석명권을 행사하거나 직권증거조사를 해서 乙에게 적법한 대표권이 있는지를 심리하지 않고 변론을 종결하였다.
>
> **< 문제 >**
>
> 1. 제1심 법원은 원고에 대하여 석명권을 행사하는 등으로 乙에게 대표권이 있는지를 심리 판단하여야 하는가? 또 丙의 주장이 사실이라면 원고의 이 사건 소는 적법한가? (15점)

Ⅰ. 문제의 소재 2점

사안에서는 ① 대표권의 존부가 직권조사사항에 해당하여 법원이 이를 직권으로 심리하여야 하는지 여부, ② 甲종중이 종중의 실체법적 요건을 구비하였는지 여부, ③ 일부 종원에 대한 소집통지에 따른 결의가 적법한지 여부가 각 문제된다.

Ⅱ. 대표권의 존부 3점

종중의 대표권과 관련하여 판례[112]는 '종중이 당사자인 사건에 있어서 대표자에게 적법한 대표권이 있는지 여부는 소송요건에 관한 것으로서 법원의 직권조사사항이므로 법원으로서는 <u>그 판단의 기초자료인 사실과 증거를 직권으로 탐지할 의무까지는 없다 하더라도 이미 제출된 자료에 의하여 그 대표권의 적법성에 의심이 갈만한 사정이 엿보인다면 이에 관하여 심리·조사할 의무가 있다</u>.'라고 판시하여 조사의무를 인정하고 있다.

---

112) 대판 2008.4.10 2007다28598

위 판결에 따르면 제1심 법원은 석명권의 행사 또는 직권증거조사를 통하여 乙의 대표권의 존부에 대하여 심리를 하지 않았으므로, 이는 위법하다.

Ⅲ. 종중의 성립요건 5점

이와 관련하여 판례113)는 '종중은 공동선조의 분묘수호와 제사 그리고 종중원 상호간의 친목 등을 목적으로 하는 자연발생적인 관습상의 종족집단체로서 특별한 조직행위를 필요로 하거나 성문의 규약을 필요로 하는 것이 아니고 그 공동선조의 후손중 성년 이상의 남자는 당연히 그 구성원(종원)이 되는 것이며, 종중의 규약이나 관습에 따라 선출된 대표자 등에 의하여 대표되는 정도로 조직을 갖추고 지속적인 활동을 하고 있다면 비법인사단으로서의 단체성이 인정되는 것이다.'고 판시하여 다른 비법인사단에 비하여 그 성립요건을 완화하고 있다.

위 판결에 따르면, 甲종중은 종중의 명칭이나 규약은 없으나, 단체성이 인정되고, 대표자를 선출할만한 조직도 구비되어 있으므로, 종중의 성립요건을 구비하였다고 볼 수 있다.

Ⅳ. 소집통지의 효력 5점

일부 종원에 대한 소집통지를 결여한 총회결의의 효력과 관련하여 판례114)는 '종중총회는 특별한 사정이 없는 한 족보에 의하여 소집통지 대상이 되는 종중원의 범위를 확정한 후 국내에 거주하고 소재가 분명하여 통지가 가능한 모든 종중원에게 개별적으로 소집통지를 함으로써 각자가 회의와 토의 및 의결에 참가할 수 있는 기회를 주어야 하고, 일부 종중원에게 소집통지를 결여한 채 개최된 종중총회의 결의는 효력이 없으나, 그 소집통지의 방법은 반드시 직접 서면으로 하여야만 하는 것은 아니고 구두 또는 전화로 하여도 되고 다른 종중원이나 세대주를 통하여 하여도 무방하다.'고 판시하였다.

위 판결에 따르면, 대표자인 乙은 일부 종원들에게만 소집통지를 하여 종중총회 결의를 통하여 대표자로 선임되었으므로, 위 결의는 무효이고 따라서 乙은 대표권이 인정될 수 없다. 乙이 대표권이 없는 자라면 乙의 소제기는 대표권이 없는 자의 소제기에 해당하여 부적법하다.

---

113) 대판 1991.8.27. 91다16525
114) 대판 2001.6.29. 99다32257

057 지상물매수청구와 석명권

> < 문제 >
> 1. 甲은 2011. 10. 13. A 토지의 소유권을 취득하였는데, 乙은 그 이전부터 위 지상에 B 건물을 소유하고 있었다. 乙은 甲과의 사이에 위 건물의 소유를 목적으로 A 토지에 관하여 기간의 정함이 없는 임대차계약을 체결하고 甲에게 연간 3,000,000원의 차임을 지급하여 왔다.
> 甲은 乙을 상대로 B 건물의 철거 및 A 토지의 인도를 구하는 소를 제기하였고, 그 소장 부본이 2020. 11. 23. 乙에게 송달되었다. 이 소송의 변론에서 乙은 위 건물에 대한 매수청구권을 행사하였다.
> 이러한 경우 법원은 어떻게 재판하여야 하는가? (15점)

I. 문제의 소재 2점

사안에서는 乙의 건물매수청구권의 행사에 대하여 ① 甲이 청구를 변경하여야 하는지 여부, ② 법원이 甲의 청구변경에 대하여 석명권을 행사하여야 하는지 여부가 각 문제된다.

Ⅱ. 청구변경의 필요성 5점

사안에서 甲은 乙에게 건물의 철거 및 위 대지의 인도를 청구하는 소장을 제출하여 그 부본이 乙에게 2020. 11. 23. 송달되었는데, 乙이 甲에게 위 건물의 매수를 청구하고 있으므로 위 건물에 대하여 시가 상당액을 대금으로 하는 매매계약이 체결되었고, 토지임차인이 건물매수청구권을 행사하게 되면 토지임대인의 건물철거 및 토지인도청구는 기각될 수밖에 없다.

위와 같은 경우 임대인의 청구의 변경과 관련하여 판례[115]는 "토지임대차 종료 시 임대인의 건물철거와 그 부지인도 청구에는 건물매수대금 지급과 동시에 건물명도를 구하는 청구가 포함되어 있다고 볼 수 없다."고 판시하였는데, 위 판결에 따르면 甲은 건물매매계약에 기한 건물의 인도청구로 청구취지를 변경하여야 한다.

Ⅲ. 법원의 석명의무 8점

원고가 청구취지를 변경하지 않는 경우와 관련하여 판례[116]는 "법원으로서는 임대인이 종전의 청구를 계속 유지할 것인지, 아니면 대금지급과 상환으로 지상물의 명도를 청구할 의사가 있는 것인지(예비적으로라도)를 석명하고 임대인이 그 석명에 응하여 소를 변경한 때에는 지상물 명도의 판결을 함으로써 분쟁의 1회적 해결을 꾀하여야 한다."고 판시하여 법원의 석명의무를 인정하였다.

위 판결에 따르면 법원은 甲이 종전의 청구를 계속 유지할 것인지, 아니면 B 건물의 대금지급과 상환으로 건물인도청구로 소변경의사가 있는 것인지를 석명하고, 甲이 그 석명에 응하여 청구취지를 변경한 때에는 상환이행판결을 함으로써 분쟁의 1회적 해결을 꾀하여야 한다.

---

115) 대판 1995.7.11. 94다34265 전원합의체
116) 대판 1995.7.11. 94다34265 전원합의체

058 추후보완항소 (1)

> **< 기초적 사실관계 >**
>
> 甲은 2010. 4. 10. 이래 그 생사를 알 수 없게 되었다. 법원은 2018. 12. 10. 甲에 대한 실종선고를 하였고, 이는 2018. 12. 29. 확정되었다.
>
> 한편 乙은 2018. 1. 22. 甲을 상대로 甲 소유의 X 토지에 관한 소유권이전등기청구의 소를 제기하고 甲에 대한 소장 등의 소송서류를 공시송달되게 하여 2018. 11. 15. 제1심에서 청구인용 판결을 선고받았는데, 그 판결정본은 2018. 11. 16. 甲에게 공시송달되었다(이상의 공시송달은 모두 유효하다).
>
> 甲의 유일한 상속인인 丙은 2019. 1. 17. 위 소제기 및 판결선고 사실을 알게 되었다.
>
> **< 문제 >**
> 2019. 1. 17. 현재 丙은 추후보완 항소를 할 수 있는가? (20점)

Ⅰ. 문제의 소재 2점

사안에서는 ① 논의의 전제로서의 실종선고의 효력, ② 피고에 대한 실종기간 진행 중 선고된 판결이 사망자에 대한 판결로 무효인지 아니면 유효인지 여부, ③ 위 판결의 선고와 송달이 유효하다면, 丙이 추후보완 항소를 제기할 수 있는지 여부가 각 문제된다.

Ⅱ. 실종선고의 요건 및 효력 2점

실종자에 대한 실종선고가 확정되면, 실종기간의 만료시에 소급하여 실종자가 사망한 것으로 간주된다(민법 제28조). 그리고 사망한 자는 원칙적으로 당사자능력이 없고, 사망자에 대한 판결은 무효이다(대판 2017.5.17. 2016다274188).

민법
제28조 【실종선고의 효과】
실종선고를 받은 자는 전조의 기간이 만료한 때에 사망한 것으로 본다.

Ⅲ. 실종기간 진행 중인 피고에 대하여 선고된 판결의 효력 5점

이와 관련하여 판례117)는 '실종선고의 효력이 발생하기 전에는 실종기간이 만료된 실종자라 하여도 소송상 당사자능력을 상실하는 것은 아니므로 실종선고 확정 전에는 실종기간이 만료된 실종자를 상대로 하여 제기된 소도 적법하고 실종자를 당사자로 하여 선고된 판결도 유효하며 그 판결이 확정되면 기판력도 발생한다고 할 것이고, 이처럼 판결이 유효하게 확정되어 기판력이 발생한 경우에는 그 판결이 해제조건부로 선고되었다는 등의 특별한 사정이 없는 한 그 효력이 유지되어 당사자로서는 그 판결이 재심이나 추완항소 등에 의하여 취소되지 않는 한 그 기판력에 반하는 주장을 할 수 없는 것이 원칙이라 할 것이며, 비록 실종자를 당사자로 한 판결이 확정된 후에 실종선고가 확정되어 그 사망간주의 시점이 소 제기 전으로 소급하는 경우에도 위 판결 자체가 소급하여 당사자능력이 없는 사망한 사람을 상대로 한 판결로서 무효가 된다고는 볼 수 없다.'고 판시하였다.

위 판결에 따르면 사안에서 실종선고의 효력이 실종기간만료시인 2015. 4. 10.로 소급한다고 하더라도(민법 제27조 제1항, 민법 제28조), 실종선고 전 선고된 판결은 유효하고, 이에 따른 송달도 유효하다.

Ⅳ. 추후보완 항소의 가능성 11점

이와 관련하여 판례118)는 '실종자에 대하여 공시송달의 방법으로 소송서류가 송달된 끝에 실종자를 피고로 하는 판결이 확정된 경우에는 실종자의 상속인으로서는 실종선고확정 후에 실종자의 소송수계인으로서 위 확정판결에 대하여 소송행위의 추완에 의한 상소를 하는 것이 가능하다.'고 판시하였다.

위 판결에 따르면, 상속인인 丙은 원칙적으로 추후보완 항소를 제기할 수 있고, 사안에서 丙은 2019. 1. 17. 판결선고사실을 알게 되었으며, 피상속인에 대하여 판결이 확정된 사실을 몰랐다는 점에 대하여 특별히 책임질 수 있는 사정도 인정되지 않는다(제173조). 따라서 丙은 소송수계신청을 하고 추후보완 항소를 제기할 수 있다.

---

117) 대판 1992.7.14. 92다2455
118) 대판 1992.7.14. 92다2455

민사소송법

제173조 【소송행위의 추후보완】

① 당사자가 책임질 수 없는 사유로 말미암아 불변기간을 지킬 수 없었던 경우에는 그 사유가 없어진 날부터 2주 이내에 게을리 한 소송행위를 보완할 수 있다. 다만, 그 사유가 없어질 당시 외국에 있던 당사자에 대하여는 이 기간을 30일로 한다.

② 제1항의 기간에 대하여는 제172조의 규정을 적용하지 아니한다.

민법

제27조 【실종의 선고】

① 부재자의 생사가 5년간 분명하지 아니한 때에는 법원은 이해관계인이나 검사의 청구에 의하여 실종선고를 하여야 한다.

② 전지에 임한 자, 침몰한 선박 중에 있던 자, 추락한 항공기 중에 있던 자 기타 사망의 원인이 될 위난을 당한 자의 생사가 전쟁종지후 또는 선박의 침몰, 항공기의 추락 기타 위난이 종료한 후 1년간 분명하지 아니한 때에도 제1항과 같다.

059 추후보완항소 (2)

2019년 제3차 법전협 <제1문3>

< 기초적 사실관계 >

A가 사망하자 A 명의의 X 토지를 乙(妻)과 丙(子, 27세)이 공동상속하여 그에 관한 상속등기를 마쳤다. 乙과 丙이 상속재산의 분배·관리 등과 관련하여 갈등을 겪던 중, 乙은 X 토지를 丙의 동의 없이 甲에게 매도하였다. 乙은 X 토지를 甲에게 매도할 당시 丙의 인감도장, 인감증명서, 위임장 등을 제시하지 않은 채 甲과 매매계약을 체결하였다(아래의 각 설문은 독립적임).

< 문제 >

1. 甲은 乙과 丙을 상대로 위 매매를 원인으로 한 소유권이전등기절차의 이행을 구하는 소를 제기하였다. 그 소제기 당시 丙은 해외에 근무하고 있었는데, 丙은 해외에 근무하기 전까지 乙과 주소를 함께 하면서 같은 곳에서 생활하였다. 乙은 丙에 대한 소송서류를 수령한 다음 丙에게 그 수령사실을 알리지 아니하여 丙은 甲이 자신을 상대로 소를 제기한 사실을 알지 못하였다. 법원은 甲의 청구를 인용하는 판결을 선고하였다. 乙은 2019. 5. 10. 위 판결정본을 송달받고도 丙에게 그 사실을 알리지 않았고, 항소를 제기하지도 아니하였다. 甲은 그 판결에 기해 그의 명의로 소유권이전등기를 마쳤다. 丙은 휴가차 집에 돌아와 있던 중, 2019. 6. 10.경 X 토지에 관한 등기기록을 열람해 보고 甲 명의로 소유권이전등기가 되어 있는 것을 발견하고, 乙에게 확인해 본 결과 甲이 소를 제기한 사실, 乙이 소장부본 이하 판결정본을 송달받은 사실을 알게 되었다. 위와 같은 사실을 알게 된 丙은 2019. 6. 17. 자신의 지분에 관한 판결에 대하여 항소장을 제1심 법원에 제출하였다. 丙은 항소장에 자신은 소제기 사실은 물론 판결이 송달된 사실을 전혀 몰랐으므로 2019. 6. 17.에 이르러서야 비로소 항소를 제기하게 되었다고 기재하였다. 丙의 항소는 적법한가? (15점)

Ⅰ. 문제의 소재 2점

사안에서는 ① 丙이 자신의 책임질 수 없는 사유로 항소기간을 지키지 못한 경우에 해당하여 추완항소를 제기할 수 있는지 여부, ② 丙이 추완항소의 제기기간을 준수하였는지 여부, ③ 丙이 추완항소장이 아닌 항소장을 제출하고, 항소장에 추후보완사유를 기재한 경우 이를 추완항소장으로 볼 수 있는지 여부가 각 문제되고, 위 논의의 전제로서 송달이 유효한지 여부가 문제된다.

Ⅱ. 송달이 유효한지 여부 2점

근무장소 외의 송달할 장소에서 송달받을 사람을 만나지 못한 때에는 그 사무원, 피용자(被用者) 또는 동거인으로서 사리를 분별할 지능이 있는 사람에게 서류를 교부할 수 있다(제186조 제1항). 그리고 소송서류를 송달받을 본인과 당해 소송에 관하여 이해의 대립 내지 상반된 이해관계가 있는 수령대행인에게 보충송달을 할 수 없으나,[119] 사안에서 乙과 丙은 공동피고의 관계에 있을 뿐 소송에 관한 이해관계의 대립이 있는 것으로 볼 수는 없다. 따라서 乙에 대한 송달은 유효하다.

Ⅲ. 추완항소의 요건의 구비여부 6점

1. 소송행위 추완의 요건

당사자가 책임질 수 없는 사유로 말미암아 불변기간을 지킬 수 없었던 경우에는 그 사유가 없어진 날부터 2주 이내에 게을리 한 소송행위를 보완할 수 있다. 다만 그 사유가 없어질 당시 외국에 있던 당사자에 대하여는 이 기간을 30일로 한다(제173조 제1항).

2. 당사자의 책임질 수 없는 사유 및 추후보완기간

추후보완항소가 허용되기 위해서는 항소기간을 지키지 못한 것에 대하여 丙에게 과실이 없어야 하는데, 乙이 丙에 대한 소송서류를 수령한 후 이를 丙에게 전달하지 않아 丙이 소송계속사실을 알지 못하였고 판결정본이 송달된 사실도 몰랐으므로, 이로 인해 항소기간을 지키지 못한 것은 丙이 책임질 수 없는 사유에 해당한다.

그리고 추후보완사유가 없어진 날은 불변기간을 지킬 수 없었던 장애사유가 없어진 날을 의미하는데, 사안에서 丙은 2019. 6. 10. 소송이 제기된 사실을 알게 되었고 그로부터 2주 이내인 2019. 6. 17. 항소장을 제출하였으므로 일응 추후보완기간을 준수한 것이다.

Ⅳ. 丙의 항소장의 법적 성질 5점

이와 관련하여 판례[120]는 '당사자가 항소를 제기하면서 추후보완항소라는 취지의 문언을 기재하지 아니하였다 하더라도 그 전체적인 취지에 비추어 그러한 주장이 있는 것으로 볼 수 있는 경우에는 당연히 그 사유에 대하여 심리·판단하여야 하고, 증거에 의하여 그 항소기간의 경과가 그의 책임질 수 없는 사유로 말미암은 것으로 인정되는 이상, 그 항소는 처음부터 소송행위의 추후보완에 의하여 제기된 항소라고 보아야 한다.'고 판시하였다.

위 판결에 따르면 丙이 항소장을 제출하였더라도 법원은 이를 추완항소장으로 보아 추완항소의 요건을 구비하였는지 판단하여야 하고, 丙은 추후보완의 요건을 구비하여 추후보완기간 내에 추완항소를 하였으므로, 丙의 항소는 적법하다.

---

119) 대판 2016.11.10. 2014다54366
120) 대판 2008.2.28. 2007다41560

민사소송법

제173조【소송행위의 추후보완】
① 당사자가 책임질 수 없는 사유로 말미암아 불변기간을 지킬 수 없었던 경우에는 그 사유가 없어진 날부터 2주 이내에 게을리 한 소송행위를 보완할 수 있다. 다만, 그 사유가 없어질 당시 외국에 있던 당사자에 대하여는 이 기간을 30일로 한다.
② 제1항의 기간에 대하여는 제172조의 규정을 적용하지 아니한다.

제186조【보충송달·유치송달】
① 근무장소 외의 송달할 장소에서 송달받을 사람을 만나지 못한 때에는 그 사무원, 피용자(被用者) 또는 동거인으로서 사리를 분별할 지능이 있는 사람에게 서류를 교부할 수 있다.
② 근무장소에서 송달받을 사람을 만나지 못한 때에는 제183조 제2항의 다른 사람 또는 그 법정대리인이나 피용자 그 밖의 종업원으로서 사리를 분별할 지능이 있는 사람이 서류의 수령을 거부하지 아니하면 그에게 서류를 교부할 수 있다.
③ 서류를 송달받을 사람 또는 제1항의 규정에 의하여 서류를 넘겨받을 사람이 정당한 사유 없이 송달받기를 거부하는 때에는 송달할 장소에 서류를 놓아둘 수 있다.

060 근무장소에서의 유치송달

2021년 제1차 법전협 <제1문4>

甲은 A 법인의 대표인 乙로부터 폭행을 당하여 乙을 상대로 불법행위로 인한 손해배상청구의 소를 제기하였다. 甲이 乙의 주소지를 알지 못하였기 때문에 법원은 소장 부본을 A 법인에 있는 乙의 사무실로 송달하게 하였다. 그런데 乙이 부재중인 사실을 확인한 우편집배원이 통상 우편물을 수령하던 A 법인의 총무과 직원 C에게 소장부본의 수령을 요구하였으나 C가 수령을 거부하므로, 우편집배원은 C의 책상에 위 소장부본을 두고 간 후 법원에 해당 내용이 담긴 송달보고서를 제출하였다. 이에 법원은 30일이 경과된 후 답변서가 제출되지 않았음을 이유로 변론 없이 원고승소판결을 선고하였다.

< 문제 >
1. 위와 같은 법원의 판결은 적법한가? (15점)

I. 문제의 소재 2점

사안에서는 ① 무변론 판결을 위한 적법한 송달의 요건, ② 근무장소에서의 유치송달의 가능 여부가 각 문제된다.

II. 무변론판결의 요건 5점

무변론판결은 피고가 답변서를 제출하지 아니한 때 또는 청구의 원인이 된 사실을 모두 자백하는 취지의 답변서를 제출하고 따로 항변을 하지 아니한 때에 청구의 원인이 된 사실을 자백한 것으로 보고 변론 없이 판결할 수 있도록 한 제도이다(제257조). 다만 예외적으로 공시송달사건, 직권조사사항이 있는 사건, 판결선고기일까지 피고가 원고의 청구를 다투는 취지의 답변서를 제출하는 경우, 당사자의 주장에 구속받지 않는 형식적 형성소송의 경우, 자백간주의 법리가 적용되지 않는 사건은 무변론판결 선고를 할 수 없다. 그리고 자백간주의 효력이 발생하기 위해서는 소장부본의 송달이 적법하여야 한다.

민사소송법

제257조 【변론 없이 하는 판결】

① 법원은 피고가 제256조 제1항의 답변서를 제출하지 아니한 때에는 청구의 원인이 된 사실을 자백한 것으로 보고 변론 없이 판결할 수 있다. 다만, 직권으로 조사할 사항이 있거나 판결이 선고되기까지 피고가 원고의 청구를 다투는 취지의 답변서를 제출한 경우에는 그러하지 아니하다.

② 피고가 청구의 원인이 된 사실을 모두 자백하는 취지의 답변서를 제출하고 따로 항변을 하지 아니한 때에는 제1항의 규정을 준용한다.

③ 법원은 피고에게 소장의 부본을 송달할 때에 제1항 및 제2항의 규정에 따라 변론 없이 판결을 선고할 기일을 함께 통지할 수 있다.

Ⅲ. 송달의 적법여부 5점

대표이사 개인에 대한 송달과 관련하여 판례121)는 '송달은 원칙적으로 받을 사람의 주소·거소·영업소 또는 사무소에서 해야 하는데(제183조 제1항 전문), 여기서 말하는 영업소 또는 사무소는 송달 받을 사람 자신이 경영하는 영업소 또는 사무소를 의미하는 것이지 송달 받을 사람의 근무장소는 이에 해당하지 않으며(같은 법 제183조 제2항 참조), 송달 받을 사람이 경영하는, 그와 별도의 법인격을 가지는 회사의 사무실은 송달 받을 사람의 영업소나 사무소라 할 수 없고, 이는 그의 근무장소에 지나지 아니한다.'고 판시하였다. 따라서 A법인은 乙의 근무장소에 해당한다.

한편, 근무장소에서의 송달이라도 송달받을 자 본인에게 송달되었다면 문제가 없으나 보충송달의 경우에는 사용자, 그의 법정대리인이나 피용자 그 밖의 종업원이 받기를 거부하지 않을 때 할 수 있다(제186조 제2항). 이들이 수령을 거부하면 보충송달을 할 수 없고, 유치송달도 할 수 없다. 따라서 직원 C가 소장부본 송달의 수령을 거부했음에도 우편집배원이 C의 책상 위에 위 소장부본을 두고 간 유치송달은 부적법하다.

Ⅳ. 결론 3점

유치송달이 부적법하다면 소장 부본이 乙에게 적법하게 송달되었다고 할 수 없으므로, 이에 기한 무변론판결도 할 수 없다. 따라서 법원이 한 무변론 판결은 부적법하다.

민사소송법

제183조 【송달장소】
① 송달은 받을 사람의 주소·거소·영업소 또는 사무소(이하 "주소등"이라 한다)에서 한다. 다만, 법정대리인에게 할 송달은 본인의 영업소나 사무소에서도 할 수 있다.
② 제1항의 장소를 알지 못하거나 그 장소에서 송달할 수 없는 때에는 송달받을 사람이 고용·위임 그 밖에 법률상 행위로 취업하고 있는 다른 사람의 주소 등(이하 "근무장소"라 한다)에서 송달할 수 있다.
③ 송달받을 사람의 주소등 또는 근무장소가 국내에 없거나 알 수 없는 때에는 그를 만나는 장소에서 송달할 수 있다.
④ 주소등 또는 근무장소가 있는 사람의 경우에도 송달받기를 거부하지 아니하면 만나는 장소에서 송달할 수 있다.

제186조 【보충송달·유치송달】
① 근무장소 외의 송달할 장소에서 송달받을 사람을 만나지 못한 때에는 그 사무원, 피용자(被用者) 또는 동거인으로서 사리를 분별할 지능이 있는 사람에게 서류를 교부할 수 있다.
② 근무장소에서 송달받을 사람을 만나지 못한 때에는 제183조 제2항의 다른 사람 또는 그 법정대리인이나 피용자 그 밖의 종업원으로서 사리를 분별할 지능이 있는 사람이 서류의 수령을 거부하지 아니하면 그에게 서류를 교부할 수 있다.
③ 서류를 송달받을 사람 또는 제1항의 규정에 의하여 서류를 넘겨받을 사람이 정당한 사유 없이 송달받기를 거부하는 때에는 송달할 장소에 서류를 놓아둘 수 있다.

---

121) 대결 2004.7.21. 2004마535

061 보충송달

2023년 제12회 변호사시험 <제1문3>

< 사실관계 >

甲은 乙을 상대로 이혼의 소를 제기하였다. 甲이 이혼의 소를 제기할 당시 甲, 乙과 그들의 성년 자녀인 丙은 모두 주소지인 송달장소에서 주민등록상 동일 세대를 구성하며 동거하고 있었고, 乙은 위 송달장소에서 소장 부본 등을 직접 송달받았다.

법원은 甲과 乙이 이혼한다는 내용의 화해권고결정을 하였다. 그 결정 정본은 위 송달장소로 송달되었는데, 丙이 甲에 대한 결정 정본과 乙에 대한 결정 정본을 동시에 송달받았다. 甲과 乙은 모두 위 결정 정본이 송달된 날로부터 2주 이내에 이의신청을 하지 않았다.

丙은 지적 능력과 관련한 장애는 없다. 丙은 위 각 결정 정본을 송달받을 무렵 甲과 乙의 혼인 파탄의 책임이 乙에게 있다며 甲에게 乙과 이혼하고 자신과 평화롭게 살아갈 것을 제안하기도 하였다.

乙은 자신에 대한 위 결정 정본이 적법하게 송달되지 않았으며, 위 결정 정본의 송달 당시 병원에 입원 중이어서 위 결정이 내려진 사실을 알 수도 없었다고 주장하고 있다.

< 문제 >

丙이 甲에 대한 결정 정본과 乙에 대한 결정 정본을 동시에 송달받은 것이 적법·유효한지 판단하고 근거를 서술하시오. 만약 甲에 대한 결정 정본은 甲이 위 송달장소에서 직접 수령하였지만, 乙에 대한 결정 정본은 丙이 우연히 우체국 창구에서 송달받았다면 丙에게 이루어진 송달이 적법·유효한지 판단하고 근거를 서술하시오. (15점)

I. 문제의 소재 1점

사안에서는 ① 소송당사자 쌍방 모두에게 송달된 문서를 1인이 보충송달의 방법으로 송달받을 수 있는지 여부, ② 보충송달이 송달장소가 아닌 곳에서 이루어진 경우의 효력이 각 문제된다.

II. 보충송달의 요건 2점

① 주소 등에서 송달받을 사람을 만나지 못한 때에는 ② 그 사무원, 피용자(被用者) 또는 동거인으로서 ③ 사리를 분별할 지능이 있는 사람이 ④ 본인에게 전달할 것을 기대할 수 있는 경우에 그에게 서류를 교부할 수 있다(제186조 제1항).

민사소송법

제186조 【보충송달·유치송달】

① 근무장소 외의 송달할 장소에서 송달받을 사람을 만나지 못한 때에는 그 사무원, 피용자(被用者) 또는 동거인으로서 사리를 분별할 지능이 있는 사람에게 서류를 교부할 수 있다.

② 근무장소에서 송달받을 사람을 만나지 못한 때에는 제183조 제2항의 다른 사람 또는 그 법정대리인이나 피용자 그 밖의 종업원으로서 사리를 분별할 지능이 있는 사람이 서류의 수령을 거부하지 아니하면 그에게 서류를 교부할 수 있다.

Ⅲ. 당사자 쌍방에 대한 동일인의 보충송달의 효력 7점

이와 관련하여 판례122)는 '동일한 수령대행인이 이해가 대립하는 소송당사자 쌍방을 대신하여 소송서류를 동시에 수령하는 경우가 있을 수 있다. 이런 경우 수령대행인이 원고나 피고 중 한 명과도 이해관계의 상충 없이 중립적인 지위에 있기는 쉽지 않으므로 소송당사자 쌍방 모두에게 소송서류가 제대로 전달될 것이라고 합리적으로 기대하기 어렵다. 또한 이익충돌의 위험을 회피하여 본인의 이익을 보호하려는 데 취지가 있는 민법 제124조 본문에서의 쌍방대리금지 원칙에도 반한다. 따라서 소송당사자의 허락이 있다는 등의 특별한 사정이 없는 한, 동일한 수령대행인이 소송당사자 쌍방의 소송서류를 동시에 송달받을 수 없고, 그러한 보충송달은 무효라고 봄이 타당하다.'라고 판시하였다.

위 판결에 따르면 丙은 이혼 파탄의 원인이 乙에게 있다고 생각하고 있으며 이혼청구가 인용되기를 원하는 등 동 소송 피고인 乙과의 이해가 대립하는 자라고 할 수 있다. 따라서 乙에 대한 결정 정본에 한하여는 丙에 대한 보충송달은 부적법하다.

Ⅳ. 송달장소가 아닌 곳에서의 보충송달 5점

이와 관련하여 판례123)는 '송달은 원칙적으로 민사소송법 제170조 제1항에서 정하는 송달을 받을 자의 주소, 거소, 영업소 또는 사무실 등의 "송달장소"에서 하여야 하는바, 송달장소에서 송달받을 자를 만나지 못할 때에는 그 사무원, 고용인 또는 동거자로서 사리를 변식할 지능이 있는 자에게 서류를 교부하는 보충송달의 방법에 의하여 송달할 수는 있지만, 이러한 보충송달은 위 법 조항에서 정하는 "송달장소"에서 하는 경우에만 허용되고 송달장소가 아닌 곳에서 사무원, 고용인 또는 동거자를 만난 경우에는 그 사무원 등이 송달받기를 거부하지 아니한다 하더라도 그 곳에서 그 사무원 등에게 서류를 교부하는 것은 보충송달의 방법으로서 부적법하다.'고 판시하였다.

위 판결에 따르면 우체국 창구는 송달장소가 아니므로 그 곳에서 한 보충송달은 부적법하다.

---

122) 대판 2021.3.11. 2020므11658
123) 대결 2001.8.31. 2001마3790

③ 서류를 송달받을 사람 또는 제1항의 규정에 의하여 서류를 넘겨받을 사람이 정당한 사유 없이 송달받기를 거부하는 때에는 송달할 장소에 서류를 놓아둘 수 있다.

제183조【송달장소】
① 송달은 받을 사람의 주소·거소·영업소 또는 사무소(이하 "주소등"이라 한다)에서 한다. 다만, 법정대리인에게 할 송달은 본인의 영업소나 사무소에서도 할 수 있다.
② 제1항의 장소를 알지 못하거나 그 장소에서 송달할 수 없는 때에는 송달받을 사람이 고용·위임 그 밖에 법률상 행위로 취업하고 있는 다른 사람의 주소등(이하 "근무장소"라 한다)에서 송달할 수 있다.
③ 송달받을 사람의 주소등 또는 근무장소가 국내에 없거나 알 수 없는 때에는 그를 만나는 장소에서 송달할 수 있다.
④ 주소등 또는 근무장소가 있는 사람의 경우에도 송달받기를 거부하지 아니하면 만나는 장소에서 송달할 수 있다.

민법
제124조【자기계약, 쌍방대리】
대리인은 본인의 허락이 없으면 본인을 위하여 자기와 법률행위를 하거나 동일한 법률행위에 관하여 당사자쌍방을 대리하지 못한다. 그러나 채무의 이행은 할 수 있다.

062 진술 번복의 성질

2014년 제3회 변호사시험 <제1문1>

< 공통된 사실관계 >

甲은 乙에게서 P시에 소재하는 1필의 X토지 중 일부를 위치와 면적을 특정하여 매수했으나 필요가 생기면 추후 분할하기로 하고 분할등기를 하지 않은 채 X토지 전체 면적에 대한 甲의 매수 부분의 면적 비율에 상응하는 지분소유권이전등기를 甲 명의로 경료하고 甲과 乙은 각자 소유하게 될 토지의 경계선을 확정하였다.

< 추가된 사실관계 >

甲과 乙은 각자 소유하는 토지 부분 위에 독자적으로 건축허가를 받아 각자의 건물을 각자의 비용으로 신축하기로 하였다. 각 건물의 1층 바닥의 기초공사를 마치고 건물의 벽과 지붕을 건축하던 중 자금이 부족하게 되자 甲과 乙은 공동으로 丁에게서 건축 자금 1억 원을 빌리면서 X토지 전체에 저당권을 설정해 주었다. 이후 건물은 완성되었으나 준공검사를 받지 못하여 소유권보존등기를 하지 못하고 있던 차에 자금 사정이 더욱 나빠진 甲과 乙은 원리금을 연체하게 되어 결국 저당권이 실행되었고 경매를 통하여 戊에게 X토지 전체에 대한 소유권이전등기가 경료되었다. 戊는 甲과 乙에게 법률상 근거 없이 X토지를 점유하고 있다는 이유로 각 건물의 철거 및 X토지 전체의 인도를 청구하고 있다. 甲과 乙은 위 소송과정에서 자신들이 승소하기 위하여 법률상 필요하고 유효적절한 항변을 모두 하였다.

< 소송의 경과 >

戊는 위 甲, 乙을 상대로 한 각 건물의 철거 및 X토지 전체 인도소송(이하에서는 '위 소송'이라고만 한다)의 소장에서 "甲과 乙이 각 건물을 신축할 당시 甲과 乙이 X토지를 각 구분하여 특정부분을 소유한 바는 없다."라고 주장(이하에서는 '戊의 소송상 주장'이라고만 한다)하였고, 甲은 위 소송의 제1회 변론기일에서 戊의 소송상 주장을 인정하는 취지의 진술(위 진술은 甲에게 불리한 진술로 간주한다)을 하였고, 반면 乙은 戊의 소송상 주장에 대하여 '甲과 乙은 각 건물이 위치한 부분을 중심으로 하여 토지 중 각자의 지분에 해당하는 토지를 특정하여 구분소유하고 있었다.'는 취지로 위 제1회 변론기일에 진술한 이래, 甲과 乙은 각 본인의 위 각 진술을 변론종결시까지 그대로 유지하였다. 그러나 법원은 관련 증거를 종합하여 볼 때 乙의 위 주장이 객관적 진실에 부합한다고 판단하고 있다.

< 변형된 소송의 경과 >

甲이 변론종결시까지 그 주장을 그대로 유지하지 않고, 위 소송의 제4회 변론기일에서 위 제1회 변론기일에서 한 자신의 종전 진술과 달리 "甲과 乙은 각 건물이 위치한 부분을 중심으로 하여 토지 중 각자의 지분에 해당하는 토지를 특정하여 구분소유하고 있었다."라고 진술을 번복하면서 이를 증명하기 위하여 증인을 신청하였으며, 증인은 "甲과 乙이 각자 건물을 짓기 위해 분필하려 했으나 분필 절차가 번거롭고 까다로워 각 건물이 위치한 부분을 중심으로 하여 토지 중 각자의 지분에 해당하는 토지를 특정하여 소유하고 있었다."라고 증언하

였고 법원은 위 증언이 객관적 진실에 부합하는 것으로 판단하였다. 그런데 위 제1회 변론기일에서 한 甲의 진술이 착오에 기한 것인지에 대하여 甲은 변론종결시까지 아무런 주장, 증명을 하지 않았다. 한편, 戊는 甲이 "甲과 乙은 각 건물이 위치한 부분을 중심으로 하여 토지 중 각자의 지분에 해당하는 토지를 특정하여 구분소유하고 있었다."라고 진술을 번복한 부분과 관련하여 그 진술의 번복에 대하여 이의를 제기하지는 않았다.

< 문제 >
4. 법원은 甲의 위 진술 번복이 甲과 乙에 대한 각 관계에서 미치는 영향 및 戊의 청구에 대하여 어떻게 판단하여야 하는지와 그 근거를 서술하시오. (12점)

Ⅰ. 문제의 소재 2점

甲의 진술 번복이 재판상 자백의 철회인지, 재판상 자백의 철회가 인정되는지 문제된다.

Ⅱ. 재판상 자백의 철회요건 5점

1. 재판상 자백의 효력

재판상 자백이 성립하면 불요증사실이 되어(제288조), 당사자 및 법원을 구속하여 법원은 사실인정권이 배제된다.

2. 재판상 자백의 철회요건

① 자백이 제3자의 형사상 처벌할 행위로 인한 것일 때(제451조 제1항 제5호) ② 상대방의 동의가 있을 때 ③ 진실에 반하고 착오에 의한 것임을 증명한 때(제288조 단서) ④ 소송대리인의 자백을 당사자가 경정할 때(제94조) 철회가 인정된다.

3. 반진실의 자백의 경우 착오에 의한 것이 추정되는지

판례는 "재판상 자백의 취소는 반드시 명시적으로 하여야만 하는 것은 아니고 종전의 자백과 배치되는 사실을 주장함으로써 묵시적으로도 할 수 있는 것이나, 다만 이 경우에도 자백을 취소하는 당사자는 그 자백이 진실에 반한다는 것 외에 착오에 인한 것임을 아울러 증명하여야 하며 진실에 반하는 것임이 증명되었다고 하여 착오에 인한 자백으로 추정되지는 않는다"고 판시124)하였다.

---

124) 대판 1994.6.14. 94다14797

민사소송법

제94조 【당사자의 경정권】
소송대리인의 사실상 진술은 당사자가 이를 곧 취소하거나 경정(更正)한 때에는 그 효력을 잃는다.

제288조 【불요증사실】
법원에서 당사자가 자백한 사실과 현저한 사실은 증명을 필요로 하지 아니한다. 다만, 진실에 어긋나는 자백은 그것이 착오로 말미암은 것임을 증명한 때에는 취소할 수 있다.

제451조 【재심사유】
① 다음 각호 가운데 어느 하나에 해당하면 확정된 종국판결에 대하여 재심의 소를 제기할 수 있다. 다만, 당사자가 상소에 의하여 그 사유를 주장하였거나, 이를 알고도 주장하지 아니한 때에는 그러하지 아니하다.
5. 형사상 처벌을 받을 다른 사람의 행위로 말미암아 자백을 하였거나 판결에 영향을 미칠 공격 또는 방어방법의 제출에 방해를 받은 때

4. 사안의 경우

甲의 4회 변론기일에서의 주장의 번복은 재판상 자백을 철회한 것으로서 법원이 재판상 자백이 진실에 반한 것임을 판단하였으므로 착오에 의한 것임을 증명하여야 하나, 착오에 의한 것임을 주장, 증명하지 않았으므로 재판상 자백의 철회 요건에 해당하지 않는다.

Ⅲ. 상대방의 동의가 있었는지 여부 3점

판례는 "자백은 사적 자치의 원칙에 따라 당사자의 처분이 허용되는 사항에 관하여 그 효력이 발생하는 것이므로, 일단 자백이 성립되었다고 하여도 그 후 그 자백을 한 당사자가 위 자백을 취소하고 이에 대하여 상대방이 이의를 제기함이 없이 동의하면 반진실, 착오의 요건은 고려할 필요 없이 자백의 취소를 인정하여야 할 것이나, 위 자백의 취소에 대하여 상대방이 아무런 이의를 제기하고 있지 않다는 점만으로는 그 취소에 동의 하였다고 볼 수는 없다고 판시하였다(대판 1994.9.27. 94다22897)." 위 판결에 따르면, 상대방인 戊는 단순히 이의를 제기하지 않았을 뿐이므로 甲의 자백 취소에 동의했다고 볼 수 없다.

Ⅳ. 결론 2점

甲이 착오에 의한 것임을 주장, 증명하지 않아 재판상 자백의 철회가 인정되지 않는다.

063 문서의 진정성립 (1)

2019년 제1차 법전협 <제1문4>

< 기초적 사실관계 >

甲 소유의 X 토지에 관하여 乙 앞으로 매매를 원인으로 한 소유권이전등기가 마쳐졌다. 甲은 "甲이 乙에게 X 토지를 대금 10억 원에 매도하는 내용의 매매계약(이하 '이 사건 계약'이라고 한다)을 체결한 후 위 소유권이전등기를 마쳤는데, 乙은 아직 대금을 지급하지 않았다."라고 주장하면서 乙을 상대로 주위적으로는 대금 10억 원의 지급을 청구하는 한편, 이 사건 계약 체결 사실이 인정되지 않을 것에 대비하여 예비적으로는 위 소유권이전등기의 말소를 청구하는 소를 제기하였다(아래 각 설문은 서로 별개이다).

< 아래 문제 1에 적용되는 추가적 사실관계 >

제1심 소송과정에서 乙이 이 사건 계약을 체결한 적이 없다고 진술하자, 甲은 이 사건 계약 체결 사실에 대한 증거로 이 사건 계약 내용이 기재된 매매계약서를 제출하였다. 이에 乙은 "위 매매계약서의 매수인란에 날인된 인영은 乙의 인장에 의한 것이지만, 乙은 위 인영을 날인한 적이 없다."라고 진술하였다. 심리 결과 위 인영은 丙이 날인한 것으로 밝혀지자, 甲은 "丙이 乙의 위임을 받아 위 인영을 날인하였다."라고 진술하였고, 乙은 "날인을 위임한 사실이 없다."라고 주장하였.

법원은 乙이 丙에게 날인을 위임을 하였는지 여부에 대해 확신을 갖지 못 하였고, 위 매매계약서 외에 달리 이 사건 계약 체결 사실을 인정할 만한 증거가 없는 상태이다.

< 문제 >

1. 제1심 법원은 주위적 청구에 대하여 어떠한 판단을 하여야 하는가? (15점)

I. 문제의 소재 2점

사안에서는 문서의 진정성립의 인정과 관련하여 ① 인영의 진정이 밝혀진 경우의 2단의 추정, ② 다른 사람이 날인한 것이 밝혀진 경우 날인의 권한에 대한 증명책임의 부담자와 증명의 정도가 각 문제된다.

Ⅱ. 문서의 진정성립에 관한 증명 6점

사문서는 제출자가 그것이 진정한 것임을 증명하여야 하고(제357조), 사문서는 본인 또는 대리인의 서명이나 날인 또는 무인이 있는 때에는 진정한 것으로 추정된다(제358조). 문서의 진정성립을 인정하는 방법에는 증언, 필적 또는 인영의 대조 등에 의할 수 있으나 그 증거방법에는 제한이 없으며 변론 전체의 취지만으로도 인정할 수 있다. 또한 이와 관련하여 판례125)는 '문서에 날인된 작성명의인의 인영이 작성 명의인의 인장에 의하여 현출된 인영임이 인정되는 경우에는 특단의 사정이 없는 한 그 인영의 성립 즉 날인행위가 작성명의인의 의사에 기하여 진정하게 이루어진 것으로 추정되고 일단 인영의 진정성립이 추정되면 민사소송법 제358조의 규정에 의하여 그 문서전체의 진정성립까지 추정된다.'고 판시하였다.

민사소송법
제357조【사문서의 진정의 증명】
사문서는 그것이 진정한 것임을 증명하여야 한다.
제358조【사문서의 진정의 추정】
사문서는 본인 또는 대리인의 서명이나 날인 또는 무인(拇印)이 있는 때에는 진정한 것으로 추정한다.

Ⅲ. 추정력의 복멸 7점

다른 사람에 의하여 날인된 것이 밝혀진 경우와 관련하여 판례126)는 '민사소송법상의 추정은 날인행위가 작성명의인 이외의 자에 의하여 이루어진 것임이 밝혀진 경우에는 깨어지는 것이므로, 문서제출자는 그 날인행위가 작성명의인으로부터 위임받은 정당한 권원에 의한 것이라는 사실까지 입증할 책임이 있다.'고 판시하여 문서제출자에게 증명책임을 부담시키고, 날인한 정당한 권원에 대하여 증명할 것을 요구하고 있다.

사안에서 乙의 인영의 진정이 밝혀졌지만, 丙에 의하여 날인된 사실까지 밝혀졌고, 따라서 매매계약의 유효를 주장하며 매매계약서를 제출한 문서제출자인 甲이 丙의 날인할 정당한 권원에 대하여 증명하여야 한다. 그러나 甲은 법원이 심증을 형성할 정도로 丙의 날인할 정당한 권원에 대하여 증명을 하지 못하였으므로, 법원은 매매계약서의 진정성립을 인정할 수 없다. 이는 청구원인의 증명이 없는 것이므로, 법원은 청구원인에 대한 증명책임을 부담하는 甲의 주위적 청구를 기각하여야 한다.

---

125) 대판 1986.2.11. 85다카1009
126) 대판 2003.4.8. 2002다69686

064 문서의 진정성립 (2)

> **< 공통된 사실관계 >**
>
> 甲은 의류판매업을 하는 乙로부터 丙에 대한 4억 원의 매매대금 채권을 양수하였다고 주장하면서, 丙을 상대로 양수금 청구의 소를 제기하였다. 甲이 소장에 첨부한 乙과 丙 명의의 매매계약서(이하 "갑제1호증"이라고 한다)에 의하면, "乙은 丙에게 티셔츠 40,000매를 인도하고, 丙은 乙에게 대금으로 금 4억 원을 지급한다."고 기재되어 있었으며, 乙과 丙의 인장이 각각 날인되어 있었다.
>
> ※ 추가된 사실관계는 각 별개임.
>
> **< 추가된 사실관계 1 >**
>
> 제1차 변론기일에서 진행된 성립인부절차에서 丙이 갑제1호증에 대해서 부지(不知)로 답하자, 법원은 그 인영의 인정여부를 물었으며, 丙은 "도장은 내 것이 맞으나, 매매계약서에 날인한 적은 없다."고 답하였다. 또한 丙은 "그 도장은 사무실에서 항상 보관하고 있는 것이며, 직원들이 업무상 수시로 사용하고 있으므로 인장의 도용가능성이 있다."고 주장하며, 도장을 사무실에서 보관한 사실을 증명하기 위해 직원 丁에 대한 증인신문을 신청하였고, 법원은 그 증인신문을 실시하였다.
>
> **< 문제 >**
>
> 1. 법원이 증거조사를 완료하였음에도 인장의 도용 여부에 관하여 확신을 갖지 못하고 있는 경우, 법원은 갑제1호증의 진정성립에 관하여 어떻게 판단하여야 할 것인가? (15점)

I. 문제의 소재 2점

사안에서는 ① 인영의 진정이 밝혀진 경우 2단의 추정 및 ② 인장도용항변의 증명책임이 각 문제된다.

Ⅱ. 문서의 진정성립에 관한 증명 6점

　사문서는 제출자가 그것이 진정한 것임을 증명하여야 하고(제357조), 사문서는 본인 또는 대리인의 서명이나 날인 또는 무인이 있는 때에는 진정한 것으로 추정한다(제358조). 문서의 진정성립을 인정하는 방법에는 증언, 필적 또는 인영의 대조 등에 의할 수 있으나 그 증거방법에는 제한이 없으며 변론 전체의 취지만으로도 인정할 수 있다.

　이와 관련하여 판례[127]는 '문서에 날인된 작성명의인의 인영이 작성 명의인의 인장에 의하여 현출된 인영임이 인정되는 경우에는 특단의 사정이 없는 한 그 인영의 성립 즉 날인행위가 작성명의인의 의사에 기하여 진정하게 이루어진 것으로 추정되고 일단 인영의 진정성립이 추정되면 민사소송법 제358조(신법)의 규정에 의하여 그 문서전체의 진정성립까지 추정된다.'고 판시하였다. 사안에서 丙은 매매계약서에 날인된 인영의 진정을 인정하였으므로, 매매계약서의 진정성립이 추정된다.

Ⅲ. 인장도용항변의 증명책임 7점

　이와 관련하여 판례[128]는 '문서에 찍혀진 작성명의인의 인영이 그 인장에 의하여 현출된 인영임이 인정되는 경우에는 특단의 사정이 없는 한 그 인영의 성립 즉 그 작성명의인에 의하여 날인된 것으로 추정되고 일단 그것이 추정되면 민사소송법 제329조에 의하여 그 문서 전체의 진정성립이 추정되는 것이므로 그 문서가 작성명의인의 자격을 모용하여 작성한 것이라는 것은 그것을 주장하는 자가 적극적으로 입증하여야 하고 이 항변사실을 입증하는 증거의 증명력은 개연성만으로는 부족하다.'고 판시하였다.

　위 판례에 따르면 병은 인장이 도용된 사실에 대하여 증명을 하여야 하고, 그 증명의 정도는 법관이 확신을 갖도록 할 정도이어야 하는데, 丙은 위와 같은 증명을 하지 못하였다. 따라서 법원은 매매계약서의 진정성립을 인정하여야 한다.

---

127) 대판 1986.2.11. 85다카1009
128) 대판 1987.12.22. 87다카707

> **민사소송법**
> **제357조【사문서의 진정의 증명】**
> 사문서는 그것이 진정한 것임을 증명하여야 한다.
> **제358조【사문서의 진정의 추정】**
> 사문서는 본인 또는 대리인의 서명이나 날인 또는 무인(拇印)이 있는 때에는 진정한 것으로 추정한다.

065 서증의 진정성립에 관한 자백의 성립여부와 철회

> **< 공통된 사실관계 >**
>
> 甲은 의류판매업을 하는 乙로부터 丙에 대한 4억 원의 매매대금 채권을 양수하였다고 주장하면서, 丙을 상대로 양수금 청구의 소를 제기하였다. 甲이 소장에 첨부한 乙과 丙 명의의 매매계약서(이하 "갑제1호증"이라고 한다)에 의하면, "乙은 丙에게 티셔츠 40,000매를 인도하고, 丙은 乙에게 대금으로 금 4억 원을 지급한다."고 기재되어 있었으며, 乙과 丙의 인장이 각각 날인되어 있었다.
>
> ※ 추가된 사실관계는 각 별개임.
>
> **< 추가된 사실관계 2 >**
>
> 제1차 변론기일에서 진행된 성립인부절차에서 丙은 갑제1호증에 대해서 성립을 인정하였으나, 제2차 변론기일에서는 이를 번복하여 갑제1호증의 성립을 부인하였다. 丙은 갑제1호증의 기재내용도 거짓이라고 주장하였으나 이를 뒷받침할 만한 증거를 제출하지 못하였다. 법원이 갑제1호증의 진정성립을 인정하면서도, 그 기재내용을 신뢰할 수 없다며 갑제1호증을 배척하면서, 별다른 배척사유를 설시하지 아니한 채 매매계약의 체결사실을 인정하지 않고 원고 청구를 기각하였다.
>
> **< 문제 >**
>
> 2. 이러한 판결은 적법한가? (15점)

Ⅰ. 문제의 소재 **2점**

사안에서는 ① 문서의 진정성립에 대한 자백에 대해서도 자백의 구속력이 미치는지 여부, ② 처분문서의 실질적 증명력이 각 문제된다.

II. 문서의 진정성립에 대한 자백 4점

보조사실에 대하여 자백이 성립하는지 여부와 관련하여 판례129)는 '문서의 성립에 관한 자백은 보조사실에 관한 자백이기는 하나 그 취소에 관하여는 다른 간접사실에 관한 자백취소와는 달리 주요사실의 자백취소와 동일하게 처리하여야 할 것이므로 문서의 진정성립을 인정한 당사자는 자유롭게 이를 철회할 수 없다고 할 것이고, 이는 문서에 찍힌 인영의 진정함을 인정하였다가 나중에 이를 철회하는 경우에도 마찬가지이다.'고 판시하여 자백의 구속력을 인정하고 있다.

사안에서 丙은 매매계약서의 진정성립을 인정하였으므로 자백의 구속력이 미치고, 자백의 철회의 요건을 구비하지 못하는 이상 법원은 매매계약서의 진정성립을 인정하여야 한다.

III. 처분문서의 실질적 증명력 9점

처분문서의 실질적 증명력과 관련하여 판례130)는 '처분문서의 경우 그 진정성립이 인정되는 이상 반증이 없는 한 법원은 그 기재내용대로의 의사표시의 존재 및 내용을 인정하여야 할 구속을 받게 된다.'고 판시하였고, 또한 처분문서의 배척요건과 관련하여 판례131)는 '처분문서의 진정성립이 인정되면 반증에 의하여 그 기재 내용과 다른 특별한 명시적 또는 묵시적 약정이 있었다는 사실이 인정되지 아니하는 한 법원은 그 문서의 기재 내용에 따른 의사표시의 존재와 내용을 인정하여야 하고, 합리적인 이유 설시도 없이 이를 배척하여서는 아니 된다.'고 판시하였다.

위 각 판결에 따르면 사안에서 법원은 처분문서인 매매계약서의 기재대로 사실인정을 하여야 하고 이를 배척할 경우 합리적인 이유 설시를 하여야 함에도 불구하고, 법원은 이유 설시 없이 매매계약의 체결사실을 인정하지 않았는데, 이는 채증법칙을 위반한 것이다.

---

129) 대판 2001.4.24. 2001다5654
130) 대판 1988.12.13. 87다카3147
131) 대판 2000.1.21. 97다1013

066 재판상 자백, 시효이익의 포기

< 기초적 사실관계 >

甲은 2011. 8. 1. 丙과 丁의 연대보증 아래 乙에게 3억 원을 변제기 2012. 7. 31., 이율 연 12%(변제기에 지급)로 정하여 대여(이하 '이 사건 대여'라 한다)하였다.

丁은 무자력 상태에서 2015. 10. 1. 자신의 유일한 재산인 시가 4억 원 상당의 X토지를 戊에게 1억 원에 매도(이하 '이 사건 매매계약'이라 한다)하고 같은 달 10. 소유권이전등기(이하 '이 사건 소유권이전등기'라 한다)를 마쳐주었다.

丁에 대해 변제기가 2014. 11. 30.인 2억 원의 물품대금채권을 가지고 있던 K는 戊를 상대로 2016. 9. 1. 이 사건 매매계약의 취소와 소유권이전등기의 말소를 구하는 사해행위취소의 소를 제기하였다.

< 추가적 사실관계 1 >

변제기가 지나도 乙이 이 사건 대여금을 변제하지 않자 甲은 2017. 9. 1. '乙, 丙, 丁은 연대하여 甲에게 이 사건 대여원리금을 지급하라'는 취지의 소를 제기하였다.

甲의 이 사건 대여사실과 丙과 丁의 연대보증사실이 기재된 소장 부본이 2017. 9. 29. 乙에게 송달되었고, 乙은 '甲으로부터 이 사건 대여금을 차용한 사실은 있지만 대여금 채권은 시효소멸되었다'는 취지의 답변서를 그 무렵 제출하였다. 한편, 丙에게도 2017. 10. 2. 소장 부본이 송달되었으나 丙은 답변서나 준비서면을 제출하지 않았고, 丁에게는 소장 부본이 소재불명으로 송달불능되어 재판장의 명령에 따라 소장 부본이 공시송달되었다.

법원은 적법하게 변론기일소환장을 송달(丁에게는 공시송달됨)하여 2017. 11. 6. 제1차 변론기일을 진행하였다. 乙은 변론기일에 출석하여 답변서를 진술하면서 자신은 컴퓨터판매업을 하는 상인이고, 이 사건 대여금은 사업운영자금으로 빌린 돈이라고 주장하였다. 이에 대해 甲은 乙의 위와 같은 상황을 알고서 대여해 준 것이며, 乙의 주장이 맞다고 진술하였다. 위 변론기일에 丙은 적법하게 변론기일 소환장을 받고도 출석하지 않았으며, 丁 또한 출석하지 않았다. 甲은 변론기일에서 乙이 작성명의인으로 된 이 사건 대여금의 차용증서는 증거로 제출하였으나 丙, 丁의 연대보증사실을 증명할 만한 증거를 제출하지는 않았다.

< 추가적 사실관계 2 >

제1차 변론기일 후 2017. 12. 11. 아래와 같은 내용으로 제2차 변론기일이 추가로 진행 되었다.

甲은 제2차 변론기일에 출석하여 乙이 2017. 8. 20. 이 사건 대여원리금을 이유를 불문하고 조만간 갚겠다는 각서를 써 주었다고 주장하며 乙의 서명이 된 위 각서를 증거로 제출하였고, 위 기일에 출석한 乙은 그 각서의 서명이 자신의 것이 맞다고 진술하였다.

한편 丙은 제2차 변론기일에는 출석하여 이 사건 대여원리금을 연대보증한 사실은 인정하지만, 모든 채무가 시효로 소멸하였다고 항변하였다. 丁은 제2차 변론기일에도 출석하지 않았다. 법원은 심리 후 丁에 대한 변론을 분리하여 乙과 丙에 대해서만 변론을 종결하였다.

> < 문제 >
> 3. 만약 법원이 2018. 1. 12. 판결을 선고하는 경우 피고 乙과 丙(丁은 제외)에 대한 청구의 결론[각하, 기각, 인용, 일부인용]과 논거를 서술하시오. (20점)

Ⅰ. 문제의 소재 2점

사안에서는 ① 각서의 서명에 대하여 진정성립을 인정한 것이 재판상 자백에 해당하는지 여부, ② 소멸시효완성 후 채무를 승인하는 것이 시효이익의 포기에 해당하는지 여부, ③ 주채무의 시효소멸 후 주채무자가 시효이익을 포기한 것이 연대보증인에게도 효력이 미치는지 여부가 각 문제된다.

Ⅱ. 보조사실에 대한 자백의 구속력 5점

보조사실에 대하여 자백이 성립하는지 여부와 관련하여 판례132)는 '문서의 성립에 관한 자백은 보조사실에 관한 자백이기는 하나 그 취소에 관하여는 다른 간접사실에 관한 자백취소와는 달리 주요사실의 자백취소와 동일하게 처리하여야 할 것이므로 문서의 진정성립을 인정한 당사자는 자유롭게 이를 철회할 수 없다고 할 것이고, 이는 문서에 찍힌 인영의 진정함을 인정하였다가 나중에 이를 철회하는 경우에도 마찬가지이다.'라고 판시하여 자백의 구속력을 인정하고 있다.

사안에서 乙은 각서의 서명이 자신의 것이 맞다고 진술하였는데, 이는 문서의 진정성립에 관한 자백에 해당하고 따라서 법원은 각서의 진정성립을 인정하여야 하며, 나아가 특별한 사정이 없는 이상 처분문서인 각서에 기재된 내용과 같이 법률행위의 효력을 인정하여야 한다.

---

132) 대판 2001.4.24. 2001다5654

Ⅲ. 소멸시효완성 후 채무의 승인 8점

위와 같이 甲의 乙에 대한 대여금채권은 상사채권에 해당하여 변제기인 2012. 7. 31.로부터 5년이 도과하면 시효로 소멸한다. 사안에서 乙은 대여금채권의 소멸시효가 완성된 이후인 2017. 8. 20. 대여금의 변제를 약속하였는데, 이와 관련하여 판례133)는 '채무자가 소멸시효 완성 후 채무를 일부 변제한 때에는 그 액수에 관하여 다툼이 없는 한 그 채무 전체를 묵시적으로 승인한 것으로 보아야 하고, 이 경우 시효완성의 사실을 알고 그 이익을 포기한 것으로 추정되므로, 소멸시효가 완성된 채무를 피담보채무로 하는 근저당권이 실행되어 채무자 소유의 부동산이 경락되고 그 대금이 배당되어 채무의 일부 변제에 충당될 때까지 채무자가 아무런 이의를 제기하지 아니하였다면, 경매절차의 진행을 채무자가 알지 못하였다는 등 다른 특별한 사정이 없는 한, 채무자는 시효완성의 사실을 알고 그 채무를 묵시적으로 승인하여 시효의 이익을 포기한 것으로 보아야 한다.'고 판시하여 시효이익을 포기한 것으로 판단하였다.

위 판결에 따르면 乙은 소멸시효가 완성된 이후 변제를 약속함으로써 채무를 승인하였는데, 이는 시효이익의 포기에 해당하고, 따라서 대여금채권이 시효로 소멸하지 않아, 甲의 乙에 대한 대여금청구는 인용될 수 있다.

Ⅳ. 주채무자의 항변 포기의 효력 5점

주채무가 시효로 소멸하면 부종성에 따라 보증채무도 소멸하게 된다. 그리고 주채무자의 항변 포기는 보증인에게 효력이 없다(민법 제433조 제2항). 이와 관련하여 판례134)도 '주채무가 시효로 소멸한 때에는 보증인도 그 시효소멸을 원용할 수 있으며, 주채무자가 시효의 이익을 포기하더라도 보증인에게는 그 효력이 없다.'고 판시하였다.

사안에서 주채무자인 乙이 시효이익을 포기하였다 하더라도 이는 연대보증인에게 효력이 미치지 않으므로, 丙은 부종성을 부정할 만한 특별한 사정이 없는 한 주채무의 시효소멸을 원용할 수 있다. 따라서 법원은 주채무의 시효소멸을 이유로 甲의 丙에 대한 청구를 기각하여야 한다.

민법

제433조【보증인과 주채무자항변권】
① 보증인은 주채무자의 항변으로 채권자에게 대항할 수 있다.
② 주채무자의 항변포기는 보증인에게 효력이 없다.

---

133) 대판 2001.6.12. 2001다3580
134) 대판 1991.1.29. 89다카1114

067 계약서의 인영날인의 진정이 인정되지 않는 경우 증거력

< 공통된 기초사실 >

- A 주식회사(대표이사 B)는 2009. 1. 3. 乙의 대리인임을 자처하는 甲으로부터 乙 소유의 X 부동산을 대금 7억 원에 매수하면서, 계약금 1억 원은 계약 당일 지급하고, 중도금 3억 원은 2009. 3. 15. 乙의 거래은행 계좌로 송금하는 방법으로 지급하며, 잔금 3억 원은 2009. 3. 31. 乙로부터 X 부동산에 관한 소유권이전등기 소요서류를 교부받음과 동시에 지급하되, 잔대금 지급기일까지 그 대금을 지급하지 못하면 위 매매계약이 자동적으로 해제된다고 약정한 후(이하 '이 사건 매매계약'이라 함), 같은 날 甲에게 계약금 1억 원을 지급하였다.

< 추가된 사실관계 >

- 甲은 乙의 사촌 동생으로서 乙의 주거지에 자주 내왕하는 사이였는데, 乙의 건강이 악화되어 관리가 소홀한 틈을 타 평소 乙의 거실 서랍장에 보관되어 있던 乙의 인장을 임의로 꺼내어 위임장을 위조한 후 그 인감증명서를 발급받는 한편 평소 위치를 보아 둔 X 부동산의 등기권리증을 들고 나와 A 주식회사 대표이사 B에게 제시하면서 乙의 승낙 없이 이 사건 매매계약을 체결한 것이었다.

- 乙은 2009. 3. 15. A 주식회사로부터 자신의 거래 계좌로 3억 원을 송금받자 이를 이상히 여기고 평소 의심스러운 행동을 보이던 甲을 추궁한 끝에, 甲이 乙의 승낙 없이 A 주식회사에게 X 부동산을 매도하고 계약금 1억 원을 착복하였으며 그 중도금으로 3억 원이 위와 같이 입금되었다는 사정을 알게 되었다. 그러나 乙은 평소 甲에 대하여 1억 원 가량의 채무를 부담하고 있었던 터라 甲과 사이에서 이 사건 매매계약을 그대로 유지하고 甲에게는 더 이상의 책임을 추궁하지 않기로 합의하였으며, 그 무렵 甲은 이를 B에게 통지하여 주었다.

- 乙은 2008. 11.경 丙으로부터 1억 5,000만 원을 차용하면서 그 담보로 丙에게 X 부동산에 관하여 저당권(이하 '이 사건 저당권'이라 함)을 설정하고 그 등기를 마쳐준 바 있는데, 丙은 2008. 12.경 丁에게 위 대여금 채권을 양도하고 이를 乙에게 통지하는 한편 이 사건 저당권을 양도하고 같은 날 丁에게 이 사건 저당권 이전의 부기등기를 마쳐 주었다.

< 소송의 경과 >

- A 주식회사는 2012. 10.경 乙·丁을 상대로 이 사건 소송을 제기하여, ① 乙에 대하여는 甲이 乙을 적법하게 대리하여 이 사건 매매계약을 체결한 것이라고 주장하면서 X 부동산에 관하여 이 사건 매매계약을 원인으로 한 소유권이전등기를 구하고, ② 丁에 대하여는 乙이 丁에게 이 사건 저당권에 의한 피담보채무를 전액 변제하였다고 주장하면서 이 사건 매매계약에 기한 소유권이전등기청구권 보전을 위하여 乙을 대위하여 소유권에 기한 방해배제로서 X 부동산에 관하여 마쳐진 이 사건 저당권 설정등기 및 이 사건 저당권 이전 부기등기의 각 말소등기를 구하였다.

- 제1회 변론기일에서 A 주식회사는 이 사건 매매계약서를 증거로 제출하였는데, 乙은 이 사건 매매계약서 중 매도인란에 기재된 乙 이름 옆에 날인된 인영이 자신의 인장에 의한 것임은 맞으나 자신은 이를 날인한 사실이 없다고 다투었고, A 주식회사는 乙의 사촌동생인 甲이 乙을 대신하여 날인한 것이라고 주장하였으며, 乙은 甲이 이를 날인하였다는 A 주식회사의 주장을 이익으로 원용하였다.

> < 문제 >
> 1. 乙에 대한 소유권이전등기청구 관련,
>   가. 이 사건 매매계약서의 형식적 증거력이 인정될 수 있는지 여부를 그 논거와 함께 서술하시오. (10점)

Ⅰ. 문제의 소재 １점

매매계약서의 인영날인의 진정이 인정되지 않는 경우에 형식적 증거력이 부인되는지 문제된다.

Ⅱ. 사문서의 형식적 진정성립의 추정과 복멸 ６점

1. 작성명의인의 인영이 진정한 것으로 인정되면 문서 전체의 진정성립이 추정되는지 여부

판례는 문서에 날인된 작성명의인의 인영이 작성 명의인의 인장에 의하여 현출된 인영임이 인정되는 경우에는 날인행위가 작성명의인의 의사에 기하여 진정하게 이루어진 것으로 추정되고 일단 인영의 진정성립이 추정되면 그 문서전체의 진정성립까지 추정된다고 판시하였다.135)

2. 형식적 증거력에 대한 2단의 추정의 복멸(도용의 항변)

가. 형식적 증거력에 대한 추정의 복멸의 요건 및 입증의 정도

판례는 인영의 진정성립 즉 날인행위가 작성 명의인의 의사에 기한 것이라는 추정은 사실상의 추정이므로, 인영의 진정성립을 다투는 자가 반증을 들어 인영의 진정 성립, 즉 날인행위가 작성 명의인의 의사에 기한 것임에 관하여 법원으로 하여금 의심을 품게 할 수 있는 사정을 입증하면 그 진정성립의 추정은 깨어진다고 판시136)하였다.

판례는 날인행위가 작성명의인 이외의 자에 의해 이루어진 것에 대해서는 개연성으로는 부족하고 본증으로 증명하여야 하고, 이로 인해 날인행위가 명의인의 의사에 기한 것임이 아닌 것에 대해서는 반증으로 입증하면 된다고 판시하였다.137)

나. 작성명의인 이외의 자에 의한 날인행위임이 밝혀진 경우

판례는 작성명의인 이외의 자에 의한 날인행위임이 밝혀진 경우에는 문서제출자가 정당한 권원에 의한 것이라는 사실을 입증할 책임이 있다고 판시138)하였다.

Ⅲ. 결론 ３점

乙이 인장 도용의 항변을 하였고, A가 작성명의인 이외의 자에 의한 날인행위임을 인정하였고, 乙이 이를 원용하였으므로 매매계약 문서의 형식적 진정성립이 인정되지 않는다.

---

135) 대판 1986.2.11. 85다카1009
136) 대판 1997.6.13. 96재다462
137) 대판 1987.12.22. 87다카707
138) 대판 2003.4.8. 2002다69686

068 자백간주 규정이 미적용되는 공시송달

2013년 제2회 변호사시험 <제1문1>

< 공통된 기초사실 >

- A 주식회사(대표이사 B)는 2009. 1. 3. 乙의 대리인임을 자처하는 甲으로부터 乙 소유의 X 부동산을 대금 7억 원에 매수하면서, 계약금 1억 원은 계약 당일 지급하고, 중도금 3억 원은 2009. 3. 15. 乙의 거래은행 계좌로 송금하는 방법으로 지급하며, 잔금 3억 원은 2009. 3. 31. 乙로부터 X 부동산에 관한 소유권이전등기 소요서류를 교부받음과 동시에 지급하되, 잔대금 지급기일까지 그 대금을 지급하지 못하면 위 매매계약이 자동적으로 해제된다고 약정한 후(이하 '이 사건 매매계약'이라 함), 같은 날 甲에게 계약금 1억 원을 지급하였다.

< 추가된 사실관계 >

- 甲은 乙의 사촌 동생으로서 乙의 주거지에 자주 내왕하는 사이였는데, 乙의 건강이 악화되어 관리가 소홀한 틈을 타 평소 乙의 거실 서랍장에 보관되어 있던 乙의 인장을 임의로 꺼내어 위임장을 위조한 후 그 인감증명서를 발급받는 한편 평소 위치를 보아 둔 X 부동산의 등기권리증을 들고 나와 A 주식회사 대표이사 B에게 제시하면서 乙의 승낙 없이 이 사건 매매계약을 체결한 것이었다.
- 乙은 2009. 3. 15. A 주식회사로부터 자신의 거래 계좌로 3억 원을 송금받자 이를 이상히 여기고 평소 의심스러운 행동을 보이던 甲을 추궁한 끝에, 甲이 乙의 승낙 없이 A 주식회사에게 X 부동산을 매도하고 계약금 1억 원을 착복하였으며 그 중도금으로 3억 원이 위와 같이 입금되었다는 사정을 알게 되었다. 그러나 乙은 평소 甲에 대하여 1억 원 가량의 채무를 부담하고 있었던 터라 甲과 사이에서 이 사건 매매계약을 그대로 유지하고 甲에게는 더 이상의 책임을 추궁하지 않기로 합의하였으며, 그 무렵 甲은 이를 B에게 통지하여 주었다.
- 乙은 2008. 11.경 丙으로부터 1억 5,000만 원을 차용하면서 그 담보로 丙에게 X 부동산에 관하여 저당권(이하 '이 사건 저당권'이라 함)을 설정하고 그 등기를 마쳐준 바 있는데, 丙은 2008. 12.경 丁에게 위 대여금 채권을 양도하고 이를 乙에게 통지하는 한편 이 사건 저당권을 양도하고 같은 날 丁에게 이 사건 저당권 이전의 부기등기를 마쳐 주었다.

< 소송의 경과 >

- A 주식회사는 2012. 10.경 乙·丁을 상대로 이 사건 소송을 제기하여, ① 乙에 대하여는 甲이 乙을 적법하게 대리하여 이 사건 매매계약을 체결한 것이라고 주장하면서 X 부동산에 관하여 이 사건 매매계약을 원인으로 한 소유권이전등기를 구하고, ② 丁에 대하여는 乙이 丁에게 이 사건 저당권에 의한 피담보채무를 전액 변제하였다고 주장하면서 이 사건 매매계약에 기한 소유권이전등기청구권 보전을 위하여 乙을 대위하여 소유권에 기한 방해배제로서 X 부동산에 관하여 마쳐진 이 사건 저당권 설정등기 및 이 사건 저당권 이전 부기등기의 각 말소등기를 구하였다.

- 제1회 변론기일에서 A 주식회사는 이 사건 매매계약서를 증거로 제출하였는데, 乙은 이 사건 매매계약서 중 매도인란에 기재된 乙 이름 옆에 날인된 인영이 자신의 인장에 의한 것임은 맞으나 자신은 이를 날 인한 사실이 없다고 다투었고, A 주식회사는 乙의 사촌동생인 甲이 乙을 대신하여 날인한 것이라고 주 장하였으며, 乙은 甲이 이를 날인하였다는 A 주식회사의 주장을 이익으로 원용하였다.

< 문제 >

2. 丁에 대한 각 말소등기청구 관련(아래 각 문항에서 대위의 요건은 모두 갖추어진 것으로 가정한다),
  가. 만일 丁이 소재불명으로 판명되어 소장 기타 소송서류 일체가 공시송달의 방법으로 송달되고 변론기 일에도 불출석하였으며, A 주식회사가 이 사건 저당권의 피담보채무 변제에 관하여는 별다른 입증자료 를 제출하지 아니하였을 경우, 위 각 청구에 대한 결론[각하, 청구전부인용, 청구일부인용(일부 인용되 는 경우 그 구체적인 금액 또는 내용을 기재할 것), 청구기각]을 그 논거와 함께 서술하시오. (20점)

Ⅰ. 문제의 소재 3점

丁에 대한 저당권설정등기 말소소송과 관련하여 공시송달의 경우 자백간주 규정 이 적용되지 않아 원고가 주장하는 사실이 증명되지 않는 경우 원고 청구를 기각해 야 하는지, 저당권이전부기등기 말소소송에 대하여 소의 이익이 흠결되어 소를 각하 해야 하는지 문제된다.

Ⅱ. 丁에 대한 저당권설정등기 말소소송에 대하여 10점

1. 변론기일 불출석에 따른 자백간주를 적용하기 위한 요건(제150조 제3항)

① 공시송달이 아닌 통상의 송달을 받은 경우 ② 당사자가 변론기일에 출석하지 않고 ③ 상대방의 주장사실을 다투는 답변서, 준비서면을 제출하지 않은 경우에는 상대방이 서면으로 예고한 사항에 대해서 자백간주가 성립하여 불출석한 당사자가 자백한 것으로 본다.

사안의 경우 소송서류 일체가 공시송달의 방법에 의하여 송달되었으므로 자백간 주가 성립하지 않는다.

2. 자백간주가 성립하지 않는 경우의 법률관계

원고는 사실에 대한 주장책임을 지며, 피고가 이를 다투지 않더라도 주장에 대하 여 증거를 통한 증명책임이 있고 증명하지 못하면 패소의 위험을 부담한다.

3. 등기의 추정력에 기한 증명책임

민사소송법

제150조 【자백간주】

① 당사자가 변론에서 상대방 이 주장하는 사실을 명백 히 다투지 아니한 때에는 그 사실을 자백한 것으로 본다. 다만, 변론 전체의 취지로 보아 그 사실에 대 하여 다툰 것으로 인정되 는 경우에는 그러하지 아 니하다.

② 상대방이 주장한 사실에 대하여 알지 못한다고 진 술한 때에는 그 사실을 다 툰 것으로 추정한다.

③ 당사자가 변론기일에 출석 하지 아니하는 경우에는 제 1항의 규정을 준용한다. 다 만, 공시송달의 방법으로 기일통지서를 송달받은 당 사자가 출석하지 아니한 경 우에는 그러하지 아니하다.

판례는 어느 부동산에 관하여 등기가 경료되어 있는 경우 특별한 사정이 없는 한 그 원인과 절차에 있어서 적법하게 경료된 것으로 추정되고, 이는 법률상 추정에 해당한다고 판시[139]하여 저당권에 대해서도 저당권의 원인이 적법한 것으로 추정되며, 등기의 말소를 주장하는 자가 그 원인 사실을 주장, 증명할 책임이 있다고 본다.

4. 사안의 경우

공시송달로 이루어진 이 소송에서 저당권말소의 경우 등기의 추정력에 따라 저당권말소를 주장하는 A가 증명책임을 지며 저당권 피담보채무변제에 대한 입증자료를 제출하지 못하였으므로 원고의 청구는 기각된다.

Ⅲ. 저당권이전의 부기등기 말소 소송에 대하여 5점

1. 소의 이익의 하부개념으로서의 권리보호이익

소의 이익에는 청구의 내용이 본안 판결을 받기에 적합한 일반적 자격인 권리보호자격이 있으며 원고가 청구에 대하여 판결을 구할 만한 구체적, 개별적인 법적 이익인 권리보호이익이 있다.

2. 부기등기의 말소청구의 권리보호이익

근저당권이전의 부기등기의 경우 근저당권 이전의 원인된 법률관계만이 문제되는 경우에는 부기등기의 말소를 소구할 의무가 있으나, 판례는 근저당권 이전의 부기등기는 기존의 주등기인 근저당권설정등기에 종속되어 주등기와 일체를 이루는 것이어서 피담보채무가 소멸된 경우 또는 근저당권설정등기가 당초 원인무효인 경우 주등기인 근저당권설정등기의 말소만 구하면 되고 그 부기등기는 별도로 말소를 구하지 않더라도 주등기의 말소에 따라 직권으로 말소된다고 판시[140]하여 부기등기의 말소청구의 권리보호이익을 인정하지 않는다.

Ⅳ. 결론 2점

丁에 대한 저당권이전 부기등기 말소청구 소송은 소 각하, 丁에 대한 저당권설정등기말소청구 소송은 청구 기각되어야 한다.

---

139) 대판 2002.2.5. 2001다72029
140) 대판 1995.5.26. 95다7550

069 녹음테이프 증거조사

2019년 제2차 법전협 <제1문1>

< 기초적 사실관계 >

甲은 친구인 乙에게 1억 원을 대여하였다. 약정 반환기일이 지났음에도 乙이 위 1억 원을 반환하지 않자, 甲은 乙을 상대로 위 1억 원의 지급을 청구하는 소를 제기하였다. 乙은 변론기일에서 甲의 주장에 대하여 "자신은 甲으로부터 돈을 차용한 적이 없다."라고 진술하였다.

제1심 소송이 진행되던 중, 乙은 법정 밖에서 甲을 만나 대화를 나누면서 "내가 너한테서 1억 원을 차용한 것은 인정한다. 내가 요즘 경제사정이 너무 어려워서 어쩔 수 없이 법정에서 거짓말을 했다. 미안하다."는 말을 하였는데, 甲은 乙이 알지 못 하는 사이에 이러한 乙의 말을 테이프에 녹음하여, 위 녹음테이프를 증거로 제출하였다.

< 문제 >

제1심 법원이 위 녹음테이프를 甲의 대여사실을 인정하기 위한 증거로 채택할 수 있는지 여부와 만일 증거로 채택할 수 있다면 어떠한 방법으로 증거조사를 하여야 하는 지를 논하시오. (15점)

I. 문제의 소재 1점

사안에서는 ① 상대방의 동의없이 비밀리에 녹음한 녹음테이프가 증거능력이 인정될 수 있는지 여부 및 ② 증거능력이 인정된다면 민사소송법상 검증의 방법에 의하여 증거조사를 하여야 하는지 여부가 문제된다.

Ⅱ. 비밀녹음테이프의 증거능력 7점

이와 관련하여 통신비밀보호법 제3조 및 제4조를 유추적용하여 녹음테이프의 증거능력을 부정하여야 한다는 취지의 견해도 있으나, 판례[141]는 '자유심증주의를 채택하고 있는 우리 민사소송법 하에서 상대방 부지 중 비밀리에 상대방과의 대화를 녹음하였다는 이유만으로 그 녹음테이프가 증거능력이 없다고 단정할 수 없고, 그 채증 여부는 사실심 법원의 재량에 속하는 것이며, 녹음테이프에 대한 증거조사는 검증의 방법에 의하여야 한다.'고 판시하여 그 증거능력을 인정하고 있다. 위 판결에 따르면, 사안의 녹음테이프는 증거능력이 있다.

Ⅲ. 증거조사의 방법 7점

녹음테이프의 증거조사방법과 관련하여 판례는 '녹음테이프에 대한 증거조사는 검증의 방법에 의하여야 한다.'고 판시한 바 있으나, 개정 민사소송법 제374조는 '도면·사진·녹음테이프·비디오테이프·컴퓨터용 자기디스크, 그 밖에 정보를 담기 위하여 만들어진 물건으로서 문서가 아닌 증거의 조사에 관한 사항은 제3절 내지 제5절의 규정에 준하여 대법원규칙으로 정한다.'고 규정하고 있고, 민사소송규칙 제121조 제2항은 '녹음테이프 등에 대한 증거조사는 녹음테이프 등을 재생하여 검증하는 방법으로 한다.'고 규정하고 있다.

따라서 법원은 검증의 방법에 따라 녹음테이프를 직접 법원에서 재생하여 그 내용을 확인하여야 하고, 증명력의 유무는 법원의 자유심증주의에 따른다.

민사소송법

제202조【자유심증주의】
법원은 변론 전체의 취지와 증거조사의 결과를 참작하여 자유로운 심증으로 사회정의와 형평의 이념에 입각하여 논리와 경험의 법칙에 따라 사실주장이 진실한지 아닌지를 판단한다.

제374조【그 밖의 증거】
도면·사진·녹음테이프·비디오테이프·컴퓨터용 자기디스크, 그 밖에 정보를 담기 위하여 만들어진 물건으로서 문서가 아닌 증거의 조사에 관한 사항은 제3절 내지 제5절의 규정에 준하여 대법원규칙으로 정한다.

민사소송규칙

제121조【음성·영상자료 등에 대한 증거조사】
① 녹음·녹화테이프, 컴퓨터용 자기디스크·광디스크, 그 밖에 이와 비슷한 방법으로 음성이나 영상을 녹음 또는 녹화(다음부터 이 조문 안에서 "녹음등"이라 한다)하여 재생할 수 있는 매체(다음부터 이 조문 안에서 "녹음테이프등"이라 한다)에 대한 증거조사를 신청하는 때에는 음성이나 영상이 녹음등이 된 사람, 녹음등을 한 사람 및 녹음등을 한 일시·장소를 밝혀야 한다.
② 녹음테이프등에 대한 증거조사는 녹음테이프등을 재생하여 검증하는 방법으로 한다.
③ 녹음테이프등에 대한 증거조사를 신청한 당사자는 법원이 명하거나 상대방이 요구한 때에는 녹음테이프 등의 녹취서, 그 밖에 그 내용을 설명하는 서면을 제출하여야 한다.

---

141) 대판 1999.5.25. 99다1789

070 손해액의 증명부족 및 민사소송법 제202조의2

< 기초적 사실관계 >

甲과 乙은 2018. 3. 1. 甲 소유의 고려청자 1점을 乙이 보관하기로 하는 계약을 체결하였고, 甲은 乙에게 위 고려청자를 인도하였다.

< 문제 >

1. 乙은 2018. 5. 1. 보관 중이던 위 고려청자를 관리 소홀로 도난당하였고, 甲은 위 고려청자의 소재를 파악할 수 없게 되자 2019. 5. 3. 위 고려청자의 시가가 1억 5,000만 원이라고 주장하면서 乙을 상대로 채무불이행을 원인으로 한 시가 상당액의 손해배상을 청구하는 소를 제기하였다. 甲은 위 고려청자의 시가 감정을 신청하였으나, 감정인은 '위 고려청자와 비슷한 도자기가 존재하지 아니하여 정확한 시가를 산정하기 곤란하다'는 의견을 제시하였다. 甲은 시가를 정확히 산정할 만한 다른 증거를 제출하지 못하였다. 이때 甲의 청구는 인용될 수 있는가? (10점)

I. 문제의 소재

사안에서는 ① 채무불이행에 기한 손해배상청구에 있어서 손해액의 증명책임의 부담자, ② 손해액의 증명이 부족한 경우 법원의 조치가 각 문제된다.

II. 증명책임의 분배 **2점**

이와 관련하여 판례는 법률요건분류설의 입장에서 각 당사자는 자기에게 유리한 법규의 요건사실을 증명하여야 한다고 본다.

Ⅲ. 채무불이행에 기한 손해배상청구의 증명책임 3점

이와 관련하여 판례142)는 '일반적으로 채무불이행으로 인한 손해배상청구에 있어서 그 불이행의 귀책사유에 관한 입증책임은 채무자에게 있다.'고 판시하여, 채권자는 채무불이행사실 및 손해액에 대하여 증명책임을 부담하고, 채무자는 채무불이행에 대한 귀책사유 없음을 증명하여야 한다고 본다.

Ⅳ. 손해액의 증명부족 및 민사소송법 제202조의2 5점

손해액의 증명부족과 관련하여 판례143)는 '채무불이행으로 인한 손해배상책임이 인정된다면 손해액에 관한 입증이 불충분하다 하더라도 법원은 그 이유만으로 손해배상청구를 배척할 것이 아니라 그 손해액에 관하여 적극적으로 석명권을 행사하고 입증을 촉구하여 이를 밝혀야 하고, 재산적 손해의 발생사실이 인정되나 구체적인 손해의 액수를 입증하는 것이 사안의 성질상 곤란한 경우, 법원은 증거조사의 결과와 변론의 전취지에 의하여 밝혀진 당사자들 사이의 관계, 채무불이행과 그로 인한 재산적 손해가 발생하게 된 경위, 손해의 성격, 손해가 발생한 이후의 제반 정황 등 관련된 모든 간접사실들을 종합하여 상당인과관계 있는 손해의 범위인 수액을 판단할 수 있다.'고 판시하였고, 또한 민사소송법 제202조의2는 '손해가 발생한 사실은 인정되나 구체적인 손해의 액수를 증명하는 것이 사안의 성질상 매우 어려운 경우에 법원은 변론 전체의 취지와 증거조사의 결과에 의하여 인정되는 모든 사정을 종합하여 상당하다고 인정되는 금액을 손해배상 액수로 정할 수 있다.'고 규정하고 있다.

사안에서 고려청자의 시가는 감정을 통해서도 확정하기 어려운 사정이 인정되므로, 이는 구체적인 손해의 액수를 증명하기 어려운 경우에 해당한다. 따라서 법원은 상당한 금액을 손해배상의 액수로 정할 수 있고, 결국 甲의 청구는 인용될 수 있다.

민사소송법
제202조의2 【손해배상 액수의 산정】
손해가 발생한 사실은 인정되나 구체적인 손해의 액수를 증명하는 것이 사안의 성질상 매우 어려운 경우에 법원은 변론 전체의 취지와 증거조사의 결과에 의하여 인정되는 모든 사정을 종합하여 상당하다고 인정되는 금액을 손해배상 액수로 정할 수 있다.

---

142) 대판 1985.3.26. 84다카1864
143) 대판 2009.10.15. 2009다37886

본 페이지는 빈 페이지입니다.

제3편

소송의 종료

071 소송상 화해

< 기초적 사실관계 >

甲은 乙로부터 X부동산을 5억 원에 매수하였다며 2017. 3. 2. 乙을 상대로 "乙은 甲에게 X부동산에 관하여 2015. 7. 1. 매매를 원인으로 한 소유권이전등기절차를 이행하라."라는 취지의 소유권이전등기청구의 소를 제기하였다.

< 추가적 사실관계 >

위 소송 계속 중 2018. 2. 2. 甲과 乙은 다음과 같이 소송상화해를 하였다. "乙은 甲에게 X부동산에 관하여 2015. 7. 1. 매매를 원인으로 한 소유권이전등기절차를 이행한다. 甲은 乙에게 매매 잔대금 1억 원을 2018. 6. 30.까지 지급한다. 소송비용은 각자 부담한다." 그런데 乙은 위 화해조항에 따라 甲 명의로 소유권이전등기를 마쳤음에도 甲이 매매 잔대금 1억 원을 지급하지 않아서 위 매매계약이 잔대금 미지급으로 해제되었고 그로 인해 위 소송상화해도 효력이 없다고 주장하면서, 甲을 상대로 X부동산에 관한 甲 명의 소유권이전등기의 말소를 구하는 소를 제기하였다.

< 문제 >

1. 乙의 주장대로 甲이 화해조항에 따른 매매 잔대금 1억 원을 지급하지 않았다면, 법원은 乙의 청구에 대해 어떤 판결을 하여야 하는가? (25점)

Ⅰ. 문제의 소재 5점

사안에서는 ① 소송상 화해(재판상 화해는 소송상 화해와 제소전 화해로 나뉜다)의 법적 성질 및 효력, ② 소송상 화해가 이루어진 후 이를 해제할 수 있는지 여부, ③ 甲과 乙 사이의 소송상 화해를 해제할 수 없다면 후소법원의 판단의 형식이 각 문제된다.

Ⅱ. 소송상 화해의 법적 성질 및 효력 8점

소송상 화해라 함은 소송계속 중 양쪽 당사자가 소송물인 권리관계에 관한 주장을 서로 양보하여 소송을 종료시키는 기일내의 합의를 말하는데, 법적 성질과 관련하여 사법계약설, 소송행위설, 병존설(민법상 화해와 소송종료목적의 소송행위의 2개가 병존하며 각각 독립적으로 소송법과 실체법 원칙의 지배를 받는다는 견해), 양성설(1개의 행위로 민법상 화해계약과 소송행위의 성질을 갖춘 경합된 행위)의 대립이 있으나 판례144)는 '소송상 화해는 판결의 내용으로서 소송물인 법률관계를 확정하는 효력이 있으므로 순연한 소송행위로 볼 것이라 함은 본원이 취하는 견해로서 소송상 화해에 의하여 확정된 법률관계에 상반되는 주장을 하려면 준재심의 소에 의하여야 한다.'고 판시하여 소송행위설의 입장이다.

또한 그 효력과 관련하여 민사소송법 제220조는 소송상 화해가 성립하면 그 조서는 확정판결과 동일한 효력을 가진다고 규정하고 있고, 판례145)는 '재판상 화해가 성립되면 그 내용이 강행법규에 위배된다 할지라도 재심절차에 의하여 취소되지 아니하는 한 그 화해조서를 무효라고 주장할 수 없는 터이므로 화해에 대하여 민법 제607조, 제608조에 반한다든가 통정한 허위표시로서 무효라는 취지의 주장을 할 수 없다.'고 판시하며 무제한적으로 기판력을 인정하고 있다.

사안에서 甲과 乙 사이에서는 소송상 화해가 성립하였으므로, '甲의 乙에 대한 매매계약에 기한 소유권이전등기청구권 있음 및 乙의 甲에 대한 1억 원의 매매대금채권 있음'에 대하여 소송상 화해 확정일 기준 기판력이 발생하게 된다.

Ⅲ. 소송상 화해를 해제할 수 있는지 여부 7점

이와 관련하여 판례146)는 '재판상의 화해가 성립되면 그것은 확정판결과 같은 효력이 있는 것이므로 그것을 취소변경하려면 재심의 소에 의해서만 가능하다할 것이나 재판상의 화해의 내용은 당사자의 합의에 따라 자유로 정할 수 있는 것이므로 화해조항 자체로서 특정한 제3자의 이의가 있을 때에는 화해의 효력을 실효시키기로 하는 내용의 재판상의 화해가 성립되었다면 그 조건의 성취로써 화해의 효력은 당연히 소멸된다 할 것이고 그 실효의 효력은 언제라도 주장할 수 있다.'고 판시하여 화해 자체에 조건을 부가하지 않는 한 화해의 해제를 주장할 수 없다고 판시하였다.

---

144) 대판 1962.5.31. 4293민재6
145) 대판 1991.4.12. 90다9872
146) 대판 1988.8.9. 88다카2332

민사소송법

제220조【화해, 청구의 포기·인낙조서의 효력】
화해, 청구의 포기·인낙을 변론조서·변론준비기일조서에 적은 때에는 그 조서는 확정판결과 같은 효력을 가진다.

민법

제607조【대물반환의 예약】
차용물의 반환에 관하여 차주가 차용물에 갈음하여 다른 재산권을 이전할 것을 예약한 경우에는 그 재산의 예약당시의 가액이 차용액 및 이에 붙인 이자의 합산액을 넘지 못한다.

제608조【차주에 불이익한 약정의 금지】
전2조의 규정에 위반한 당사자의 약정으로서 차주에 불리한 것은 환매 기타 여하한 명목이라도 그 효력이 없다.

사안에서 甲과 乙 소송상 화해에는 별도의 조건이 부가되지 않았으므로, 준재심의 사유가 없는 한 乙은 소송상 화해의 해제를 주장할 수 없고, 甲이 매매대금 1억원을 지급하지 않은 것은 준재심의 사유가 될 수 없다.147)

Ⅳ. 후소법원의 판단 5점

기판력의 본질에 관하여 모순금지설과 반복금지설이 대립하고 있으나, 판례는 모순금지설의 입장에서 전소 승소자가 다시 동일한 소를 제기하면 후소법원은 권리보호이익의 흠결을 이유로 소를 각하하여야 하고, 전소 패소자가 다시 동일한 소를 제기하면 후소법원은 권리보호이익의 흠결을 이유로 소각하 할 수는 없지만 전소판결 내용과 모순되는 판단을 할 수 없다는 구속력 때문에 청구기각 판결을 선고하여야 한다는 입장이고, 나아가 화해조서의 기판력에 모순되는 청구와 관련하여 판례148)는 '제소전 화해조서는 확정판결과 같은 효력이 있어 당사자 사이에 기판력이 생기는 것이므로, 원고가 피고에게 토지에 관하여 신탁해지를 원인으로 한 소유권이전등기절차를 이행하기로 한 제소전 화해가 준재심에 의하여 취소되지 않은 이상, <u>그 제소전 화해에 기하여 마쳐진 소유권이전등기가 원인무효라고 주장하며 말소등기절차의 이행을 청구하는 것은 제소전 화해에 의하여 확정된 소유권이전등기청구권을 부인하는 것이어서 그 기판력에 저촉된다.</u>'고 판시하며 전소 기판력에 모순되는 당사자의 후소 청구를 기각하였다. 따라서 법원은 乙의 청구가 소송상 화해의 기판력에 모순되는 청구라고 보아 乙의 청구를 기각하여야 한다.

---

147) 해제의 효력이 인정되어 변론종결 후 사정변경이 있었다는 논의도 가능은 하지만 ① 사안에서 적법한 해제절차(최고)를 거쳤는지 여부도 불분명한 점, ② 선례가 될 만한 판례를 찾을 수 없는 점(94다17680 판결 정도가 확인되는데, 위 판결은 후소의 당사자 사이에 제소전 화해가 성립한 경우가 아니어서 사안과 사실관계가 다름), ③ 화해조항에 조건을 부가할 수 있었음에도 불구하고 아무런 조건을 부가하지 않은 점에 비추어 사정변경은 쟁점이 아닌 것으로 생각된다.
148) 대판 2002.12.6 2002다44014

| 072 | 소취하의 효력 및 취소 |

> A가 乙에 대하여 부담하는 물품대금 채무를 담보하기 위하여 甲이 자신의 소유 부동산에 乙 명의의 근저당권설정등기를 경료해 주었다. 그후 甲은 乙을 상대로 근저당권설정등기말소등기 청구의 소를 제기하면서 그 청구원인으로서 다음 1), 2)를 주장하였다.
>
> "1) A가 乙에 대한 채무 외에도 다액의 채무를 부담하여 변제자력이 충분하지 않은 사실을 乙은 알면서도 甲에게 그러한 사실을 숨기고 오히려 A가 충분한 자력이 있는 사람이라고 甲을 기망하여, 이를 잘못 믿은 甲으로 하여금 위 근저당권설정계약을 체결하게 한 것이다. 따라서 위 계약은 乙의 사기에 의한 하자 있는 의사표시에 기한 것이므로 이를 취소하고 그 근저당권설정등기의 말소를 구한다.
>
> 2) 위 근저당의 피담보채무인 A의 乙에 대한 물품대금채무가 모두 변제되어 위 근저당권설정등기는 피담보채무가 존재하지 아니하므로 그 말소를 구한다."
>
> 제1심이 원고 패소 판결을 선고하자 甲은 이에 불복하여 항소를 제기하였고, 항소심 제2차 변론기일에서 '위 청구원인 1) 부분을 유지하고, 위 청구원인 2) 부분을 철회한다'고 진술하였다. 그 후 甲은 다시 항소심 제3차 변론기일에서 '위 청구원인 2) 부분을 다시 추가한다'고 진술하였다.
>
> 항소심 변론종결시까지 제출된 주장과 증거를 종합해 보면, 사기에 의한 의사표시의 취소를 원인으로 한 근저당권설정등기말소 주장은 이를 인정할 증거가 없고, 피담보채무 부존재를 원인으로 한 근저당권설정등기말소 주장은 인정된다.
>
> < 문제 >
> 이러한 경우 항소심 법원은 어떠한 판결을 선고하여야 하는가? (15점)

Ⅰ. 문제의 소재 2점

사안에서는 ① 사기취소를 원인으로 한 근저당권설정등기말소청구와 피담보채무 변제를 원인으로 한 근저당권설정등기말소청구의 소송물이 별개의 소송물인지 여부, ② 별개의 소송물이라면 甲의 청구의 병합형태가 선택적 병합에 해당하는지 여부, ③ 항소심에서 청구원인을 철회한 것이 종국판결 선고 이후의 소취하에 해당하여 재소금지원칙이 적용되는지 여부가 각 문제된다.

II. 별개의 소송물인지 여부 4점

근저당권설정등기말소청구의 소송물과 관련하여 판례149)는 '원고가 제1심에서 사기에 의한 의사표시취소를 원인으로 한 근저당권설정등기의 말소청구와 함께 피담보채무의 부존재를 원인으로 한 근저당권설정등기의 말소청구를 하였다가 청구기각의 본안판결을 받은 후 항소심에서 위 기망을 원인으로 한 말소청구 부분만을 유지하고 피담보채무의 부존재를 원인으로 한 말소청구는 철회하여 적법히 취하한 후 다시 같은 청구를 추가한 경우, 위 청구들은 각 그 청구원인을 달리하는 별개의 독립된 소송물로서 선택적 병합관계에 있다고 볼 것이고 동일한 소송물로서 그 공격방법만을 달리하는 것은 아니므로 위 피담보채무의 부존재를 원인으로 한 말소청구는 종국판결인 제1심 판결의 선고후 취하되었다가 다시 제기된 것이어서 재소금지의 원칙에 어긋나는 부적법한 소라 할 것이므로 주문에서 이 부분 소를 각하하는 판결을 하여야 한다.'라고 판시하여 소유권에 기한 말소청구와 계약에 기한 말소청구를 각 별개의 소송물로 판단하였다.

위 판결에 따르면 사기취소를 원인으로 한 근저당권설정등기말소청구는 소유권에 기한 방해배제청구권의 행사이고, 피담보채무 변제를 원인으로 한 근저당권설정등기 말소청구는 근저당권설정계약에 기한 청구이므로, 위 각 말소청구의 소송물은 별개의 소송물이다.

III. 병합의 형태, 이심 및 심판의 범위 3점

양립할 수 있는 여러 개의 청구 가운데 어느 하나만 인용되면 소송의 목적을 달성할 수 있어 다른 청구에 대한 심판을 원하지 않는 형태의 병합을 선택적 병합이라고 한다. 청구의 선택적 병합은 여러 개의 청구 가운데 하나의 청구가 인용될 것을 해제조건으로 하여 다른 청구에 대한 심판을 구하는 것이다. 사안의 경우 목적이 동일한 두개의 청구를 결합하되 각 청구가 법률상 양립가능한 청구이므로, 위 청구의 병합의 형태는 선택적 병합에 해당한다.

선택적 병합의 경우, 상소불가분의 원칙은 적용되나 불이익변경금지의 원칙은 적용되지 않으므로, 甲의 항소로 인하여 두 청구 모두 항소심에 이심이 되고 심판의 대상이 된다.

---
149) 대판 1986.9.23 85다353

Ⅳ. 항소심법원의 판단 6점

1. 사기취소를 원인으로 한 근저당권설정등기말소청구

항소심에서도 사기취소를 원인으로 한 근저당권설정등기말소청구를 인정할만한 심증을 형성하지 못하였으므로, 원심판결이 그대로 유지되어야 한다. 따라서 항소심 법원은 이 부분에 대한 항소를 기각하여야 한다.

2. 피담보채무 변제를 원인으로 한 근저당권설정등기말소청구

본안에 대한 종국판결이 있은 후 소를 취하한 자는 동일한 소를 제기하지 못한다(제267조 제2항). 그 요건으로는 ① 당사자의 동일 ② 소송물의 동일 ③ 권리보호이익의 동일 ④ 본안에 대한 종국판결 후 소를 취하할 것이 요구된다.

사안에서 甲은 1심판결 선고이후인 항소심 2차 변론기일에서 피담보채무 변제를 원인으로 한 근저당권설정등기말소청구 부분을 철회하였는데, 이는 종국판결 선고이후의 소취하에 해당한다. 따라서 3차 변론기일에서 위 청구부분을 추가하는 것은 종국판결 선고후 소를 취하한 뒤 다시 재소하는 것에 해당하므로, 항소심 법원은 이 청구 부분에 대해서는 소각하 판결을 선고하여야 한다.

민사소송법
제267조【소취하의 효과】
① 취하된 부분에 대하여는 소가 처음부터 계속되지 아니한 것으로 본다.
② 본안에 대한 종국판결이 있은 뒤에 소를 취하한 사람은 같은 소를 제기하지 못한다.

073 채권자대위소송에서의 소취하와 채무자의 재소금지

2021년 제2차 법전협 <제1문1>

> < 공통된 사실관계 >
>
> 甲은 乙에게 2020. 1. 1. 5,000만 원을, 2020. 3. 1. 1억 원을 각 무이자로 대여하여 주었는데, 乙은 2020. 4. 1. 甲으로부터 차용한 위 금원 중 5,000만 원을 다시 丙에게 대여하여 주었다. 甲은 위 각 채권의 변제기가 도래하였음에도 불구하고 乙로부터 1억 5천만 원을 변제받지 못하자, 2020. 5. 1. 위 채권 중 2020. 1. 1.자 5,000만 원의 대여금 채권을 피보전채권으로 하여 무자력자인 乙을 대위하여 丙을 상대로 "丙은 甲에게 2020. 4. 1.자 대여금 5,000만 원을 지급하라"는 취지의 소(전소)를 제기하였다. 한편 甲은 전소 계속 중인 2020. 7. 1. 乙에게 소송고지를 하였다. (아래 각 질문은 독립적임)
>
> < 문제 >
> 1. 제1심 법원은 甲의 청구를 기각하는 판결을 선고하였고 甲이 이에 대하여 항소를 하였는데, 甲은 항소심 계속 중 전소를 취하하였다. 그 이후 乙이 丙을 상대로 2020. 4. 1.자 대여금 5,000만 원의 지급을 청구하는 소를 제기하였다면, 법원은 이에 대하여 어떤 판결을 하여야 하는가? (20점)

Ⅰ. 문제의 소재 3점

　　甲이 乙을 대위해 丙에게 제기한 전소의 항소심 계속 중 甲이 전소를 취하한 경우, 乙이 丙을 상대로 소를 제기한 것이 재소금지 원칙에 반하는지 문제된다.

Ⅱ. 재소금지원칙 위반 여부 14점

1. 의의 및 내용

본안에 대해 종국판결 있은 뒤 소 취하한 자는 같은 소를 제기하지 못한다(제267조 제2항). 재소금지원칙은 ① 당사자 동일 ② 소송물 동일 ③ 권리보호이익 동일 ④ 본안 종국판결 후 소 취하가 있는 경우 적용된다. 법원의 종국판결이 당사자에 의해 농락당하는 것을 방지하기 위한 제도이다.

2. 채권자대위소송의 경우

판례는 '채권자대위권에 의한 소송이 제기된 사실을 피대위자가 알게 된 이상, 그 대위소송에 관한 종국판결이 있은 후 그 소가 취하된 때에는 피대위자도 민사소송법 제267조 제2항 소정의 재소금지규정의 적용을 받아 그 대위소송과 동일한 소를 제기하지 못한다(대판 1996.9.20. 93다20177,20184)'고 하여 당사자 동일성을 인정한다.

채권자대위권의 법적 성질에 대해 법정소송담당설을 따르는 판례에 의하면 대위의 소와 피대위자의 청구는 모두 소송물이 피대위채권으로 동일하므로 결국 재소금지의 허용을 받게 된다.

3. 사안의 경우

甲의 전소, 乙의 소송의 소송물은 모두 乙의 丙에 대한 2020. 4. 1.자 대여금 5,000만 원에 대한 지급청구권으로 동일하며, 甲은 전소 계속 중 乙에게 소송고지를 하여 乙이 甲의 대위소송 사실을 알게 되었으므로 乙은 재소금지원칙이 미치는 당사자가 된다.

사안에서 새로운 권리보호의 이익이 인정되는 사정이 보이지 않으므로 권리보호이익도 동일하며, 甲은 청구기각의 제1심 판결이 있은 뒤인 항소심 계속 중 소를 취하한바, 결국 乙의 소는 재소금지원칙에 반하는 소이다.

Ⅲ. 결론 3점

재소금지원칙 위반 여부는 직권조사사항으로 소극적 소송요건에 해당하므로, 乙의 소가 재소금지원칙에 반하여 부적법하므로 법원은 乙의 소를 각하하는 판결을 내려야 한다.

074 소취하 후 계쟁물의 소유권이전과 재소금지원칙

2022년 제1차 법전협 <제1문3>

> 甲은 강원도 춘천시에 X토지를 소유하고 있는데 乙이 이를 점유하고 있다. 이에 甲은 乙을 상대로 乙이 X토지를 불법으로 점유하고 있으므로 토지소유권에 기하여 X토지의 인도를 구하는 소(전소)를 제기하였다. (각 설문은 독립적임)
>
> < 문제 >
> 1. 위 소송에서 甲은 승소판결을 받았다. 乙이 항소심에서 X토지를 매수하겠다고 약속하자 甲은 이를 믿고 위 소를 취하하였다. 그 뒤 乙이 X토지를 매수하는 것에 소극적인 태도를 보이자 甲은 X토지를 위 소에 관해 알지 못하는 丙에게 매도하였다. 소유권이전등기를 경료받은 丙은 바로 乙을 상대로 X토지의 인도를 구하는 소(후소)를 제기하였다. 변론에서 乙은 丙의 소는 재소금지의 원칙에 반하여 부적법하다고 주장하고 있으며, 법원은 乙의 점유가 권원 없이 이루어진 것으로 판단하고 있다. 법원은 어떠한 재판을 하여야 하는가? (20점)

Ⅰ. 문제의 소재 2점

사안에서는 丙의 후소가 전소의 재소금지원칙에 위배되는지 여부가 문제된다.

Ⅱ. 재소금지원칙의 의미 3점

본안에 대한 종국판결이 있은 후 소를 취하한 자는 동일한 소를 제기하지 못한다(제267조 제2항). 재소금지가 적용되기 위해서는 ① 당사자의 동일, ② 소송물의 동일, ③ 권리보호이익의 동일, ④ 본안에 대한 종국판결 후 소를 취하할 것의 요건을 구비하여야 한다.

Ⅲ. 재소금지원칙의 적용요건 12점

1. 당사자의 동일

민사소송법 제267조 제2항 소정의 소를 취하한 자에는 전소의 당사자 뿐만 아니라 변론종결한 뒤의 특정승계인도 포함된다.150)

---
150) 대판 1981.7.14. 81다64, 65

2. 소송물의 동일

판례는 원칙적으로 소송물이론에 따라 소송물 동일여부를 결정하여 재소금지에 걸리는지를 판단하지만, "후소가 전소의 소송물을 선결적 법률관계 내지 전제로 하는 것일 때에는 비록 소송물은 다르지만 본안의 종국판결후에 전소를 취하한 자는 전소의 목적이었던 권리 내지 법률관계의 존부에 대하여는 다시 법원의 판단을 구할 수 없는 관계상 위 제도의 취지와 목적에 비추어 후소에 대하여도 동일한 소로서 판결을 구할 수 없다고 풀이함이 상당하다.151)"고 판시하여 전소의 소송물을 선결문제로 하는 권리를 소송물로 하는 소도 동일한 소로 보고 있다.

3. 권리보호이익의 동일

새로운 권리보호이익이 발생한 경우에는 남소로 볼 수 없으므로, 예컨대 ⅰ) 본안판결이 난 다음 피고가 소유권침해를 중지하여 소를 취하하였는데 그 뒤 재침해하는 경우, ⅱ) 피고가 전소취하의 전제조건인 약정사항을 이행하지 않아 약정이 해제·실효되는 사정변경이 있는 경우, ⅲ) 토지거래허가 전에 소유권이전등기청구를 제기하여 승소하였다가 취하하였는데 그 뒤 허가받았을 경우, ⅳ) 항소심 계속 중에 특정승계가 이루어진 경우로서, 부동산 공유자들이 제기한 명도청구소송에서 제1심 종국판결 선고 후 항소심 계속 중 소송당사자 상호간의 지분 양도·양수에 따라 소취하 및 재소가 이루어진 경우, 그 양수인의 추가된 점포명도청구는 그 공유지분의 양도인이 취하한 전소와는 권리보호의 이익을 달리하여 재소금지원칙에 위배되지 아니한다152).

사안과 같이 토지양수인의 재소와 관련하여 판례153)는 "민사소송법 제240조 제2항(현 민사소송법 제267조 제2항) 소정의 소를 취하한 자에는 변론종결 후의 특정승계인을 포함하나 동일한 소라 함은 권리보호의 이익도 같아야 하므로 이 건 토지의 전소유자가 피고를 상대로 한 전소와 본건 소는 소송물인 권리관계는 동일하다 할지라도 위 전소의 취하 후에 이 건 토지를 양수한 원고는 그 소유권을 침해하고 있는 피고에 대하여 그 배제를 구할 새로운 권리보호의 이익이 있다고 할 것이니 위 전소와 본건 소는 동일한 소라고 할 수 없다."고 판시하였다.

4. 본안에 관한 종국판결의 선고

본안판결이 선고된 뒤여야 하기 때문에 소각하판결이나 소송종료선언판결 등 소송판결이 있은 뒤의 취하에는 재소금지가 적용되지 않는다.

Ⅳ. 결론 3점

전소 취하 후에 X토지를 양수한 丙은 乙의 점유에 대하여 그 배제를 구할 새로운 권리보호이익이 발생하였고, 따라서 전소와 후소는 동일한 소라고 할 수 없어 재소금지규정이 적용될 수 없다. 따라서 법원은 丙의 청구를 인용하여야 한다.

---

151) 대판 1989.10.10. 88다카18023
152) 대판 1998.3.13. 95다48599,48605
153) 대판 1981.7.14. 81다64, 65

075 정기금판결에 대한 변경의 소

< 기초적 사실관계 >

甲은 자신의 X 토지를 2015. 3. 2.부터 乙이 무단 점유하면서 이를 도로로 사용하고 있다는 사실을 알게 되었다. 甲은 乙과 합의하여 일정한 액수의 배상액을 받기를 원했으나 둘은 합의에 이르지 못하였다. 이에 甲은 2017. 7. 25. 乙을 상대로 X 토지에 관하여 월 200만 원의 차임 상당의 부당이득반환을 구하는 소를 제기하였다. 제1심 법원은 X 토지의 월차임을 150만 원으로 인정한 뒤, 乙은 甲에게 2015. 3. 2.부터 2017. 7. 25.까지는 차임 상당의 부당이득(기존 차임)을 반환하고, 2017. 7. 26.부터 피고의 점유종료일까지는 월 150만 원의 부당이득금을 정기금으로 지급하라는 취지의 판결을 선고하였다 (아래의 각 설문은 독립적임).

< 문제 >

1. 원고는 이에 불복하여 항소를 제기하였으나 정기금 지급을 명한 부분에 대해서는 항소취지를 누락하였다. 항소심은 이 사건 토지가 '도로'가 아닌 '대지'임을 전제로 위 기존 차임 부분에 대해 월 500만 원의 비율로 산정한 차임 상당의 부당이득을 반환하라고 판결하였으나 정기금 청구 부분은 항소가 없었으므로 이를 변경하지 않았으며, 이 판결은 상고심에서 그대로 확정되었다. 그 후 원고는 전소 항소심에서 항소취지를 누락하지 않았다면 위 정기금 청구 부분에 대해서도 월 500만 원을 지급하라는 판결이 선고되었을 것이라는 이유로 변경의 소를 제기하였다. 법원은 어떠한 판결을 해야 하는가? (10점)

Ⅰ. 문제의 소재 1점

사안에서는 정기금의 지급을 명한 전소 판결에 실체법적 위법, 부당함이 있는 경우 이를 원인으로 정기금변경의 소를 제기할 수 있는지 여부가 문제된다.

Ⅱ. 정기금변경의 소의 요건 3점

정기금변경의 소라 함은 정기금의 지급을 명한 판결이 확정된 뒤에 그 액수산정의 기초가 된 사정이 현저하게 바뀜으로써 당사자 사이의 형평을 크게 침해할 특별한 사정이 생긴 때에 그 판결의 당사자가 장차 지급할 정기금 액수를 바꾸어 달라는 소를 의미하는데(제252조 제1항), ① 전소의 제1심 판결법원을 전속관할로 하며, ② 정기금판결을 받는 당사자 또는 기판력이 미치는 제3자가 제기할 것 ③ 정기금의 지급을 명하는 판결을 대상으로 하며 그 판결이 확정되었을 것 ④ 판결확정 뒤에 정기금 액수산정의 기초가 된 사정이 현저하게 바뀌었을 것의 요건을 구비하여야 한다.

Ⅲ. 사정변경의 의미 6점

이와 관련하여 판례154)는 '정기금판결에 대한 변경의 소는 판결 확정 뒤에 발생한 사정변경을 요건으로 하므로, <u>단순히 종전확정판결의 결론이 위법·부당하다는 등의 사정을 이유로 본조에 따라 정기금의 액수를 바꾸어달라고 하는 것은 허용될 수 없다.</u>'고 판시하였다.

사안에서 甲이 주장하는 사유는 전소에서 정기금 산정의 기준이 잘못 적용되었다는 것이고, 이는 전소 판결이 위법한 것에 불과할 뿐 변론종결 후 현저한 사정변경에 해당하지 않으므로, 甲의 청구는 부적법하여 각하되어야 한다.

민사소송법
제252조 [정기금판결과 변경의 소]
① 정기금의 지급을 명한 판결이 확정된 뒤에 그 액수산정의 기초가 된 사정이 현저하게 바뀜으로써 당사자 사이의 형평을 크게 침해할 특별한 사정이 생긴 때에는 그 판결의 당사자는 장차 지급할 정기금 액수를 바꾸어 달라는 소를 제기할 수 있다.
② 제1항의 소는 제1심 판결법원의 전속관할로 한다.

---

154) 대판 2016.3.10. 2015다243996

076 확정판결의 기판력과 변론종결 뒤의 승계인(1)

< 기초적 사실관계 >

乙은 甲에게 자기 소유의 X토지와 Y건물을 매도하였으나 X토지와 Y건물에 대한 소유권이전등기의무를 이행하지 않고 있던 중 丙에게 X토지를 매도하였고, 丙은 자신의 명의로 X토지에 관하여 소유권이전등기를 마쳤다.(추가적 사실관계는 각각 별개임)

X토지에 관하여는 甲의 명의로 소유권이전등기가 마쳐져 있다가 그 후 다시 乙의 명의로 소유권이전등기가 마쳐졌다. 甲은 乙을 상대로 乙의 등기가 원인무효라고 주장하면서 X토지에 관한 소유권이전등기 말소청구의 소를 제기하였다. 제1심 법원은 甲의 청구를 인용하는 판결을 선고하였고 위 판결은 그대로 확정되었다. 이에 甲은 乙 명의의 X토지에 관한 소유권이전등기를 말소하였다.

그 후 丙은 甲으로부터 X토지를 매수하여 소유권이전등기를 마쳤고, 丁에 대한 채무를 담보하기 위하여 X토지에 관하여 丁에게 근저당권설정등기를 마쳐 주었다. 그러자 乙은 자신의 소유권이전등기가 원인무효가 아님에도 잘못 말소된 것이므로 자신이 여전히 X토지의 소유자라고 주장하면서, 丙을 상대로는 X토지에 관하여 진정한 등기명의의 회복을 원인으로 하는 소유권이전등기청구의 소를 제기하는 한편, 丁을 상대로는 X토지에 관한 근저당권설정등기말소청구의 소를 제기하였다.

< 문제 >

법원이 심리 결과 乙의 등기가 원인무효가 아니고 乙이 진정한 소유자라는 확신을 가지게 된 경우, 乙의 각각의 청구에 대해 어떤 판결을 하여야 하는가? (소 각하/청구 인용/청구 기각) (20점)

Ⅰ. 문제의 소재 3점

사안에서는 ① 전소 확정판결의 기판력의 범위, ② 진정명의회복등기청구의 법적 성질, ③ 丙과 丁이 甲의 변론종결 후 승계인에 해당하는지 여부, ④ 기판력에 반하는 乙의 청구에 대한 후소 법원의 판단의 형식이 각 문제된다.

Ⅱ. 전소 확정판결의 기판력의 범위

甲의 乙에 대한 전소 확정판결은 '전소 변론종결일 기준 甲의 乙에 대한 X토지에 관한 말소등기청구권 있음'에 대하여 기판력이 발생한다. 따라서 이와 배치되는 후소에서의 주장은 기판력에 저촉된다.

Ⅲ. 진정명의회복등기청구의 법적 성질 5점

이와 관련하여 판례155)는 '말소등기에 갈음하여 허용되는 진정명의회복을 원인으로 한 소유권이전등기청구권과 무효등기의 말소청구권은 어느 것이나 진정한 소유자의 등기명의를 회복하기 위한 것으로서 실질적으로 그 목적이 동일하고, 두 청구권 모두 소유권에 기한 방해배제청구권으로서 그 법적 근거와 성질이 동일하므로, 비록 전자는 이전등기, 후자는 말소등기의 형식을 취하고 있다고 하더라도 그 소송물은 실질상 동일한 것으로 보아야 하고, 따라서 소유권이전등기말소청구소송에서 패소확정판결을 받았다면 그 기판력은 그 후 제기된 진정명의회복을 원인으로 한 소유권이전등기청구소송에도 미친다.'라고 판시하여 소송물이 동일한 것으로 보았다.

---

155) 대판 2001.9.20. 99다37894 전원합의체

IV. 丙과 丁이 甲의 변론종결후 승계인에 해당하는지 여부 8점

변론종결후 승계인의 범위와 관련하여 학설은 원고의 청구권이 물권적 청구권인 경우에 한해서만 피고의 지위를 승계한 자를 변론종결후의 승계인으로 보는 견해와 물권적 청구권과 채권적 청구권을 구별하지 않고 등기나 점유, 등기승계인은 일률적으로 변론종결후의 승계인으로 보는 견해가 대립하고 있으나, 판례156)는 소송물의 승계인을 당연히 포함하는 전제에서 적격승계인의 범위와 관련하여 '건물명도소송에서의 소송물인 청구가 물권적 청구 등과 같이 대세적인 효력을 가진 경우에는 그 판결의 기판력이나 집행력이 변론종결 후에 그 재판의 피고로부터 그 건물의 점유를 취득한 자에게도 미치나, 그 청구가 대인적인 효력밖에 없는 채권적 청구만에 그친 때에는 위와 같은 점유승계인에게 위의 효력이 미치지 아니한다.'라고 판시하여 원고의 청구권이 물권적 청구권인 경우에 한하여 피고의 지위를 승계한 자를 변론종결후의 승계인으로 보고 있다(제218조 제1항).

그리고 사안과 같은 경우에서 판례157)는 '소유권이전등기말소소송의 승소 확정판결에 기하여 소유권이전등기가 말소된 후 순차 제3자 명의로 소유권이전등기 및 근저당권설정등기 등이 마쳐졌는데 위 말소된 등기의 명의자가 현재의 등기명의인을 상대로 진정한 등기명의의 회복을 위한 소유권이전등기청구와 근저당권자 등을 상대로 그 근저당권설정등기 등의 말소등기청구 등을 하는 경우 현재의 등기명의인 및 근저당권자 등은 모두 위 확정된 전 소송의 사실심 변론종결 후의 승계인으로서 위 확정판결의 기판력은 그와 실질적으로 동일한 소송물인 진정한 등기명의의 회복을 위한 소유권이전등기청구 및 위 확정된 전소의 말소등기청구권의 존재여부를 선결문제로 하는 근저당권설정등기 등의 말소등기청구에 모두 미친다'라고 판시하였다.

위 판결에 따르면, 甲의 乙에 대한 청구의 소송물은 소유권에 기한 말소등기청구권으로써 물권적 청구권이고, 위 판결 확정 이후 丙과 丁은 각 소유권이전등기 및 근저당권설정등기를 마쳤으므로, 丙과 丁은 甲의 변론종결후 승계인에 해당한다.

V. 乙의 청구에 대한 후소법원의 판단 4점

기판력의 본질에 관하여 모순금지설과 반복금지설이 대립하고 있으나, 판례는 모순금지설의 입장에서 전소 승소자가 다시 동일한 소를 제기하면 후소법원은 권리보호이익의 흠결을 이유로 소를 각하하여야 하고, 전소 패소자가 다시 동일한 소를 제기하면 후소법원은 권리보호이익의 흠결을 이유로 소각하 할 수는 없지만 전소판결 내용과 모순되는 판단을 할 수 없다는 구속력 때문에 청구기각 판결을 선고하여야 한다는 입장이다.

후소에서 乙의 丙, 丁에 대한 청구는 甲과 乙의 각 모순되는 말소등기청구권을 주장하는 것이어서 전소 확정판결과 모순관계에 있다. 따라서 乙의 丙, 丁에 대한 각 청구는 기각되어야 한다.

---

156) 대판 1991.1.15. 90다9964
157) 대판 2003.3.28. 2000다24856

민사소송법
제218조 【기판력의 주관적 범위】

① 확정판결은 당사자, 변론을 종결한 뒤의 승계인(변론 없이 한 판결의 경우에는 판결을 선고한 뒤의 승계인) 또는 그를 위하여 청구의 목적물을 소지한 사람에 대하여 효력이 미친다.

② 제1항의 경우에 당사자가 변론을 종결할 때(변론 없이 한 판결의 경우에는 판결을 선고할 때)까지 승계사실을 진술하지 아니한 때에는 변론을 종결한 뒤(변론 없이 한 판결의 경우에는 판결을 선고한 뒤)에 승계한 것으로 추정한다.

③ 다른 사람을 위하여 원고나 피고가 된 사람에 대한 확정판결은 그 다른 사람에 대하여도 효력이 미친다.

④ 가집행의 선고에는 제1항 내지 제3항의 규정을 준용한다.

077 확정판결의 기판력과 변론종결 뒤의 승계인(2)

2020년 제1차 법전협 <제1문2>

< 기초적 사실관계 >

甲은 자신의 X 토지를 2015. 3. 2.부터 乙이 무단 점유하면서 이를 도로로 사용하고 있다는 사실을 알게 되었다. 甲은 乙과 합의하여 일정한 액수의 배상액을 받기를 원했으나 둘은 합의에 이르지 못하였다. 이에 甲은 2017. 7. 25. 乙을 상대로 X 토지에 관하여 월 200만 원의 차임 상당의 부당이득반환을 구하는 소를 제기하였다. 제1심 법원은 X 토지의 월차임을 150만 원으로 인정한 뒤, 乙은 甲에게 2015. 3. 2.부터 2017. 7. 25.까지는 차임 상당의 부당이득(기존 차임)을 반환하고, 2017. 7. 26.부터 피고의 점유종료일까지는 월 150만 원의 부당이득금을 정기금으로 지급하라는 취지의 판결을 선고하였다 (아래의 각 설문은 독립적임).

< 문제 >

2. 위 제1심 판결은 그대로 확정되었고, 판결확정 후 丙은 甲으로부터 이 사건 토지를 매수하여 소유권이전등기를 넘겨받았다. 丙은 위 제1심 판결의 확정 후 이 사건 토지의 시가 및 차임 상당액이 10배 이상 앙등하였다고 주장하면서 월차임을 1,000만 원으로 변경하는 변경의 소를 제기하였다. 이 소는 적법한가? (15점)

I. 문제의 소재 2점

사안에서는 ① 변경의 소를 제기할 수 있는 원고적격자의 범위, ② 소송물 자체를 양수한 자가 아닌 계쟁물을 양수한 자도 변경의 소를 제기할 수 있는지 여부가 각 문제된다.

II. 변경의 소의 원고적격 2점

이와 관련하여 판례158)는 '정기금판결에 대한 변경의 소는 정기금판결의 확정 뒤에 발생한 현저한 사정변경을 이유로 확정된 정기금판결의 기판력을 예외적으로 배제하는 것을 목적으로 하므로, 확정된 정기금판결의 당사자 또는 민사소송법 제218조 제1항에 의하여 확정판결의 기판력이 미치는 제3자만 정기금판결에 대한 변경의 소를 제기할 수 있다.'고 판시하였다.

---
158) 대판 2016.6.28. 2014다31721

Ⅲ. 변론종결후 승계인의 범위 8점

이와 관련하여 학설은 원고의 청구권이 물권적 청구권인 경우에 한해서만 피고의 지위를 승계한 자를 변론종결후의 승계인으로 보는 견해와 물권적 청구권과 채권적 청구권을 구별하지 않고 등기나 점유, 등기승계인은 일률적으로 변론종결후의 승계인으로 보는 견해가 대립하고 있으나, 판례159)는 소송물의 승계인을 당연히 포함하는 전제에서 적격승계인의 범위와 관련하여 '건물명도소송에서의 소송물인 청구가 물권적 청구 등과 같이 대세적인 효력을 가진 경우에는 그 판결의 기판력이나 집행력이 변론종결 후에 그 재판의 피고로부터 그 건물의 점유를 취득한 자에게도 미치나, 그 청구가 대인적인 효력밖에 없는 채권적 청구만에 그친 때에는 위와 같은 점유승계인에게 위의 효력이 미치지 아니한다.'라고 판시하여 원고의 청구권이 물권적 청구권인 경우에 한하여 피고의 지위를 승계한 자를 변론종결후의 승계인으로 보고 있다(제218조 제1항).

Ⅳ. 丙이 변론종결후 승계인인지 여부 3점

이와 관련하여 판례160)는 '토지의 소유자가 소유권에 기하여 토지의 무단 점유자를 상대로 차임 상당의 부당이득반환을 구하는 소송을 제기하여 무단 점유자가 점유토지의 인도시까지 매월 일정 금액의 차임 상당 부당이득을 반환하라는 판결이 확정된 경우, 이러한 소송의 소송물은 채권적 청구권인 부당이득반환청구권이므로, 소송의 변론종결 후에 토지의 소유권을 취득한 사람은 민사소송법 제218조 제1항에 의하여 확정판결의 기판력이 미치는 변론을 종결한 뒤의 승계인에 해당한다고 볼 수 없다고 본다. 토지의 전 소유자가 제기한 부당이득반환청구소송의 변론종결 후에 토지의 소유권을 취득한 사람에 대해서는 소송에서 내려진 정기금 지급을 명하는 확정판결의 기판력이 미치지 아니하므로, 토지의 새로운 소유자가 토지의 무단 점유자를 상대로 다시 부당이득반환청구의 소를 제기하지 아니하고, 토지의 전 소유자가 앞서 제기한 부당이득반환청구소송에서 내려진 정기금판결에 대하여 변경의 소를 제기하는 것은 부적법하다.'고 판시하였다.

위 판결에 따르면, ① 甲의 소의 소송물은 '부당이득반환청구권'이라는 채권적 청구권이고, ② 채권적 청구권의 변론종결 후 승계인은 소송물 자체의 양수인만이 이에 해당하며, ③ 丙은 소송물의 양수인이 아닌 계쟁물의 양수인에 불과하여 변론종결 후 승계인에 해당하지 않는다. 따라서 丙은 원고적격이 없으므로, 丙의 소는 부적법하여 각하되어야 한다.

---

159) 대판 1991.1.15. 90다9964
160) 대판 2016.6.28. 2014다31721

민사소송법

제218조 【기판력의 주관적 범위】

① 확정판결은 당사자, 변론을 종결한 뒤의 승계인(변론 없이 한 판결의 경우에는 판결을 선고한 뒤의 승계인) 또는 그를 위하여 청구의 목적물을 소지한 사람에 대하여 효력이 미친다.
② 제1항의 경우에 당사자가 변론을 종결할 때(변론 없이 한 판결의 경우에는 판결을 선고할 때)까지 승계사실을 진술하지 아니한 때에는 변론을 종결한 뒤(변론 없이 한 판결의 경우에는 판결을 선고한 뒤)에 승계한 것으로 추정한다.
③ 다른 사람을 위하여 원고나 피고가 된 사람에 대한 확정판결은 그 다른 사람에 대하여도 효력이 미친다.
④ 가집행의 선고에는 제1항 내지 제3항의 규정을 준용한다.

078 확정판결의 기판력과 변론종결 뒤의 승계인 (3)

2021년 제3차 법전협 <제1문4>

X 부동산과 Y 부동산에 관해 그 소유자인 甲으로부터 乙 앞으로 소유권이전등기가 각 경료되었다. 甲은 2015. 1. 5. 자신은 X, Y부동산을 乙에게 매도한 바 없는데도 乙이 등기에 필요한 매매계약서 등 서류를 위조해 그 각 등기를 경료한 것이라고 주장하면서 乙을 상대로 그 각 등기의 말소등기를 청구하는 소('A소')를 제기했다. 이 소송사건의 변론이 2015. 9. 24. 종결되어 甲의 청구를 모두 인용하는 판결('A판결')이 선고되었고, 그 판결은 2015. 10. 15. 확정되었으며, 그 판결에 기해 그 각 소유권이전등기가 2015. 10. 30. 말소되었다. 甲은 2015. 11. 2. ① X부동산에 관해 2015. 9. 17.자 매매(유효한 계약임을 전제로 한다)를 원인으로 하는 소유권이전등기를 丙 앞으로 경료하고, ② 자신이 2015. 10. 20. 차용한 5,000만 원의 원리금 반환 채무를 담보하기 위해 Y부동산에 관해 채권최고액이 1억 원인 근저당권 설정등기를 丁 앞으로 경료했다. 그런데 乙은 자신이 A소송에서 패소한 것은 억울하고, 정당하게 작성된 매매계약서 등 증거를 발견했으므로 자신은 X, Y 부동산의 정당한 소유자라고 주장하면서 ① 丙을 상대로 X 부동산에 관해 진정한 등기명의 회복을 위한 소유권이전등기 청구의 소('B소')를 제기하고, ② 별소로 丁을 상대로 Y 부동산에 관해 근저당권 설정등기의 말소등기 청구의 소('C소')를 제기했다. B소와 C소의 청구원인에는 A소의 변론 종결 후에 발생한 새로운 사유의 주장은 없다.

< 문제 >
1. 법원은 B소와 C소에 관해 어떻게 판결하여야 하는가? (30점)

I. 문제의 소재 [4점]

사안에서는 ① 丙과 丁이 변론종결후 승계인에 해당되는지 여부, ② B소송과 C소송이 A소송의 기판력에 저촉되는지 여부가 각 문제된다.

II. 전소 확정판결의 기판력의 범위 [2점]

A소의 기판력은 변론종결일 기준 甲의 乙에 대한 X, Y부동산에 관한 소유권이전등기말소청구권 있음에 대하여 미친다.

III. 변론종결후 승계인의 범위 [10점]

변론종결후 승계인의 범위와 관련하여 학설은 원고의 청구권이 물권적 청구권인 경우에 한해서만 피고의 지위를 승계한 자를 변론종결후 승계인으로 보는 견해와 물권적 청구권과 채권적 청구권을 구별하지 않고 등기나 점유승계인은 일률적으로 변론종결후 승계인으로 보는 견해가 대립하고 있으나, 판례161)는 소송물의 승계인을 당연히 포함하는 전제에서 적격승계인의 범위와 관련하여 '건물명도소송에서의 소송물인 청구가 물권적 청구 등과 같이 대세적인 효력을 가진 경우에는 그 판결의 기판력이나 집행력이 변론종결 후에 그 재판의 피고로부터 그 건물의 점유를 취득한 자에게도 미치나 그 청구가 대인적인 효력밖에 없는 채권적 청구만에 그친 때에는 위와 같은 점유승계인에게 위의 효력이 미치지 아니한다.'라고 판시하여 원고의 청구권이 물권적 청구권인 경우에 한하여 피고의 지위를 승계한 자를 변론종결후 승계인으로 보고 있다(제218조 제1항).

Ⅳ. 丙과 丁이 甲의 변론종결후 승계인에 해당하는지 여부 10점

이와 관련하여 판례162)는 '소유권이전등기말소소송의 승소 확정판결에 기하여 소유권이전등기가 말소된 후 순차 제3자 명의로 소유권이전등기 및 근저당권설정등기 등이 마쳐졌는데 위 말소된 등기의 명의자가 현재의 등기명의인을 상대로 진정한 등기명의의 회복을 위한 소유권이전등기청구와 근저당권자 등을 상대로 그 근저당권설정등기 등의 말소등기청구 등을 하는 경우 현재의 등기명의인 및 근저당권자 등은 모두 위 확정된 전 소송의 사실심 변론종결 후의 승계인으로서 위 확정판결의 기판력은 그와 실질적으로 동일한 소송물인 진정한 등기명의의 회복을 위한 소유권이전등기청구 및 위 확정된 전소의 말소등기청구권의 존재여부를 선결문제로 하는 근저당권설정등기 등의 말소등기청구에 모두 미친다.'고 판시하였다. 위 판결에 따르면 丙과 丁은 모두 승소한 원고인 甲의 변론종결후 승계인에 해당한다.

Ⅴ. 후소법원의 판단 4점

기판력의 본질에 관하여 모순금지설과 반복금지설이 대립하고 있으나, 판례는 모순금지설의 입장에서 전소 승소자가 다시 동일한 소를 제기하면 후소법원은 권리보호이익의 흠결을 이유로 소를 각하하여야 하고, 전소 패소자가 다시 동일한 소를 제기하면 후소법원은 권리보호이익의 흠결을 이유로 소각하판결을 할 수는 없지만 전소판결 내용과 모순되는 판단을 할 수 없다는 구속력 때문에 청구기각 판결을 선고하여야 한다는 입장이다.

사안에서 B, C소송은 전소에서 패소한 피고가 전소에서 확정된 '甲의 乙에 대한 X, Y부동산에 관한 소유권이전등기말소청구권이 있다'는 판단과 정면으로 모순되는 주장을 하는 것이어서 전소의 기판력에 저촉된다. 따라서 乙의 B, C 소송은 모두 기각되어야 한다(위 판결의 요지에 따라 C소송을 전소의 기판력과 선결관계에 있다고 기재하는 것도 가능할 것으로 생각된다).

---

161) 대판 1991.1.15. 90다9964
162) 대판 2003.3.28. 2000다24856

079 채권자대위소송이 피보전채권의 변제로 인하여 각하, 확정된 경우의 기판력

> **< 공통된 사실관계 >**
>
> 甲은 乙에게 2020. 1. 1. 5,000만 원을, 2020. 3. 1. 1억 원을 각 무이자로 대여하여 주었는데, 乙은 2020. 4. 1. 甲으로부터 차용한 위 금원 중 5,000만 원을 다시 丙에게 대여하여 주었다. 甲은 위 각 채권의 변제기가 도래하였음에도 불구하고 乙로부터 1억 5천만 원을 변제받지 못하자, 2020. 5. 1. 위 채권 중 2020. 1. 1.자 5,000만 원의 대여금 채권을 피보전채권으로 하여 무자력자인 乙을 대위하여 丙을 상대로 "丙은 甲에게 2020. 4. 1.자 대여금 5,000만 원을 지급하라"는 취지의 소(전소)를 제기하였다. 한편 甲은 전소 계속 중인 2020. 7. 1. 乙에게 소송고지를 하였다. (아래 각 질문은 독립적임)
>
> **< 추가된 사실관계 1 >**
>
> 전소에서 제1심 법원은 2020. 1. 1. 자 5,000만 원의 대여금 채권이 변제로 소멸하였다는 이유로 소각하 판결을 선고하였고, 그 판결은 그대로 확정되었다.
>
> 그 이후, 甲은 乙을 상대로 2020. 1. 1. 자 대여금 5,000만 원과 2020. 3. 1.자 대여금 1억 원, 합계 1억 5,000만 원의 지급을 구하는 소(후소)를 제기하였다.
>
> **< 문제 >**
>
> 2. 후소 계속 중 乙은 甲의 대여금 청구 전체가 전소 확정판결의 기판력에 저촉되는 것이라고 주장하였다. 이러한 乙의 주장은 타당한가? (20점)

Ⅰ. 문제의 소재 2점

전소인 채권자 대위소송에서의 확정판결의 기판력이 채무자를 상대로 하는 채권자의 후소에 미치는 범위가 문제된다.

Ⅱ. 2020. 3. 1. 자 대여금 1억 원 청구가 전소의 기판력에 저촉되는지 여부 5점

1. 소송물의 구별

판례는 구소송물이론에 따라 실체법상 권리 또는 법률관계에 의하여 소송물을 식별하고 대여금청구인 경우 청구원인의 사실관계까지 고려한다. 따라서 甲의 대여금 청구는 2020. 3. 1.자 대여금 1억 원과 2020. 1. 1. 자 대여금 5천만 원의 단순병합으로서 소송물이 구별된다.

2. 사안의 경우

2020. 3. 1.자 대여금 1억 원 청구는 전소에서 피보전채권으로 주장된 2020. 1. 1. 자 대여금 5천만 원 부분과 별개의 권리로서 전소에서 주장된 바 없으므로 전소의 기판력에 저촉될 여지가 없다.

III. 2020. 1. 1. 자 대여금 5천만 원 청구가 전소의 기판력에 저촉되는지 여부 10점

1. 기판력의 의의

기판력이란 확정된 종국판결의 내용이 가지는 후소에 대한 구속력을 말한다. 후소에 기판력이 미치려면 후소의 당사자는 전소 종국판결의 기판력이 미치는 당사자일 것(주관적 범위), 후소의 소송물이 전소의 소송물과 동일하거나 전소 소송물을 선결관계로 하거나 전소 소송물과 모순관계에 있을 것(작용국면)을 요한다.

2. 대위소송에서 피보전채권의 부존재를 이유로 한 소각하 판결의 기판력이 미치는 범위

판례는 '채권자대위소송에서의 판결의 기판력은, 채무자가 소송고지 등 어떠한 사유로든 대위소송이 제기된 사실을 알았을 때에 채무자에게도 미친다'고 하면서 '채권자대위소송의 소송물인 피대위채권의 존부에 관하여 채무자에게 기판력이 미친다는 것이고, 대위소송의 소송요건인 피보전채권 존부에 관하여 당해 소송의 당사자가 아닌 채무자에게 기판력이 미치는 것은 아니므로, 채권자대위소송에 피보전채권 인정되지 않아 소각하 판결이 확정된 경우 그 판결 기판력이 채권자가 채무자 상대로 피보전채권 이행을 구하는 소송에 미치는 것은 아니다(대판 2014.1.23. 2011다108095)'라고 판시하였다.

따라서 전소에서 후소 소송물인 피보전채권 존재가 인정되지 않는다는 이유로 소각하 판결 확정되었으나 이는 그 소송의 당사자인 甲과 丙 사이에만 생길 뿐이고 소송물인 피대위권리에 관한 판단이 없는 이상 소송고지 등 채무자가 대위소송이 제기된 사실을 알았다고 하더라도 채무자인 乙에게까지 미치는 것은 아니다.

IV. 결론 3점

따라서 후소 전체가 전소 확정판결의 기판력에 저촉된다는 乙의 주장은 모두 타당하지 않다.

080 기판력의 작용

2021년 제10회 변호사시험 <제1문4>

X토지의 등기부에는 甲 명의 소유권보존등기 다음에 乙 명의 소유권이전등기가 마쳐져 있다. 甲은 乙을 피고로 삼아 乙 명의 등기가 위조서류에 의하여 마쳐진 원인무효라는 이유로 '1) X토지가 甲 소유임을 확인한다. 2) 乙은 甲에게 乙 명의 소유권이전등기의 말소등기절차를 이행하라'는 취지의 소(이하 '전소'라고 함)를 제기하여 승소판결을 받고 그 판결이 확정되었다. 甲은 위 판결에 기해 乙 명의 소유권이전등기를 말소하였다.

< 문제 >

乙은 甲을 상대로 소유권에 기하여 X토지의 인도를 구하는 후소를 제기하였다. 그 소송에서 乙은, 전소의 변론종결 전에 乙이 甲의 정당한 대리인에게서 X토지를 매수하여 소유권이전등기를 마친 것으로 X토지는 乙 소유인데, 전소에서는 이를 제대로 증명하지 못하여 패소하였을 뿐이라고 주장하였다. 후소에서 乙의 주장이 인정된다면 乙은 승소할 수 있는가? (15점)

I. 문제의 소재 [2점]

사안에서는 ① 전소 확정판결의 기판력의 범위, ② 후소 소송물과 전소 소송물의 관계, ③ 후소 법원의 판단이 각 문제된다.

II. 전소 확정판결의 기판력의 범위 [2점]

사안에서 甲은 乙을 피고로 X토지의 소유권확인청구소송 및 소유권이전등기 말소등기청구소송을 각 제기하여 승소하였으며, 전소 변론종결일 기준 ① 甲이 X토지의 소유자인 사실, ② 甲의 乙에 대한 X토지에 관한 소유권이전등기 말소등기청구권 있음에 대하여 기판력이 미친다.

Ⅲ. 기판력의 작용국면 8점

이와 관련하여 판례163)는 '특정토지에 대한 소유권확인의 본안판결이 확정되면 그에 대한 권리 또는 법률관계가 그대로 확정되는 것이므로 변론종결전에 그 확인원인이 되는 다른 사실이 있었다 하더라도 그 확정판결의 기판력은 거기까지도 미치는 것이다.'고 판시하였고, 또한 판례164)는 '확정된 전소의 기판력 있는 법률관계가 후소의 소송물 자체가 되지 아니하여도 후소의 선결문제가 되는 때에는 전소의 확정판결의 판단은 후소의 선결문제로서 기판력이 작용한다고 할 것이므로, 소유권확인청구에 대한 판결이 확정된 후 다시 동일 피고를 상대로 소유권에 기한 물권적 청구권을 청구원인으로 하는 소송을 제기한 경우에는 전소의 확정판결에서의 소유권의 존부에 관한 판단에 구속되어 당사자로서는 이와 다른 주장을 할 수 없을 뿐만 아니라, 법원으로서도 이와 다른 판단을 할 수 없는 것이다.'라고 판시하였다.

전소에서 甲의 소유권에 대한 기판력이 발생하였으므로, 변론종결 전 다른 소유권 취득원인이 있었다 하더라도 이는 모두 차단되므로, 乙이 甲의 대리인으로부터 토지를 매수하였다는 주장은 모두 차단되고, 전소의 기판력은 후소에서 선결관계로 작용하게 된다.

따라서 후소법원은 乙의 다른 소유권취득원인을 인정할 수 없다.

Ⅳ. 후소 법원의 판단 3점

기판력의 본질에 관하여 모순금지설과 반복금지설이 대립하고 있으나, 판례는 모순금지설의 입장에서 전소 승소자가 다시 동일한 소를 제기하면 후소법원은 권리보호이익의 흠결을 이유로 소를 각하하여야 하고, 전소 패소자가 다시 동일한 소를 제기하면 후소법원은 권리보호이익의 흠결을 이유로 소각하 할 수는 없지만 전소판결 내용과 모순되는 판단을 할 수 없다는 구속력 때문에 청구기각 판결을 선고하여야 한다는 입장이다. 위 판결에 따르면, 乙의 후소 청구는 전소 판결내용과 모순되는 것이어서 법원은 乙의 후소를 기각하여야 한다.

---

163) 대판 1987.3.10. 84다카2132
164) 대판 1994.12.27. 94다4684

081 변론 종결 뒤에 계쟁물을 취득한 자의 승계인 인정여부

2022년 제1차 법전협 <제1문3>

> 甲은 강원도 춘천시에 X토지를 소유하고 있는데 乙이 이를 점유하고 있다. 이에 甲은 乙을 상대로 乙이 X토지를 불법으로 점유하고 있으므로 토지소유권에 기하여 X토지의 인도를 구하는 소(전소)를 제기하였다. (각 설문은 독립적임)
>
> < 문제 >
>
> 2. 위 소송에서 甲은 패소판결을 받았으며 이는 그대로 확정되었다. 그 뒤 甲은 X토지를 丙에게 매도하고 소유권이전등기를 경료해 주었다. 그 뒤 丙은 乙을 상대로 X토지의 인도를 구하는 소(후소)를 제기하였다. 이에 乙은 丙의 후소는 전소 기판력에 저촉되어 부적법한 소라고 주장하였다. 법원이 丙의 본안에 관한 주장이 모두 이유 있다고 인정하는 경우 어떠한 재판을 하여야 하는가? (15점)

Ⅰ. 문제의 소재 **2점**

사안에서는 전소의 기판력의 범위 및 丙이 변론종결 후의 승계인에 해당하는지 여부가 문제된다.

Ⅱ. 전소 기판력의 범위 **3점**

사안에서 甲은 乙을 상대로 토지인도청구를 하였으나 기각된 후 확정되었으므로, 전소 변론종결일 기준 甲과 乙 사이에 甲의 乙에 대한 X토지의 인도청구권이 없음에 대하여 기판력이 발생한다.

Ⅲ. 변론종결후의 승계인의 범위 10점

변론종결후 승계인의 범위와 관련하여 학설은 원고의 청구권이 물권적 청구권인 경우에 한해서만 피고의 지위를 승계한 자를 변론종결후의 승계인으로 보는 견해와 물권적 청구권과 채권적 청구권을 구별하지 않고 등기나 점유, 등기승계인은 일률적으로 변론종결후의 승계인으로 보는 견해가 대립하고 있으나, 판례165)는 소송물의 승계인을 당연히 포함하는 전제에서 적격승계인의 범위와 관련하여 "건물명도소송에서의 소송물인 청구가 물권적 청구 등과 같이 대세적인 효력을 가진 경우에는 그 판결의 기판력이나 집행력이 변론종결 후에 그 재판의 피고로부터 그 건물의 점유를 취득한 자에게도 미치나, 그 청구가 대인적인 효력밖에 없는 채권적 청구만에 그친 때에는 위와 같은 점유승계인에게 위의 효력이 미치지 아니한다."라고 판시하여 원고의 청구권이 물권적 청구권인 경우에 한하여 피고의 지위를 승계한 자를 변론종결 후의 승계인으로 보고 있다(제218조 제1항).

그리고 사안과 같은 경우 판례166)는 "토지소유권에 기한 물권적 청구권을 원인으로 하는 토지인도소송의 소송물은 토지소유권이 아니라 그 물권적 청구권인 토지인도청구권이므로 그 소송에서 청구기각된 확정판결의 기판력은 토지인도청구권의 존부 그 자체에만 미치는 것이고 소송물이 되지 아니한 토지소유권의 존부에 관하여는 미치지 아니한다 할 것이므로 그 토지인도소송의 사실심변론종결후에 그 패소자인 토지소유자로부터 토지를 매수하고 소유권이전등기를 마침으로써 그 소유권을 승계한 제3자의 토지소유권의 존부에 관하여는 위 확정판결의 기판력이 미치지 않는다 할 것이고 또 이 경우, 위 제3자가 가지게 되는 물권적 청구권인 토지인도청구권은 적법하게 승계한 토지소유권의 일반적 효력으로서 발생된 것이고 위 토지인도소송의 소송물인 패소자의 토지인도청구권을 승계함으로써 가지게 된 것이라고는 할 수 없으므로 위 제3자는 위 확정판결의 변론종결후의 승계인에 해당한다고 할 수도 없다."고 판시하였다.

위 판례에 따르면 丙이 가지게 되는 X토지에 대한 인도청구권은 적법하게 승계한 토지소유권의 일반적 효력으로 발생된 것이고 위 토지소송의 소송물인 패소자 甲의 인도청구권을 승계함으로써 가지게 된 것이라고 할 수 없으므로 丙은 확정판결의 변론종결후의 승계인에 해당하지 않는다. 따라서 丙에게는 전소판결의 기판력이 미치지 않으므로, 법원은 丙의 청구를 인용하는 판결을 선고하여야 한다.

민사소송법
제218조 [기판력의 주관적 범위]
① 확정판결은 당사자, 변론을 종결한 뒤의 승계인(변론 없이 한 판결의 경우에는 판결을 선고한 뒤의 승계인) 또는 그를 위하여 청구의 목적물을 소지한 사람에 대하여 효력이 미친다.
② 제1항의 경우에 당사자가 변론을 종결할 때(변론 없이 한 판결의 경우에는 판결을 선고할 때)까지 승계사실을 진술하지 아니한 때에는 변론을 종결한 뒤(변론 없이 한 판결의 경우에는 판결을 선고한 뒤)에 승계한 것으로 추정한다.
③ 다른 사람을 위하여 원고나 피고가 된 사람에 대한 확정판결은 그 다른 사람에 대하여도 효력이 미친다.
④ 가집행의 선고에는 제1항 내지 제3항의 규정을 준용한다.

---

165) 대판 1991.1.15. 90다9964
166) 대판 1984.9.25. 84다카148

082 전소에서 주장하지 않은 공제항변을 후소에서 주장하는 것이 기판력에 반하는지 여부

2012년 제1회 변호사시험 <제1문>

甲(주소지: 서울 성동구)은 2009. 3. 1. 乙(주소지: 서울 강남구)로부터 서울 강남구 소재 대한빌딩 중 1, 2층을 임대보증금 1억 원, 월 차임 400만 원, 임대차기간 2년으로 약정하여 임차하였다. 그리고 위 임대차계약서 말미에 "본 임대차와 관련하여 甲과 乙 사이에 소송할 필요가 생길 때에는 서울중앙지방법원을 관할법원으로 한다."라는 특약을 하였다. 甲은 乙에게 위 임대보증금 1억 원을 지급한 후 위 건물에서 '육고기뷔페'라는 상호로 음식점을 경영하고 있다. 甲은 도축업자인 丙(주소지: 서울 노원구)에게서 돼지고기를 구입하여 왔는데, '육고기뷔페'의 경영 악화로 적자가 계속되어 丙에게 돼지고기 구입대금을 제때에 지급하지 못하여 2010. 12.경에는 丙에 대한 외상대금이 1억 원을 넘게 되었다. 이에 丙이 甲에게 위 외상대금을 갚을 것을 여러 차례 독촉하자 甲은 부득이 乙에 대한 위 임대보증금반환채권을 丙에게 2011. 1. 17. 양도하게 되었고, 甲은 2011. 1. 20. 乙에게 내용증명 우편으로 위 채권양도 사실을 통지하여 다음날 乙이 위 내용증명 우편을 직접 수령하였다. 한편, 甲에 대하여 3,000만 원의 대여금채권을 가지고 있는 A는 위 채권을 보전하기 위하여 甲의 乙에 대한 위 임대보증금반환채권에 대하여 채권자를 A로, 채무자를 甲으로, 제3채무자를 乙로 하여 법원에 채권가압류신청을 하였고 위 신청에 대한 가압류결정이 고지되어 가압류결정 정본이 2011. 1. 22. 제3채무자인 乙에게 송달되었다. 甲과 乙은 2011. 2. 28. 위 임대차기간을 2년 연장하기로 합의(묵시의 갱신은 문제되지 아니하는 것을 전제로 함)하였다. 임대차기간이 연장된 것을 전혀 모르는 丙이 乙에게 임대보증금의 지급을 요구하자 乙은 위 임대차기간이 연장되었음을 이유로 丙에게 임대보증금의 반환을 거절하였다.

< 문제 >

7. 乙은 위 4.의 소송에서 연체차임이 임대보증금에서 공제되어야 한다는 항변을 전혀 하지 아니한 채 소송이 종료된 후, 乙은 甲이 연체한 차임이 5,000만 원이라고 주장하면서 승소가능성을 고려하여 일단 3,000만 원만을 청구하는 것임을 소장 청구원인에서 명시적으로 밝히고 그 지급을 구하는 별도의 소를 甲을 상대로 제기하였다. 이 소송 제1심에서 원고 청구가 전부 기각되어 그 제1심 판결이 그대로 확정된 후 乙이 나머지 2,000만 원 부분에 대하여 甲을 상대로 소를 다시 제기하는 경우, 이 소는 적법한가? (30점)

Ⅰ. 문제의 소재 3점

전소에서 주장하지 않은 연체차임의 공제항변을 후소에서 주장하는 것이 기판력에 반하는지 문제되며, 乙이 주장하는 5천만 원의 연체차임 중 3천만 원만 명시하여 일부청구한 후 후소에서 나머지를 청구하는 것이 기판력에 반하는지 문제된다.

Ⅱ. 기판력의 작용 범위 5점

　　기판력의 주관적 범위는 원칙적으로 전소와 후소가 동일한 당사자이어야 하며, 객관적 범위는 소송물이 동일한 것이어야 하고, 주문에 포함된 것에 한하여 기판력이 미치며, 시적 범위는 전소의 사실심 변론 종결시까지 주장할 수 있었던 사유를 후소에서 주장하지 못한다.

　　사안에서 乙과 甲의 소송은 모두 동일하며, 전소의 사실심 변론종결시까지 주장할 수 있었던 사유를 후소에서 주장하지 않은 사유가 있다. 문제는 전소의 소송물이 후소의 소송물과 동일한지 여부이다.

Ⅲ. 전소에서 주장하지 않은 연체차임 공제항변을 후소에서 주장하는 것이 기판력에 반하는지 10점

1. 판결 이유 중 판단에 대한 구속력 인정 여부

　　이에 대하여 판결 이유 중 판단에 구속력을 인정하는 쟁점효 이론이 있으나, 통설은 중간확인의 소를 따로 규정하고 있다는 것을 들어 판결 이유 중의 판단에 구속력을 부정하고 있다.

　　판례 역시 "확정판결은 주문에 포함한 것에 한하여 기판력이 있는 것이므로 확정판결의 기판력은 소송물로 주장된 법률관계의 존부에 관한 판단의 결론 자체에만 미치고 그 전제가 되는 법률관계의 존부에까지 미치지는 않는다"고 판시167)하였다.

2. 전소에서 주장하지 않았던 공제항변에 대하여 후소의 연체차임지급 청구가 전소의 기판력에 저촉되는지 여부

　　판례는 "임대차보증금의 수액 자체를 다투는 것은 허용되지 아니한다 하더라도, 임대차보증금 반환청구권 행사의 전제가 되는 연체차임 등 피담보채무의 부존재에 대하여 기판력이 작용하는 것은 아니다."라고 판시168)하였다.

3. 사안의 경우

　　乙이 전의 소송에서 기판력이 생기는 부분은 乙이 지급해야 할 보증금의 액수 부분이고, 연체차임을 보증금에서 공제되어야 한다는 항변을 하지 않은 것은 판결의 이유부분에 해당하여 기판력에 저촉되지 않는다. 乙은 후소로 연체차임 3천만 원을 구하는 청구를 할 수 있다.

---

167) 대판 1979.2.12. 78다58
168) 대판 2001.2.9. 2000다61398

Ⅳ. 전소의 일부청구의 경우 기판력이 미치는 범위 10점

1. 일부만 청구한 경우 소송물이 무엇인지

채권자가 채권의 일부만 청구한 경우에 채권의 소송물의 범위가 어떻게 되는지에 대하여 ① 일부청구만이 독립하여 독립의 소송물로 된다는 일부청구 긍정설 ② 일부만 청구하였다고 하더라도 전체가 소송물이라는 일부청구 부정설 ③ 당사자의 의사를 중시하여, 당사자가 청구의 일부임을 명시하여 소송을 제기한 경우는 일부청구로 보아 후소에서 잔부청구가 가능하다는 명시설이 있다.

판례는 가분채권의 일부에 대한 이행청구의 소를 제기하면서 나머지를 유보하고 일부만을 청구한다는 취지를 명시하면 그 확정판결의 기판력은 청구하고 남은 잔부청구에까지 미치는 않는다고 보아[169] 명시설의 입장이다.

2. 사안의 경우

乙이 연체차임이 5천만 원이라고 주장하면서 일단 3천만 원을 먼저 청구하는 것임을 청구원인에서 명시적으로 밝혔으므로 명시적 일부청구에 해당한다. 따라서 후소로 잔부청구 2천만 원의 이행을 청구하는 것은 기판력에 저촉되지 않아 적법하다.

Ⅴ. 결론 2점

기판력의 객관적 범위가 문제되는 사안이나, 전소에서 주장하지 않은 연체차임의 공제항변을 후소에서 주장하는 것은 기판력에 반하지 않는다. 乙이 주장하는 5천만 원의 연체차임 중 3천만 원만 명시하여 일부청구한 후 후소에서 나머지를 청구하는 것이 기판력에 반하지 않아 적법한 소이다.

---

[169] 대판 1993.6.25. 92다33008

083 허위주소송달에 의한 판결의 편취

2019년 제3차 법전협 <제1문3>

< 기초적 사실관계 >

A가 사망하자 A 명의의 X 토지를 乙(妻)과 丙(子, 27세)이 공동상속하여 그에 관한 상속등기를 마쳤다. 乙과 丙이 상속재산의 분배·관리 등과 관련하여 갈등을 겪던 중, 乙은 X 토지를 丙의 동의 없이 甲에게 매도하였다. 乙은 X 토지를 甲에게 매도할 당시 丙의 인감도장, 인감증명서, 위임장 등을 제시하지 않은 채 甲과 매매계약을 체결하였다(아래의 각 설문은 독립적임).

< 문제 >

2. 甲은 乙과 丙을 상대로 위 매매를 원인으로 한 소유권이전등기절차의 이행을 구하는 소를 제기하면서 乙과 통모하여 소장의 丙의 주소란에 乙의 주소를 기재하였고(乙과 丙의 주소는 다르다), 그후 乙은 丙에 대한 소송서류를 직접 송달받고도 그러한 사실을 丙에게 알려주지 아니하였다. 피고들은 법원이 지정한 변론기일에 출석하지 않았고, 법원은 甲의 청구를 인용하는 판결을 선고하였으며, 乙과 丙에 대한 판결정본은 2019. 7. 4. 乙에게 송달되었다. 乙은 2019. 7. 10. 교통사고로 사망하였고, 2019. 7. 29.경 乙의 유품을 정리하던 丙은 甲이 乙과 丙을 상대로 소유권이전등기청구의 소를 제기하여 승소한 사실을 알게 되었다. 丙은 乙과 丙에 대한 甲의 청구를 인용한 위 판결에 대하여 소송상 어떠한 조치를 취할 수 있는가? (25점)

I. 문제의 소재 [3점]

사안에서 ① 甲과 丙 사이의 소송에 대해서는 甲이 乙과 통모하여 허위주소로 판결을 송달받아 판결을 편취하였으므로, 허위주소송달에 의한 판결편취의 효력 및 구제방법이 문제되고, ② 甲과 乙 사이의 소송에 대해서는 乙이 항소기간 중 사망하였으므로, 乙의 상속인인 丙이 이를 수계할 수 있는지 여부 및 수계신청의 법원이 각 문제된다.

II. 甲과 丙 사이의 소송 [11점]

1. 허위주소송달 및 의제자백에 의한 판결의 편취의 효력

사안과 같이 당사자가 상대방이나 법원을 기망하여 부당한 내용의 판결을 받는 것을 판결의 편취라고 하고, 이렇게 취득한 판결을 사위판결 또는 편취판결이라고 한다.

민사소송법

제173조 [소송행위의 추후보완]
① 당사자가 책임질 수 없는 사유로 말미암아 불변기간을 지킬 수 없었던 경우에는 그 사유가 없어진 날부터 2주 이내에 게을리 한 소송행위를 보완할 수 있다. 다만, 그 사유가 없어질 당시 외국에 있던 당사자에 대하여는 이 기간을 30일로 한다.
② 제1항의 기간에 대하여는 제172조의 규정을 적용하지 아니한다.

제451조 [재심사유]
① 다음 각호 가운데 어느 하나에 해당하면 확정된 종국판결에 대하여 재심의 소를 제기할 수 있다. 다만, 당사자가 상소에 의하여 그 사유를 주장하였거나, 이를 알고도 주장하지 아니한 때에는 그러하지 아니하다.

2. 구제방법으로서 항소의 제기

피고의 구제방법과 관련하여 당연무효설은 편취판결은 피고의 재판 받을 권리가 보장되지 않아 당연무효이므로 소송법적 구제책이 불필요하거나 상소에 의한 방법으로 구제가 가능하다고 한다. 상소추후보완·재심설(유효설)은 송달은 유효하고 판결의 형식적 확정력이 발생하였으므로 판결도 유효하며, 상소추후보완(제173조)이나 재심(공시송달·허위주소송달에 의한 판결은 제451조 제1항 제11호, 나머지는 동항 제3호)에 의하여 구제될 수 있다고 한다. 항소설은 허위주소송달에 의한 판결의 경우 판결정본의 송달이 무효이므로 판결은 확정이 되지 않은 상태이므로 항소에 의하여 구제될 수 있다고 한다.

이와 관련하여 판례170)는 '<u>원고가 피고의 주소를 허위로 기재하여 소를 제기함으로써 그 허위주소로 소송서류가 송달되어 피고 아닌 원고가 그 서류를 받아 의제자백의 형식으로 원고승소의 제1심판결이 선고되고 그 판결정본 역시 허위의 주소로 보내어져 송달된 것으로 처리되었다면,</u> 제1심판결정본은 피고에게 적법하게 송달되었다고 할 수 없으므로 그 판결에 대한 항소기간은 진행을 개시하지 아니한다 할 것이어서 그 판결은 형식적으로 확정되었다고 할 수 없고, 따라서 소송행위추완의 문제는 나올 수 없고, <u>피고는 제1심판결정본의 송달을 받지 않은 상태에 있다.</u>'고 판시하여 항소제기의 방법에 따라야 한다고 판시하였다.

위 판결에 따르면 甲의 丙에 대한 판결의 송달이 무효이므로, 丙은 언제든지 항소를 제기할 수 있다.

3. 구제방법으로서 별소의 제기

사안에서 甲의 丙에 대한 전소판결은 기판력이 없으므로, 전소 판결에 기한 외관을 제거하기 위하여 항소의 절차를 거치지 않고, 직접 등기의 말소를 구하는 별소를 제기할 수 있는지 여부가 문제되는데, 이와 관련하여 판례171)는 '제소자가 상대방의 주소를 허위로 기재함으로써 그 허위주소로 소송서류가 송달되어 그로 인하여 상대방 아닌 다른 사람이 그 서류를 받아 의제자백의 형식으로 제소자 승소의 판결이 선고되고 그 판결정본 역시 허위의 주소로 보내어져 송달된 것으로 처리된 경우에는 상대방에 대한 판결의 송달은 부적법하여 무효이므로 상대방은 아직도 판결정본의 송달을 받지 않은 상태에 있어 이에 대하여 상소를 제기할 수 있을 뿐만 아니라, <u>위 사위판결에 기하여 부동산에 관한 소유권이전등기나 말소등기가 경료된 경우에는 별소로서 그 등기의 말소를 구할 수도 있다.</u>'고 판시하여 별소제기에 의한 외관제거를 인정하고 있다.

---

170) 대판 1994.12.22. 94다45449
171) 대판 1995.5.9. 94다41010

Ⅲ. 甲과 乙 사이의 소송 11점

1. 소송절차의 중단

소송계속 중에 당사자가 사망한 경우 소송절차가 중단되지만(제233조 제1항 본문), 중단사유가 발생한 당사자에게 소송대리인이 선임되어 있는 때에는 소송절차가 중단되지 않고 속행된다(제238조).

사안에서 乙에게는 소송대리인이 선임되어 있지 않았으므로, 乙에 대한 소송절차는 중단되고, 중단으로 인하여 항소기간은 진행되지 않는다.

2. 소송절차의 수계 및 항소장의 제출법원

소송절차가 중단된 경우, 적법한 승계인은 소송절차의 수계를 신청할 수 있고, 이와 같은 수계신청은 상대방도 할 수 있다(제241조). 사안에서 乙에 대한 소송절차는 중단되어 있으므로, 丙은 소송수계를 신청하며 乙에 대한 소송을 수행할 수 있다. 그리고 항소장은 원심법원인 1심법원에 제출하여야 한다(제397조 제1항).

3. 수계신청법원

소송절차가 중단된 경우 소송이 계속되어 있는 법원에 소송수계를 신청하는 것이 원칙이나, 사안과 같이 판결선고 이후 상소기간 중 소송절차가 중단된 경우 수계신청서를 접수할 법원이 어디인지 문제된다.

이와 관련하여 민사소송법 제243조 제2항, 제397조 제1항, 제425조를 근거로 원심법원에 수계신청을 하여야 한다는 견해와 소송절차 중단사유의 발생 또는 중단의 효과를 간과하고 상소한 때에는 이의권의 포기·상실에 의해 그 하자가 치유되어 상소가 적법하게 될 수 있으므로 상소심에서도 소송수계는 할 수 있는 것으로 보는 견해가 대립하고 있으나, 판례172)는 '<u>소송절차가 중단된 상태에서 제기된 상소는 부적법한 것이지만, 상소심 법원에 수계신청을 하여 그 하자를 치유시킬 수 있다.</u>'고 판시하였다.

4. 소결

위와 같이 丙은 乙에 대한 소송을 수계하기 위하여, 1심 법원에 수계신청서와 항소장을 제출할 수도 있고, 1심 법원에 항소장을 제출한 뒤 항소심법원에 수계신청서를 제출할 수도 있다. 그리고 전단과 같이 수계신청서를 먼저 제출한 경우 소송절차를 다시 진행한 때부터 항소기간이 새로이 진행된다(제247조 제2항).

---

② 상속인은 상속포기를 할 수 있는 동안 소송절차를 수계하지 못한다.

제238조【소송대리인이 있는 경우의 제외】
소송대리인이 있는 경우에는 제233조 제1항, 제234조 내지 제237조의 규정을 적용하지 아니한다.

제241조【상대방의 수계신청권】
소송절차의 수계신청은 상대방도 할 수 있다.

제243조【수계신청에 대한 재판】
① 소송절차의 수계신청은 법원이 직권으로 조사하여 이유가 없다고 인정한 때에는 결정으로 기각하여야 한다.
② 재판이 송달된 뒤에 중단된 소송절차의 수계에 대하여는 그 재판을 한 법원이 결정하여야 한다.

제247조【소송절차 정지의 효과】
① 판결의 선고는 소송절차가 중단된 중에도 할 수 있다.
② 소송절차의 중단 또는 중지는 기간의 진행을 정지시키며, 소송절차의 수계사실을 통지한 때 또는 소송절차를 다시 진행한 때부터 전체기간이 새로이 진행된다.

제397조【항소의 방식, 항소장의 기재사항】
① 항소는 항소장을 제1심 법원에 제출함으로써 한다.
② 항소장에는 다음 각호의 사항을 적어야 한다.
  1. 당사자와 법정대리인
  2. 제1심 판결의 표시와 그 판결에 대한 항소의 취지

제425조【항소심절차의 준용】
상고와 상고심의 소송절차에는 특별한 규정이 없으면 제1장의 규정을 준용한다.

---

172) 대판 1996.2.9. 94다61649

084 허위공시송달에 의한 판결의 편취

2021년 제1차 법전협 <제1문2>

乙은 丙에게 4,000만 원을 대여하여 주고 이를 돌려받지 못하고 있다. 이에 乙은 위 채권을 甲에게 양도하였고, 그 후 甲은 丙을 상대로 양수금청구의 소(전소)를 제기하여 2008. 6. 4. 전부승소판결을 받았고 이 판결은 같은 달 20. 확정되었다. 판결 확정 후에도 丙으로부터 전혀 변제를 받지 못한 甲은 2018. 5. 25. 채권 소멸시효중단을 위해 다시 丙을 상대로 위 양수금의 지급을 구하는 소(후소)를 제기하였다. (아래의 각 문제는 독립적임)

乙은 甲을 상대로 甲 소유의 토지에 관한 소유권이전등기청구의 소를 제기하였다. 이 소송에서 乙은 甲의 주소를 알고 있음에도 불구하고 甲이 마치 행방불명된 자인 것처럼 허위의 주소를 기재하여 재판장으로부터 공시송달명령을 받아 낸 다음, 제3자로 하여금 자신이 甲 소유의 토지를 매수한 것이라는 취지의 허위 증언을 하게 함과 아울러 위조된 매매계약서 등을 증거로 제출하여 승소판결을 받았다. 그 후 이 판결은 재판장의 명에 따른 공시송달의 방법에 의하여 확정되었고 乙은 자신의 명의로 소유권이전등기를 마쳤다. 그 후 위와 같은 사실을 알게 된 甲은 乙을 상대로 하여 위 토지에 관한 소유권이전등기가 원인무효임을 이유로 말소등기절차의 이행을 구하는 소를 제기하였다.

< 문제 >
1. 이 경우 법원은 어떤 판결을 하여야 하는가? (15점)

I. 문제의 소재

사안에서는 ① 공시송달에 의한 편취판결의 효력과 이를 다투는 방법 및 ② 전소 기판력이 후소에 미치는지 여부가 문제된다.

II. 공시송달에 의한 편취판결의 효력 [5점]

1. 공시송달에 의한 편취판결의 효력

허위의 내용으로 공시송달을 받아 판결을 편취한 경우 송달이 무효이기 때문에 판결도 무효라는 견해와 일단 유효한 판결로 보는 견해가 대립하지만, 이와 관련하여 판례[173]는 '제1심 판결 정본이 공시송달 방법에 의하여 피고에게 송달되었다면 비록 피고의 주소가 허위이거나 그 요건에 미비가 있다 할지라도 그 송달은 유효한 것이므로 항소기간의 도과로 그 판결은 형식적으로 확정되어 기판력이 발생한다.'고 판시하여 공시송달에 의한 편취판결의 경우에는 그 판결정본의 송달이 유효하다는 입장이다.

위 판결에 따르면, 乙의 甲을 상대로 한 소유권이전등기청구의 소는 공시송달의 방법에 의하여 확정되었으므로, 판결의 송달은 유효하고 따라서 기판력이 발생한다.

---
173) 대판 1994.10.21. 94다27922

2. 구제방법

위와 같은 허위공시송달에 의한 판결편취의 경우 판례174)는 통상의 상소는 제기할 수는 없으나, 재심(제451조 제1항 제11호)이나 추후보완상소(제173조)가 가능하다고 판단하였다. 추후보완 상소의 경우 판결절차가 공시송달을 통해 진행되었다는 사실을 안 날로부터 2주 이내에 가능하고, 재심의 경우 민사소송법 제456조 제3항, 제4항 소정의 제소기간을 지켜야 하는데 위 제소기간은 불변기간이 아니기 때문에 그 기간이 도과된 경우 추완에 의한 재심의 소제기는 허용되지 않는다. 위 두 가지 구제방법은 택일적 관계이다.

Ⅲ. 甲의 乙에 대한 후소 소유권이전등기 말소등기청구의 기판력 저촉 여부 10점

1. 전소 기판력의 범위

전소 변론 종결일 기준 乙의 甲에 대한 매매를 원인으로 한 소유권이전등기청구권이 존재한다는 점에 대하여 기판력이 발생한다.

2. 甲의 후소 청구의 기판력의 저촉여부

전소 확정판결의 기판력은 ① 전소의 소송물과 후소의 소송물이 동일하거나, ② 선결관계에 있거나, ③ 모순관계에 있는 경우에 작용한다. 기판력의 본질에 관하여 모순금지설, 반복금지설의 견해가 대립하고 있으나, 판례는 모순금지설의 입장이다.

위 판결에 따르면, 甲은 공시송달에 의한 편취판결의 구제방법으로 다투지 않고, 전소에 확정된 법률관계와 모순되는 반대관계를 후소에서 소송물로 주장하고 있는 것이어서 이는 기판력에 저촉되고, 따라서 법원은 甲의 청구를 기각하여야 한다.

---

174) 대판 2011.12.12. 2011다73540

민사소송법

제451조 【재심사유】
① 다음 각호 가운데 어느 하나에 해당하면 확정된 종국판결에 대하여 재심의 소를 제기할 수 있다. 다만, 당사자가 상소에 의하여 그 사유를 주장하였거나, 이를 알고도 주장하지 아니한 때에는 그러하지 아니하다.
11. 당사자가 상대방의 주소 또는 거소를 알고 있었음에도 있는 곳을 잘 모른다고 하거나 주소나 거소를 거짓으로 하여 소를 제기한 때

제173조 【소송행위의 추후보완】
① 당사자가 책임질 수 없는 사유로 말미암아 불변기간을 지킬 수 없었던 경우에는 그 사유가 없어진 날부터 2주 이내에 게을리 한 소송행위를 보완할 수 있다. 다만, 그 사유가 없어질 당시 외국에 있던 당사자에 대하여는 이 기간을 30일로 한다.
② 제1항의 기간에 대하여는 제172조의 규정을 적용하지 아니한다.

제456조 【재심제기의 기간】
① 재심의 소는 당사자가 판결이 확정된 뒤 재심의 사유를 안 날부터 30일 이내에 제기하여야 한다.
② 제1항의 기간은 불변기간으로 한다.
③ 판결이 확정된 뒤 5년이 지난 때에는 재심의 소를 제기하지 못한다.
④ 재심의 사유가 판결이 확정된 뒤에 생긴 때에는 제3항의 기간은 그 사유가 발생한 날부터 계산한다.

085 진정명의회복을 원인으로 한 소유권이전등기청구와 기판력

乙은 丙에게 4,000만 원을 대여하여 주고 이를 돌려받지 못하고 있다. 이에 乙은 위 채권을 甲에게 양도하였고, 그 후 甲은 丙을 상대로 양수금청구의 소(전소)를 제기하여 2008. 6. 4. 전부승소판결을 받았고 이 판결은 같은 달 20. 확정되었다. 판결 확정 후에도 丙으로부터 전혀 변제를 받지 못한 甲은 2018. 5. 25. 채권 소멸시효중단을 위해 다시 丙을 상대로 위 양수금의 지급을 구하는 소(후소)를 제기하였다. (아래의 각 문제는 독립적임)

乙은 甲을 상대로 甲 소유의 토지에 관한 소유권이전등기청구의 소를 제기하였다. 이 소송에서 乙은 甲의 주소를 알고 있음에도 불구하고 甲이 마치 행방불명된 자인 것처럼 허위의 주소를 기재하여 재판장으로부터 공시송달명령을 받아 낸 다음, 제3자로 하여금 자신이 甲 소유의 토지를 매수한 것이라는 취지의 허위 증언을 하게 함과 아울러 위조된 매매계약서 등을 증거로 제출하여 승소판결을 받았다. 그 후 이 판결은 재판장의 명에 따른 공시송달의 방법에 의하여 확정되었고 乙은 자신의 명의로 소유권이전등기를 마쳤다. 그 후 위와 같은 사실을 알게 된 甲은 乙을 상대로 하여 위 토지에 관한 소유권이전등기가 원인무효임을 이유로 말소등기절차의 이행을 구하는 소를 제기하였다.

< 문제 >
2. 만약 甲이 위 소유권이전등기 말소등기청구소송에서 패소 확정된 후, 다시 乙을 상대로 위 토지에 관한 진정명의회복을 원인으로 한 소유권이전등기청구의 소를 제기하였다면, 법원은 어떤 판결을 하여야 하는가? (10점)

I. 문제의 소재

사안에서는 ① 진정명의회복을 원인으로 한 소유권이전등기청구의 소의 법적 성격 및 ② 소송물이 동일한 경우 후소 법원의 판단이 각 문제된다.

II. 진정명의회복을 원인으로 한 소유권이전등기청구의 소의 소송물 7점

이와 관련하여 판례175)는 '전소 소유권이전등기 말소등기청구소송에서 패소 확정된 자가 후소로써 진정한 등기명의회복을 원인으로 한 소유권이전등기청구를 한 경우 후소인 진정한 등기명의회복의 이전등기청구와 전소인 말소등기청구가 모두 진정한 소유자의 등기명의회복을 위한 것으로 그 목적이 같고 소유권에 기한 방해배제청구권으로서 법적 근거 내지 성질이 같아 결국 소송물이 실질상 동일하므로 후소는 전소의 기판력에 저촉되는 것'이라고 판시하였다.

III. 甲의 후소 청구의 기판력 저촉 여부 3점

판례에 따르면 진정명의회복을 원인으로 한 소유권이전등기청구와 패소확정된 소유권이전등기 말소등기청구는 소송물이 동일하고, 이는 패소 원고의 동일소송제기에 해당하여, 법원은 甲의 청구를 기각하는 판결을 선고하여야 한다.

---

175) 대판 2001.9.20. 99다37984

2020년 제9회 변호사시험 <제1문3>

086 기판력의 시적범위 (1)

< 기초적 사실관계 >

甲은 2008. 4. 1. 乙에게 1억 원을 변제기 2009. 3. 31.로 정하여 대여하였다.

※ 아래 각 문제는 서로 독립적임
※ 아래 문제에서 공휴일 여부는 고려하지 말 것

< 문제 >

2. 甲은 2012. 4. 1. 乙을 상대로 위 대여금 채권 1억 원의 지급을 청구하는 소를 제기하여 청구 인용 판결을 선고받아 위 판결이 확정되었다. 한편 乙에게는 甲에 대한 1억 원의 손해배상 채권이 있었고, 위 소송의 사실심 변론종결 당시 위 두 채권은 상계적상에 있었으며, 乙도 위 두 채권이 상계적상에 있음을 알고 있었다. 甲이 위 확정판결로 강제집행을 하려고 하자, 乙은 비로소 위 손해배상 채권으로 위 대여금 채권과 상계한다고 주장하면서 위 확정판결의 집행력을 배제하기 위한 청구이의의 소를 제기하였다. 乙의 상계 주장은 적법한 청구이의의 사유에 해당하는가? (15점)

3. 甲은 2012. 4. 1. 乙을 상대로 위 대여금 1억 원의 지급을 청구하는 소(전소)를 제기하였으나, 법원은 대여사실에 대한 증명이 부족하다는 이유로 2012. 6. 30. 변론을 종결하고 2012. 7. 14. 원고 청구 기각 판결을 선고하였으며, 위 판결은 2012. 8. 20. 확정되었다. 甲은 2012. 12. 1. 乙을 상대로 위 대여금에 대하여 2012. 7. 1.부터 다 갚는 날까지 연 5%의 비율로 계산한 지연손해금의 지급을 청구하는 소(후소)를 제기하였다. 후소에서의 증거조사 결과 위 대여사실이 증명되었다면 후소 법원은 어떠한 판결을 하여야 하는가? (소 각하 / 청구 기각 / 청구 인용) (20점)

문제 2. 15점

Ⅰ. 문제의 소재 2점

사안에서 ① 기판력의 시적범위와 관련하여 乙이 전소 판결 확정이후에 상계권을 행사할 수 있는지 여부, ② 이에 따라 청구이의의 소를 제기할 수 있는지 여부 및 ③ 후속조치로서의 집행정지의 가능성이 각 문제된다.

Ⅱ. 기판력의 차단효 3점

사실심 변론종결일이 기판력의 표준시가 되며, 따라서 전소의 사실심 변론종결일 이전에 발생한 공격방어방법을 후소에서 제출하여 전소에서 확정된 권리관계와 다른 판단을 구하는 것은 모두 차단되어 허용될 수 없다(제218조 및 민사집행법 제44조 제2항).

Ⅲ. 표준시 이후의 형성권의 행사의 가능성 [7점]

　　당사자가 소송상 주장할 수 있었던 실체법상의 형성권의 경우에도 차단효에 따라 형성권의 행사가 제한되는지 여부가 문제되는데, 이와 관련하여 ① 실체법상 형성권의 행사기간을 소송법이 단축시키는 결과가 되므로 모든 형성권이 실권되지 않는다는 비실권설, ② 취소권과 해제권은 실권되지만 상계권 및 건물매수청구권은 권리자의 선악불문 실권되지 않는다는 상계권 및 건물매수청구권 비실권설, ③ 상계권 및 건물매수청구권도 알고 행사하지 않은 경우에는 실권된다는 제한적 실권설, ④ 법적 안정성을 근거로 모든 형성권은 차단된다는 실권설 등의 견해의 대립이 있고, 판례176)는 '당사자 쌍방의 채무가 서로 상계적상에 있다 하더라도 그 자체만으로 상계로 인한 채무소멸의 효력이 생기는 것이 아니고, 상계의 의사표시를 기다려 비로소 상계로 인한 채무소멸의 효력이 생기는 것이므로, 채무자가 채무명의인 확정판결의 변론종결 전에 상대방에 대하여 상계적상에 있는 채권을 가지고 있었다 하더라도 채무명의인 확정판결의 변론종결 후에 이르러 비로소 상계의 의사표시를 한 때에는 민사소송법 제505조 제2항이 규정하는 이의원인이 변론종결 후에 생긴 때에 해당하는 것으로서, 당사자가 채무명의인 확정판결의 변론종결 전에 자동채권의 존재를 알았는가 몰랐는가에 관계없이 적법한 청구이의 사유로 된다'고 판시하여 상계권과 건물매수청구권은 차단효에 의하여 실권되지 않는다는 입장이다.

　　실체법상 당연히 인정되는 권리를 차단효에 의하여 무제한적으로 실권시키는 것은 불합리하므로 판례의 견해가 타당하고, 위 판례에 따르면 乙은 甲의 청구를 전부 인용하는 전소의 판결이 확정되었다고 하더라도, 이후 재판외에서 상계권을 행사할 수 있다.

Ⅳ. 청구이의의 소의 제기 및 강제집행정지 [3점]

　　乙이 전소의 판결확정이후에 상계권을 행사하게 되면 이는 변론종결이후 새로이 발생한 사유에 해당하고, 甲의 대여금은 소멸하게 되므로 청구이의의 소의 사유가 될 수 있으며(민사집행법 제44조), 청구이의의 소의 제기는 강제집행의 진행에 영향을 주지 않으므로, 乙은 대여금 판결에 대한 강제집행의 정지를 신청하여 자신의 권리를 보전할 수 있다(민사집행법 제46조).

---

176) 대판 1998.11.24. 98다25344

민사소송법
제218조 【기판력의 주관적 범위】
① 확정판결은 당사자, 변론을 종결한 뒤의 승계인(변론 없이 한 판결의 경우에는 판결을 선고한 뒤의 승계인) 또는 그를 위하여 청구의 목적물을 소지한 사람에 대하여 효력이 미친다.
② 제1항의 경우에 당사자가 변론을 종결할 때(변론 없이 한 판결의 경우에는 판결을 선고할 때)까지 승계사실을 진술하지 아니한 때에는 변론을 종결한 뒤(변론 없이 한 판결의 경우에는 판결을 선고한 뒤에) 승계한 것으로 추정한다.
③ 다른 사람을 위하여 원고나 피고가 된 사람에 대한 확정판결은 그 다른 사람에 대하여도 효력이 미친다.
④ 가집행의 선고에는 제1항 내지 제3항의 규정을 준용한다.

민사집행법
제44조 【청구에 관한 이의의 소】
① 채무자가 판결에 따라 확정된 청구에 관하여 이의하려면 제1심 판결법원에 청구에 관한 이의의 소를 제기하여야 한다.
② 제1항의 이의는 그 이유가 변론이 종결된 뒤(변론 없이 한 판결의 경우에는 판결이 선고된 뒤)에 생긴 것이어야 한다.
③ 이의이유가 여러 가지인 때에는 동시에 주장하여야 한다.

민사소송법
제505조 【청구에 관한 이의의 소】
<2002.1.26. 전부개정 전>
① 판결에 의하여 확정한 청구에 관한 채무자의 이의의 소는 제1심판결법원에 제기하여야 한다.
② 제1항의 이의는 그 원인이 변론종결 후에 생긴 때에 한하여 할 수 있다. 수개의 이의원인이 있는 때에는 동시에 주장하여야 한다.
<개정 1990·1·13>

민사집행법
제46조 【이의의 소와 잠정처분】
① 제44조 및 제45조의 이의의 소는 강제집행을 계속하여 진행하는 데에는 영향을 미치지 아니한다.

문제 3. `20점`

Ⅰ. 문제의 소재 `3점`

사안에서는 甲의 전소판결의 기판력의 객관적 범위 및 시적 범위가 어디까지인지 확정하여야 하고, 甲의 후소가 전소의 기판력에 저촉되는지 여부가 각 문제된다.

Ⅱ. 전소의 기판력의 객관적 범위 및 시적 범위 `7점`

기판력은 판결주문에 판단한 사항에 대해서만 미치는 것이 원칙이고(제216조), 사실심 변론종결일이 기판력의 표준시가 되며, 따라서 전소의 사실심 변론종결일 이전에 발생한 공격방어방법을 후소에서 제출하여 전소에서 확정된 권리관계와 다른 판단을 구하는 것은 모두 차단되어 허용될 수 없다(제218조 및 민사집행법 제44조 제2항).

사안에서 甲은 乙에게 대여금 1억 원의 지급을 구하는 소를 제기하여 패소 확정되었으므로, 전소의 기판력은 전소 변론종결인 기준 甲의 乙에 대한 대여금채권 없음에 대하여 미친다.

Ⅲ. 후소에 대한 법원의 판단 `10점`

사안에서는 종전 기각된 대여금에 대한 지연손해금이 동일한 소송물은 아니나 선결관계에 있어서 기판력이 미치는지 문제되는데, 이와 관련하여 판례[177]는 '확정판결의 기판력은 사실심의 최종변론종결 당시의 권리관계를 확정하는 것이므로, 원고의 청구 중 확정판결의 사실심 변론종결시 후의 이행지연으로 인한 손해배상(이자) 청구부분은 그 선결문제로서 확정판결에 저촉되는 금원에 대한 피고의 지급의무의 존재를 주장하게 되어 논리상 확정판결의 기판력의 효과를 받게 되는 것이라고 할 것이나 그외의 부분(변론종결당시까지의 분)의 청구는 확정판결의 기판력의 효과를 받지 않는다.'고 판시하여 변론종결 이전 부분은 기판력이 미치지 않고, 변론종결 이후 부분(정확하게 변론종결일 다음날부터)은 기판력이 미친다고 보고 있다.

위 판결에 따르면 전소의 변론종결일 다음날부터의 지연손해금에 대해서는 전소와 후소의 당사자가 동일하고, 전소판결에서 판단된 대여금채권의 존부가 후소에서 선결관계에 있으므로, 후소 법원은 대여금채권이 없다는 것을 전제로 하여 甲의 청구를 기각하여야 한다.

---

[177] 대판 1976.12.14. 76다1488

---

② 제1항의 이의를 주장한 사유가 법률상 정당한 이유가 있다고 인정되고, 사실에 대한 소명(疎明)이 있을 때에는 수소법원(受訴法院)은 당사자의 신청에 따라 판결이 있을 때까지 담보를 제공하게 하거나 담보를 제공하게 하지 아니하고 강제집행을 정지하도록 명할 수 있으며, 담보를 제공하게 하고 그 집행을 계속하도록 명하거나 실시한 집행처분을 취소하도록 명할 수 있다.
③ 제2항의 재판은 변론 없이 하며 급박한 경우에는 재판장이 할 수 있다.
④ 급박한 경우에는 집행법원이 제2항의 권한을 행사할 수 있다. 이 경우 집행법원은 상당한 기간 이내에 제2항에 따른 수소법원의 재판서를 제출하도록 명하여야 한다.
⑤ 제4항 후단의 기간을 넘긴 때에는 채권자의 신청에 따라 강제집행을 계속하여 진행한다.

민사소송법
제216조 [기판력의 객관적 범위]
① 확정판결은 주문에 포함된 것에 한하여 기판력을 가진다.
② 상계를 주장한 청구가 성립되는지 아닌지의 판단은 상계하자고 대항한 액수에 한하여 기판력을 가진다.

제218조 [기판력의 주관적 범위]
① 확정판결은 당사자, 변론을 종결한 뒤의 승계인(변론 없이 한 판결의 경우에는 판결을 선고한 뒤의 승계인) 또는 그를 위하여 청구의 목적물을 소지한 사람에 대하여 효력이 미친다.
② 제1항의 경우에 당사자가 변론을 종결할 때(변론 없이 한 판결의 경우에는 판결을 선고할 때)까지 승계사실을 진술하지 아니한 때에는 변론을 종결한 뒤(변론 없이 한 판결의 경우에는 판결을 선고한 뒤)에 승계한 것으로 추정한다.
③ 다른 사람을 위하여 원고나 피고가 된 사람에 대한 확정판결은 그 다른 사람에 대하여도 효력이 미친다.
④ 가집행의 선고에는 제1항 내지 제3항의 규정을 준용한다.

087 기판력의 시적범위 (2)

甲건설회사(이하 '甲회사'라고 함)는 2005. 1. 6. 乙법인과 공사대금 30억 원으로 하여 건물을 신축하는 도급계약을 체결하고 2006. 1. 6. 건물을 완공하였다. 그런데 乙법인이 공사대금을 지급하지 않고 있다. 이에 甲회사는 乙법인을 상대로 공사대금지급청구의 소(이하 '전소'라고 함)를 제기하였고 법원은 이에 대하여 30억 원의 지급을 명하는 판결을 선고하여 2007. 3. 10. 판결이 확정되었다.

< 문제 >

전소 판결이 확정된 후 乙법인이 위 30억 원의 공사대금을 지급하지 않았음에도 甲회사는 강제집행을 진행하지 아니하였다. 이후 甲회사는 2017. 3. 15. 乙법인을 상대로 전소와 동일한 이행청구의 소(이하 '후소'라고 함)를 제기하였다. 이에 乙법인은 '1) 후소가 전소 확정판결 채권의 시효중단을 위한 재소(再訴)이지만 시효완성 이후에 제기되었으므로 부적법하고, 2) 乙법인은 2017. 2. 10. 甲회사에 공사대금 30억 원을 모두 변제하여 더 이상 甲회사에 지급할 대금이 없다'고 주장하였고 변제사실은 증명되었다. 이때 후소 법원은 甲회사와 乙법인 사이의 채권이 乙법인의 변제로 소멸하였다고 본안판단을 할 수 있는가? (이자 및 지연손해금은 논하지 말 것) (15점)

Ⅰ. 문제의 소재 `3점`

사안에서는 후소법원이 전소 판결확정이후에 발생한 채권소멸사유에 대하여 실체심리를 할 수 있는지 여부가 문제된다.

Ⅱ. 후소법원의 실체심리 가능성 `12점`

이와 관련하여 판례[178]는 '시효중단을 위한 후소의 판결은 전소의 승소 확정판결의 내용에 저촉되어서는 아니 되므로, 후소 법원으로서는 그 확정된 권리를 주장할 수 있는 모든 요건이 구비되어 있는지에 관하여 다시 심리할 수 없으나, 위 후소 판결의 기판력은 후소의 변론종결시를 기준으로 발생하므로, 전소의 변론종결 후에 발생한 변제, 상계, 면제 등과 같은 채권소멸사유는 후소의 심리대상이 된다. 따라서 채무자인 피고는 후소 절차에서 위와 같은 사유를 들어 항변할 수 있고 심리 결과 그 주장이 인정되면 법원은 원고의 청구를 기각하여야 한다. 이는 채권의 소멸사유 중 하나인 소멸시효 완성의 경우에도 마찬가지이다. 시효중단을 위한 후소를 심리하는 법원으로서는 전소 판결이 확정된 후 소멸시효가 중단된 적이 있어 그 중단사유가 종료한 때로부터 새로이 진행된 소멸시효기간의 경과가 임박하지 않아 시효중단을 위한 재소의 이익을 인정할 수 없다는 등의 특별한 사정이 없는 한, 후소가 전소 판결이 확정된 후 10년이 지나 제기되었다 하더라도 곧바로 소의 이익이 없다고 하여 소를 각하해서는 아니 되고, 채무자인 피고의 항변에 따라 원고의 채권이 소멸시효 완성으로 소멸하였는지에 관한 본안판단을 하여야 한다.'고 판시하였다.

위 판결에 따라 사안을 보면, 후소는 원칙적으로 전소 확정일로부터 10년이 도과하여 제기되었으나, 전소 변론종결일 이후 변제라는 사정변경이 발생하였고, 피고 乙 법인이 이에 대하여 항변을 하고 있으므로, 후소법원은 본안판단을 하여야 한다.

---

[178] 대판 2019.1.17. 2018다24349

088 상계의 항변과 기판력의 객관적 범위(1)

2020년 제9회 변호사시험 <제1문1>

< 기초적 사실관계 >

甲은 乙로부터 X건물을 대금 1억 원에 매수하였다.

< 문제 >

1. 甲이 乙을 상대로 위 매매를 원인으로 한 소유권이전등기 청구의 소를 제기하였다. 乙은 甲으로부터 대금을 지급받을 때까지는 이전등기 청구에 응할 수 없다고 동시이행의 항변을 하였다. 甲은 乙에 대한 1억 원의 대여금 채권으로 乙의 대금 채권과 상계하겠다고 주장하였다. 법원은 대여사실에 대한 증명이 부족하다는 이유로 甲의 상계주장을 배척하여 '乙은 甲으로부터 1억 원을 지급받음과 동시에 甲에게 X건물에 관한 위 매매를 원인으로 한 소유권이전등기절차를 이행하라'는 취지의 청구 일부 인용 판결을 선고하였고 그 판결이 확정되었다. 그 후 甲이 乙을 상대로 위 대여금 1억 원의 지급을 청구하는 소를 제기하여 대여 및 변제기 도래 사실을 증명하였다면 법원은 어떠한 판결을 하여야 하는가? (소 각하 / 청구 기각 / 청구 인용) (20점)

I. 문제의 소재 2점

사안에서 피고 乙은 매매대금지급에 관한 동시이행의 항변을 하였고, 원고 甲은 별도의 대여금채권으로 상계의 재항변을 하였으며, 원고 甲의 상계의 재항변이 배척되며 그 판결이 확정되었다. 그럼에도 불구하고 甲이 다시 대여금을 청구하는 것이 전소의 기판력에 반하지 않는지 문제되는데, 구체적으로 ① 전소 판결의 기판력의 범위, ② 상계항변의 기판력의 인정 요건 ③ 확정판결의 쟁점효(증거효)가 문제된다.

Ⅱ. 전소 판결의 기판력의 범위 4점

확정판결의 기판력은 주문에 포함된 것 즉 소송물에 한하여 미치는 것이므로(제216조), 사안에서는 甲과 乙사이에 전소 변론종결일 기준 甲의 乙에 대한 X건물에 관하여 매매대금지급과 상환으로 소유권이전등기청구권 있음에 대하여 기판력이 발생한다.

민사소송법
제216조 【기판력의 객관적 범위】
① 확정판결은 주문에 포함된 것에 한하여 기판력을 가진다.
② 상계를 주장한 청구가 성립되는지 아닌지의 판단은 상계하자고 대항한 액수에 한하여 기판력을 가진다.

Ⅲ. 상계항변의 기판력의 인정요건 10점

상계항변의 기판력의 인정취지와 그 요건과 관련하여 판례[179]는 '민사소송법 제216조 제2항에서 판결 이유 중의 판단임에도 불구하고 상계 주장에 관한 법원의 판단에 기판력을 인정한 취지는, 만일 이에 대하여 기판력을 인정하지 않는다면, 원고의 청구권의 존부에 대한 분쟁이 나중에 다른 소송으로 제기되는 반대채권의 존부에 대한 분쟁으로 변형됨으로써 상계 주장의 상대방은 상계를 주장한 자가 그 반대채권을 이중으로 행사하는 것에 의하여 불이익을 입을 수 있게 될 뿐만 아니라 상계 주장에 대한 판단을 전제로 이루어진 원고의 청구권의 존부에 대한 전소의 판결이 결과적으로 무의미하게 될 우려가 있게 되므로, 이를 막기 위함이라고 보인다. 상계 주장에 관한 판단에 기판력이 인정되는 경우는, 상계 주장의 대상이 된 수동채권이 소송물로서 심판되는 소구채권이거나 그와 실질적으로 동일하다고 보이는 경우(가령 원고가 상계를 주장하면서 청구이의 소송을 제기하는 경우 등)로서 상계를 주장한 반대채권과 그 수동채권을 기판력의 관점에서 동일하게 취급하여야 할 필요성이 인정되는 경우를 말한다고 봄이 상당하므로 만일 상계 주장의 대상이 된 수동채권이 동시이행항변에 행사된 채권일 경우에는 그러한 상계 주장에 대한 판단에는 기판력이 발생하지 않는다고 보아야 할 것이다.'라고 판시하여, ① 자동채권의 존부에 관하여 실질적인 판단이 있었고, ② 수동채권이 소송물로서 심판의 대상이 되었을 것을 요구하고 있다(제216조 제2항).

위 판결에 따르면 전소의 소송물은 소유권이전등기청구권이고, 수동채권은 소송물이 아닌 동시이행항변에 행사된 채권에 불과하므로 기판력이 발생할 수 없다. 따라서 대여금의 지급을 구하는 甲의 후소는 전소의 기판력에 저촉되지 않는다.

---

[179] 대판 2005.7.22. 2004다17207

Ⅳ. 판결의 증거효(쟁점효) 4점

위와 같이 전소 판결의 기판력은 후소에 미치지 않는데, 이와 같은 기판력 이론을 무제한적으로 적용하게 되면 실체법적으로 모순저촉되는 판결이 발생하게 된다.

따라서 기판력이 아닌 전소 판결의 후소에 대한 구속력이 문제되는데, 이와 관련하여 학설은 쟁점효이론, 의미관련론, 경제적가치동일성론, 신의칙설 등이 대립하고 있으나 판례180)는 '민사재판에 있어서는 다른 민사사건 등의 판결에서 인정된 사실에 구속받는 것은 아니라 할지라도 이미 확정된 관련 민사사건에서 인정된 사실은 특별한 사정이 없는 한 유력한 증거가 된다고 할 것이므로 합리적인 이유설시 없이 이를 배척할 수 없고, 특히 전후 두 개의 민사소송이 당사자가 같고 분쟁의 기초가 된 사실도 같으나 다만 소송물이 달라 기판력에 저촉되지 아니한 결과 새로운 청구를 할 수 있는 경우에 있어서는 더욱 그러하다.'고 판시하여 증거효 또는 증명효를 인정하고 있지만, 또한 판례181)는 '위와 같은 경우에도 당해 민사소송에서 제출된 다른 증거 내용에 비추어 확정된 관련 민사사건 판결의 사실인정을 그대로 채용하기 어려운 경우에는 합리적인 이유를 설시하여 이를 배척할 수 있다.'고 판시하여 후소법원이 자유심증에 따라 판단할 수 있음을 인정하고 있다.

위 각 판결에 따르면 후소법원은, 후소가 전소의 기판력에 저촉되지 않고, 전소법원이 甲의 대여금을 인정할 수 없다는 판단을 하였다 하더라도, 후소에서 甲이 대여사실 및 변제기 도래사실을 주장·증명하였으므로 甲의 청구를 인용할 수 있다.

---

180) 대판 2009.9.24. 2008다92312
181) 대판 2018.8.30. 2016다46338,46345

089 상계의 항변과 기판력의 객관적 범위(2)

2022년 제2차 법전협 <제1문1>

> 甲은 乙로부터 X 건물을 대금 10억 원에 매수하였다. 계약 내용은 다음과 같다.
> "계약금 1억 원은 당일 지급하고, 중도금 및 잔금은 6개월마다 1억 원씩 9회에 걸쳐 분할 지급한다. 甲이 30일 이상 대금의 지급을 지체한 때에는 乙이 계약을 해제할 수 있다. 매매대금을 전액 지급하기 전이라도 甲은 乙의 승낙을 얻어 X 건물을 점유·사용할 수 있다. 甲의 귀책사유로 매매계약이 해제되는 경우 甲은 乙에게 지체 없이 X 건물을 인도하고 그 점유·사용기간에 대한 점유사용료를 지급한다."
>
> 이에 따라 甲이 乙의 승낙을 얻어 X 건물을 사용하였는데, 甲이 5회차 중도금을 2개월 연체하자 乙은 매매계약을 해제하고 甲을 상대로 X 건물의 인도를 구하는 소(이하 "전소")를 제기하였다. 甲은 '乙에게 지급한 계약금과 중도금 일부를 반환받음과 동시에 건물을 인도할 의무가 있다'는 내용의 동시이행항변을 하였다. 이에 대해 乙은 '甲으로부터 지급받아야 할 X 건물에 대한 점유사용료가 甲이 동시이행항변으로 주장한 계약금 및 중도금 반환채권액을 초과하였다'고 주장하면서 상계의 재항변을 하였다. 법원은 상계의 재항변을 인정하여 甲에게 무조건의 인도판결을 선고하였으며, 이 판결은 그대로 확정되었다.
>
> 이후 甲은 乙을 상대로 위 매매계약에 따라 기지급된 계약금 및 중도금의 일부인 2억 원의 반환을 구하는 소(이하 "후소")를 제기하였는데, 후소 법원은 '후소가 전소 판결의 기판력에 저촉된다'고 판단하여 甲의 청구를 기각하였다.
>
> < 문제 >
> 후소 법원의 판단은 적법한가? (15점)

Ⅰ. 문제의 소재

상계의 항변에 기판력이 인정되기 위한 요건이 문제된다.

Ⅱ. 상계의 항변과 기판력의 객관적 범위 4점

1. 원칙 2점

기판력은 판결 주문에 포함된 것에 한하여 발생하는 것이 원칙이므로, 판결이유에서 판단되는 피고의 항변에 대해서는 기판력이 발생하지 않는다.

2. 예외 2점

　민사소송법 제216조 제2항은 예외적으로 상계를 주장한 청구의 성립에 관한 판단은 판결이유에 포함된 판단임에도 상계로 대항한 액수에 한하여 기판력을 가진다고 규정하고 있다. 이는 분쟁의 1회적 해결의 요청상 판결이유에서 판단된 상계의 주장에 관하여 기판력을 인정하고 있는 것이다.

Ⅲ. 상계의 재항변과 기판력 7점

1. 판례[182] 6점

　상계 주장에 관한 판단에 기판력이 인정되는 경우는, 상계 주장의 대상이 된 수동채권이 소송물로서 심판되는 소구채권이거나 그와 실질적으로 동일하다고 보이는 경우이어야 하는데, 설문과 유사한 사안에서 대법원은 그러한 상계 주장에 대한 판단에 기판력이 발생한다고 보게되면 그 동시이행항변에 행사된 채권을 나중에 소송상 행사할 수 없게 되어 민사소송법 제216조가 예정하고 있는 것과 달리 동시이행항변에 행사된 채권의 존부나 범위에 관한 판결 이유 중의 판단에 기판력이 미치는 결과에 이르기 때문에 기판력이 발생하지 않는다고 본다.

2. 소결 1점

　상계가 피고의 동시이행항변에 행사된 채권을 수동채권으로 하여 재항변으로 주장된 경우에 그 판단에는 기판력이 인정되지 않는다.

Ⅳ. 사안의 경우 2점

　설문에서 수동채권은 甲이 동시이행항변에 행사한 乙에 대한 계약금 및 중도금 반환청구권이다. 이는 상계의 대상이 되는 소구채권이 아니므로 乙이 甲으로부터 지급받아야 할 X 건물에 대한 점유사용료가 甲이 동시이행항변으로 주장한 계약금 및 중도금 반환채권액을 초과하였다고 진술하면서 상계의 재항변을 제출하였고 이에 대하여 전소 법원이 판결이유에서 판단하였다고 하더라도 기판력이 발생하지 않는다. 따라서 후소 법원의 판단에는 판결에 영향을 미치는 위법이 있다.

Ⅴ. 결론 2점

　후소 법원의 판단은 상계항변과 기판력의 객관적 범위에 대해 잘못 이해한 것으로 부적법하다.

---

182) 대판 2005.7.22. 2004다17207

090 변론종결 후 승계인에 해당하는지 여부

2019년 제8회 변호사시험 <제1문3>

< 기초적 사실관계 >

甲종중의 대표자 乙은 2018. 5.경 일부 종원들이 乙 몰래 甲종중 소유의 X토지를 종원 丙에게 매도하고 관련서류를 위조하여 소유권이전등기를 마쳐 준 사실을 알게 되어 甲종중을 원고로 하여 丙을 상대로 X토지에 관한 소유권이전등기말소청구의 소를 제기하였다.

< 추가적 사실관계 >

제1심에서 甲종중의 청구를 인용하는 판결이 선고되어 확정되었다. 이에 甲종중이 丙의 소유권이전등기를 말소하기 위하여 새로운 등기부등본을 발급받아 보고, 丙이 丁에게 위 소송의 변론종결 전에 소유권이전등기를 마쳐 주었으며, 다시 丁이 戊에게 위 소송의 변론종결 후에 소유권이전등기를 마쳐 준 사실을 비로소 알게 되었다.

< 문제 >

3. 위 판결의 효력이 丁과 戊에게 미치는지 여부와 甲종중이 丁과 戊 명의의 각 소유권이전등기를 말소할 수 있는 방법을 서술하시오. (15점)

I. 문제의 소재 3점

사안에서는 ① 戊가 변론종결 후 승계인에 해당하는지 여부, ② 丁이 변론종결 전 승계인에 해당하는지 여부, ③ 각 변론종결 전후의 승계인에 해당하지 않는다면 丁 및 戊에 대한 별소제기의 가능성이 문제된다.

Ⅱ. 변론종결 후 승계인의 범위 2점

이와 관련하여 학설은 원고의 청구권이 물권적 청구권인 경우에 한해서만 피고의 지위를 승계한 자를 변론종결후의 승계인으로 보는 견해와 물권적 청구권과 채권적 청구권을 구별하지 않고 등기나 점유, 등기승계인은 일률적으로 변론종결후의 승계인으로 보는 견해가 대립하고 있으나, 판례[183]는 소송물의 승계인을 당연히 포함하는 전제에서 적격승계인의 범위와 관련하여 '건물명도소송에서의 소송물인 청구가 물권적 청구 등과 같이 대세적인 효력을 가진 경우에는 그 판결의 기판력이나 집행력이 변론종결 후에 그 재판의 피고로부터 그 건물의 점유를 취득한 자에게도 미치나, 그 청구가 대인적인 효력밖에 없는 채권적 청구만에 그친 때에는 위와 같은 점유승계인에게 위의 효력이 미치지 아니한다.'라고 판시하여 원고의 청구권이 물권적 청구권인 경우에 한하여 피고의 지위를 승계한 자를 변론종결후의 승계인으로 보고 있다(제218조 제1항).

한편 사안과 같이 변론종결 전 승계인으로부터 계쟁물을 양수한 자와 관련하여 판례[184]는 '확정판결의 피고측의 제1차 승계가 이미 그 변론종결 이전에 있었다면 비록 그 제2차 승계가 그 변론종결 이후에 있었다 할지라도 이 제2차 승계인은 이른바 「변론종결 후의 승계인」으로 볼 수 없다.'고 판시하여 승계집행문의 발급을 허용하지 않고 있다.

사안에서 戊는 민사소송법 제218조 제1항의 변론종결 후 승계인이 아니므로, 기판력이 미치지 않고, 따라서 승계집행문이 아닌 별소제기의 방법에 따라 그 등기를 말소하여야 한다.

민사소송법

제82조【승계인의 소송인수】
① 소송이 법원에 계속되어 있는 동안에 제3자가 소송목적인 권리 또는 의무의 전부나 일부를 승계한 때에는 법원은 당사자의 신청에 따라 그 제3자로 하여금 소송을 인수하게 할 수 있다.
② 법원은 제1항의 규정에 따른 결정을 할 때에는 당사자와 제3자를 심문하여야 한다.
③ 제1항의 소송인수의 경우에는 제80조의 규정 가운데 탈퇴 및 판결의 효력에 관한 것과, 제81조의 규정 가운데 참가의 효력에 관한 것을 준용한다.

제218조【기판력의 주관적 범위】
① 확정판결은 당사자, 변론을 종결한 뒤의 승계인(변론 없이 한 판결의 경우에는 판결을 선고한 뒤의 승계인) 또는 그를 위하여 청구의 목적물을 소지한 사람에 대하여 효력이 미친다.

---

[183] 대판 1991.1.15. 90다9964
[184] 대결 1967.2.23 67마55

Ⅲ. 변론종결 전 승계인의 범위 5점

또한 변론종결 전 승계인의 범위와 관련하여 판례는 당사자적격의 승계로 인한 특정승계에 대해서도 구소송물이론에 따라 원고의 소송물이 물권적 청구권인 경우에 한하여 인수승계를 인정하고 있으나, 말소등기청구소송 변론종결 전 등기를 인수한 제3자에 대해서는 판례185)는 "부동산소유권이전등기 청구소송 계속중 그 소송목적이 된 부동산에 대한 이전등기이행채무 자체를 승계함이 없이 단순히 같은 부동산에 대한 소유권이전등기(또는 근저당설정등기)가 제3자 앞으로 경료되었다 하여도 이는 '그 소송의 목적이 된 채무를 승계한 때'에 해당한다고 할 수 없으므로 위 제3자에 대하여 등기말소를 구하기 위한 소송의 인수는 허용되지 않는다."고 판시하여 변론종결 전 승계인 중 추가적 승계에 대해서는 인수승계를 허용하지 않고 있다(제82조).

사안에서 甲종중의 말소등기청구소송의 법적 성질은 물권적 청구권에 해당하고, 丁은 변론종결 전 등기를 승계하였으나, 소송의 목적이 된 채무를 승계한 자에는 해당하지 않으므로, 인수승계가 허용되는 변론종결 전 승계인에는 해당하지 않는다.186)

Ⅳ. 甲종중의 구제수단 5점

변론종결 전 승계인에 대해서는 변론종결 전이라면 인수승계 또는 참가승계가 가능하나, 丁은 기판력이 미치는 변론종결 후 승계인에 해당하지도 않고 인수승계가 가능한 변론종결 전 승계인도 아니므로 결국 甲종중은 丁에 대해서는 丁명의의 소유권이전등기의 말소를 구하는 별소를 제기하여야 한다.

한편, 戊도 승계집행문의 발급이 가능한 변론종결 후 승계인이 아니므로, 戊명의의 소유권이전등기의 말소를 구하는 별소를 제기하여야 한다.

---

185) 대결 1983.3.22 80마283
186) 丁이 민사소송법 제218조 제2항의 추정승계인에 해당하는지 여부가 문제될 수 있으나, 승계에 관한 진술여부를 불문하고 추정이 번복된다는 취지의 대판 2005.11.10 2005다34667을 고려할 때 추정승계인에 해당하지는 않을 것으로 생각된다.

091 추심금판결의 기판력

< 기초적 사실관계 >

甲은 2018. 2. 1. 乙로부터 주택 건축 공사를 도급받았다. 위 계약 시 甲은 乙과 공사대금은 4억 원으로 정하고 계약금 1억 원은 계약 당일에, 잔금 3억 원은 주택을 완공하여 인도 시에 지급받기로 합의하였고 계약금으로 1억 원을 지급받았다.

甲은 위 계약에 따라 주택 공사를 시작하여 2019. 1. 31. 완공하고 같은 날 乙에게 주택을 인도하였다.

[※ 이하의 추가적 사실관계 1, 2는 각각 독립적인 별개의 사실관계임. 기간 등과 관련하여 기재된 날짜가 공휴일인지는 고려하지 말 것]

< 추가적 사실관계 2 >

丙은 甲에 대하여 3억 원의 대여금채권을 가지고 있었는데 이를 집행채권으로 하여 2021. 2. 1. 甲의 乙에 대한 공사잔대금채권 3억 원에 대하여 압류 및 추심명령을 받았고, 다음 날 그 압류 및 추심명령이 甲과 乙에게 각각 송달되었다.

丁도 甲에 대하여 4억 원의 대여금채권을 가지고 있어 이를 집행채권으로 하여 2021. 3. 3. 마찬가지로 甲의 乙에 대한 공사잔대금채권 3억 원에 대하여 압류 및 추심명령을 받았고, 다음 날 그 압류 및 추심명령이 甲과 乙에게 각각 송달되었다.

丙은 2021. 4. 1. 추심명령에 근거하여 乙을 상대로 3억 원의 지급을 구하는 추심금청구의 소를 제기하였다. 소송절차에서 丙의 소송은 조정에 회부되었고, 그 조정절차에서 "1. 피고는 원고에게 2억 5천만 원을 지급한다. 2. 원고는 나머지 청구를 포기한다. 3. 소송비용 및 조정비용은 각자 부담한다."라는 조정을 갈음하는 결정이 있었으며 이 결정은 쌍방으로부터 이의신청이 없어 그대로 적법하게 확정되었다.

< 문제 >

2. 이후 丁이 乙을 상대로 추심금청구의 소를 제기할 경우, 위 조정을 갈음하는 결정의 효력이 丁이 제기한 추심금청구의 소에 미치는지를 판단하고 근거를 서술하시오. (15점)

[참고 법령]

「민사조정법」

제30조(조정을 갈음하는 결정) 조정담당판사는 합의가 성립되지 아니한 사건 또는 당사자 사이에 성립된 합의의 내용이 적당하지 아니하다고 인정한 사건에 관하여 직권으로 당사자의 이익이나 그 밖의 모든 사정을 고려하여 신청인의 신청 취지에 반하지 아니하는 한도에서 사건의 공평한 해결을 위한 결정을 할 수 있다.

제34조(이의신청) ① 제30조 또는 제32조의 결정에 대하여 당사자는 그 조서의 정본이 송달된 날부터 2주일 이내에 이의를 신청할 수 있다. 다만, 조서의 정본이 송달되기 전에도 이의를 신청할 수 있다.

② ~ ③ (생략)

④ 다음 각 호의 어느 하나에 해당하는 경우에는 제30조 및 제32조에 따른 결정은 재판상의 화해와 동일한 효력이 있다.

1. 제1항에 따른 기간 내에 이의신청이 없는 경우

2. ~ 3. (생략)

⑤ 제1항의 기간은 불변기간으로 한다.

Ⅰ. 문제의 소재 1점

사안에서는 추심채권자 1인의 피압류채권에 대한 판결 또는 화해권고결정이 다른 추심채권자에게도 그 효력이 미치는지 여부가 문제된다.

Ⅱ. 추심금소송의 소송물 2점

추심채권자들이 제기하는 추심금소송의 소송물은 채무자의 제3채무자에 대한 피압류채권의 존부로서 원칙적으로 동일하다.

Ⅲ. 추심채권자 1인에 대한 판결 또는 화해권고결정의 효력 12점

이와 관련하여 판례는[187] '추심금소송에서 추심채권자가 제3채무자와 '피압류채권 중 일부 금액을 지급하고 나머지 청구를 포기한다.'는 내용의 재판상 화해를 한 경우 '나머지 청구 포기 부분'은 추심채권자가 적법하게 포기할 수 있는 자신의 '추심권'에 관한 것으로서 제3채무자에게 더 이상 추심권을 행사하지 않고 소송을 종료하겠다는 의미로 보아야 한다. 이와 달리 추심채권자가 나머지 청구를 포기한다는 표현을 사용하였다고 하더라도 이를 애초에 자신에게 처분 권한이 없는 '피압류채권' 자체를 포기한 것으로 볼 수는 없다. 따라서 위와 같은 재판상 화해의 효력은 별도의 추심명령을 기초로 추심권을 행사하는 다른 채권자에게 미치지 않는다. 동일한 채권에 대해 복수의 채권자들이 압류·추심명령을 받은 경우 어느 한 채권자가 제기한 추심금소송에서 확정된 판결의 기판력은 그 소송의 변론종결일 이전에 압류·추심명령을 받았던 다른 추심채권자에게 미치지 않는다.'라고 판시하였다.

위 판결에 따르면 丁은 조정 결정이 확정되기 전에 적법하게 압류·추심명령을 받은 자로써 丙과 乙 사이에 확정된 조정결정의 효력은 丁이 제기한 추심의 소에 미치지 않는다.

---

187) 대판 2020.10.29. 2016다35390

092 계약이 무효인 경우 실체법적으로 무효인 전소판결의 기판력

2015년 제4회 변호사시험 <제1문1>

< 기초적 사실관계 >

B는 2002. 1. 1. 주택을 신축할 목적으로 C로부터 X토지를 매매대금 10억 원에 매수하면서, 소유권이전등기는 추후 B가 요구하는 때에 마쳐주기로 하였다. B는 2002. 4. 5. 매매대금 전액을 지급하고 C로부터 X토지를 인도받았다.

B는 그 무렵 이후 C에게 X토지에 관한 소유권이전등기절차의 이행을 요구하였는데, C는 X토지를 매도할 당시보다 시가가 2배 이상 상승하였다고 주장하면서 매매대금으로 10억 원을 더 주지 않으면 B에게 소유권이전등기를 마쳐줄 수 없다고 하였다.

B는 C에게 수차례 소유권이전등기절차의 이행을 구하다가 2009. 12. 4. A에게 X토지를 25억 원에 매도하였다.

< 추가적 사실관계 >

한편 X토지 바로 옆에 있는 Y토지에서 중고차매매업을 하던 E는, 위와 같이 C가 B에게 X토지를 매도하였다는 사실을 잘 알면서도 C의 배임적 처분행위에 적극 가담하여 2012. 3. 5. C와 X토지를 매수하는 계약을 체결하고, 그 매매계약서를 근거로 2012. 7. 28. C를 상대로 법원에 X토지에 관하여 2012. 3. 5.자 매매를 원인으로 한 소유권이전등기절차 이행을 구하는 소를 제기하여 2012. 9. 1. 무변론 승소판결을 선고받고 위 판결이 확정되자, 위 판결에 기하여 2012. 11. 25. X토지에 관하여 E 명의로 소유권이전등기를 마쳤다.

그 후 E는 2013. 9. 8. X토지 위에 컨테이너를 설치하여 이를 사무실로 사용하는 한편, X토지 전부를 위 컨테이너 부지 및 주차장 용도로 사용하고 있다.

A는 2014. 7. 10. X토지에 관한 소유권이전등기청구권을 보전하기 위하여 법원에 E를 상대로 B와 C를 대위하여, ① E 앞으로 마쳐진 2012. 11. 25.자 소유권이전등기가 반사회적인 법률행위에 기한 원인무효의 등기라는 이유로 말소를 구하는 한편, ② E가 무단으로 X토지 위에 설치한 컨테이너의 철거와 X토지의 인도를 구하는 소를 제기하였다.

재판과정에서, E는 확정판결에 따라 적법하게 X토지에 관한 소유권이전등기를 마쳤으므로 A의 청구는 모두 부당하다고 주장하였다.

< 문제 >

3. 이 경우 법원은 어떠한 판단을 하여야 하며, 그 이유는 무엇인가? (30점)

Ⅰ. 문제의 소재 2점

C와 E의 매매계약이 무효인 경우에도 실체법적으로 무효인 전소판결이 기판력을 갖는지 문제된다.

> **민법**
> **제103조 [반사회질서의 법률행위]**
> 선량한 풍속 기타 사회질서에 위반한 사항을 내용으로 하는 법률행위는 무효로 한다.

Ⅱ. C와 E의 매매계약의 효력 3점

이중매매의 경우 제1매수인이 아직 등기를 갖추기 전에 제2매수인이 등기를 마치더라도 계약자유의 원칙에 비추어 유효함이 원칙이다. 그러나 제2매수인이 매도인의 배임행위에 적극 가담한 경우에는 민법 제103조에 위반되어 무효이다.

사안에서 E는 C가 B에게 토지를 매도한 사실을 알면서도 C의 이중매매에 적극 가담하여 제2매매계약을 체결하였으므로 민법 제103조에 위반되어 무효이다.

Ⅲ. 확정판결의 기판력 25점

1. 전소 확정판결의 기판력 범위

전소인 E의 승소판결은 실체법적으로 반사회질서행위로 무효인데 이 경우에도 기판력을 갖는지 문제된다. 판례는 "부동산 소유 명의자에 대하여 소유권이전등기청구권 또는 소유권이전등기말소등기청구권을 가지는 자가 아직 그 등기를 경료하지 않고 있는 사이에 위 부동산 소유 명의자가 제3자와 그 부동산에 관한 소유권이전등기절차를 이행하기로 하는 제소전화해를 하고 그 화해조서에 의하여 위 제3자 앞으로 소유권이전등기가 경료된 경우에는 그 화해조서가 당연무효이거나 준재심절차에 의하여 취소되지 않는 한 종전의 소유 명의자에 대하여 위 등기청구권을 가지는 자가 이를 보전하기 위하여 그를 대위하여 위 제3자 명의의 위 소유권이전등기가 원인무효임을 이유로 말소를 구하는 것은 화해조서의 기판력에 저촉되어 부적법하고, 나아가 위 제3자 명의의 위 소유권이전등기에 기하여 경료된 다른 등기의 말소를 구하는 것도 마찬가지로 부적법하다."라고 판시하여, 전소 판결이 당연무효이거나 취소되지 않는 한 기판력을 갖는다고 본다.[188]

따라서 이 사건 전소는 여전히 유효한 판결로서, E의 C에 대한 매매계약에 기한 소유권이전등기청구권이 있음에 대하여 기판력이 발생한다.

---

188) 대판 2000.7.6. 2000다11584

2. 채권자대위소송의 기판력

채권자가 채무자를 대위하여 제3자를 상대로 제기한 소송과 이미 판결확정이 되어 있는 채무자와 그 제3자 간의 기존 소송이 당사자만 다를 뿐 실질적으로 동일 내용의 소송이라면 위 확정판결의 효력이 채권자 대위권 행사에 의한 소송에 미친다.[189]

3. 기판력의 작용

전소와 후소의 소송물이 동일하거나, 전소와 후소의 판단이 모순 관계에 있거나, 전소의 소송물에 대한 판단이 후소의 선결문제가 되는 경우에는 전소의 기판력이 후소에 작용한다.

한편 기판력의 본질에 관하여 모순금지설과 반복금지설이 있는데, 판례는 전소에서 패소판결을 받은 때에 원고가 신소를 제기하면 전의 판결내용과 모순되는 판단을 하여서는 안되는 구속력 때문에 청구기각의 판결을 하여야 한다는 모순금지설의 입장이다.

4. A의 채권자대위에 기한 E 명의의 2012. 11. 25.자 소유권이전등기의 말소청구

가. 기판력의 작용

기판력이라 함은 확정된 종국판결의 내용이 가지는 후소에 대한 구속력을 의미하는데, 구체적으로 ① 전소의 소송물과 후소의 소송물이 동일한 경우, ② 전소의 판단과 후소의 판단이 서로 모순관계에 있는 경우, ③ 전소의 소송물에 관한 판단이 후소의 선결문제가 되는 경우 후소에서 전소의 판단과 다른 주장을 하는 것은 허용되지 않는 것을 의미한다. 그리고 후소가 전소의 기판력에 저촉되는 경우 법원은 승소한 원고가 동일한 소송을 제기하는 경우를 제외하고는 청구기각의 판결을 선고하여야 한다.

나. 모순관계인지 여부

위와 같이 전소의 소송물은 'E의 C에 대한 매매계약에 따른 소유권이전등기청구권이 있음'이고 후소의 소송물은 'C의 E에 대한 말소등기청구권이 있음'인데, 이와 관련하여 판례[190]는 '제3자가 부동산의 소유자를 상대로 소유권이전등기절차 이행의 확정판결을 받아 소유권이전등기를 경료한 경우, 종전의 소유권이전등기청구권을 가지는 자가 부동산의 소유자를 대위하여 제3자 명의의 소유권이전등기가 원인무효임을 내세워 그 등기의 말소를 구하는 것은 확정판결의 기판력에 저촉되므로 허용될 수 없다.'고 판시하여 전소와 후소의 소송물이 동일하지는 않지만 후소의 판단이 전소의 판단과 모순관계에 있어 기판력에 저촉된다고 하였다.

위 판결의 취지에 비추어 사안을 보면, 전소와 후소는 정면으로 모순되는 관계에 있으므로 A의 채권자대위권에 기한 후소는 전소의 기판력에 저촉된다. 따라서 법원은 청구기각의 판결을 선고하여야 한다.

---

189) 대판 1979.3.13. 76다688
190) 대판 1999.2.24. 97다46955

5. A의 채권자대위에 기한 컨테이너철거 및 X토지의 인도청구

사안에서 A는 후소로써 컨테이너철거 및 X토지의 인도청구를 구하고 있는데, 후소의 소송물은 C의 컨테이너철거 및 토지인도청구로써 즉, 소유권에 기한 물권적 청구권이다. 한편, 전소의 소송물은 E의 C에 대한 매매계약에 기한 소유권이전등기청구권이고, 승소판결의 확정으로 E의 C에 대한 매매계약에 기한 소유권이전등기청구권이 있음에 대하여 기판력이 발생하였다. 전소의 기판력이 E의 소유권의 존부에 대해서는 미치지 않지만, E는 부동산의 매수인으로서 매매목적물을 적법하게 점유·사용할 권리가 있으므로, 전소의 소송물은 A의 후소의 선결관계 내지 모순관계에 있게 된다. 따라서 A의 후소는 전소의 기판력에 저촉되므로 법원은 청구기각의 판결을 선고하여야 한다.

[위 사안과 사실관계가 동일한 판례를 찾을 수 없어 정답해설이라고 단언하기는 어려운 상황이다. 전소가 소유권확인청구의 승소판결인 경우에는 후소로써 건물철거나 토지인도를 구하는 것이 기판력에 저촉된다는 취지의 판결은 다수 확인할 수 있었으나, 전소가 소유권이전등기청구소송의 승소판결사안은 찾을 수 없었다. 한편, 전소가 소유권이전등기말소청구의 승소판결인 사안은 다수 확인할 수 있었으나, 판례가 이전등기청구소송과 말소등기청구소송은 엄격히 구별하여 소송물을 확정하고 있고, 특히 말소등기청구소송은 승소판결과 기각판결의 경우를 나누어 매우 독특한 근거를 제시하고 있기 때문에 말소등기청구소송의 승소판결의 사안(대판 2014.10.30. 2013다53939)은 이 사안에 원용하기에 적절하지 않을 것으로 생각된다.]

【참조판례: 甲이 乙에 대하여 전소에서 토지를 대물변제 받아 점유하기 시작하여 취득시효가 완성되었다는 사실을 그 이유로 하여 소유권이전등기절차이행을 구하였다가 배척되었음에도 불구하고 후소에서는 이를 증여받아 점유하기 시작하여 취득시효가 완성되었다고 주장하는 것은 전소의 소송물인 취득시효완성을 원인으로 한 소유권이전등기청구권의 존부에 관한 공격방법의 하나에 불과한 사실을 후소에서 다시 주장하는 것으로 이는 전소의 사실심 변론종결 전에 주장할 수 있었던 사유임이 명백할 뿐만 아니라, 후소에서 甲이 이러한 주장을 하는 것을 허용한다면 위 토지에 관한 취득시효완성을 이유로 하여 乙의 위 토지상의 건물철거청구를 거부할 수 있게 된다는 결론에 도달하게 되는 것이니, 甲의 위와 같은 주장은 전소판결의 소송물과 서로 모순관계에 있다고 하지 않을 수 없고, 따라서 전소판결의 기판력에 저촉되어 허용될 수 없다(대판 1995.3.24. 94다46114).】

본 페이지는 빈 페이지입니다.

제4편

병합소송과 상소심절차

2021년 제3차 법전협 <제1문5>

093 단순병합에서 이심 및 심판의 범위

甲은 乙을 상대로 소를 제기하면서 그 청구원인으로 ① 건물매매업무와 관련된 손해배상 10억 원 ② 부동산 임차업무와 관련된 손해배상 8억 원을 선택적 청구로 병합하여 청구하였다. (각 설문은 독립적임) (30점)

< 문제 >
2. 제1심 법원은 ① 건물매매업무와 관련된 손해배상청구에 대해서는 청구기각, ② 부동산 임차업무와 관련된 손해배상청구에 대해서는 5억 원을 인용하는 판결을 선고하였다. 이 판결에 대해 피고만 항소한 경우, 항소심 법원은 위 건물매매업무와 관련된 손해배상청구 부분에 대해 심리·판단할 수 있는가? (15점)

Ⅰ. 문제의 소재 2점

사안에서는 단순병합에 있어서 이심의 범위 및 심판의 범위가 각 문제된다.

Ⅱ. 이심의 범위 4점

판결은 항소기간 내에 적법한 상소제기가 있는 때에는 확정되지 않는다(제498조). 또한 상소제기로 인하여 그 소송사건이 상소심으로 이전하여 계속하게 된다. 상소불가분의 원칙에 따르면 이러한 확정차단 및 이심의 효력은 상소인의 불복신청의 범위와 관계없이 원심판결 전부에 대하여 생기게 된다.

사안에서 피고가 자신의 패소부분인 ② 청구에 대해서만 항소를 하였다고 하더라도, ① 청구도 상소불가분의 원칙에 따라 항소심으로 이심된다.

민사소송법

제415조【항소를 받아들이는 범위】
제1심 판결은 그 불복의 한도 안에서 바꿀 수 있다. 다만, 상계에 관한 주장을 인정한 때에는 그러하지 아니하다.

제498조【판결의 확정시기】
판결은 상소를 제기할 수 있는 기간 또는 그 기간 이내에 적법한 상소제기가 있을 때에는 확정되지 아니한다.

Ⅲ. 심판의 범위 9점

상소심의 심판범위는 상소인의 불복신청 범위에 한하며, 그 범위를 불이익하거나 이익되게 변경할 수 없다. 따라서 원심 전부에 대하여 이심의 효력이 발생하더라도 불이익변경금지원칙에 따르면 항소인이 불복한 부분만이 항소심의 심판대상이 된다(제415조).

이와 관련하여 판례191)도 '논리적으로 전혀 관계가 없어 순수하게 단순병합으로 구하여야 할 수개의 청구를 선택적 또는 예비적 청구로 병합하여 청구하는 것은 부적법하여 허용되지 않는다 할 것인바, 원고가 그와 같은 형태로 소를 제기한 경우 제1심법원이 그 모든 청구의 본안에 대하여 심리를 한 다음 그 중 하나의 청구만을 인용하고 나머지 청구를 기각하는 내용의 판결을 하였다면, 이는 법원이 위 청구의 병합관계를 본래의 성질에 맞게 단순병합으로서 판단한 것이라고 보아야 할 것이고, 따라서 피고만이 위 인용된 청구에 대하여 항소를 제기한 때에는 일단 단순병합관계에 있는 모든 청구가 전체적으로 항소심으로 이심되기는 하나 항소심의 심판범위는 이심된 청구 중 피고가 불복한 청구에 한정된다.'고 판시하였다.

사안에서 피고는 ① 청구에 대해서는 승소한 상태이고, ② 청구에 대해서는 일부 패소한 상태인데, 피고가 불복한 부분은 ② 청구에 한정되므로, 항소심법원은 피고가 전부승소한 ① 청구에 대해서는 심판을 할 수 없다.

---

191) 대판 2008.12.11. 2005다51471

094 예비적 병합에서 예비적 청구만 인용되고 피고만 항소한 경우 이심 및 심판의 범위(1)

< 기초적 사실관계 >

甲종중의 대표자 乙은 2018. 5.경 일부 종원들이 乙 몰래 甲종중 소유의 X토지를 종원 丙에게 매도하고 관련서류를 위조하여 소유권이전등기를 마쳐 준 사실을 알게 되어 甲종중을 원고로 하여 丙을 상대로 X토지에 관한 소유권이전등기말소청구의 소를 제기하였다.

< 추가적 사실관계 >

제1심 소송 계속 중 丙은 甲종중을 상대로 반소를 제기하면서 주위적으로 甲종중과의 매매계약이 유효하다면 X토지의 인도를 구하고, 예비적으로 위 매매계약이 무효라면 X토지 매매대금 상당의 부당이득금반환을 구하였다. 제1심은 위 매매계약이 무효라고 판단한 후 甲종중의 청구와 丙의 예비적 청구를 인용하였다. 이에 대하여 원고(반소피고)인 甲종중이 丙의 예비적 청구에 대하여 항소하였고, 丙은 패소부분에 대하여 항소 및 부대항소를 하지 않았다.

< 문제 >

2. 항소심에서 심리한 결과 甲종중과 丙의 매매계약이 유효라는 판단을 한 경우에 항소심은 丙의 주위적 청구를 인용할 수 있는가? (20점)

I. 문제의 소재 3점

사안에서는 ① 丙의 반소청구가 예비적 병합에 해당하는지 여부, ② 예비적 병합의 예비적 청구만 인용된 상태에서 피고만 항소한 경우 항소심의 이심의 범위 및 심판의 범위가 각 문제된다.

II. 예비적 병합에 해당하는지 여부 2점

사안에서 丙의 반소는 매매계약이 유효인 경우의 X토지의 인도청구와 매매계약이 무효인 경우의 매매대금의 반환을 구하는 청구의 병합이므로 이는 법률상 양립불가능한 청구에 해당한다. 따라서 丙의 반소청구는 청구의 예비적 병합에 해당한다.

Ⅲ. 일부항소인지 여부 5점

상소이익이라 함은 종국판결에 대하여 불복신청을 하여 그 취소, 변경을 구할 수 있는 당사자의 법적 지위를 말하는데, 사안에서 丙의 주위적 청구는 기각되었으므로, 이 부분에 대해서는 甲종중이 항소할 이익이 없다. 따라서 甲종중이 패소 부분인 예비적 청구에 대해서만 항소한 경우 이는 예비적 청구에 대한 일부항소에 해당한다.

Ⅳ. 주위적 청구도 이심되어 심판할 수 있는지 여부 10점

1. 이심의 범위

상소에 의한 확정차단의 효력과 이심의 효력은 원칙적으로 원판결 전부에 대하여 불가분적으로 발생하는 것이고, 주위적·예비적 병합에 있어서는 상소불가분의 원칙이 적용되므로, 甲종중이 예비적 청구에 대해서만 항소했더라도 주위적 청구도 항소심으로 이심된다.

2. 심판의 범위

불이익변경금지원칙에 따라 항소를 인용할 때에는 항소인의 불복의 한도안에서만 변경할 수 있는데(제415조), 사안에서 항소인인 甲종중은 예비적 청구에 대해서만 항소하였으므로 주위적 청구부분에 대해서도 항소심 법원이 심리를 하여 주위적 청구가 이유있다면 이를 인용할 수 있는지 여부가 문제된다.

이와 관련하여 학설은 양 청구는 불가분적으로 결합되어 있어 1개의 판결이고 불복신청도 전부에 미치므로 주위적 청구 부분도 항소심의 심판대상이 된다고 보는 견해와 상대방은 부대항소에 의하여 언제든지 주위적 청구 부분에 대하여 항소법원의 심판을 구할 수 있으므로 이 경우 예비적 청구 부분만 항소심의 심판 대상이 된다고 보는 견해가 대립하고 있지만, 판례192)는 '<u>제1심에서 주위적 청구를 기각하고 예비적 청구를 인용한 판결에 대하여 피고만이 항소한 때에는, 이심의 효력은 사건 전체에 미치더라도 원고로부터 부대항소가 없는 한 항소심의 심판대상으로 되는 것은 예비적 청구에 국한된다.</u>'고 판시하여 심판의 범위를 예비적 청구부분만으로 제한하였다.

위 판결에 따르면, 항소심 법원은 丙의 주위적 청구가 이유가 있고 예비적 청구가 이유가 없다고 판단하였으나, 丙의 주위적 청구는 심판의 대상이 아니므로, 이에 대한 인용 판결을 선고할 수는 없다.

민사소송법
제415조【항소를 받아들이는 범위】
제1심 판결은 그 불복의 한도 안에서 바꿀 수 있다. 다만, 상계에 관한 주장을 인정한 때에는 그러하지 아니하다.

---

192) 대판 1995.1.24. 94다29065

095 예비적 병합에서 예비적 청구만 인용되고 피고만 항소한 경우 이심 및 심판의 범위(2)

< 기초적 사실관계 >

甲 소유의 X 토지에 관하여 乙 앞으로 매매를 원인으로 한 소유권이전등기가 마쳐졌다. 甲은 "甲이 乙에게 X 토지를 대금 10억 원에 매도하는 내용의 매매계약(이하 '이 사건 계약'이라고 한다)을 체결한 후 위 소유권이전등기를 마쳤는데, 乙은 아직 대금을 지급하지 않았다."라고 주장하면서 乙을 상대로 주위적으로는 대금 10억 원의 지급을 청구하는 한편, 이 사건 계약 체결 사실이 인정되지 않을 것에 대비하여 예비적으로는 위 소유권이전등기의 말소를 청구하는 소를 제기하였다(아래 각 설문은 서로 별개이다).

< 아래 문제 2에 적용되는 추가적 사실관계 >

제1심 법원은 이 사건 계약이 체결되지 않은 것으로 판단하여 주위적 청구를 기각하고 예비적 청구를 인용하는 판결을 선고하였고, 이에 乙만 항소하였다. 항소심 법원은 심리 결과 이 사건 계약이 체결되었다는 확신을 갖게 되었다.

< 문제 >
2. 항소심 법원은 어떠한 판결을 선고하여야 하는가? (10점)

Ⅰ. 문제의 소재 1점

사안에서는 예비적 병합의 예비적 청구만 인용된 상태에서 피고만 항소한 경우 항소심의 이심의 범위 및 심판의 범위가 각 문제된다.

Ⅱ. 예비적 병합에 해당하는지 여부 2점

사안에서 甲의 주위적 청구는 매매계약이 유효임을 전제로 한 것이고, 예비적 청구는 매매계약이 효력 없음을 전제로 한 것이므로, 이는 법률상 양립불가능한 청구이다. 따라서 甲의 청구는 진정 예비적 병합에 해당한다.

Ⅲ. 일부항소인지 여부 2점

상소이익이라 함은 종국판결에 대하여 불복신청을 하여 그 취소, 변경을 구할 수 있는 당사자의 법적 지위를 말하는데, 사안에서 甲의 주위적 청구는 기각되었으므로, 이 부분에 대해서는 乙이 항소할 이익이 없다. 따라서 乙의 패소 부분인 예비적 청구에 대해서만 항소한 경우 이는 예비적 청구에 대한 일부항소에 해당한다.

Ⅳ. 주위적 청구도 이심되어 심판할 수 있는지 여부 5점

1. 이심의 범위

상소에 의한 확정차단의 효력과 이심의 효력은 원칙적으로 원판결 전부에 대하여 불가분적으로 발생하는 것이고, 주위적·예비적 병합에 있어서는 상소불가분의 원칙이 적용되므로, 乙이 예비적 청구에 대해서만 항소했더라도 주위적 청구도 항소심으로 이심된다.

2. 심판의 범위

불이익변경금지원칙에 따라 항소를 인용할 때에는 항소인의 불복의 한도안에서만 변경할 수 있는데(제415조), 사안에서 항소인인 乙은 예비적 청구에 대해서만 항소하였으므로 주위적 청구부분에 대해서도 항소심 법원이 심리를 하여 주위적 청구가 이유 있다면 이를 인용할 수 있는지 여부가 문제된다.

이와 관련하여 학설은 양 청구는 불가분적으로 결합되어 있어 1개의 판결이고 불복신청도 전부에 미치므로 주위적 청구 부분도 항소심의 심판대상이 된다고 보는 견해와 상대방은 부대항소에 의하여 언제든지 주위적 청구 부분에 대하여 항소법원의 심판을 구할 수 있으므로 이 경우 예비적 청구 부분만 항소심의 심판 대상이 된다고 보는 견해가 대립하고 있지만, 판례193)는 '제1심에서 주위적 청구를 기각하고 예비적 청구를 인용한 판결에 대하여 피고만이 항소한 때에는, 이심의 효력은 사건 전체에 미치더라도 원고로부터 부대항소가 없는 한 항소심의 심판대상으로 되는 것은 예비적 청구에 국한된다.'고 판시하여 심판의 범위를 예비적 청구부분만으로 제한하였다.

위 판결에 따르면, 항소심 법원은 甲의 주위적 청구가 이유가 있고 예비적 청구가 이유가 없다고 판단하였으나, 甲의 주위적 청구는 심판의 대상이 아니므로, 이에 대한 인용 판결을 선고할 수는 없고, 예비적 청구에 대해서만 기각판결을 선고하여야 한다.

민사소송법
제415조【항소를 받아들이는 범위】
제1심 판결은 그 불복의 한도 안에서 바꿀 수 있다. 다만, 상계에 관한 주장을 인정한 때에는 그러하지 아니하다.

---

193) 대판 1995.1.24. 94다29065

096 단순병합으로 구할 수개의 청구를 선택적 병합으로 청구한 경우

2021년 제3차 법전협 <제1문5>

> 甲은 乙을 상대로 소를 제기하면서 그 청구원인으로 ① 건물매매업무와 관련된 손해배상 10억 원 ② 부동산 임차업무와 관련된 손해배상 8억 원을 선택적 청구로 병합하여 청구하였다. (각 설문은 독립적임) (30점)
>
> < 문제 >
> 1. 제1심 법원은 위 청구원인 중 건물매매업무와 관련된 손해배상청구만을 심리·판단하여 원고가 구하는 청구금액을 전부인용하고, 나머지 청구에 대해서는 원고가 어느 하나의 청구원인에서라도 전부인용판결을 받으면 추가적인 판단을 원하지 않는다는 이유에서 그 판단을 하지 않았다. 이 판결에 대해 피고만 항소한 경우 항소심 법원은 제1심에서 판단하지 않은 위 부동산 임차업무와 관련된 손해배상청구에 관해 심리·판단할 수 있는가? (15점)

Ⅰ. 문제의 소재 2점

사안에서는 ① 원고의 청구의 법적 성질이 단순병합에 해당하는지 여부, ② 법원이 원고의 청구취지에 구속되지 않고 청구의 본래의 법적 성질에 따라 판단하여야 하는지 여부, ③ 항소심의 이심의 범위 및 심판의 범위가 각 문제된다.

Ⅱ. 원고의 청구의 법적 성질 3점

사안에서 원고의 각 청구는 실질적 관련이 없는 건물매매업무에 기한 손해배상청구와 부동산임차업무에 기한 손해배상청구이므로, 이는 서로 양립하는 복수의 청구를 병렬적으로 병합하여 그 전부에 관하여 판결을 구하는 단순병합에 해당한다.

Ⅲ. 법원의 심판의 방법 4점

　이와 관련하여 판례194)는 '병합의 형태가 선택적 병합인지 예비적 병합인지는 당사자의 의사가 아닌 병합청구의 성질을 기준으로 판단하여야 하고, 항소심에서의 심판 범위도 그러한 병합청구의 성질을 기준으로 결정하여야 한다. 따라서 실질적으로 선택적 병합 관계에 있는 두 청구에 관하여 당사자가 주위적·예비적으로 순위를 붙여 청구하였고, 그에 대하여 제1심법원이 주위적 청구를 기각하고 예비적 청구만을 인용하는 판결을 선고하여 피고만이 항소를 제기한 경우에도, 항소심으로서는 두 청구 모두를 심판의 대상으로 삼아 판단하여야 한다.'고 판시하였다.

Ⅳ. 이심의 범위 및 심판의 범위 6점

　이와 관련하여 판례195)는 '논리적으로 전혀 관계가 없어 순수하게 단순병합으로 구하여야 할 수개의 청구를 선택적 청구로 병합하여 청구하는 것은 부적법하여 허용되지 않는다 할 것인바, 원고가 그와 같은 형태로 소를 제기한 경우 제1심법원이 본안에 관하여 심리·판단하기 위해서는 소송지휘권을 적절히 행사하여 이를 단순병합청구로 보정하게 하는 등의 조치를 취하여야 할 것이고, 법원이 이러한 조치를 취함이 없이 본안판결을 하면서 그 중 하나의 청구에 대하여만 심리·판단하여 이를 인용하고 나머지 청구에 대한 심리·판단을 모두 생략하는 내용의 판결을 하였다고 하더라도, 그로 인하여 청구의 병합 형태가 적법한 선택적 병합 관계로 바뀔 수는 없다 할 것이므로, 이러한 판결에 대하여 피고만이 항소한 경우 제1심법원이 심리·판단하여 인용한 청구만이 항소심으로 이심될 뿐, 나머지 심리·판단하지 않은 청구는 여전히 제1심에 남아 있게 된다.'고 판시하였다.

　위 판결에 따르면 제1심법원이 심리·판단한 ① 청구만이 항소심으로 이심되어 항소심의 심판의 대상이 되고 판단하지 않은 ② 청구는 재판누락에 해당하여 여전히 제1심에 남아있으므로, 항소심 법원은 ② 청구에 대하여 심리, 판단할 수 없다.

---

194) 대판 2014.5.29. 2013다96868
195) 대판 2008.12.11. 2006다5550

097 실질이 선택적 병합인 부진정예비적 병합 (1)

> 甲은 2000. 3. 3. X토지의 소유자 乙로부터 X토지를 매수하면서 당일 대금을 완납하고 점유를 이전받았으나 소유권이전등기를 마치지 않았다. 乙이 2018. 4. 4. 사망하자 X토지는 자녀인 丙과 丁에게 공동상속되었다. 丙은 2018. 9. 9. 위조된 상속재산분할협의서를 근거로 X토지 전체에 관하여 본인 명의로 소유권이전등기를 마쳤다. 甲은 2021. 12. 12. 丙을 상대로 X토지에 관하여 주위적으로 매매계약을, 예비적으로 취득시효 완성을 원인으로 한 소유권이전등기청구의 소를 제기하였다.
>
> **< 문제 >**
> 위 소송의 변론과정에서 甲은 乙로부터 X토지를 매수하였음을 증명하지 못하였지만, 2000. 3. 3. 이후 현재까지 X토지를 계속하여 점유하고 있음을 증명하였다. 이 경우 법원은 어떠한 판결을 선고하여야 하는가? (20점)

Ⅰ. 문제의 소재 `1점`

사안에서는 ① 甲의 丙에 대한 청구가 부진정예비적 병합에 해당하는지 여부, ② 부진정예비적 병합의 허용여부 및 심판방법, ③ 甲의 예비적 청구와 관련하여 점유취득시효의 요건 및 효력 등이 각 문제된다.

Ⅱ. 부진정예비적 병합에 해당하는지 여부 `3점`

사안과 같이 동일 목적물에 대한 등기원인이 각 다른 소유권이전등기청구의 병합과 관련하여 판례196)는 '매매 또는 취득시효 완성을 원인으로 하는 소유권이전등기청구소송에서 그 대상을 1필지 토지의 일부에서 전부로 확장하는 것은 청구의 양적 확장으로서 소의 추가적 변경에 해당하고, <u>동일 부동산에 대하여 이전등기를 구하면서 그 등기청구권의 발생원인을 처음에는 매매로 하였다가 후에 취득시효의 완성을 선택적으로 추가하는 것도 단순한 공격방법의 차이가 아니라 별개의 청구를 추가시킨 것이므로 역시 소의 추가적 변경에 해당한다.</u>'고 판시하여 동일한 목적물에 관하여 등기원인을 달리한 이전등기청구를 선택적 병합으로 인정하였다.

사안에서 甲은 선택적 병합으로 제기하여야 할 청구를 예비적 병합의 형태로 제기하였으므로 이는 부진정 예비적 병합에 해당한다.

---

196) 대판 1997.4.11. 96다50520

Ⅲ. 부진정예비적 병합의 허용 및 심판방법 5점

이와 관련하여 판례197)는 '성질상 선택적 관계에 있는 양 청구를 당사자가 주위적, 예비적 청구 병합의 형태로 제소함에 의하여 그 소송심판의 순위와 범위를 한정하여 청구하는 이른바, 부진정 예비적 병합 청구의 소도 허용되는 것이다. 주위적 청구가 전부 인용되지 않을 경우에는 주위적 청구에서 인용되지 아니한 수액 범위 내에서의 예비적 청구에 대해서도 판단하여 주기를 바라는 취지로 불가분적으로 결합시켜 제소할 수도 있는 것이다.'라고 판시하였고, 또한 판례198)는 '병합의 형태가 선택적 병합인지 예비적 병합인지는 당사자의 의사가 아닌 병합청구의 성질을 기준으로 판단하여야 하고, 항소심에서의 심판 범위도 그러한 병합청구의 성질을 기준으로 결정하여야 한다. 따라서 실질적으로 선택적 병합 관계에 있는 두 청구(대여금 또는 대여행위가 기망이라는 취지의 손해배상청구)에 관하여 당사자가 주위적 · 예비적으로 순위를 붙여 청구하였고, 그에 대하여 제1심법원이 주위적 청구를 기각하고 예비적 청구만을 인용하는 판결을 선고하여 피고만이 항소를 제기한 경우에도, 항소심으로서는 두 청구 모두를 심판의 대상으로 삼아 판단하여야 한다.'고 판시하였다.

위 판결에 따라 사안을 보면 甲의 청구는 일응 청구권 경합의 관계에 있으므로 이는 선택적 병합이고, 따라서 법원은 선택적 병합으로 보고 판단을 하되, 당사자의 의사를 고려하여 청구의 순서에 따라 판단하여야 한다.

Ⅳ. 甲의 주위적 청구에 대한 판단 2점

甲은 乙로부터 X토지를 매수하였음을 증명하지 못하였으므로, 甲의 주위적 청구는 기각된다.

민법
제197조 【점유의 태양】
① 점유자는 소유의 의사로 선의, 평온 및 공연하게 점유한 것으로 추정한다.
② 선의의 점유자라도 본권에 관한 소에 패소한 때에는 그 소가 제기된 때로부터 악의의 점유자로 본다.

제245조 【점유로 인한 부동산 소유권의 취득기간】
① 20년간 소유의 의사로 평온, 공연하게 부동산을 점유하는 자는 등기함으로써 그 소유권을 취득한다.
② 부동산의 소유자로 등기한 자가 10년간 소유의 의사로 평온, 공연하게 선의이며 과실없이 그 부동산을 점유한 때에는 소유권을 취득한다.

---

197) 대판 2002.9.4 98다17145
198) 대판 2014.5.29. 2013다96868.

V. 甲의 예비적 청구에 대한 판단 6점

1. 점유취득시효의 요건

20년간 소유의 의사로 평온, 공연하게 부동산을 점유한 자는 등기함으로써 그 소유권을 시효취득할 수 있다(민법 제245조 제1항). 자주점유 및 평온, 공연 점유는 민법 제197조 제1항에 의하여 추정된다.

자주점유의 추정과 관련하여 판례199)는 '점유자가 스스로 매매 또는 증여와 같은 자주점유의 권원을 주장하였으나 이것이 인정되지 않는 경우에도 원래 이와 같은 자주점유의 권원에 관한 입증책임이 점유자에게 있지 아니한 이상 그 점유권원이 인정되지 않는다는 사유만으로 자주점유의 추정이 번복된다거나 또는 점유권원의 성질상 타주점유라고는 볼 수 없다.'라고 판시하여 甲이 주위적으로 매매를 원인으로 소유권이전등기청구소송을 제기한 것만으로 甲의 소유의 의사가 번복될 수 없다는 입장이다.

따라서 甲의 X토지에 대한 점유취득시효는 2020. 3. 3. 완성되었다.

2. 취득시효에 기한 소유권이전등기청구의 상대방

소유권이전등기청구의 상대방과 관련하여 판례200)는 '점유취득시효가 완성된 경우에 그 효력으로 시효완성점유자는 다른 특별한 사정이 없는 한 당해 부동산의 시효완성 당시의 소유자에 대하여 소유권이전등기청구권을 취득하는 것이고, 비록 등기부상 소유자 또는 공유자로 등기되어 있는 사람이라고 하더라도 그가 진정한 소유자가 아닌 이상 그를 상대로 취득시효의 완성을 원인으로 소유권이전등기를 청구할 수 없다.'고 판시하였다.

위 판결에 따르면 丙은 2018. 9. 9. 위조된 상속재산분할합의서를 근거로 X토지 전부에 관하여 본인 명의로 소유권이전등기를 마쳤으나 위 상속재산분할합의서는 무효이고 따라서 이에 기한 丙 명의의 소유권이전등기도 무효이다. 따라서 2018. 4. 4. 乙이 사망함으로써 丙과 丁은 X토지의 각 1/2 지분을 상속을 원인으로 취득하였고, 결국 甲은 丙에 대해서 1/2의 지분의 범위내에서만 취득시효의 완성을 주장할 수 있다.

VI. 결론 3점

법원은 甲의 주위적 청구는 증명부족을 이유로 기각하여야 하고, 예비적 청구에 대해서는 1/2 지분의 범위내에서 일부 인용하여야 한다.

---

199) 대판 1983.7.12. 82다708,709, 82다카1792,1793 전원합의체
200) 대판 2009.12.24. 2008다71858

098 실질이 선택적 병합인 부진정예비적 병합 (2)

< 기초적 사실관계 >

甲은 2018. 4. 1. 그 소유의 2층 건물 중 1층 부분 100㎡(이하 '이 사건 건물'이라고 함)를 乙에게 임대보증금 2억 원, 월차임 200만 원, 임대차기간 2년으로 정하여 임대하면서 같은 날 임대보증금을 수령함과 동시에 이 사건 건물을 인도하였고, 乙은 이 사건 건물에서 음식점 영업을 하고 있다.

2019. 5. 1. 24:00경 이 사건 건물 내부에서 원인불명의 화재가 발생하여 이 사건 건물이 불에 타 소실되는 사고가 발생하였다.

이 사건 화재의 발화지점은 1층 음식점 내로 추정되나, 발화원인에 관하여는 이 사건 화재를 진압한 서울서초소방서는 전기적 요인이 많아 보이나 명확한 증거를 찾을 수 없다는 이유로 원인미상으로 판정하였고, 화재현장을 감식한 서울지방경찰청 화재감식반은 전기합선이나 누전에 의한 발화가능성을 배제할 수 없으나, 화재로 인하여 전선을 지지하는 석고보드가 소실되었고 전선의 배선상태를 파악하기 곤란하여 구체적인 발화원인은 미상이라고 판정하였다.

甲이 乙을 상대로 불법행위에 기한 1억 원의 손해배상청구의 소를 제기하였다. 위 소송에서 甲은 乙의 과실로 화재가 발생하였다고 주장하였으나, 乙은 평소 이 사건 건물에 관하여 전기안전공사의 정기안전점검을 받아왔고, 이 사건 화재가 발생한 당일에도 안전점검을 마치고 전기 스위치를 내린 후 잠금장치를 하고 퇴근하였으므로 乙은 이 사건 화재에 아무런 책임이 없다고 주장하고 있다. 甲은 제1심 소송계속 중 불법행위의 요건사실을 모두 증명하기 어려워 패소할 수도 있다는 생각이 들자, 채무불이행에 기한 손해배상청구를 예비적으로 추가하였다(아래의 각 설문은 독립적임).

< 문제 >

1. 제1심 법원은 甲이 붙인 심판의 순위에 따라 판단하여 甲의 청구 중 불법행위에 기한 청구를 기각하고 채무불이행에 기한 청구에 대하여는 판단을 하지 않았다. 甲이 청구기각 부분에 대하여 불복하여 항소를 제기하였다. 항소심 법원의 심리결과 불법행위에 기한 손해배상청구가 이유 없다는 심증을 얻었다면 어떠한 판결을 선고할 것인가? (15점)

2. 제1심 법원은 주위적 청구인 불법행위에 기한 손해배상청구는 기각하고 채무불이행에 기한 청구를 인용하는 판결을 선고하였다. 위 제1심 판결에 대하여 乙만 항소하였다. 항소심 법원의 심리결과 불법행위에 기한 손해배상청구가 이유 있다는 심증을 얻었다면 어떠한 판결을 선고할 것인가? (15점)

문제 1. 15점

I. 문제의 소재 2점

사안에서는 ① 甲의 예비적 청구가 논리적으로 양립 가능하여 선택적 병합에 해당하는지 여부, ② 선택적 병합이라면 법원이 당사자의 의사에 따르지 않고 선택적 병합에 준하여 심판을 하여야 하는지 여부, ③ 채무불이행청구 부분에 대한 판단을 하지 않은 1심법원의 판단이 위법한지 여부, ④ 항소심의 이심의 범위 및 심판의 대상이 각 문제된다.

II. 원고의 청구가 선택적 병합에 해당하는지 여부 3점

선택적 병합이라 함은 여러 개의 청구를 하면서 그 중에 어느 하나가 인용되면 원고의 소의 목적을 달성할 수 있기 때문에 다른 청구에 대해서는 심판을 바라지 않는 경우를 의미하는데, 경합하는 여러 개의 권리에 기하여 청구하는 때에 한하여 인정되고, 각 청구가 논리적으로 양립 가능한 청구이어야 한다.

동일사실관계에 기한 채무불이행 및 불법행위에 기한 각 손해배상청구의 법적 성질과 관련하여 판례201)는 '원고는 원심에서 손해배상에 관한 청구를 교환적으로 변경하면서 채무불이행을 원인으로 한 청구를 주위적으로, 불법행위를 원인으로 한 청구를 예비적으로 각각 구하였고, 원심도 원고가 붙인 심판의 순위에 따라 판단하였다. 그러나 위 두 청구는 그 청구 모두가 동일한 목적을 달성하기 위한 것으로서 어느 하나의 채권이 변제로 소멸한다면 나머지 채권도 그 목적 달성을 이유로 동시에 소멸하는 관계에 있으므로 선택적 병합 관계에 있음을 지적하여 둔다.'고 판시하여 선택적 병합으로 인정하였다. 따라서 원고의 각 청구는 선택적 병합에 해당한다.

III. 부진정 예비적 병합의 허용여부 2점

사안과 같이 청구취지의 형식은 예비적 병합이나, 그 청구의 실질은 선택적 병합인 부진정 예비적 병합의 청구가 법률상 가능한지 여부와 관련하여 판례202)는 '성질상 선택적 관계에 있는 양 청구를 당사자가 주위적, 예비적 청구 병합의 형태로 제소함에 의하여 그 소송심판의 순위와 범위를 한정하여 청구하는 이른바, 부진정 예비적 병합 청구의 소도 허용되는 것이다.'라고 판시하여 이를 허용하고 있다.

---

201) 대판 2018.2.28. 2013다26425
202) 대판 2002.9.4. 98다17145

Ⅳ. 부진정 예비적 병합의 심판방법 3점

사안과 같은 부진정 예비적 병합의 심판방법과 관련하여 판례203)는 '원고의 이 사건 청구는 기본적으로 피고에 대하여 1억 원 및 이에 대한 지연손해금의 지급을 청구하는 것인바, 원고는 피고에 대하여 이 사건 청구원인으로 대여를 주장하며 그 지급을 청구하였다가 제1심 변론 과정에서 이를 주위적 청구로 변경하고, 예비적으로 불법행위(사기)를 원인으로 한 손해배상 청구를 추가하였는데, 이는 그 명칭에도 불구하고 실질적으로는 선택적 병합 관계에 있다. 병합의 형태가 선택적 병합인지 예비적 병합인지는 당사자의 의사가 아닌 병합청구의 성질을 기준으로 판단하여야 하고, 항소심에서의 심판 범위도 그러한 병합청구의 성질을 기준으로 결정하여야 한다.'라고 판시하여 원고의 청구 형태에 구속되지 않고, 법원이 그 청구의 본래 성질에 따라 심판하여야 하는 것으로 보았다.

위 판결에 따르면 甲의 청구는 선택적 병합이고, 따라서 법원은 선택적 병합의 예에 따라 심판을 하여야 한다.

> **민사소송법**
> **제415조【항소를 받아들이는 범위】**
> 제1심 판결은 그 불복의 한도 안에서 바꿀 수 있다. 다만, 상계에 관한 주장을 인정한 때에는 그러하지 아니하다.

Ⅴ. 선택적 병합의 이심범위, 심판범위 2점

선택적 병합에 있어서 하나의 청구를 인용하는 판결은 전부판결이므로, 이에 대한 피고의 항소가 있으면 상소불가분의 원칙에 따라 청구 전부가 항소심으로 이심이 되고, 또한 원고의 각 청구는 1개의 청구인용판결을 뒷받침하는 밀접한 관계에 있기 때문에 불이익변경금지원칙(제415조)이 적용되지 않아 피고가 불복하지 않은 나머지 청구도 항소심의 심판대상이 된다.

이와 관련하여 판례204)도 '실질적으로 선택적 병합 관계에 있는 두 청구에 관하여 당사자가 주위적·예비적으로 순위를 붙여 청구하였고, 그에 대하여 제1심 법원이 주위적 청구를 기각하고 예비적 청구만을 인용하는 판결을 선고하여 피고만이 항소를 제기한 경우에도, 항소심으로서는 두 청구 모두를 심판의 대상으로 삼아 판단하여야 하고, 예비적 청구만을 심판대상으로 삼아 청구를 기각한 것은 위법하다.'고 판시하며 전부 이심되어 전부 심판의 대상이 된다고 판시하였다.

Ⅵ. 결론 3점

사안에서 1심 법원이 원고패소 판결을 하면서 예비적으로 병합된 채무불이행에 기한 손해배상청구를 판단하지 아니한 것은 판단 누락이 되고 위법하다. 따라서 원고가 청구기각 부분에 대하여 항소를 하더라도 청구 전부가 이심되고, 전부가 심판 대상이 되므로, 항소심 법원은 채무불이행에 기한 손해배상청구부분에 대해서도 판단을 하여야 한다.

---

203) 대판 2014.5.29. 2013다96868
204) 대판 2014.5.29. 2013다96868

문제 2. 15점

Ⅰ. 문제의 소재 3점

사안에서는 ① 부진정 예비적 병합의 항소에 있어서 이심의 범위 및 심판의 범위, ② 항소심에서 법원의 심증이 변경된 경우 판결의 형식이 각 문제된다.

Ⅱ. 이심의 범위 및 심판의 범위 5점

이와 관련하여 판례205)는 '실질적으로 선택적 병합 관계에 있는 두 청구에 관하여 당사자가 주위적·예비적으로 순위를 붙여 청구하였고, 그에 대하여 제1심 법원이 주위적 청구를 기각하고 예비적 청구만을 인용하는 판결을 선고하여 피고만이 항소를 제기한 경우에도, 항소심으로서는 두 청구 모두를 심판의 대상으로 삼아 판단하여야 하고, 예비적 청구만을 심판대상으로 삼아 청구를 기각한 것은 위법하다.'고 판시하며 전부 이심되어 전부 심판의 대상이 된다고 판시하였다.

Ⅲ. 항소심 법원의 판단 7점

사안과 같이 항소심의 심증이 제1심의 심증과 달라 제1심이 인용하지 않은 다른 청구를 인용하려고 하는 경우 그 판결의 형식과 관련하여, 원심을 취소하고 이유 있는 청구를 인용하는 주문을 선고하여야 한다는 견해와 어느 경우이든 원고의 청구가 인용될 수 있기 때문에 피고의 항소가 이유가 없다고 보아 항소를 기각하여야 한다는 견해가 대립하고 있는데, 판례206)는 항소심 법원은 원심판결을 취소하고 나머지 청구를 인용하여야 한다는 입장이다.

위 판결에 따르면 항소심 법원은 甲의 청구를 선택적 병합으로 심판하여야 하고, 甲의 주위적 청구가 이유있다고 보았으므로 불이익변경금지원칙에 상관없이 원심판결을 취소하고 甲의 주위적 청구를 인용하는 판결을 선고하여야 한다(예비적 청구에 대해서는 판단할 필요가 없다).

---

205) 대판 2014.5.29. 2013다96868
206) 대판 2014.5.29. 2013다96868

099 실질이 선택적 병합인 부진정예비적 병합 (3)

< 공통된 사실관계 >

甲은 2017. 12. 28. 야간에 대리운전 업체 乙 주식회사(이하 '乙'이라고 한다) 소속 기사 A가 운전하는 차량을 타고 귀가하던 중 차량이 도로 옆 가로수에 부딪히면서 그 충격으로 약 12주의 치료를 요하는 요추 골절상을 입고 병원에 입원하였다. 입원 치료를 마치고 2018. 4. 1. 퇴원한 甲은 2020. 9. 30. 대리운전 업체인 乙을 상대로 사용자책임에 기하여 불법행위를 원인으로 한 적극적 손해의 배상금으로 2억 원의 지급을 구하는 소를 제기하였다.

※ 추가된 사실관계는 각 별개임.

< 추가된 사실관계 2 >

甲은 제1심 소송 도중인 2021. 1. 30. 청구취지 및 청구원인 변경신청서를 제출하면서, 기존의 불법행위(사용자책임)에 기한 손해배상청구를 주위적 청구로 하고, 주위적 청구가 인정되지 않을 경우에 대비하여 대리운전 계약상 채무불이행에 기한 손해배상으로 2억 원의 지급을 구하는 예비적 청구를 추가하였다. 제1심법원은 주위적 청구를 전부 기각하고, 예비적 청구만 인용하였는데 이 판결에 대하여 乙만 항소를 제기하였다.

< 문제 >

2. 만일 항소심법원이 제1심법원과 달리 불법행위에 기한 손해배상청구는 이유 있으나, 채무불이행에 기한 손해배상청구는 이유 없다는 심증을 가지게 되었다면 어떤 판결을 해야 하는가? (15점)

I. 문제의 소재

사안에서는 ① 甲의 예비적 청구가 논리적으로 양립가능하여 선택적 병합에 해당하는지 여부, ② 선택적 병합이라면 법원이 당사자의 의사에 따르지 않고 선택적 병합에 준하여 심판을 하여야 하는지 여부, ③ 항소심의 이심의 범위 및 심판의 대상이 각 문제된다.

Ⅱ. 원고의 청구가 선택적 병합에 해당하는지 여부 `3점`

　선택적 병합이라 함은 여러 개의 청구를 하면서 그 중에 어느 하나가 인용되면 원고의 소의 목적을 달성할 수 있기 때문에 다른 청구에 대해서는 심판을 바라지 않는 경우를 의미하는데, 경합하는 여러 개의 권리에 기하여 청구하는 때에 한하여 인정되고, 각 청구가 논리적으로 양립가능한 청구이어야 한다.

　동일사실관계에 기한 채무불이행 및 불법행위에 기한 각 손해배상청구의 법적 성질과 관련하여 판례[207]는 '원고는 원심에서 손해배상에 관한 청구를 교환적으로 변경하면서 채무불이행을 원인으로 한 청구를 주위적으로, 불법행위를 원인으로 한 청구를 예비적으로 각각 구하였고, 원심도 원고가 붙인 심판의 순위에 따라 판단하였다. 그러나 위 두 청구는 그 청구 모두가 동일한 목적을 달성하기 위한 것으로서 어느 하나의 채권이 변제로 소멸한다면 나머지 채권도 그 목적 달성을 이유로 동시에 소멸하는 관계에 있으므로 선택적 병합 관계에 있음을 지적하여 둔다.'고 판시하여 선택적 병합으로 인정하였다. 따라서 원고의 각 청구는 선택적 병합에 해당한다.

Ⅲ. 부진정 예비적 병합의 허용여부 `2점`

　사안과 같이 청구취지의 형식은 예비적 병합이나, 그 청구의 실질은 선택적 병합인 부진정 예비적 병합의 청구가 법률상 가능한지 여부와 관련하여 판례[208]는 '성질상 선택적 관계에 있는 양 청구를 당사자가 주위적, 예비적 청구 병합의 형태로 제소함에 의하여 그 소송심판의 순위와 범위를 한정하여 청구하는 이른바, 부진정 예비적 병합 청구의 소도 허용되는 것이다.'라고 판시하여 이를 허용하고 있다.

---

207) 대판 2018.2.28. 2013다26425
208) 대판 2002.9.4. 98다17145

Ⅳ. 부진정 예비적 병합의 심판방법 4점

사안과 같은 부진정 예비적 병합의 심판방법과 관련하여 판례209)는 '원고의 이 사건 청구는 기본적으로 피고에 대하여 1억 원 및 이에 대한 지연손해금의 지급을 청구하는 것인바, 원고는 피고에 대하여 이 사건 청구원인으로 대여를 주장하며 그 지급을 청구하였다가 제1심 변론 과정에서 이를 주위적 청구로 변경하고, 예비적으로 불법행위(사기)를 원인으로 한 손해배상 청구를 추가하였는데, 이는 그 명칭에도 불구하고 실질적으로는 선택적 병합 관계에 있다. 병합의 형태가 선택적 병합인지 예비적 병합인지는 당사자의 의사가 아닌 병합청구의 성질을 기준으로 판단하여야 하고, 항소심에서의 심판 범위도 그러한 병합청구의 성질을 기준으로 결정하여야 한다.'라고 판시하여 원고의 청구 형태에 구속되지 않고, 법원이 그 청구의 본래 성질에 따라 심판하여야 하는 것으로 보았다.

위 판결에 따르면 甲의 청구는 선택적 병합이고, 따라서 법원은 선택적 병합의 예에 따라 심판을 하여야 한다.

Ⅴ. 선택적 병합의 이심범위, 심판범위 6점

선택적 병합에 있어서 하나의 청구를 인용하는 판결은 전부판결이므로, 이에 대한 피고의 항소가 있으면 상소불가분의 원칙에 따라 청구 전부가 항소심으로 이심이 되고, 또한 원고의 각 청구는 1개의 청구인용판결을 뒷받침하는 밀접한 관계에 있기 때문에 불이익변경금지원칙(제415조)이 적용되지 않아 피고가 불복하지 않은 나머지 청구도 항소심의 심판대상이 된다.

이와 관련하여 판례210)도 '실질적으로 선택적 병합 관계에 있는 두 청구에 관하여 당사자가 주위적·예비적으로 순위를 붙여 청구하였고, 그에 대하여 제1심 법원이 주위적 청구를 기각하고 예비적 청구만을 인용하는 판결을 선고하여 피고만이 항소를 제기한 경우에도, 항소심으로서는 두 청구 모두를 심판의 대상으로 삼아 판단하여야 하고, 예비적 청구만을 심판대상으로 삼아 청구를 기각한 것은 위법하다.'고 판시하며 전부 이심되어 전부 심판의 대상이 된다고 판시하였다.

사안에서 피고인 乙만이 항소를 하였다 하더라도 청구 전부가 이심되고 심판이 대상이 되는 것이므로, 항소심 법원은 원심판결을 취소하고 불법행위에 기한 손해배상 청구를 인용하는 판결을 선고하여야 한다.

민사소송법
제415조【항소를 받아들이는 범위】
제1심 판결은 그 불복의 한도 안에서 바꿀 수 있다. 다만, 상계에 관한 주장을 인정한 때에는 그러하지 아니하다.

---

209) 대판 2014.5.29. 2013다96868
210) 대판 2014.5.29. 2013다96868

100 반소의 적법요건 (1)

< 공통된 기초사실 >

　甲과 乙은 2010. 3. 1. 甲이 乙에게 나대지인 X 토지를 매매대금 3억 원에 매도하되, 계약금 3,000만 원은 계약 당일 지급받고, 중도금 1억 원은 2010. 3. 31.까지 지급받되 미지급 시 그 다음날부터 월 1%의 비율에 의한 지연손해금을 가산하여 지급받으며, 잔대금 1억 7,000만 원은 2010. 9. 30. 소유권이전등기에 필요한 서류의 교부와 동시에 지급받기로 하는 내용의 매매계약(이하 '이 사건 매매계약'이라 한다.)을 체결하고, 그에 따라 같은 날 乙로부터 계약금 3,000만 원을 지급받았다.

< 추가된 사실관계 >

- 甲은 2010. 3. 10. 丙에게 이 사건 매매계약의 내용을 설명하면서 위 중도금 1억 원 및 그에 대한 지연손해금 채권을 양도하였고, 乙은 같은 날 위 채권양도에 대하여 이의를 유보하지 아니한 채 승낙을 하였다.

- 한편 乙은 丁에 대한 서울고등법원 2009나22967호 약정금 청구사건의 집행력 있는 조정조서 정본에 기초하여 2010. 4. 20. 서울중앙지방법원 2010타채5036호로 丁의 甲에 대한 1억 5,000만 원의 대여금 채권(변제기는 2010. 2. 28.임)에 대하여 채권압류 및 전부명령을 받았고, 그 명령은 2010. 5. 20. 甲에게 송달되어 그 무렵 확정되었다.

- 戊는 乙에 대한 5억 원의 대여금 채권을 보전하기 위하여 2010. 7. 15. 乙의 甲에 대한 X 토지에 관한 위 매매를 원인으로 한 소유권이전등기청구권을 가압류하였고, 그 가압류 결정은 2010. 7. 22. 甲에게 송달되었다.

< 소송의 경과 >

- 甲과 丙은 2011. 2. 10. 乙을 상대로, '乙은 甲에게 위 잔대금 1억 7,000만 원 및 이에 대한 이 사건 소장부본 송달일 다음날부터 다 갚는 날까지 연 20%의 비율에 의한 소송촉진 등에 관한 특례법에 정해진 지연손해금을, 乙은 丙에게 위 양수금 1억 원 및 이에 대한 2010. 4. 1.부터 이 사건 소장부본 송달일까지는 월 1%의 비율에 의한 약정 지연손해금을, 그 다음날부터 다 갚는 날까지는 연 20%의 비율[211]에 의한 위 특례법상의 지연손해금을 각 지급하라'는 내용의 소를 제기하였다.

- 그러자 乙은 제1차 변론기일(2011. 6. 20.)에서, 甲으로부터 X 토지에 관한 소유권이전등기를 넘겨받기 전에는 丙의 청구에 응할 의무가 없고, 가사 그렇지 않다 하더라도 乙은 위 전부명령에 의하여 甲에 대하여 1억 5,000만 원의 채권을 취득하였으므로 이를 자동채권으로 하여 丙의 위 양수금 채권과 대등액에서 상계하면 丙의 채권은 소멸하였다고 주장하였다.

- 이에 대하여 丙은, 중도금의 지급은 잔대금의 지급의무와는 달리 선이행 의무이고, 또한 乙이 위 채권양도에 관하여 이의 유보 없는 승낙을 하였기 때문에 甲에 대한 동시이행의 항변권을 원용할 수 없을 뿐 아니라, 甲에 대한 위 전부금 채권으로 丙의 위 양수금 채권과는 상계할 수 없다고 주장하였다.

- 乙은 다시, 丙이 이 사건 매매계약의 내용을 알고 있었고, 乙로서는 위 채권양도 당시에는 전부금 채권을 취득하지 아니하였기 때문에 이의 유보 없는 승낙을 하였으나, 그 후 취득한 전부금 채권의 변제기가 수동채권의 변제기보다 먼저 도래할 뿐만 아니라, 현재 양 채권 모두 변제기가 도래하여 상계적상에 있으므로 상계할 수 있다고 반박하였다.
- 그 후 乙은 甲에게 잔대금 1억 7,000만 원을 지급할 테니 X 토지에 관한 소유권이전등기절차를 이행해 달라고 요구하였으나 甲이 이를 거절하자, 2011. 7. 25. 甲을 피공탁자로 하여 위 잔대금 1억 7,000만 원을 변제공탁한 다음, 같은 날 甲을 상대로 X 토지에 관하여 위 매매를 원인으로 한 소유권이전등기절차의 이행을 구하는 반소를 제기하였다.
- 甲은 제2차 변론기일(2011. 8. 1.)에서, 戊가 乙의 甲에 대한 위 소유권이전등기청구권에 관하여 가압류하였으므로 乙의 반소청구에 응할 수 없다고 주장하는 한편, 乙에 대한 잔대금지급 청구의 소를 취하하였고, 乙은 甲의 소취하에 대하여 동의하였다.
- 심리 결과, 위 사실관계의 내용 및 당사자의 주장사실은 모두 사실로 입증되었고, 이 사건과 관련하여 위에서 주장된 내용 이외에는 특별한 주장과 입증이 없는 상태에서 2011. 8. 1. 변론이 종결되고, 2011. 8. 16.이 판결 선고기일로 지정되었다.

< 문제 >
소송의 경과에서 제기된 당사자들의 주장 내용을 토대로, 丙의 乙에 대한 청구 및 乙의 甲에 대한 반소청구에 대한 각 결론[청구전부인용, 청구일부인용(일부 인용되는 경우 그 구체적인 금액 또는 내용을 기재할 것), 청구기각]을 그 논거와 함께 서술하시오. (50점)

I. 문제의 소재 5점

丙의 양수금청구와 관련하여 장래 채권도 양도가능한지, 채무자의 이의 유보 없는 승낙에 대하여 丙이 악의, 중과실이 있는 경우에 해당하여 상환이행판결을 해야 하는지, 이의 유보 없는 승낙 이후에 취득한 채권으로 채무자가 상계할 수 있는지 문제되며, 반소와 관련하여 본소취하 이후의 반소가 적법한지, 가압류된 채권에 대한 이행청구가 가능한지 문제된다.

---

211) 현행 「소송촉진 등에 관한 특례법」 제3조 제1항 본문에서 "대통령령으로 정하는 이율"을 연 100분의 12로 정하고 있다.

Ⅱ. 丙의 청구에 대한 판단 25점

1. 丙의 乙에 대한 양수금 청구

가. 지명채권의 양수금 청구 주장에 대한 판단

(1) 양수금 청구의 요건사실

채권 양수인이 채무자에게 지명채권의 양수를 이유로 한 채권양수금을 청구하기 위해서는 ① 원채권의 존재 ② 채권양도 계약의 유효 ③ 채무자에 대한 대항요건을 갖추어야 한다.

(2) 원채권의 존재와 관련하여 확정되지 않은 장래의 채권도 양도가능한지 여부

원채권의 존재와 관련하여 甲과 丙이 채권양도계약을 체결할 당시인 2010. 3. 10.에는 甲의 乙에 대한 중도금 이행 채권이 이행기에 도래하지 않았으나 판례는 장래의 채권도 양도 당시 기본적 채권관계가 어느 정도 확정되어 있어 그 권리의 특정이 가능하고 가까운 장래에 발생할 것임이 상당 정도 기대되는 경우에는 이를 양도할 수 있는 것이라고 판시[212]하였다.

사안의 경우 채권양도인인 甲과 乙의 매매계약은 채권양도계약을 체결하기 이전 2010. 3. 1. 이미 체결되어 중도금채권에 대한 기본적 채권관계가 확정되어 있고 특정이 가능하였으므로 장래의 채권으로서 양도가능성이 있다. 따라서 丙은 乙에게 중도금채권의 양수금 청구를 할 수 있다.

나. 乙의 항변 등에 대한 판단

(1) 동시이행의 항변

(가) 甲으로부터 X토지에 관한 소유권이전등기를 받기 전까지 채권양수인에 대해서도 동시이행의 항변권을 행사하겠다는 항변

중도금 지급의무는 잔금지급의무와는 달리 매수인이 먼저 이행해야 할 선이행 의무이나, 중도금지급의무 이행지체 이후에 잔금지급의무가 도래한 경우에는 중도금 이행의무 및 그에 대한 이행지체 책임과 잔금지급의무 전체가 매도인의 소유권이전등기 이전의무와 동시이행관계에 있으므로, 매수인은 목적물의 등기에 대한 이행제공이 없는 이상 잔금지급기일 이후부터는 지체 책임을 지지 않는다.

또한 동시이행의 항변권은 채권이 양수된 경우에도 채권의 동일성이 인정되어 채권양수인에게 주장할 수 있으므로, 乙의 동시이행 항변은 다른 丙의 재항변이 없는 이상 타당하다.

---

[212] 대판 1996.7.30. 95다7932

(나) 丙의 재항변에 대한 판단

1) 이의 유보 없는 승낙을 하였다는 丙의 재항변에 대한 판단

지명채권의 양도의 경우에 채무자가 이의 없는 승낙을 한 경우에는 채무자는 양도인에게 대항할 수 있는 사유로 양수인에게 대항할 수 없는데(민법 제451조 제1항), 대항할 수 없는 사유에 대하여 판례는 협의의 항변권에 한하지 아니하고, 넓게 채권의 성립, 존속, 행사를 저지하거나 배척하는 사유를 의미한다고 판시213)하였다.

따라서 사안의 경우, 乙의 재재항변이 없는 이상 이의 유보 없는 승낙을 하였다는 丙의 재항변은 타당하다.

2) 이의 유보 없는 승낙에 대해서 채권양수인이 매매계약의 내용을 알고 있었으므로 악의라는 乙의 재재항변에 대한 판단

판례는 채무자가 이의 유보 없는 승낙을 한 경우에도 채권양수인이 채무자가 이의 있는 사유가 있음을 알았거나 중과실로 알 수 없었던 경우에도 채무자의 승낙 당시까지 양도인 등에 대하여 생긴 사유로서도 양수인 등에게 대항할 수 있다고 판시214)하였다.

따라서 사안의 경우, 丙이 매매계약의 내용을 알고 있어 乙이 잔금지급의무와 동시이행의 항변권을 행사할 수 있다는 사정을 알고 있어서, 乙이 채권양도에 대해 이의 없는 승낙을 하였다고 하더라도 양도인에게 대항할 수 있는 사유로 양수인인 丙에게 대항할 수 있다.

(2) 상계의 항변

(가) 乙의 상계항변과 관련하여 동시이행항변권이 붙은 채권으로서 상계항변 주장이 가능한지

乙이 상계를 주장하는 경우 자동채권은 丁의 甲에 대한 1억 5천만 원의 대여금채권에 대해 압류 및 전부명령으로 취득한 채권이고, 수동채권은 자신의 甲에 대한 매매대금채권을 丙이 채권양수인으로서 취득한 채권이다. 이 사건 수동채권의 경우 자신이 甲에 대해서 매매목적물인도와 상환하여 매매대금을 지급하여야 하는, 동시이행항변권이 붙은 채권에 해당한다. 수동채권이 동시이행항변권이 붙은 경우에는 수동채권의 채무자는 자신의 항변권을 포기하고 상계를 주장할 수 있으므로, 乙의 상계항변 주장은 동시이행항변권과 관련하여서는 타당하다.

(나) 이의 유보 없는 승낙 이후에 취득한 반대채권으로 상계가 가능한지

판례는 채무자는 채권양도를 승낙한 후에 취득한 양도인에 대한 채권으로서 양수인에 대하여 상계로서 대항하지 못한다고 판시215)하였다.

---

213) 대판 2002.3.29. 2000다13887
214) 대판 1999.8.20. 99다18039
215) 대판 1984.9.11. 83다카2288

민법

제451조【승낙, 통지의 효과】

① 채무자가 이의를 보류하지 아니하고 전조의 승낙을 한 때에는 양도인에게 대항할 수 있는 사유로써 양수인에게 대항하지 못한다. 그러나 채무자가 채무를 소멸하게 하기 위하여 양도인에게 급여한 것이 있으면 이를 회수할 수 있고 양도인에 대하여 부담한 채무가 있으면 그 성립되지 아니함을 주장할 수 있다.

② 양도인이 양도통지만을 한 때에는 채무자는 그 통지를 받은 때까지 양도인에 대하여 생긴 사유로써 양수인에게 대항할 수 있다.

사안의 경우 채무자인 乙이 채권양도를 승낙한 일시는 2010. 3. 10. 이고 丁의 甲에 대한 채권을 전부명령을 통해 취득한 것은 2010. 5. 20. 이므로 전부명령을 통해 취득한 채권으로 상계를 주장할 수 없다.

다. 丙의 양수금 채권의 범위

丙은 乙에 대하여 중도금지급 및 이에 대한 지연손해금에 대하여 채권양도를 받았으므로, 중도금 1억 원 및 이에 대하여 2010. 4. 1.부터 잔대금지급기일인 2010. 9. 30.까지 약정한 지연손해금이율인 월 1%의 비율에 따른 6개월의 이행지체 책임(600만 원)을 지며, 그 이후는 전술한 바와 같이 매도인 甲이 등기의무를 이행제공하지 않았으므로 이행지체 책임을 지지 않는다.

따라서 乙은 丙에 대하여 X목적물에 대한 소유권이전등기절차를 이행 받음과 동시에 1억 6백만 원을 丙에게 지급하여야 할 의무가 있다.

III. 乙의 甲에 대한 반소청구에 대한 결론 15점

1. 반소 소송요건의 적법성

반소가 적법하기 위해서는 ① 본소의 청구 또는 방어방법과 상호 관련성이 있을 것 ② 본소와 반소가 동종의 소송절차에 의할 것 ③ 본소와 반소가 공통의 관할에 있을 것 ④ 사실심에 계속되고 변론종결 전일 것 ⑤ 본소절차를 현저히 지연시키지 않을 것 ⑥ 일반적 소송요건을 갖추어야 한다.

사안의 경우 乙의 반소는 본소에서 乙이 주장할 수 있는 동시이행항변권에 관한 반소이므로 본소의 항변사유와 대상이나 발생원인에 있어서 사실상, 법률상 공통성이 있으므로 상호관련성이 있고, 반소가 다른 전속관할에 속한다는 사정도 없고 다른 소송의 적법요건도 갖춘 것으로 보이므로 乙의 반소는 적법하다.

2. 본소취하 시 반소의 적법 여부

판례는 '반소가 적법히 제기된 이상 그 후 본소가 취하되더라도 반소의 소송계속에는 아무런 영향이 없다'고 판시[216]하였다. 乙의 반소는 단순반소로서 본소의 계속은 단순반소의 소송제기요건이고 존속요건은 아니기 때문에 甲이 乙의 동의를 받아 적법하게 취하한 경우에도 乙의 단순반소는 적법하다.

3. 소유권이전등기청구권이 가압류 된 경우의 법률관계

판례는 '소유권이전등기청구권이 제3자에 의해 가압류 된 경우에 가압류의 해제를 조건으로 하여 소유권이전등기절차의 이행을 명할 수 있다'고 판시[217]하였다.

사안의 경우 乙의 甲에 대한 소유권이전등기청구권이 戊에 의해 가압류 되었으므로 가압류의 해제를 조건으로 피고의 반소를 인용하여야 한다.

---

216) 대판 1970.9.22. 69다446
217) 대판 1999.2.9. 98다42615

4. 현재이행의 소를 제기한 경우 장래이행판결을 할 수 있는지

당사자가 현재이행의 소를 제기 한 경우에 장래이행판결을 한 경우에 처분권주의에 위배되지 않는지 문제된다. 판례는 <u>현재이행청구인 저당권등기말소청구에 대하여 피담보채무 변제를 선이행의무로 하여 장래이행청구를 할 수 있는지에 대하여 특별한 사정이 없는 한 원고의 청구 중에는 확정된 잔존채무를 변제하고 그 다음에 위 등기의 말소를 구한다는 취지도 포함되어 있는 것으로 해석함이 상당하고, 이는 장래 이행의 소로서 미리 청구할 이익도 인정되고 처분권주의에 위배되지 않는 것으로 판시</u>218)하였다.

사안의 경우 乙의 의사는 일부라도 인용 받을 의사임이 명백하고, 甲이 소유권이전등기를 거부하고 있어 장래이행청구의 필요성이 명백하므로 처분권주의에 위배되지 않는다.

Ⅳ. 결론 5점

법원은 丙의 본소에 대해서는 '乙은 甲으로부터 X토지에 대한 소유권이전등기절차를 이행받음과 동시에 丙에게 1억 6백만 원을 지급하라. 丙의 나머지 청구를 기각한다.' 라는 일부인용 판결을 해야 한다. 乙의 반소청구에 대하여 甲은 戊와 乙 사이의 ****. *. *.자 소유권이전등기청구권 가압류결정에 의한 집행이 해제되면 乙에게 X토지에 대한 2010. 3. 1. 매매를 원인으로 한 소유권이전등기절차를 이행하라는 일부인용판결을 하여야 한다.

---

218) 대판 2008.4.10. 2007다83694

101 반소의 적법요건 (2)

2020년 제1차 법전협 <제1문3>

< 기초적 사실관계 >

甲은 2018. 4. 1.경 丙으로부터 X 점포를 매수하고 같은 날 이에 관한 소유권이전등기를 마쳤는데, 乙은 丙으로부터 X 점포를 임대차보증금 1억 원, 임대차기간 2018. 1. 1.부터 2018. 12. 31.까지, 차임 월 500만 원(매월 1일 지급)으로 정하여 임차하고 위 임대차보증금을 丙에게 교부한 후 사업자등록을 마치고 음식점을 운영하고 있었다. 甲은 2018. 11. 말경 자신이 X 점포를 사용할 계획이어서 임대차계약의 갱신을 거절한다는 취지를 乙에게 통지하였다. 乙은 2018. 12. 31.이 지나도록 X 점포를 인도하지 않고 계속 음식점을 운영하면서 2019. 1.부터는 차임을 지급하지 않고 있다.

< 추가된 사실관계 >

甲이 乙을 상대로 임대차계약의 종료를 원인으로 X 점포의 인도를 구하는 소를 제기하자 乙은 변론기일에 출석하여 자신이 丙에게 1억 원의 보증금을 지급하였으므로 그 반환을 받을 때까지는 X 점포를 甲에게 인도할 수 없다고 주장하였다. 甲이 乙의 보증금 지급사실을 다투자 乙은 1억 원의 보증금반환채권의 존재확인을 구하는 반소를 제기하였다.

< 문제 >

2. 법원의 심리 결과 乙이 丙에게 보증금 1억 원을 교부한 사실이 인정된 경우 법원은 甲의 본소와 乙의 반소에 대하여 어떠한 판결을 하여야 하는가? (15점)

I. 문제의 소재 2점

사안에서 ① 甲의 본소와 관련하여 동시이행항변권이 행사된 경우 상환급부판결을 하는 것이 처분권주의에 반하지 않는지 문제되고, ② 乙의 반소와 관련하여 확인의 이익이 있는지 여부가 각 문제된다.

Ⅱ. 甲의 본소청구 5점

처분권주의라 함은 절차의 개시, 심판의 대상과 범위 그리고 절차의 종결에 대하여 당사자에게 주도권을 주어 그의 처분에 맡기는 입장(제203조)을 의미하는데, 원고의 소송상 청구에 대하여 법원이 심리해 본 결과 그 중 일부만이 이유 있는 것으로 인정될 경우 법원이 그 일부를 인용하는 판결을 하게 되는데, 일부 인용을 허용하는 이유는 이러한 경우 일부라도 인용하는 것이 원고의 통상적 의사에 부합하는 것으로 볼 수 있고, 응소한 피고의 이익보호나 소송제도의 합리적 운영을 위해서 바람직하기 때문이다. 이러한 경우에는 청구취지를 변경할 필요가 없다.

한편, 무조건의 의무이행을 구하는 청구에 대하여 동시이행판결을 선고하는 것이 처분권주의에 위배될 수 있는지 문제되는데, 이와 관련하여 판례219)는 '매매계약 체결과 대금완납을 청구원인으로 하여(무조건) 소유권이전등기를 구하는 청구취지에는 대금중 미지급금이 있을 때에는 위 금원의 수령과 상환으로 소유권이전등기를 구하는 취지도 포함되어 있다고 할 것이다.'라고 판시하여 청구취지 변경없이 동시이행판결을 선고하는 것을 인정하고 있다. 따라서 법원은 甲의 본소청구에 대하여 청구취지의 변경없이 상환급부판결을 선고할 수 있다.

Ⅲ. 乙의 반소청구 8점

1. 반소의 요건

반소가 적법하기 위해서는 본소가 사실심에 계속되고 변론종결 전일 것, 반소청구가 본소청구나 본소의 방어방법과 서로 관련이 있을 것, 본소절차를 현저히 지연시키지 않을 것, 청구의 병합요건 및 소송요건을 구비하여야 한다(제269조).

2. 확인의 이익

확인의 소에 있어서 권리보호요건으로서 확인의 이익이 있어야 하며 확인의 이익은 자신의 권리 또는 법률상의 지위에 현존하는 불안, 위험이 있어 이를 즉시 제거하여야 할 필요성이 있고 그 불안, 위험을 제거함에 확인판결을 받는 것이 가장 유효·적절한 수단일 때에만 인정된다.

사안에서 乙에게 보증금반환청구권이 인정되는 경우 그 지급을 구하는 이행의 소를 제기할 수 있으므로, 보충적 방법에 불과한 보증금반환채권의 존재확인청구는 유효·적절한 분쟁해결방법이라고 할 수 없어 확인의 이익이 인정되지 않는다. 따라서 乙의 반소는 확인의 이익이 없어 각하된다.

---

219) 대판 1979.10.10. 79다1508

민사소송법

제203조 【처분권주의】
법원은 당사자가 신청하지 아니한 사항에 대하여는 판결하지 못한다.

제269조 【반소】
① 피고는 소송절차를 현저히 지연시키지 아니하는 경우에만 변론을 종결할 때까지 본소가 계속된 법원에 반소를 제기할 수 있다. 다만, 소송의 목적이 된 청구가 다른 법원의 관할에 전속되지 아니하고 본소의 청구 또는 방어의 방법과 서로 관련이 있어야 한다.

② 본소가 단독사건인 경우에 피고가 반소로 합의사건에 속하는 청구를 한 때에는 법원은 직권 또는 당사자의 신청에 따른 결정으로 본소와 반소를 합의부에 이송하여야 한다. 다만, 반소에 관하여 제30조의 규정에 따른 관할권이 있는 경우에는 그러하지 아니하다.

102 사해행위취소소송과 반소 (1)

< 기초적 사실관계 >

甲은 乙에게서 1억 원을 차용하고 그 일부를 담보하기 위해 甲 소유인 X토지에 관하여 乙에게 채권최고액 5,000만 원인 근저당권설정등기를 마쳐 주었다. (아래 각 문제는 독립적임)

< 문제 >

1. 그 후 甲은 채무초과상태에서 이런 사실을 잘 아는 丙에게 유일한 재산인 시가 2억 원인 X토지를 1억 원에 매도하고 소유권이전등기를 마쳐 주었다. 丙은 「민법」 제364조에 따라 乙에게 5,000만 원을 제공하면서 근저당권설정등기의 말소를 요구했으나 乙이 이에 응하지 아니하자 그 금액을 변제공탁한 후 乙을 상대로 근저당권설정등기의 말소를 구하는 소를 제기하였다. 乙이 위 소송에서 승소할 수 있는 전략은 무엇인가? (15점)

Ⅰ. 문제의 소재 1점

사안에서는 ① 甲의 X토지의 매각이 사해행위에 해당할 수 있는지 여부, ② 채권의 일부에 대해서만 우선변제권이 있는 채권자가 사해행위취소소송을 제기할 수 있는지 여부, ③ 채권자가 수익자를 상대로 반소로써 사해행위취소소송을 제기할 수 있는지 여부가 각 문제된다.

Ⅱ. 사해행위 해당여부 4점

이와 관련하여 판례220)는 '채무초과의 상태에 있는 채무자가 적극재산을 채권자 중 일부에게 대물변제조로 양도하는 행위는 채무자가 특정 채권자에게 채무본지에 따른 변제를 하는 경우와는 달리 원칙적으로 다른 채권자들에 대한 관계에서 사해행위가 될 수 있고, 다만 이러한 경우에도 위에서 본 바와 같은 사해성의 일반적인 판단기준에 비추어 그 행위가 궁극적으로 일반채권자를 해하는 행위로 볼 수 없는 경우에는 사해행위의 성립이 부정될 수 있다. 그리고 위와 같은 법리는 적극재산을 대물변제로 양도하는 것이 아니라 채무의 변제를 위하여 또는 그 담보로 양도하는 경우에는 더욱 그러하다.'고 판시하여 유일한 재산의 처분행위를 원칙적으로 사해행위로 판단하였다.

사안에서 乙의 甲에 대한 대여금채권이 피보전채권으로 인정되고, 甲은 무자력인 상태에서 유일한 재산인 X토지를 丙에게 양도하였으며, 丙은 이러한 사정을 잘 알고 있었다. 따라서 甲의 X토지의 매각은 원칙적 사해행위에 해당하고, 乙의 사해행위취소청구는 그 요건을 구비하였다.

---

220) 대판 2011.3.10. 2010다52416

Ⅲ. 우선변제권있는 채권자의 사해행위취소소송 2점

이와 관련하여 판례221)는 '주채무자 또는 제3자 소유의 부동산에 대하여 채권자 앞으로 근저당권이 설정되어 채권자에게 우선변제권이 확보되어 있다면 그 범위 내에서는 채무자의 재산처분행위는 채권자를 해하지 아니하므로 그 담보물로부터 우선변제 받을 액을 공제한 나머지 채권액에 대하여만 채권자취소권이 인정된다.'고 판시하였다.

사안에서 乙은 대여금채권 1억 원 중 5천만 원에 대해서만 우선변제권을 확보하였으므로, 이를 공제한 나머지 5천만 원을 피보전채권으로 하여 사해행위취소소송을 제기할 수 있다.

Ⅳ. 반소로써 사해행위취소소송을 제기할 수 있는지 여부 8점

이와 관련하여 판례222)는 '원고의 본소 청구에 대하여 피고가 본소 청구를 다투면서 사해행위의 취소 및 원상회복을 구하는 반소를 적법하게 제기한 경우, 사해행위의 취소 여부는 반소의 청구원인임과 동시에 본소 청구에 대한 방어방법이자, 본소 청구 인용 여부의 선결문제가 될 수 있다. 그 경우 법원이 반소 청구가 이유 있다고 판단하여, 사해행위의 취소 및 원상회복을 명하는 판결을 선고하는 경우, 비록 반소 청구에 대한 판결이 확정되지 않았다고 하더라도, 원고의 소유권 취득의 원인이 된 법률행위가 취소되었음을 전제로 원고의 본소 청구를 심리하여 판단할 수 있다고 봄이 타당하다. 그때에는 반소 사해행위취소 판결의 확정을 기다리지 않고, 반소 사해행위취소 판결을 이유로 원고의 본소 청구를 기각할 수 있다. 본소와 반소가 같은 소송절차 내에서 함께 심리, 판단되는 이상, 반소 사해행위취소 판결의 확정 여부가 본소 청구 판단시 불확실한 상황이라고 보기 어렵고, 그로 인해 원고에게 소송상 지나친 부담을 지운다거나, 원고의 소송상 지위가 불안정해진다고 볼 수도 없다. 오히려 이로써 반소 사해행위취소소송의 심리를 무위로 만들지 않고, 소송경제를 도모하며, 본소 청구에 대한 판결과 반소 청구에 대한 판결의 모순 저촉을 피할 수 있다.'고 판시하였다.

사안에서 乙은 丙을 상대로 매매계약의 취소 및 소유권이전등기의 말소를 구하는 사해행위취소 및 원상회복청구의 반소를 제기할 수 있고, 甲의 X토지의 매각행위가 사해행위로 인정된다면, 乙의 반소가 확정되지 않은 상태에서도 丙의 저당목적물의 제3자취득자의 지위가 부인되어 丙의 청구를 기각시킬 수 있다.

---

221) 대판 2002.4.12. 2000다63912
222) 대판 2019.3.14. 2018다277785,277792

103 사해행위취소소송과 반소 (2)

A는 서울 관악구 신림동 소재 단층 주택을 소유하고 있었다. A는 2018. 4. 1. 乙로부터 1억 원을 차용하면서 위 주택에 채권최고액 1억 2천만 원의 근저당권을 설정하였다. 甲은 2019. 10. 10. A와의 사이에, 甲이 A로부터 위 주택을 3억 원에 매수하는 내용의 매매계약을 체결하였는데, 위 매매계약 이후에도 乙의 근저당권은 계속 유지하면서 A가 乙에 대한 잔존 차용금 채무를 변제하기로 약정하였다. 이후 甲은 A에게 위 매매대금 3억 원을 지급하고, 2019. 11. 1. 甲 명의로 위 주택에 관한 소유권이전등기를 마쳤다. 이후 A는 乙에 대한 잔존 차용금 채무를 변제하지 못하였다. 위 주택의 매매계약 체결 당시 A는 채무 초과 상태에 있었고, 위 매매대금 3억 원은 수령 즉시 기존의 다른 채무변제에 모두 사용되었다.

甲은 2020. 6. 1. 乙을 상대로 위 근저당권의 채권최고액 1억 2천만 원을 변제공탁하였다며 소유권에 기한 방해배제청구로서 위 주택에 관한 乙 명의 근저당권의 말소등기청구의 소를 제기하였다. 이에 乙은 2020. 9. 20. 甲과 A 사이의 2019. 10. 10.자 매매계약이 사해행위에 해당함을 이유로 그 취소와 함께 원상회복으로 위 주택에 관한 甲 명의의 소유권이전등기의 말소등기청구를 반소로 구하였다.

乙의 반소 청구원인에 대하여, 甲은 위 주택매매계약이 사해행위에 해당하지 않는다고 주장하였다. 또한 사해행위 취소소송 중 취소 부분은 형성의 소로서 그 판결이 확정되어야 권리변동의 효력이 발생하므로, 제1심법원이 甲과 A 사이의 위 주택매매계약을 사해행위로 판단하여 취소하는지 여부와는 관계없이 甲의 본소 청구는 인용되어야 한다고 주장하였다. 심리결과 제1심법원은 甲과 A 사이의 위 주택매매계약이 사해행위에 해당한다는 심증을 가지게 되었고, 한편 甲이 乙에 대한 채권최고액 1억 2천만 원을 변제 공탁하였다는 사실도 증거에 의해 확인하였다.

< 문제 >
이 경우 제1심법원은 위 본소와 반소 각 청구에 대하여 어떤 판결을 하여야 하는가? (15점) (각 청구별로 인용, 기각, 일부 인용 등으로 결론을 내리고 이유를 적을 것)

Ⅰ. 문제의 소재

사해행위취소소송은 형성의 소로서 그 판결이 확정됨으로써 비로소 권리변동의 효력이 발생하는데, 반소로 제기된 사해행위취소소송에서 사해행위의 취소를 명하는 판결을 선고하는 경우, 그 판결이 확정되기 전에 사해행위인 법률행위가 취소되었음을 전제로 본소 청구를 심리하여 판단할 수 있는지가 문제된다.

Ⅱ. 본소 청구원인을 다투는 사해행위취소소송이 반소로 제기된 경우 법원의 조치 9점

설문과 유사한 사안에서 대법원은 "사해행위의 취소 여부는 반소의 청구원인임과 동시에 본소 청구에 대한 방어방법이자, 본소 청구 인용 여부의 선결문제가 될 수 있으므로 비록 그 반소 청구에 대한 판결이 확정되지 않았다고 하더라도, 원고의 소유권 취득의 원인이 된 법률행위가 취소되었음을 전제로 원고의 본소청구를 심리하여 판단할 수 있다."223)고 판시한 바 있다.

본소와 반소가 같은 소송절차 내에서 함께 심리, 판단되는 이상, 반소 사해행위취소 판결의 확정 여부가 본소 청구 판단 시 불확실한 상황이라고 보기 어렵고, 소송경제를 도모하며, 본소 청구에 대한 판결과 반소 청구에 대한 판결의 모순 저촉을 피할 수 있다는 점에서 판례의 태도는 타당하다.

Ⅲ. 사안의 해결 3점

甲과 A 사이의 주택매매계약이 사해행위로 인정되는 이상 제1심 법원은 乙의 반소 청구를 받아들여 위 매매계약을 취소하고 원상회복으로서 甲 명의의 소유권이전등기 말소를 명해야 한다. 반면 甲의 본소 청구는 소유권에 기한 방해배제청구인데, 반소 청구를 받아들여 甲 명의 소유권이전등기가 말소되는 이상 청구 기각을 면할 수 없다.

Ⅳ. 결론 3점

본소 청구는 기각하고, 반소 청구는 인용한다.

---

223) 대판 2019.3.14. 2018다277785

104 항소심에서 상대방의 동의없는 예비적 반소

> **< 기초적 사실관계 >**
>
> 甲은 乙로부터 X부동산을 5억 원에 매수하였다며 2017. 3. 2. 乙을 상대로 "乙은 甲에게 X부동산에 관하여 2015. 7. 1. 매매를 원인으로 한 소유권이전등기절차를 이행하라."라는 취지의 소유권이전등기청구의 소를 제기하였다.
>
> **< 추가적 사실관계 >**
>
> 제1심 법원이 甲의 청구를 기각하자 甲이 항소하였다. 乙은 항소심에서 X부동산에 관한 매매계약이 해제되었다고 주장하고, 만일 해제되지 않았다면 甲은 乙에게 매매 잔대금 1억 원을 지급할 의무가 있다고 주장하면서 예비적으로 "甲은 乙에게 1억 원을 지급하라."라는 취지의 반소를 제기하였다.
>
> **< 문제 >**
>
> 3. 항소심 법원이 항소기각 판결을 한다면 위 반소청구에 대하여 판단을 하여야 하는가? (10점)

Ⅰ. 문제의 소재 2점

사안에서는 ① 항소심에서 상대방의 동의없는 예비적 반소가 가능한지 여부, ② 예비적 반소가 제기된 경우 예비적 반소의 심판의 범위가 각 문제된다.

민사소송법

제412조 【반소의 제기】

① 반소는 상대방의 심급의 이익을 해할 우려가 없는 경우 또는 상대방의 동의를 받은 경우에 제기할 수 있다.

② 상대방이 이의를 제기하지 아니하고 반소의 본안에 관하여 변론을 한 때에는 반소제기에 동의한 것으로 본다.

Ⅱ. 항소심에서의 예비적 반소의 가능성 3점

　　민사소송법 제412조 제1항은 '반소는 상대방의 심급의 이익을 해할 우려가 없는 경우 또는 상대방의 동의를 받은 경우에 제기할 수 있다.'고 규정하고 있다. 이에 항소심에서의 상대방의 동의없는 예비적 반소가 가능한지 여부가 문제가 되나, 이와 관련하여 판례[224]는 '항소심에서도 반소피고의 동의없이 예비적 반소청구를 할 수 있다.'고 판시하여 예비적 반소를 허용하고 있다.

　　사안에서 乙은 甲의 청구가 인용되는 경우에만 이를 전제로 1억 원의 매매대금의 지급을 구하였으므로, 이는 예비적 반소에 해당하고, 또한 항소심에서의 상대방의 동의없는 예비적 반소도 허용되므로, 乙의 예비적 반소는 원칙적으로 적법하다.

Ⅲ. 예비적 반소의 심판의 범위 5점

　　이와 관련하여 판례[225]는 '피고의 예비적 반소는 본소청구가 인용될 것을 조건으로 심판을 구하는 것으로서 제1심이 원고의 본소청구를 배척한 이상 피고의 예비적 반소는 제1심의 심판대상이 될 수 없는 것이고, 이와 같이 심판대상이 될 수 없는 소에 대하여 제1심이 판단하였다고 하더라도 그 효력이 없다고 할 것이므로, 피고가 제1심에서 각하된 반소에 대하여 항소를 하지 아니하였다는 사유만으로 이 사건 예비적 반소가 원심의 심판대상으로 될 수 없는 것은 아니라고 할 것이고, 따라서 원심으로서는 원고의 항소를 받아들여 원고의 본소청구를 인용한 이상 피고의 예비적 반소청구를 심판대상으로 삼아 이를 판단하였어야 한다.'고 판시하여 원고의 본소가 인용되는 경우에만 예비적 반소에 대한 심판을 하여야 한다고 판단하였다.

　　위 판결에 따르면, 甲의 항소가 기각되었으므로 甲의 청구는 기각된 것이고 따라서 乙의 반소는 심판의 대상이 아니므로 항소심 법원은 乙의 예비적 반소에 대하여 판단을 할 필요가 없다.

---

224) 대판 1969.3.25. 68다1094
225) 대판 2006.6.29. 2006다19061

2016년 제5회 변호사시험 <제1문4>

105 공동원고로의 추가신청

자동차 판매대리점을 하는 乙은 2014. 3. 10. 甲종중(대표자 A)으로부터 1억 원을, 丙으로부터 2억 원을 각각 이자 연 12%, 변제기 2015. 3. 9.로 정하여 차용하면서, 이를 담보하기 위해 乙 소유의 X 토지에 관하여 甲종중 및 丙과 1개의 매매예약을 체결하였고, 이에 따라 X 토지에 관하여 甲종중과 丙의 채권액에 비례하여 甲종중은 1/3 지분으로, 丙은 2/3 지분으로 각 특정하여 공동명의의 가등기를 마쳤다.

甲종중은 위 변제기가 지난 후 단독으로 「가등기담보 등에 관한 법률」이 정한 청산절차를 이행하고, 2015. 10. 14. 乙을 상대로 X 토지에 대한 1/3 지분에 관하여 가등기에 기한 본등기절차이행을 구하는 소(이하 '이 사건 소'라 한다)를 제기하였다.

< 문제 >
1. 이 사건 소송계속 중 甲종중은 丙을 공동원고로 추가하는 신청을 하였다. 甲종중의 이 사건 소 제기 및 위 추가신청이 각 적법한지와 각 근거를 설명하시오. (15점)

I. 문제의 소재 2점

甲종중이 단독으로 매매예약완결권을 행사하여 단독으로 자신의 지분에 관하여 가등기에 관한 본등기절차를 이행하는 소를 제기 할 수 있는지 문제되고, 이 사건 소송형태에 따라 원고를 추가하는 방법에 대해 검토한다.

II. 甲종중의 이 사건 소제기가 적법한지 여부 3점

1. 권리자가 수인인 경우 예약완결권의 행사방법

매매예약완결권을 준공유하는 복수채권자가 소유권이전등기청구권 보전을 위한 가등기를 한 경우에 본등기 방법에 관하여, 종전 판례는 매매예약완결권을 준공유하고 있다고 보아 복수채권자 전원이 제기하여야 하는 필수적공동소송으로 보았으나, 최근 입장을 변경하여 <u>수인의 채권자가 공동으로 매매예약완결권을 가지는 관계인지 아니면 채권자 각자의 지분별로 별개의 독립적인 매매예약완결권을 가지는 관계인지는 매매예약의 내용에 따라야 한다고 판시하였다.</u>226) 매매예약에서 그러한 내용을

---

226) 수인의 채권자가 각기 그 채권을 담보하기 위하여 채무자와 채무자 소유의 부동산에 관하여 수인의 채권자를 공동매수인으로 하는 1개의 매매예약을 체결하고 그에 따라 수인의 채권자 공동명의로 그 부동산에 가등기를 마친 경우, 수인의 채권자가 공동으로 매매예약완결권을 가지는 관계인지 아니면 채권자 각자의 지분별로 별개의 독립적인 매매예약완결권을 가지는 관계인지는 매매예약의 내용에 따라야 하고, 매매예약에서 그러한 내용을 명시적으로 정하지 않은 경우에는 수인의 채권자가 공동으로 매매예약을 체결하게 된 동기 및 경위, 그 매매예약에 의하여 달성하려는 담보의 목적, 담보 관련 권리를 공동 행사하려

민사소송법

제68조 【필수적 공동소송인의 추가】
① 법원은 제67조 제1항의 규정에 따른 공동소송인 가운데 일부가 누락된 경우에는 제1심의 변론을 종결할 때까지 원고의 신청에 따라 결정으로 원고 또는 피고를 추가하도록 허가할 수 있다. 다만, 원고의 추가는 추가될 사람의 동의를 받은 경우에만 허가할 수 있다.
② 제1항의 허가결정을 한 때에는 허가결정의 정본을 당사자 모두에게 송달하여야 하며, 추가될 당사자에게는 소장부본도 송달하여야 한다.
③ 제1항의 규정에 따라 공동소송인이 추가된 경우에는 처음의 소가 제기된 때에 추가된 당사자와의 사이에 소가 제기된 것으로 본다.
④ 제1항의 허가결정에 대하여 이해관계인은 추가될 원고의 동의가 없었다는 것을 사유로 하는 경우에만 즉시항고를 할 수 있다.
⑤ 제4항의 즉시항고는 집행정지의 효력을 가지지 아니한다.
⑥ 제1항의 신청을 기각한 결정에 대하여는 즉시항고를 할 수 있다.

명시하지 않은 경우에는 채권자별 구체적인 지분권의 표시여부 및 그 지분권 비율과 피담보채권 비율의 일치여부 등을 종합적으로 고려하여 판단한다.

2. 사안의 경우

사안에서 甲종중과 丙은 채권액에 비례하여 지분을 특정하여 공동명의 가등기를 마쳤으므로 채권자는 각자의 지분별로 별개의 독립적인 매매예약완결권을 갖는 것으로 볼 수 있다. 따라서 甲종중은 단독으로 자신의 지분에 관하여 가등기에 기한 본등기절차의 이행을 구하는 소를 제기할 수 있으므로 이 사건 소는 적법하다.

Ⅲ. 丙을 공동원고로 추가한 신청이 적법한지 여부 8점

1. 甲종중과 丙의 공동소송의 형태

공동소송인 사이에 합일확정을 요하는 경우를 필수적 공동소송이라 하고 그렇지 않은 경우를 통상공동소송이라 한다. 이 사건 소의 경우 판례에 의하면 각자가 지분의 가등기에 기한 본등기를 구할 수 있으므로 합일확정을 요하지 않는 통상공동소송이다.

2. 소의 주관적·추가적 병합의 가능성

법률상 주관적 추가적 병합이 허용되는 경우는 필수적 공동소송인의 추가(제68조), 예비적 선택적 공동소송인의 추가(제70조 제1항), 공동소송참가(제83조) 참가승계(제81조), 인수승계(제82조)가 있다. 명문의 규정이 없는 경우에 추가적 공동소송을 허용할지에 대해 견해가 대립하나 판례는 부정한다.

3. 사안의 경우

甲종중과 丙은 통상 공동소송관계이므로, 丙을 원고로 추가할 수 있는 명문의 규정이 없고, 판례에 의하면 명문의 규정 없는 원고추가는 불가하므로 甲종중이 丙을 공동원고로 추가하는 신청을 하는 것은 부적법하다.

Ⅳ. 결론 2점

甲종중의 이 사건 소제기는 적법하고, 丙을 공동원고로의 추가신청은 부적법하다.

는 의사의 유무, 채권자별 구체적인 지분권의 표시 여부 및 그 지분권 비율과 피담보채권 비율의 일치 여부, 가등기담보권 설정의 관행 등을 종합적으로 고려하여 판단하여야 한다. 이와 달리 1인의 채무자에 대한 수인의 채권자의 채권을 담보하기 위하여 그 수인의 채권자와 채무자가 채무자 소유의 부동산에 관하여 수인의 채권자를 권리자로 하는 1개의 매매예약을 체결하고 그에 따른 가등기를 마친 경우에, 매매예약의 내용이나 매매예약완결권 행사와 관련한 당사자의 의사와 관계없이 언제나 수인의 채권자가 공동으로 매매예약완결권을 가진다고 보고, 매매예약완결의 의사표시도 수인의 채권자 전원이 공동으로 행사하여야 한다는 취지의 대판 1984.6.12. 83다카2282, 대판 1985.5.28. 84다카2188, 대판 1985.10.8. 85다카604, 대판 1987.5.26. 85다카2203 등은 이 판결의 견해와 저촉되는 한도에서 변경하기로 한다(대판 2012.2.16. 2010다82530 전원합의체).

제70조【예비적·선택적 공동소송에 대한 특별규정】
① 공동소송인 가운데 일부의 청구가 다른 공동소송인의 청구와 법률상 양립할 수 없거나 공동소송인 가운데 일부에 대한 청구가 다른 공동소송인에 대한 청구와 법률상 양립할 수 없는 경우에는 제67조 내지 제69조를 준용한다. 다만, 청구의 포기·인낙, 화해 및 소의 취하의 경우에는 그러하지 아니하다.
② 제1항의 소송에서는 모든 공동소송인에 관한 청구에 대하여 판결을 하여야 한다.

제81조【승계인의 소송참가】
소송이 법원에 계속되어 있는 동안에 제3자가 소송목적인 권리 또는 의무의 전부나 일부를 승계하였다고 주장하며 제79조의 규정에 따라 소송에 참가한 경우 그 참가는 소송이 법원에 처음 계속된 때에 소급하여 시효의 중단 또는 법률상 기간준수의 효력이 생긴다.

제82조【승계인의 소송인수】
① 소송이 법원에 계속되어 있는 동안에 제3자가 소송목적인 권리 또는 의무의 전부나 일부를 승계한 때에는 법원은 당사자의 신청에 따라 그 제3자로 하여금 소송을 인수하게 할 수 있다.
② 법원은 제1항의 규정에 따른 결정을 할 때에는 당사자와 제3자를 심문(審問)하여야 한다.
③ 제1항의 소송인수의 경우에는 제80조의 규정 가운데 탈퇴 및 판결의 효력에 관한 것과, 제81조의 규정 가운데 참가의 효력에 관한 것을 준용한다.

제83조【공동소송참가】
① 소송목적이 한 쪽 당사자와 제3자에게 합일적으로 확정되어야 할 경우 그 제3자는 공동소송인으로 소송에 참가할 수 있다.
② 제1항의 경우에는 제72조의 규정을 준용한다.

106 예비적 공동소송 (1)

< 기초적 사실관계 >

B는 2002. 1. 1. 주택을 신축할 목적으로 C로부터 X토지를 매매대금 10억 원에 매수하면서, 소유권이전등기는 추후 B가 요구하는 때에 마쳐주기로 하였다. B는 2002. 4. 5. 매매대금 전액을 지급하고 C로부터 X토지를 인도받았다.

B는 그 무렵 이후 C에게 X토지에 관한 소유권이전등기절차의 이행을 요구하였는데, C는 X토지를 매도할 당시보다 시가가 2배 이상 상승하였다고 주장하면서 매매대금으로 10억 원을 더 주지 않으면 B에게 소유권이전등기를 마쳐줄 수 없다고 하였다.

B는 C에게 수차례 소유권이전등기절차의 이행을 구하다가 2009. 12. 4. A에게 X토지를 25억 원에 매도하였다.

< 추가적 사실관계 >

A는 2011. 6. 18. 법원에 B와 C를 공동피고로 하여, B에 대하여는 X토지에 관한 2009. 12. 4.자 매매를 원인으로 한 소유권이전등기절차 이행을 구하고, C에 대하여는 A의 B에 대한 X토지에 관한 소유권이전등기청구권을 보전하기 위하여 B를 대위하여 2002. 1. 1.자 매매를 원인으로 한 소유권이전등기절차 이행을 구하는 소를 제기하였다.

재판과정에서, B는 자신은 X토지에 대한 매매계약과는 무관하고 X토지를 평소 관리하던 자신의 동생인 D가 아무런 권한 없이 B의 대리인을 자처하면서 A에게 X토지를 매도한 것이라고 주장하였다.

< 문제 >

2. B의 주장이 받아들여질 경우에 대비하여, 위 소송절차에서 A는 D에 대하여 손해배상을 구하는 예비적 청구를 추가하고자 한다.
(1) 이 경우 예비적으로 D를 피고로 추가하는 것이 가능한지 여부와 그 이유를 서술하시오. (10점)
(2) D가 피고로 추가되고 B의 주장이 모두 사실로 밝혀졌을 경우, 법원은 B와 D에 대하여 각각 어떠한 판단을 하여야 하며, 그 이유는 무엇인가? (10점)

Ⅰ. 문제의 소재

설문 (1)에서는 A의 청구가 예비적 공동소송의 요건을 구비하였는지 여부 및 소송계속 중 예비적 피고를 추가할 수 있는지가 문제된다. 설문 (2)에서는 B의 주장이 사실인 경우 D가 무권대리인의 책임을 지는지 여부 및 이 경우 법원의 절차법적 판단방법이 문제된다.

Ⅱ. 설문(1) - 예비적 공동소송인 추가 10점

1. 예비적 공동소송의 추가 요건

민사소송법 제70조는 제68조를 준용하므로, 예비적 공동소송에서도 공동소송인을 추가할 수 있다.

예비적 공동소송을 하기 위해서는 ① 청구가 법률상 양립 불가능하여야 하고, ② 그 외에 민사소송법 제65조의 요건 및 동종절차, 공통관할 등의 요건을 갖추어야 한다. 이 때 청구가 법률상 양립 불가능한 경우란, "동일한 사실관계에 대한 법률적인 평가를 달리하여 두 청구 중 어느 한 쪽에 대한 법률효과가 인정되면 다른 쪽에 대한 법률효과가 부정됨으로써 두 청구가 모두 인용될 수는 없는 관계에 있는 경우나, 당사자들 사이의 사실관계 여하에 의하여 또는 청구원인을 구성하는 택일적 사실인정에 의하여 어느 일방의 법률효과를 긍정하거나 부정하고 이로써 다른 일방의 법률효과를 부정하거나 긍정하는 반대의 결과가 되는 경우로서, 두 청구들 사이에서 한 쪽 청구에 대한 판단 이유가 다른 쪽 청구에 대한 판단 이유에 영향을 주어 각 청구에 대한 판단 과정이 필연적으로 상호 결합되어 있는 관계를 의미하며, 실체법적으로 서로 양립할 수 없는 경우뿐 아니라 소송법상으로 서로 양립할 수 없는 경우를 포함"한다.[227]

2. 소결

사안에서 D에게 대리권이 있다면 B가 이행책임을 져야하고, 반대로 D에게 대리권이 없는 경우 D가 손해배상책임을 지고 B는 책임을 지지 않기 때문에 법률상 양립 불가능한 경우이다. 따라서 D의 추가는 허용된다.

Ⅲ. 설문(2) - B와 D에 대한 판단 10점

1. 무권대리인의 책임

민법 제135조의 무권대리인의 책임이 성립하기 위해서는 ① 대리인이 대리권을 증명하지 못하고 ② 상대방이 무권대리인에게 대리권이 없음을 알지 못하고 과실이 없을 것 ③ 본인의 추인이 없거나 표현대리가 성립하지 않을 것 ④ 상대방이 철회권을 행사하기 전일 것 ⑤ 무권대리인이 행위능력자일 것이 요구된다. 이 때 상대방의 선의 및 무과실은 추정된다.

사안에서 B의 주장이 사실로 밝혀질 경우 모든 요건을 충족하므로 D는 민법 제135조의 무권대리에 기한 손해배상책임을 진다.

2. 본안 재판의 통일

예비적 공동소송에서는 모든 공동소송인에 관한 청구에 대하여 판결을 하여야 한다(제70조 제2항). 이는 판결의 모순을 방지하기 위함이다.

3. 소결

따라서 법원은 하나의 판결로 B에 대한 청구를 기각하고 D에 대한 청구는 청구인용의 판결을 하여야 한다.

---

227) 대결 2007.6.26. 2007마515

민사소송법

제65조【공동소송의 요건】
소송목적이 되는 권리나 의무가 여러 사람에게 공통되거나 사실상 또는 법률상 같은 원인으로 말미암아 생긴 경우에는 그 여러 사람이 공동소송인으로서 당사자가 될 수 있다. 소송목적이 되는 권리나 의무가 같은 종류의 것이고, 사실상 또는 법률상 같은 종류의 원인으로 말미암은 것인 경우에도 또한 같다.

제70조【예비적·선택적 공동소송에 대한 특별규정】
① 공동소송인 가운데 일부의 청구가 다른 공동소송인의 청구와 법률상 양립할 수 없거나 공동소송인 가운데 일부에 대한 청구가 다른 공동소송인에 대한 청구와 법률상 양립할 수 없는 경우에는 제67조 내지 제69조를 준용한다. 다만, 청구의 포기·인낙, 화해 및 소의 취하의 경우에는 그러하지 아니하다.
② 제1항의 소송에서는 모든 공동소송인에 관한 청구에 대하여 판결을 하여야 한다.

민법

제135조【상대방에 대한 무권대리인의 책임】
① 다른 자의 대리인으로서 계약을 맺은 자가 그 대리권을 증명하지 못하고 또 본인의 추인을 받지 못한 경우에는 그는 상대방의 선택에 따라 계약을 이행할 책임 또는 손해를 배상할 책임이 있다.
② 대리인으로서 계약을 맺은 자에게 대리권이 없다는 사실을 상대방이 알았거나 알 수 있었을 때 또는 대리인으로서 계약을 맺은 사람이 제한능력자일 때에는 제1항을 적용하지 아니한다.

107 예비적 공동소송 (2)

2022년 제11회 변호사시험 <제1문1>

甲은 X건물을 소유하고 있으며, 아들인 乙이 오랫동안 X건물을 관리해 왔다. 甲이 병환으로 입원하자, 乙은 병원비 조달과 자신의 사업 자금 마련을 위하여 평소 보관하고 있던 甲의 인장과 관련 서류를 이용하여 위임장을 만든 후, 甲의 대리인이라고 하면서 X건물을 丙에게 매도하였다. 병원에서 퇴원한 甲이 이 사실을 알고 乙을 질책하자, 乙은 丙에게 X건물에 관한 소유권이전등기를 마쳐 주지 않았다. 이에 丙은 甲을 상대로, 주위적으로는 유권대리, 예비적으로는 표현대리에 의한 매매계약의 성립을 주장하며 매매계약을 원인으로 한 소유권이전등기청구의 소를 제기하였으나, 법원은 丙에게 추가적인 주장·증명을 요구하였다. 그러자 丙은 甲에 대한 청구가 기각될 것을 대비하여 乙을 상대로 「민법」제135조의 무권대리로 인한 손해배상을 구하는 내용의 피고 추가 신청을 하였다.

< 문제 >

법원의 심리 결과 甲이 乙에게 명시적으로 X건물을 매도할 권한을 준 사실은 없지만 乙이 甲을 대신하여 X건물을 오랫동안 관리해 왔고, 건물 매도에 필요한 모든 서류를 乙이 보관하고 있던 점을 참작하여 甲에게 표현대리로 인한 계약상의 책임이 있다고 판단하였다. ① 丙의 피고 추가 신청은 적법한가, ② 법원은 이 사건에서 어떠한 판결을 선고하여야 하는가? (20점)

Ⅰ. 문제의 소재 2점

사안에서는 ① 丙의 甲에 대한 각 청구가 예비적 병합에 해당하는지 여부, ② 丙의 乙에 대한 청구가 예비적 공동소송의 요건을 구비하였는지 여부, ③ 주위적 피고에 대한 예비적 청구와 예비적 피고에 대한 청구가 법률상 양립가능한 경우 법원의 판단방법이 각 문제된다.

Ⅱ. 丙의 甲에 대한 각 청구 3점

예비적 병합이란 양립할 수 없는 여러 개의 청구를 하면서 주위적 청구가 기각·각하될 때를 대비하여 예비적 청구에 대하여 심판을 구하는 형태의 병합을 의미하는데, 사안에서 丙의 甲에 대한 각 청구는 대리권의 존재 또는 부존재를 각 전제로 하는 것이므로 법률상 양립불가능하고 따라서 丙의 甲에 대한 각 청구는 예비적 병합에 해당한다.

민사소송법

제65조 【공동소송의 요건】
소송목적이 되는 권리나 의무가 여러 사람에게 공통되거나 사실상 또는 법률상 같은 원인으로 말미암아 생긴 경우에는 그 여러 사람이 공동소송인으로서 당사자가 될 수 있다. 소송목적이 되는 권리나 의무가 같은 종류의 것이고, 사실상 또는 법률상 같은 종류의 원인으로 말미암은 것인 경우에도 또한 같다.

제68조 【필수적 공동소송인의 추가】
① 법원은 제67조 제1항의 규정에 따른 공동소송인 가운데 일부가 누락된 경우에는 제1심의 변론을 종결할 때까지 원고의 신청에 따라 결정으로 원고 또는 피고를 추가하도록 허가할 수 있다. 다만, 원고의 추가는 추가될 사람의 동의를 받은 경우에만 허가할 수 있다.

Ⅲ. 예비적 공동소송인의 추가 가능성 8점

예비적 공동소송을 하기 위해서는 ① 피고들에 대한 각 청구가 법률상 양립불가능하여야 하고, ② 그 외에 민사소송법 제65조의 요건 및 동종절차, 공통관할 등의 요건을 갖추어야 한다. 그리고 민사소송법 제70조는 제68조를 준용하므로, 예비적 공동소송에서도 공동소송인을 추가할 수 있다.

한편, 丙의 乙에 대한 청구는 丙의 甲에 대한 주위적 청구에 대해서만 양립불가능의 요건을 구비하는데, 이와 관련하여 판례228)는 '민사소송법 제70조 제1항 본문이 규정하는 '공동소송인 가운데 일부에 대한 청구'를 반드시 '공동소송인 가운데 일부에 대한 모든 청구'라고 해석할 근거는 없으므로, 주위적 피고에 대한 주위적·예비적 청구 중 주위적 청구 부분이 받아들여지지 아니할 경우 그와 법률상 양립할 수 없는 관계에 있는 예비적 피고에 대한 청구를 받아들여 달라는 취지로 주위적 피고에 대한 주위적·예비적 청구와 예비적 피고에 대한 청구를 결합하여 소를 제기하는 것도 가능하고, 처음에는 주위적 피고에 대한 주위적·예비적 청구만을 하였다가 청구 중 주위적 청구 부분이 받아들여지지 아니할 경우 그와 법률상 양립할 수 없는 관계에 있는 예비적 피고에 대한 청구를 받아들여 달라는 취지로 예비적 피고에 대한 청구를 결합하기 위하여 예비적 피고를 추가하는 것도 민사소송법 제70조 제1항 본문에 의하여 준용되는 민사소송법 제68조 제1항에 의하여 가능하다.'고 판시하였다.

위 판결에 따르면, 丙의 乙에 대한 청구는 丙의 甲에 대한 주위적 청구에 대해서만 양립불가능하고, 예비적 청구와는 양립가능하지만 예비적 공동소송의 요건을 구비한 것이고, 따라서 丙은 乙을 예비적 피고로 추가할 수 있다.

Ⅳ. 법원의 판단 7점

주위적 피고에 대한 청구와 예비적 피고에 대한 청구가 법률상 양립가능한 경우와 관련하여, 판례229)는 '주위적 피고에 대한 예비적 청구와 예비적 피고에 대한 청구가 서로 법률상 양립할 수 있는 관계에 있으면 양 청구를 병합하여 통상의 공동소송으로 보아 심리·판단할 수 있다. 그리고 이러한 법리는 원고가 주위적 피고에 대하여 실질적으로 선택적 병합 관계에 있는 두 청구를 주위적·예비적으로 순위를 붙여 청구한 경우에도 그대로 적용된다.'고 판시하였다.

위 판결에 따르면 丙의 甲에 대한 예비적 청구와 丙의 乙에 대한 청구는 법률상 양립가능하므로 법원은 통상의 공동소송으로 보아 심리, 판단할 수 있다.

한편, 민법 제135조의 무권대리인의 책임이 성립하기 위해서는 ① 대리인이 대리권을 증명하지 못할 것 ② 상대방이 무권대리인에게 대리권이 없음을 알지 못하고 과실이 없을 것 ③ 본인의 추인이 없거나 표현대리가 성립하지 않을 것 ④ 상대방이 철회권을 행사하기 전일 것 ⑤ 무권대리인이 행위능력자일 것이 요구되는데, 다수설에 따르면 표현대리가 성립하지 않아야 무권대리인에 대하여 손해배상을 청구할 수 있고, 위 다수설의 견해에 따르면 법원은 丙의 甲에 대한 예비적 청구를 인용하고, 丙의 乙에 대한 청구는 실체법적 요건을 구비하지 못하였음을 이유로 기각하여야 한다.230)

---

228) 대판 2015.6.11. 2014다232913
229) 대판 2015.6.11. 2014다232913

② 제1항의 허가결정을 한 때에는 허가결정의 정본을 당사자 모두에게 송달하여야 하며, 추가될 당사자에게는 소장부본도 송달하여야 한다.
③ 제1항의 규정에 따라 공동소송인이 추가된 경우에는 처음의 소가 제기된 때에 추가된 당사자와의 사이에 소가 제기된 것으로 본다.
④ 제1항의 허가결정에 대하여 이해관계인은 추가될 원고의 동의가 없었다는 것을 사유로 하는 경우에만 즉시항고를 할 수 있다.
⑤ 제4항의 즉시항고는 집행정지의 효력을 가지지 아니한다.
⑥ 제1항의 신청을 기각한 결정에 대하여는 즉시항고를 할 수 있다.

제70조【예비적·선택적 공동소송에 대한 특별규정】
① 공동소송인 가운데 일부의 청구가 다른 공동소송인의 청구와 법률상 양립할 수 없거나 공동소송인 가운데 일부에 대한 청구가 다른 공동소송인에 대한 청구와 법률상 양립할 수 없는 경우에는 제67조 내지 제69조를 준용한다. 다만, 청구의 포기·인낙, 화해 및 소의 취하의 경우에는 그러하지 아니하다.
② 제1항의 소송에서는 모든 공동소송인에 관한 청구에 대하여 판결을 하여야 한다.

민법
제135조【상대방에 대한 무권대리인의 책임】
① 다른 자의 대리인으로서 계약을 맺은 자가 그 대리권을 증명하지 못하고 또 본인의 추인을 받지 못한 경우에는 그는 상대방의 선택에 따라 계약을 이행할 책임 또는 손해를 배상할 책임이 있다.
② 대리인으로서 계약을 맺은 자에게 대리권이 없다는 사실을 상대방이 알았거나 알 수 있었을 때 또는 대리인으로서 계약을 맺은 사람이 제한능력자일 때에는 제1항을 적용하지 아니한다.

108 예비적 공동소송(3)

甲은 자신이 乙에게 2억 원을 대여하였고 丁이 丙을 대리하여 甲에 대한 乙의 채무를 연대보증하였다고 주장하면서 주위적으로 乙과 丙은 연대하여 甲에게 2억 원의 지급을 구하고, 丁이 무권대리인이라는 이유로 丙에 대한 청구가 기각될 경우에 대비하여 丁은 무권대리인으로서 丙의 연대보증의무를 이행하여야 한다고 주장하면서 예비적으로 乙과 丁은 연대하여 甲에게 2억 원의 지급을 구하는 소를 제기하였다.

제1심은 乙과 丁에 대한 청구를 인용하면서, 丙에 대한 청구는 기각하였고, 이에 丁만이 항소하였다. 항소심 법원은 甲의 丙에 대한 청구 부분은 제1심 판결이 확정되었으므로 항소심의 심판대상은 丁에 대한 청구 부분으로 한정된다고 인정하여, 丁의 항소를 기각하면서 丙에 대한 청구 부분에 대하여는 아무런 판단도 하지 아니하였다.

< 문제 >
위와 같은 항소심 판단은 정당한가? (소제기의 적법 여부도 검토할 것) (20점)

Ⅰ. 문제의 소재 3점

사안에서는 ① 甲의 소송의 형태가 예비적 공동소송에 해당하는지 여부, ② 예비적 공동소송에서 예비적 피고만이 항소한 경우 이심의 범위 및 심판의 범위가 각 문제된다.

Ⅱ. 예비적 공동소송인지 여부 10점

공동소송인 가운데 일부의 청구가 다른 공동소송인의 청구와 법률상 양립할 수 없거나 공동소송인 가운데 일부에 대한 청구가 다른 공동소송인에 대한 청구와 법률상 양립할 수 없는 경우에는 필수적 공동소송인의 추가절차를 준용하여 제1심 변론 종결전까지 공동소송인을 추가할 수 있다(제70조, 제68조).

법률상 양립불가능의 의미와 관련하여 판례231)는 "민사소송법 제70조 제1항의 '법률상 양립할 수 없다'는 것은, 동일한 사실관계에 대한 법률적인 평가를 달리하여 두 청구 중 어느 한쪽에 대한 법률효과가 인정되면 다른 쪽에 대한 법률효과가 부

---

230) 위 대판 2015.6.11. 2014다232913은 주위적 피고에 대한 예비적 청구와 예비적 피고에 대한 청구가 부진정연대채무관계에 있어 각 청구를 모두 인용하였는데, 청구의 성질이 사안과는 다른 것으로 생각되므로, 위와 같이 결론을 도출하였다.
231) 대결 2007.6.26. 2007마515

민사소송법

제67조 【필수적 공동소송에 대한 특별규정】
① 소송목적이 공동소송인 모두에게 합일적으로 확정되어야 할 공동소송의 경우에 공동소송인 가운데 한 사람의 소송행위는 모두의 이익을 위하여서만 효력을 가진다.
② 제1항의 공동소송에서 공동소송인 가운데 한 사람에 대한 상대방의 소송행위는 공동소송인 모두에게 효력이 미친다.
③ 제1항의 공동소송에서 공동소송인 가운데 한 사람에게 소송절차를 중단 또는 중지하여야 할 이유가 있는 경우 그 중단 또는 중지는 모두에게 효력이 미친다.

정됨으로써 두 청구가 모두 인용될 수는 없는 관계에 있는 경우나, 당사자들 사이의 사실관계 여하에 의하여 또는 청구원인을 구성하는 택일적 사실인정에 의하여 어느 일방의 법률효과를 긍정하거나 부정하고 이로써 다른 일방의 법률효과를 부정하거나 긍정하는 반대의 결과가 되는 경우로서, 두 청구들 사이에서 한 쪽 청구에 대한 판단 이유가 다른 쪽 청구에 대한 판단 이유에 영향을 주어 각 청구에 대한 판단 과정이 필연적으로 상호 결합되어 있는 관계를 의미하며, 실체법적으로 서로 양립할 수 없는 경우뿐 아니라 소송법상으로 서로 양립할 수 없는 경우를 포함하는 것으로 봄이 상당하다"고 판시하였다.

사안에서 丁에게 대리권이 있다면 본인인 丙이 채무를 부담하여야 하고, 丁에게 대리권이 없다면 丁 자신이 무권대리인의 책임을 부담하여야 하므로, 양자의 지위는 법률상 양립불가능한 경우이다. 따라서 甲의 丙, 丁에 대한 각 청구는 예비적 공동소송에 해당한다.

Ⅲ. 예비적 공동소송에서의 이심 및 심판의 범위 7점

1. 예비적 공동소송의 심리방법

예비적 공동소송에는 청구의 포기·인낙, 화해 및 소의 취하를 제외하고는 필수적 공동소송의 심판절차에 의하므로(제70조 제1항), 공동소송인 1인의 행위는 전원의 이익을 위해서만 효력을 가지고, 공동소송인 1인의 중단, 중지는 모두에게 효력이 미치며, 변론의 분리나 일부판결은 허용되지 않는다(제67조 제1항 및 제3항).

2. 예비적 공동소송에서의 이심 및 심판의 범위

항소심의 이심범위 및 심판범위와 관련하여 판례232)는 '주관적·예비적 공동소송은 동일한 법률관계에 관하여 모든 공동소송인이 서로간의 다툼을 하나의 소송절차로 한꺼번에 모순 없이 해결하는 소송형태로서 모든 공동소송인에 대한 청구에 관하여 판결을 하여야 하고, 그 중 일부 공동소송인에 대하여만 판결을 하거나 남겨진 자를 위하여 추가판결을 하는 것은 허용되지 않는다. 그리고 주관적·예비적 공동소송에서 주위적공동소송인과 예비적공동소송인 중 어느 한 사람이 상소를 제기하면 다른 공동소송인에 관한 청구부분도 확정이 차단되고 상소심에 이심되어 심판대상이 되고, 이러한 경우 상소심의 심판대상은 주위적·예비적 공동소송인들 및 상대방 당사자 간 결론의 합일확정 필요성을 고려하여 판단하여야 한다.'고 판시하여 상소불가분의 원칙은 인정하였지만 불이익변경금지원칙은 적용되지 않는다고 하였다.

사안에서 丁만이 항소하였지만, 상소불가분의 원칙에 따라 丙에 대한 부분도 당연히 항소심 법원에 이심되어 심판의 대상이 된다. 그렇지만 항소심 법원은 丙에 대한 청구 부분에 대해서는 아무런 판단을 하지 않았는데, 이는 판단누락에 해당하고, 따라서 위법하다.

---

232) 대판 2011.2.24. 2009다43355

제68조【필수적 공동소송인의 추가】

① 법원은 제67조 제1항의 규정에 따른 공동소송인 가운데 일부가 누락된 경우에는 제1심의 변론을 종결할 때까지 원고의 신청에 따라 결정으로 원고 또는 피고를 추가하도록 허가할 수 있다. 다만, 원고의 추가는 추가될 사람의 동의를 받은 경우에만 허가할 수 있다.

② 제1항의 허가결정을 한 때에는 허가결정의 정본을 당사자 모두에게 송달하여야 하며, 추가될 당사자에게는 소장부본도 송달하여야 한다.

③ 제1항의 규정에 따라 공동소송인이 추가된 경우에는 처음의 소가 제기된 때에 추가된 당사자와의 사이에 소가 제기된 것으로 본다.

④ 제1항의 허가결정에 대하여 이해관계인은 추가될 원고의 동의가 없었다는 것을 사유로 하는 경우에만 즉시항고를 할 수 있다.

⑤ 제4항의 즉시항고는 집행정지의 효력을 가지지 아니한다.

⑥ 제1항의 신청을 기각한 결정에 대하여는 즉시항고를 할 수 있다.

제70조【예비적·선택적 공동소송에 대한 특별규정】

① 공동소송인 가운데 일부의 청구가 다른 공동소송인의 청구와 법률상 양립할 수 없거나 공동소송인 가운데 일부에 대한 청구가 다른 공동소송인에 대한 청구와 법률상 양립할 수 없는 경우에는 제67조 내지 제69조를 준용한다. 다만, 청구의 포기·인낙, 화해 및 소의 취하의 경우에는 그러하지 아니하다.

② 제1항의 소송에서는 모든 공동소송인에 관한 청구에 대하여 판결을 하여야 한다.

109　예비적 공동소송(4)

甲은 주택을 신축하려고 2019. 2. 2. 乙로부터 그 소유의 X토지를 12억 원에 매수하였는데, 잔금지급 및 토지인도는 2019. 3. 3.에 하기로 하되, 甲의 세금관계상 이전등기는 위 잔금일 후 甲이 요구하는 날에 마치기로 했으며(통지는 7일 전에 하기로 함), 위 3. 3.에 인도 및 잔금지급을 마쳤다.

세금문제가 해소되어 甲이 2019. 9. 9. 乙에게 이전등기를 요청했으나 乙이 응하지 않았고 그 후에도 몇 차례 독촉했으나 乙의 반응이 없다. (이하의 각 사실관계는 독립적임)

< 문제 >

2. [丙 앞으로 이전등기가 마쳐지지는 않은 경우임.] 甲은 乙을 상대로 X토지에 관하여 2019. 2. 2. 매매를 원인으로 한 소유권이전등기청구의 소를 제기하였는데, 乙은, 위 2019. 2. 2. 매매계약은 자신은 모르는 일이고, 평소에 X토지를 관리하던 자신의 동생인 丁이 아무런 권한 없이 乙의 대리인임을 자처하면서 甲과 매매계약을 체결하였다고 주장했다. 그래서 甲은 乙의 위 주장이 받아들여질 경우에 대비하여, 丁에 대하여 손해배상을 구하는 예비적 청구를 추가하였다.

가. 법원이 심리한 결과 丁에게 乙을 대리할 권한이 없다고 판단된다면, 법원의 판결주문은 어떠해야 하는가? (15점)

나. 乙을 주위적 피고로, 丁을 예비적 피고로 한 위 소송에서 乙에 대한 청구기각 및 丁에 대한 청구인용의 제1심판결이 선고된 후에, 丁만 항소를 하고 甲은 항소를 하지 않았다. 그런데 항소심은 위 매매계약 당시 丁에게 대리권이 있었다는 확신을 갖게 되었다. 항소심이 제1심 판결을 변경하여 甲의 乙에 대한 청구를 인용할 수 있는지 여부 및 그 논거를 설명하시오. (25점)

문제 2.- 가 15점

Ⅰ. 문제의 소재 2점

사안에서는 ① 甲의 乙에 대한 청구 및 甲의 丁에 대한 청구가 예비적 공동소송의 요건을 구비하였는지 여부 및 ② 예비적 공동소송의 심판방법이 각 문제된다.

Ⅱ. 예비적 공동소송의 요건 8점

공동소송인에 대한 청구가 법률상 양립불가능한 경우, 원고는 예비적 공동소송의 형태로 소를 제기할 수 있고, 법률상 양립불가능은 실체법적 양립불가능한 경우 및 소송법적 양립불가능한 경우 모두를 포함한다(제70조 제1항). 그리고 당사자는 1심 변론종결전까지는 예비적 공동소송인을 추가할 수 있다(제70조 제1항, 제68조).

사안에서 甲의 乙에 대한 청구는 매매계약이 유효임을 전제로 한 청구이고, 甲의 丁에 대한 청구는 매매계약이 무권대리로 무효임을 전제로 한 손해배상청구이므로 이는 실체법상 양립불가능한 경우이며, 1심 변론종결전까지 예비적 공동소송인을 추가하였으므로, 甲의 소는 적법하다.

Ⅲ. 예비적 공동소송의 심판 5점

예비적 공동소송에 있어서 법원은 합일확정의 필요성으로 인하여 공동소송인 모두에 대하여 판결을 선고하여야 한다(제70조 제2항).

사안에서 법원은 丁이 무권대리인이라고 심증을 형성하였으므로, 甲의 乙에 대한 청구를 기각하고, 甲의 丁에 대한 청구를 인용하는 판결을 선고하여야 한다.

민사소송법

제68조 【필수적 공동소송인의 추가】

① 법원은 제67조 제1항의 규정에 따른 공동소송인 가운데 일부가 누락된 경우에는 제1심의 변론을 종결할 때까지 원고의 신청에 따라 결정으로 원고 또는 피고를 추가하도록 허가할 수 있다. 다만, 원고의 추가는 추가될 사람의 동의를 받은 경우에만 허가할 수 있다.

② 제1항의 허가결정을 한 때에는 허가결정의 정본을 당사자 모두에게 송달하여야 하며, 추가될 당사자에게는 소장부본도 송달하여야 한다.

③ 제1항의 규정에 따라 공동소송인이 추가된 경우에는 처음의 소가 제기된 때에 추가된 당사자와의 사이에 소가 제기된 것으로 본다.

④ 제1항의 허가결정에 대하여 이해관계인은 추가될 원고의 동의가 없었다는 것을 사유로 하는 경우에만 즉시항고를 할 수 있다.

⑤ 제4항의 즉시항고는 집행정지의 효력을 가지지 아니한다.

⑥ 제1항의 신청을 기각한 결정에 대하여는 즉시항고를 할 수 있다.

제70조 【예비적·선택적 공동소송에 대한 특별규정】

① 공동소송인 가운데 일부의 청구가 다른 공동소송인의 청구와 법률상 양립할 수 없거나 공동소송인 가운데 일부에 대한 청구가 다른 공동소송인에 대한 청구와 법률상 양립할 수 없는 경우에는 제67조 내지 제69조를 준용한다. 다만, 청구의 포기·인낙, 화해 및 소의 취하의 경우에는 그러하지 아니하다.

② 제1항의 소송에서는 모든 공동소송인에 관한 청구에 대하여 판결을 하여야 한다.

문제 2.- 나 25점

I. 문제의 소재 3점

사안에서는 예비적 공동소송에서의 심판의 방법 및 상소시 이심 및 심판의 범위가 각 문제된다.

II. 예비적 공동소송의 심판방식 7점

예비적 공동소송에는 청구의 포기·인낙, 화해 및 소의 취하를 제외하고는 필수적 공동소송의 심판절차에 의하므로(제70조 제1항), 공동소송인 1인의 행위는 전원의 이익을 위해서만 효력을 가지고, 공동소송인 1인의 중단, 중지는 모두에게 효력이 미치며, 변론의 분리나 일부판결은 허용되지 않는다(제67조 제1항 및 제3항).

III. 예비적 공동소송의 이심 및 심판의 범위 15점

항소심의 이심범위 및 심판범위와 관련하여 판례233)는 '주관적·예비적 공동소송은 동일한 법률관계에 관하여 모든 공동소송인이 서로간의 다툼을 하나의 소송절차로 한꺼번에 모순 없이 해결하는 소송형태로서 모든 공동소송인에 대한 청구에 관하여 판결을 하여야 하고, 그 중 일부 공동소송인에 대하여만 판결을 하거나 남겨진 자를 위하여 추가판결을 하는 것은 허용되지 않는다. 그리고 주관적·예비적 공동소송에서 주위적 공동소송인과 예비적 공동소송인 중 어느 한 사람이 상소를 제기하면 다른 공동소송인에 관한 청구 부분도 확정이 차단되고 상소심에 이심되어 심판대상이 되고, 이러한 경우 상소심의 심판대상은 주위적·예비적 공동소송인들 및 상대방 당사자 간 결론의 합일확정 필요성을 고려하여 판단하여야 한다.'고 판시하여 상소불가분의 원칙은 인정하였지만 불이익변경금지원칙은 적용되지 않는다고 하였다.

사안에서 丁만이 항소하였다 하더라도, 甲의 乙에 대한 청구부분도 모두 항소심에 이심되어 심판의 대상이 되고, 항소심 법원은 丁이 유권대리인이라고 심증을 형성하였으므로, 甲의 乙에 대한 청구를 인용하고, 甲의 丁에 대한 청구를 기각하여야 한다.

민사소송법
제67조【필수적 공동소송에 대한 특별규정】
① 소송목적이 공동소송인 모두에게 합일적으로 확정되어야 할 공동소송의 경우에 공동소송인 가운데 한 사람의 소송행위는 모두의 이익을 위하여서만 효력을 가진다.
② 제1항의 공동소송에서 공동소송인 가운데 한 사람에 대한 상대방의 소송행위는 공동소송인 모두에게 효력이 미친다.
③ 제1항의 공동소송에서 공동소송인 가운데 한 사람에게 소송절차를 중단 또는 중지하여야 할 이유가 있는 경우 그 중단 또는 중지는 모두에게 효력이 미친다.

---

233) 대판 2011.2.24. 2009다43355

통상공동소송 (종합문제) (1)

< 기초적 사실관계 >

甲은 2011. 8. 1. 丙과 丁의 연대보증 아래 乙에게 3억 원을 변제기 2012. 7. 31., 이율 연 12%(변제기에 지급)로 정하여 대여(이하 '이 사건 대여'라 한다)하였다.

丁은 무자력 상태에서 2015. 10. 1. 자신의 유일한 재산인 시가 4억 원 상당의 X토지를 戊에게 1억 원에 매도(이하 '이 사건 매매계약'이라 한다)하고 같은 달 10. 소유권이전등기(이하 '이 사건 소유권이전등기'라 한다)를 마쳐주었다.

丁에 대해 변제기가 2014. 11. 30.인 2억 원의 물품대금채권을 가지고 있던 K는 戊를 상대로 2016. 9. 1. 이 사건 매매계약의 취소와 소유권이전등기의 말소를 구하는 사해행위취소의 소를 제기하였다.

< 추가적 사실관계 >

변제기가 지나도 乙이 이 사건 대여금을 변제하지 않자 甲은 2017. 9. 1. '乙, 丙, 丁은 연대하여 甲에게 이 사건 대여원리금을 지급하라'는 취지의 소를 제기하였다.

甲의 이 사건 대여사실과 丙과 丁의 연대보증사실이 기재된 소장 부본이 2017. 9. 29. 乙에게 송달되었고, 乙은 '甲으로부터 이 사건 대여금을 차용한 사실은 있지만 대여금 채권은 시효소멸되었다'는 취지의 답변서를 그 무렵 제출하였다. 한편, 丙에게도 2017. 10. 2. 소장 부본이 송달되었으나 丙은 답변서나 준비서면을 제출하지 않았고, 丁에게는 소장 부본이 소재불명으로 송달불능되어 재판장의 명령에 따라 소장 부본이 공시송달되었다.

법원은 적법하게 변론기일소환장을 송달(丁에게는 공시송달됨)하여 2017. 11. 6. 제1차 변론기일을 진행하였다. 乙은 변론기일에 출석하여 답변서를 진술하면서 자신은 컴퓨터판매업을 하는 상인이고, 이 사건 대여금은 사업운영자금으로 빌린 돈이라고 주장하였다. 이에 대해 甲은 乙의 위와 같은 상황을 알고서 대여해 준 것이며, 乙의 주장이 맞다고 진술하였다. 위 변론기일에 丙은 적법하게 변론기일 소환장을 받고도 출석하지 않았으며, 丁 또한 출석하지 않았다. 甲은 변론기일에서 乙이 작성명의인으로 된 이 사건 대여금의 차용증서는 증거로 제출하였으나 丙, 丁의 연대보증사실을 증명할 만한 증거를 제출하지는 않았다.

< 문제 >

2. 만약 법원이 위 변론기일을 종결하고 2018. 1. 12. 판결을 선고하는 경우 피고들에 대한 각 청구의 결론[각하, 기각, 인용, 일부인용]과 논거를 서술하시오. (30점)

Ⅰ. 문제의 소재 2점

① 甲의 乙, 丙, 丁에 대한 각 소송이 통상의 공동소송에 해당하는지 여부, ② 통상의 공동소송에서 주장공통의 원칙의 적용여부, ③ 답변서 미제출의 효력, ④ 자백간주의 효력, ⑤ 주장책임 및 증명책임, ⑥ 상사채권의 소멸시효기간이 각 문제된다.

Ⅱ. 乙, 丙, 丁에 대한 공동소송의 법적 성질 3점

乙과 丙, 丁은 각 주채무자와 연대보증인의 관계에 있는데, 乙과 丙, 丁의 각 채무는 실체법상 의존관계에 있다고 하더라도 공동소송인 사이에 합일확정의 필요성이 인정되는 것은 아니므로 통상의 공동소송의 관계에 있다.

Ⅲ. 통상의 공동소송에서 있어서 주장공통의 원칙 인정여부 5점

민사소송법 제66조에 따라 각 공동소송인은 공격방어방법을 개별적으로 제출할 수 있으며 주장을 달리해도 상관이 없고, 기일해태의 효과도 각각 독립하여 발생하게 되고, 판결도 합일확정의 필요성이 없어 공동소송인별로 다른 판결이 선고되는 것도 가능하다. 특히 주장공통의 원칙의 적용과 관련하여 판례234)는 '민사소송법 제66조와 변론주의 소송구조 등에 비추어 볼 때 통상공동소송에 있어서 주장공통의 원칙은 적용되지 아니한다.'고 판시하여 부정적인 입장이다.

Ⅳ. 답변서 미제출의 효과 및 자백간주 3점

피고가 소장부본을 송달받은 날로부터 30일 이내에 최초의 답변서를 제출하지 아니한 경우 청구의 원인이 된 사실을 자백한 것으로 보고 법원은 변론기일을 기정하지 않고 원고승소 판결을 할 수 있다(제257조). 그러나 변론기일이 지정된 경우 법원은 무변론판결을 할 수 없고, 민사소송법 제150조 제3항에 따라 피고가 자백한 것으로 간주하여야 한다. 또한 당사자가 변론에서 상대방이 주장하는 사실을 명백히 다투지 아니한 경우 또는 당사자가 변론기일에 출석하지 아니하는 경우 법원은 그 사실을 자백한 것으로 간주한다. 단, 공시송달의 방법으로 기일통지를 송달받은 당사자에 대해서는 자백간주의 효력을 인정할 수 없다.

Ⅴ. 주장책임과 증명책임 2점

증명책임의 분배에 관하여 판례는 권리의 존재를 주장하는 사람이 자기에게 유리

---
234) 대판 1994.5.10. 93다47196

민사소송법

제66조 【통상공동소송인의 지위】
공동소송인 가운데 한 사람의 소송행위 또는 이에 대한 상대방의 소송행위와 공동소송인 가운데 한 사람에 관한 사항은 다른 공동소송인에게 영향을 미치지 아니한다.

제150조 【자백간주】
① 당사자가 변론에서 상대방이 주장하는 사실을 명백히 다투지 아니한 때에는 그 사실을 자백한 것으로 본다. 다만, 변론 전체의 취지로 보아 그 사실에 대하여 다툰 것으로 인정되는 경우에는 그러하지 아니하다.
② 상대방이 주장한 사실에 대하여 알지 못한다고 진술한 때에는 그 사실을 다툰 것으로 추정한다.
③ 당사자가 변론기일에 출석하지 아니하는 경우에는 제1항의 규정을 준용한다. 다만, 공시송달의 방법으로 기일통지서를 송달받은 당사자가 출석하지 아니한 경우에는 그러하지 아니하다.

제257조 【변론 없이 하는 판결】
① 법원은 피고가 제256조 제1항의 답변서를 제출하지 아니한 때에는 청구의 원인이 된 사실을 자백한 것으로 보고 변론 없이 판결할 수 있다. 다만, 직권으로 조사할 사항이 있거나 판결이 선고되기까지 피고가 원고의 청구를 다투는 취지의 답변서를 제출한 경우에는 그러하지 아니하다.
② 피고가 청구의 원인이 된 사실을 모두 자백하는 취지의 답변서를 제출하고 따로 항변을 하지 아니한 때에는 제1항의 규정을 준용한다.
③ 법원은 피고에게 소장의 부본을 송달할 때에 제1항 및 제2항의 규정에 따라 변론 없이 판결을 선고할 기일을 함께 통지할 수 있다.

한 권리근거규정의 요건사실에 대한 증명책임을, 권리의 존재를 다투는 상대방이 자기에게 유리한 반대규정의 요건사실에 대한 증명책임을 부담하여야 한다고 하여 법률요건분류설의 입장이다. 결국 당사자들은 자신에게 유리한 사실에 대한 주장·증명책임을 부담하게 된다.

상법
제47조【보조적 상행위】
① 상인이 영업을 위하여 하는 행위는 상행위로 본다.
② 상인의 행위는 영업을 위하여 하는 것으로 추정한다.

VI. 甲의 乙에 대한 청구 5점

乙이 컴퓨터판매업에 종사하는 상인이라는 점은 당사자 사이에 다툼이 없고, 당사자 일방이 상인인 경우 그 법률행위는 상행위에 해당하므로(상법 제47조), 甲의 乙에 대한 채권은 상사채권에 해당한다. 따라서 변제기인 2012. 7. 31.로부터 5년이 도과하면 위 채권은 시효로 소멸한다.

사안에서 甲은 소멸시효기간이 도과한 2017. 9. 1. 대여금청구소송을 제기하였고, 乙은 답변서를 통하여 대여금채권의 소멸시효완성을 주장하였으므로, 甲의 乙에 대한 청구는 소멸시효완성을 이유로 기각되어야 한다. 단, 甲의 乙, 丙, 丁에 대한 소송은 통상의 공동소송에 해당하므로, 주장공통의 원칙이 적용되지 않아 乙이 소멸시효완성을 주장하였더라도 丙과 丁이 동일한 주장을 한 것으로 취급할 수는 없다.

VII. 甲의 丙에 대한 청구 5점

甲의 丙에 대한 대여금청구는 연대보증인에 대한 청구이므로, 甲이 주채무의 발생사실 및 연대보증계약의 체결사실을 주장·증명하여야 한다. 사안에서 甲은 대여금의 차용증서를 제출함으로써 주채무의 발생사실을 주장·증명하였으나, 연대보증계약의 체결사실에 대해서는 증거를 제출하지 않아 증명을 하지 못하였다. 그러나 丙은 소장과 변론기일소환장을 직접 송달받고도 답변서를 제출하지 않고 변론기일에 출석하지도 않았으므로, 甲의 주장사실에 대한 자백간주의 효력이 발생하여 甲은 연대보증계약의 체결사실에 대하여 증명을 할 필요가 없게 되었다. 따라서 법원은 주채무의 발생사실 및 연대보증계약의 체결사실이 모두 증명된 것으로 보아 甲의 丙에 대한 청구를 전부 인용하여야 한다.

VIII. 甲의 丁에 대한 청구 5점

위와 같이 甲의 丁에 대한 대여금청구도 연대보증인에 대한 청구이므로, 甲이 주채무의 발생사실 및 연대보증계약의 체결사실을 주장·증명하여야 한다. 사안에서 甲은 대여금의 차용증서를 제출함으로써 주채무의 발생사실은 주장·증명하였으나, 연대보증계약의 체결사실에 대해서는 증거를 제출하지 않아 증명을 하지 못하였고, 丁은 공시송달로 변론기일 소환장을 송달받았으므로 丁에 대해서는 자백간주의 효력을 인정할 수 없다. 따라서 법원은 연대보증계약의 체결사실이 증명되지 않은 것으로 판단하여 甲의 丁에 대한 청구를 기각하여야 한다.

통상공동소송 (종합문제) (2)

< 공통된 사실관계 >

甲은 乙에게서 P시에 소재하는 1필의 X토지 중 일부를 위치와 면적을 특정하여 매수했으나 필요가 생기면 추후 분할하기로 하고 분할등기를 하지 않은 채 X토지 전체 면적에 대한 甲의 매수 부분의 면적 비율에 상응하는 지분소유권이전등기를 甲 명의로 경료하고 甲과 乙은 각자 소유하게 될 토지의 경계선을 확정하였다.

< 추가된 사실관계 >

甲과 乙은 각자 소유하는 토지 부분 위에 독자적으로 건축허가를 받아 각자의 건물을 각자의 비용으로 신축하기로 하였다. 각 건물의 1층 바닥의 기초공사를 마치고 건물의 벽과 지붕을 건축하던 중 자금이 부족하게 되자 甲과 乙은 공동으로 丁에게서 건축 자금 1억 원을 빌리면서 X토지 전체에 저당권을 설정해 주었다. 이후 건물은 완성되었으나 준공검사를 받지 못하여 소유권보존등기를 하지 못하고 있던 차에 자금 사정이 더욱 나빠진 甲과 乙은 원리금을 연체하게 되어 결국 저당권이 실행되었고 경매를 통하여 戊에게 X토지 전체에 대한 소유권이전등기가 경료되었다. 戊는 甲과 乙에게 법률상 근거 없이 X토지를 점유하고 있다는 이유로 각 건물의 철거 및 X토지 전체의 인도를 청구하고 있다. 甲과 乙은 위 소송과정에서 자신들이 승소하기 위하여 법률상 필요하고 유효적절한 항변을 모두 하였다.

< 문제 >

2-1. 戊의 甲, 乙에 대한 소의 주관적 병합의 형태와 그 근거를 서술하시오. (10점)

< 소송의 경과 >

戊는 위 甲, 乙을 상대로 한 각 건물의 철거 및 X토지 전체 인도소송(이하에서는 '위 소송'이라고만 한다)의 소장에서 "甲과 乙이 각 건물을 신축할 당시 甲과 乙이 X토지를 각 구분하여 특정부분을 소유한 바는 없다."라고 주장(이하에서는 '戊의 소송상 주장'이라고만 한다)하였고, 甲은 위 소송의 제1회 변론기일에서 戊의 소송상 주장을 인정하는 취지의 진술(위 진술은 甲에게 불리한 진술로 간주한다)을 하였고, 반면 乙은 戊의 소송상 주장에 대하여 '甲과 乙은 각 건물이 위치한 부분을 중심으로 하여 토지 중 각자의 지분에 해당하는 토지를 특정하여 구분소유하고 있었다.'는 취지로 위 제1회 변론기일에 진술한 이래, 甲과 乙은 각 본인의 위 각 진술을 변론종결시까지 그대로 유지하였다. 그러나 법원은 관련 증거를 종합하여 볼 때 乙의 위 주장이 객관적 진실에 부합한다고 판단하고 있다.

< 문제 >

3. 법원은 甲과 乙의 위 각 진술이 甲과 乙에 대한 각 관계에서 미치는 영향 및 戊의 청구에 대하여 어떻게 판단하여야 하는지와 그 근거를 서술하시오. (18점)

문제 2-1. 10점

Ⅰ. 문제의 소재

戊의 甲, 乙에 대한 소송이 각 지분권에 근거한 청구로 인정되어 통상공동소송에 해당하는지 문제된다.

Ⅱ. 통상공동소송의 의미, 다른 주관적 병합의 형태와의 구별

통상공동소송(제65조, 제66조)이란 공동소송인 사이의 합일확정이 필수적이 아닌 소송이며, 공동소송인 사이에 승패가 일률적일 필요가 없는 공동소송을 의미한다. 통상공동소송은 원래 각자 개별적으로 소를 제기할 수 있으나 하나의 절차로 병합된 형태를 의미한다. 통상공동소송은 소송요건의 개별적 조사, 소송자료의 독립, 소송진행의 독립, 재판의 독립, 상소의 효력이 개별적으로 진행한다는 면에서 필수적 공동소송과 구별된다.

Ⅲ. 공유자에 대한 소송의 형태

판례는 타인 소유의 토지 위에 설치되어 있는 공작물을 철거할 의무가 있는 수인을 상대로 그 공작물의 철거를 청구하는 소송은 필수적 공동소송이 아니라고 판시[235]하였고, 제3자가 공유자에 대하여 소유권에 기한 등기말소 청구, 이전등기청구에 대해서도 통상의 공동소송으로 보았다.

Ⅳ. 결론

戊의 甲과 乙에 대한 건물의 철거 및 토지 전체의 인도청구는 통상공동소송에 해당한다.

민사소송법
제65조 【공동소송의 요건】
소송목적이 되는 권리나 의무가 여러 사람에게 공통되거나 사실상 또는 법률상 같은 원인으로 말미암아 생긴 경우에는 그 여러 사람이 공동소송인으로서 당사자가 될 수 있다. 소송목적이 되는 권리나 의무가 같은 종류의 것이고, 사실상 또는 법률상 같은 종류의 원인으로 말미암은 것인 경우에도 또한 같다.

제66조 【통상공동소송인의 지위】
공동소송인 가운데 한 사람의 소송행위 또는 이에 대한 상대방의 소송행위와 공동소송인 가운데 한 사람에 관한 사항은 다른 공동소송인에게 영향을 미치지 아니한다.

---

235) 대판 1993.2.23. 92다49218

문제 3. 18점

I. 문제의 소재

통상공동소송인의 소송독립의 원칙에 따라 피고 상호 간의 주장을 개별적으로 판단하여야 하는지, 재판의 불통일에 따라 甲에 대한 청구 인용, 乙에 대한 청구 기각 판결을 할 수 있는지 문제된다.

II. 통상공동소송의 의의

통상공동소송(제65조, 제66조)이란 공동소송인 사이의 합일확정이 필수적이 아닌 소송을 의미한다. 공동소송인 사이에 승패가 일률적일 필요가 없는 공동소송을 의미한다. 통상공동소송은 원래 각자 개별적으로 소를 제기할 수 있으나 하나의 절차로 병합된 형태를 의미한다.

III. 통상공동소송의 경우 심판방법(제66조)

1. 공동소송인 독립의 원칙의 의의

공동소송인 독립의 원칙이란 통상공동소송에서 각 소송인은 다른 공동소송인에 대한 제한, 간섭 없이 각자가 독립하여 소송을 수행할 수 있는 것을 말한다.

2. 통상의 공동소송의 심판방법

소송요건의 개별조사와 관련하여 소송요건의 존부를 각 공동소송인 마다 심사하여 그 공동소송인의 소송요건에 흠이 있으면 그에 한해 소를 각하한다. 소송자료의 독립과 관련하여 공동소송인 중 1인의 소송행위는 유리, 불리에 관계없이 원칙적으로 다른 공동소송인에 영향을 미치지 않는다. 각 공동소송인은 공격방어방법을 개별적으로 제출할 수 있다. 재판의 독립과 관련하여 공동소송인 간에 재판의 통일이 필요 없다.[236]

사안의 경우, 공동소송인의 독립의 원칙이 적용되어 甲과 乙의 주장을 별도로 판단할 수 있고 각 소송인간의 소송행위가 다른 소송인에게 영향을 미치지 않으며 공동소송인 간의 소송의 결론이 다를 수 있다.

---

[236] 통상 공동소송인 사이의 주장공통의 문제는 일부 공동소송인이 명시적인 주장을 하지 않은 경우에 적용될 수 있는 문제이므로, 사안과 같이 공동소송인이 명시적 주장을 한 경우에는 적용될 여지가 없다.

민사소송법

제65조【공동소송의 요건】
소송목적이 되는 권리나 의무가 여러 사람에게 공통되거나 사실상 또는 법률상 같은 원인으로 말미암아 생긴 경우에는 그 여러 사람이 공동소송인으로서 당사자가 될 수 있다. 소송목적이 되는 권리나 의무가 같은 종류의 것이고, 사실상 또는 법률상 같은 종류의 원인으로 말미암은 것인 경우에도 또한 같다.

제66조【통상공동소송인의 지위】
공동소송인 가운데 한 사람의 소송행위 또는 이에 대한 상대방의 소송행위와 공동소송인 가운데 한 사람에 관한 사항은 다른 공동소송인에게 영향을 미치지 아니한다.

Ⅳ. 甲, 乙의 소송상 행위에 대한 판단

1. 법정지상권 성립의 요건사실로서의 구분 소유한다는 주장

甲과 乙이 토지를 각 구분하여 특정부분을 소유한다는 사실은 법정지상권의 성립요건에 해당하여 원고의 소유권에 기한 토지인도청구에 대한 피고들이 주장해야 할 권리저지항변에 해당한다.

2. 甲의 주장에 대해 재판상 자백이 성립하는지 여부

재판상 자백이란 ① 주요 사실에 관하여 ② 변론 및 그 준비기일에서 ③ 상대방의 주장과 일치하고 ④ 자기에게 불리한 진술을 재판상 자백이라 한다. 본인이 증명책임을 지는 사실에 대해서도 재판상 자백이 성립하는지에 대해 견해가 대립하는데 판례는 '자신이 입증책임을 부담하는 사항에 관하여 자신에게 불리한 진술을 하는 것에 대하여 자백이 성립한다'고 판시[237]하였다.

3. 사안의 경우 甲의 주장이 재판상 자백에 해당하는지

구분소유적 공유자라는 사실은 항변사항으로 甲의 주장사항인데, 戊가 소유자인 사실을 부인하였고 이에 대해 甲은 戊의 소송상 주장을 인정하였으므로 재판상 자백이 성립한다.

4. 乙의 주장이 甲에게도 효력을 미치는지

乙이 구분소유권을 취득하였다는 주장은 甲에게도 유리한 사실이나, 통상공동소송인 독립의 원칙에 따라 乙의 주장이 甲에게 영향을 미치지 않는다.

Ⅴ. 결론

甲의 재판상 자백에 따라 戊의 청구는 甲에 대해서는 인용되나, 乙에 대해서는 기각된다.

---

237) 대판 1993.9.14. 92다24899

112 통상공동소송 (종합문제) (3)

2021년 제10회 변호사시험 <제1문6>

< 문제 >

1. 아래의 [사실관계 및 소송진행 경과]와 [심리결과] 및 당사자의 주장 내용에 기초하여 원고 丙의 피고 甲, 乙을 상대로 한 각 청구에 관해 아래 [답안의 양식]에 따라 목차를 구성하여 기술하시오. (45점)

   ※ 오로지 당사자 사이에 실제로 주장된 내용에 한정하여 변론주의 원칙에 따라 판단하고, 청구의 병합과 변경 및 서면의 송달이 모두 적법하게 이루어졌고, 기타 소송 진행 절차상의 하자는 없는 것으로 간주하며, 그 적법성에 관하여 검토하지 말 것.

[답안의 양식]

1. **피고 乙에 대한 청구의 인용 여부**
   가. 소의 적법성에 대한 판단
      ○ 결론
      ○ 판단의 근거
   나. 본안에 대한 판단
      ○ 결론
      ○ 판단의 근거

2. **피고 甲에 대한 청구의 인용 여부**
   가. 주위적 청구 관련 소의 적법성 판단
      ○ 결론
      ○ 판단의 근거
   나. 매매에 기한 소유권이전등기청구의 당부
      ○ 결론
      ○ 판단의 근거
   다. 점유취득시효 완성에 기한 소유권이전등기청구의 당부
      ○ 결론
      ○ 판단의 근거

[사실관계 및 소송진행 경과]
○ 甲은 X토지의 소유자이며 현재 그 등기명의를 유지하고 있다.
○ 乙은 1998. 5. 5. 丙에게 위 토지를 5,000만 원에 매도하고 같은 날 그 점유를 이전해 주었다.
   ※ 위 매매계약 체결 과정에서 乙은 丙에게 'X토지를 1978. 3. 3. 甲으로부터 매수하였는데 편의상 소유권이전등기를 하지 않았다'고 말하였다.
○ 2018. 3. 4. 丙은 甲과 乙을 상대로 X토지에 관하여 아래와 같이 병합하여 소를 제기하였다.
  1) 乙 상대의 청구: 丙에게 1998. 5. 5.자 매매계약을 원인으로 한 소유권이전등기절차를 이행하라는 청구
  2) 甲 상대의 청구
     ① 주위적 청구: 乙을 대위하여, 乙에게 1978. 3. 3.자 매매계약을 원인으로 한 소유권이전등기절차를 이행하라는 청구
     ② 예비적 청구: 丙에게 20년간의 점유에 따른 점유취득시효 완성을 원인으로 한 소유권이전등기절차를 이행하라는 청구

○ 2018. 3. 20. 甲은 답변서를 제출하였다.
   ※ 위 답변서에는 '甲이 乙에게 X토지를 매도한 사실이 없고, 위 토지가 甲의 소유라면서 丙의 청구를 모두 기각해 달라'는 취지의 내용이 기재되어 있음
○ 2018. 5. 7. 丙은 '청구취지 및 청구원인 변경신청서'를 제출하였다.
   ※ 위 변경신청서의 내용: '점유개시일을 1998. 5. 5.로 하여 20년이 경과한 날 점유취득시효가 완성되었다'는 것으로 甲에 대한 점유취득시효 관련 청구취지와 청구원인을 구체화
○ 제1회 변론기일(2018. 5. 10.): 甲, 乙, 丙 각 출석 / 이하 소송행위의 내용(진술 등)
  1) 丙은 소장 및 2018. 5. 7.자 청구취지 및 청구원인 변경신청서를 각 진술
  2) 甲은 2018. 3. 20.자 답변서를 진술
  3) 乙은 다음과 같이 진술
     가) 1998. 5. 5.에 丙과 X토지에 관하여 매매계약을 체결한 사실을 인정한다.
     나) 설사 丙이 자신(乙)을 상대로 제기한 이 사건 소에서 승소하더라도 자신이 甲을 상대로 위 토지에 관하여 소유권이전등기절차의 이행을 구할 권리가 없어 판결이 나더라도 丙 명의로의 순차적인 소유권이전등기가 마쳐지는 것이 현실적으로 불가능하므로 자신을 상대로 제기된 소는 소의 이익이 없어 부적법하다.
  4) 법원
     乙에 대하여 순차적인 이전등기가 현실적으로 불가능함을 이유로 소가 부적법하다는 주장의 취지에 대하여 석명한바, 乙은 소의 이익을 부정하는 취지일 뿐, 이행불능의 항변까지 하는 취지는 아니라고 답변

○ 제2회 변론기일(2018. 8. 8.): 甲, 丙 각 출석, 乙 불출석 / 이하 소송행위의 내용(진술 등)

1) 甲의 진술

   가) 丙과 乙 사이의 1998. 5. 5.자 매매계약에 기한 丙의 소유권이전등기청구권이 그 행사할 수 있는 날로부터 10년이 경과하여 시효완성으로 소멸하여 피보전채권이 존재하지 않으므로 채권자대위소송에 해당하는 주위적 청구는 부적법하다.

   나) 이 사건 소송에서의 적극적인 권리주장으로 인하여 답변서 제출일인 2018. 3. 20.에 丙의 점유취득시효의 진행이 중단되었다.

2) 丙의 진술

   가) (甲의 위 소멸시효 주장에 대하여) X토지를 점유하여 왔으므로 소유권이전등기청구권의 소멸시효가 진행하지 않았다.

   나) 설사 적극적인 권리주장으로 취득시효가 중단된다 하더라도 甲의 답변서 진술일인 2018. 5. 10.에 비로소 중단의 효력이 생기는데, 그 이전에 이미 취득시효가 완성하였다.

3) 변론종결

[심리결과]

○ 법원은 다음과 같은 심증을 형성하였다.
① 甲이 주장하는 바와 같이 甲과 乙 사이에 X토지에 관하여 매매계약이 체결된 사실이 없다.
② 丙은 1998. 5. 5.부터 위 토지의 점유를 시작하여 현재까지 점유 중이다.
③ 乙의 위 토지에 대한 점유사실은 증명되지 아니하였다.
④ 다른 당사자가 주장한 내용을 원용한 당사자는 없다.

I. 피고 乙에 대한 청구 18점

1. 소의 적법성에 대한 판단

가. 결론

丙의 乙에 대한 소는 적법하다.

나. 논거

사안에서 乙은 丙이 승소하더라도 집행이 불가능하다는 취지로 주장하고 있는데, 이와 관련하여 판례[238]는 '원인없이 경료된 최초의 소유권이전등기와 이에 기하여 순차로 경료된 일련의 소유권이전등기의 각 말소를 구하는 소송은 필요적 공동소송이 아니므로 그 말소를 청구할 권리가 있는 사람은 각 등기의무자에 대하여 이를

---

[238] 대판 1987.10.13. 87다카1093

각각 청구할 수 있는 것이어서 위 일련의 소유권이전등기 중 최후의 등기명의자만을 상대로 그 등기의 말소를 구하고 있다 하더라도 그 승소의 판결이 집행불능의 판결이 된다거나 종국적인 권리의 실현을 가져다 줄 수 없게 되어 소의 이익이 없는 것으로 된다고는 할 수 없다.'고 판시하였다.

사안에서 丙이 乙에 대한 소유권이전등기청구소송에서 승소하더라도 乙이 등기명의를 보유하고 있지 않으면 위 판결은 집행불능의 판결이나 이러한 사유만으로 丙의 乙에 대한 소가 이익이 없다고는 할 수 없다. 따라서 丙의 乙에 대한 소는 적법하다.

2. 본안에 대한 판단

가. 결론

丙의 乙에 대한 청구는 인용된다.

나. 논거

매매계약에 기한 소유권이전등기청구의 청구원인사실은 매매계약의 체결사실이고, 사안에서 乙은 丙과 X토지에 관한 매매계약의 체결사실을 인정하였으므로, 청구원인사실에 대한 자백이 성립하였다. 그리고 乙은 집행불능항변만을 하였을 뿐 본안의 기각사유인 이행불능에 대한 항변은 하지 않았으므로, 丙의 청구가 기각될만한 사유가 없다. 따라서 丙의 乙에 대한 청구는 인용된다.

Ⅱ. 피고 甲에 대한 청구 27점

1. 주위적 청구 관련 소의 적법성 판단

가. 결론

丙의 甲에 대한 소는 적법하다.

나. 논거

사안에서 甲은 대위소송에서 피보전채권에 해당하는 丙의 乙에 대한 소유권이전등기청구권이 시효로 소멸하였다고 주장하였는데, 이와 관련하여 판례[239]는 '채권자가 채권자대위권을 행사하여 제3자에 대하여 하는 청구에 있어서 제3채무자는 채무자가 채권자에 대하여 가지는 항변으로는 대항할 수 없으므로, 채권의 소멸시효가 완성된 경우 이를 원용할 수 있는 자도 원칙적으로는 시효이익을 직접 받는 자뿐이고 채권자대위소송의 제3채무자가 이를 행사할 수는 없다.'고 판시하여 제3채무자의 시효원용을 허용하지 않는다.

결국 甲은 피보전채권의 소멸시효 완성을 주장할 수 없으므로, 丙의 甲에 대한 소는 피보전채권이 인정되어 적법하게 된다.

---

[239] 대판 2008.1.31. 2007다64471

2. 매매에 기한 소유권이전등기청구 당부

가. 결론

丙의 청구는 기각된다.

나. 논거

丙의 청구가 인정되기 위해서는 채권자대위권의 요건을 구비하여야 하는데, 사안에서 甲과 乙 사이에 X토지에 관한 매매계약이 체결된 사실이 인정되지 않았고, 법원도 이와 동일한 심증을 형성하였다.

위와 같이 피보전채권으로서 丙의 乙에 대한 소유권이전등기청구권은 인정될 수 있지만, 피대위채권인 乙의 甲에 대한 소유권이전등기청구권이 인정되지 않으므로, 피대위채권이 존재하지 않아 결국 丙의 청구는 기각된다.

3. 점유취득시효완성에 기한 소유권이전등기청구의 당부

가. 결론

丙의 청구는 기각된다.

나. 논거

사안에서 甲은 2018. 3. 20. 丙의 매매계약에 기한 청구를 부인하는 답변서를 제출하였으나, 위 답변서에는 丙의 취득시효에 기한 소유권이전등기청구를 부인하는 내용이 포함되어 있지 않아 취득시효기간의 중단효과가 있는지 여부가 문제된다.

이와 관련하여 판례[240]는 '시효를 주장하는 자가 원고가 되어 소를 제기한 경우에 있어서, 피고가 응소행위를 하였다고 하여 바로 시효중단의 효과가 발생하는 것은 아니고, 변론주의 원칙상 시효중단의 효과를 원하는 피고로서는 당해 소송 또는 다른 소송에서의 응소행위로서 시효가 중단되었다고 주장하지 않으면 아니 되고, 피고가 변론에서 시효중단의 주장 또는 이러한 취지가 포함되었다고 볼 만한 주장을 하지 아니하는 한, 피고의 응소행위가 있었다는 사정만으로 당연히 시효중단의 효력이 발생한다고 할 수는 없는 것이나, 응소행위로 인한 시효중단의 주장은 취득시효가 완성된 후라도 사실심 변론종결 전에는 언제든지 할 수 있다.'고 판시하여 사실심 변론종결 전 시효중단의 주장을 한 경우 그 시효중단의 효력은 답변서 제출일로 소급되는 것으로 판단하였다.

위 판결에 따르면 甲은 변론종결전인 제2회 변론기일에서 취득시효 중단의 주장을 하였고, 이로 인한 시효중단의 효력은 응소시인 2018. 3. 20.로 소급하며, 위 응소일 기준 丙의 취득시효기간이 20년을 도과하지 않았으므로, 丙의 취득시효 주장은 받아들여질 수 없다. 따라서 丙의 청구는 기각된다.

---

[240] 대판 2003.6.13. 2003다17927,17934 / 원심판결 대전지방법원 2003.2.13. 2000나2328(사안과 사실관계 동일)

113 통상공동소송과 주장공통의 원칙 (1)

< 기초적 사실관계 >

버섯 재배업자인 乙은 버섯 판매업자인 丙과 신선도가 떨어지는 버섯을 속여 판매하기로 공모하고, 丙은 소매업자 甲에게 위 버섯을 공급하는 계약을 甲과 체결하였다. 甲은 불량 버섯에 대한 소비자들의 항의가 빗발치자 이를 확인하는 과정에서 乙과 丙이 공모하여 불법행위를 저지른 사실을 알게 되었다.

[※ 추가적 사실관계는 각각 별개임]

< 추가적 사실관계 2 >

甲이 소를 제기하기 전에 乙과 丙을 찾아가 항의하자, 乙은 피해변상조로 1억 원을 지급하기로 하면서 일단 2천만 원을 지급하였고, 나머지 8천만 원은 丙과 상의하여 추후 지급하기로 약속하였으나 이를 이행하지 않았다.

이에 甲은 乙과 丙을 상대로 "피고들은 공동하여 원고에게 1억 원을 지급하라."라는 취지의 손해배상청구의 소를 제기하였다. 법원은 乙과 丙에게 공시송달에 의하지 아니한 적법한 송달로 변론기일을 통지하였다. 乙은 변론 중에 자신이 이미 2천만 원을 변제한 사실을 주장하였으나, 丙은 답변서 기타 준비서면을 제출하지 않은 채 변론기일에도 출석하지 않았다.

< 문제 >

2. 법원은 乙의 변제항변을 받아들여 "피고들은 공동하여 원고에게 8천만 원을 지급하라."라는 판결을 선고하였다. 이러한 법원의 판결은 타당한가? (15점)

I. 문제의 소재 2점

사안에서는 ① 甲의 손해배상청구소송이 통상공동소송인지 여부, ② 통상공동소송에서 주장공통의 원칙이 적용될 수 있는지 여부가 각 문제된다.

II. 부진정연대채무자들에 대한 손해배상청구의 소송형태 4점

통상공동소송이란 공동소송인 사이에 합일확정이 필수적이지 않은 공동소송을 의미하는데 판례[241]는 부진정연대채무의 관계에 있는 채무자들을 공동피고로 하여 이행의 소가 제기된 경우 그 공동피고에 대한 각 청구는 법률상 양립할 수 없는 것이

---

241) 대판 2012.9.27. 2011다76747

아니므로 그 소송은 민사소송법 제70조 제1항에서 규정한 본래 의미의 예비적, 선택적 공동소송이라고 할 수 없으므로, 따라서 거기에는 필수적 공동소송에 관한 민사소송법 제67조는 준용되지 않는다고 할 것이어서 상소로 인한 확정차단의 효력도 상소인과 그 상대방에 대해서만 생기고 다른 공동소송인에 대한 관계에는 미치지 않는다고 한다. 乙과 丙은 공동불법행위자들로서 부진정연대채무 관계에 있기 때문에 乙과 丙을 상대로 제기한 소송은 통상공동소송관계에 있다.

Ⅲ. 공동소송인 독립의 원칙 3점

통상공동소송의 경우 공동소송인 가운데 한 사람의 소송행위 또는 이에 대한 상대방의 소송행위와 공동소송인 가운데 한 사람에 관한 사항은 다른 공동소송인에게 영향을 미치지 않는다는 공동소송인 독립의 원칙(제66조)이 적용된다. 이에 따르면 소송요건은 공동소송인마다 개별적으로 심사되고 소송자료 및 소송 진행이 독립되며 재판도 독립되어 판결 결과의 통일이 필요 없다.

Ⅳ. 주장공통의 원칙 6점

공동소송인 독립의 원칙을 고수할 경우 민사소송법 제65조 전문에 해당하는 공동소송의 경우 재판의 모순, 저촉이 발생할 위험이 있기 때문에 재판의 통일을 위한 수정방안으로 제기되는 것 중 주장공통의 원칙이 있다. 이는 공동소송인 중 일부의 주장을 주장책임을 지는 당사자의 원용이 없어도 그의 진술로 인정해주는 것을 의미한다.

주장공통의 원칙과 관련하여 ① 민사소송법 제66조의 문리해석, 변론주의에 반하기 때문에 허용되지 않는다는 부정설 ② 공동소송인 중 한 사람에 의하여 공통사실이 주장되었을 때 다른 공동소송인 중 한 사람에 의하여 공통사실이 주장되었을 때에 다른 공동소송인이 이와 저촉되는 행위를 적극적으로 한 바 없고 그 주장이 다른 공동소송인에게 이익이 되는 한 그 자에게도 효력이 미친다는 (한정적)긍정설이 있으나, 판례242)는 '민사소송법 제66조의 명문의 규정과 민사소송법이 취하고 있는 변론주의 소송구조 등에 비추어 볼 때, 통상의 공동소송에 있어서 주장공통의 원칙은 적용되지 않는다'고 판시하였다.

위 판결에 따르면 통상공동소송 관계에 있는 乙과 丙 중 乙만이 2천만 원의 일부 변제 사실을 주장·증명하였고 丙은 이를 전혀 주장하지 않았기 때문에 법원으로서는 공동소송인 독립의 원칙을 적용하여 乙의 일부 변제주장을 丙의 주장으로 볼 수 없다. 따라서 법원은 乙에 대해서는 8천만 원, 丙에게는 전부인용의 판결을 선고하여야 하는데, 사안에서 법원은 공동하여 8천만 원의 지급을 명하는 판결을 선고하였으므로, 이는 위법하다.

---

242) 대판 1994.5.10. 93다47196

민사소송법

제70조【예비적·선택적 공동소송에 대한 특별규정】
① 공동소송인 가운데 일부의 청구가 다른 공동소송인의 청구와 법률상 양립할 수 없거나 공동소송인 가운데 일부에 대한 청구가 다른 공동소송인에 대한 청구와 법률상 양립할 수 없는 경우에는 제67조 내지 제69조를 준용한다. 다만, 청구의 포기·인낙, 화해 및 소의 취하의 경우에는 그러하지 아니하다.
② 제1항의 소송에서는 모든 공동소송인에 관한 청구에 대하여 판결을 하여야 한다.

제65조【공동소송의 요건】
소송목적이 되는 권리나 의무가 여러 사람에게 공통되거나 사실상 또는 법률상 같은 원인으로 말미암아 생긴 경우에는 그 여러 사람이 공동소송인으로서 당사자가 될 수 있다. 소송목적이 되는 권리나 의무가 같은 종류의 것이고, 사실상 또는 법률상 같은 종류의 원인으로 말미암은 것인 경우에도 또한 같다.

제66조【통상공동소송인의 지위】
공동소송인 가운데 한 사람의 소송행위 또는 이에 대한 상대방의 소송행위와 공동소송인 가운데 한 사람에 관한 사항은 다른 공동소송인에게 영향을 미치지 아니한다.

제67조【필수적 공동소송에 대한 특별규정】
① 소송목적이 공동소송인 모두에게 합일적으로 확정되어야 할 공동소송의 경우에 공동소송인 가운데 한 사람의 소송행위는 모두의 이익을 위하여서만 효력을 가진다.
② 제1항의 공동소송에서 공동소송인 가운데 한 사람에 대한 상대방의 소송행위는 공동소송인 모두에게 효력이 미친다.
③ 제1항의 공동소송에서 공동소송인 가운데 한 사람에게 소송절차를 중단 또는 중지하여야 할 이유가 있는 경우 그 중단 또는 중지는 모두에게 효력이 미친다.

114 통상공동소송과 주장공통의 원칙 (2)

甲은 2020. 4. 5. 丁, 丙을 상대로, "甲은 2010. 1. 5. 乙에게 1억 원을 변제기 2010. 3. 4., 이자 월 0.5%(월 50만 원, 매월 4일 지급)로 정하여 대여하였고, 丙은 乙의 위 채무를 연대보증하였다. 乙은 2016. 9. 30. 사망하였고, 그 유일한 상속자로는 아들 丁이 있다. 따라서 丁, 丙은 연대하여 위 채무를 변제할 의무가 있다."고 주장하면서, '丁, 丙은 연대하여 甲에게 1억 원 및 이에 대하여 2010. 1. 5.부터 갚는 날까지 월 0.5%의 비율로 계산한 돈을 지급하라.'는 소를 제기하였다.

丁에 대하여는 2020. 4. 20. 소장 부본이 적법하게 교부송달되었으나, 丙에 대하여는 이사불명으로 송달불능이 되었고, 법원은 2020. 5. 15. 공시송달명령을 하였다. 丙은 변론기일에 출석하지 않고, 甲, 丁만 출석하였는데, 丁은 "甲이 2010. 1. 5. 乙에게 1억 원을 변제기 2010. 3. 4., 이자 월 0.5%, 매월 4일 지급 조건으로 대여한 사실, 乙이 2016. 9. 30. 사망하여 丁이 乙을 단독상속한 사실은 다툼이 없으나, 위 대여금과 이자, 지연손해금은 민사채무로서 그 소멸시효기간은 10년이므로, 각 그 변제기로부터 10년이 도과하여 시효소멸하였다."고 항변하였다. 甲은 이에 대하여 "위 대여금과 이자, 지연손해금의 소멸시효기간이 10년인 사실은 다툼이 없으나, 甲은 2016. 9. 25. 乙을 채무자로 하고 위 대여금, 이자, 지연손해금을 피보전채권으로 하여 乙 소유의 X부동산에 관하여 부동산가압류신청을 하였고, 2016. 10. 4. 법원이 가압류결정을 하였으며, 2016. 10. 7. X부동산에 관하여 가압류기입등기가 마쳐졌으므로, 위 대여금과 이자, 지연손해금 채무의 시효는 중단되었다."고 재항변하였다.

법원은 심리 결과, 甲이 주장하는 대여일, 변제기, 이율은 인정되나 다만 대여금의 액수는 1억 원이 아니라 8,000만 원만 인정되고, 한편 위 가압류 관련 甲의 주장사실은 모두 진실하다는 확신을 갖게 되었다.

< 문제 >
법원은 어떠한 판결을 하여야 하며(소 각하/청구 기각/청구 인용/청구 일부 인용, 단 일부 인용 시 피고별로 인용범위를 정확하게 기재), 그 근거는 무엇인가? (40점)

I. 문제의 소재 3점

사안에서는 ① 甲의 丙, 丁에 대한 각 청구가 통상의 공동소송에 해당하는지 여부, ② 통상의 공동소송에서 공동소송인 독립의 원칙의 적용여부, ③ 丁에 대한 청구와 관련하여 자백의 인정범위, ④ 대여금 및 부속채권의 각 소멸시효기간, ⑤ 사망자를 채무자로 한 가압류의 효력, ⑥ 공시송달에서의 청구원인의 증명책임이 각 문제된다.

Ⅱ. 통상의 공동소송에서의 공동소송인 독립의 원칙 3점

甲의 丙, 丁에 대한 각 청구는 주채무자 및 연대보증인에 대한 청구로써 합일확정의 필요성이 없는 독립된 청구이다. 따라서 위 각 소송은 통상의 공동소송의 관계에 있고, 상대방의 소송행위와 공동소송인 가운데 한 사람에 관한 사항은 다른 공동소송인에게 영향을 미치지 아니한다(제66조). 그리고 통상의 공동소송에서 주장공통의 원칙의 적용과 관련하여 판례243)는 '민사소송법 제66조와 변론주의 소송구조 등에 비추어 볼 때 통상공동소송에 있어서 주장공통의 원칙은 적용되지 아니한다.'고 판시하여 부정적인 입장이다. 따라서 丁이 주장한 것을 丙이 주장한 것으로 취급할 수 없다.

Ⅲ. 丁에 대한 청구 부분 24점

1. 자백의 인정범위(청구원인) 3점

사안에서 丁은 甲이 주장하는 대여사실, 이자약정, 변제기, 乙의 사망사실 및 丁의 단독상속사실에 대하여 전부 자백을 하였으므로, 일응 丁은 甲에게 1억 원 및 이에 대한 대여일부터 다 갚는 날까지의 월 0.5%의 비율로 계산한 약정이자 및 지연손해금을 지급할 의무가 있다.

2. 소멸시효항변 9점

사안에서 丁은 원금, 이자, 지연손해금에 대하여 소멸시효항변을 하였는데, 甲과 乙은 상인이 아니므로, 원금채권의 소멸시효기간은 10년이고, 지연손해금의 소멸시효기간은 원본채권의 법적 성질을 따르므로, 지연손해금의 소멸시효기간도 10년이다.

한편, 乙은 甲에게 매월 4일 이자를 지급하기로 정하였는데, 이는 민법 제163조에 따른 지분적 이자로써 3년의 소멸시효기간이 적용된다. 甲과 丁은 위 이자의 소멸시효기간이 10년이라는 점에 대하여 다투지 않았으나, 이와 관련하여 판례244)는 '어떤 시효기간이 적용되는지에 관한 주장은 권리의 소멸이라는 법률효과를 발생시키는 요건을 구성하는 사실에 관한 주장이 아니라 단순히 법률의 해석이나 적용에 관한 의견을 표명한 것이다. 이러한 주장에는 변론주의가 적용되지 않으므로 법원이 당사자의 주장에 구속되지 않고 직권으로 판단할 수 있다. 당사자가 민법에 따른 소멸시효기간을 주장한 경우에도 법원은 직권으로 상법에 따른 소멸시효기간을 적용할 수 있다.'고 판시하였다.

위 판결에 따르면 법원은 당사자의 주장과 관계없이 지분적 이자에 대해서 3년의 소멸시효기간을 적용할 수 있다.

3. 소멸시효의 재항변 8점

사안에서는 甲의 가압류신청 후 가압류결정 전 채무자가 사망하였는데, 이와 관련하여 판례245)는 '당사자 쌍방을 소환하여 심문절차를 거치거나 변론절차를 거침

---

243) 대판 1994.5.10. 93다47196
244) 대판 2017.3.22. 2016다258124

민사소송법
제66조 【통상공동소송인의 지위】
공동소송인 가운데 한 사람의 소송행위 또는 이에 대한 상대방의 소송행위와 공동소송인 가운데 한 사람에 관한 사항은 다른 공동소송인에게 영향을 미치지 아니한다.

민법
제163조 【3년의 단기소멸시효】
다음 각호의 채권은 3년간 행사하지 아니하면 소멸시효가 완성한다.
1. 이자, 부양료, 급료, 사용료 기타 1년 이내의 기간으로 정한 금전 또는 물건의 지급을 목적으로 한 채권
2. 의사, 조산사, 간호사 및 약사의 치료, 근로 및 조제에 관한 채권
3. 도급받은 자, 기사 기타 공사의 설계 또는 감독에 종사하는 자의 공사에 관한 채권
4. 변호사, 변리사, 공증인, 공인회계사 및 법무사에 대한 직무상 보관한 서류의 반환을 청구하는 채권
5. 변호사, 변리사, 공증인, 공인회계사 및 법무사의 직무에 관한 채권
6. 생산자 및 상인이 판매한 생산물 및 상품의 대가
7. 수공업자 및 제조자의 업무에 관한 채권

이 없이 채권자 일방만의 신청에 의하여 바로 내려진 처분금지가처분결정은 신청 당시 채무자가 생존하고 있었던 이상 그 결정 직전에 채무자가 사망함으로 인하여 사망한 자를 채무자로 하여 내려졌다고 하더라도 이를 당연무효라고 할 수 없다.'고 판시하여 그 효력을 인정하였다.

그러나, 소멸시효완성 후 집행된 가압류의 효력과 관련하여 판례246)는 '이미 어음채권의 소멸시효가 완성된 후에는 그 채권이 소멸되고 시효중단을 인정할 여지가 없으므로, 시효로 소멸된 어음채권을 청구채권으로 하여 채무자의 재산을 압류한다 하더라도 이를 어음채권 내지는 원인채권을 실현하기 위한 적법한 권리행사로 볼 수 없어, 그 압류에 의하여 그 원인채권의 소멸시효가 중단된다고 볼 수 없다.'고 판시하여 시효중단의 효력을 인정하지 않고 있다.

사안에서 대여금 원금와 지연손해금은 채무자의 사망전, 시효완성일인 2020. 3. 4. 이전 가압류신청이 있었으므로, 이로써 시효가 중단되었으나, 이자채권은 가압류신청 이전에 이미 시효로 소멸하였으므로, 시효중단의 효력이 없다.

4. 소결 4점

따라서 丁은 甲에게 시효로 소멸한 이자를 제외한 대여금 원금 1억 원 및 이에 대한 변제기 다음날인 2010. 3. 5.부터 다 갚는 날까지의 월 0.5%의 비율로 계산한 지연손해금을 지급하여야 한다.

IV. 丙에 대한 청구 부분 6점

1. 공시송달과 자백간주

당사자가 변론에서 상대방이 주장하는 사실을 명백히 다투지 아니한 때에는 그 사실을 자백한 것으로 보지만 소장이 공시송달로 송달된 경우에는 자백간주가 성립하지 않고, 원고인 甲이 청구원인 사실을 증명하여야 한다(제150조 제3항).

사안에서 甲은 대여금 1억 원을 주장하였으나, 이 중 8천만 원이 증명되었으므로, 대여금 원금은 8천만 원만 인정될 수 있다. 그러나, 주장공통의 원칙이 적용되지 않으므로, 丁의 소멸시효항변의 효력이 丙에게는 미치지 않는다.

2. 소결

따라서 丙은 甲에게 8천만 원 및 이에 대한 대여일인 2010. 1. 5.부터 다 갚는 날까지 월 0.5%의 비율로 계산한 이자 및 지연손해금을 지급하여야 한다.

V. 결론 4점

법원은 甲의 청구를 일부기각하면서, 丁은 甲에게 원금 1억 원 및 이에 대한 2010. 3. 5.부터 다 갚는 날까지 월 0.5%의 비율로 계산한 지연손해금을 지급하고, 丙은 丁과 연대하여 위 돈 중 8천만 원 및 이에 대한 2010. 1. 5.부터 다 갚는 날까지 월 0.5%의 비율로 계산한 돈을 지급하라고 판결하여야 한다.

---

245) 대판 1993.7.27. 92다48017
246) 대판 2010.5.13. 2010다6345

민사소송법
제150조 【자백간주】
① 당사자가 변론에서 상대방이 주장하는 사실을 명백히 다투지 아니한 때에는 그 사실을 자백한 것으로 본다. 다만, 변론 전체의 취지로 보아 그 사실에 대하여 다툰 것으로 인정되는 경우에는 그러하지 아니하다.
② 상대방이 주장한 사실에 대하여 알지 못한다고 진술한 때에는 그 사실을 다툰 것으로 추정한다.
③ 당사자가 변론기일에 출석하지 아니하는 경우에는 제1항의 규정을 준용한다. 다만, 공시송달의 방법으로 기일통지서를 송달받은 당사자가 출석하지 아니한 경우에는 그러하지 아니하다.

115 참가승계에서 피참가인이 탈퇴하지 않은 경우 소송의 형태

건축업을 하는 甲은 乙로부터 수급을 받아 X건물을 건축하고 공사대금 10억 원을 지급받지 못하였다며 2020. 5. 10. 乙을 상대로 10억 원의 공사대금 청구의 소를 제기하였다. 한편 丙은 같은 해 6. 20. 甲의 乙에 대한 위 공사대금 채권 중 8억 원에 대하여 채권압류 및 전부명령을 받았고, 위 공사대금 청구 소송 계속 중 제3채무자인 乙에 대하여 8억 원의 전부금의 지급을 구하면서 승계참가신청을 하였다. 甲은 승계참가인의 승계 여부에 대해 다투지 않았으나 전부된 부분의 청구를 감축하지도 않았고 소송탈퇴도 하지 않았다.

< 문제 >

1. 甲과 丙 사이의 공동소송형태에 관해 설명하시오. (10점)

Ⅰ. 문제의 소재

사안에서는 ① 丙의 참가승계신청의 적법여부 및 ② 甲이 소송탈퇴를 하지 않는 경우 소송형태가 문제된다.

Ⅱ. 丙의 참가신청의 적법여부

참가승계가 가능하기 위해서는 ① 타인간의 소송이 계속 중일 것 ② 소송목적인 권리 또는 의무의 전부나 일부를 승계한 자일 것이 요구되고(제81조) 이와 같은 참가요건을 결한 경우 법원은 직권으로 그 요건을 심리한 후 부적법 각하해야 한다.

전부명령이 있게 되면 압류된 채권은 집행채권액과 집행비용을 한도로 하여 동일성을 가진 채로 채무자로부터 집행채권자에게 이전하고, 집행채권은 전부된 채권의 권면액의 범위 내에서 당연히 소멸한다. 따라서 전부채권자인 丙은 채권의 승계인으로서 적법하게 참가승계를 할 수 있다.

Ⅲ. 피참가인이 탈퇴하지 않은 경우 소송의 형태

참가승계 후 피참가인이 탈퇴하지 않는 경우와 관련하여 판례247)는 '승계참가에 관한 민사소송법 규정과 2002년 민사소송법 개정에 따른 다른 다수당사자 소송제도와의 정합성, 원고 승계참가인(이하 '승계참가인'이라 한다)과 피참가인인 원고의 중첩된 청구를 모순 없이 합일적으로 확정할 필요성 등을 종합적으로 고려하면, 소송이 법원에 계속되어 있는 동안에 제3자가 소송목적인 권리의 전부나 일부를 승계하였다고 주장하며 민사소송법 제81조에 따라 소송에 참가한 경우, 원고가 승계참가인의 승계 여부에 대해 다투지 않으면서도 소송탈퇴, 소 취하 등을 하지 않거나 이에 대하여 피고가 부동의하여 원고가 소송에 남아 있다면 승계로 인해 중첩된 원고와 승계참가인의 청구 사이에는 필수적 공동소송에 관한 민사소송법 제67조가 적용된다.'고 판시하였다.

위 판결에 따르면, 丙의 참가승계 후 피참가인 甲이 소송탈퇴를 하지 않고 그대로 남아 있으므로, 甲의 청구와 丙의 청구는 양립할 수 없는 관계에 있어 필수적 공동소송(제67조)의 형태로 보아야 한다.

---

247) 대판 2019.10.23. 2012다46170 전원합의체

민사소송법
제81조【승계인의 소송참가】
소송이 법원에 계속되어 있는 동안에 제3자가 소송목적인 권리 또는 의무의 전부나 일부를 승계하였다고 주장하며 제79조의 규정에 따라 소송에 참가한 경우 그 참가는 소송이 법원에 처음 계속된 때에 소급하여 시효의 중단 또는 법률상 기간준수의 효력이 생긴다.

민사소송법
제67조【필수적 공동소송에 대한 특별규정】
① 소송목적이 공동소송인 모두에게 합일적으로 확정되어야 할 공동소송의 경우에 공동소송인 가운데 한 사람의 소송행위는 모두의 이익을 위하여서만 효력을 가진다.
② 제1항의 공동소송에서 공동소송인 가운데 한 사람에 대한 상대방의 소송행위는 공동소송인 모두에게 효력이 미친다.
③ 제1항의 공동소송에서 공동소송인 가운데 한 사람에게 소송절차를 중단 또는 중지하여야 할 이유가 있는 경우 그 중단 또는 중지는 모두에게 효력이 미친다.

제81조【승계인의 소송참가】
소송이 법원에 계속되어 있는 동안에 제3자가 소송목적인 권리 또는 의무의 전부나 일부를 승계하였다고 주장하며 제79조의 규정에 따라 소송에 참가한 경우 그 참가는 소송이 법원에 처음 계속된 때에 소급하여 시효의 중단 또는 법률상 기간준수의 효력이 생긴다.

116 예비적·선택적 공동소송의 법률상 양립할 수 없는 경우

> **< 기초적 사실관계 >**
> Y 아파트는 제1동부터 제10동까지의 10개동으로 구성되어 있고, 甲과 乙은 Y 아파트 제2동의 입주자로서 Y 아파트 입주자대표회의의 구성원이다. 甲은 乙을 상대로 '乙이 위 제2동 동대표 지위에 있지 않다.'는 확인을 청구하는 소를 제기하였다.
>
> **< 문제 >**
> 甲은 위 입주자대표회의를 위 확인청구에 대한 예비적 피고로 추가할 수 있는가? (15점)

Ⅰ. 문제의 소재 [2점]

사안에서는 ① 입주자대표회의가 비법인사단에 해당하여 당사자능력을 보유하는지 여부, ② 乙을 피고로 한 확인청구가 당사자적격이 없는 자에 대한 청구에 해당하는지 여부, ③ 소송법상 양립불가능한 경우에도 예비적·선택적 공동소송인의 추가절차를 통하여 당사자를 추가할 수 있는지 여부가 각 문제된다.

민사소송법
제52조【법인이 아닌 사단 등의 당사자능력】
법인이 아닌 사단이나 재단은 대표자 또는 관리인이 있는 경우에는 그 사단이나 재단의 이름으로 당사자가 될 수 있다.

Ⅱ. 입주자대표회의의 법적 성격 [2점]

이와 관련하여 판례248)는 '공동주택의 입주자대표회의는 동별세대수에 비례하여 선출되는 동별대표자를 구성원으로 하는 법인 아닌 사단이다.'라고 판시하여 비법인사단으로 보았고, 민사소송법 제52조는 '법인이 아닌 사단이나 재단은 대표자 또는 관리인이 있는 경우에는 그 사단이나 재단의 이름으로 당사자가 될 수 있다.'고 규정하여 당사자능력을 인정하고 있다. 따라서 비법인사단 자신의 권리, 의무에 관한 소송은 비법인사단 자신 또는 구성원 전부가 당사자가 되어야 한다.

Ⅲ. 단체의 구성원에 대한 소송의 적법여부 [3점]

이와 관련하여 판례249)는 '문제가 되어 있는 대의원 회의의 인준결의가 무효 내지 부존재인 것을 확인받아 피고(개인)들의 위 종중의 도유사나 이사가 아닌 사실을

---
248) 대판 2007.6.15. 2007다6291
249) 대판 1973.12.11. 73다1553

확정판결로 명확히 하려는 확인의 소에 있어서는 피고들 개인을 상대로 제소할 것이 아니요 위의 종중을 피고로 하여 제소하여야만 원고로서는 이 소를 제기할 확인의 이익이 있다고 볼 수 있다.'고 판시하여 구성원의 지위의 확인청구는 단체 자신을 피고로 하여야 한다고 판시하였다. 위 판결에 따르면, 甲의 乙에 대한 확인청구는 당사자적격이 없는 자에 대한 청구이므로 부적법하다.

Ⅳ. 예비적·선택적 공동소송인의 추가 8점

1. 예비적·선택적 공동소송인의 추가의 요건

공동소송인 가운데 일부의 청구가 다른 공동소송인의 청구와 법률상 양립할 수 없거나 공동소송인 가운데 일부에 대한 청구가 다른 공동소송인에 대한 청구와 법률상 양립할 수 없는 경우에는 필수적 공동소송인의 추가절차를 준용하여 제1심 변론종결전까지 공동소송인을 추가할 수 있다(제70조, 제68조).

2. 소송법상 양립불가능한 경우 당사자 추가의 가능성

이와 관련하여 판례250)는 "민사소송법 제70조 제1항의 '법률상 양립할 수 없다'는 것은, 동일한 사실관계에 대한 법률적인 평가를 달리하여 두 청구 중 어느 한 쪽에 대한 법률효과가 인정되면 다른 쪽에 대한 법률효과가 부정됨으로써 두 청구가 모두 인용될 수는 없는 관계에 있는 경우나, 당사자들 사이의 사실관계 여하에 의하여 또는 청구원인을 구성하는 택일적 사실인정에 의하여 어느 일방의 법률효과를 긍정하거나 부정하고 이로써 다른 일방의 법률효과를 부정하거나 긍정하는 반대의 결과가 되는 경우로서, 두 청구들 사이에서 한 쪽 청구에 대한 판단 이유가 다른 쪽 청구에 대한 판단 이유에 영향을 주어 각 청구에 대한 판단 과정이 필연적으로 상호 결합되어 있는 관계를 의미하며, 실체법적으로 서로 양립할 수 없는 경우뿐 아니라 소송법상으로 서로 양립할 수 없는 경우를 포함하는 것으로 봄이 상당하다. 한편, 법인 또는 비법인 등 당사자능력이 있는 단체의 대표자 또는 구성원의 지위에 관한 확인소송에서 그 대표자 또는 구성원 개인뿐 아니라 그가 소속된 단체를 공동피고로 하여 소가 제기된 경우에 있어서는, 누가 피고적격을 가지는지에 관한 법률적 평가에 따라 어느 한 쪽에 대한 청구는 부적법하고 다른 쪽의 청구만이 적법하게 될 수 있으므로, 이는 민사소송법 제70조 제1항 소정의 예비적·선택적 공동소송의 요건인 각 청구가 서로 법률상 양립할 수 없는 관계에 해당하는 것으로 봄이 상당하다."고 판시하였다.

위 판결에 따르면, 甲의 각 피고에 대한 청구는 소송법상 양립불가능하므로, 甲은 제1심 변론종결전까지 입주자대표회의를 예비적 피고로 추가할 수 있다.

---

250) 대결 2007.6.26. 2007마515

민사소송법

제68조【필수적 공동소송인의 추가】

① 법원은 제67조 제1항의 규정에 따른 공동소송인 가운데 일부가 누락된 경우에는 제1심의 변론을 종결할 때까지 원고의 신청에 따라 결정으로 원고 또는 피고를 추가하도록 허가할 수 있다. 다만, 원고의 추가는 추가될 사람의 동의를 받은 경우에만 허가할 수 있다.

② 제1항의 허가결정을 한 때에는 허가결정의 정본을 당사자 모두에게 송달하여야 하며, 추가될 당사자에게는 소장부본도 송달하여야 한다.

③ 제1항의 규정에 따라 공동소송인이 추가된 경우에는 처음의 소가 제기된 때에 추가된 당사자와의 사이에 소가 제기된 것으로 본다.

④ 제1항의 허가결정에 대하여 이해관계인은 추가될 원고의 동의가 없었다는 것을 사유로 하는 경우에만 즉시항고를 할 수 있다.

⑤ 제4항의 즉시항고는 집행정지의 효력을 가지지 아니한다.

⑥ 제1항의 신청을 기각한 결정에 대하여는 즉시항고를 할 수 있다.

제70조【예비적·선택적 공동소송에 대한 특별규정】

① 공동소송인 가운데 일부의 청구가 다른 공동소송인의 청구와 법률상 양립할 수 없거나 공동소송인 가운데 일부에 대한 청구가 다른 공동소송인에 대한 청구와 법률상 양립할 수 없는 경우에는 제67조 내지 제69조를 준용한다. 다만, 청구의 포기·인낙, 화해 및 소의 취하의 경우에는 그러하지 아니하다.

② 제1항의 소송에서는 모든 공동소송인에 관한 청구에 대하여 판결을 하여야 한다.

117 피고경정의 요건

> **< 문제 >**
> 1. 甲은 이웃동네에 사는 乙로부터 폭행을 당하였다는 이유로 乙에 대해 손해배상을 청구하는 소를 제기하였다. 그런데 심리 중 乙은 甲이 폭행당하였다고 하는 시간에 전혀 다른 장소에 있었기 때문에 자신이 불법행위를 할 수 없다고 주장하여 관련된 증거를 조사한 결과 甲을 폭행한 사람은 乙의 동생인 丙으로서 甲이 丙을 乙로 착각한 것으로 밝혀졌다. 이에 甲은 피고 乙을 丙으로 경정하는 신청을 하였다. 법원은 이러한 甲의 피고경정신청을 받아들일 수 있는가? (15점)

Ⅰ. 문제의 소재 [2점]

사안에서는 실체법적 의무자의 착오로 피고를 잘 못 지정한 경우에도 피고의 경정이 허용될 수 있는지 여부가 문제된다.

Ⅱ. 피고의 경정의 요건 [5점]

피고경정은 ① 원고가 피고를 잘못 지정한 것이 분명할 것 ② 제1심 변론종결 전일 것 ③ 피고가 본안에 대해 응소한 때에는 피고의 동의가 있을 것 ④ 교체전후에 소송물이 동일할 것이 요구된다(제260조).

Ⅲ. 피고를 잘못 지정한 것의 의미 [8점]

이와 관련하여 판례251)는 "피고를 잘못 지정한 것이 분명한 때라고 함은 청구취지나 청구원인의 기재 내용 자체로 보아 원고가 법률적 평가를 그르치는 등의 이유로 피고의 지정이 잘못된 것이 명백하거나, 법인격의 유무에 관하여 착오를 일으킨 것이 명백한 경우 등을 말하고, 피고로 되어야 할 자가 누구인지를 증거조사를 거쳐 사실을 인정하고 그 인정 사실에 터 잡아 법률 판단을 해야 인정할 수 있는 경우는 이에 해당하지 않는다."고 판시하여 실체법적 의무자의 착오는 경정사유가 될 수 없다고 판시하였다.

위 판결에 따르면 증거조사한 결과 의무자가 乙이 아니라 丙으로 밝혀진 경우이므로 이는 '피고를 잘못 지정한 것이 분명'한 경우에 해당하지 않는다. 따라서 법원은 甲의 피고경정신청을 기각하여야 한다.

---

251) 대결 1997.10.17. 97마1632

민사소송법
제260조 【피고의 경정】
① 원고가 피고를 잘못 지정한 것이 분명한 경우에는 제1심 법원은 변론을 종결할 때까지 원고의 신청에 따라 결정으로 피고를 경정하도록 허가할 수 있다. 다만, 피고가 본안에 관하여 준비서면을 제출하거나, 변론준비기일에서 진술하거나 변론을 한 뒤에는 그의 동의를 받아야 한다.
② 피고의 경정은 서면으로 신청하여야 한다.
③ 제2항의 서면은 상대방에게 송달하여야 한다. 다만, 피고에게 소장의 부본을 송달하지 아니한 경우에는 그러하지 아니하다.
④ 피고가 제3항의 서면을 송달받은 날부터 2주 이내에 이의를 제기하지 아니하면 제1항 단서와 같은 동의를 한 것으로 본다.

118 공동소송인 독립의 원칙과 상소불가분의 원칙

< 기초적 사실관계 >

乙은 甲에게 자기 소유의 X토지와 Y건물을 매도하였으나 X토지와 Y건물에 대한 소유권이전등기의무를 이행하지 않고 있던 중 丙에게 X토지를 매도하였고, 丙은 자신의 명의로 X토지에 관하여 소유권이전등기를 마쳤다.(추가적 사실관계는 각각 별개임)

< 추가적 사실관계 1 >

甲은 乙과 丙을 상대로 乙에게는 X토지에 대한 매매를 원인으로 한 소유권이전등기를, 丙에게는 X토지에 관한 乙과 丙 사이의 매매가 통정허위표시에 의한 것이어서 무효라는 이유로 乙을 대위하여 X토지에 대한 소유권이전등기말소를 청구하는 소를 제기하였다.

< 문제 >

1. 제1심 법원은 ① 甲의 乙에 대한 청구는 '乙은 甲으로부터 매매잔대금을 지급받음과 동시에 甲에게 X토지에 관하여 위 매매를 원인으로 한 소유권이전등기절차를 이행하라'는 내용으로 일부 인용하고, ② 丙에 대한 청구는 기각하였다. 甲은 丙에 대한 청구 부분에 대하여만 항소를 제기하였다. 항소심 법원은 甲의 乙에 대한 청구 부분도 심리한 후 '甲의 乙과 丙에 대한 항소를 모두 기각한다'고 판결하였다. 항소심 법원의 판단은 타당한가? (15점)

I. 문제의 소재 2점

사안에서는 ① 甲의 乙과 丙에 대한 각 소송이 통상의 공동소송에 해당하는지 여부, ② 통상의 공동소송이라면 통상의 공동소송의 이심의 범위 및 심판의 범위가 각 문제된다.

Ⅱ. 통상의 공동소송에 해당하는지 여부 2점

사안에서 甲은 이중매매의 제1매수인의 지위에 있는데, 甲의 각 소송은 합일확정의 필요성이 인정되지 않고, 또한 甲의 각 소송은 법률상 양립불가능의 관계에 있지도 않으므로, 통상의 공동소송에 해당한다.

Ⅲ. 공동소송인 독립의 원칙과 상소불가분의 원칙(이심의 범위) 6점

상소가 제기되면 그에 의하여 재판의 확정을 막고 차단되게 되고 상소기간이 경과되어도 원재판은 확정되지 않는 것이 원칙이나(제498조), 통상의 공동소송에 있어서는 합일확정의 필요성이 없으므로 공동소송인독립의 원칙 때문에 공동소송인 중 한 사람의 또는 한 사람에 대한 상소는 다른 공동소송인에 관한 청구에 상소의 효력이 미치지 않으므로 그 부분은 확정된다.252)

사안에서 甲은 丙에 대한 청구만 항소를 제기하였으므로, 乙에 대한 청구 부분은 항소기간이 도과함으로써 분리 확정되고, 丙에 대한 청구 부분만이 확정이 차단되어 항소심에 이심된다.

Ⅳ. 심판의 범위 5점

항소심에서의 변론은 항소인이 제1심판결의 변경을 청구하는 한도 즉 불복신청의 범위 안에서만 하며, 그 불복의 한도내에서 항소심의 판결을 하게 된다(제407조 제1항, 제415조). 사안에서 甲은 丙에 대한 청구만 항소를 제기하였으므로 항소심의 심판범위는 甲의 丙에 대한 청구부분에 한정된다.

따라서 乙에 대한 청구 부분도 판단을 한 항소심의 판결은 위법하다(이 경우 항소심은 乙에 대한 청구 부분에 대해서 소송료선언을 하여야 한다).

민사소송법

제407조【변론의 범위】
① 변론은 당사자가 제1심 판결의 변경을 청구하는 한도안에서 한다.
② 당사자는 제1심 변론의 결과를 진술하여야 한다.

제415조【항소를 받아들이는 범위】
제1심 판결은 그 불복의 한도 안에서 바꿀 수 있다. 다만, 상계에 관한 주장을 인정한 때에는 그러하지 아니하다.

제498조【판결의 확정시기】
판결은 상소를 제기할 수 있는 기간 또는 그 기간 이내에 적법한 상소제기가 있을 때에는 확정되지 아니한다..

---

252) 대판 2012.9.27. 2011다76747

119 보조참가인의 소송행위의 효력 (1)

> **< 기초적 사실관계 >**
> 乙은 甲에게 자기 소유의 X토지와 Y건물을 매도하였으나 X토지와 Y건물에 대한 소유권이전등기의무를 이행하지 않고 있던 중 丙에게 X토지를 매도하였고, 丙은 자신의 명의로 X토지에 관하여 소유권이전등기를 마쳤다.(추가적 사실관계는 각각 별개임)
>
> **< 추가적 사실관계 2 >**
> 丁은 乙에 대해 3억 원의 채권을 주장하면서 乙의 명의로 남아 있던 Y건물을 가압류하였다. 丁은 이 가압류에 관한 본안소송으로 乙에 대하여 3억 원의 지급을 구하는 소를 제기하였다.
>
> **< 문제 >**
> 2. 甲은 '丁이 승소하면 Y건물에 대한 강제집행에 나설 것이고 그렇게 되면 甲은 Y건물의 소유권을 취득하지 못하게 되는 손해를 입게 된다'고 주장하면서 乙의 보조참가인으로 참가하였는데 丁과 乙은 甲의 보조참가신청에 대하여 이의를 신청하지 않았다. 乙은 변론기일에 출석하지 않고 丁이 주장하는 사실을 명백히 다투지도 않았으나 甲은 변론기일에 출석하여 丁의 乙에 대한 위 3억 원의 채권이 변제로 소멸하였다고 항변하였다. 법원이 심리 결과 채권의 존재 및 변제 사실 모두에 관하여 확신을 갖게 된 경우, 법원은 어떻게 판결하여야 하는가? (15점)

Ⅰ. 문제의 소재 2점

사안에서는 ① 甲에게 보조참가의 이익이 있는지 여부, ② 피참가인에게 자백간주의 효력이 발생한 때에도 보조참가인이 이를 다툴 수 있는지 여부가 각 문제된다.

Ⅱ. 보조참가의 요건 3점

보조참가를 위해서는 ① 타인 사이에 소송이 계속 중일 것 ② 참가이유로서 참가인이 피참가인의 소송결과에 대한 법률상 이해관계가 있을 것 ③ 소송절차의 현저한 지연이 없을 것 ④ 유효한 소송요건을 갖춘 참가신청이 있을 것이 요구된다. 보조참가에는 보충성이 요구되지 않기 때문에 다른 소송참가수단이 있더라도 보조참가가 허용된다(제71조).

사안에서 소송결과에 대한 법률상 이해관계라 함은 참가인의 법적 지위가 판결주문에서 판단되는 소송물인 권리관계의 존부에 논리적으로 의존관계에 있는 것을 의미하는데, 丁이 승소하여 강제집행에 나아가면 甲은 매매목적물의 소유권을 취득할 수 없는 손해를 입을 수 있으므로, 보조참가의 이익이 인정된다. 나아가 보조참가의 이익이 인정되지 않더라도 당사자들이 이의를 제기하지 않았으므로, 하자는 치유된다(제74조).

Ⅲ. 피참가인의 소송행위의 범위 10점

사안에서 乙은 丁의 주장사실을 명시적으로 다투지 않았으므로, 민사소송법 제150조 제1항에 따라 자백간주가 성립하게 되고, 참가인은 피참가인의 행위와 저촉되는 행위를 할 수 없다(제76조 제2항).

피참가인에 대한 자백간주의 효력을 참가인이 다툴 수 있는지 여부와 관련하여 판례[253]는 '민사소송법 제76조 제2항이 규정하는 참가인의 소송행위가 피참가인의 소송행위에 어긋나는 경우라 함은 참가인의 소송행위가 피참가인의 행위와 명백히 적극적으로 배치되는 경우를 말하고 소극적으로만 피참가인의 행위와 불일치하는 때에는 이에 해당하지 않는 것인바, 피참가인인 피고가 원고가 주장하는 사실을 명백히 다투지 아니하여 민사소송법 제150조에 의하여 그 사실을 자백한 것으로 보게 될 경우라도 참가인이 보조참가를 신청하면서 그 사실에 대하여 다투는 것은 피참가인의 행위와 명백히 적극적으로 배치되는 경우라 할 수 없어 그 소송행위의 효력이 없다고 할 수 없다.'고 판시하였다.

위 판결에 따르면 피참가인에 대하여 자백간주의 효력이 발생한 사실에 대해서도 참가인이 이를 다툴 수 있으므로, 甲은 변제항변을 할 수 있고 위 항변은 乙에게도 그 효력이 미치며, 또한 법원이 변제항변에 대한 심증을 형성하였으므로, 법원은 丁의 청구를 기각하여야 한다.

---

253) 대판 2007.11.29. 2007다53310

민사소송법

제71조【보조참가】
소송결과에 이해관계가 있는 제3자는 한 쪽 당사자를 돕기 위하여 법원에 계속중인 소송에 참가할 수 있다. 다만, 소송절차를 현저하게 지연시키는 경우에는 그러하지 아니하다.

제74조【이의신청권의 상실】
당사자가 참가에 대하여 이의를 신청하지 아니한 채 변론하거나 변론준비기일에서 진술을 한 경우에는 이의를 신청할 권리를 잃는다.

제76조【참가인의 소송행위】
① 참가인은 소송에 관하여 공격·방어·이의·상소, 그 밖의 모든 소송행위를 할 수 있다. 다만, 참가할 때의 소송의 진행정도에 따라 할 수 없는 소송행위는 그러하지 아니하다.
② 참가인의 소송행위가 피참가인의 소송행위에 어긋나는 경우에는 그 참가인의 소송행위는 효력을 가지지 아니한다.

제150조【자백간주】
① 당사자가 변론에서 상대방이 주장하는 사실을 명백히 다투지 아니한 때에는 그 사실을 자백한 것으로 본다. 다만, 변론 전체의 취지로 보아 그 사실에 대하여 다툰 것으로 인정되는 경우에는 그러하지 아니하다.
② 상대방이 주장한 사실에 대하여 알지 못한다고 진술한 때에는 그 사실을 다툰 것으로 추정한다.
③ 당사자가 변론기일에 출석하지 아니하는 경우에는 제1항의 규정을 준용한다. 다만, 공시송달의 방법으로 기일통지서를 송달받은 당사자가 출석하지 아니한 경우에는 그러하지 아니하다.

120 보조참가인의 소송행위의 효력 (2)

< 기초적 사실관계 >

甲은 2018. 4. 1. 乙에게 금 1억 원을 대여하였고, 丙은 乙을 위하여 이를 연대보증하였다. 甲은 2019. 2. 1. 丙을 상대로 대여금 채무의 연대보증 채무의 이행을 구하는 소(이하 '전소'라고 함)를 제기하였고, 丙은 전소의 제1회 변론기일에서 '대여금 채무의 주채무가 2018. 10. 1. 乙의 변제로 소멸하였다'고 주장하였다. 전소의 1심 진행 도중 乙이 주채무를 변제하였음을 주장하며 보조참가를 하였다(보조참가는 적법한 것을 전제로 할 것. 아래 각 설문은 독립적 사안임).

< 추가적 사실관계 1 >

丙은 1심에서 패소하였고, 위 판결정본은 2019. 6. 11. 乙에게, 2019. 6. 15. 甲과 丙에게 각 송달되었다. 이에 대하여 乙만이 2019. 6. 28. 항소하였고 丙은 2019. 7. 14. 乙의 항소를 취하하였다.

< 문제 >

1. 乙의 항소와 丙의 항소 취하는 각각 유효한가? (10점)

Ⅰ. 문제의 소재 2점

사안에서는 ① 보조참가인이 단독으로 상소를 제기할 수 있는지 여부 및 상소기간의 기준 ② 피참가인이 보조참가인의 상소를 취하할 수 있는지 여부가 각 문제된다.

Ⅱ. 보조참가인의 단독상소 및 상소기간 **4점**

이와 관련하여 판례254)는 '불법행위로 인한 손해배상책임을 지는 자는 피해자가 다른 공동불법행위자들을 상대로 제기한 손해배상 청구소송의 결과에 대하여 법률상의 이해관계를 갖는다고 할 것이므로, 위 소송에 원고를 위하여 보조참가를 할 수가 있고, 피해자인 원고가 패소판결에 대하여 상소를 하지 않더라도 원고의 상소기간 내라면 보조참가와 동시에 상소를 제기할 수도 있다.'고 판시하였다.

위 판결에 따르면, 乙은 피참가인이 항소를 제기하지 않더라도 단독으로 항소를 제기할 수 있고, 또한 피참가인 丙에게 판결정본이 송달된 2019. 6. 15.로부터 2주 내인 2019. 6. 28. 항소를 제기하였으므로, 乙의 항소는 유효하다(제396조 제1항).

Ⅲ. 피참가인의 상소취하 **4점**

이와 관련하여 판례255)는 '민사소송법 제76조 제2항은 참가인의 소송행위가 피참가인의 소송행위에 어긋나는 경우에는 참가인의 소송행위는 효력을 가지지 아니한다고 규정하고 있는데, 그 규정의 취지는 피참가인들의 소송행위와 보조참가인들의 소송행위가 서로 어긋나는 경우에는 피참가인의 의사가 우선하는 것을 뜻하므로 피참가인은 참가인의 행위에 어긋나는 행위를 할 수 있고, 따라서 보조참가인들이 제기한 항소를 포기 또는 취하할 수도 있다.'고 판시하였다.

피참가인의 소송행위에 어긋나는 경우에는 참가인의 소송행위는 효력을 가지지 못하므로, 피참가인은 참가인의 의사에 반하여 항소를 취하할 수 있다. 따라서 丙의 항소취하는 유효하다.

민사소송법
제396조 【항소기간】
① 항소는 판결서가 송달된 날부터 2주 이내에 하여야 한다. 다만, 판결서 송달전에도 할 수 있다.
② 제1항의 기간은 불변기간으로 한다.

제76조 【참가인의 소송행위】
① 참가인은 소송에 관하여 공격·방어·이의·상소, 그 밖의 모든 소송행위를 할 수 있다. 다만, 참가할 때의 소송의 진행정도에 따라 할 수 없는 소송행위는 그러하지 아니하다.
② 참가인의 소송행위가 피참가인의 소송행위에 어긋나는 경우에는 그 참가인의 소송행위는 효력을 가지지 아니한다.

---

254) 대판 1999.7.9. 99다12796
255) 대판 2010.10.14. 2010다38168

121 보조참가인이 본인의 상소기간 도과 후 상소제기 가능여부

甲(주소지: 서울 성동구)은 2009. 3. 1. 乙(주소지: 서울 강남구)로부터 서울 강남구 소재 대한빌딩 중 1, 2층을 임대보증금 1억 원, 월 차임 400만 원, 임대차기간 2년으로 약정하여 임차하였다. 그리고 위 임대차계약서 말미에 "본 임대차와 관련하여 甲과 乙 사이에 소송할 필요가 생길 때에는 서울중앙지방법원을 관할법원으로 한다."라는 특약을 하였다. 甲은 乙에게 위 임대보증금 1억 원을 지급한 후 위 건물에서 '육고기뷔페'라는 상호로 음식점을 경영하고 있다. 甲은 도축업자인 丙(주소지: 서울 노원구)에게서 돼지고기를 구입하여 왔는데, '육고기뷔페'의 경영 악화로 적자가 계속되어 丙에게 돼지고기 구입대금을 제때에 지급하지 못하여 2010. 12.경에는 丙에 대한 외상대금이 1억 원을 넘게 되었다. 이에 丙이 甲에게 위 외상대금을 갚을 것을 여러 차례 독촉하자 甲은 부득이 乙에 대한 위 임대보증금반환채권을 丙에게 2011. 1. 17. 양도하게 되었고, 甲은 2011. 1. 20. 乙에게 내용증명 우편으로 위 채권양도 사실을 통지하여 다음날 乙이 위 내용증명 우편을 직접 수령하였다. 한편, 甲에 대하여 3,000만 원의 대여금채권을 가지고 있는 A는 위 채권을 보전하기 위하여 甲의 乙에 대한 위 임대보증금반환채권에 대하여 채권자를 A로, 채무자를 甲으로, 제3채무자를 乙로 하여 법원에 채권가압류신청을 하였고 위 신청에 대한 가압류결정이 고지되어 가압류결정 정본이 2011. 1. 22. 제3채무자인 乙에게 송달되었다. 甲과 乙은 2011. 2. 28. 위 임대차기간을 2년 연장하기로 합의(묵시의 갱신은 문제되지 아니하는 것을 전제로 함.)하였다. 임대차기간이 연장된 것을 전혀 모르는 丙이 乙에게 임대보증금의 지급을 요구하자 乙은 위 임대차기간이 연장되었음을 이유로 丙에게 임대보증금의 반환을 거절하였다.

< 문제 >

6. 위 임대보증금반환채권을 가압류한 A는 丙이 제기한 위 4.의 소송에서 피고 乙을 보조참가하는 신청을 하였고 이에 대하여 丙은 아무런 이의를 제기하지 아니하여 보조참가는 유효하게 되었다. 丙이 제기한 위 4.의 소송에서 원고 청구에 대한 전부 인용 판결이 선고되었다고 가정하고, 2011. 12. 12. 그 판결 정본이 피고 乙에게, 2011. 12. 14. 피고 보조참가인 A에게 각각 송달되었고, 피고 乙은 기한 내에 항소를 하지 아니하였으며, 피고 보조참가인 A는 2011. 12. 28. 제1심 법원에 항소장을 제출하였다면 위 항소는 효력이 있는가? (10점)

Ⅰ. 문제의 소재 2점

피고 乙이 제기 가능하였던 상소기간이 문제되며, 보조참가인이 본인의 상소기간 도과 후 상소제기가 가능한지 문제된다.

Ⅱ. 상소기간의 기산일과 종료일 3점

상소가 적법하기 위해서는 상소요건을 갖추어야 하며, 상소기간은 판결정본이 적법하게 송달된 내로 2주일 내에 이루어져야 한다(제396조). 사안에서 피고 乙의 상소기간은 2011. 12. 12.부터(초일불산입) 2주인 2011. 12. 26.까지 이다.

Ⅲ. 보조참가인의 지위 4점

보조참가인은 소송에 관하여 공격, 방어, 이의, 상소 등 소송행위를 자기의 명의로 할 수 있다(제76조 제1항). 그러나 보조참가인은 보조자에 불과하므로, 피참가인이 할 수 없는 행위는 보조참가인도 할 수 없다.

문제는 보조참가인은 소장부본을 송달받은지 2주가 지나지 않아 아직 상소기간이 도과하지 않았으므로 자신이 독자적으로 항소를 할 수 있는지 문제된다. 판례는 보조참가인 명의로 된 상고제기가 2주 이내에 제기한 것이 된다 하여도 이미 피참가인인 피고에 대한 관계에 있어 상고기간이 경과한 것이라면 피고 보조참가인의 상고 역시 상고기간 경과 후의 것임을 면치 못하여 피고와 피고보조참가인의 위 상고는 모두 부적법하다고 판시256)하였다.

Ⅳ. 결론 1점

피고 보조참가인 A의 2011. 12. 28. 항소장 제출은 효력이 없다.

---

256) 대판 1969.8.19. 69다949

민사소송법

제396조【항소기간】
① 항소는 판결서가 송달된 날부터 2주 이내에 하여야 한다. 다만, 판결서 송달전에도 할 수 있다.
② 제1항의 기간은 불변기간으로 한다.

제76조【참가인의 소송행위】
① 참가인은 소송에 관하여 공격·방어·이의·상소, 그 밖의 모든 소송행위를 할 수 있다. 다만, 참가할 때의 소송의 진행정도에 따라 할 수 없는 소송행위는 그러하지 아니하다.
② 참가인의 소송행위가 피참가인의 소송행위에 어긋나는 경우에는 그 참가인의 소송행위는 효력을 가지지 아니한다.

122 참가적 효력

< 기초적 사실관계 >

甲은 2018. 4. 1. 乙에게 금 1억 원을 대여하였고, 丙은 乙을 위하여 이를 연대보증하였다. 甲은 2019. 2. 1. 丙을 상대로 대여금 채무의 연대보증 채무의 이행을 구하는 소(이하 '전소'라고 함)를 제기하였고, 丙은 전소의 제1회 변론기일에서 '대여금 채무의 주채무가 2018. 10. 1. 乙의 변제로 소멸하였다'고 주장하였다. 전소의 1심 진행 도중 乙이 주채무를 변제하였음을 주장하며 보조참가를 하였다(보조참가는 적법한 것을 전제로 할 것. 아래 각 설문은 독립적 사안임).

< 추가적 사실관계 2 >

丙은 제2회 변론기일에서 제1회 변론기일에 출석하여 진술한 '주채무가 乙의 변제로 소멸하였다'는 주장을 철회하고, 주채무는 아직 변제되지 않았다는 사실, 丙이 乙의 주채무에 대하여 연대보증계약을 체결한 사실을 인정하였다. 이로 인하여 甲의 승소판결이 선고되었고 그 판결이 확정되자 丙은 판결에 따른 연대보증채무를 변제하였다. 이후 丙은 乙을 상대로 위 연대보증채무의 이행에 따른 구상금 청구의 소(이하 '후소'라고 함)를 제기하였고 이에 대해 乙은 전소제기 전에 이미 주채무를 자신이 변제하였으므로 丙의 청구는 기각되어야 한다고 주장하였다.

< 문제 >

2. 후소 법원은 乙의 주채무 변제사실을 인정할 수 있는가? (10점)

I. 문제의 소재 2점

사안에서 乙은, 전소에서 丙의 자백에 기하여 인정된 '주채무가 변제되지 않았다는 사실'과 배치되는 '주채무의 변제사실'을 주장하는 것이므로, 전소의 참가적 효력이 후소에 미치는지 여부가 문제된다.

II. 참가적 효력의 요건 2점

<u>참가적 효력이라 함은 피참가인이 패소하고 나서 뒤에 피참가인이 참가인 상대의 소송을 하는 경우 피참가인에 대한 관계에서 참가인은 판결의 내용이 부당하다고 주장할 수 없는 구속력을 의미한다</u>(제77조). 참가적 효력이 발생하기 위해서는 피참가인이 패소하여야 하고, 피참가인이 참가인을 상대로 후소를 제기하여야 한다.

사안에서는 피참가인이 패소한 뒤 참가인을 상대로 후소를 제기한 경우이므로, 일응 그 요건을 구비하였다.

III. 참가효의 배제사유 6점

패소의 책임이 피참가인에게 있는 경우나 참가인과 피참가인의 협력 관계가 깨어진 경우까지 참가적 효력이 미치는 것은 부당하므로 이 경우에는 참가적 효력이 배제된다. 그리고 피참가인의 소송행위와 어긋나게 되어 효력이 없는 경우에는 참가적 효력이 배제된다(제77조 제1호, 제76조 제2항).

사안에서 참가인은 채무의 변제를 주장하며 원고의 청구를 다투었으나, 피참가인은 원고의 청구원인 사실에 대하여 자백을 하면서, 참가인의 주장과 배치되는 행위를 하였는데, 이는 참가인의 소송행위가 피참가인의 소송행위와 어긋나게 되어 효력이 없는 경우에 해당하므로 참가적 효력의 배제사유에 해당한다. 따라서 후소 법원은 증거조사를 통하여 乙의 주채무 변제사실을 인정할 수 있다.

민사소송법

제76조 【참가인의 소송행위】
① 참가인은 소송에 관하여 공격·방어·이의·상소, 그 밖의 모든 소송행위를 할 수 있다. 다만, 참가할 때의 소송의 진행정도에 따라 할 수 없는 소송행위는 그러하지 아니하다.
② 참가인의 소송행위가 피참가인의 소송행위에 어긋나는 경우에는 그 참가인의 소송행위는 효력을 가지지 아니한다.

제77조 【참가인에 대한 재판의 효력】
재판은 다음 각호 가운데 어느 하나에 해당하지 아니하면 참가인에게도 그 효력이 미친다.
1. 제76조의 규정에 따라 참가인이 소송행위를 할 수 없거나, 그 소송행위가 효력을 가지지 아니하는 때
2. 피참가인이 참가인의 소송행위를 방해한 때
3. 피참가인이 참가인이 할 수 없는 소송행위를 고의나 과실로 하지 아니한 때

123. 사해행위취소와 독립당사자참가

2017년 제6회 변호사시험 <제1문2>

< 기초적 사실관계 >

甲은 주택 신축 등을 목적으로 하는 사업을 하면서 乙 및 친척인 丙에게 각각 1억 원의 대여금채무를 비롯하여 총 합계 3억 원 이상의 채무를 부담하게 되어 채무초과 상태에 이르게 되었다. 甲은 유일한 재산인 X토지를 소유하고 있었는데, 丙에 대한 甲의 대여금 채무를 위한 담보로 제공하는 저당권설정계약(이하 '이 사건 계약'이라 한다)을 丙과 체결하였다.

甲은 丙의 독촉에도 이 사건 계약에 의한 저당권설정등기를 미루고 있었는데, 이에 丙은 甲을 피고로 이 사건 계약을 원인으로 하여 저당권설정등기를 청구하는 소를 제기하였다. 丙의 위 소송에 대하여 甲은 제대로 응소하지 않고 있다.

위와 같은 소식을 들은 乙은 이 사건 계약의 체결 과정을 조사한 결과, 甲은 이 사건 계약으로 인하여 책임재산에 부족이 생기거나 이미 부족상태에 있는 책임재산이 한층 더 부족하게 됨으로써 乙의 채권을 완전하게 만족시킬 수 없다는 사실을 인식하였고, 丙도 그러한 점을 알고 있었다는 사실을 알게 되었다. 이에 乙은 원고 丙과 피고 甲 사이의 위 소송에 참가하려고 한다.

< 문제 >

1. 乙이 다음과 같은 취지로 독립당사자참가신청을 하는 것은 적법한가? (30점)

   (1) 丙을 상대로 사해행위를 원인으로 하여 "X토지에 관하여 甲과 丙이 체결한 이 사건 계약을 취소한다."는 취지의 독립당사자참가신청

   (2) 丙과 甲을 상대로 통정허위표시를 원인으로 하여 "X토지에 관하여 甲과 丙이 체결한 이 사건 계약이 무효임을 확인한다."는 취지의 독립당사자참가신청

문제 1.-(1) 16점

Ⅰ. 문제의 소재

사안에서는 사해방지를 이유로 한 각 독립당사자참가가 가능한지 여부가 문제된다.

Ⅱ. 사해방지를 이유로 한 독립당사자참가의 요건

① 타인 간의 소송이 계속되어야 하고, ② 참가이유로서 소송결과에 따라 참가인의 권리가 침해된다고 주장하는 자여야 한다(제79조).

민사소송법

제79조 【독립당사자참가】

① 소송목적의 전부나 일부가 자기의 권리라고 주장하거나, 소송결과에 따라 권리가 침해된다고 주장하는 제3자는 당사자의 양 쪽 또는 한 쪽을 상대방으로 하여 당사자로서 소송에 참가할 수 있다.

② 제1항의 경우에는 제67조 및 제72조의 규정을 준용한다.

Ⅲ. 독립당사자참가에 있어 사해방지참가를 이유로 한 사해행위취소소송의 가부

이와 관련하여 판례257)는 '채권자가 사해행위의 취소와 함께 수익자 또는 전득자로부터 책임재산의 회복을 명하는 사해행위취소의 판결을 받은 경우 취소의 효과는 채권자와 수익자 또는 전득자 사이에만 미치므로, 채권자와 채무자 사이에서 취소로 인한 법률관계가 형성되거나 취소의 효력이 소급하여 채무자의 책임재산으로 복구되는 것은 아니다. 이러한 사해행위취소의 상대적 효력에 의하면, <u>원고의 피고에 대한 청구의 원인행위가 사해행위라는 이유로 원고에 대하여 사해행위취소를 청구하면서 독립당사자참가신청을 하는 경우, 독립당사자참가인의 청구가 그대로 받아들여진다 하더라도 원고와 피고 사이의 법률관계에는 아무런 영향이 없고, 따라서 그러한 참가신청은 사해방지참가의 목적을 달성할 수 없으므로 부적법하다.</u>'고 판시하였다.

위 판결에 따르면 사안에서 乙이 丙을 상대로 한 사해행위취소를 구하는 청구가 받아들여지더라도 이것은 乙과 丙 사이에서 이 사건 계약을 취소하는 것일 뿐 甲과 丙 사이의 법률관계에는 영향이 없으므로, 乙의 독립당사자참가신청은 부적법하다.

문제 1. - (2) 14점

Ⅰ. 문제의 소재

사안에서는 ① 乙의 독립당사자참가신청이 사해방지참가인지 권리주장참가인지 여부와 ② 무효확인을 구하는 독립당사자참가가 적법한지 여부가 각 문제된다.

Ⅱ. 乙의 독립당사자참가신청의 법적 성질

乙은 甲과 丙 사이 소송의 결과로 자신의 권리나 법률상 지위가 침해될 염려가 있음을 이유로 무효확인을 구하는 것이므로, 이는 사해방지참가에 해당한다.

Ⅲ. 무효확인을 구하는 독립당사자참가의 적법성

이와 관련하여 판례258)는 '자기의 권리 또는 법률상의 지위가 타인들 사이의 사해적 법률행위를 청구원인으로 한 사해소송의 결과로 인하여 침해를 받을 염려가 있는 경우에 그 타인들을 상대로 하여 <u>사해소송의 청구원인이 된 법률행위가 무효라는 확인을 소구하는 것은 사해판결이 선고 확정되고 집행됨으로써 자기의 권리 또는 법률상의 지위가 침해되는 것을 방지하기 위한 유효적절한 수단이 되는 것이므로 확인의 이익이 있는 적법한 것</u>'이라고 판시하였다.

사안에서 乙의 독립당사자참가신청은 책임재산의 부족이라는 자신의 권리 침해를 방지하기 위해 사해소송의 청구원인인 甲과 丙 사이 이 사건 계약이 무효임을 확인하는 것으로 적법하다.

---

257) 대판 2014.6.12. 2012다47548,47555
258) 대판 1990.7.13. 89다카20719

124. 독립당사자참가인의 항소

< 기초적 사실관계 >

X토지의 매수인인 甲은 2017. 7. 4. 매도인인 乙을 상대로 매매를 원인으로 한 소유권이전등기청구를 하였다. 이에 丙은 2017. 9. 10. 乙을 상대로 X토지의 취득시효 완성을 원인으로 한 소유권이전등기청구를 하여 권리주장참가로서 독립당사자참가신청을 하였다. 이후 1심 법원은 甲의 乙에 대한 청구를 인용하고 丙의 참가신청을 각하하였다.

< 문제 >
1. 丙의 참가신청을 각하한 1심 법원의 판단은 타당한가? (5점)

< 추가적 사실관계 >

1심 법원의 판단에 대하여 丙만 항소하였다. 항소법원은 丙의 항소를 기각하면서, 1심 판결 중 甲이 승소한 본소 청구 부분을 취소하고, 甲의 乙에 대한 청구를 기각하였다.

< 문제 >
2. 이러한 항소법원의 판단은 타당한가? (15점)

문제 1. 5점

Ⅰ. 문제의 소재

사안에서는 丙의 권리주장참가가 그 요건을 구비하였는지 여부가 문제된다.

Ⅱ. 권리주장참가의 요건

권리주장참가를 위해서는 ① 타인간의 소송이 계속 중이어야 하고, ② 참가인이 원고의 본소청구와 양립되지 않는 권리 또는 그에 우선할 수 있는 권리를 주장하여야 한다.

이와 관련하여 판례259)는 '독립당사자참가는 소송목적의 전부나 일부가 자기의 권리임을 주장하거나 소송의 결과에 의하여 권리침해를 받을 것을 주장하는 제3자가 당사자로서 소송에 참가하여 3당사자 사이에 서로 대립하는 권리 또는 법률관계를 하나의 판결로서 서로 모순 없이 일시에 해결하려는 것이므로, 참가인은 우선 참가하려는 소송의 원, 피고에 대하여 본소청구와 양립할 수 없는 별개의 청구를 해야 하고 또한 참가이유가 소송의 결과에 의하여 권리침해를 받을 것을 주장하는 경우에는 원, 피고간의 소송이 참가인의 권리를 침해하는 사해소송임을 인정할 수 있는 것이라야 한다. 원고의 피고에 대한 본소청구인 1975. 7. 4. 매매를 원인으로 한 소유권이전등기절차 이행청구와 참가인의 피고에 대한 청구인 1977. 9. 10. 취득시효완성을 원인으로 한 소유권이전등기절차 이행청구는 합일확정을 필요로 하는 동일한 권리관계에 관한 것이 아니어서 서로 양립될 수 있으므로 독립당사자참가는 부적법하다.'고 판시하였다.

위 판결에 따르면, 甲과 丙의 각 청구는 법률상 양립가능하므로, 丙의 참가신청은 부적법하다.

---

259) 대판 1982.12.14. 80다1872

문제 2. 15점

Ⅰ. 문제의 소재

사안에서는 원고승소판결에 대하여 참가인만이 항소를 제기한 경우, 이심의 범위 및 심판의 범위가 문제되고, 丙의 독립당사자참가가 부적법한 경우 항소심법원의 판결형식이 문제된다.

Ⅱ. 이심의 범위

이와 관련하여 판례[260]는 '독립당사자참가가 있는 경우 당사자의 일부에 관하여만 판결을 하거나 남겨진 자를 위한 추가판결을 하는 것들은 모두 허용되지 않는 것이므로 제1심에서 원고 및 참가인 패소, 피고 승소의 본안판결이 선고된 데 대하여 원고만이 항소한 경우 원고와 참가인 그리고 피고간의 세 개의 청구는 당연히 항소심의 심판대상이 되어야 하는 것이므로 항소심으로서는 참가인의 원·피고에 대한 청구에 대하여도 같은 판결로 판단을 하여야 한다.'고 판시하여 모든 청구가 이심된다고 하였다.

Ⅲ. 심판의 범위

독립당사자 참가에서 항소심의 심판범위와 관련하여 판례[261]는 '항소심의 심판대상은 실제 항소를 제기한 자의 항소 취지에 나타난 불복범위에 한정하되 위 세 당사자 사이의 결론의 합일확정의 필요성을 고려하여 그 심판의 범위를 판단하여야 하고, 이에 따라 항소심에서 심리·판단을 거쳐 결론을 내림에 있어 위 세 당사자 사이의 결론의 합일확정을 위하여 필요한 경우에는 그 한도 내에서 항소 또는 부대항소를 제기한 바 없는 당사자에게 제1심판결보다 유리한 내용으로 판결이 변경되는 것도 배제할 수는 없다.'고 판시하여 원칙적으로 불이익변경금지의 원칙이 적용되지 않는다고 하였으나, 합일확정의 필요성이 없는 경우와 관련하여 판례[262]는 '독립당사자참가소송에서 원고승소 판결에 대하여 참가인만이 상소를 했음에도 상소심에서 원고의 피고에 대한 청구인용 부분을 원고에게 불리하게 변경할 수 있는 것은 참가신청이 적법하고 나아가 합일확정의 요청상 필요한 경우에 한하므로 독립당사자참가소송에서 원고의 피고에 대한 청구를 인용하고 참가인의 참가신청을 각하한 제1심판결에 대하여 참가인만이 항소하였는데, 참가인의 항소를 기각하면서 제1심판결 중 피고가 항소하지도 않은 본소 부분을 취소하고 원고의 피고에 대한 청구를 기각한 것은 부적법하다.'고 판시하였다.

위 판결에 따르면 丙만이 항소를 제기한 경우, 甲과 乙사이의 소송도 항소심에 이심은 되나, 丙의 신청과는 합일확정의 필요성이 없으므로 심판의 대상이 될 수 없고, 따라서 원고의 청구를 기각한 것은 부적법하게 된다.

그러나 丙의 참가는 독립당사자참가의 요건을 구비하지 못하여 부적법하므로, 丙의 항소를 기각한 부분은 적법하다.

---

260) 대판 1991.3.22. 90다19329,19336
261) 대판 2007.10.26. 2006다86573,86580
262) 대판 2007.12.14. 2007다37776,37783

125 공동소송적 보조참가인의 동의 없이 한 소취하의 효력

2023년 제12회 변호사시험 <제1문1>

< 기초적 사실관계 >

甲은 2021. 1. 15. 乙에게 甲 소유의 X토지를 매매대금 3억 원으로 정하여 매도하면서 계약금 3천만 원은 계약 당일, 잔금 2억 7천만 원은 2021. 3. 15. 지급받기로 하였고, 같은 날 계약금을 지급받았다.

乙은 잔금지급기일 전 X토지의 등기부를 열람하던 중 X토지에 관하여 丙의 명의로 소유권이전등기가 마쳐져 있음을 확인하고, 甲에게 위 丙 명의의 소유권이전등기를 말소하여 줄 것을 요구하였다. 甲이 이에 응하지 아니하자 乙은 잔금을 모두 지급한 뒤 2021. 7. 1. 甲에 대한 소유권이전등기청구권을 보전하기 위하여 甲을 대위하여 丙을 상대로 X토지에 관한 소유권이전등기말소청구의 소(이하 '이 사건 소송'이라 한다)를 제기하였다. 이 사건 소송에서 乙은 甲을 증인으로 신청하였고, 2022. 1. 12. 증인으로 출석한 甲은 丙의 소유권이전등기가 서류 위조 등으로 인하여 원인무효라는 취지로 증언하였다.

이 사건 소송의 제1심 계속 중인 2022. 3. 12. 乙이 사망하였고, 상속인으로는 丁, 戊, 己가 있다. 丁, 戊, 己는 모두 이 사건 소송을 적법하게 수계하였다.

[※ 이하의 추가적 사실관계 1, 2는 각각 독립적인 별개의 사실관계임, 기간 등과 관련하여 기재된 날짜가 공휴일인지는 고려하지 말 것]

< 추가적 사실관계 1 >

丁은 이 사건 소송을 계속 진행하는 것에 부담을 느껴 소송계속 중인 2022. 5. 11. 소를 취하하였고 丙은 이에 동의하였다.

< 문제 >
1. 丁의 소취하가 유효한지 판단하고 근거를 서술하시오. (15점)

I. 문제의 소재 2점

사안에서는 ① 소 취하의 일반요건, ② 수인의 대위채권자의 대위소송이 유사필수적 공동소송관계에 있는지 여부, ③ 대위채권자 중 1인이 자신의 소를 취하할 수 있는지 여부가 각 문제된다.

Ⅱ. 소 취하의 일반요건 2점

원고는 당해 소송의 판결 확정전까지 소의 일부 또는 전부를 취하할 수 있다. 종국판결의 선고 이후라도 확정전이라면 상소심에서도 소를 취하할 수 있으나, 피고가 본안에 대하여 응소한 뒤에는 피고의 동의가 필요하다(제266조 제1항).

Ⅲ. 수인의 대위채권자의 대위소송의 법적 성질 4점

이와 관련하여 판례는[263] '채무자가 채권자대위권에 의한 소송이 제기된 것을 알았을 경우에는 그 확정판결의 효력은 채무자에게도 미친다. 이 경우 각 채권자대위권에 기하여 공동하여 채무자의 권리를 행사하는 다수의 채권자들은 유사필요적 공동소송관계에 있다 할 것이다.'고 판시하였다.

사안에서 乙이 사망함으로써 丁, 戊, 己는 공동상속인으로서 乙의 소유권이전등기청구권을 상속지분의 범위내에서 상속하게 되었고, 따라서 위 각 원고들의 대위소송은 유사필수적 공동소송의 관계에 있다.

Ⅳ. 유사필수적 공동소송에서 1인의 소취하의 가능성 7점

이와 관련하여 판례는[264] '공동소송적 보조참가는 그 성질상 필수적 공동소송 중에서는 이른바 유사필수적 공동소송에 준한다 할 것인데 유사필수적 공동소송의 경우에는 원고들 중 일부가 소를 취하하는 데 다른 공동소송인의 동의를 받을 필요가 없다. 또한 소취하는 판결이 확정될 때까지 할 수 있고 취하된 부분에 대해서는 소가 처음부터 계속되지 아니한 것으로 간주되며(제267조) 본안에 관한 종국판결이 선고된 경우에도 그 판결 역시 처음부터 존재하지 아니한 것으로 간주되므로, 이는 재판의 효력과는 직접적인 관련이 없는 소송행위로서 공동소송적 보조참가인에게 불이익이 된다고 할 것도 아니다. 따라서 피참가인이 공동소송적 보조참가인의 동의 없이 소를 취하하였다 하더라도 이는 유효하다.'고 판시하였다.

위 판결에 따르면 유사필수적 공동소송에서 공동소송인은 단독으로 소를 취하할 수 있으므로 정은 단독으로 소를 취하할 수 있고, 상대방인 丙이 이에 대하여 동의하였으므로 丁의 소 취하는 유효하다.

---

263) 대판 1991.12.27. 91다23486
264) 대결 2013.3.28. 2012아43

민사소송법
제266조 【소의 취하】
① 소는 판결이 확정될 때까지 그 전부나 일부를 취하할 수 있다.
② 소의 취하는 상대방이 본안에 관하여 준비서면을 제출하거나 변론준비기일에서 진술하거나 변론을 한 뒤에는 상대방의 동의를 받아야 효력을 가진다.
③ 소의 취하는 서면으로 하여야 한다. 다만, 변론 또는 변론준비기일에서 말로 할 수 있다.
④ 소장을 송달한 뒤에는 취하의 서면을 상대방에게 송달하여야 한다.
⑤ 제3항 단서의 경우에 상대방이 변론 또는 변론준비기일에 출석하지 아니한 때에는 그 기일의 조서등본을 송달하여야 한다.
⑥ 소취하의 서면이 송달된 날부터 2주 이내에 상대방이 이의를 제기하지 아니한 경우에는 소취하에 동의한 것으로 본다. 제3항 단서의 경우에 있어서, 상대방이 기일에 출석한 경우에는 소를 취하한 날부터, 상대방이 기일에 출석하지 아니한 경우에는 제5항의 등본이 송달된 날부터 2주 이내에 상대방이 이의를 제기하지 아니하는 때에도 또한 같다.

제267조 【소취하의 효과】
① 취하된 부분에 대하여는 소가 처음부터 계속되지 아니한 것으로 본다.
② 본안에 대한 종국판결이 있은 뒤에 소를 취하한 사람은 같은 소를 제기하지 못한다.

126. 유사필수적 공동소송의 심판방법

2023년 제12회 변호사시험 <제1문1>

< 기초적 사실관계 >

甲은 2021. 1. 15. 乙에게 甲 소유의 X토지를 매매대금 3억 원으로 정하여 매도하면서 계약금 3천만 원은 계약 당일, 잔금 2억 7천만 원은 2021. 3. 15. 지급받기로 하였고, 같은 날 계약금을 지급받았다.

乙은 잔금지급기일 전 X토지의 등기부를 열람하던 중 X토지에 관하여 丙의 명의로 소유권이전등기가 마쳐져 있음을 확인하고, 甲에게 위 丙 명의의 소유권이전등기를 말소하여 줄 것을 요구하였다. 甲이 이에 응하지 아니하자 乙은 잔금을 모두 지급한 뒤 2021. 7. 1. 甲에 대한 소유권이전등기청구권을 보전하기 위하여 甲을 대위하여 丙을 상대로 X토지에 관한 소유권이전등기말소청구의 소(이하 '이 사건 소송'이라 한다)를 제기하였다. 이 사건 소송에서 乙은 甲을 증인으로 신청하였고, 2022. 1. 12. 증인으로 출석한 甲은 丙의 소유권이전등기가 서류 위조 등으로 인하여 원인무효라는 취지로 증언하였다.

이 사건 소송의 제1심 계속 중인 2022. 3. 12. 乙이 사망하였고, 상속인으로는 丁, 戊, 己가 있다. 丁, 戊, 己는 모두 이 사건 소송을 적법하게 수계하였다.

[※ 이하의 추가적 사실관계 1, 2는 각각 독립적인 별개의 사실관계임, 기간 등과 관련하여 기재된 날짜가 공휴일인지는 고려하지 말 것]

< 추가적 사실관계 2 >

이 사건 소송의 제1심은 심리를 진행한 뒤 丁, 戊, 己의 청구를 모두 기각하는 판결을 선고하였고, 이에 대하여 丁만이 항소를 제기하였다. 그러자 항소심은 丁만을 항소인으로 보아 소송을 진행한 다음 항소기각판결을 선고하였다.

< 문제 >

2. 丁만을 항소인으로 본 항소심 법원의 판단이 타당한지를 근거와 함께 서술하시오. (10점)

I. 문제의 소재 1점

사안에서는 유사필수적 공동소송에서 합일확정의 필요성이 인정되어 소송진행 등의 통일이 필요한지 여부가 문제된다.

Ⅱ. 유사필수적 공동소송의 심판방법 7점

1. 소송자료와 소송진행의 통일

소송목적이 공동소송인 모두에게 합일적으로 확정되어야 할 공동소송의 경우에 공동소송인 가운데 한 사람의 소송행위는 모두의 이익을 위하여서만 효력을 가진다 (제67조 제1항).

2. 상소불가분원칙 적용, 불이익변경금지원칙 배제

공동소송인 1인이 상소하면 전원에 대해 판결확정이 차단되고, 다른 청구도 상급심으로 이심되며, 상소심의 심판대상이 된다. 이 때 상소하지 않고 이심되는 자는 상소심당사자가 된다.

상소불가분의 원칙과 관련하여 판례[265]는 '제1심에서 유사필요적 공동소송관계에 있는 다수의 채권자들의 청구가 모두 기각되고, 그 중 1인만이 항소한 경우 민사소송법 제63조 제1항은 필요적 공동소송에 있어서 공동소송인 중 1인의 소송행위는 공동소송인 전원의 이익을 위하여서만 효력이 있다고 규정하고 있으므로 공동소송인 중 일부의 상소제기는 전원의 이익에 해당된다고 할 것이어서 다른 공동소송인에 대하여도 그 효력이 미칠 것이며, 사건은 필요적 공동소송인 전원에 대하여 확정이 차단되고 상소심에 이심된다고 할 것이다.'라고 판시하였다.

Ⅲ. 결론 2점

丁의 항소는 공동소송인 모두의 이익을 위한 행위이므로 다른 공동소송인 戊, 己에도 미친다. 따라서 戊, 己의 청구도 항소심에 이심되며 항소심은 합일확정을 위해 戊, 己의 청구도 심리하여 하나의 판결을 선고하였어야 한다. 따라서 항소심의 판단은 위법하다.

민사소송법

제63조 【법정대리권의 소멸통지】

① 소송절차가 진행되는 중에 법정대리권이 소멸한 경우에는 본인 또는 대리인이 상대방에게 소멸된 사실을 통지하지 아니하면 소멸의 효력을 주장하지 못한다. 다만, 법원에 법정대리권의 소멸사실이 알려진 뒤에는 그 법정대리인은 제56조 제2항의 소송행위를 하지 못한다.

② 제53조의 규정에 따라 당사자를 바꾸는 경우에는 제1항의 규정을 준용한다.

제67조 【필수적 공동소송에 대한 특별규정】

① 소송목적이 공동소송인 모두에게 합일적으로 확정되어야 할 공동소송의 경우에 공동소송인 가운데 한 사람의 소송행위는 모두의 이익을 위하여서만 효력을 가진다.

---

265) 대판 1991.12.27. 91다23486

127 참가승계와 필수적 공동소송

2022년 제2차 법전협 <제1문3>

> 甲은 乙을 상대로 공사대금채권 1억 원의 지급을 구하는 소를 제기하였다. 제1심 소송 진행 중 丙은 甲의 乙에 대한 공사대금채권 1억 원에 관하여 채권압류 및 전부명령을 신청하여 법원으로부터 결정을 받은 후 乙에 대하여 위 전부금의 지급을 구하면서 제1심 법원에 승계참가신청을 하였다. 甲은 丙의 승계 여부에 대하여 다투지 않았으나 乙을 상대로 한 공사대금 청구의 소를 취하하지 아니하였다. 甲은 제1심 소송 계속 중 공사대금 채권을 뒷받침할 수 있는 증거를 제출하였다. 반면 丙은 재판에 출석하기는 하였지만 공사대금 채권에 관한 아무런 증명을 하지 아니하였다.
>
> < 문제 >
> 제1심 소송에서의 甲의 증명은 丙에게 효력이 있는가? (15점) (채권압류 및 전부명령은 적법하고 유효함을 전제로 하고, 공동소송의 성격에 관한 판례변경 전후를 비교하여 설명할 것)

Ⅰ. 문제의 소재

설문과 같이 제3자가 민사소송법 제81조에 따라 소송에 참가한 후 원고가 제3자인 원고 승계참가인의 승계 여부에 대해 다투지 않으면서도 소송탈퇴, 소 취하 등을 하지 않는 경우에 승계로 인해 중첩된 원고와 원고 승계참가인의 청구 사이의 공동소송 형태가 문제되며, 다음으로 그 중 1인이 제출한 증거의 효력이 문제된다.

Ⅱ. 甲과 丙의 법률관계 – 공동소송의 법적 성격 7점

1. 변경 전 판례266)

"원고가 소송의 목적인 손해배상채권을 승계참가인에게 양도하고 피고들에게 채권양도의 통지를 한 다음 승계참가인이 승계참가신청을 하자 탈퇴를 신청하였으나 피고들의 부동의로 탈퇴하지 못한 경우, 원고의 청구와 승계참가인의 청구는 통상의 공동소송으로서 모두 유효하게 존속하는 것이므로 법원은 원고의 청구 및 승계참가인의 청구 양자에 대하여 판단을 하여야 한다."는 입장이었다.

---
266) 대판 2004.7.9. 2002다16729

2. 변경 후 판례[267]

"원고의 피고에 대한 정산금 청구 소송이 법원에 계속되어 있는 동안 승계참가인이 민사소송법 제81조에 따라 소송목적인 권리의 일부를 승계하였다고 주장하며 참가하였고, 원고와 승계참가인의 청구가 모두 유지되고 있으므로 승계된 부분에 관한 원고와 승계참가인의 청구 사이에는 필수적 공동소송에 관한 민사소송법 제67조가 적용된다."고 하여 판례변경을 하였다.

3. 사안의 경우

위 변경된 판례에 따르면 원고 甲과 승계참가인 丙의 공동소송 형태는 필수적 공동소송에 해당한다.

Ⅲ. 丙의 주장 및 증명의 효력 – (필수적) 공동소송인 1인이 제출한 증거의 효력 6점

변경된 판례에 의할 때, 필수적 공동소송 규정이 적용되므로 공동소송인 가운데 한 사람이 상대방의 주장사실을 다투거나 증거를 제출하면 공동소송인 모두에게 효력이 있다(제67조 제1항). 필수적 공동소송 규정이 적용된 결과 통상공동소송과는 달리 공동소송인 독립의 원칙은 적용되지 않고 합일확정이 필요하기 때문이다. 따라서 甲의 증명은 丙에게 효력이 있다.

Ⅳ. 결론 2점

甲의 증명은 丙에게 효력이 있다.

민사소송법

제67조【필수적 공동소송에 대한 특별규정】
① 소송목적이 공동소송인 모두에게 합일적으로 확정되어야 할 공동소송의 경우에 공동소송인 가운데 한 사람의 소송행위는 모두의 이익을 위하여서만 효력을 가진다.
② 제1항의 공동소송에서 공동소송인 가운데 한 사람에 대한 상대방의 소송행위는 공동소송인 모두에게 효력이 미친다.
③ 제1항의 공동소송에서 공동소송인 가운데 한 사람에게 소송절차를 중단 또는 중지하여야 할 이유가 있는 경우 그 중단 또는 중지는 모두에게 효력이 미친다.

제81조【승계인의 소송참가】
소송이 법원에 계속되어 있는 동안에 제3자가 소송목적인 권리 또는 의무의 전부나 일부를 승계하였다고 주장하며 제79조의 규정에 따라 소송에 참가한 경우 그 참가는 소송이 법원에 처음 계속된 때에 소급하여 시효의 중단 또는 법률상 기간준수의 효력이 생긴다.

---

[267] 대판 2019.10.23. 2012다46170 전원합의체

2016년 제5회 변호사시험 <제1문3>

128 인수승계의 요건

甲 소유의 X 토지에 관하여 乙이 등기서류를 위조하여 乙 명의로 소유권이전등기를 마쳤다. 이에 甲은 乙을 상대로 甲의 소유권에 기한 방해배제청구로서 乙 명의의 소유권이전등기에 대한 말소등기절차의 이행을 구하는 소(이하 '이 사건 소'라 한다)를 제기하였다.

< 문제 >
3. 甲의 乙에 대한 이 사건 소송계속 중, 乙은 丙에게 X 토지를 매도하고 丙 명의로 소유권이전등기를 마쳐주었다. 甲이 위 소송절차 내에서 丙을 당사자로 추가할 수 있는지와 그 근거를 설명하시오. (15점)

Ⅰ. 문제의 소재 [2점]

필요적 공동소송 이외에 법률의 규정 없이 피고추가는 허용되지 않고,268) 참가승계는 승계인인 丙이 스스로 참가하는 방법이므로, 甲이 丙을 인수승계의 방법으로 추가할 수 있는지 문제된다.

Ⅱ. 인수승계의 의의 [2점]

소송계속 중 소송목적인 권리·의무의 전부나 일부의 승계가 있는 때에 종전 당사자의 인수승계신청에 의하여 승계인인 제3자를 새로운 당사자로 끌어들이는 것을 인수승계(제82조)라 한다.

Ⅲ. 인수승계의 요건 [8점]

1. 타인간의 소송이 계속 중일 것

승계신청은 사실심 변론종결 전에 한하며, 상고심에서는 할 수 없다.269)270) 소제기 전의 권리관계의 변동은 소송승계의 문제가 생길 수 없으며, 사실심 변론종결 뒤의 승계인은 제218조 제1항에 의하여 판결의 효력이 미치므로 소송승계를 인정할 이익이 없다.

민사소송법
제82조 【승계인의 소송인수】
① 소송이 법원에 계속되어 있는 동안에 제3자가 소송목적인 권리 또는 의무의 전부나 일부를 승계한 때에는 법원은 당사자의 신청에 따라 그 제3자로 하여금 소송을 인수하게 할 수 있다.
② 법원은 제1항의 규정에 따른 결정을 할 때에는 당사자와 제3자를 심문(審問)하여야 한다.
③ 제1항의 소송인수의 경우에는 제80조의 규정 가운데 탈퇴 및 판결의 효력에 관한 것과, 제81조의 규정 가운데 참가의 효력에 관한 것을 준용한다.

---

268) 대판 1993.9.28. 93다32095
269) 대판 2002.12.10. 2002다48399
270) 한편, 채권자가 가처분(처분금지가처분 또는 점유이전금지가처분)을 하여 채무자의 피고적격을 굳혀 놓은 경우에는 채무자가 이에 위반하여 피고적격을 이전하여도 승계인에게 인수승계를 시킬 필요가 없다.

2. 소송의 목적인 권리·의무의 승계가 있을 것

소송물의 양도는 소송물인 권리관계 자체가 제3자에게 특정승계된 경우뿐만 아니라 계쟁물의 양도 즉 당사자적격 이전의 원인이 되는 실체법상의 권리이전을 널리 포함한다. 계쟁물의 양도에 있어서 승계인의 범위는 당사자적격의 이전이므로 제218조 제1항의 변론종결 뒤의 승계인에 준하여 취급하여야 한다. 판례는 <u>구소송물이론에 따라 채권적 청구권에 기한 소송 중 계쟁물을 양수한 자는 승계인에 포함되지 않고, 물권적 청구권에 기한 소송 중 계쟁물을 양수한 자는 승계인에 포함시키고 있다.</u>[271]

3. 인수승계의 원인

소송물의 특정승계에는 교환적 승계와 추가적 승계가 있다. 추가적 승계를 허용할 것인지에 견해가 대립하나,[272] <u>판례는 추가적 승계를 인정하지 않고 있다.</u>[273] 즉 소송인수는 원칙적으로 피고적격자가 새 사람으로 이전되어 교환적 승계가 이루어지는 경우에 인수승계가 허용된다. 추가적 승계를 인정하는 경우 당사자의 변경 뿐 아니라 청구의 변경도 초래되어 소송승계제도 본래의 목적을 넘어 청구가 부당히 확대되고 심리의 복잡화를 초래하므로 판례의 입장이 타당하다.

Ⅳ. 사안의 해결 3점

이 사건 소는 계속 중이고 甲의 청구는 물권적 청구권으로서 丙은 계쟁물의 승계인이므로 승계인에 포함된다. 다만, 사안과 같이 소유권에 기한 방해배제로서 원인무효인 소유권이전등기의 말소를 구하는 소송의 경우, 피승계인의 말소등기청구와 더불어 승계인에 대하여 말소등기청구를 구해야 하므로[274] 이는 당사자적격의 이전이 아니라 당사자적격의 추가로 추가적 승계에 해당한다. 따라서 판례에 따르면 丙을 당사자로 추가할 수 없다.

---

271) 대결 1983.3.22. 80마283
272) 소송물의 양도에 있어서 이전적 승계만을 인정하는 견해를 적격승계설이라고 하고, 추가적 승계까지 인정하는 견해를 분쟁주체지위승계설이라 한다.
273) 소송당사자가 민사소송법 제75조의 규정에 의하여 제3자로 하여금 그 소송을 인수하게 하기 위하여서는 그 제3자가 소송계속중 그 소송의 목적된 채무를 승계하였음을 전제로 하여 그 제3자에 대하여 인수한 소송의 목적된 채무이행을 구하는 경우에 허용되고 그 소송의 목적된 채무와는 전혀 별개의 채무의 이행을 구하기 위한 경우에는 허용될 수 없다 할 것이므로 기록에 의하면 재항고인은 본건 신청의 이유로서 상대방 등에 대하여 상대방 등이 본건 소송의 목적된 채무인 본건 건물철거 채무의 승계를 전제로 한 그 건물의 철거채무와는 전혀 별개의 채무인 본건 건물에 관한 재항고인 주장의 상대방 등 명의로 경료된 각 등기의 말소채무의 이행을 구하기 위하여 본건 신청에 이르렀음이 뚜렷한 바이므로 본건 신청은 위 법리에 따라 부적법하다(대판 1971.7.6. 71다726).
274) 이 경우에는 승계인에 대하여 별도로 승계인 명의의 소유권이전등기의 말소를 구하는 청구를 추가하는 청구변경이 필요하다. 물론 피승계인에 대한 소유권이전등기의 말소등기청구를 진정명의회복을 위한 소유권이전등기청구로 교환적으로 변경한 경우에는 승계인에 대한 별도의 청구를 요하지 아니한다(김홍엽, 민사소송법 제4판, 박영사, 1038면).

129 불이익변경금지원칙의 적용에 따른 항소심의 판결

甲은 乙에게 2019. 1. 5. 1억 원을, 2019. 3. 5. 5천만 원을 각 무이자로 대여하였으나 위 각 채권의 변제기가 도래하였음에도 불구하고 乙로부터 전혀 변제를 받지 못하고 있다고 주장하며, 乙을 상대로 위 각 대여금의 지급을 구하는 소를 제기하였다.

제1심에서 乙은 甲에 대한 5천만 원의 손해배상채권을 자동채권으로 하여 2019. 3. 5.자 대여금 5천만 원의 채권과 대등액에서 상계한다는 항변을 하였다. 제1심 법원은 심리 결과 甲의 위 각 대여금 채권이 인정된다고 판단하였고, 그중 2019. 3. 5.자 5천만 원의 대여금채권에 대해서는 乙의 상계항변이 인정된다고 판단하였다. 이에 제1심 법원은 위 대여금 1억 원에 대해서는 甲의 청구를 인용하고, 위 대여금 5천만 원에 대해서는 甲의 청구를 기각하였다. 이러한 제1심 판결 중 위 대여금 5천만 원 부분에 대해서는 乙만이 항소하였고, 위 대여금 1억 원 부분에 대해서는 甲과 乙 모두 항소하지 않았다.

< 문제 >
항소심 심리 결과 항소심 법원이 乙의 甲에 대한 손해배상채권이 존재하지 않는다고 판단한 경우, 항소심 법원은 어떤 판결을 선고하여야 하는가? (15점)

Ⅰ. 문제의 소재 3점

사안에서는 ① 상소의 이익이 인정되는지 여부, ② 불이익변경금지의 원칙의 적용여부, ③ 불이익변경금지의 원칙에 따른 항소심의 판결의 형식이 문제된다.

Ⅱ. 상소의 이익 [4점]

상소의 이익이라 함은 하급심의 종국판결에 대하여 불복신청을 함으로써 그 취소 또는 변경을 구할 수 있는 이익이 있는지 여부를 의미하는데, 이와 관련하여 ① 당사자의 신청과 주문을 형식적으로 비교하는 형식적 불복설과 ② 당사자가 상급심에서도 원재판보다 실체법상 유리한 판결을 받을 가능성이 있으면 이익을 인정하는 실질적 불복설, ③ 원고에게는 형식적 불복설에 따르고 피고에게는 실질적 불복설에 따른다는 절충설 등이 대립하고 있으나, 판례275)는 '상소인에게 불이익한 적인과 여부는 재판의 주문을 표준으로 결정되는 것이다.'라고 판시하여 형식적 불복설의 입장이다.

甲의 5천만 원의 채권에 대해서 상계항변을 이유로 甲의 청구가 기각되고 乙이 항소한 경우, 乙은 전부 승소를 하였으므로 항소의 이익이 인정되는지 여부가 문제되는데, 상계항변은 판결이유 중 판단이나 기판력이 인정되고, 원고의 소구채권이 부존재한다는 이유로 승소한 것보다는 피고에게 불이익하므로 상소의 이익이 인정될 수 있다. 따라서 乙에게도 상소의 이익이 인정된다.

> **민사소송법**
> **제415조【항소를 받아들이는 범위】**
> 제1심 판결은 그 불복의 한도 안에서 바꿀 수 있다. 다만, 상계에 관한 주장을 인정한 때에는 그러하지 아니하다.

Ⅲ. 불이익변경금지 원칙 [8점]

불이익변경금지 원칙이라 함은 항소법원이 당사자의 불복신청범위 내에서 제1심 판결의 당부를 판단할 수 있을 뿐이므로, 설사 제1심판결이 부당하다고 인정되는 경우라 하더라도 당사자가 신청한 불복의 한도를 넘어 불이익(협의) 또는 이익(광의)으로 변경하는 것은 허용되지 않는다는 것을 의미한다(제415조).

사안에서 항소심 법원은 乙의 상계항변에 제공된 자동채권이 인정되지 않는다는 심증을 형성하였으나, 원심법원은 乙의 자동채권이 인정된다는 판단을 하였으므로, 항소심 법원이 심증에 따라 판결을 할 수 있는지 문제된다.

이와 관련하여 판례276)는 '피고의 상계항변을 인용한 제1심 판결에 대하여 피고만이 항소하고 원고는 항소를 제기하지 아니하였는데, 항소심이 피고의 상계항변을 판단함에 있어 제1심이 자동채권으로 인정하였던 부분을 인정하지 아니하고 그 부분에 관하여 피고의 상계항변을 배척하였다면, 그와 같이 항소심이 제1심과는 다르게 그 자동채권에 관하여 피고의 상계항변을 배척한 것은 항소인인 피고에게 불이익하게 제1심 판결을 변경한 것에 해당한다.'고 판시하였다.

위 판결에 따르면, 항소심 법원이 乙의 상계항변을 배척하는 경우 甲의 소구채권이 인정되는 결과 甲의 청구가 인용되게 된다. 이는 항소를 제기한 乙에게 1심판결이 불리하게 변경되는 결과가 되므로, 항소심 법원은 1심 판결과 동일하게 소구채권과 상계항변 모두를 인정하고, 乙의 항소를 기각하여야 한다.

---

275) 대판 1987.4.14. 86누233
276) 대판 1995.9.29. 94다18911

130 부대항소, 고유필수적 공동소송과 불이익변경금지원칙

2021년 제1차 법전협 <제1문3>

건축업을 하는 甲은 乙로부터 수급을 받아 X건물을 건축하고 공사대금 10억 원을 지급받지 못하였다며 2020. 5. 10. 乙을 상대로 10억 원의 공사대금 청구의 소를 제기하였다. 한편 丙은 같은 해 6. 20. 甲의 乙에 대한 위 공사대금 채권 중 8억 원에 대하여 채권압류 및 전부명령을 받았고, 위 공사대금 청구 소송 계속 중 제3채무자인 乙에 대하여 8억 원의 전부금의 지급을 구하면서 승계참가신청을 하였다. 甲은 승계참가인의 승계 여부에 대해 다투지 않았으나 전부된 부분의 청구를 감축하지도 않았고 소송탈퇴도 하지 않았다.

< 추가된 사실관계 >

제1심 법원은 2020. 11. 8. 甲의 청구를 기각하고 丙의 乙에 대한 청구 중 6억 원을 지급하라는 판결을 선고하였다. 乙과 丙은 각 2020. 11. 20. 제1심판결 중 자신의 패소 부분에 대해 항소하였고 甲은 항소하지 않았다. 항소심 계속 중 乙이 丙의 전부명령이 다른 가압류와 경합된 상태에서 발령되어 무효라고 다투자 甲은 2021. 3. 5. 부대항소를 제기하였다. 또한 乙은 甲이 제1심에서 패소한 뒤 불복하지 않아 甲에 대한 판결은 분리 확정되었고 그에 따라 甲이 제기한 부대항소는 부적법하다고 주장하였다. 항소심 법원의 심리결과 丙의 압류 및 전부명령이 乙에게 송달되기 전에 甲에 대한 또 다른 채권자 丁이 甲의 乙에 대한 공사대금 채권에 대하여 5억 원의 가압류를 한 사실, 乙의 甲에 대한 미지급 공사대금이 6억 원이라는 사실이 인정되었다.

< 문제 >

2. 항소심 법원은 어떤 판결을 하여야 하는가? (15점)

Ⅰ. 문제의 소재

사안에서는 ① 항소심의 심판방법, ② 부대항소의 적법성 및 ③ 압류의 경합으로 인한 전부명령의 효력이 각 문제된다.

Ⅱ. 항소심의 심판 4점

1. 이심의 범위 및 심판의 범위

판례[277]에 따르면, 두 개의 청구가 필수적 공동소송의 형태라면, ① 종국판결은 1개의 전부판결로 승계참가인과 원고의 청구 모두에 대해 판단해야 하고 일부판결은 허용되지 않는다. ② 원고와 승계참가인 중 한 사람이 항소를 제기하면 모두에 대하여 판결 확정이 차단되고 사건 전부가 항소심으로 이심된다.

---

[277] 대판 2007.12.14. 2007다37776, 37783

2. 불이익변경금지원칙의 적용여부

판례278)에 따르면 항소하지 않은 당사자는 단순한 '항소심 당사자'의 지위에 있다. 또한 불이익변경금지의 적용과 관련하여 판례279)는 '항소심의 심판대상은 실제 항소를 제기한 자의 항소 취지에 나타난 불복범위에 한정하되 위 세 당사자 사이의 결론의 합일확정의 필요성을 고려하여 그 심판의 범위를 판단하여야 하고, 이에 따라 항소심에서 심리·판단을 거쳐 결론을 내림에 있어 위 세 당사자 사이의 결론의 합일확정을 위하여 필요한 경우에는 그 한도 내에서 항소 또는 부대항소를 제기한 바 없는 당사자에게 결과적으로 제1심판결보다 유리한 내용으로 판결이 변경되는 것도 배제할 수는 없다.'고 판시하여 불이익변경금지원칙을 적용하지 않았다.

III. 甲의 부대항소의 적법성 [3점]

이와 관련하여 판례280)는 '제1심판결 중 원고의 청구를 기각한 부분에 대하여 원고가 항소하지 않고 승계참가인의 청구를 일부 인용한 부분에 대하여 승계참가인과 피고만 그 패소 부분에 대해 항소하였다고 하더라도, 원고 청구 부분을 포함한 제1심판결 전체의 확정이 차단되고 사건 전부에 관하여 이심의 효력이 생긴다. 그러므로 원고가 항소심에서 제기한 부대항소는 적법하다.'고 판시하였다. 위 판례에 따르면 甲은 항소심 당사자 지위에 있더라도 제1심판결 전체의 확정이 차단되고 사건 전부에 관하여 이심의 효력이 있으므로 甲은 부대항소를 제기할 수 있다.

IV. 압류의 경합으로 인한 전부명령의 무효 [2점]

압류가 경합되는 경우 전부명령은 무효가 된다(민사집행법 제229조 제5항). 사안에서 채권자 丁이 전부명령이전 원고의 피고에 대한 공사대금 채권에 대하여 청구금액 5억 원의 가압류를 집행하였고, 丙의 전부명령 금액이 8억 원이므로, 위 각 금액이 피압류채권의 권면액을 초과하였다. 따라서 丙의 전부명령은 압류가 경합된 상태에서 발부된 것이어서 무효이다.

V. 법원의 판단 [6점]

丙의 참가신청이 적법하다고 할지라도 전부명령이 무효이므로 승계사실이 인정되지 않는다. 따라서 법원은 丙의 청구를 기각하여야 하고, 甲의 청구 중 일부인 6억 원을 인용하여야 한다.

---

278) 대판 1981.12.8. 80다577
279) 대판 2007.10.26. 2006다86573, 86580
280) 대판 2019.10.23. 2012다46170 전원합의체

민사집행법

제229조 [금전채권의 현금화방법]

① 압류한 금전채권에 대하여 압류채권자는 추심명령(推尋命令)이나 전부명령(轉付命令)을 신청할 수 있다.
② 추심명령이 있는 때에는 압류채권자는 대위절차(代位節次) 없이 압류채권을 추심할 수 있다.
③ 전부명령이 있는 때에는 압류된 채권은 지급에 갈음하여 압류채권자에게 이전된다.
④ 추심명령에 대하여는 제227조 제2항 및 제3항의 규정을, 전부명령에 대하여는 제227조 제2항의 규정을 각각 준용한다.
⑤ 전부명령이 제3채무자에게 송달될 때까지 그 금전채권에 관하여 다른 채권자가 압류·가압류 또는 배당요구를 한 경우에는 전부명령은 효력을 가지지 아니한다.
⑥ 제1항의 신청에 관한 재판에 대하여는 즉시항고를 할 수 있다.
⑦ 전부명령은 확정되어야 효력을 가진다.
⑧ 전부명령이 있은 뒤에 제49조 제2호 또는 제4호의 서류를 제출한 것을 이유로 전부명령에 대한 즉시항고가 제기된 경우에는 항고법원은 다른 이유로 전부명령을 취소하는 경우를 제외하고는 항고에 관한 재판을 정지하여야 한다.

131 환송판결의 기속력, 불이익변경금지의 원칙

> 甲(종중)은 1980. 2. 1. 종중원인 乙에게 X 토지를 명의신탁하여 乙 명의로 소유권이전등기를 하였는데, 丙이 2015. 3. 3. 乙로부터 위 토지를 매수하였음을 원인으로 丙 명의로 소유권이전등기를 마쳤다. 이후 甲은 2020. 8. 25. 명의신탁 해지를 원인으로 乙을 대위하여 丙을 상대로 소유권이전등기 말소등기청구의 소를 제기하였다.
>
> 제1심 법원은, 甲이 乙에게 X 토지를 명의신탁한 사실을 인정하고, 그 후 丙이 乙로부터 위 토지를 매수하였다는 점에 관해서는 乙과 丙 사이의 위 2015. 3. 3.자 매매계약이 통정허위표시에 기한 것으로 무효라고 판단하여, 2021. 2. 25. 甲의 청구를 인용하는 판결을 선고하였다. 이에 대하여 丙이 항소하였으나 항소심 법원도 2021. 8. 25. 제1심과 같은 이유로 丙의 항소를 기각하였다.
>
> 이에 대하여 피고 丙이 상고하였는데, 대법원에서는 乙과 丙 사이의 위 2015. 3. 3.자 매매계약이 유효하다고 판단하여 2022. 2. 1. 위 항소심 판결을 파기 환송하였다. 그런데 환송 후 항소심에서는 甲이 X 토지를 乙에게 명의신탁하였음을 인정할 증거가 없다는 이유로 2022. 6. 3. 甲의 소를 각하하는 판결을 선고하였고, 이에 대하여 甲이 상고를 제기하였다.
>
> < 문제 >
> 이에 대해 대법원은 어떤 판결을 선고해야 하는가? (20점) (상고 각하, 상고 기각, 파기 환송, 파기 자판(자판 시 자판 내용 포함) 등 결론을 기재하고 그 이유를 적을 것)

I. 문제의 소재 2점

① 환송 후 항소심의 2022. 6. 3. 자 소각하 판결이 환송판결의 기속력에 위반되는지, ② 소각하 판결을 받은 원고만이 상고한 경우에 청구기각판결을 할 수 있는지가 불이익변경금지 원칙과 관련하여 문제된다.

II. 환송판결의 기속력

1. 일반론 5점

민사소송법 제436조 제2항에 의하여 환송받은 법원이 기속되는 "상고법원이 파기이유로 한 법률상의 판단"에는 상고법원이 명시적으로 설시한 법률상의 판단뿐 아니라 명시적으로 설시하지 아니하였더라도 파기이유로 한 부분과 논리적·필연적 관계가 있어서 상고법원이 파기이유의 전제로서 당연히 판단하였다고 볼 수 있는 법률상의 판단도 포함되는 것으로 보아야 한다(판례281)).

2. 사안의 경우 5점

사안에서 환송판결이 乙과 丙 사이의 위 2015. 3. 3.자 매매계약이 유효한지 여부에 대해서만 판단하였다고 하더라도, 그 판단은 甲이 乙에 대하여 명의신탁 해지에 따른 이전등기청구권을 가지고 이를 피보전채권으로 하여 乙을 대위할 수 있어 소송요건을 구비하였다는 판단을 당연한 논리적 전제로 하고 있다 할 것이므로, 환송판결의 기속력은 원고 甲의 이 사건 청구가 그와 같이 소송요건을 구비한 적법한 것이라는 판단에 대하여도 미친다. 그럼에도 환송 후 원심이, 甲의 丙에 대한 소유권이전등기 말소등기 청구가 소송요건을 구비하지 못한 부적법한 소라고 판단한 것은 환송판결의 기속력에 반하는 것으로서 위법하다.

Ⅲ. 불이익변경금지 원칙의 적용 6점

1. 판례282)

설문과 유사한 사안에서 대법원은 "이 사건 소를 각하한 원심판결을 파기하더라도 환송 후 원심의 위와 같은 가정적 판단이 정당한 이상 원고의 이 사건 청구는 기각될 수밖에 없다고 할 것인바, 원고만이 상고한 이 사건에서 환송 후 원심보다 원고에게 더욱 불리한 재판을 할 수는 없으므로, 환송 후 원심판결을 그대로 유지할 수밖에 없다. 그러므로 상고를 모두 기각한다."고 판시한 바 있다.

2. 사안의 경우

환송판결은 재상고시에 대법원도 기속하므로(판례283)) 甲이 상고한 사건에서 대법원은 매매계약이 유효하다고 판단한 2022. 2. 1. 자 환송판결에 기속된다. 따라서 설령 환송 후 항소심이 소각하 판결을 한 것이 위법한 것으로, 판례에 따르면 설문에서 대법원은 원고 甲의 상고를 기각해야 한다.

Ⅳ. 결론 2점

원고 甲의 상고를 기각해야 한다.

---

281) 대판 2012.3.29. 2011다106136
282) 대판 2012.3.29. 2011다106136
283) 대판 2001.3.15. 98두15597 전원합의체

132 상계항변

2023년 제12회 변호사시험 <제1문2>

< 사실관계 >

甲은 乙에게 판매한 물품의 대금을 지급받지 못하자, 乙을 상대로 매매대금청구의 소(이하 '선행소송'이라 한다)를 제기하였다. 乙은 선행소송의 제1심에서 甲에 대한 대여금채권을 자동채권으로 하는 상계항변을 하였으나, 선행소송의 제1심은 금전소비대차계약의 존부 등에 관한 증명이 부족하다는 이유로 乙의 상계항변을 배척하고 甲의 전부승소 판결을 선고하였다.

乙은 이에 불복하여 항소하였고, 그 항소심 계속 중 별도로 甲을 상대로 위 대여금을 청구하는 소(이하 '이 사건 소'라 한다)를 제기하였다.

< 문제 >

이 사건 소에서 제기될 수 있는 아래의 쟁점들에 관하여 판단하고 근거를 서술하시오. (30점)

① 乙이 선행소송에서 상계항변을 제출한 다음 그 소송계속 중 이 사건 소를 제기한 것이 중복된 소제기에 해당하는지

② 이 사건 소제기 후 乙이 선행소송의 항소심에서 상계항변을 철회한 경우, 이 사건 소제기가 재소금지 원칙을 위반하는지

③ 위 ②의 상계항변 철회 이후, 선행소송의 항소심이 심리를 진행한 뒤 제1심판결을 취소하고 甲의 일부승소 판결을 선고하면서 그 판결 이유에서 乙의 상계항변에 관하여 판단하지 않고 그대로 판결이 확정된 경우, 선행소송 확정판결의 기판력이 이 사건 소에 미치는지

I. 쟁점 ①에 대한 판단 10점

상계항변과 별도로 상계항변에 제공된 채권의 이행청구와 관련하여 판례는[284] '상계의 항변을 제출할 당시 이미 자동채권과 동일한 채권에 기한 소송을 별도로 제기하여 계속 중인 경우, 사실심의 담당재판부로서는 전소와 후소를 같은 기회에 심리·판단하기 위하여 이부, 이송 또는 변론병합 등을 시도함으로써 기판력의 저촉·모순을 방지함과 아울러 소송경제를 도모함이 바람직하나, 그렇다고 하여 특별한 사정이 없는 한 별소로 계속 중인 채권을 자동채권으로 하는 소송상 상계의 주장이 허용되지 않는다고 볼 수는 없다. 마찬가지로 먼저 제기된 소송에서 상계 항변을 제출한 다음 그 소송계속 중에 자동채권과 동일한 채권에 기한 소송을 별도의 소나 반소로 제기하는 것도 가능하다.'고 판시하였다.

소송상 상계의 항변에 기판력이 인정되기는 하나 실제 본안의 소를 제기한 것은 아니므로, 乙이 선행소송에서 상계항변을 제출했다고 하더라도 별소로 자동채권을 구하는 것은 가능하며 이는 중복된 소제기에 해당하지 않는다.

---

[284] 대판 2022.2.17. 2021다275741

Ⅱ. 쟁점 ②에 대한 판단 10점

상계의 항변은 소제기의 실질을 가지므로, 이에 대하여 재소금지의 원칙이 적용될 수 있는지 문제되는데 이와 관련하여 판례는[285] '민사소송법 제267조 제2항은 "본안에 대한 종국판결이 있은 뒤에 소를 취하한 사람은 같은 소를 제기하지 못한다."라고 정하고 있다. 이는 소취하로 그동안 판결에 들인 법원의 노력이 무용해지고 다시 동일한 분쟁을 문제 삼아 소송제도를 남용하는 부당한 사태를 방지할 목적에서 나온 제재적 취지의 규정이다. 그런데 상대방이 본안에 관하여 준비서면을 제출하거나 변론준비기일에서 진술 또는 변론을 한 뒤에는 상대방의 동의를 받아야 효력을 가지는 소의 취하와 달리 소송상 방어방법으로서의 상계 항변은 그 수동채권의 존재가 확정되는 것을 전제로 하여 행하여지는 일종의 예비적 항변으로서 상대방의 동의 없이 이를 철회할 수 있고, 그 경우 법원은 처분권주의의 원칙상 이에 대하여 심판할 수 없다. 따라서 먼저 제기된 소송의 제1심에서 상계 항변을 제출하여 제1심판결로 본안에 관한 판단을 받았다가 항소심에서 상계 항변을 철회하였더라도 이는 소송상 방어방법의 철회에 불과하여 민사소송법 제267조 제2항의 재소금지 원칙이 적용되지 않으므로, 그 자동채권과 동일한 채권에 기한 소송을 별도로 제기할 수 있다.'고 판시하였다.

위 판결에 따르면, 상계의 항변은 상대방의 동의 없이도 철회 가능하며 제1심판결로 본안에 관한 판단을 받은 이후에 이를 철회하였다고 하더라도 재소금지원칙이 적용되지 않으므로 이 사건 소는 동 원칙에 반하지 않는다.

민사소송법
제267조【소취하의 효과】
① 취하된 부분에 대하여는 소가 처음부터 계속되지 아니한 것으로 본다.
② 본안에 대한 종국판결이 있은 뒤에 소를 취하한 사람은 같은 소를 제기하지 못한다.

Ⅲ. 쟁점 ③에 대한 판단 10점

상계항변에 기판력이 인정되기 위해서는 ① 자동채권에 관한 실질적 판단이 있어야 하고, ② 수동채권이 소송물로서 심판되는 소구채권이거나 그와 실질적으로 동일하다고 보이는 경우이어야 한다.

사안과 같이 상계항변에 관한 실질적 판단이 없는 경우에도 상계항변에 기판력이 인정될 수 있는지 여부와 관련하여 판례는[286] '원심판결 이유와 기록에 따르면, 원고는 선행소송의 제1심에서 이 사건 공사에 관한 하자보수청구권 내지 하자보수에 갈음한 손해배상청구권에 기한 동시이행의 항변과 위 손해배상채권을 자동채권으로 하는 상계 항변을 하였다가 그 항소심에서 위 상계 항변을 철회한 사실, 선행소송의 항소심은 피고의 공사대금 청구를 일부 인용하는 판결을 선고하였는데, 그 판결이유에서 원고의 위 동시이행의 항변을 배척하였을 뿐 철회된 상계 항변에 관해서는 판단하지 않은 사실, 선행소송의 항소심판결은 그대로 확정된 사실을 알 수 있다. 사정이 이러하다면 선행소송의 항소심판결은 원고의 상계 항변에 관하여 기판력을 가지지 않으므로, 원고의 하자보수에 갈음한 손해배상청구를 일부 인용한 원심의 판단에 상고이유 주장과 같이 상계의 기판력 등에 관한 법리를 오해한 잘못이 없다.'고 판시하여 기판력을 인정하지 않았다.

위 판결에 따르면 乙의 상계 항변에 관하여 기판력이 발생하지 않으므로 선행소송 확정판결의 기판력은 이 사건 소에 미치지 않는다.

---

[285] 대판 2022.2.17. 2021다275741
[286] 대판 2022.2.17. 2021다275741

133 상소의 이익

2019년 제2차 법전협 <제1문4>

< 기초적 사실관계 >

甲 소유인 X 토지에 관하여 乙 앞으로 매매를 원인으로 한 소유권이전등기(이하 '이 사건 등기'라고 한다)가 마쳐졌다. 丙은 "丙은 甲으로부터 X 토지를 매수하였으므로 甲에 대하여 X 토지에 관한 소유권이전등기청구권을 갖는다. 그리고 乙은 甲으로부터 X 토지를 매수하지 않았음에도 등기관련서류를 위조하여 이 사건 등기를 마쳤으므로 이 사건 등기는 원인무효이다. 따라서 丙은 甲에 대한 위 소유권이전등기청구권을 보전하기 위하여 甲을 대위하여 乙을 상대로 이 사건 등기의 말소를 청구할 수 있다."라고 주장하면서, 甲과 乙을 공동피고로 하여, 甲에 대하여는 丙에게 X 토지에 관하여 매매를 원인으로 한 소유권이전등기절차를 이행할 것을 청구하고, 乙에 대하여는 甲에게 이 사건 등기의 말소등기절차를 이행할 것을 청구하는 소를 제기하였다.

소송과정에서 甲, 乙, 丙 중 누구도 "甲이 丙에게 X 토지를 증여하였다."라는 주장을 하지 않았는데, 제1심 법원은 甲이 제출한 증거를 통하여 '甲이 丙에게 X 토지를 매도한 것이 아니라 증여하였다.'는 확신을 갖게 되었다. 이에 제1심 법원은 甲에 대하여는 丙에게 X 토지에 관하여 증여를 원인으로 한 소유권이전등기절차를 이행할 것을 명하고, 乙에 대하여는 甲에게 이 사건 등기의 말소등기절차를 이행할 것을 명하는 판결을 선고하였다(乙에 대한 판결에 있어, 법원은 丙의 甲에 대한 증여를 원인으로 한 소유권이전등기청구권을 피보전권리로 인정하였다).

< 문제 >
2. 丙은 甲과 乙을 상대로 하여 제1심 판결에 대하여 항소를 할 수 있는가? (20점)

I. 문제의 소재 2점

사안에서는 丙의 상소의 이익이 문제되는데, ① 구체적으로 丙과 甲사이의 판결에 대해서 처분권주의를 위반한 것이 원고에게도 상소의 이익이 인정되는지 여부 및 ② 丙과 乙사이의 판결에 대해서는 소송요건인 대위소송의 피보전채권을 다른 채권으로 인정한 것이 단순한 판결이유 중 판단에 불과한 것인지 여부가 각 문제된다.

II. 상소의 이익 4점

상소의 이익이라 함은 하급심의 종국판결에 대하여 불복신청을 함으로써 그 취소 또는 변경을 구할 수 있는 법적 지위를 의미하는데, 이와 관련하여 학설은 당사자의 신청과 판결을 형식적으로 비교하는 형식적 불복설, 원재판보다 유리한 판결을 받은 가능성이 있으면 상소를 허용하는 실질적 불복설, 원고에게는 형식적 불복설을 피고에게는 실질적 불복설을 기준으로 한 절충설 등이 대립하고 있고, 판례287)는 '상소는 자기에게 불이익한 재판에 대하여 유리하게 취소변경을 구하기 위하여 하는 것이므로 승소판결에 대한 불복상소는 허용할 수 없고, 재판이 상소인에게 불이익한 것인지의 여부는 원칙적으로 재판의 주문을 표준으로 하여 판단하여야 하며 상소인의 청구가 전부 인용되었다면 그 판결이유에 불만이 있더라도 상소의 이익이 없다.'고 판시하여 원칙적으로 형식적 불복설의 입장이다.

Ⅲ. 丙의 상소의 이익 14점

이와 관련하여 판례288)는 '원고가 甲에 대하여 乙을 대위하여 소유권이전등기의 말소청구를 하면서 대위소송의 피보전권리의 발생원인을 원고와 乙 사이의 매매계약으로 주장하였으나 원심이 이를 양도담보약정으로 인정하여 원고 승소판결을 선고한 경우, 위 청구에 관한 소송에 있어서 직접 심판대상이 되고 판결의 기판력이 미치는 것은 어디까지나 乙의 甲에 대한 소유권이전등기말소등기청구권의 존부라 할 것이고, 이에 관한 원고의 청구가 인용되어 승소한 이상, 원심이 판결이유에서 乙에 대한 원고의 피보전권리의 발생원인을 잘못 인정하였다 하더라도 그 사유만으로는 상소의 이익이 있다 할 수 없다. 그러나 원고가 매매를 원인으로 한 소유권이전등기를 청구한 데 대하여 원심이 양도담보약정을 원인으로 한 소유권이전등기를 명하였다면 판결주문상으로는 원고가 전부 승소한 것으로 보이기는 하나, 매매를 원인으로 한 소유권이전등기청구와 양도담보약정을 원인으로 한 소유권이전등기청구와는 청구원인사실이 달라 동일한 청구라 할 수 없음에 비추어, 원심은 원고가 주장지도 아니한 양도담보약정을 원인으로 한 소유권이전등기청구에 관하여 심판하였을 뿐, 정작 원고가 주장한 매매를 원인으로 한 소유권이전등기청구에 관하여는 심판을 한 것으로 볼 수 없어 결국 원고의 청구는 실질적으로 인용한 것이 아니어서 판결의 결과가 불이익하게 되었으므로 원심판결에 처분권주의를 위반한 위법이 있고 따라서 그에 대한 원고의 상소의 이익이 인정된다.'고 판시하였다.

사안에서 丙의 甲에 대한 판결은 처분권주의를 위반한 위법이 있으므로, 丙은 승소하였다고 하더라도 자신의 매매에 기한 소유권이전등기청구권에 대한 판단을 받을 이익이 있어 상소의 이익이 인정된다. 그러나 丙의 乙에 대한 판결은 직권조사사항인 피보전채권의 발생원인을 잘못 인정한 것일 뿐이고 이는 단순한 판결이유 중 판단에 불과하므로, 위 판결에 대해서는 상소의 이익이 인정되지 않는다.

---

287) 대판 1987.4.14. 86누233
288) 대판 1992.3.27. 91다40696

134 소각하 판결에 대하여 인수참가인만 항소한 경우 불이익변경금지원칙

< 공통된 사실관계 >

甲 종중(대표자 A)은 2009. 8. 7. 乙에게 3억 원을 변제기 1년으로 하여 대여하였는데, 乙이 변제기가 지나서도 변제하지 않자, 2019. 6. 11. 乙을 상대로 3억 원의 대여금 청구의 소를 제기하였다. 위 소송에서 乙은 소송대리인 B를 선임하였고, B는 제1회 및 제2회 변론기일에서 대표자 A가 甲종중의 적법한 대표자가 아니고 또한 乙이 위 3억 원을 대여 받지 않았다고 주장하였다. (아래 각 질문은 독립적임)

< 추가된 사실관계 2 >

甲은 위 소송계속 중 丙에게 위 대여금채권을 양도했다고 주장하면서 소송인수를 신청하였다. 제1심 법원은 2020. 9. 30. 丙을 원고 인수참가인으로 하여 소송인수결정을 하였고, 같은 날 甲은 乙의 승낙을 받아 소송에서 탈퇴하였다. 제1심 법원은 2021. 2. 8. 甲과 丙 사이의 채권양도가 소송행위를 하게 하는 것을 주된 목적으로 이루어져 무효라는 이유로 丙에 대해 소각하 판결을 선고하였다. (아래 각 질문은 독립적임)

< 문제 >

3. 이에 대해 丙만 항소하였는데, 항소법원의 심리결과 甲과 丙 사이의 채권양도는 유효하나 위 대여금채권이 변제로 소멸한 사실이 인정되었다. 항소심 법원은 제1심 판결을 취소하고 丙의 청구를 기각하는 판결을 할 수 있는가? (15점)

I. 문제의 소재 1점

소송 인수참가 후 소 각하 판결에 대해 인수참가인만 항소하였는데 청구가 이유없다고 판단하는 경우 어떤 판결을 해야 하는지 불이익변경금지 원칙과 관련하여 문제된다.

민사소송법
제415조 【항소를 받아들이는 범위】
제1심 판결은 그 불복의 한도 안에서 바꿀 수 있다. 다만, 상계에 관한 주장을 인정한 때에는 그러하지 아니하다.

II. 소각하 판결에 항소한 丙의 청구가 이유 없는 경우 판결형태 11점

1. 불이익변경금지 원칙

불익변경금지 원칙이란 항소법원의 제1심판결 당부에 대한 심판은 항소 또는 부대항소한 당사자의 불복신청 한도 안에 국한되며, 제1심판결 중 어느 쪽도 불복하지 않은 부분에 대해서는 이익으로든 불이익으로든 변경할 수 없는 것을 말한다(제415조).

2. 학설 및 판례

① 항소기각은 잘못된 제1심판결을 확정시켜 부당하므로 제1심 판결을 취소하고 청구기각해야 한다는 견해(청구기각설), ② 제1심으로 환송해야 한다는 견해(제1심환송설)가 있으나 판례[289]와 같이 ③ 소 각하 판결보다 청구기각 판결이 항소인에게 더 불리하므로 불이익변경금지의 원칙상 항소를 기각하는 견해가 타당하다.

III. 결론 3점

丙이 甲의 乙에 대한 소송을 인수하고 甲이 乙의 승낙을 받아 소송 탈퇴한 후, 제1심 법원이 甲과 丙 사이의 소송인수가 무효라는 이유로 소각하 판결을 한 뒤, 이에 대해 丙만 항소한 경우, 항소심 법원은 소송인수는 유효하나 소송물인 대여금 채권이 인정되지 않는다고 판단하였더라도 제1심판결을 취소하고 丙의 청구를 기각하는 것은 불이익 변경금지 원칙에 반한다.

따라서 법원은 제1심판결 취소하고 丙의 청구기각 판결을 할 수 없고, 丙의 항소를 기각해야 한다.

---

[289] 대판 1996.10.11. 96다3852, 대판 2001.12.11. 99다56697 등

제2부

회차별
문제 + 목차

2023년도 시행 제12회 변호사시험 — 민사법

〈제1문의 1〉

〈 기초적 사실관계 〉

甲은 2021. 1. 15. 乙에게 甲 소유의 X토지를 매매대금 3억 원으로 정하여 매도하면서 계약금 3천만 원은 계약 당일, 잔금 2억 7천만 원은 2021. 3. 15. 지급받기로 하였고, 같은 날 계약금을 지급받았다.

乙은 잔금지급기일 전 X토지의 등기부를 열람하던 중 X토지에 관하여 丙의 명의로 소유권이전등기가 마쳐져 있음을 확인하고, 甲에게 위 丙 명의의 소유권이전등기를 말소하여 줄 것을 요구하였다. 甲이 이에 응하지 아니하자 乙은 잔금을 모두 지급한 뒤 2021. 7. 1. 甲에 대한 소유권이전등기청구권을 보전하기 위하여 甲을 대위하여 丙을 상대로 X토지에 관한 소유권이전등기말소청구의 소(이하 '이 사건 소송'이라 한다)를 제기하였다. 이 사건 소송에서 乙은 甲을 증인으로 신청하였고, 2022. 1. 12. 증인으로 출석한 甲은 丙의 소유권이전등기가 서류 위조 등으로 인하여 원인무효라는 취지로 증언하였다.

이 사건 소송의 제1심 계속 중인 2022. 3. 12. 乙이 사망하였고, 상속인으로는 丁, 戊, 己가 있다. 丁, 戊, 己는 모두 이 사건 소송을 적법하게 수계하였다.

[※ 이하의 추가적 사실관계 1, 2는 각각 독립적인 별개의 사실관계임, 기간 등과 관련하여 기재된 날짜가 공휴일인지는 고려하지 말 것]

〈 추가적 사실관계 1 〉

丁은 이 사건 소송을 계속 진행하는 것에 부담을 느껴 소송계속 중인 2022. 5. 11. 소를 취하하였고 丙은 이에 동의하였다.

〈 문제 〉

1. 丁의 소취하가 유효한지 판단하고 근거를 서술하시오. (15점)

〈 추가적 사실관계 2 〉

이 사건 소송의 제1심은 심리를 진행한 뒤 丁, 戊, 己의 청구를 모두 기각하는 판결을 선고하였고, 이에 대하여 丁만이 항소를 제기하였다. 그러자 항소심은 丁만을 항소인으로 보아 소송을 진행한 다음 항소기각판결을 선고하였다.

〈 문제 〉

2. 丁만을 항소인으로 본 항소심 법원의 판단이 타당한지를 근거와 함께 서술하시오. (10점)

〈제1문의 2〉

< 사실관계 >

甲은 乙에게 판매한 물품의 대금을 지급받지 못하자, 乙을 상대로 매매대금청구의 소(이하 '선행소송'이라 한다)를 제기하였다. 乙은 선행소송의 제1심에서 甲에 대한 대여금채권을 자동채권으로 하는 상계항변을 하였으나, 선행소송의 제1심은 금전소비대차계약의 존부 등에 관한 증명이 부족하다는 이유로 乙의 상계항변을 배척하고 甲의 전부승소 판결을 선고하였다.

乙은 이에 불복하여 항소하였고, 그 항소심 계속 중 별도로 甲을 상대로 위 대여금을 청구하는 소(이하 '이 사건 소'라 한다)를 제기하였다.

< 문제 >

이 사건 소에서 제기될 수 있는 아래의 쟁점들에 관하여 판단하고 근거를 서술하시오. (30점)

① 乙이 선행소송에서 상계항변을 제출한 다음 그 소송계속 중 이 사건 소를 제기한 것이 중복된 소제기에 해당하는지
② 이 사건 소제기 후 乙이 선행소송의 항소심에서 상계항변을 철회한 경우, 이 사건 소제기가 재소금지 원칙을 위반하는지
③ 위 ②의 상계항변 철회 이후, 선행소송의 항소심이 심리를 진행한 뒤 제1심판결을 취소하고 甲의 일부승소 판결을 선고하면서 그 판결 이유에서 乙의 상계항변에 관하여 판단하지 않고 그대로 판결이 확정된 경우, 선행소송 확정판결의 기판력이 이 사건 소에 미치는지

〈제1문의 3〉

< 사실관계 >

甲은 乙을 상대로 이혼의 소를 제기하였다. 甲이 이혼의 소를 제기할 당시 甲, 乙과 그들의 성년 자녀인 丙은 모두 주소지인 송달장소에서 주민등록상 동일 세대를 구성하며 동거하고 있었고, 乙은 위 송달장소에서 소장 부본 등을 직접 송달받았다.

법원은 甲과 乙이 이혼한다는 내용의 화해권고결정을 하였다. 그 결정 정본은 위 송달장소로 송달되었는데, 丙이 甲에 대한 결정 정본과 乙에 대한 결정 정본을 동시에 송달받았다. 甲과 乙은 모두 위 결정 정본이 송달된 날로부터 2주 이내에 이의신청을 하지 않았다.

丙은 지적 능력과 관련한 장애는 없다. 丙은 위 각 결정 정본을 송달받을 무렵 甲과 乙의 혼인 파탄의 책임이 乙에게 있다며 甲에게 乙과 이혼하고 자신과 평화롭게 살아갈 것을 제안하기도 하였다.

乙은 자신에 대한 위 결정 정본이 적법하게 송달되지 않았으며, 위 결정 정본의 송달 당시 병원에 입원 중이어서 위 결정이 내려진 사실을 알 수도 없었다고 주장하고 있다.

< 문제 >

丙이 甲에 대한 결정 정본과 乙에 대한 결정 정본을 동시에 송달받은 것이 적법·유효한지 판단하고 근거를 서술하시오. 만약 甲에 대한 결정 정본은 甲이 위 송달장소에서 직접 수령하였지만, 乙에 대한 결정 정본은 丙이 우연히 우체국 창구에서 송달받았다면 丙에게 이루어진 송달이 적법·유효한지 판단하고 근거를 서술하시오. (15점)

〈제1문의 4〉

< 기초적 사실관계 >

甲은 2018. 2. 1. 乙로부터 주택 건축 공사를 도급받았다. 위 계약 시 甲은 乙과 공사대금은 4억 원으로 정하고 계약금 1억 원은 계약 당일에, 잔금 3억 원은 주택을 완공하여 인도 시에 지급받기로 합의하였고 계약금으로 1억 원을 지급받았다.

甲은 위 계약에 따라 주택 공사를 시작하여 2019. 1. 31. 완공하고 같은 날 乙에게 주택을 인도하였다.

[※ 이하의 추가적 사실관계 1, 2는 각각 독립적인 별개의 사실관계임, 기간 등과 관련하여 기재된 날짜가 공휴일인지는 고려하지 말 것]

< 추가적 사실관계 1 >

甲은 乙에게 위와 같이 주택을 인도하였음에도 계약금 1억 원 외에 나머지 공사대금을 지급받지 못하자 2021. 11. 1. 乙을 상대로 공사잔대금 3억 원의 지급을 구하는 소를 제기하였고 그 소장 부본은 2021. 11. 10. 乙에게 송달되었다.

그런데 甲은 성급하게 소를 제기한 것 같다는 생각에 일단은 조금 더 기다려 보기로 하고 乙이 답변서를 내기 전인 2021. 11. 25. 법원에 소취하서를 제출하였다. 소취하서는 2021. 12. 5. 乙에게 송달되었다.

이후 甲은 乙로부터 소제기에 관한 항의를 받고 화가 나 2022. 5. 28. 乙을 상대로 다시 공사잔대금 3억 원의 지급을 구하는 소(이하 '이 사건 소송'이라 한다)를 제기하였다.

< 문제 >

1. 이 사건 소송에서 乙은 공사잔대금채권이 시효로 소멸하였다고 주장하였고 이에 대하여 甲은 시효가 중단되었다며 반박하였다. 甲과 乙의 주장의 당부를 판단하고 근거를 서술하시오. (15점)

< 추가적 사실관계 2 >

丙은 甲에 대하여 3억 원의 대여금채권을 가지고 있었는데 이를 집행채권으로 하여 2021. 2. 1. 甲의 乙에 대한 공사잔대금채권 3억 원에 대하여 압류 및 추심명령을 받았고, 다음 날 그 압류 및 추심명령이 甲과 乙에게 각각 송달되었다.

丁도 甲에 대하여 4억 원의 대여금채권을 가지고 있어 이를 집행채권으로 하여 2021. 3. 3. 마찬가지로 甲의 乙에 대한 공사잔대금채권 3억 원에 대하여 압류 및 추심명령을 받았고, 다음 날 그 압류 및 추심명령이 甲과 乙에게 각각 송달되었다.

丙은 2021. 4. 1. 추심명령에 근거하여 乙을 상대로 3억 원의 지급을 구하는 추심금청구의 소를 제기하였다. 소송절차에서 丙의 소송은 조정에 회부되었고, 그 조정절차에서 "1. 피고는 원고에게 2억 5천만 원을 지급한다. 2. 원고는 나머지 청구를 포기한다. 3. 소송비용 및 조정비용은 각자 부담한다."라는 조정을 갈음하는 결정이 있었으며 이 결정은 쌍방으로부터 이의신청이 없어 그대로 적법하게 확정되었다.

< 문제 >

2. 이후 丁이 乙을 상대로 추심금청구의 소를 제기할 경우, 위 조정을 갈음하는 결정의 효력이 丁이 제기한 추심금청구의 소에 미치는지를 판단하고 근거를 서술하시오. (15점)

[참고 법령]

「민사조정법」

제30조(조정을 갈음하는 결정) 조정담당판사는 합의가 성립되지 아니한 사건 또는 당사자 사이에 성립된 합의의 내용이 적당하지 아니하다고 인정한 사건에 관하여 직권으로 당사자의 이익이나 그 밖의 모든 사정을 고려하여 신청인의 신청 취지에 반하지 아니하는 한도에서 사건의 공평한 해결을 위한 결정을 할 수 있다.

제34조(이의신청) ① 제30조 또는 제32조의 결정에 대하여 당사자는 그 조서의 정본이 송달된 날부터 2주일 이내에 이의를 신청할 수 있다. 다만, 조서의 정본이 송달되기 전에도 이의를 신청할 수 있다.

② ~ ③ (생략)

④ 다음 각 호의 어느 하나에 해당하는 경우에는 제30조 및 제32조에 따른 결정은 재판상의 화해와 동일한 효력이 있다.
  1. 제1항에 따른 기간 내에 이의신청이 없는 경우
  2. ~ 3. (생략)

⑤ 제1항의 기간은 불변기간으로 한다.

〈제1문의 5〉

< 사실관계 >

甲은 X토지를 소유하고 있는 乙과 X토지에 관한 매매계약을 체결하고 잔금까지 지급하였으나, 매도인인 乙이 이전등기를 마쳐 주지 않자 A변호사를 소송대리인으로 선임하여 乙을 상대로 소유권이전등기청구의 소를 제기하였다.

甲은 A변호사에게 소송위임을 하면서 '소의 취하, 화해, 청구의 포기·인낙'에 관한 특별수권을 하였다. 소송 중에 A변호사는 乙이 甲에게 소유권이전등기를 마쳐 주지 못한 이유가 X토지의 일부를 도로로 사용하고 있는데 甲이 소유권을 취득한 후 그 도로를 없애버리면 곤란해지기 때문이라는 점을 파악하고, 乙과 X토지 전체의 5%에 해당하는 도로 부분을 분할하여 그 부분을 제외한 나머지 부분에 대하여 甲에게 소유권이전등기를 마쳐 주는 내용으로 소송상 화해를 하였다. 이에 대하여 甲은 준재심의 소를 제기하면서 자신이 A변호사에게 화해에 관한 권한은 부여하였으나, X토지 전체의 5%를 처분할 수 있는 권한을 준 것은 아니라고 주장하였다.

< 문제 >

甲의 주장이 타당한지 판단하고 근거를 서술하시오. (10점)

〈제1문의 6〉

< 기초적 사실관계 >

甲은 2019. 3. 1. 乙로부터 X토지를 임대차보증금 5억 원, 임대차 기간 3년으로 정하여 임차하였다. 甲은 2019. 3. 1. A은행으로부터 3억 원을 변제기 2022. 2. 28.로 정하여 대출받으면서 A은행에 위 임대차보증금반환채권 중 3억 원에 대하여 질권을 설정해 주었다. 질권설정계약 당일 乙은 A은행에 위 질권 설정에 관하여 확정일자 있는 승낙을 하였고, 임대차의 종료 등으로 임대차보증금을 반환하는 경우 질권이 설정된 3억 원을 A은행에 직접 반환하기로 약정하였다.

[※ 이하의 추가적 사실관계 1, 2는 각각 독립적인 별개의 사실관계임, 기간 등과 관련하여 기재된 날짜의 공휴일 여부, 이자 및 지연손해금은 고려하지 말 것]

< 추가적 사실관계 1 >

丙은 甲에 대하여 5억 원의 대여금채권을 가지고 있는데, 2019. 5. 1. 위 대여금채권을 집행채권으로 하여 甲의 임대차보증금반환채권 5억 원에 대한 압류 및 전부명령을 받았고, 위 압류 및 전부명령은 2019. 5. 10. 채무자 甲과 제3채무자 乙에게 각각 송달된 후 확정되었다. 乙은 임대차가 종료된 2022. 2. 28. 위 보증금 5억 원을 丙에게 지급하였다. A은행은 丙이 지급받은 금원 중 3억 원이 자신에게 먼저 지급되었어야 할 몫이라고 주장하며, 丙을 상대로 부당이득반환청구의 소를 제기하였다.

< 문제 >

1. A은행의 丙에 대한 청구가 이유 있는지 판단하고 근거를 서술하시오. (20점)

< 추가적 사실관계 2 >

甲은 乙이 X토지를 B에게 매도하려 한다는 소식을 듣고 乙에게 보증금반환채권을 위한 담보를 요구하였다. 이에 乙은 2020. 1. 3. 甲에게 X토지에 관하여 채권최고액 5억 원, 채무자 乙, 근저당권자 甲으로 하는 근저당권설정등기를 마쳐 주었다. 이후 乙과 B 사이의 매매계약 체결이 무산되자, 甲과 乙은 2020. 5. 1. X토지에 관한 근저당권설정계약을 해지하고 위 근저당권설정등기를 말소하였다. 이후 乙은 X토지를 丁에게 양도하고 소유권이전등기를 마쳐 주었다.

뒤늦게 이러한 사정을 알게 된 A은행은 甲의 근저당권은 피담보채권의 종된 권리로서 그 피담보채권인 임대차보증금반환채권과 함께 질권의 목적이 되므로, A은행의 동의 없이 말소된 甲 명의의 근저당권설정등기가 회복되어야 한다고 주장하며 乙과 丁을 상대로 말소된 근저당권설정등기에 관한 회복등기청구의 소(이하 '이 사건 소송'이라 한다)를 제기하였다.

甲과 乙 사이의 임대차계약, 甲과 A은행 사이의 질권설정계약 당시 근저당권설정에 관해서는 논의된 바 없고, 甲의 근저당권설정등기에 관하여 질권의 부기등기가 마쳐지지는 않았다.

< 문제 >

2. 법원은 乙과 丁에 대한 이 사건 소송에 관하여 어떠한 판단을 하여야 하는지 ① 결론(소 각하/청구 기각/청구 인용)과 ② 근거를 서술하시오. (20점)

〈제2문의 1〉

< 기초적 사실관계 >

甲은 2022. 2. 1. A로부터 A 소유의 X토지 및 Y토지를 대금 각 1억 원에 매수하고, 위 대금을 모두 지급하였다. 이어서 甲은 2022. 3. 31. 「부동산등기법」에 따라 ① X토지에 관하여는 甲 명의의 소유권이전등기의 등기신청정보를 전산정보처리조직에 저장하였고, ② Y토지에 관하여는 그 등기 명의만을 乙로 하기로 하는 乙과의 합의 및 이에 대한 A의 협조하에 乙 명의의 소유권이전등기의 등기신청정보를 전산정보처리조직에 저장하였다. 이에 따라 등기관은 2022. 4. 4. 전산정보처리조직을 이용하여 각 등기부에 위 소유권이전등기에 관한 등기사항을 기록함으로써 등기사무를 처리한 뒤 나머지 후속절차까지 모두 마쳤다.

< 문제 >

1. 위 각 토지에 관한 등기가 모두 마쳐진 상태에서, 2022. 4. 1.을 기준으로 X토지 및 Y토지의 각 소유자는 누구인가? (10점)

< 추가적 사실관계 >

甲의 대여금 채권자 丙은 2022. 6. 1. 대여금채권의 변제에 갈음하여 甲으로부터 Y토지의 소유권을 이전받기로 약정하고, 같은 날 乙로부터 직접 丙 명의의 소유권이전등기를 마쳤다. 그 후 갑자기 Y토지의 시가가 폭등하자, Y토지에 관한 乙 명의의 소유권이전등기 과정을 잘 알고 있던 A는 Y토지를 되찾아올 목적으로, 丙을 상대로 Y토지에 관하여 진정명의회복을 원인으로 한 소유권이전등기 청구의 소를 제기하였다.

< 문제 >

2. A의 丙에 대한 위 소유권이전등기청구 소송에서, 丙은 ① 자신은 「부동산 실권리자명의 등기에 관한 법률」 제4조 제3항의 '제3자'에 해당하고, ② 자신 명의의 소유권이전등기는 실체관계에 부합한다고 항변하였다. A의 丙에 대한 청구는 인용될 수 있는가? (25점)

〈제2문의 2〉

A는 2022. 4. 1. 甲에게 1억 원을 변제기 2022. 4. 30.로 정하여 대여하였고, 甲의 부탁을 받은 乙은 같은 날 A와 사이에 甲의 A에 대한 위 대여금채무를 위한 보증계약을 체결하였다.

한편 乙은 2022. 5. 2. 甲에게 乙 소유의 X토지를 1억 원에 매도하면서 X토지의 인도 및 소유권이전등기 소요서류의 교부는 2022. 7. 1. 이행하기로 하였고, 대금은 계약 당일 전액 수령하였다. 그런데 甲은 2022. 5. 30. 乙에게 착오를 이유로 위 매매계약을 취소하였고, 위 취소의 의사표시는 2022. 5. 31. 乙에게 도달하여 매매계약은 적법하게 취소되었다.

위 상태에서 甲에 대한 1억 원의 대여금 채권자 丙은 2022. 6. 2. 관할 법원에 甲을 채무자, 乙을 제3채무자로 하여 甲의 乙에 대한 위 부당이득반환채권에 대해 압류 및 추심명령을 신청하였고, 법원은 2022. 6. 10. 압류 및 추심명령을 발령하였다. 위 압류 및 추심명령은 2022. 6. 20. 甲과 乙에게 송달되었고, 丙은 2022. 6. 21. 乙을 상대로 위 추심명령에 따른 추심금 청구의 소를 제기하였다. 한편 乙은 2022. 7. 20. A에게 甲의 A에 대한 2022. 4. 1.자 대여금 채무 전액을 변제하였다.

< 문제 >

丙의 乙에 대한 위 추심금청구 소송에서, 乙은 甲에 대한 사전구상권과 사후구상권을 자동채권으로, 甲의 乙에 대한 부당이득반환채권을 수동채권으로 하여 상계하였다. 乙의 각 상계 주장은 타당한가? (이자나 지연손해배상 기타 부수 청구는 고려하지 말 것) (30점)

##〈제2문의 3〉

〈 기초적 사실관계 〉

甲(남편)과 乙(부인)은 2020. 1.경 혼인신고를 마친 부부이다.

乙은 2022. 4. 1. 甲을 대리하여 丙으로부터 丙 소유의 X토지를 매매대금 3억 원에 매수하면서, 잔금 지급과 토지인도 및 소유권이전등기 소요서류의 교부는 2022. 6. 30. 동시에 이행하기로 약정하였다(이하 '제1매매계약'이라 한다).

이후 乙은 2022. 8. 1. 甲을 대리하여 丁에게 X토지를 매매대금 3억 5,000만 원에 매도하면서, 잔금 지급과 토지인도 및 소유권이전등기 소요서류의 교부는 2022. 10. 31. 동시에 이행하기로 약정하였다(이하 '제2매매계약'이라 한다).

[※ 이하의 추가적 사실관계 1, 2는 각각 독립적인 별개의 사실관계임]

〈 추가적 사실관계 1 〉

제1, 2매매계약은 적법하게 체결되었고 그 이행기도 모두 경과하였으나, 위 각 매매계약에 따른 잔금 지급과 소유권이전등기는 이루어지지 않고 있었다. 그러던 중 甲, 丙, 丁 3인은 '丙은 甲을 거치지 아니하고 곧바로 丁에게 X토지에 관한 소유권이전등기를 마쳐 주기로 한다'는 내용의 합의서를 작성하였다. 그러나 위 합의에도 불구하고 丙이 소유권이전등기를 계속 미루자 丁은 丙을 상대로 X토지에 관하여 직접 소유권이전등기를 구하는 소를 제기하였다. 위 소송에서 丙은 '위 합의서 작성 이후 甲과 사이에 제1매매계약에 따른 미지급 잔대금 2억 원을 2억 3,000만 원으로 증액하기로 약정하였으므로, 위 2억 3,000만 원을 지급받을 때까지는 丁의 청구에 응할 수 없다'고 항변하였다.

< 문제 >

1. 법원은 어떠한 판단을 하여야 하는지 ① 결론(소 각하/청구 기각/청구 인용/청구 일부 인용 - 일부 인용의 경우 인용 범위를 특정할 것)과 ② 논거를 서술하시오. (10점)

< 추가적 사실관계 2 >

제1매매계약은 乙이 부동산 매매를 통한 시세차익을 얻기 위해 타지에 출장 중인 甲과 상의 없이 집에 보관 중이던 甲의 인감도장을 사용하여 체결한 것으로, 乙은 제1매매계약에 따른 매매대금을 지급하고 2022. 6. 30. X토지에 관하여 甲 명의로 소유권이전등기를 마쳤다. 甲은 2022. 7. 중순경 乙로부터 X토지의 소유권취득 경위를 듣게 되었으나 이에 대해 별다른 이의를 제기하지 않았다.

이후 X토지의 시세가 하락할 것이라는 소문이 돌자, 乙은 甲에게 알리지 않고 甲의 인감도장을 사용하여 甲 명의의 위임장을 작성한 다음, 2022. 8. 1. 甲을 대리하여 丁에게 X토지를 매도하는 제2매매계약을 체결하였다. 丁은 위 계약체결 당시 乙과 부동산중개인을 만나 '乙은 甲의 배우자로 출장 중인 남편 甲을 대리하여 X토지를 매수하였다가 바로 전매하는 것이다. 甲이 매매계약을 체결하라고 인감도장과 서류도 乙에게 맡기고 갔다'는 설명을 들었고, 乙이 甲의 인감도장과 X토지의 등기필정보를 소지하고 있음을 확인하였다.

출장에서 돌아온 甲은 2022. 8. 중순경 乙로부터 제2매매계약의 체결 사실을 듣고 X토지의 시세를 확인해 보니, 소문과 달리 X토지의 시세가 상승한 것을 확인하였다. 이에 甲은 즉시 丁에게 '제2매매계약은 乙이 무단으로 체결한 것이므로 무효'라고 주장하며 丁에 대한 소유권이전등기절차를 이행하지 아니할 의사를 밝혔다.

< 문제 >

2. 丁은 ① 乙이 甲의 배우자로서 X토지의 처분에 관한 대리권이 있었고, 그렇지 않다 하더라도 ② 丁으로서는 乙에게 그러한 대리권이 있는 것으로 믿을 수밖에 없었으므로, 甲은 丁에게 제2매매계약에 따른 소유권이전등기의무가 있다고 주장한다. 丁의 주장은 타당한가? (25점)

2023년 제12회 변호사시험

[제1문의 1]

문제1 | 사례 125(민소법)
Ⅰ. 문제의 소재
Ⅱ. 소 취하의 일반요건
Ⅲ. 수인의 대위채권자의 대위소송의 법적 성질
Ⅳ. 유사필수적 공동소송에서 1인의 소취하의 가능성

문제2 | 사례 126(민소법)
Ⅰ. 문제의 소재
Ⅱ. 유사필수적 공동소송의 심판방법
  1. 소송자료와 소송진행의 통일
  2. 상소불가분원칙 적용, 불이익변경금지원칙 배제
Ⅲ. 결론

[제1문의 2]

문제 | 사례 132(민소법)
Ⅰ. 쟁점 ①에 대한 판단
Ⅱ. 쟁점 ②에 대한 판단
Ⅲ. 쟁점 ③에 대한 판단

[제1문의 3]

문제 | 사례 061(민소법)
Ⅰ. 문제의 소재
Ⅱ. 보충송달의 요건
Ⅲ. 당사자 쌍방에 대한 동일인의 보충송달의 효력
Ⅳ. 송달장소가 아닌 곳에서의 보충송달

[제1문의 4]

문제1 | 사례 017(민법)
Ⅰ. 문제의 소재
Ⅱ. 공사대금채권의 소멸시효기간과 시효완성일
Ⅲ. 소취하의 요건 및 효력발생시기
Ⅳ. 소멸시효의 중단여부

문제2 | 사례 091(민소법)
Ⅰ. 문제의 소재
Ⅱ. 추심금소송의 소송물
Ⅲ. 추심채권자 1인에 대한 판결 또는 화해권고결정의 효력

[제1문의 5]

문제 | 사례 031(민소법)
Ⅰ. 문제의 소재
Ⅱ. 소송대리인의 실체법상 권리의 처분권

[제1문의 6]

문제1 | 사례 112(민법)
Ⅰ. 문제의 소재
Ⅱ. 대항요건의 경합시 우열관계의 판단기준
Ⅲ. 제3채무자의 전부채권자에 대한 대항가능성

문제2 | 사례 069(민법)
Ⅰ. 문제의 소재
Ⅱ. 회복등기청구의 피고적격
Ⅲ. 질권의 효력이 근저당권에도 미치는지 여부

[제2문의 1]

문제1 | 사례 048(민법)

Ⅰ. 문제의 소재
Ⅱ. 등기의 효력발생시기
Ⅲ. 3자간 명의신탁의 효력

문제2 | 사례 048(민법)

Ⅰ. 문제의 소재
Ⅱ. 부동산실명법 제4조 제3항의 제3자의 범위
Ⅲ. 명의신탁자의 처분행위의 효력

[제2문의 2]

문제 | 사례 126(민법)

Ⅰ. 문제의 소재
Ⅱ. 압류 및 추심명령의 효력발생시기
Ⅲ. 지급금지명령을 받은 수동채권에 대한 상계
Ⅳ. 사전구상권의 요건
Ⅴ. 수탁보증인이 사전구상권으로 상계하기 위한 요건

[제2문의 3]

문제1 | 사례 028(민법)

Ⅰ. 문제의 소재
Ⅱ. 등기청구권의 행사
Ⅲ. 최초매도인의 항변권

문제2 | 사례 172(민법)

Ⅰ. 문제의 소재
Ⅱ. 일상가사대리권의 범위
Ⅲ. 제1매매계약의 추인
Ⅳ. 민법 제126조의 표현대리의 성립여부

2022년도 시행 제11회 변호사시험 — 민사법

〈제1문의 1〉

甲은 X건물을 소유하고 있으며, 아들인 乙이 오랫동안 X건물을 관리해 왔다. 甲이 병환으로 입원하자, 乙은 병원비 조달과 자신의 사업 자금 마련을 위하여 평소 보관하고 있던 甲의 인장과 관련 서류를 이용하여 위임장을 만든 후, 甲의 대리인이라고 하면서 X건물을 丙에게 매도하였다. 병원에서 퇴원한 甲이 이 사실을 알고 乙을 질책하자, 乙은 丙에게 X건물에 관한 소유권이전등기를 마쳐 주지 않았다. 이에 丙은 甲을 상대로, 주위적으로는 유권대리, 예비적으로는 표현대리에 의한 매매계약의 성립을 주장하며 매매계약을 원인으로 한 소유권이전등기청구의 소를 제기하였으나, 법원은 丙에게 추가적인 주장·증명을 요구하였다. 그러자 丙은 甲에 대한 청구가 기각될 것을 대비하여 乙을 상대로 「민법」 제135조의 무권대리로 인한 손해배상을 구하는 내용의 피고 추가 신청을 하였다.

< 문제 >

법원의 심리 결과 甲이 乙에게 명시적으로 X건물을 매도할 권한을 준 사실은 없지만 乙이 甲을 대신하여 X건물을 오랫동안 관리해 왔고, 건물 매도에 필요한 모든 서류를 乙이 보관하고 있던 점을 참작하여 甲에게 표현대리로 인한 계약상의 책임이 있다고 판단하였다. ① 丙의 피고 추가 신청은 적법한가, ② 법원은 이 사건에서 어떠한 판결을 선고하여야 하는가? (20점)

〈제1문의 2〉

甲은 2000. 3. 3. X토지의 소유자 乙로부터 X토지를 매수하면서 당일 대금을 완납하고 점유를 이전받았으나 소유권이전등기를 마치지 않았다. 乙이 2018. 4. 4. 사망하자 X토지는 자녀인 丙과 丁에게 공동상속되었다. 丙은 2018. 9. 9. 위조된 상속재산분할합의서를 근거로 X토지 전체에 관하여 본인 명의로 소유권이전등기를 마쳤다. 甲은 2021. 12. 12. 丙을 상대로 X토지에 관하여 주위적으로 매매계약을, 예비적으로 취득시효 완성을 원인으로 한 소유권이전등기청구의 소를 제기하였다.

< 문제 >

위 소송의 변론과정에서 甲은 乙로부터 X토지를 매수하였음을 증명하지 못하였지만, 2000. 3. 3. 이후 현재까지 X토지를 계속하여 점유하고 있음을 증명하였다. 이 경우 법원은 어떠한 판결을 선고하여야 하는가? (20점)

<제1문의 3>

< 기초적 사실관계 >

버섯 재배업자인 乙은 버섯 판매업자인 丙과 신선도가 떨어지는 버섯을 속여 판매하기로 공모하고, 丙은 소매업자 甲에게 위 버섯을 공급하는 계약을 甲과 체결하였다. 甲은 불량 버섯에 대한 소비자들의 항의가 빗발치자 이를 확인하는 과정에서 乙과 丙이 공모하여 불법행위를 저지른 사실을 알게 되었다.
[※ 추가적 사실관계는 각각 별개임]

< 추가적 사실관계 1 >

甲은 乙과 丙을 상대로 서울중앙지방법원에 불법행위로 인한 1억 원의 손해배상청구의 소를 제기하였다. 甲의 주소지는 인천광역시[토지관할 법원은 인천지방법원]이고, 乙의 주소지는 서울 서초구[토지관할 법원은 서울중앙지방법원]이며, 丙의 주소지는 대전광역시[토지관할 법원은 대전지방법원]이다.

< 문제 >

1. 소장부본을 송달받은 丙은 甲이 서울중앙지방법원에 제기한 소가 자신에게 관할이 없는 법원에 제기된 것이므로 각하되어야 한다고 주장하였다. 법원은 어떻게 판단하여야 하는가? (「민사소송법」 제18조에 따른 불법행위지의 특별재판적은 고려하지 말 것) (10점)

< 추가적 사실관계 2 >

甲이 소를 제기하기 전에 乙과 丙을 찾아가 항의하자, 乙은 피해변상조로 1억 원을 지급하기로 하면서 일단 2천만 원을 지급하였고, 나머지 8천만 원은 丙과 상의하여 추후 지급하기로 약속하였으나 이를 이행하지 않았다.
이에 甲은 乙과 丙을 상대로 "피고들은 공동하여 원고에게 1억 원을 지급하라."라는 취지의 손해배상청구의 소를 제기하였다. 법원은 乙과 丙에게 공시송달에 의하지 아니한 적법한 송달로 변론기일을 통지하였다. 乙은 변론 중에 자신이 이미 2천만 원을 변제한 사실을 주장하였으나, 丙은 답변서 기타 준비서면을 제출하지 않은 채 변론기일에도 출석하지 않았다.

< 문제 >

2. 법원은 乙의 변제항변을 받아들여 "피고들은 공동하여 원고에게 8천만 원을 지급하라."라는 판결을 선고하였다. 이러한 법원의 판결은 타당한가? (15점)

<제1문의 4>

甲은 乙에게 2019. 1. 5. 1억 원을, 2019. 3. 5. 5천만 원을 각 무이자로 대여하였으나 위 각 채권의 변제기가 도래하였음에도 불구하고 乙로부터 전혀 변제를 받지 못하고 있다고 주장하며, 乙을 상대로 위 각 대여금의 지급을 구하는 소를 제기하였다.

제1심에서 乙은 甲에 대한 5천만 원의 손해배상채권을 자동채권으로 하여 2019. 3. 5.자 대여금 5천만 원의 채권과 대등액에서 상계한다는 항변을 하였다. 제1심 법원은 심리 결과 甲의 위 각 대여금 채권이 인정된다고 판단하였고, 그중 2019. 3. 5.자 5천만 원의 대여금채권에 대해서는 乙의 상계항변이 인정된다고 판단하였다. 이에 제1심 법원은 위 대여금 1억 원에 대해서는 甲의 청구를 인용하고, 위 대여금 5천만 원에 대해서는 甲의 청구를 기각하였다. 이러한 제1심 판결 중 위 대여금 5천만 원 부분에 대해서는 乙만이 항소하였고, 위 대여금 1억 원 부분에 대해서는 甲과 乙 모두 항소하지 않았다.

< 문제 >

항소심 심리 결과 항소심 법원이 乙의 甲에 대한 손해배상채권이 존재하지 않는다고 판단한 경우, 항소심 법원은 어떤 판결을 선고하여야 하는가? (15점)

<제1문의 5>

< 기초적 사실관계 >

대부업자 甲은 2013. 5. 21. 乙에게 2억 원을 변제기 2014. 5. 20.로 정하여 대여하였다. [※ 추가적 사실관계는 각각 별개임]

< 추가적 사실관계 1 >

甲은 乙을 상대로 2억 원에 대한 대여금청구의 소를 제기하기 위하여 2019. 2. 1. A변호사를 소송대리인으로 선임하였고, 그 당시 작성된 소송위임장에는 A변호사에게 상소 제기에 관한 특별한 권한을 부여하는 내용이 명시되어 있었다. A변호사는 甲의 소송대리인으로서 소송위임장을 첨부하여 2019. 2. 20. 乙을 피고로 2억 원의 대여금지급을 구하는 소를 제기하였다.

< 문제 >

1. 乙은 소장부본이 송달되기 전인 2019. 2. 25. 사망하였고, 丙은 乙의 유일한 상속인이다. 乙에 대한 소장부본이 송달되지 않자, 제1심 법원은 공시송달의 방법으로 소송을 진행하여 甲의 乙에 대한 일부 승소 판결을 선고하였고, 판결정본 역시 공시송달의 방법으로 송달되었다. A변호사는 항소기간 내에 甲의 패소 부분에 대해 甲을 항소인, 乙을 피항소인으로 하여 항소를 제기하였다. 甲은 항소심에서야 비로소 乙의 사망 사실을 알게 되어 피고를 丙으로 정정하는 당사자표시정정 신청서를 제출하였다. 위 당사자표시정정 신청은 적법한가? (10점)

< 추가적 사실관계 2 >

甲은 2019. 5. 1. 乙을 상대로 위 대여금 2억 원의 지급을 구하는 소를 제기하였다. 그런데 甲에 대해 1억 원의 채권을 보유하고 있는 丙은 甲을 채무자, 乙을 제3채무자로 하여 위 대여금 채권 중 1억 원에 대해 압류 및 추심 명령을 받았고, 위 명령은 2019. 6. 1. 乙에게 송달되었다.

< 문제 >

2. 甲의 乙에 대한 대여금청구소송에서, "丙이 압류 및 추심 명령을 받은 부분에 대해서는 甲에게 당사자적격이 없음을 확인하고, 乙은 甲에게 1억 원을 지급한다."라는 내용의 화해권고결정이 2019. 11. 1. 확정되었다. 그 후 丙은 2020. 1. 10. 乙을 상대로 1억 원의 추심금 지급을 구하는 소를 제기하였다. 乙은 甲의 위 대여금 채권이 시효로 소멸하였다고 주장한다. 乙의 주장은 타당한가? (20점)

< 추가적 사실관계 3 >

乙은 2015. 8. 14. 그의 유일한 재산인 시가 1억 원 상당의 X토지를 친구 丙에게 대금 5천만 원에 매도하는 매매예약을 체결하고 2015. 8. 20. 소유권이전등기청구권 보전을 위한 가등기를 마쳐 주었다. 그 후 2015. 10. 20. 위 매매예약과 동일한 매매를 원인으로 가등기에 기한 본등기를 마쳐 주었다. 丙은 매매예약 당시부터 乙이 채무초과라는 사실을 잘 알고 있었다. 한편 甲은 2019. 9. 15. 乙과 丙의 위와 같은 사해행위 사실을 비로소 알게 되었다.

< 문제 >

3. 甲은 2019. 10. 1. 丙을 상대로 매매예약 취소 및 가등기 말소, 본등기의 원인인 법률행위 취소 및 본등기 말소 청구의 소를 제기하였다. 소송계속 중인 2019. 11. 1. 丙은 위 사해행위 사실을 알고 있는 丁에게 X토지를 매도하고 같은 날 丁에게 소유권이전등기를 마쳐 주었다. 2020. 9. 1. 이를 알게 된 甲은 2020. 10. 1. 丁을 상대로 사해행위취소 및 원상회복으로 X토지에 관하여 丁 명의 등기의 말소를 구하는 별소를 제기하였다. 甲의 丁을 피고로 한 소 제기는 적법한가? (피보전채권의 소멸시효완성 여부는 고려하지 말 것) (15점)

< 추가적 사실관계 4 >

乙은 2018. 5. 1. 채무초과 상태에서 丙에게 자신의 Y토지를 매도하고 같은 날 소유권이전등기를 마쳐주었다. Y토지에는 2013. 2. 1. 근저당권자 丁, 채권최고액 5천만 원의 근저당권설정등기, 2018. 3. 1. 乙의 채권자 戊, 청구금액 3천만 원의 가압류등기가 각 마쳐져 있었다. 丙이 Y토지의 소유권을 이전받은 후에 丁에 대한 피담보채무 전액 5천만 원과 戊의 가압류 청구금액 3천만 원을 각 변제함으로써 丁 명의의 근저당권설정등기와 戊 명의의 가압류등기가 모두 말소되었다. 한편 2019. 1. 1. 이를 알게 된 甲은 2019. 3. 1. 丙을 상대로 乙과 丙 간의 위 매매계약을 사해행위로 전부 취소하고 원상회복으로 Y토지에 관하여 丙 명의로 된 소유권이전등기의 말소를 구하는 소를 제기하였다.

< 문제 >

4. 丙은 위 소송에서 ① 자신이 사해행위 사실에 대해 선의이고, ② 설령 위 매매계약이 사해행위로서 취소된다 하더라도 甲이 매매계약의 전부취소 및 원물반환을 구하는 것은 부당하다는 취지로 항변하였으나, 甲은 변론종결 시까지 종전의 청구취지를 그대로 유지하였다. 법원의 심리 결과, 甲의 주장사실 중 수익자인 丙의 악의 여부를 제외한 사해행위의 실체적 요건이 모두 인정되었고, 丙의 악의 여부는 증명되지 않았으며, 사해행위 당시와 사실심 변론종결 당시 Y토지의 가액은 1억 원임이 확인된 경우, 법원은 어떠한 판단을 하여야 하는지 결론(소 각하/청구 기각/청구 인용/청구 일부 인용, 일부 인용 시 인용 범위를 특정할 것)과 논거를 기재하시오. (대여금채권의 이자 내지 지연손해금은 고려하지 말 것) (25점)

<제2문의 1>

< 기초적 사실관계 >

사단의 실질은 갖추었으나 법인등기를 하지 아니한 A종중은 2016. 9. 1. 종중회관 신축을 위해 B와 건물공사에 관한 도급계약(이하 '건물공사계약')을 체결하였다. 이후 B는 2016. 10. 1. 건물신축을 위해 필요한 토목공사를 목적으로 하는 도급계약(이하 '토목공사계약')을 C와 체결하였다.
[※ 추가적 사실관계는 각각 별개임]

< 추가적 사실관계 1 >

B와 C 사이의 토목공사계약에 따르면, 총 공사대금은 5억 원으로 하되, B는 공사의 진척상황에 따라 매 20%에 해당하는 1억 원씩 5회에 걸쳐 C에게 공사대금을 지급하기로 하였다. C가 공사의 40%를 진척하여 2억 원의 공사대금을 B에게 청구하였으나, B는 지급할 대금이 부족하여 A종중에게 건물공사계약에 따른 공사대금 일부에 대한 변제 명목으로 2억 원을 C에게 직접 지급할 것을 요청하였고, 이에 A종중은 공사의 원활한 진행을 위해 2017. 9. 1. C에게 2억 원을 송금하였다.

한편 A종중의 정관 제13조에는 "예산으로 정한 사항 외에 본 종중 및 회원의 부담이 될 계약체결 등에 관한 사항은 총회의 결의를 거쳐야 한다."라고 규정되어 있었는데, 건물공사계약에 관한 총회결의에 하자가 있어 총회결의가 무효임이 확인되었다. B는 건물공사계약 체결 당시, 해당 총회결의에 정관에 위배되는 하자가 있음을 알고 있었다.

< 문제 >

1. A종중은 C에게 지급한 2억 원을 부당이득으로 반환할 것을 청구할 수 있는지를 설명하시오. (사안에서 「하도급거래 공정화에 관한 법률」은 적용되지 않음을 전제로 함) (20점)

< 추가적 사실관계 2 >

甲은 2016. 9. 1. A종중을 대표하여 B와 건물공사계약을 체결하면서 B로부터 뒷돈을 받고 B가 제시하는 공사대금이 부풀려진 금액임을 알면서도 계약을 체결하여, A종중에 3억 원의 피해가 발생하였다. 이러한 사실을 A종중의 종전 임원이나 내부 직원은 알지 못하였으며, 새로 취임한 A종중의 신임 대표 乙이 2019. 10. 1. 종중 사무에 대한 전반적인 감사를 실시하는 과정에서 甲의 비위사실을 적발하게 되었다.
A종중은 2021. 10. 1. 甲을 상대로 법원에 불법행위로 인한 손해배상을 구하는 소를 제기하였다. 이에 대해 甲은 위 비위사실은 5년 전에 발생한 것이어서 자신에 대한 손해배상청구권은 이미 시효로 소멸하였다고 항변하였다.

< 문제 >

2. 이에 관하여 법원은 어떠한 판단을 하여야 하는지, 1) 결론(소 각하/청구 기각/청구 인용/청구 일부 인용 - 일부 인용의 경우 인용 범위를 특정할 것)과 2) 논거를 기술하시오. (15점)

⟨제2문의 2⟩

甲은 2001. 6. 15. 乙에게 甲 소유인 X토지를 임대차보증금 5억 원, 임대차기간 2001. 7. 1.부터 2021. 7. 1.까지로 정하여 임대하였고, 乙은 2001. 7. 1. 甲에게 보증금 5억 원을 지급하고 X토지를 인도받았다.

위 임대차계약에서 甲과 乙은 X토지에 관한 세금은 乙이 부담하되 甲이 이를 대신 납부하고, 甲이 납부한 금액만큼 乙이 甲에게 구상금을 지급하기로 약정하였다. 甲이 2001. 7. 1.부터 2011. 6. 30.까지 납부한 세금은 총 3천만 원이고, 2011. 7. 1.부터 임대차 종료일까지 납부한 세금은 총 7천만 원이다. 甲은 2011. 6. 30. 乙에게 그때까지 납부한 3천만 원의 세금에 대한 구상금 지급을 최고하였다.

한편 乙은 2005. 8.경 X토지의 형질을 임야에서 공장용지로 변경하였고, 이를 위하여 1억 원을 지출하였다. 위 임대차 종료 당시 X토지는 형질변경으로 인하여 2억 원 상당의 가치가 증가하여 현존하고 있다.

임대차계약이 2021. 7. 1. 기간만료로 종료한 후 乙은 甲으로부터 보증금을 반환받고, X토지를 甲에게 인도하였다. 乙은 甲에게 위 형질변경으로 발생한 가치의 증가분 2억 원을 유익비로 청구하였으나 이를 지급받지 못하자 2021. 9. 1. 법원에 甲을 상대로 유익비 2억 원의 지급을 구하는 소를 제기하였다. 이에 甲은 乙의 유익비는 지출비용 1억 원이라고 주장하고, 乙에 대한 1억 원의 구상금채권을 자동채권으로 하여 乙의 甲에 대한 위 유익비상환채권과 상계한다고 항변하였다. 그러나 乙은 구상금채권액 1억 원 중 3천만 원은 소멸시효가 완성되어 채무가 존재하지 않는다고 재항변하였다. 이에 대해 甲은 2011. 6. 30.자 최고로 인하여 소멸시효는 중단되었고, 설령 소멸시효가 완성했다하더라도 위 구상금채권 전액을 자동채권으로 삼아 乙의 유익비상환채권과 상계할 것을 합리적으로 기대하는 이익이 시효 완성 전에 있었기 때문에 전액으로 상계할 수 있다고 주장하였다.

< 문제 >

이에 관하여 법원은 어떠한 판단을 하여야 하는지, 1) 결론(소 각하/청구 기각/청구 인용/청구 일부 인용 - 일부 인용의 경우 인용 범위를 특정할 것)과 2) 논거를 기술하시오. (甲의 구상금과 乙의 유익비에 대한 이자 또는 지연손해금 및 조세채권의 시효와 부과제척기간에 관하여는 고려하지 말 것) (30점)

〈제2문의 3〉

〈 기초적 사실관계 〉

A는 별다른 유언 없이 2019. 3. 10. 사망하였고, 상속인으로 A의 자녀 甲과 乙이 있다.
[※ 추가적 사실관계는 각각 별개임]

〈 추가적 사실관계 1 〉

사망 전 A는 B에 대한 1억 원의 대여금 채무를 부담하였다. 甲과 乙은 "A의 생전에 乙이 A로부터 1억 원을 증여받은 적이 있으므로, 乙이 A의 B에 대한 1억 원의 대여금 채무를 승계한다."라는 내용의 상속재산분할협의를 하였다.

〈 문제 〉

1. B는 甲과 乙사이의 위 상속재산분할협의의 내용을 듣고 乙을 상대로 1억 원의 대여금 지급을 구하는 소를 제기하였다. 이에 관하여 법원은 어떠한 판단을 하여야 하는지, 1) 결론(소 각하/청구 기각/청구 인용/청구 일부 인용 – 일부 인용의 경우에는 인용 범위를 특정할 것)과 함께 2) 논거를 기술하시오. (15점)

〈 추가적 사실관계 2 〉

A는 X아파트를 소유하고 있었다. A의 사망 후 甲과 乙은 "甲과 乙이 X아파트를 각 1/2씩 공유하고, X아파트를 임대하여 그 임대수익을 절반씩 나누어 가진다."라는 내용의 상속재산분할협의를 하였다. 甲, 乙은 X아파트를 C에게 임대하여 차임 수익으로 총 3,000만 원을 얻은 후 각 1,500만 원씩 나누어 가졌고, 2020. 1. 20. X아파트를 D에게 9억 원에 매도하여 각 4억 5,000만 원씩 나누어 가졌다. 이후 망부(亡父) A의 혼외자임을 주장하는 丙이 인지청구의 소를 제기하여 승소확정판결을 받았다. 甲, 乙은 丙이 인지청구를 하기 전까지는 丙의 존재를 알지 못하였다.

〈 문제 〉

2. 丙은 2022. 1. 15. 현재 자신의 상속재산을 회수하고자 한다. 丙이 회수 가능한 재산의 내역 및 범위를 ① X아파트 또는 그 가액, ② X아파트 차임 수익으로 항목을 나누어 논거와 함께 서술하시오. (X아파트의 2019. 3. 10. 당시 시가는 6억 원, 2020. 1. 20. 당시 시가는 9억 원이고, 2020. 1. 20. 이후 X아파트의 시가 변동은 없는 것으로 가정함. 아파트 매도에 따른 세금, 거래비용 등은 고려하지 말 것) (20점)

목차

2022년 제11회 변호사시험

[제1문의 1]

문제 | 사례 107(민소법)

Ⅰ. 문제의 소재
Ⅱ. 丙의 甲에 대한 각 청구
Ⅲ. 예비적 공동소송인의 추가 가능성
Ⅳ. 법원의 판단

[제1문의 2]

문제 | 사례 097(민소법)

Ⅰ. 문제의 소재
Ⅱ. 부진정예비적 병합에 해당하는지 여부
Ⅲ. 부진정예비적 병합의 허용 및 심판방법
Ⅳ. 甲의 주위적 청구에 대한 판단
Ⅴ. 甲의 예비적 청구에 대한 판단
  1. 점유취득시효의 요건
  2. 취득시효에 기한 소유권이전등기청구의 상대방
Ⅵ. 결론

[제1문의 3]

문제1 | 사례 005(민소법)

Ⅰ. 문제의 소재
Ⅱ. 보통재판적 및 특별재판적
Ⅲ. 관련재판적

문제2 | 사례 113(민소법)

Ⅰ. 문제의 소재
Ⅱ. 부진정연대채무자들에 대한 손해배상청구의 소송형태
Ⅲ. 공동소송인 독립의 원칙
Ⅳ. 주장공통의 원칙

[제1문의 4]

문제 | 사례 129(민소법)

Ⅰ. 문제의 소재
Ⅱ. 상소의 이익
Ⅲ. 불이익변경금지 원칙

[제1문의 5]

문제1 | 사례 017(민소법)

Ⅰ. 문제의 소재
Ⅱ. 제소 전 사망의 간과판결의 효력
Ⅲ. 당연무효판결에 대한 불복방법

문제2 | 사례 008(민소법)

Ⅰ. 문제의 소재
Ⅱ. 소멸시효 완성여부
Ⅲ. 시효중단의 효력의 승계

문제3 | 사례 094(민법)

Ⅰ. 문제의 소재
Ⅱ. 사해행위인 가등기에 기한 본등기가 이루어진 경우
Ⅲ. 전득자에 대한 사해행위취소소송의 제척기간

문제4 | 사례 096(민법)

Ⅰ. 문제의 소재
Ⅱ. 사해행위취소부분
  1. 피보전채권
  2. 사해행위
  3. 사해의사 및 악의
Ⅲ. 원상회복청구부분
  1. 원상회복의 방법
  2. 가액배상의 범위

[제2문의 1]

문제1 | 사례 011(민법)

Ⅰ. 문제의 소재
Ⅱ. A종중의 법적 성질
Ⅲ. 처분행위에 해당하는지 여부
Ⅳ. 대표권제한에 위반한 행위의 효력
Ⅴ. 단축된 급부의 반환의무자

문제2 | 사례 166(민법)

Ⅰ. 문제의 소재
Ⅱ. 불법행위에 기한 손해배상채권의 소멸시효
Ⅲ. 대표자에 대한 손해배상청구에 있어서 소멸시효의 기산점

[제2문의 2]

문제 | 사례 129(민법)

Ⅰ. 문제의 소재
Ⅱ. 乙의 유익비상환채권
Ⅲ. 甲의 상계항변
   1. 상계의 요건
   2. 甲의 구상금채권의 소멸시효 중단 여부
   3. 甲의 상계권행사가 민법 제495조의 요건을 구비하였는지 여부

[제2문의 3]

문제1 | 사례 181(민법)

Ⅰ. 문제의 소재
Ⅱ. 상속채무의 법적 성질
Ⅲ. 상속채무에 관한 상속재산분할협의의 효력
Ⅳ. 면책적 채무인수에 대한 묵시적 승낙

문제2 | 사례 179(민법)

Ⅰ. 문제의 소재
Ⅱ. 인지의 소급효
   1. 인지의 소급효
   2. 가액지급청구의 범위
Ⅲ. 과실의 귀속권자

〈제1문의 1〉

甲건설회사(이하 '甲회사'라고 함)는 2005. 1. 6. 乙법인과 공사대금 30억 원으로 하여 건물을 신축하는 도급계약을 체결하고 2006. 1. 6. 건물을 완공하였다. 그런데 乙법인이 공사대금을 지급하지 않고 있다. 이에 甲회사는 乙법인을 상대로 공사대금지급청구의 소(이하 '전소'라고 함)를 제기하였고 법원은 이에 대하여 30억 원의 지급을 명하는 판결을 선고하여 2007. 3. 10. 판결이 확정되었다.

< 문제 >

전소 판결이 확정된 후 乙법인이 위 30억 원의 공사대금을 지급하지 않았음에도 甲회사는 강제집행을 진행하지 아니하였다. 이후 甲회사는 2017. 3. 15. 乙법인을 상대로 전소와 동일한 이행청구의 소(이하 '후소'라고 함)를 제기하였다. 이에 乙법인은 '1) 후소가 전소 확정판결 채권의 시효중단을 위한 재소(再訴)이지만 시효완성 이후에 제기되었으므로 부적법하고, 2) 乙법인은 2017. 2. 10. 甲회사에 공사대금 30억 원을 모두 변제하여 더 이상 甲회사에 지급할 대금이 없다'고 주장하였고 변제사실은 증명되었다. 이때 후소 법원은 甲회사와 乙법인 사이의 채권이 乙법인의 변제로 소멸하였다고 본안판단을 할 수 있는가? (이자 및 지연손해금은 논하지 말 것) (15점)

〈제1문의 2〉

〈 기초적 사실관계 〉

甲은 2018. 4. 1. 乙에게 금 1억 원을 대여하였고, 丙은 乙을 위하여 이를 연대보증하였다. 甲은 2019. 2. 1. 丙을 상대로 대여금 채무의 연대보증 채무의 이행을 구하는 소(이하 '전소'라고 함)를 제기하였고, 丙은 전소의 제1회 변론기일에서 '대여금 채무의 주채무가 2018. 10. 1. 乙의 변제로 소멸하였다'고 주장하였다. 전소의 1심 진행 도중 乙이 주채무를 변제하였음을 주장하며 보조참가를 하였다(보조참가는 적법한 것을 전제로 할 것. 아래 각 설문은 독립적 사안임).

〈 추가적 사실관계 1 〉

丙은 1심에서 패소하였고, 위 판결정본은 2019. 6. 11. 乙에게, 2019. 6. 15. 甲과 丙에게 각 송달되었다. 이에 대하여 乙만이 2019. 6. 28. 항소하였고 丙은 2019. 7. 14. 乙의 항소를 취하하였다.

〈 문제 〉

1. 乙의 항소와 丙의 항소 취하는 각각 유효한가? (10점)

〈 추가적 사실관계 2 〉

丙은 제2회 변론기일에서 제1회 변론기일에 출석하여 진술한 '주채무가 乙의 변제로 소멸하였다'는 주장을 철회하고, 주채무는 아직 변제되지 않았다는 사실, 丙이 乙의 주채무에 대하여 연대보증계약을 체결한 사실을 인정하였다. 이로 인하여 甲의 승소판결이 선고되었고 그 판결이 확정되자 丙은 판결에 따른 연대보증채무를 변제하였다. 이후 丙은 乙을 상대로 위 연대보증채무의 이행에 따른 구상금 청구의 소(이하 '후소'라고 함)를 제기하였고 이에 대해 乙은 전소제기 전에 이미 주채무를 자신이 변제하였으므로 丙의 청구는 기각되어야 한다고 주장하였다.

〈 문제 〉

2. 후소 법원은 乙의 주채무 변제사실을 인정할 수 있는가? (10점)

〈제1문의 3〉

< 기초적 사실관계 >

X토지의 매수인인 甲은 2017. 7. 4. 매도인인 乙을 상대로 매매를 원인으로 한 소유권이전등기청구를 하였다. 이에 丙은 2017. 9. 10. 乙을 상대로 X토지의 취득시효 완성을 원인으로 한 소유권이전등기청구를 하여 권리주장참가로서 독립당사자참가신청을 하였다. 이후 1심 법원은 甲의 乙에 대한 청구를 인용하고 丙의 참가신청을 각하하였다.

< 문제 >

1. 丙의 참가신청을 각하한 1심 법원의 판단은 타당한가? (5점)

< 추가적 사실관계 >

1심 법원의 판단에 대하여 丙만 항소하였다. 항소법원은 丙의 항소를 기각하면서, 1심 판결 중 甲이 승소한 본소 청구 부분을 취소하고, 甲의 乙에 대한 청구를 기각하였다.

< 문제 >

2. 이러한 항소법원의 판단은 타당한가? (15점)

〈제1문의 4〉

X토지의 등기부에는 甲 명의 소유권보존등기 다음에 乙 명의 소유권이전등기가 마쳐져 있다. 甲은 乙을 피고로 삼아 乙 명의 등기가 위조서류에 의하여 마쳐진 원인무효라는 이유로 '1) X토지가 甲 소유임을 확인한다. 2) 乙은 甲에게 乙 명의 소유권이전등기의 말소등기절차를 이행하라'는 취지의 소(이하 '전소'라고 함)를 제기하여 승소판결을 받고 그 판결이 확정되었다. 甲은 위 판결에 기해 乙 명의 소유권이전등기를 말소하였다.

< 문제 >

乙은 甲을 상대로 소유권에 기하여 X토지의 인도를 구하는 후소를 제기하였다. 그 소송에서 乙은, 전소의 변론종결 전에 乙이 甲의 정당한 대리인에게서 X토지를 매수하여 소유권이전등기를 마친 것으로 X토지는 乙 소유인데, 전소에서는 이를 제대로 증명하지 못하여 패소하였을 뿐이라고 주장하였다. 후소에서 乙의 주장이 인정된다면 乙은 승소할 수 있는가? (15점)

〈제1문의 5〉

< 기초적 사실관계 >

甲은 乙에게서 1억 원을 차용하고 그 일부를 담보하기 위해 甲 소유인 X토지에 관하여 乙에게 채권최고액 5,000만 원인 근저당권설정등기를 마쳐 주었다. (아래 각 문제는 독립적임)

< 문제 >

1. 그 후 甲은 채무초과상태에서 이런 사실을 잘 아는 丙에게 유일한 재산인 시가 2억 원인 X토지를 1억 원에 매도하고 소유권이전등기를 마쳐 주었다. 丙은 「민법」 제364조에 따라 乙에게 5,000만 원을 제공하면서 근저당권설정등기의 말소를 요구했으나 乙이 이에 응하지 아니하자 그 금액을 변제공탁한 후 乙을 상대로 근저당권설정등기의 말소를 구하는 소를 제기하였다. 乙이 위 소송에서 승소할 수 있는 전략은 무엇인가? (15점)

2. 甲은 乙에게 위 차용금 채무 1억 원을 모두 변제하였으나 근저당권설정등기를 말소하지 않고 있던 중 甲의 채권자 丁이 X토지를 가압류하였다. 그 후 甲은 戊에게서 다시 5,000만 원을 차용하고 甲, 乙, 戊의 합의에 따라, 乙 명의의 근저당권설정등기가 말소되지 않은 데에 착안하여, 근저당권을 戊에게 이전하는 형식의 부기등기를 마침으로써 戊에게 담보를 제공하였다. 丁은 戊를 피고로 삼아 근저당권설정등기의 말소를 구하는 소를 제기하였다. 그 소에서 丁은 '1) 戊는 근저당권 이전의 부기등기가 마쳐지기 전에 이해관계를 가진 丁에게 대항할 수 없으므로 丁에게는 戊 명의의 근저당권설정등기에 대한 말소청구권이 있고, 2) 만약 丁에게 근저당권설정등기의 말소청구권이 없다면 丁은 X토지의 소유자인 甲을 대위하여 말소를 구한다'고 주장한다. 甲은 채무초과상태이다. 丁은 승소할 수 있는가? (20점)

〈제1문의 6〉

< 문제 >

1. 아래의 [사실관계 및 소송진행 경과]와 [심리결과] 및 당사자의 주장 내용에 기초하여 원고 丙의 피고 甲, 乙을 상대로 한 각 청구에 관해 아래 [답안의 양식]에 따라 목차를 구성하여 기술하시오. (45점)
   ※ 오로지 당사자 사이에 실제로 주장된 내용에 한정하여 변론주의 원칙에 따라 판단하고, 청구의 병합과 변경 및 서면의 송달이 모두 적법하게 이루어졌고, 기타 소송 진행 절차상의 하자는 없는 것으로 간주하며, 그 적법성에 관하여 검토하지 말 것.

[답안의 양식]

1.	피고 乙에 대한 청구의 인용 여부
	가. 소의 적법성에 대한 판단 　○ 결론 　○ 판단의 근거 나. 본안에 대한 판단 　○ 결론 　○ 판단의 근거
2.	피고 甲에 대한 청구의 인용 여부
	가. 주위적 청구 관련 소의 적법성 판단 　○ 결론 　○ 판단의 근거 나. 매매에 기한 소유권이전등기청구의 당부 　○ 결론 　○ 판단의 근거 다. 점유취득시효 완성에 기한 소유권이전등기청구의 당부 　○ 결론 　○ 판단의 근거

[사실관계 및 소송진행 경과]

○ 甲은 X토지의 소유자이며 현재 그 등기명의를 유지하고 있다.

○ 乙은 1998. 5. 5. 丙에게 위 토지를 5,000만 원에 매도하고 같은 날 그 점유를 이전해 주었다.

　※ 위 매매계약 체결 과정에서 乙은 丙에게 'X토지를 1978. 3. 3. 甲으로부터 매수하였는데 편의상 소유권이전등기를 하지 않았다'고 말하였다.

○ 2018. 3. 4. 丙은 甲과 乙을 상대로 X토지에 관하여 아래와 같이 병합하여 소를 제기하였다.

　1) 乙 상대의 청구: 丙에게 1998. 5. 5.자 매매계약을 원인으로 한 소유권이전등기절차를 이행하라는 청구

　2) 甲 상대의 청구

　　① 주위적 청구: 乙을 대위하여, 乙에게 1978. 3. 3.자 매매계약을 원인으로 한 소유권이전등기절차를 이행하라는 청구

　　② 예비적 청구: 丙에게 20년간의 점유에 따른 점유취득시효 완성을 원인으로 한 소유권이전등기절차를 이행하라는 청구

○ 2018. 3. 20. 甲은 답변서를 제출하였다.

　※ 위 답변서에는 '甲이 乙에게 X토지를 매도한 사실이 없고, 위 토지가 甲의 소유라면서 丙의 청구를 모두 기각해 달라'는 취지의 내용이 기재되어 있음

○ 2018. 5. 7. 丙은 '청구취지 및 청구원인 변경신청서'를 제출하였다.

　※ 위 변경신청서의 내용: '점유개시일을 1998. 5. 5.로 하여 20년이 경과한 날 점유취득시효가 완성되었다'는 것으로 甲에 대한 점유취득시효 관련 청구취지와 청구원인을 구체화

○ 제1회 변론기일(2018. 5. 10.): 甲, 乙, 丙 각 출석 / 이하 소송행위의 내용(진술 등)
  1) 丙은 소장 및 2018. 5. 7.자 청구취지 및 청구원인 변경신청서를 각 진술
  2) 甲은 2018. 3. 20.자 답변서를 진술
  3) 乙은 다음과 같이 진술
    가) 1998. 5. 5.에 丙과 X토지에 관하여 매매계약을 체결한 사실을 인정한다.
    나) 설사 丙이 자신(乙)을 상대로 제기한 이 사건 소에서 승소하더라도 자신이 甲을 상대로 위 토지에 관하여 소유권이전등기절차의 이행을 구할 권리가 없어 판결이 나더라도 丙 명의로의 순차적인 소유권이전등기가 마쳐지는 것이 현실적으로 불가능하므로 자신을 상대로 제기된 소는 소의 이익이 없어 부적법하다.
  4) 법원
    乙에 대하여 순차적인 이전등기가 현실적으로 불가능함을 이유로 소가 부적법하다는 주장의 취지에 대하여 석명한바, 乙은 소의 이익을 부정하는 취지일 뿐, 이행불능의 항변까지 하는 취지는 아니라고 답변

○ 제2회 변론기일(2018. 8. 8.): 甲, 丙 각 출석, 乙 불출석 / 이하 소송행위의 내용(진술 등)
  1) 甲의 진술
    가) 丙과 乙 사이의 1998. 5. 5.자 매매계약에 기한 丙의 소유권이전등기청구권이 그 행사할 수 있는 날로부터 10년이 경과하여 시효완성으로 소멸하여 피보전채권이 존재하지 않으므로 채권자대위소송에 해당하는 주위적 청구는 부적법하다.
    나) 이 사건 소송에서의 적극적인 권리주장으로 인하여 답변서 제출일인 2018. 3. 20.에 丙의 점유취득시효의 진행이 중단되었다.
  2) 丙의 진술
    가) (甲의 위 소멸시효 주장에 대하여) X토지를 점유하여 왔으므로 소유권이전등기청구권의 소멸시효가 진행하지 않았다.
    나) 설사 적극적인 권리주장으로 취득시효가 중단된다 하더라도 甲의 답변서 진술일인 2018. 5. 10.에 비로소 중단의 효력이 생기는데, 그 이전에 이미 취득시효가 완성하였다.
  3) 변론종결

[심리결과]

○ 법원은 다음과 같은 심증을 형성하였다.
  ① 甲이 주장하는 바와 같이 甲과 乙 사이에 X토지에 관하여 매매계약이 체결된 사실이 없다.
  ② 丙은 1998. 5. 5.부터 위 토지의 점유를 시작하여 현재까지 점유 중이다.
  ③ 乙의 위 토지에 대한 점유사실은 증명되지 아니하였다.
  ④ 다른 당사자가 주장한 내용을 원용한 당사자는 없다.

<제2문의 1>

< 사실관계 >

甲은 건물을 신축하기 위하여 乙과 乙 소유의 X토지에 관하여 토지임대차계약(임대차기간 2016. 6. 1.부터 2021. 5. 31.까지 5년, 임대차보증금 7억 원, 월 차임 2,000만 원)을 체결하고, 2017. 8. 22. X토지 위에 Y건물을 신축하여 소유권보존등기를 마쳤다.

甲은 Y건물에서 창고를 운영하려는 丙과 건물임대차계약(임대차기간 2017. 10. 1.부터 2020. 9. 30.까지 3년, 임대차보증금 1억 원, 월 차임 500만 원)을 체결하였다.

[※ 아래 각 문항은 별개이며, 「상가건물 임대차보호법」은 적용되지 않는 것을 전제로 함]

< 문제 >

1. 甲이 乙에게 5기의 차임 지급을 연체하자 乙은 2020. 9. 30. 甲과의 토지임대차계약을 적법하게 해지하였다.
   1) 乙은 甲을 상대로 Y건물의 철거 및 X토지의 인도를 청구하였다. 이에 甲은 「민법」제643조, 제283조를 근거로 Y건물에 대한 매수청구권을 행사하였다.
   2) 乙은 丙을 상대로 Y건물에서의 퇴거 및 2020. 10. 1.부터 X토지가 인도될 때까지 월 2,000만 원의 비율로 계산한 부당이득의 반환을 청구하였다. 이에 丙은 자신은 Y건물의 임차인에 불과하므로 X토지의 차임을 지급할 의무가 없다고 주장하였다.

   乙의 청구 및 이에 대한 甲, 丙의 각 주장은 타당한가? (20점)

2. 甲은 2020. 4.경 丙에게 Y건물에 대한 임대차계약의 연장 여부를 물었으나 丙은 더 이상 연장하지 않겠다고 하였다. 丙은 코로나 여파로 영업이 되지 않던 중이라 임대차계약기간이 만료한 2020. 9. 30. 창고에 있던 물건을 빼놓은 채 창고 문을 열쇠로 잠가두었다.

   丙은 2020. 10. 1. 甲에게 Y건물의 임대차계약기간 만료를 이유로 1억 원의 임대차보증금을 반환하라고 청구하였다. 이에 甲은 1) 丙이 임대차계약이 종료되었음에도 불구하고 2021. 1. 1. 현재까지 Y건물을 인도하지 않고 있으므로 부당이득 또는 불법점유에 따른 손해배상을 이유로 임대차보증금에서 3개월분의 차임을 공제하고, 2) 丙으로부터 Y건물을 인도받음과 동시에 공제된 임대차보증금 8,500만 원을 지급하겠다고 주장한다. 丙의 청구 및 이에 대한 甲의 주장은 타당한가? (20점)

⟨제2문의 2⟩

⟨ 사실관계 ⟩

甲은 2018. 3. 5. 乙에게 1억 원을 이자의 정함 없이 변제기 2020. 3. 4.로 하여 대여하였다. 한편 乙은 2020. 1. 1. 丙에게 곰돌이인형 100개를 납품하였고, 2020. 1. 15.까지 丙으로부터 그 대금 5,000만 원을 지급받기로 하였다.

乙은 채무초과 상태에 이르자 친구인 丁과 2020. 2. 1. 丙에 대한 위 물품대금채권 5,000만 원을 양도하기로 하는 채권양도계약을 체결하였고, 그 무렵 乙의 채권양도통지가 丙에게 도달하였다. 丁은 丙으로부터 아직 물품대금을 지급받지 못하였다.

甲은 위와 같이 乙이 丁에게 물품대금채권을 양도한 것이 사해행위에 해당한다는 이유로 丁을 피고로 하여 乙과 丁 사이의 채권양도계약을 취소하고, 원상회복을 구하는 소를 제기하려고 한다.

⟨ 문제 ⟩

1. 甲은 어떠한 방법으로 원상회복청구를 하여야 하는가? (10점)
2. 甲이 丁을 상대로 한 사해행위취소 및 원상회복청구소송에서 승소판결을 받고 그 판결이 확정된 후, 甲이 乙을 대위하여 丙에게 물품대금 지급청구의 소를 제기할 경우, 법원은 어떠한 판단을 하여야 하는가? (소 각하 / 청구 인용 / 청구 기각) (15점)

⟨제2문의 3⟩

⟨ 사실관계 ⟩

甲은 여행 중개 플랫폼을 통하여 리조트의 숙박과 렌터카 서비스가 포함된 여행패키지 계약을 A와 체결하고 대금을 완납하였다.

[※ 아래 각 문항은 별개임]

⟨ 문제 ⟩

1. A는 甲에게 여행패키지 계약을 광고하는 이메일을 송부하였는데, 광고 이메일에는 '승마체험 무료제공' 이벤트가 여행패키지 계약에 포함된 것으로 설명되어 있었다. 甲은 승마체험 무료제공 이벤트가 포함된 점에 매료되어 승마를 꼭 체험하리라 다짐하면서 광고와 연결된 여행 중개 플랫폼에서 여행패키지 계약 신청서를 작성한 후 제출하여 A와 계약을 체결하였다. 그런데 甲이 리조트 숙박 중 승마체험을 신청하였더니 광고와는 달리 무료가 아니라 1시간당 5만 원의 요금을 추가로 납부하여야 체험할 수 있다는 것이었다. 甲이 다시 인터넷을 통해 계약체결 화면에 있는 내용과 계약체결 후 받은 확인서를 자세히 살펴보았는데, 승마체험 무료제공 이벤트가 여행패키지 계약에 포함된다는 내용은 기재되어 있지 않았다.

   甲이 A와 체결한 여행패키지 계약에 광고의 내용인 승마체험 무료제공 이벤트가 포함된 것으로 볼 수 있는지에 관하여 甲과 A가 주장할 수 있는 논거를 제시하시오. (15점)

2. 甲은 여행패키지 계약에 포함되어 있는 무료 승마체험을 신청하였다. A는 승마체험 시설을 직접 운영하고 있지 않아서 A의 직원은 아니지만 독립적으로 승마체험 영업을 하고 있는 乙에게 1시간 동안의 승마체험 진행을 위탁하였다. 하지만 乙은 甲에게 말을 타는 법을 제대로 설명하여 주지 않았고, 안전모를 제공하는 등의 안전조치도 취하지 않은 채 말을 타게 하였다. 결국 甲은 말에서 떨어져 머리를 다쳤다.

   甲은 A에게 채무불이행 또는 불법행위를 이유로 하여 상해로 인한 손해배상을 청구할 수 있는가? (20점)

목차

2021년 제10회 변호사시험

[제1문의 1]

문제 | 사례 087(민소법)
- Ⅰ. 문제의 소재
- Ⅱ. 후소법원의 실체심리 가능성

[제1문의 2]

문제1 | 사례 120(민소법)
- Ⅰ. 문제의 소재
- Ⅱ. 보조참가인의 단독상소 및 상소기간
- Ⅲ. 피참가인의 상소취하

문제2 | 사례 122(민소법)
- Ⅰ. 문제의 소재
- Ⅱ. 참가적 효력의 요건
- Ⅲ. 참가효의 배제사유

[제1문의 3]

문제1 | 사례 124(민소법)
- Ⅰ. 문제의 소재
- Ⅱ. 권리주장참가의 요건

문제2 | 사례 124(민소법)
- Ⅰ. 문제의 소재
- Ⅱ. 이심의 범위
- Ⅲ. 심판의 범위

[제1문의 4]

문제 | 사례 080(민소법)
- Ⅰ. 문제의 소재
- Ⅱ. 전소 확정판결의 기판력의 범위
- Ⅲ. 기판력의 작용국면
- Ⅳ. 후소 법원의 판단

[제1문의 5]

문제1 | 사례 102(민소법)
- Ⅰ. 문제의 소재
- Ⅱ. 사해행위 해당여부
- Ⅲ. 우선변제권있는 채권자의 사해행위취소소송
- Ⅳ. 반소로써 사해행위취소소송을 제기할 수 있는지 여부

문제2 | 사례 026(민법)
- Ⅰ. 문제의 소재
- Ⅱ. 丁의 직접 말소등기청구의 가능성
- Ⅲ. 무효등기유용의 합의의 효력
- Ⅳ. 채권자대위권의 요건
- Ⅴ. 채권자대위권을 행사하는 채권자의 공격방어방법의 범위

[제1문의 6]

문제1 | 사례 112(민소법)
- Ⅰ. 피고 乙에 대한 청구
  1. 소의 적법성에 대한 판단
  2. 본안에 대한 판단
- Ⅱ. 피고 甲에 대한 청구
  1. 주위적 청구 관련 소의 적법성 판단
  2. 매매에 기한 소유권이전등기청구 당부
  3. 점유취득시효완성에 기한 소유권이전등기청구의 당부

[제2문의 1]

문제1 | 사례 149(민법)
- Ⅰ. 문제의 소재
- Ⅱ. 乙의 청구
- Ⅲ. 甲의 건물매수청구권
- Ⅳ. 丙의 토지사용자가 아니라는 주장

문제2 | 사례 149(민법)
- Ⅰ. 문제의 소재
- Ⅱ. 丙의 임대차보증금반환청구
- Ⅲ. 丙의 손해배상채무 또는 부당이득반환의무
- Ⅳ. 동시이행의 항변권

[제2문의 2]

문제1 | 사례 103(민법)

Ⅰ. 문제의 소재
Ⅱ. 원상회복의 방법

문제2 | 사례 103(민법)

Ⅰ. 문제의 소재
Ⅱ. 사해행위 취소와 상대효
Ⅲ. 대위청구의 요건의 구비여부

[제2문의 3]

문제1 | 사례 135(민법)

Ⅰ. 문제의 소재
Ⅱ. 청약과 청약의 유인
Ⅲ. A의 주장
Ⅳ. 甲의 주장

문제2 | 사례 168(민법)

Ⅰ. 문제의 소재
Ⅱ. 사용자책임의 인정여부
Ⅲ. 이행보조자의 고의, 과실 인정여부

〈제1문의 1〉

< 기초적 사실관계 >

甲은 乙로부터 X건물을 대금 1억 원에 매수하였다.

※ 아래 각 문제는 서로 독립적임

< 문제 >

1. 甲이 乙을 상대로 위 매매를 원인으로 한 소유권이전등기 청구의 소를 제기하였다. 乙은 甲으로부터 대금을 지급받을 때까지는 이전등기 청구에 응할 수 없다고 동시이행의 항변을 하였다. 甲은 乙에 대한 1억 원의 대여금 채권으로 乙의 대금 채권과 상계하겠다고 주장하였다. 법원은 대여사실에 대한 증명이 부족하다는 이유로 甲의 상계주장을 배척하여 '乙은 甲으로부터 1억 원을 지급받음과 동시에 甲에게 X건물에 관한 위 매매를 원인으로 한 소유권이전등기절차를 이행하라'는 취지의 청구 일부 인용 판결을 선고하였고 그 판결이 확정되었다. 그 후 甲이 乙을 상대로 위 대여금 1억 원의 지급을 청구하는 소를 제기하여 대여 및 변제기 도래 사실을 증명하였다면 법원은 어떠한 판결을 하여야 하는가? (소 각하 / 청구 기각 / 청구 인용) (20점)

2. 甲이 乙을 상대로 위 매매를 원인으로 한 소유권이전등기 청구의 소를 제기하였다. 1심에서 패소한 甲은 변호사 A를 선임하여 위 소의 항소심을 수행하게 하였으나 항소 기각 판결을 선고받자 변호사 B를 선임하여 상고를 제기하였다. 상고심 법원은 원심을 파기하여 항소심으로 환송하는 판결을 선고하였다. 환송 후 항소심 법원은 변론기일 통지서를 변호사 A에게 송달하였다. 위 송달은 적법한가? (15점)

< 추가적 사실관계 >

매매 당시 乙은 甲으로부터 위 매매대금을 지급받음과 동시에 甲에게 X건물에 관하여 설정되어 있던 저당권설정등기(저당권자 C)를 말소해 주기로 약정하였다. 乙의 채권자 丙은 乙의 甲에 대한 위 매매대금 채권에 관하여 압류 및 추심명령을 받았고 위 명령이 甲에게 송달되었다. 甲의 대금지급의무와 乙의 소유권이전등기의무가 이행되지 않고 있던 중 C의 저당권에 기한 경매절차가 개시되었다. 甲은 C에게 위 저당권의 피담보채무액 5,000만 원을 대위변제하여 위 저당권을 말소시켰고, 乙은 甲에게 소유권이전등기를 마쳐 주고 X건물을 인도하였다. 이후 丙은 甲을 상대로 추심금 1억 원의 지급을 구하는 소를 제기하였다.

< 문제 >

3. 甲은 위 소에서 대위변제로 발생한 구상금 채권 5,000만 원으로 乙의 매매대금 채권과 대등액에서 상계한다고 주장하였다. 甲의 상계 항변은 이유 있는가? (25점)

〈제1문의 2〉

< 기초적 사실관계 >

甲과 乙은 2018. 3. 1. 甲 소유의 고려청자 1점을 乙이 보관하기로 하는 계약을 체결하였고, 甲은 乙에게 위 고려청자를 인도하였다.

※ 아래 각 문제는 서로 독립적임

< 문제 >

1. 乙은 2018. 5. 1. 보관 중이던 위 고려청자를 관리 소홀로 도난당하였고, 甲은 위 고려청자의 소재를 파악할 수 없게 되자 2019. 5. 3. 위 고려청자의 시가가 1억 5,000만 원이라고 주장하면서 乙을 상대로 채무불이행을 원인으로 한 시가 상당액의 손해배상을 청구하는 소를 제기하였다. 甲은 위 고려청자의 시가 감정을 신청하였으나, 감정인은 '위 고려청자와 비슷한 도자기가 존재하지 아니하여 정확한 시가를 산정하기 곤란하다'는 의견을 제시하였다. 甲은 시가를 정확히 산정할 만한 다른 증거를 제출하지 못하였다. 이때 甲의 청구는 인용될 수 있는가? (10점)

2. 乙은 2018. 5. 1. 보관 중이던 위 고려청자를 甲의 허락 없이 丙에게 평온·공연하게 매각하여 인도하였는데, 丙은 당시 아무런 과실 없이 乙이 정당한 소유자라고 믿었다. 甲은 2019. 5. 3. 丙을 상대로 위 고려청자가 도품(盜品) 또는 유실물에 해당한다는 이유로 소유권에 기하여 위 고려청자에 관한 인도 청구의 소를 제기하였다. 위 소에서 법원은 어떠한 판결을 하여야 하는가? (소 각하 / 청구 기각 / 청구 인용) (10점)

〈제1문의 3〉

< 기초적 사실관계 >

甲은 2008. 4. 1. 乙에게 1억 원을 변제기 2009. 3. 31.로 정하여 대여하였다.

※ 아래 각 문제는 서로 독립적임
※ 아래 문제에서 공휴일 여부는 고려하지 말 것

< 문제 >

1. 乙은 2012. 4. 1. 甲을 상대로 위 대여금 채무가 부존재한다는 확인의 소를 제기하였다. 이에 甲은 乙을 상대로 위 대여금 1억 원의 지급을 청구하는 반소를 제기하였다. 乙의 소는 적법한가? (15점)

2. 甲은 2012. 4. 1. 乙을 상대로 위 대여금 채권 1억 원의 지급을 청구하는 소를 제기하여 청구 인용 판결을 선고받아 위 판결이 확정되었다. 한편 乙에게는 甲에 대한 1억 원의 손해배상 채권이 있었고, 위 소송의 사실심 변론종결 당시 위 두 채권은 상계적상에 있었으며, 乙도 위 두 채권이 상계적상에 있음을 알고 있었다. 甲이 위 확정판결로 강제집행을 하려고 하자, 乙은 비로소 위 손해배상 채권으로 위 대여금 채권과 상계한다고 주장하면서 위 확정판결의 집행력을 배제하기 위한 청구이의의 소를 제기하였다. 乙의 상계 주장은 적법한 청구이의의 사유에 해당하는가? (15점)

3. 甲은 2012. 4. 1. 乙을 상대로 위 대여금 1억 원의 지급을 청구하는 소(전소)를 제기하였으나, 법원은 대여사실에 대한 증명이 부족하다는 이유로 2012. 6. 30. 변론을 종결하고 2012. 7. 14. 원고 청구 기각 판결을 선고하였으며, 위 판결은 2012. 8. 20. 확정되었다. 甲은 2012. 12. 1. 乙을 상대로 위 대여금에 대하여 2012. 7. 1.부터 다 갚는 날까지 연 5%의 비율로 계산한 지연손해금의 지급을 청구하는 소(후소)를 제기하였다. 후소에서의 증거조사 결과 위 대여사실이 증명되었다면 후소 법원은 어떠한 판결을 하여야 하는가? (소 각하 / 청구 기각 / 청구 인용) (20점)

4. 甲은 2018. 11. 1. 乙을 상대로 위 대여금 1억 원의 지급을 청구하는 소(전소)를 제기하였다. 전소에서 甲은 丙에게 위 대여금 채권을 양도하였다고 주장하면서 丙에 대한 소송인수 신청을 하였고, 법원이 소송인수 결정을 하였으며, 甲은 2019. 5. 1. 乙의 동의를 얻어 전소에서 탈퇴하였다. 인수참가인 丙에 대한 청구 인용 판결이 선고되자 乙은 항소를 제기하였다. 항소심은 위 채권양도가 무효라고 판단하여 丙에 대한 청구 기각 판결을 선고하였고 위 판결은 2019. 8. 1. 확정되었다. 채권양도가 무효로 판단됨에 따라 甲은 2019. 12. 1. 乙을 상대로 다시 위 대여금 1억 원의 지급을 청구하는 소(후소)를 제기하였다. 후소에서 乙은 '위 대여금 청구가 변제기로부터 10년이 도과하여 소멸시효가 완성되었다'고 주장하였고, 甲은 '시효완성 전에 전소를 제기하였고 비록 전소에서 탈퇴하였으나 전소 판결의 확정일부터 6개월 이내에 후소를 제기하였으므로 소멸시효가 중단되었다'고 주장하였다. 甲과 乙의 위 주장은 타당한가? (20점)

<제2문의 1>

< 기초적 사실관계 >

甲은 2015. 2. 1. A은행으로부터 3억 원을 변제기 2017. 1. 31.로 정하여 차용하였는데, 같은 날 甲과 A은행은 '甲이 A은행에 대해 현재 및 장래에 부담하는 대출 및 보증에 기해 발생하는 채무'를 담보한다는 내용의 근저당권설정계약서를 작성하고, 甲 소유의 X토지(시가 5억 원) 및 Y건물(시가 3억 원)에 대해 각 A은행 명의로 채권최고액을 4억 5,000만 원으로 하는 1번 근저당권설정등기를 마쳐 주었다. 이후 甲은 2016. 4. 1. B은행으로부터 2억 원을 변제기 2017. 3. 31.로 정하여 차용하면서, 甲 소유의 X토지에 대해 채권최고액을 2억 5,000만 원으로 하는 2번 근저당권설정등기를 마쳐 주었다. 또한 甲은 2016. 5. 1. A은행으로부터 1억 원을 변제기 2017. 4. 30.로 정하여 추가로 차용하였다. 이후 甲이 A은행에 대한 위 각 차용금채무를 변제하지 않자 A은행은 2018. 3. 2. X토지에 대해서 근저당권에 기한 경매를 신청하였다. 한편 2018. 4. 1. 甲의 배우자인 丁은 A은행으로부터 5,000만 원을 변제기 2019. 3. 31.로 정하여 차용하였고, 당시 甲은 丁의 A은행에 대한 차용금채무를 연대보증하였다.

< 문제 >

1. 위 경매절차에서 2019. 8. 1. X토지가 시가 상당액인 5억 원에 매각되고, 2019. 9. 1. 배당이 이루어진다면, A은행이 X토지의 매각대금으로부터 배당받을 수 있는 금액은 얼마인가?
(배당받을 금액을 산정하는 데 있어 차용원금 외에 이자 및 지연손해금 등은 고려하지 않음) (20점)

< 추가적 사실관계 >

甲은 2017. 4. 15. 戊에게 X토지를 매도하였고, 같은 날 戊 명의로 소유권이전등기를 마쳐 주었다.

< 문제 >

2. A은행이 X토지에 대한 경매를 신청하자 戊는 X토지의 소유권을 계속 보유할 법적 수단을 강구하기 위하여 변호사인 당신에게 자문을 구하였다. 당신은 戊를 위하여 어떤 법적 수단을 강구할 것을 조언하겠는가? (15점)

〈제2문의 2〉

〈 기초적 사실관계 〉
상인인 甲은 乙에 대하여 상품 판매로 인한 4억 원의 물품대금채권을 가지고 있다.
※ 추가된 사실관계는 각각 별개임

〈 추가적 사실관계 1 〉
甲이 乙에 대해 갖고 있는 물품대금채권의 변제기는 2015. 4. 1.이었으나, 甲과 乙은 위 물품대금채권의 소멸시효 기간을 5년으로 약정하였다. 乙은 경제적으로 형편이 어려워져 2015. 4. 1.에 甲에게 물품대금을 변제해 주지 못하였다. 甲이 물품대금채권을 회수하기 위하여 강제집행을 하려고 하자 2018. 12. 1. 乙은 자신의 유일한 재산인 X토지를 丙에게 매도하였고, 같은 날 丙 명의로 소유권이전등기를 마쳐 주었다. 乙이 丙에게 X토지를 매도한 사실을 알게 된 甲은 2019. 5. 1. 丙을 상대로 乙과 丙이 체결한 매매계약을 취소하고, 丙 명의의 소유권이전등기의 말소를 구하는 사해행위 취소의 소를 제기하였다.

甲의 위 청구에 대하여 丙은 甲의 물품대금채권의 소멸시효가 완성되었다는 주장을 하였다. 丙의 주장에 대하여 甲은 물품대금채권의 소멸시효 기간이 5년이므로 물품대금채권의 소멸시효가 완성되지 않았고, 설령 소멸시효가 완성되었더라도 물품대금채권의 채무자가 아닌 丙이 소멸시효가 완성되었다는 항변을 할 수 없다고 주장하였다.

〈 문제 〉
1. 甲의 丙에 대한 소송에서 법원은 어떠한 판단을 하여야 하는지 1) 결론(소 각하/청구 기각/청구 인용/청구 일부 인용 - 일부 인용의 경우에는 인용 범위를 특정할 것)과 2) 논거를 기재하시오. (15점)

〈 추가적 사실관계 2 〉
甲에게 2억 원의 대여금채권을 갖고 있는 丁은 甲을 대위하여 乙에 대해 물품대금 중 2억 원을 丁에게 지급할 것을 청구하는 소를 제기하였다. 丁이 乙을 상대로 제기한 대위소송에서 2017. 8. 12. "乙은 丁에게 2억 원을 지급하라."라는 판결(이하 '이 사건 판결'이라 한다)이 선고되었고, 2017. 9. 3. 이 사건 판결이 그대로 확정되었다. 丁의 채권자인 戊는 丁에 대한 집행력 있는 지급명령 정본에 기초하여 2018. 1. 11. 이 사건 판결에 따라 乙이 丁에게 지급해야 하는 2억 원에 대하여 채권압류 및 전부명령을 받아 그 전부명령이 확정되었고, 戊는 2018. 4. 25. 乙을 상대로 전부금의 지급을 청구하는 소를 제기하였다.

〈 문제 〉
2. 戊의 乙에 대한 소송에서 법원은 어떠한 판단을 하여야 하는지 1) 결론(소 각하/청구 기각/청구 인용/청구 일부 인용 - 일부 인용의 경우에는 인용 범위를 특정할 것)과 2) 논거를 기재하시오. (20점)

〈제2문의 3〉

< 기초적 사실관계 >

甲은 2015. 8. 31. 甲 명의로 X토지에 관한 소유권이전등기를 적법하게 마치고, 2018. 12. 22. 사망하였다. 甲의 상속인으로는 배우자 乙과 자녀 丙, 丁이 있다.

丙은 2019. 1. 21. 乙과 丁의 동의 없이 丙 단독명의로 X토지에 관한 소유권이전등기를 마친 후, 자신이 대표이사로 재직하고 있는 A주식회사의 B은행에 대한 차용금반환채무를 담보하기 위하여 B은행 앞으로 X토지에 관한 근저당권설정등기를 마쳐 주었다.

< 문제 >

1. 乙과 丁이 2019. 5. 20. B은행에 대하여 근저당권설정등기의 말소를 청구하는 것은 타당한가? (10점)

< 추가적 사실관계 1 >

이후 2019. 8. 15. 丙과 乙, 丁은 X토지를 丙이 단독으로 상속하기로 하는 내용의 상속재산 분할협의를 하였다.

< 문제 >

2. 위의 경우 B은행의 근저당권은 유효한가? (5점)

< 추가적 사실관계 2 >

丙과 乙, 丁은 2019. 10. 1. 위 상속재산 분할협의의 내용에 "丙이 2019. 11. 15.까지 상속세를 비롯한 상속 관련 채무를 모두 변제하고, 이를 지키지 않을 경우 이 상속재산 분할협의는 그 효력을 상실한다."라는 조건을 추가하여 새로운 상속재산 분할협의를 하였다. 그러나 丙은 이 조건을 약정한 기한 내에 지키지 못하였다.

< 문제 >

3. 위의 경우 2020. 1. 10. 乙과 丁이 B은행에 대하여 근저당권설정등기의 말소를 청구하는 것은 타당한가? (15점)

목차

2020년 제9회 변호사시험

[제1문의 1]

문제1 | 사례 088(민소법)
- Ⅰ. 문제의 소재
- Ⅱ. 전소 판결의 기판력의 범위
- Ⅲ. 상계항변의 기판력의 인정요건
- Ⅳ. 판결의 증거효(쟁점효)

문제2 | 사례 035(민소법)
- Ⅰ. 문제의 소재
- Ⅱ. 심급대리의 원칙
- Ⅲ. 변호사 B의 소송대리권의 소멸과 파기환송 판결의 법적 성질
- Ⅳ. 변호사 A의 소송대리권의 부활

문제3 | 사례 128(민법)
- Ⅰ. 문제의 소재
- Ⅱ. 상계의 요건
- Ⅲ. 추심명령의 효력발생요건 및 시기
- Ⅳ. 지급금지명령을 받은 수동채권에 대한 상계
- Ⅴ. 동시이행관계에 있는 자동채권과 수동채권의 상계

[제1문의 2]

문제1 | 사례 070(민소법)
- Ⅰ. 문제의 소재
- Ⅱ. 증명책임의 분배
- Ⅲ. 채무불이행에 기한 손해배상청구의 증명책임
- Ⅳ. 손해액의 증명부족 및 민사소송법 제202조의2

문제2 | 사례 032(민법)
- Ⅰ. 문제의 소재
- Ⅱ. 丙의 선의취득 여부
- Ⅲ. 도품·유실물에 해당하는지 여부

[제1문의 3]

문제1 | 사례 046(민소법)
- Ⅰ. 문제의 소재
- Ⅱ. 반소의 요건
- Ⅲ. 중복제소
- Ⅳ. 확인의 이익

문제2 | 사례 086(민소법)
- Ⅰ. 문제의 소재
- Ⅱ. 기판력의 차단효
- Ⅲ. 표준시 이후의 형성권의 행사의 가능성
- Ⅳ. 청구이의의 소의 제기 및 강제집행정지

문제3 | 사례 086(민소법)
- Ⅰ. 문제의 소재
- Ⅱ. 전소의 기판력의 객관적 범위 및 시적 범위
- Ⅲ. 후소에 대한 법원의 판단

문제4 | 사례 049(민소법)
- Ⅰ. 문제의 소재
- Ⅱ. 甲의 대여금채권의 소멸시효의 시효기간 및 기산점
- Ⅲ. 시효중단의 상대효
- Ⅳ. 甲의 후소제기로 인한 시효중단의 효력

[제2문의 1]

문제1 | 사례 075(민법)
- Ⅰ. 문제의 소재
- Ⅱ. 근저당권의 피담보채무의 확정시기 및 피담보채무의 범위
- Ⅲ. 공동저당의 배당

문제2 | 사례 073(민법)
- Ⅰ. 문제의 소재
- Ⅱ. 민법 제364조의 변제권
- Ⅲ. 민법 제469조의 변제권
- Ⅳ. 임의경매정지신청
- Ⅴ. 민법 제363조 제2항의 경매인이 될 수 있는 권리

[제2문의 2]

문제1 | 사례 021(민법)

Ⅰ. 문제의 소재
Ⅱ. 甲과 乙의 시효기간 연장 합의의 효력
Ⅲ. 乙의 X 토지의 매도행위
Ⅳ. 丙이 소멸시효의 완성을 주장할 수 있는지 여부
Ⅴ. 피보전채권이 인정되지 않는 경우 법원의 판단

문제2 | 사례 088(민법)

Ⅰ. 문제의 소재
Ⅱ. 대위소송의 소송물
Ⅲ. 대위채권자의 제3채무자에 대한 직접청구
Ⅳ. 대위채권자의 채권자의 강제집행의 가능성

[제2문의 3]

문제1 | 사례 183(민법)

Ⅰ. 문제의 소재
Ⅱ. 乙, 丙, 丁의 상속지분
Ⅲ. 丙 명의로 마쳐진 소유권이전등기의 효력
Ⅳ. 乙과 丁의 근저당권설정등기 말소청구의 법적 성질 및 인용범위

문제2 | 사례 183(민법)

Ⅰ. 문제의 소재
Ⅱ. 상속재산분할협의의 요건과 효력

문제3 | 사례 183(민법)

Ⅰ. 문제의 소재
Ⅱ. 상속재산분할협의의 합의해제
Ⅲ. 해제조건 성취의 효력
Ⅳ. 상속재산분할협의 이전 권리자의 보호

2019년도 시행 제8회 변호사시험 — 민사법

〈제1문의 1〉

〈 기초적 사실관계 〉

중고차매매업을 하는 甲과 乙은 영업장 확보를 위하여 2012. 1. 6. 丙의 보증 아래 A은행으로부터 3억 원을 연이율 7%, 변제기 1년으로 하여 차용하였고, 甲은 A은행에 집행력 있는 공정증서의 형식으로 차용증을 따로 작성해 주었다.

한편 甲과 乙은 변제기인 2013. 1. 5.까지의 이자는 모두 지급하였으나 그 이후로 아무런 변제를 못하고 있다.

[※ 추가적 사실관계는 각각 별개임]

〈 추가적 사실관계 1 〉

A은행이 甲, 乙, 丙의 재산을 찾아보았더니, 甲은 B은행에 9천만 원의 정기예금을, 丙은 A은행에 1억 2천만 원의 정기예금을 가지고 있었다. 이에 A은행은 2013. 5. 2. 丙에게 위 대출금채권 중 원금 1억 2천만 원을 2013. 1. 5. 만기인 위 1억 2천만 원의 정기예금채무와 상계한다는 통지를 보냈고, 이는 2013. 5. 3. 丙에게 도달하였다.

그리고 A은행은 甲을 상대로 위 공정증서에 기한 강제집행에 착수하여, 2015. 1. 6. 甲의 B은행에 대한 정기예금채권에 채권압류 및 전부명령이 있었고, 이는 다음 날 甲과 B은행에 송달된 후 확정되었다. 그런데 甲의 B은행에 대한 위 정기예금채권에는 2014. 12. 3. 甲에 대한 다른 채권자인 C가 甲에 대한 1억 원의 대여금채권을 청구채권으로 하여 신청한 채권가압류가 있었고, 이는 다음 날 甲과 B은행에 송달된 사실이 있었다.

한편 乙은 2018. 11. 9. A은행에 남은 대출금 채무를 전액 변제하겠다는 확약서를 제출하였다.

〈 문제 〉

1. 현재 A은행은 甲, 乙, 丙에 대하여 각 얼마의 대출금 지급을 구할 수 있는가? (금액은 원금에 한하고, 다수 채무자 간의 중첩적 채무관계는 별도로 표시할 필요 없음) (30점)

< 추가적 사실관계 2 >

A은행이 2018. 11. 1. 甲을 상대로 위 대출금의 지급을 구하는 소를 제기하자, 甲은 이 소송에서 위 대출금채무의 소멸시효가 완성되었다고 주장한다. 이에 A은행은 2018. 1. 4. 위 공정증서에 기하여 甲 소유의 유체동산에 대한 가압류를 신청하여 2018. 1. 8. 그 결정을 받았으므로 시효가 중단되었다고 주장한다. 이에 甲은 다시 ① 위 가압류결정이 이미 시효가 완성된 후에 이루어졌고, 또한 ② 가압류결정에 기한 집행이 이루어지지 않았으므로, 시효가 중단되지 않았다고 주장한다. 사실 A은행은 위 가압류결정을 받은 후 甲에게 가치 있는 유체동산이 없다는 판단하에 집행절차를 밟지 않았다.

< 문제 >

2. 甲의 위 ①, ② 주장은 이유 있는가? (20점)

〈제1문의 2〉

< 기초적 사실관계 >

甲은 乙로부터 X부동산을 5억 원에 매수하였다며 2017. 3. 2. 乙을 상대로 "乙은 甲에게 X부동산에 관하여 2015. 7. 1. 매매를 원인으로 한 소유권이전등기절차를 이행하라."라는 취지의 소유권이전등기청구의 소를 제기하였다.
[※ 추가적 사실관계는 각각 별개임]

< 추가적 사실관계 1 >

위 소송 계속 중 2018. 2. 2. 甲과 乙은 다음과 같이 소송상화해를 하였다. "乙은 甲에게 X부동산에 관하여 2015. 7. 1. 매매를 원인으로 한 소유권이전등기절차를 이행한다. 甲은 乙에게 매매 잔대금 1억 원을 2018. 6. 30.까지 지급한다. 소송비용은 각자 부담한다." 그런데 乙은 위 화해조항에 따라 甲 명의로 소유권이전등기를 마쳤음에도 甲이 매매 잔대금 1억 원을 지급하지 않아서 위 매매계약이 잔대금 미지급으로 해제되었고 그로 인해 위 소송상화해도 효력이 없다고 주장하면서, 甲을 상대로 X부동산에 관한 甲 명의 소유권이전등기의 말소를 구하는 소를 제기하였다.

< 문제 >

1. 乙의 주장대로 甲이 화해조항에 따른 매매 잔대금 1억 원을 지급하지 않았다면, 법원은 乙의 청구에 대해 어떤 판결을 하여야 하는가? (25점)

< 추가적 사실관계 2 >

제1심 법원이 甲의 청구를 기각하자 甲이 항소하였고 乙은 甲의 항소 직후 사망하였다. 그런데 항소심 법원이 이를 간과한 채 소송을 진행하여 항소장 부본 및 변론기일 소환장이 공시송달의 방법으로 송달되었다. 항소심 법원은 甲의 항소를 받아들여 甲의 청구를 인용하는 판결을 선고하였고 판결문까지 공시송달의 방법으로 송달되었다. 乙의 상속인으로는 A, B가 있고 A, B는 상소기간 도과 후인 2018. 10. 28.에야 이러한 사실을 알게 되었는데, A는 위 판결을 그대로 받아들이기로 했으나 B는 위 판결의 효력을 다투고 있다.

< 문제 >

2. B가 혼자서 2018. 11. 5. 추후보완상고를 제기하였다면 이는 적법한가? (15점)

< 추가적 사실관계 3 >

제1심 법원이 甲의 청구를 기각하자 甲이 항소하였다. 乙은 항소심에서 X부동산에 관한 매매계약이 해제되었다고 주장하고, 만일 해제되지 않았다면 甲은 乙에게 매매 잔대금 1억 원을 지급할 의무가 있다고 주장하면서 예비적으로 "甲은 乙에게 1억 원을 지급하라."라는 취지의 반소를 제기하였다.

< 문제 >

3. 항소심 법원이 항소기각 판결을 한다면 위 반소청구에 대하여 판단을 하여야 하는가? (10점)

〈제1문의 3〉

< 기초적 사실관계 >

甲종중의 대표자 乙은 2018. 5.경 일부 종원들이 乙 몰래 甲종중 소유의 X토지를 종원 丙에게 매도하고 관련서류를 위조하여 소유권이전등기를 마쳐 준 사실을 알게 되어 甲종중을 원고로 하여 丙을 상대로 X토지에 관한 소유권이전등기말소청구의 소를 제기하였다.
[※ 추가적 사실관계는 각각 별개임]

< 추가적 사실관계 1 >

위 소송에서 丙은 甲종중이 그 종중을 나타내는 특별한 명칭을 사용한 적이 없고 서면으로 된 정식 종중규약도 없으며, 그 대표자라는 乙이 일부 종원들에게는 소집통지를 하지 않고 乙에게 우호적인 종원들에게만 소집통지를 하여 개최된 종중총회의 결의에 의하여 선임되었을 뿐이라고 주장하고 있다. 그럼에도 불구하고 제1심 법원은 甲종중에 대하여 석명권을 행사하거나 직권증거조사를 해서 乙에게 적법한 대표권이 있는지를 심리하지 않고 변론을 종결하였다.

< 문제 >

1. 제1심 법원은 원고에 대하여 석명권을 행사하는 등으로 乙에게 대표권이 있는지를 심리 판단하여야 하는가? 또 丙의 주장이 사실이라면 원고의 이 사건 소는 적법한가? (15점)

< 추가적 사실관계 2 >

제1심 소송 계속 중 丙은 甲종중을 상대로 반소를 제기하면서 주위적으로 甲종중과의 매매계약이 유효하다면 X토지의 인도를 구하고, 예비적으로 위 매매계약이 무효라면 X토지 매매대금 상당의 부당이득금반환을 구하였다. 제1심은 위 매매계약이 무효라고 판단한 후 甲종중의 청구와 丙의 예비적 청구를 인용하였다. 이에 대하여 원고(반소피고)인 甲종중이 丙의 예비적 청구에 대하여 항소하였고, 丙은 패소부분에 대하여 항소 및 부대항소를 하지 않았다.

< 문제 >

2. 항소심에서 심리한 결과 甲종중과 丙의 매매계약이 유효라는 판단을 한 경우에 항소심은 丙의 주위적 청구를 인용할 수 있는가? (20점)

< 추가적 사실관계 3 >

제1심에서 甲종중의 청구를 인용하는 판결이 선고되어 확정되었다. 이에 甲종중이 丙의 소유권이전등기를 말소하기 위하여 새로운 등기부등본을 발급받아 보고, 丙이 丁에게 위 소송의 변론종결 전에 소유권이전등기를 마쳐 주었으며, 다시 丁이 戊에게 위 소송의 변론종결 후에 소유권이전등기를 마쳐 준 사실을 비로소 알게 되었다.

< 문제 >

3. 위 판결의 효력이 丁과 戊에게 미치는지 여부와 甲종중이 丁과 戊 명의의 각 소유권이전등기를 말소할 수 있는 방법을 서술하시오. (15점)

〈제2문의 1〉

〈 기초적 사실관계 〉

甲은 2018. 3. 1. 乙에 대해 1억 원의 대여금채권을 가지고 있다.

[※ 추가적 사실관계는 각각 별개임]

[※ 제시된 일자는 공휴일이 아닌 것으로 간주함]

〈 추가적 사실관계 1 〉

평소 甲과 알고 지내던 丙은 甲으로부터 어떠한 권한도 부여받은 적 없이 甲의 대리인이라고 칭하면서 2018. 4. 1. 위 채권을 丁에게 양도하는 계약을 체결하였고, 丁은 2018. 5. 1. 乙로부터 확정일자 있는 증서로써 채권양도의 승낙을 받았다.

이러한 사실을 알지 못한 甲은 2018. 5. 1. 자신의 채권자 戊에게 위 채권을 양도하고, 이러한 사실을 乙에게 내용증명우편으로 통지하여 2018. 5. 3. 위 통지가 도달하였다. 이에 乙은 甲에게 연락하여 이미 한 달 전에 위 채권이 丙을 통해 丁에게 양도되었으며 자신이 이를 승낙하였다고 설명하였다. 그간의 경위를 알게 된 甲은 丙과의 관계를 고려해서 2018. 5. 10. 丁에게 연락하여 丙과 체결한 위 채권양도계약을 추인하였다. 위 채권을 두고 丁과 戊는 乙에게 각자 자신에게 채무를 이행하여야 한다고 주장하고 있다.

〈 문제 〉

1. 이러한 경우에 누구의 주장이 타당한지를 설명하시오. (15점)

〈 추가적 사실관계 2 〉

丙은 2018. 8. 1. 乙로부터 기계를 1억 원에 매수하는 계약을 체결하면서 乙로부터 2018. 8. 5.까지 기계를 인도받기로 하였다. 계약당일 乙과 丙은 기계매수대금 지급에 갈음하여 乙이 甲에게 부담하는 위 채무 전액을 丙이 면책적으로 인수하는 약정을 체결하였으나, 甲의 승낙은 받지 않았다. 이후 이러한 사실을 알게 된 甲은 丙이 乙보다 경제적 자력이 낫다고 판단하여, 2018. 12. 1. 丙에게 乙이 부담하던 위 채무 전액의 이행을 청구하였다. 한편 乙은 현재까지 丙에게 기계를 인도하지 않고 있다.

이에 대해 丙은 ① 乙과 丙 사이의 채무인수계약에 대해 甲의 승낙이 없었기 때문에 甲은 丙에게 채무의 이행을 청구할 권리가 없고, ② 丙은 乙로부터 기계를 인도받기로 하여 동시이행항변권을 행사할 수 있는데, 아직 기계를 인도받지 못한 상황에서는 甲의 이행청구에 응할 수 없다고 항변한다.

〈 문제 〉

2. 甲의 청구는 정당한 것인지에 대해 설명하시오. (15점)

<제2문의 2>

< 기초적 사실관계 >

甲은 2015. 12. 10. 그 소유인 X점포에 관하여 乙과 전세금 2억 원, 기간 2016. 1. 10.부터 2018. 1. 9.까지로 정하여 전세권설정계약을 체결하고 2016. 1. 10. 전세금을 받은 다음 乙에게 X점포를 인도하고 전세권설정등기를 마쳐주었다. 乙은 2017. 2. 10. 丙으로부터 2억 원을 차용하고 丙에게 위 전세권에 저당권을 설정하여 주었다. (이자나 지연손해금은 발생하지 않는 것으로 함)

[※ 추가적 사실관계는 각각 별개임]
[※ 제시된 일자는 공휴일이 아닌 것으로 간주함]

< 추가적 사실관계 1>

乙은 전세 기간 만료일인 2018. 1. 9. 甲에게 X점포를 인도하면서 전세금 반환을 요구하였고 甲은 그날 乙에게 전세금 일부 반환 명목으로 8,000만 원을 지급하였다. 乙의 일반 채권자 丁은 같은 해 1. 15. 법원으로부터 위 전세금반환채권 2억 원에 대해 압류·추심명령을 받았고 그 명령이 같은 해 1. 20. 甲에게 송달되었다. 丙도 같은 해 1. 22. 전세권저당권에 기해 법원으로부터 전세금반환채권 2억 원에 대해 압류·전부명령을 받고 그 명령이 같은 해 1. 25. 甲에게 송달되고 그 무렵 확정되었다.

이러한 사실이 알려지자 ① 丙은 자신이 전세권저당권자로서 전세금반환채권에 대해 우선변제권이 있으므로 甲이 乙에게 일부 전세금을 변제한 행위는 丙에게 대항할 수 없고 따라서 丙은 전세금 2억 원 전체에 대해 권리가 있다고 주장하였고, ② 丁은 자신의 압류·추심명령이 丙의 압류·전부명령보다 甲에게 먼저 송달되었으므로 丙의 전부명령은 효력을 상실하였고 따라서 丙과 丁은 동등한 권리가 있다고 주장한다.

< 문제 >

1. 丙과 丁의 위 주장을 검토하고 丙과 丁이 각각 전세금반환채권에 관해 얼마의 범위에서 권리를 주장할 수 있는지 설명하시오. (20점)

< 추가적 사실관계 2 >

甲은 乙에게 4차례에 걸쳐 금전을 대여하여 아래와 같은 채권이 발생하였다.

	대여일	금 액	변제기
제1대여금채권	2015. 12. 15.	1,000만 원	2017. 10. 14.
제2대여금채권	2015. 12. 20.	1,500만 원	2018. 1. 19.
제3대여금채권	2016. 12. 15.	2,000만 원	2017. 12. 14.
제4대여금채권	2016. 12. 20.	2,500만 원	2018. 2. 19.

전세 기간이 만료된 후 丙은 2018. 2. 28. 전세권저당권에 기하여 법원으로부터 전세금반환채권 2억 원에 대해 압류·추심명령을 받고 그 명령이 같은 해 3. 10. 甲에게 송달되었다. 甲은 그때까지 乙로부터 위 대여금을 전혀 변제받지 못하였다. 丙이 甲에게 추심금의 지급을 구하자, 甲은 위 4건의 대여금채권 합계 7,000만 원을 자동채권으로, 전세금반환채권 2억 원을 수동채권으로 하여 상계한다는 의사를 표시하였다.

< 문제 >

2. 甲이 상계로 丙에게 대항할 수 있는 대여금채권의 범위를 검토하시오. (15점)

⟨제2문의 3⟩

⟨ 기초적 사실관계 ⟩

甲은 2017. 2. 3. 乙에게 1억 원을 이자 연 5%, 변제기 2018. 1. 2.로 정하여 대여하였다. 乙은 유일한 재산으로 X아파트를 소유하고 있다.
[※ 추가된 사실관계는 각각 별개임]
[※ 제시된 일자는 공휴일이 아닌 것으로 간주함]

⟨ 추가적 사실관계 1 ⟩

乙은 2017. 6. 2. 친구인 丙과 X아파트에 관하여 명의신탁 약정을 체결하고, 같은 날 丙에게 X아파트에 관한 소유권이전등기를 마쳤다. 乙은 2017. 8. 5. 丁에게 X아파트를 매도하기로 하고, 乙 자신을 매도인으로, 丁을 매수인으로 하는 매매계약을 체결하였다. 乙은 같은 날 丙의 협조를 받아 X아파트에 관하여 丙에서 丁으로 소유권이전등기를 마쳤다.

甲은 2018. 6. 5. 丁을 상대로, 채무자인 乙이 丁에게 X아파트를 매도한 행위는 사해행위에 해당하므로, 위 매매계약의 취소와 소유권이전등기의 말소를 구하는 소를 제기하였다. 이에 丁은 X아파트를 乙로부터 매수한 것은 사실이나, 乙이 매도한 것은 丙 명의로 소유권이전등기가 마쳐진 X아파트이므로 乙의 채권자인 甲이 사해행위 취소를 구할 수 없다고 주장한다. 심리 결과 乙의 재산 상태는 위 매매계약 당시부터 변론종결 당시까지 채무초과임이 인정된다.

⟨ 문제 ⟩

1. 법원은 어떠한 판단을 하여야 하는지 1) 결론(소각하/청구기각/청구인용/청구일부인용 - 일부 인용의 경우에는 인용범위를 특정할 것)과 2) 논거를 기재하시오. (15점)

< 추가적 사실관계 2 >

乙은 2017. 3. 3. 丙에게 X아파트를 매도하고 X아파트에 관하여 소유권이전등기를 마쳐 주었다. 乙의 채권자 丁은 2017. 6. 5. 丙을 상대로 乙과 丙 사이의 위 매매계약이 사해행위라고 주장하면서, 위 매매계약의 취소와 丙 명의의 소유권이전등기의 말소를 구하였다(이하 '이 사건 전소'라 함). 丁은 2018. 1. 25. 이 사건 전소에서 전부 승소하였고, 丙이 항소하지 않아 이 사건 전소가 확정되었다. 丙은 2018. 2. 25. 乙에게 X아파트에 관한 소유권이전등기를 말소하여 주었다.

乙은 2018. 3. 4. X아파트에 관하여 소유권이전등기가 회복된 것을 기화로 戊에게 X아파트를 매도하고 다음 날 X아파트에 관하여 戊에게 소유권이전등기를 마쳐주었다. 이에 甲은 2018. 6. 5. 戊를 상대로 戊 명의의 소유권이전등기가 원인무효임을 주장하며 소유권이전등기 말소청구의 소를 제기하였다. 이에 戊는 ① 채무자인 乙은 X아파트를 처분할 권한이 있고, ② 甲은 이 사건 전소의 취소채권자가 아니고, 채무자의 재산에 강제집행 절차를 통해 배당을 받을 수 있는 일반채권자일 뿐 등기말소청구권을 행사할 권리가 없다고 주장한다.

< 문제 >

2. 법원은 어떠한 판단을 하여야 하는지 1) 결론(소각하/청구기각/청구인용/청구일부인용 - 일부 인용의 경우에는 인용범위를 특정할 것)과 2) 논거를 기재하시오. (20점)

목차

2019년 제8회 변호사시험

[제1문의 1]

문제1 | 사례 011(민소법)
Ⅰ. 문제의 소재
Ⅱ. 甲, 乙, 丙 상호간의 관계
Ⅲ. A 은행의 丙에 대한 상계권
Ⅳ. 甲의 정기예금채권에 대한 압류 및 전부명령의 효력
Ⅴ. 乙의 채무의 시효완성의 효과
Ⅵ. 乙의 시효이익포기의 효력
Ⅶ. 결론

문제2 | 사례 015(민법)
Ⅰ. 문제의 소재
Ⅱ. A 은행의 대여금채권의 소멸시효 기간 및 기산점
Ⅲ. 가압류의 효력발생시기
Ⅳ. 가압류의 효력발생요건

[제1문의 2]

문제1 | 사례 071(민소법)
Ⅰ. 문제의 소재
Ⅱ. 소송상 화해의 법적 성질 및 효력
Ⅲ. 소송상 화해를 해제할 수 있는지 여부
Ⅳ. 후소법원의 판단

문제2 | 사례 023(민소법)
Ⅰ. 문제의 소재
Ⅱ. 소송계속 중 당사자 사망 간과 판결의 효력
Ⅲ. 사망한 당사자에 대한 공시송달의 효력 및 추후보완상고의 효력

문제3 | 사례 104(민소법)
Ⅰ. 문제의 소재
Ⅱ. 항소심에서의 예비적 반소의 가능성
Ⅲ. 예비적 반소의 심판의 범위

[제1문의 3]

문제1 | 사례 056(민소법)
Ⅰ. 문제의 소재
Ⅱ. 대표권의 존부
Ⅲ. 종중의 성립요건
Ⅳ. 소집통지의 효력

문제2 | 사례 094(민소법)
Ⅰ. 문제의 소재
Ⅱ. 예비적 병합에 해당하는지 여부
Ⅲ. 일부항소인지 여부
Ⅳ. 주위적 청구도 이심되어 심판할 수 있는지 여부
  1. 이심의 범위
  2. 심판의 범위

문제3 | 사례 090(민소법)
Ⅰ. 문제의 소재
Ⅱ. 변론종결 후 승계인의 범위
Ⅲ. 변론종결 전 승계인의 범위
Ⅳ. 甲종중의 구제수단

[제2문의 1]

문제1 | 사례 009(민법)
Ⅰ. 문제의 소재
Ⅱ. 丙의 채권양도의 효력
Ⅲ. 무권대리행위의 추인
Ⅳ. 무권대리 추인의 효력의 제한

문제2 | 사례 113(민법)
Ⅰ. 문제의 소재
Ⅱ. 면책적 채무인수의 효력발생 요건 및 묵시적 승낙
Ⅲ. 면책적 채무인수인의 항변권의 범위

[제2문의 2]

문제1 | 사례 064(민법)

Ⅰ. 문제의 소재
Ⅱ. 전세권저당권자의 물상대위권
Ⅲ. 물상대위 이전 목적물 인도의 효력
Ⅳ. 물상대위권자의 우선변제권

문제2 | 사례 065(민법)

Ⅰ. 문제의 소재
Ⅱ. 전세권설정자의 상계권
Ⅲ. 결론

[제2문의 3]

문제1 | 사례 055(민법)

Ⅰ. 문제의 소재
Ⅱ. 사해행위
Ⅲ. 乙과 丙 사이의 명의신탁의 효력
Ⅳ. 신탁자의 처분행위의 사해행위성

문제2 | 사례 099(민법)

Ⅰ. 문제의 소재
Ⅱ. 채무자의 후속 처분행위의 효력
Ⅲ. 사해행위취소 채권자의 처분등기의 말소청구
Ⅳ. 다른 채권자의 처분등기의 말소청구

2018년도 시행 제7회 변호사시험 — 민사법

〈제1문의 1〉

< 기초적 사실관계 >

甲은 2011. 8. 1. 丙과 丁의 연대보증 아래 乙에게 3억 원을 변제기 2012. 7. 31., 이율 연 12%(변제기에 지급)로 정하여 대여(이하 '이 사건 대여'라 한다)하였다.

丁은 무자력 상태에서 2015. 10. 1. 자신의 유일한 재산인 시가 4억 원 상당의 X토지를 戊에게 1억 원에 매도(이하 '이 사건 매매계약'이라 한다)하고 같은 달 10. 소유권이전등기(이하 '이 사건 소유권이전등기'라 한다)를 마쳐주었다.

丁에 대해 변제기가 2014. 11. 30.인 2억 원의 물품대금채권을 가지고 있던 K는 戊를 상대로 2016. 9. 1. 이 사건 매매계약의 취소와 소유권이전등기의 말소를 구하는 사해행위취소의 소를 제기하였다.

< 문제 >

1. K의 사해행위취소의 소가 법원에 계속 중인 2016. 9. 30. 甲이 丁에 대한 연대보증채권을 피보전채권으로 하여 K와 동일한 청구취지의 사해행위취소의 소를 같은 법원에 제기하였고, 법원이 두 사건을 병합하여 2017. 5. 1. 판결을 선고하는 경우 甲과 K의 청구의 결론[각하, 기각, 인용, 일부인용]과 논거를 서술하시오. (20점)

< 추가적 사실관계 1 >

변제기가 지나도 乙이 이 사건 대여금을 변제하지 않자 甲은 2017. 9. 1. '乙, 丙, 丁은 연대하여 甲에게 이 사건 대여원리금을 지급하라'는 취지의 소를 제기하였다.

甲의 이 사건 대여사실과 丙과 丁의 연대보증사실이 기재된 소장 부본이 2017. 9. 29. 乙에게 송달되었고, 乙은 '甲으로부터 이 사건 대여금을 차용한 사실은 있지만 대여금 채권은 시효소멸되었다'는 취지의 답변서를 그 무렵 제출하였다. 한편, 丙에게도 2017. 10. 2. 소장 부본이 송달되었으나 丙은 답변서나 준비서면을 제출하지 않았고, 丁에게는 소장 부본이 소재불명으로 송달불능되어 재판장의 명령에 따라 소장 부본이 공시송달되었다.

법원은 적법하게 변론기일소환장을 송달(丁에게는 공시송달됨)하여 2017. 11. 6. 제1차 변론기일을 진행하였다. 乙은 변론기일에 출석하여 답변서를 진술하면서 자신은 컴퓨터판매업을 하는 상인이고, 이 사건 대여금은 사업운영자금으로 빌린 돈이라고 주장하였다. 이에 대해 甲은 乙의 위와 같은 상황을 알고서 대여해 준 것이며, 乙의 주장이 맞다고 진술하였다. 위 변론기일에 丙은 적법하게 변론기일 소환장을 받고도 출석하지 않았으며, 丁 또한 출석하지 않았다. 甲은 변론기일에서 乙이 작성명의인으로 된 이 사건 대여금의 차용증서는 증거로 제출하였으나 丙, 丁의 연대보증사실을 증명할 만한 증거를 제출하지는 않았다.

< 문제 >

2. 만약 법원이 위 변론기일을 종결하고 2018. 1. 12. 판결을 선고하는 경우 피고들에 대한 각 청구의 결론[각하, 기각, 인용, 일부인용]과 논거를 서술하시오. (30점)

< 추가적 사실관계 2>

제1차 변론기일 후 2017. 12. 11. 아래와 같은 내용으로 제2차 변론기일이 추가로 진행 되었다.

甲은 제2차 변론기일에 출석하여 乙이 2017. 8. 20. 이 사건 대여원리금을 이유를 불문하고 조만간 갚겠다는 각서를 써 주었다고 주장하며 乙의 서명이 된 위 각서를 증거로 제출하였고, 위 기일에 출석한 乙은 그 각서의 서명이 자신의 것이 맞다고 진술하였다. 한편 丙은 제2차 변론기일에는 출석하여 이 사건 대여원리금을 연대보증한 사실은 인정하지만, 모든 채무가 시효로 소멸하였다고 항변하였다. 丁은 제2차 변론기일에도 출석하지 않았다. 법원은 심리 후 丁에 대한 변론을 분리하여 乙과 丙에 대해서만 변론을 종결하였다.

< 문제 >

3. 만약 법원이 2018. 1. 12. 판결을 선고하는 경우 피고 乙과 丙(丁은 제외)에 대한 청구의 결론[각하, 기각, 인용, 일부인용]과 논거를 서술하시오. (20점)

〈제1문의 2〉

甲은 乙회사의 자금지출담당 사원으로, 乙회사가 거래처 丁에게 물품대금으로 지급할 회삿돈 2억 원을 보관하던 중 이를 횡령하여 자신의 처인 丙에게 퇴직금 중간정산금이라고 하면서 위 금원의 보관을 위해 丙의 예금계좌로 1억 원을 송금하였다. 송금 받은 당일 丙은 甲의 지시에 따라 다시 甲의 계좌로 위 1억 원을 송금하였다. 또한 甲이 위와 같이 횡령한 돈 중 나머지 1억 원으로 자신에게 돈을 빌려준 戊에게 변제하려 하자 戊는 자신이 물품대금채무를 부담하고 있는 A에게 대신 지급해 달라고 하여 甲은 A의 계좌로 1억 원을 송금하였다.

한편 甲은 위 횡령한 2억 원을 은폐할 목적으로 권한 없이 무단으로 대출관계 서류를 위조하여 乙회사의 명의로 B은행으로부터 2억 원을 대출받아 그 대출금을 편취하였다. 甲은 이후 위 2억 원의 횡령금을 변제하는 방편으로서 그 편취한 대출금으로 乙회사의 채권자인 거래처 丁에게 변제하여 乙회사의 물품대금 채무를 소멸시켰다.

< 문제 >

1. 乙회사가 丙, 戊에게 각각 1억 원에 대하여 부당이득에 기한 반환청구를 할 수 있는가? (20점)
2. B은행이 乙회사에게 2억 원에 대하여 대출약정에 기한 청구 및 부당이득에 기한 반환청구를 할 수 있는지 여부를 그 논거와 함께 각 검토하시오. (20점)

〈제1문의 3〉

주식회사 甲은행은 丙에게 대출을 해 주면서 丙 소유의 X건물에 대하여 2015. 7. 1. 제1순위 근저당권설정등기를 마쳤다. 丙은 자신 소유의 X건물 대수선 공사를 하기 위하여 공사업자 乙과 2016. 2. 1. X건물의 공사에 관하여 공사대금 2억 원, 공사완공예정일 2017. 3. 20., 공사대금은 완공 시에 일시금으로 지급하기로 하는 도급계약을 체결하였고, 乙은 계약당일 위 X건물에 대한 점유를 이전받았다. 근저당권자인 甲은행은 丙이 대출금에 대한 이자를 연체하자 위 근저당권실행을 위한 경매를 신청하여 2017. 5. 1. 경매개시결정 기입등기가 마쳐졌다. 乙은 2017. 3. 20. 위 공사를 완공하였고, 2017. 5. 20. 위 경매절차에서 공사대금채권의 유치권을 신고하였다. 경매절차에서 丁은 X건물에 대한 매각허가결정을 받아 2017. 10. 2. 매각대금을 완납하고, 소유권이전등기를 마친 후 乙에게 X건물에 대한 인도청구를 하였다.

< 문제 >

1. 乙은 유치권으로 丁에게 대항할 수 있는가? (20점)
2. 만약 수원세무서에서 2017. 3. 1. X건물에 대해 체납처분압류등기를 한 경우 乙은 유치권으로 丁에게 대항할 수 있는가? (10점)
3. 만약 乙의 유치권이 상사유치권이었다고 한다면 乙은 丁에게 대항할 수 있는가? (10점)

〈제2문의 1〉

< 기초적 사실관계 >

甲은 자기 소유인 X토지에 대하여 A은행 앞으로 근저당권을 설정한 후, 乙에게 지상권을 설정해 주었다. 乙은 2015. 10.경 X토지 위에 Y다세대주택을 신축하여 분양하는 사업을 하게 되었다. 그 후 신축공사가 절반 정도 진행된 상태에서 乙은 자금사정 악화로 공사를 계속하기 어려워졌고, 乙에게 건축자재를 납품해 오던 丙은 연체된 대금을 받으려는 의도로 丁에게 Y다세대주택이 최고급 건축자재로 지어지고 있고, 역세권에 있어서 투자가치가 높으며, 이미 준공검사 신청까지 접수해 놓은 상태여서 이를 담보로 은행대출도 가능하다고 이야기하면서 분양받을 것을 제의하였다. 이에 丁은 2016. 1. 10. 乙과 Y다세대주택 중 1세대(이하 '이 사건 주택'이라고 함)에 대한 분양계약을 체결하고, 계약 당일 계약금 3,000만 원, 같은 해 2. 10. 중도금 1억 원을 乙에게 각 지급하였다.

한편, 분양계약 체결 당시에 Y다세대주택은 절반밖에 완성되지 않은 상태였다. 그런데 乙은 丁이 丙에게서 Y다세대주택이 준공검사 신청까지 접수되어 은행대출도 가능한 좋은 물건이라고 소개받았다는 말을 듣고 이상하다고 생각하면서도 자금이 급한 나머지 그대로 분양계약을 체결하였다. 이후 乙은 2016. 4. 20. Y다세대주택의 내부공사만 남겨둔 상태에서 지급불능 상태에 빠졌다.

이 사건 주택의 소유권을 취득하지 못하게 된 丁은 乙과 丙을 상대로 소를 제기하였는바, 乙에 대하여서는 기망을 이유로 분양계약의 취소와 기지급한 계약금과 중도금 합계액에 대한 부당이득반환을 청구하고, 丙에 대하여서는 불법행위에 기한 손해배상을 청구하였다.

< 문제 >

1. 丁의 청구에 대하여 乙은, ① 丁을 기망한 것은 자신이 아닌 丙이므로 丙의 기망을 이유로 이 사건 주택에 관한 분양계약을 취소할 수 없고, ② 동일한 금액에 대하여 丙을 상대로 불법행위에 기한 손해배상을 청구하는 이상 자신에 대한 부당이득반환청구는 허용될 수 없다고 주장한다.
丁의 乙에 대한 분양계약 취소 및 부당이득반환 청구는 인용될 수 있는가? (25점)

< 추가적 사실관계 >

그 후 乙은 자금을 차용하여 Y다세대주택을 준공하고 소유권보존등기를 마쳤으나, 분양사업의 부진으로 甲에게 X토지에 대한 지료를 지급하지 못하였다. 이에 甲은 2년 이상의 지료미납을 이유로 지상권 소멸을 청구하였고, 甲은 乙로부터 Y다세대주택을 매수한 후 소유권이전등기를 마쳤다.

한편, 甲이 A은행에 대한 대출금 채무를 연체하자 A은행은 X토지에 대한 근저당권에 기하여 X토지와 함께 Y다세대주택에 대한 일괄경매를 신청하였고, 戊가 이를 모두 경락받았다. 그러자 甲은 乙이 Y다세대주택을 건축하였고 그 주택을 자신이 매수한 것이므로 Y다세대주택은 일괄경매의 대상이 될 수 없다고 주장하면서 戊를 상대로 Y다세대주택에 대한 소유권이전등기의 말소를 청구하는 소를 제기하였다.

< 문제 >

2. 甲의 戊에 대한 소유권이전등기의 말소등기 청구는 인용될 수 있는가? (15점)

〈제2문의 2〉

X토지를 소유하고 있던 A에게는 세 자녀(B, C, D)가 있다. A는 X토지를 장남인 B에게 준다는 말을 자주 하였으나 2016. 3. 10. 유언 없이 사망하였다. 평소 B의 도움을 많이 받았던 C는 A의 뜻을 존중하여 2016. 5. 7. 상속포기신고를 하였고, 2016. 6. 20. 수리되었다. 그리고 A의 사망 사실을 즉시 알았으나 해외유학 중이던 D는 2016. 8.경 귀국하여 2016. 8. 25. 상속포기신고를 하였고, 2016. 9. 30. 수리되었다. 한편 B는 2016. 4. 초순경 X토지 위에 Y건물을 짓기 시작하여 같은 해 8. 31. 준공검사를 받았다. 공사가 거의 끝날 무렵인 2016. 8. 5. B는 乙과 Y건물에 대한 매매계약을 체결하였고, 2016. 9. 5. 보존등기를 하지 않은 상태에서 乙에게 Y건물을 인도하였다. 그 후 B는 사업자금을 마련할 목적으로 2016. 9. 21. 甲에게 X토지를 매도하고 소유권이전등기를 경료해 주었다. 그런데 X토지 위에 미등기 상태인 Y건물이 있는 것을 알게 된 甲은 Y건물이 자신의 동의 없이 건축되었다고 주장하면서 乙을 상대로 Y건물의 철거를 청구하는 소를 제기하였다.

< 문제 >

甲의 청구에 대하여, 乙은 X토지의 전 소유자인 B가 신축한 건물을 정당하게 매수하였다고 항변하였고, 甲은 Y건물을 신축할 당시 X토지가 B, C, D의 공유였다고 반박하였다.
甲의 Y건물에 대한 철거청구는 인용될 수 있는가? (35점)

〈제2문의 3〉

〈 기초적 사실관계 〉

甲은 X건물을 신축한 후 소유권보존등기를 마치고, 2016. 9. 25. 부동산중개업소를 운영하려는 乙에게 임대하였다(보증금 1억 원, 월차임 300만 원은 매월 말일 지급). 乙은 2016. 10. 1. 사업자등록을 마치고 영업을 시작하였는데, 처음 몇달간은 차임을 제때 지급하였으나, 2017년 1월부터 차임을 연체하기 시작하였다.
[※ 추가된 사실관계는 각각 별개임]

〈 추가적 사실관계 〉

2017. 7. 1. 甲은 X건물을 丙에게 매도하고 같은 날 소유권이전등기를 경료해 주었는데, 丙이 X건물을 매수한 후에도 차임연체는 계속되었다. 이에 2017. 11. 2. 丙은 乙에게 차임연체를 이유로 임대차계약의 해지를 통지하면서 X건물의 반환을 청구하였고, 乙이 같은 달 30. X건물을 인도하자 연체된 차임액 3,300만 원을 공제한 6,700만 원을 乙에게 지급하였다. 그러자 乙은 丙이 甲과 X건물에 대한 매매계약을 체결할 당시 연체차임채권을 양수한 바 없어 丙이 소유권을 취득한 후에 연체한 1,500만 원만 보증금에서 공제할 수 있다고 주장하면서, 이를 초과하여 공제한 1,800만 원을 반환할 것을 청구하는 소를 제기하였다. 丙은 甲과 X건물에 대한 매매계약을 체결할 당시 연체차임에 관한 합의를 한 바 없었다.

< 문제 >

1. 乙의 丙에 대한 보증금반환청구는 인용될 수 있는가? (15점)

〈 추가적 사실관계 〉

甲의 채권자 丁은 2016. 11. 20. 甲의 乙에 대한 차임채권에 대하여 채권압류 및 추심명령을 받았고, 다음 날 위 명령이 乙에게 송달되었다. 이에 乙은 2016년 11월분과 12월분 차임을 추심채권자 丁에게 지급하였다.
한편, 2017. 9. 10. 甲은 乙에 대하여 차임연체를 이유로 임대차계약을 해지한다고 통지하였고, 2017. 9. 30. 乙이 甲에게 X건물을 인도하자 甲은 보증금에서 연체차임 2,700만 원을 공제한 잔액을 乙에게 반환하였다. 그러자 乙은 甲의 차임채권에 대한 丁의 채권압류 및 추심명령이 송달된 이후에는 甲에게 차임을 지급하는 것이 금지되므로 보증금에서 이를 공제할 수 없다고 주장하면서, 甲을 상대로 공제한 보증금 2,700만 원의 반환을 청구하는 소를 제기하였다.

< 문제 >

2. 乙의 甲에 대한 보증금반환청구는 인용될 수 있는가? (10점)

2018년 제7회 변호사시험

[제1문의 1]

문제1 | 사례 047(민소법)
Ⅰ. 문제의 소재
Ⅱ. 사해행위취소소송의 요건 및 원상회복의 방법
Ⅲ. 연대보증인의 사해행위
Ⅳ. 중복제소 및 권리보호이익

문제2 | 사례 110(민소법)
Ⅰ. 문제의 소재
Ⅱ. 乙, 丙, 丁에 대한 공동소송의 법적 성질
Ⅲ. 통상의 공동소송에서 있어서 주장공통의 원칙 인정여부
Ⅳ. 답변서 미제출의 효과 및 자백간주
Ⅴ. 주장책임과 증명책임
Ⅵ. 甲의 乙에 대한 청구
Ⅶ. 甲의 丙에 대한 청구
Ⅷ. 甲의 丁에 대한 청구

문제3 | 사례 066(민소법)
Ⅰ. 문제의 소재
Ⅱ. 보조사실에 대한 자백의 구속력
Ⅲ. 소멸시효완성 후 채무의 승인
Ⅳ. 주채무자의 항변 포기의 효력

[제1문의 2]

문제1 | 사례 161(민법)
Ⅰ. 문제의 소재
Ⅱ. 戊에 대한 부당이득반환청구
Ⅲ. 丙에 대한 부당이득반환청구

문제2 | 사례 161(민법)
Ⅰ. 문제의 소재
Ⅱ. 대출계약의 효력
  1. 유권대리인지 여부
  2. 민법 제126조의 표현대리의 성립여부

[제1문의 3]

문제1 | 사례 066(민법)
Ⅰ. 문제의 소재
Ⅱ. 압류의 처분금지효와 유치권의 점유
Ⅲ. 압류의 처분금지효와 유치권의 피담보채권의 변제기
Ⅳ. 결론

문제2 | 사례 066(민법)
Ⅰ. 문제의 소재
Ⅱ. 체납처분압류와 유치권의 우열

문제3 | 사례 066(민법)
Ⅰ. 문제의 소재
Ⅱ. 저당목적물에 대한 상사유치권의 성립여부

[제2문의 1]

문제1 | 사례 006(민법)
Ⅰ. 문제의 소재
Ⅱ. 기망에 기한 분양계약의 취소
  1. 기망에 기한 법률행위의 취소의 요건
  2. 취소의 가능성
Ⅲ. 손해배상청구권과 부당이득반환청구권의 관계

문제2 | 사례 072(민법)
Ⅰ. 문제의 소재
Ⅱ. 일괄경매청구의 가능성

[제2문의 2]

문제 | 사례 176(민법)
Ⅰ. 문제의 소재
Ⅱ. 상속포기의 요건 및 상속재산분할협의로서의 효력
Ⅲ. 乙의 관습법상 법정지상권의 취득여부
Ⅳ. B의 관습법상 법정지상권의 취득여부
Ⅴ. 乙의 관습법상 법정지상권의 승계여부

[제2문의 3]

문제1 | 사례 150(민법)

Ⅰ. 문제의 소재
Ⅱ. 양도전 발생한 연체차임채권이 양수인에게 이전하는지 여부
Ⅲ. 양도전 발생한 연체차임을 임대차보증금에서 공제할 수 있는지 여부
Ⅳ. 결론

문제2 | 사례 150(민법)

Ⅰ. 문제의 소재
Ⅱ. 압류 및 추심명령이 집행된 차임채권을 임대차보증금에서 공제할 수 있는지 여부

2017년도 시행 제6회 변호사시험 — 민사법

〈제1문의 1〉

〈기초적 사실관계〉

甲은 경기도 가평군 소재 X토지의 소유권자인데, X토지는 「국토의 계획 및 이용에 관한 법률」에 따른 토지거래허가구역으로 지정되어 있다. 甲은 2010. 10. 10. 乙과 X토지에 관하여 매매대금을 1억 원으로 하는 부동산매매계약을 체결하고 계약 당일 계약금으로 1,000만 원을 받았으며, 나머지 잔금은 토지거래허가를 받은 날로부터 1개월 이내에 지급하기로 약정하였다. 그런데, 甲은 X토지의 급격한 지가상승이 예상되자 토지거래허가를 위한 협력의무를 이행하지 않았으며, 이에 따라 乙은 甲을 피고로 X토지에 관한 토지거래허가 협력의무의 이행을 구하는 소를 제기하여 1심에서 승소하였고, 위 판결에 대하여 甲이 항소하였다.

甲은 위 항소심 재판 도중에 「민법」 제565조 제1항에 따라 X토지에 관한 계약금 1,000만 원의 배액인 2,000만 원을 적법하게 공탁한 다음, 乙에게 위 매매계약을 해제한다는 내용증명우편을 보냈다. 이에 대하여 乙은 이미 X토지에 관하여 토지거래허가 협력의무의 이행을 구하는 소를 제기하여 1심에서 승소하였고, 이는 위 매매계약에 대한 이행의 착수가 있었다고 할 것이므로, 「민법」 제565조에 따른 해제는 할 수 없다고 주장하고 있다.

< 문제 >

1. 甲과 乙의 주장은 타당한가? (15점)

〈변형된 사실관계〉

甲은 2010. 10. 10. 乙과 토지거래허가구역으로 지정되어 있는 X토지에 관하여 매매대금을 1억 원으로 한 부동산매매계약을 체결하고 계약 당일 계약금으로 1,000만 원을 받았으며, 2011. 3. 15. 잔금 9,000만 원을 각 지급받았다. 한편, 乙은 위 토지에 대한 매매대금을 모두 지급하였으나, 토지거래허가를 받지 않은 상태에서 2012. 4. 8. 丙과 위 토지에 관하여 매매대금을 1억 2,000만 원으로 하는 매매계약을 체결하고, 당일 계약금으로 2,000만 원을, 같은 해 6. 20. 잔금 1억 원을 각 지급받았다. 甲, 乙, 丙은 위와 같이 X토지에 관하여 순차로 매매계약을 체결하면서, 최초 매도인 甲이 최종 매수인 丙에게 직접 토지거래허가 신청절차를 이행하고, 소유권이전등기를 마쳐주기로 3자 간 합의를 하였다. 甲은 위와 같은 3자 간 합의에 따라 관할관청으로부터 X토지의 매도인을 甲으로, 매수인을 丙으로 하는 토지거래허가를 받은 다음, X토지에 관하여 丙 명의의 소유권이전등기를 마쳐주었다.

< 문제 >

2. X토지에 대하여 최초 매도인 甲으로부터 최종 매수인 丙 명의로 경료된 소유권이전등기는 유효한가? (15점)

〈제1문의 2〉

〈기초적 사실관계〉

甲은 주택 신축 등을 목적으로 하는 사업을 하면서 乙 및 친척인 丙에게 각각 1억 원의 대여금채무를 비롯하여 총 합계 3억 원 이상의 채무를 부담하게 되어 채무초과 상태에 이르게 되었다. 甲은 유일한 재산인 X토지를 소유하고 있었는데, 丙에 대한 甲의 대여금 채무를 위한 담보로 제공하는 저당권설정계약(이하 '이 사건 계약'이라 한다)을 丙과 체결하였다.

甲은 丙의 독촉에도 이 사건 계약에 의한 저당권설정등기를 미루고 있었는데, 이에 丙은 甲을 피고로 이 사건 계약을 원인으로 하여 저당권설정등기를 청구하는 소를 제기하였다. 丙의 위 소송에 대하여 甲은 제대로 응소하지 않고 있다.

위와 같은 소식을 들은 乙은 이 사건 계약의 체결 과정을 조사한 결과, 甲은 이 사건 계약으로 인하여 책임재산에 부족이 생기거나 이미 부족상태에 있는 책임재산이 한층 더 부족하게 됨으로써 乙의 채권을 완전하게 만족시킬 수 없다는 사실을 인식하였고, 丙도 그러한 점을 알고 있었다는 사실을 알게 되었다. 이에 乙은 원고 丙과 피고 甲 사이의 위 소송에 참가하려고 한다.

〈문제〉

1. 乙이 다음과 같은 취지로 독립당사자참가신청을 하는 것은 적법한가? (30점)
    (1) 丙을 상대로 사해행위를 원인으로 하여 "X토지에 관하여 甲과 丙이 체결한 이 사건 계약을 취소한다."는 취지의 독립당사자참가신청
    (2) 丙과 甲을 상대로 통정허위표시를 원인으로 하여 "X토지에 관하여 甲과 丙이 체결한 이 사건 계약이 무효임을 확인한다."는 취지의 독립당사자참가신청

〈추가된 사실관계〉

X토지에 대한 저당권설정등기를 경료받은 丙은 변제기가 도래하여도 甲이 피담보채무를 변제하지 않자, X토지를 목적물로 하는 부동산경매신청을 하였다. 이 경매절차에서 X토지의 감정평가액은 2억 원으로 평가되었고, 丙의 청구금액은 1억 원(이자 및 지연손해금은 무시한다)이었다. 그런데 丁은 자신이 X토지의 기반공사를 하였고 이에 따른 공사대금채권 9,000만 원을 피담보채권으로 하는 유치권이 있다고 주장하며 유치권 신고를 하였다.

이에 대해 丙은 丁을 피고로 하여 丁이 X토지에 관한 공사대금채권을 가지고 있지 않음에도 위와 같은 유치권 신고를 하였다면서, 丁의 유치권 부존재 확인을 구하는 소를 제기하였다. 이 소송을 심리한 법원은 丁이 주장하는 유치권의 피담보채권이 7,000만 원의 한도로 존재한다고 판단하였다.

〈 문제 〉

2. 법원은 丙의 청구에 대해 어떠한 판결을 하여야 하는가? (20점)

〈제1문의 3〉

〈기초적 사실관계〉

甲은 자신의 소유인 X토지 지상에 Y건물을 신축하였으나 아직 자신의 명의로 등기를 마치지 않은 채 사용하고 있었다. 甲은 2010. 9. 21. X토지와 신축한 Y건물을 乙에게 매도하고 인도까지 하였으나, Y건물은 아직 소유권보존등기를 하지 못하여 X토지에 대해서만 소유권이전등기를 마쳐주었다. 乙은 2012. 9. 21. 丙 은행으로부터 1억 원을 차용하면서 X토지에 대하여 근저당권자 丙 은행, 채권최고액 1억 2,000만 원의 근저당권을 설정하였고, 이후 乙은 2012. 9. 24. 자신의 명의로 Y 건물에 대한 소유권보존등기를 마쳤다.

그 후 乙이 피담보채무를 변제하지 않자 丙 은행의 적법한 경매신청에 의하여 X토지에 대하여 개시된 경매절차에서 丁이 2014. 7. 26. 매각대금을 완납하고 그 소유권을 취득하였다.

< 문제 >

1. 丁은 乙을 상대로 Y건물의 철거 및 X토지의 인도를 구하는 소를 제기하였다. 이 청구는 인용될 수 있는가? (20점)

〈제1문의 4〉

<기초적 사실관계>

甲은 2014. 2. 2. 乙로부터 1억 원을 변제기 2015. 2. 2., 이자 연 20%로 차용하기로 하는 소비대차계약을 체결하였고, 같은 날 丙은 자신 소유의 X토지에 대하여 乙에게 甲의 위 채무를 담보하기 위하여 근저당권자 乙, 채권최고액 1억 2,000만 원으로 하는 근저당권을 설정하여 주었다. 그런데 변제기가 지나도록 甲이 위 채무를 변제하지 않자, 乙은 위 근저당권을 실행하겠다는 뜻을 甲과 丙에게 통지하고 2016. 2. 2. X토지에 대하여 근저당권에 기한 경매를 신청하였다. 이에 丙이 甲의 채무를 대신 변제하겠다고 하였으나, 乙은 대여금 1억 원과 이에 대한 이자 및 지연손해금도 추가로 지급할 것을 요구하였다.

< 문제 >

1. 丙은 乙에게 위 채권최고액인 1억 2,000만 원을 변제하였다. 丙은 乙을 피고로 위 근저당권설정등기의 말소를 청구할 수 있는가? (10점)

<변형된 사실관계>

甲이 乙과의 사이에 위와 같은 소비대차계약을 체결하면서, 채무자 甲은 자신 소유의 Y토지에 대하여 근저당권자 乙, 채권최고액 1억 2,000만 원으로 하는 근저당권을 설정하였다. 변제기가 지나도록 甲이 위 채무를 변제하지 않자, 乙은 위 근저당권을 실행하겠다는 뜻을 甲에게 통지하고 2016. 2. 2. Y토지에 대하여 근저당권에 기한 경매를 신청하였다.

< 문제 >

2. 甲은 乙에게 위 채권최고액인 1억 2,000만 원을 변제하였다. 甲은 乙을 피고로 위 근저당권설정등기의 말소를 청구할 수 있는가? (10점)

〈제1문의 5〉

〈기초적 사실관계〉

서울 강남구에 거주하고 있는 甲은 2004. 2. 15. 춘천시에 살고 있는 친구 乙에게 1억 원을 변제기 2005. 2. 15.로 정하여 대여하였다. 甲은 위 변제기가 지난 2005. 7. 10. 乙에게 위 대여금의 반환을 독촉하였으나, 乙은 아무런 응답이 없었다.

甲은 친구인 乙을 상대로 소를 제기하는 것을 망설이다가 2015. 7. 13.에 이르러서야 서울중앙지방법원에 乙을 상대로 1억 원의 지급을 구하는 대여금반환청구의 소를 제기하였다. 乙은 2015. 8. 13.에 열린 위 소송의 변론기일에 출석하여 甲이 최종적으로 위 대여금의 변제를 요구한 2005. 7. 10.을 기산일로 하여 10년의 위 대여금채무의 소멸시효가 완성되었다고 항변하였다.

< 문제 >

1. 법원은 위 사안을 심리한 후, 甲의 乙에 대한 위 대여금채권은 변제기인 2005. 2. 15.을 기산일로 하여 10년의 소멸시효가 완성되었으므로 결국 甲의 위 대여금채무는 소멸시효 완성으로 인하여 소멸되었다고 판단하면서, 甲의 청구를 기각하였다. 위와 같은 법원의 판단은 타당한가? (15점)

〈변형된 사실관계〉

甲은 2014. 8. 10. 乙에게 1억 원을 변제기 2015. 8. 10.로 정하여 대여하였는데 乙이 변제기가 지난 후에도 이를 변제하지 않고 있다고 주장하면서, 2015. 9. 18. 위 대여금의 지급을 구하는 대여금반환청구의 소를 제기하였다. 이에 乙은 甲과 체결한 물품공급계약에 따라 2015. 5. 10. 인도한 물품의 대금채권 1억 5,000만 원(위 물품대금채권의 변제기는 2015. 8. 10.이다) 중 1억 원을 반대채권으로 하여 상계의 항변을 하였고, 그와 동시에 나머지 물품대금 5,000만 원의 지급을 구하는 반소를 제기하였다(물품대금채권의 지연손해금은 고려하지 않음).

< 문제 >

2. 乙이 제기한 반소는 적법한가? (15점)

〈제 2 문〉

※ 아래 문제들은 기초적 사실관계를 전제로 하는 독립된 문제이고, 주어진 사실관계 이외에 다른 사실관계는 상정하지 마시오.
※ 제시된 일자는 공휴일이 아닌 것으로 간주하시오.

〈제2문의 1〉

〈 기초적 사실관계 〉

甲은 2012. 1. 30. 乙에게 X주택을 임대차보증금 1억 원, 임대차기간 2012. 2. 1.부터 2014. 1. 31.까지, 월 차임 100만 원으로 정하여 임대하였다. 乙은 2012. 2. 1. 임대차보증금 1억 원을 지급함과 동시에 X주택을 인도받고 같은 날 전입신고를 마쳤다. 乙은 X주택에 계속하여 거주하고 있다.

〈 추가적 사실관계 〉

甲의 채권자 A는 2012. 1. 10. X주택에 관하여 제1순위로 근저당권설정등기를 마쳤고, 다른 채권자 B는 2012. 2. 2. 오후 제2순위로 근저당권설정등기를 마쳤다. A는 2015. 12. 1. 甲으로부터 채무를 모두 변제받았는데 그 명의의 근저당권설정등기는 말소되지 아니하였다. 한편, B는 甲이 채무를 변제하지 아니하자 2016. 1.경 근저당권 실행을 위한 경매신청을 하였고, 위 경매절차에서 丙은 2016. 5. 1. 매각대금을 완납하고 같은 날 소유권이전등기를 마쳤다.

〈 문제 〉

1. 丙은 2016. 6. 1. 乙을 상대로 X주택의 인도를 구하는 소를 제기하였고, 이에 대하여 피고(乙)는 ① 자신은 대항력이 있고, ② 현재 임대차관계가 존속하고 있다고 다투었으며, ③ 예비적으로 보증금반환채권과 동시이행의 항변을 하였다. 법원은 어떠한 판단을 하여야 하는지 1) 결론(소 각하/청구기각/청구인용/청구일부인용-일부인용의 경우에는 인용범위를 특정할 것)과 2) 논거를 기재하시오. (20점)

〈 추가적 사실관계(위 '추가적 사실관계'와 별개임) 〉

乙은 2014. 10. 1. X주택의 화장실을 개량하는 데 400만 원을 지출하였고, 그 현존가치도 400만 원임이 인정된다. 甲과 乙이 위 임대차계약을 체결할 때 "임차인은 임대인의 승인하에 개축 또는 변조할 수 있으나 부동산의 반환기일 전에 임차인의 부담으로 원상복구한다."라고 약정하였다. 乙은 2016. 2. 20. 甲에게 임대차계약을 해지하겠다는 통지를 하였고, 위 통지는 2016. 2. 25. 甲에게 도달하였다. 乙은 2016. 3. 1. 부터 차임과 차임 상당의 부당이득금을 지급하지 않고 있다.

〈 문제 〉

2. 甲은 2016. 6. 1. 乙을 상대로 '피고는 원고에게 X주택을 인도하라'라는 소를 제기하였고, 이에 대하여 乙은 보증금과 화장실개량에 따른 유익비를 지급받을 때까지는 인도청구에 응할 수 없다고 동시이행의 항변을 하였다. 이에 대하여 甲은 연체차임과 부당이득금의 공제 및 유익비 포기특약의 주장을 하였다. 법원은 어떠한 판단을 하여야 하는지 1) 결론(소 각하/청구기각/청구인용/청구일부인용-일부인용의 경우에는 인용범위를 특정할 것)과 2) 논거를 기재하시오(변론종결일 2016. 11. 30.). (15점)

⟨제2문의 2⟩

⟨ 기초적 사실관계 ⟩

나대지인 X토지에 관하여 1990. 4. 1. A 명의로 소유권이전등기가 마쳐졌다.

⟨ 추가적 사실관계 ⟩

X토지에 관하여 2012. 2. 1. 甲 1/4 지분, 乙 1/2 지분, 丙 1/4 지분의 소유권이전등기가 마쳐졌다. 丙은 2013. 4. 1. 사망하였는데 丙의 상속인은 없다. 乙은 甲과 상의하지 아니하고 단독으로 2015. 9. 1. B에게 X토지 전체를 보증금 없이 월 차임 1,200만 원, 기간은 2015. 9. 1.부터 2018. 8. 31.까지 3년간으로 정하여 임대하였다. B는 2015. 9. 1. 乙로부터 X토지를 인도받아 이를 사용·수익하고 있고, 乙에게 차임을 모두 지급하였다. X토지에 관한 적정 차임은 2015. 9. 1.부터 현재까지 월 1,200만 원이다.

⟨ 문제 ⟩

1. 甲은 위와 같은 사실관계를 알게 되어 2016. 7. 1. 법원에 乙과 B를 상대로 '피고 乙, B는 공동하여 원고(甲)에게 ① X토지를 인도하고, ② 2015. 9. 1.부터 2016. 6. 30.까지 월 1,200만 원의 비율로 계산한 부당이득금 합계 1억 2,000만 원을 지급하라'는 소를 제기하였다. 법원은 어떤 판단을 하여야 하는지 1) 결론(소 각하/청구기각/청구인용/청구일부인용-일부인용의 경우 인용범위를 특정할 것) 및 2) 논거를 기재하시오. (15점)

⟨ 추가적 사실관계(위 '추가적 사실관계'와 별개임) ⟩

甲은 1991. 2. 1. A의 무권대리인인 C로부터 X토지를 매수하고 같은 날 위 토지를 인도받아 현재까지 주차장 등으로 점유·사용하고 있다. 甲은 매수 당시에는 C가 A의 무권대리인이라는 사실을 몰랐으나 2000. 2. 1. 비로소 C가 무권대리인이었음을 알게 되었고, 위와 같은 사유로 소유권이전등기를 마치지 못하였다(위 매매계약은 표현대리에 해당하지 않았다). 한편, A는 외국에 거주하고 있던 관계로 甲의 점유 사실을 모른 채 2012. 3. 10. 乙에게 X토지 중 1/3 지분을 매도하였다. 그런데 乙은 위와 같이 1/3 지분만을 매수하였음에도 2012. 3. 20. 관계서류를 위조하여 위 토지 중 2/3 지분에 관하여 소유권이전등기를 마쳤다.

⟨ 문제 ⟩

2. 2017. 1. 10. 기준으로 甲이 A와 乙에게 각각 청구할 수 있는 권리는 무엇인지 그 논거와 함께 서술하시오. (20점)

〈제2문의 3〉

< 기초적 사실관계 >

甲관광 주식회사(이하 '甲'이라 한다) 소속 버스 운전사 A는 편도 1차로의 도로를 야간주행하던 중 B가 도로의 절반 가량을 무단으로 점유한 채 이삿짐을 쌓아둔 것을 미처 발견하지 못하여 이를 피하려다가 근처 가로수를 충돌하였고, 그 충격으로 버스에 탑승하고 있던 승객 C로 하여금 골절상을 입게 하였다. 사고현장 도로의 제한속도는 60㎞/h였지만, 당시 A는 90㎞/h로 주행했던 것으로 드러났다.

< 문제 >

1. C는 누구를 상대로 손해배상을 청구할 수 있는지를 그 논거와 함께 서술하시오(단, 이 사건에서 보험관계와 도로관리상의 하자는 고려하지 말 것). (15점)

< 추가적 사실관계 >

C가 위 사고로 입은 손해액은 총 1,000만 원이고, C가 입은 손해에 대해 A에게 70%, B에게 30%의 과실이 있음이 판명되었다.
C는 B의 딱한 사정을 고려하여, B에 대하여 손해배상채무를 전액 면제해 주었다.

< 문제 >

2. 甲이 C에게 위 손해액 1,000만 원 전액을 배상한 경우, 甲이 A와 B에 대하여 각각 행사할 수 있는 구상권에 대해 서술하시오. (15점)

목차

2017년 제6회 변호사시험

[제1문의 1]

문제1 | 사례 143(민법)
- Ⅰ. 문제의 소재
- Ⅱ. 유동적 무효 상태에서 계약금에 기한 해제의 가부
- Ⅲ. 乙의 승소가 민법 제565조 제1항의 이행의 착수에 해당하는지 여부
- Ⅳ. 甲과 乙의 각 주장에 대한 판단

문제2 | 사례 029(민법)
- Ⅰ. 문제의 소재
- Ⅱ. 중간생략등기의 유효성
- Ⅲ. 토지거래허가구역 내의 토지에 대한 중간생략등기가 유효한지 여부

[제1문의 2]

문제1-(1) | 사례 123(민소법)
- Ⅰ. 문제의 소재
- Ⅱ. 사해방지를 이유로 한 독립당사자참가의 요건
- Ⅲ. 독립당사자참가에 있어 사해방지참가를 이유로 한 사해행위취소소송의 가부

문제1-(2) | 사례 123(민소법)
- Ⅰ. 문제의 소재
- Ⅱ. 乙의 독립당사자참가신청의 법적 성질
- Ⅲ. 무효확인을 구하는 독립당사자참가의 적법성

문제2 | 사례 043(민소법)
- Ⅰ. 문제의 소재
- Ⅱ. 확인의 이익의 의미
- Ⅲ. 근저당권자에게 유치권부존재확인을 구할 확인의 이익이 있는지 여부
- Ⅳ. 유치권 신고를 한 사람이 피담보채권으로 주장하는 금액 중 일부만 경매절차에서 유치권으로 대항할 수 있는 경우 법원이 취할 조치
- Ⅴ. 결론

[제1문의 3]

문제1 | 사례 059(민법)
- Ⅰ. 문제의 소재
- Ⅱ. 민법 제366조에 따른 법정지상권의 성립 여부
- Ⅲ. 관습법상 법정지상권의 성립 여부
- Ⅳ. 결론

[제1문의 4]

문제1 | 사례 114(민법)
- Ⅰ. 문제의 소재
- Ⅱ. 물상보증인 丙의 변제 범위

문제2 | 사례 114(민법)
- Ⅰ. 문제의 소재
- Ⅱ. 주채무자 甲의 변제 범위

[제1문의 5]

문제1 | 사례 055(민소법)
- Ⅰ. 문제의 소재
- Ⅱ. 대여금채권의 소멸시효의 기산일
- Ⅲ. 소멸시효의 기산일이 주요사실인지 여부
  1. 변론주의의 의의
  2. 소멸시효의 기산일이 변론주의의 적용 대상인지 여부
- Ⅳ. 결론

문제2 | 사례 045(민소법)
- Ⅰ. 문제의 소재
- Ⅱ. 반소의 요건
- Ⅲ. 본소와 상호관련성이 있는지 여부
- Ⅳ. 중복제소인지 여부
- Ⅴ. 결론

[제2문의 1]

문제1 | 사례 153(민법)

Ⅰ. 문제의 소재
Ⅱ. 임대차관계가 존속하는지 여부
Ⅲ. 乙에게 대항력이 있는지 여부
Ⅳ. 결론

문제2 | 사례 151(민법)

Ⅰ. 문제의 소재
Ⅱ. 임대차계약이 해지되었는지 여부
Ⅲ. 乙의 동시이행의 항변 가부
   1. 보증금반환과 동시이행 여부
   2. 유익비상환과 동시이행 여부
Ⅳ. 보증금에서 연체차임과 부당이득금을 공제할 수 있는지 여부
Ⅴ. 결론

[제2문의 2]

문제1 | 사례 046(민법)

Ⅰ. 문제의 소재
Ⅱ. 丙의 지분의 귀속 관계
Ⅲ. 乙이 단독으로 B에게 X 토지를 임대한 것이 관리행위로서 적법한지 여부
Ⅳ. 甲의 부당이득반환 청구 가부
Ⅴ. 결론

문제2 | 사례 036(민법)

Ⅰ. 문제의 소재
Ⅱ. A에 대한 소유권이전등기청구 가부
   1. A와 甲 사이에 매매계약이 성립하였는지 여부
   2. 점유취득시효 완성 여부
   3. 乙에게 매도한 1/3 지분의 경우
Ⅲ. 乙에 대한 말소등기청구 가부
   1. 서류를 위조하여 등기된 1/3 지분 부분
   2. 乙이 실제로 매수한 1/3 지분 부분
Ⅳ. 결론

[제2문의 3]

문제1 | 사례 169(민법)

Ⅰ. 문제의 소재
Ⅱ. A와 B의 공동불법행위책임 발생 여부
Ⅲ. 甲의 책임 발생 여부
Ⅳ. A, B, 甲의 책임의 관계

문제2 | 사례 169(민법)

Ⅰ. 문제의 소재
Ⅱ. 甲이 A와 B에 대해 구상권을 갖는지 여부
Ⅲ. B에 대한 채무면제에 따른 구상관계
Ⅳ. 결론

2016년도 시행 제5회 변호사시험 — 민사법

〈제1문의 1〉

< 기초적 사실관계 >

甲은행은 2009. 12. 1. 乙에게 1억 원을 이자 월 1%(매월 말일 지급), 변제기 2010. 10. 31.로 정하여 대여하였고, 丙은 같은 날 乙의 甲은행에 대한 위 차용금 채무를 연대보증하였다.

甲은행은 2013. 5. 1. 乙에 대한 위 대여금 및 이에 대한 이자, 지연손해금(이하 '대여금 등'이라 한다) 채권을 丁에게 양도하였으나, 乙에게 위 채권양도 사실을 통지하지 않았다. 甲은행은 위 채권양도에도 불구하고, 2013. 12. 20. 乙을 상대로 위 대여금 등 채무의 이행을 구하는 소(이하 '전소'라 한다)를 제기하였는데, 전소에서 乙은 위 대여금 등 채권이 丁에게 양도되었으므로 甲은행의 청구는 기각되어야 한다고 주장하였고, 전소 법원은 이러한 주장을 받아들여 2015. 11. 30. 甲은행의 청구를 기각하였다.

한편, 丁은 2016. 1. 4. 乙을 상대로 '1억 원 및 이에 대한 2009. 12. 1.부터 다 갚는 날까지 월 1%의 비율로 계산한 이자와 지연손해금'의 지급을 구하는 양수금 청구의 소를 제기하였다(이하 '이 사건 소'라 한다). 乙은 위 채무의 원금 및 이에 대한 이자, 지연손해금을 전혀 변제하지 않고 있다.

< 문제 >

1. 甲은행의 청구에 대한 전소 법원의 판단 근거를 설명하시오. (10점)
2. 乙이 이 사건 소에서 소멸시효 항변을 하는 경우, 법원은 어떠한 판단을 하여야 하는지와 그 근거를 설명하시오. (15점)

< 추가적 사실관계 >

甲은행은 2010. 2. 1. 乙에게 8,000만 원을 변제기 2010. 10. 31.로 정하여 대여하였고, A는 같은 날 乙의 甲은행에 대한 위 차용금 채무를 연대보증하였다. 甲은행은 2013. 5. 1. 乙에 대한 위 대여금 채권을 B에게 양도하였다.

< 문제 >

3. 甲은행은 2013. 2. 1. 위 대여금 채권의 보전을 위하여 A가 C에 대하여 가지고 있는 1,000만 원의 공사대금 채권에 관하여 채권가압류신청을 하였고, 법원으로부터 가압류 결정을 받아 위 결정 정본이 2013. 2. 10. C에게 송달되었다. B가 乙을 상대로 2016. 1. 2. '8,000만 원을 지급하라'는 양수금 청구의 소를 제기하였고, 乙의 소멸시효 주장에 대하여 B가 위 가압류 사실을 들어 시효 중단 주장을 하는 경우, 법원은 B의 주장에 대하여 어떠한 판단을 해야 하는지와 그 근거를 설명하시오. (10점)
4. 乙은 2015. 12. 1. B에 대하여 위 양수금의 변제를 약속하였다. A는 B에 대하여 위 연대보증채무를 이행할 의무가 있는지와 그 근거를 설명하시오. (5점)

⟨제1문의 2⟩

X 토지, Y 토지, Z 토지는 서로 인접한 토지인데, 甲과 그 형제들인 乙, 丙은 1975. 2. 1. 甲이 X 토지, 乙이 Y 토지, 丙이 Z 토지에 관하여 각 소유권이전등기를 마치고 이를 소유하고 있다.

A는 1985. 3. 1. 위 토지들에 대한 처분권한이 없음에도 그 권한이 있다고 주장하는 W의 말을 믿고, 그로부터 위 토지들을 매수하여 같은 날부터 점유·사용하기 시작하였다. A는 1995. 4. 1. 다시 위 토지들을 B에게 매도하였으며, B는 같은 날부터 위 토지들을 점유하였다. 그후 B는 2005. 7. 1. C에게 위 토지들을 매도하여 C가 같은 날부터 현재까지 위 토지들을 점유하고 있다.

한편, 甲은 2004. 4. 1. X 토지를 丁에게 매도하고 그 소유권이전등기를 마쳐 주었다. 乙은 2004. 5. 1. 戊로부터 1,000만 원을 차용하면서 Y 토지에 관하여 戊 앞으로 채권최고액 1,500만 원으로 된 근저당권설정등기를 마쳐 주었다. 丙은 2005. 5. 1. Z 토지를 己에게 증여하고 같은 날 己 명의로 소유권이전등기를 마쳐 주었다.

1. C는 점유취득시효의 완성을 이유로 X 토지, Y 토지, Z 토지에 관한 소유권이전등기를 마치고자 한다. 또한 Y 토지에 관한 戊 명의의 근저당권설정등기도 말소하고자 한다. C가 2015. 2. 15. 소를 제기할 경우, ① X 토지, ② Y 토지, ③ Z 토지에 관하여 1) C의 위 각 청구가 가능한지, 2) 만일 가능하다면 누구를 상대로 어떠한 소를 제기하여야 하는지와 각 근거를 설명하시오. (35점)
2. 丙이 취득시효완성 사실을 알고 Z 토지를 己에게 증여하였다면 C는 丙에 대하여 어떠한 청구를 할 수 있는지와 그 근거를 설명하시오. (5점)

〈제1문의 3〉

甲 소유의 X 토지에 관하여 乙이 등기서류를 위조하여 乙 명의로 소유권이전등기를 마쳤다. 이에 甲은 乙을 상대로 甲의 소유권에 기한 방해배제청구로서 乙 명의의 소유권이전등기에 대한 말소등기절차의 이행을 구하는 소(이하 '이 사건 소'라 한다)를 제기하였다.

1. 이 사건 소 제기 전에 乙이 이미 사망하였는데, 이를 알지 못한 甲은 乙을 상대로 소를 제기하였다.
   가. 이 사건 소 제기 후 甲은 피고를 乙의 상속인 H로 바꿀 수 있는지와 그 근거를 설명하시오. (10점)
   나. 법원은 乙이 이 사건 소 제기 전에 사망한 사실을 모르고 소송을 진행하였는데 乙이 재판에 출석하지 않자 자백간주로 원고 승소판결을 선고하였다. 이에 대하여 乙의 상속인 H가 항소를 제기한 경우 항소심 법원은 어떠한 판단을 하여야 하는지와 그 근거를 설명하시오. (5점)
2. 甲이 소송대리인을 선임하지 않은 채 이 사건 소송계속 중 사망하였다.
   가. 甲의 사망으로 발생하는 소송법적 효과와, 이에 대하여 甲의 상속인 O가 소송상 취할 수 있는 조치에 대하여 설명하시오. (10점)
   나. 법원은 甲이 이 사건 소송계속 중 사망한 사실을 모르고 소송을 진행하여 원고 패소판결을 선고하였다. 이에 대하여 甲의 상속인 O는 소송상 어떠한 조치를 취할 수 있는지와 그 근거를 설명하시오. (5점)
3. 甲의 乙에 대한 이 사건 소송계속 중, 乙은 丙에게 X 토지를 매도하고 丙 명의로 소유권이전등기를 마쳐주었다. 甲이 위 소송절차 내에서 丙을 당사자로 추가할 수 있는지와 그 근거를 설명하시오. (15점)

〈제1문의 4〉

자동차 판매대리점을 하는 乙은 2014. 3. 10. 甲종중(대표자 A)으로부터 1억 원을, 丙으로부터 2억 원을 각각 이자 연 12%, 변제기 2015. 3. 9.로 정하여 차용하면서, 이를 담보하기 위해 乙 소유의 X 토지에 관하여 甲종중 및 丙과 1개의 매매예약을 체결하였고, 이에 따라 X 토지에 관하여 甲종중과 丙의 채권액에 비례하여 甲종중은 1/3 지분으로, 丙은 2/3 지분으로 각 특정하여 공동명의의 가등기를 마쳤다.
甲종중은 위 변제기가 지난 후 단독으로 「가등기담보 등에 관한 법률」이 정한 청산절차를 이행하고, 2015. 10. 14. 乙을 상대로 X 토지에 대한 1/3 지분에 관하여 가등기에 기한 본등기절차이행을 구하는 소(이하 '이 사건 소'라 한다)를 제기하였다.

1. 이 사건 소송계속 중 甲종중은 丙을 공동원고로 추가하는 신청을 하였다. 甲종중의 이 사건 소 제기 및 위 추가신청이 각 적법한지와 각 근거를 설명하시오. (15점)
2. 이 사건 소송계속 중 A는 甲종중의 대표자 지위를 상실하게 되었다. 그럼에도 A는 그 후 계속 소송을 수행하다가 이 사건 소를 취하하였다. A의 소 취하는 효력이 있는지와 그 근거를 설명하시오. (10점)

〈제2문의 1〉

〈 기초적 사실관계 〉

A 주식회사(이하 'A 회사'라 한다)의 대표이사 甲은 경매가 진행 중인 B 소유의 X 부동산(이하 '이 사건 부동산'이라 한다)을 경매 절차에서 매수하려고 계획하고 있었는데, A 회사의 금융기관에 대한 수억 원의 채무를 연대보증하게 되었다. 甲은 자신의 명의로 재산을 취득하는 경우 강제집행을 당할 우려가 있어 2014. 5. 1. A 회사의 이사로 근무하는 乙과의 사이에 乙의 명의로 경매에 참가하여 이 사건 부동산을 취득한 뒤, 향후 乙은 甲이 요구하는 경우 언제든지 甲에게 소유권을 반환하기로 하는 약정을 하였다.

2014. 6. 20. 이 사건 부동산에 대한 경매절차에서 乙이 경매에 참가하여 그 명의로 매각허가결정을 받자, 위 약정에 따라 甲은 2014. 6. 21. 乙에게 매각대금 3억 원을 지급하였고, 乙은 2014. 6. 24. 甲으로부터 교부받은 매각대금 3억 원 전액을 경매법원에 납입한 후, 2014. 8. 1. 乙 명의로 서울중앙지방법원 2014. 8. 3. 접수 제12221호로 소유권이전등기를 마쳤다.

그런데 「부동산 실권리자명의 등기에 관한 법률」을 잘 알고 있는 乙은 A 회사의 자금사정이 악화되어 A 회사로부터 급여를 제대로 지급받지 못하자 2014. 10. 1. 이 사건 부동산의 명의신탁 사실을 잘 아는 丙에게 이 사건 부동산을 매각하고 그 앞으로 서울중앙지방법원 2014. 10. 5. 접수 제12378호로 매매를 원인으로 한 소유권이전등기를 마쳐 주었다.

甲은 乙과 丙으로부터 이 사건 부동산의 소유권을 넘겨받기를 원하나, 만약 부동산 소유권을 넘겨받을 수 없다면 금전적으로나마 손해를 보전받기를 원한다.

[아래의 각 문제는 독립적이며, 공휴일 여부는 고려하지 말 것]

〈 문제 〉

1. 甲이 丙을 상대로 소유권이전등기말소를 청구하는 소를 제기하는 경우 그 청구에 대한 결론[각하, 청구전부인용, 청구일부인용, 청구기각]을 그 논거와 함께 서술하시오.(15점)

2. 甲이 乙을 상대로 다음과 같은 내용의 부당이득의 반환을 청구하는 소를 제기하는 경우 그 청구에 대한 결론[각하, 청구전부인용, 청구일부인용(이 경우 구체적 인용범위를 기재할 것), 청구기각]을 그 논거와 함께 서술하시오. (25점)

   단, 이 사건 부동산의 취득과 관련하여 발생한 취득세, 등록비용 기타 취득비용, 이자에 대한 지연손해금은 고려하지 말 것. 이 사건 소는 2015. 8. 1. 제기되었고, 제1심 변론종결일은 2015. 12. 28.이다.

   > 청구취지
   > 1. 피고는 원고에게 금 3억 원 및 이에 대한 2014. 6. 22.부터 이 사건 소장 부본 송달일까지는 연 5%의, 그 다음 날부터 다 갚는 날까지는 연 20%의 각 비율로 계산한 돈을 지급하라. (이하 생략)

< 변경된 사실관계 >
　이 사건 부동산에 대한 경매절차의 매각허가결정일은 1995. 6. 21.이고, 乙은 매각대금을 1995. 6. 24.에 완납하고, 같은 날 그 소유권이전등기를 마쳤다.
　乙 앞으로 소유권이전등기가 마쳐진 이래 이 사건 소 제기일인 2015. 1. 5. 현재까지 소유권이전등기 명의는 변경된 적이 없고, 이 사건 부동산은 甲이 계속 점유해 오고 있다.

< 문제 >
3. 甲이 乙을 상대로 부당이득을 원인으로 하여 이 사건 부동산의 소유권이전등기를 청구하는 소를 제기하였다(금전적 청구는 하지 아니하였음). 이에 대하여 乙은 甲에게 이 사건 부동산에 대한 등기청구권이 있다고 하더라도, 이 등기청구권은 소멸시효가 완성되었다고 주장하였다. 甲은 다시 자신이 이 사건 부동산을 점유해온 이상 소멸시효가 진행되지 아니한다고 주장하였다. 甲의 청구에 대한 결론(각하, 청구전부인용, 청구일부인용, 청구기각)을 그 논거와 함께 서술하시오. (20점)

〈제2문의 2〉

< 기초적 사실관계 >
　甲은 2015. 1. 20. 乙에게 甲 소유의 Y 토지(이하 '이 사건 토지'라 한다)를 매도하기로 하는 매매계약(이하 '이 사건 계약'이라 한다)을 체결하였다. 이 사건 계약의 내용은 다음과 같다.
　"매매대금을 5억 원으로 하되, 계약금 5,000만 원은 계약 당일 지급하고, 중도금 2억 원은 2015. 4. 15.에 지급하고, 잔금 2억 5,000만 원은 2015. 8. 10. 소유권이전등기서류를 교부받음과 동시에 지급하기로 한다."

[아래의 각 문제는 독립적이며, 공휴일 여부는 고려하지 말 것]

< 추가된 사실관계 >
　乙은 이 사건 계약에 따라 계약 당일 甲에게 계약금 전부를 지급하였고, 2015. 4. 15. 중도금 전부를 지급하였다.
　그 무렵 이 사건 토지를 포함한 주변 일대가 「도시개발법」에 따라 도시개발계획이 결정되어 도시개발구역 지정 고시가 이루어졌고, 이로 인하여 이 사건 토지의 가격상승이 기대되자 甲은 乙과 매매계약을 체결한 것을 후회하였다. 평소 丙은 이 사건 토지에 건물을 신축하여 식당을 운영할 계획을 가지고 있었는데, 우연히 甲이 이 사건 토지에 대한 매매를 후회한다는 사실을 알게 되었다. 이에 丙은 이 사건 토지에 대한 매매계약이 있음을 알면서도 甲과 교섭하여 2015. 7. 5. 이 사건 토지에 대하여 대금을 7억 원으로 하는 매매계약을 체결하고, 2015. 8. 4. 매매대금 전액을 지급하고 소유권이전등기를 넘겨 받았다.

< 문제 >

1. 乙은 이 사건 토지에 대한 소유권이전등기를 넘겨받거나, 자신의 손해를 보전 또는 최소화하기 위한 법적조치를 취하려 한다.

   가. 乙이 甲을 상대로 이 사건 토지에 대한 매매를 원인으로 한 소유권이전등기청구를 하는 경우 인용가능 여부 및 그 논거를 서술하시오(단, 소송에서 예상가능한 항변은 모두 주장된 것으로 한다). (10점)

   나. 乙이 甲을 상대로 금전지급을 구하는 청구를 하려고 하는 경우 가능한 권리구제 수단 및 그 논거를 서술하시오. (20점)

< 변경된 사실관계. 다만 제2문의2 문제 1에서 추가된 사실관계와는 별개임 >

乙은 계약금 마련에 곤란을 겪다 계약체결 당일 계약금 중 2,000만 원만을 지급하고 나머지 계약금을 지급하지 못하고 있었다. 이런 상태에서 甲이 丙의 매수 제안을 받게 되자 甲은 2015. 4. 15. 乙에게 2,000만 원의 배액인 4,000만 원을 제공하면서 내용증명우편을 통해 계약해제의 의사표시를 하였고, 위 내용증명우편은 2015. 4. 17. 乙에게 도달하였다.

이에 대하여 乙은 자신이 계약금의 일부를 지급하지 못한 것은 잘못이나, 그렇다고 하더라도 甲이 계약해제를 위해 지급할 금원은 4,000만 원이 아닌 계약금의 배액인 1억 원이므로 계약은 여전히 유효하다고 주장한다.

< 문제 >

2. 이 경우 甲의 계약해제는 적법한 것인지에 대한 결론과 그 논거를 서술하시오. (10점)

[참고 법령]

<구 소송촉진등에관한특례법제3조제1항본문의법정이율에관한규정>
전부개정 2003.05.29. [대통령령 제17981호, 시행 2003.06.01.]
소송촉진등에관한특례법 제3조 제1항 본문의 규정에 의한 법정이율은 연 2할로 한다.

<소송촉진 등에 관한 특례법 제3조 제1항 본문의 법정이율에 관한 규정>
전부개정 2015.09.25. [대통령령 제26553호, 시행 2015.10.01.]
「소송촉진 등에 관한 특례법」 제3조 제1항 본문에 따른 법정이율은 연 100분의 15로 한다.

부칙 <대통령령 제26553호, 2015. 9. 25.>
제1조(시행일) 이 영은 2015년 10월 1일부터 시행한다.
제2조(경과조치) ① 이 영의 개정규정에도 불구하고 이 영 시행 당시 법원에 계속 중인 사건으로서 제1심의 변론이 종결된 사건에 대해서는 종전의 규정에 따른다.
② 이 영 시행 당시 법원에 계속 중인 사건으로서 제1심의 변론이 종결되지 아니한 사건에 대한 법정이율에 관하여는 2015년 9월 30일까지는 종전의 규정에 따른 이율에 의하고, 2015년 10월 1일부터는 이 영의 개정규정에 따른 이율에 의한다.

2016년 제5회 변호사시험

[제1문의 1]

문제1 | 사례 106(민법)
Ⅰ. 문제의 소재
Ⅱ. 甲 은행의 청구가 적법한지 여부
  1. 이행의 소에서의 당사자적격
  2. 사안의 경우
Ⅲ. 甲 은행의 청구가 이유 있는지 여부
  1. 채권양도의 효력
  2. 사안의 경우
Ⅳ. 사안의 해결

문제2 | 사례 018(민법)
Ⅰ. 문제의 소재
Ⅱ. 소멸시효완성여부
  1. 각 채권의 소멸시효기간
  2. 사안의 경우
Ⅲ. 양도인 甲은행의 청구가 시효중단사유에 해당하는지 여부
  1. 시효중단사유로서의 재판상 청구
  2. 대항요건 구비 전 양도인의 재판상 청구에 의한 시효중단 여부
  3. 사안의 경우
Ⅳ. 결론

문제3 | 사례 132(민법)
Ⅰ. 문제의 소재
Ⅱ. 소멸시효중단의 인적범위
Ⅲ. 보증인에게 생긴 사유의 효력
Ⅳ. 결론

문제4 | 사례 018(민법)
Ⅰ. 문제의 소재
Ⅱ. 소멸시효 이익의 포기에 해당하는지 여부
Ⅲ. 결론

[제1문의 2]

문제1 | 사례 040(민법)
Ⅰ. X 토지에 대한 청구
  1. 문제점
  2. 점유취득시효완성여부
  3. C가 취득시효완성의 효과 직접 주장할 수 있는지 여부
  4. 丁에 대하여 취득시효완성의 효과를 주장할 수 있는지 여부
  5. 소결
Ⅱ. Y 토지에 대한 청구
  1. 문제점
  2. C가 직접 취득시효를 완성하는지 여부
  3. 戊에 대한 근저당권설정등기말소청구가 가능한지 여부
Ⅲ. Z 토지에 대한 청구
  1. 문제점
  2. 점유취득시효 완성 후 새로운 소유자에게 취득시효로 대항가능한지 여부
  3. 소결

문제2 | 사례 038(민법)
Ⅰ. 문제의 소재
Ⅱ. 소유자가 취득시효 완성을 알고서도 제3자에게 소유권을 이전한 경우의 법률관계

[제1문의 3]

문제1-가 | 사례 014(민소법)
Ⅰ. 문제의 소재
Ⅱ. 당사자 확정의 기준
Ⅲ. 상속인으로 당사자를 변경하는 방법
Ⅳ. 결론

문제1-나 | 사례 018(민소법)
Ⅰ. 문제의 소재
  1. 제소 전 사망 사실을 간과한 판결의 효력
  2. 당연무효판결에 대한 불복방법
Ⅱ. 결론

문제2 - 가 | 사례 021(민소법)
Ⅰ. 문제의 소재
Ⅱ. 甲의 사망으로 발생하는 소송법적 효과
   1. 소송절차의 중단
   2. 상속인의 당연승계
Ⅲ. 상속인의 조치
Ⅳ. 사안의 해결

문제2 - 나 | 사례 021(민소법)
Ⅰ. 문제의 소재
Ⅱ. 소송계속 중 당사자 사망 사실을 간과한 판결의 효력과 상속인의 구제책
Ⅲ. 사안의 해결

문제3 | 사례 128(민소법)
Ⅰ. 문제의 소재
Ⅱ. 인수승계의 의의
Ⅲ. 인수승계의 요건
   1. 타인간의 소송이 계속 중일 것
   2. 소송의 목적인 권리·의무의 승계가 있을 것
   3. 인수승계의 원인
Ⅳ. 사안의 해결

[제1문의 4]

문제1 | 사례 105(민소법)
Ⅰ. 문제의 소재
Ⅱ. 甲종중의 이 사건 소제기가 적법한지 여부
   1. 권리자가 수인인 경우 예약완결권의 행사방법
   2. 사안의 경우
Ⅲ. 丙을 공동원고로 추가한 신청이 적법한지 여부
   1. 甲종중과 丙의 공동소송의 형태
   2. 소의 주관적·추가적 병합의 가능성
   3. 사안의 경우
Ⅳ. 결론

문제2 | 사례 033(민소법)
Ⅰ. 문제의 소재
Ⅱ. 법인 등 단체의 대표자의 지위
Ⅲ. 대표권의 소멸통지
Ⅳ. 결론

[제2문의 1]

문제1 | 사례 033(민법)
Ⅰ. 문제의 소재
Ⅱ. 경매절차에서 소유권취득
Ⅲ. 명의신탁약정의 효력과 乙의 소유권취득
Ⅳ. 사안의 해결

문제2 | 사례 156(민법)
Ⅰ. 문제의 소재
Ⅱ. 불법원인급여 해당여부
Ⅲ. 부당이득의 대상
Ⅳ. 부당이득의 범위
Ⅴ. 소송촉진 등에 관한 특례법의 적용
Ⅵ. 결론

문제3 | 사례 024(민법)
Ⅰ. 문제의 소재
Ⅱ. 甲의 부당이득반환청구와 그 대상
Ⅲ. 이 사건 소유권등기청구권의 소멸시효 대상여부
Ⅳ. 명의신탁자가 점유하는 경우 소멸시효가 진행되지 않는지 여부
Ⅴ. 사안의 해결

[제2문의 2]

문제1 - 가 | 사례 004(민법)
Ⅰ. 문제의 소재
Ⅱ. 제2매매계약의 제103조 위반여부
Ⅲ. 사안의 해결
Ⅳ. 결론

문제1 - 나 | 사례 083(민법)
Ⅰ. 문제의 소재
Ⅱ. 계약해제로 인한 원상회복의무의 이행청구
Ⅲ. 채무불이행으로 인한 손해배상청구
Ⅳ. 매매대금에 대한 대상청구권의 행사
Ⅴ. 불법행위에 의한 손해배상청구
Ⅵ. 사안의 해결

문제2 | 사례 141(민법)

Ⅰ. 계약해제 가부
   1. 계약금의 일부만 지급된 경우
   2. 사안의 경우
Ⅱ. 예외적으로 계약해제가 가능한 경우 상환해야 하는 금액
   1. 판례의 입장
   2. 사안의 경우
Ⅲ. 결론

2015년도 시행 제4회 변호사시험 — 민사법

〈제1문의 1〉

< 기초적 사실관계 >

B는 2002. 1. 1. 주택을 신축할 목적으로 C로부터 X토지를 매매대금 10억 원에 매수하면서, 소유권이전등기는 추후 B가 요구하는 때에 마쳐주기로 하였다. B는 2002. 4. 5. 매매대금 전액을 지급하고 C로부터 X토지를 인도받았다.

B는 그 무렵 이후 C에게 X토지에 관한 소유권이전등기절차의 이행을 요구하였는데, C는 X토지를 매도할 당시보다 시가가 2배 이상 상승하였다고 주장하면서 매매대금으로 10억 원을 더 주지 않으면 B에게 소유권이전등기를 마쳐줄 수 없다고 하였다.

B는 C에게 수차례 소유권이전등기절차의 이행을 구하다가 2009. 12. 4. A에게 X토지를 25억 원에 매도하였다.

< 추가적 사실관계 >

A는 2011. 5. 8. 법원에 C를 상대로 B에 대한 X토지에 관한 소유권이전등기청구권을 보전하기 위하여 B를 대위하여 2002. 1. 1.자 매매를 원인으로 한 소유권이전등기절차 이행을 구하는 소를 제기하였다.

< 문제 >

1. 재판과정에서, A가 2010. 9. 10. B를 상대로 X토지에 관하여 2009. 12. 4.자 매매를 원인으로 한 소유권이전등기청구의 소를 제기하였다가 그 매매계약이 적법하게 해제되었다는 이유로 패소판결을 선고받아 그 판결이 2010. 12. 30. 확정된 사실이 밝혀졌다. 이 경우 법원은 어떠한 판단을 하여야 하며, 그 이유는 무엇인가? (10점)

< 추가적 사실관계 >

A는 2011. 6. 18. 법원에 B와 C를 공동피고로 하여, B에 대하여는 X토지에 관한 2009. 12. 4.자 매매를 원인으로 한 소유권이전등기절차 이행을 구하고, C에 대하여는 A의 B에 대한 X토지에 관한 소유권이전등기청구권을 보전하기 위하여 B를 대위하여 2002. 1. 1.자 매매를 원인으로 한 소유권이전등기절차 이행을 구하는 소를 제기하였다.

재판과정에서, B는 자신은 X토지에 대한 매매계약과는 무관하고 X토지를 평소 관리하던 자신의 동생인 D가 아무런 권한 없이 B의 대리인을 자처하면서 A에게 X토지를 매도한 것이라고 주장하였다.

< 문제 >

2. B의 주장이 받아들여질 경우에 대비하여, 위 소송절차에서 A는 D에 대하여 손해배상을 구하는 예비적 청구를 추가하고자 한다.
   (1) 이 경우 예비적으로 D를 피고로 추가하는 것이 가능한지 여부와 그 이유를 서술하시오. (10점)
   (2) D가 피고로 추가되고 B의 주장이 모두 사실로 밝혀졌을 경우, 법원은 B와 D에 대하여 각각 어떠한 판단을 하여야 하며, 그 이유는 무엇인가? (10점)

< 추가적 사실관계 >

한편 X토지 바로 옆에 있는 Y토지에서 중고차매매업을 하던 E는, 위와 같이 C가 B에게 X토지를 매도하였다는 사실을 잘 알면서도 C의 배임적 처분행위에 적극 가담하여 2012. 3. 5. C와 X토지를 매수하는 계약을 체결하고, 그 매매계약서를 근거로 2012. 7. 28. C를 상대로 법원에 X토지에 관하여 2012. 3. 5.자 매매를 원인으로 한 소유권이전등기절차 이행을 구하는 소를 제기하여 2012. 9. 1. 무변론 승소판결을 선고받고 위 판결이 확정되자, 위 판결에 기하여 2012. 11. 25. X토지에 관하여 E 명의로 소유권이전등기를 마쳤다.

그후 E는 2013. 9. 8. X토지 위에 컨테이너를 설치하여 이를 사무실로 사용하는 한편, X토지 전부를 위 컨테이너 부지 및 주차장 용도로 사용하고 있다.

A는 2014. 7. 10. X토지에 관한 소유권이전등기청구권을 보전하기 위하여 법원에 E를 상대로 B와 C를 대위하여, ① E 앞으로 마쳐진 2012. 11. 25.자 소유권이전등기가 반사회적인 법률행위에 기한 원인 무효의 등기라는 이유로 말소를 구하는 한편, ② E가 무단으로 X토지 위에 설치한 컨테이너의 철거와 X토지의 인도를 구하는 소를 제기하였다.

재판과정에서, E는 확정판결에 따라 적법하게 X토지에 관한 소유권이전등기를 마쳤으므로 A의 청구는 모두 부당하다고 주장하였다.

< 문제 >

3. 이 경우 법원은 어떠한 판단을 하여야 하며, 그 이유는 무엇인가? (30점)

〈제1문의 2〉

A는 2010. 3. 10. B에게 A 소유의 X건물에 대하여 전세금 1억 원, 존속기간 2010. 3. 10.부터 2012. 3. 9.까지로 하여 전세권을 설정하여 주었고, B는 2010. 3. 10. A로부터 X건물을 인도받아 점유·사용하고 있다. 그런데 B는 사업상 자금이 필요하여 2010. 5. 20. C로부터 6,000만 원을 차용하면서, C 명의로 채권액 6,000만 원의 전세권저당권을 설정하여 주었고, 2012. 3. 9. 위 전세권의 존속기간이 만료되었다.
이 경우 C는 전세권저당권자로서 어떠한 방법을 통해 자신의 채권만족을 얻을 수 있는가? (25점)

〈제1문의 3〉

A는 자신의 소유인 X건물이 낡아 2012. 5. 20. 평소 친분이 있던 D에게 X건물에 대한 리모델링공사를 맡겨 2012. 8. 20. 공사가 완료되었는데, 총 공사비는 5,000만 원이 소요되었다. 그런데 A는 공사대금 지급기일인 2012. 8. 30.에 D에게 위 공사대금을 지급하지 않았다.
D는 2012. 9. 10. E에게 위 공사대금 채권 일체를 양도하였고, 내용증명우편으로 A에게 위 채권양도사실을 통지하여 위 내용증명우편이 2012. 9. 11. A에게 도달하였다.
한편, A는 2012. 3. 1. D에게 3,000만 원을 변제기 2012. 11. 1.로 하여 대여하였다.
E는 2012. 9. 20. A를 상대로 법원에 5,000만 원의 양수금 청구의 소를 제기하였고, 위 소송에서 A는 D에 대한 위 대여금 채권을 자동채권으로 하여 상계항변을 하였으며, 2012. 12. 30. 변론이 종결되었다.
이 경우 A의 상계항변은 받아들여질 수 있는가(각 채권의 지연손해금은 고려하지 말 것)? (10점)

〈제1문의 4〉

A는 2013. 4. 10. 등산용품점을 운영하고자 하는 F에게 자기 소유의 상가인 X건물을 임대차보증금 1억 원, 기간 2013. 4. 10.부터 2014. 4. 9.까지로 하여 임대하였다. X건물을 인도받은 F는 X건물에서 등산용품점을 운영하던 중 2013. 5. 30. X건물에 3,000만 원의 유익비를 지출하였다. 한편, F는 위 등산용품점의 영업과 관련하여 사업자등록을 신청한 사실은 없다.
A는 경제적 형편이 곤란해지자, 2013. 10. 5. G에게 X건물을 매도하고, 2013. 11. 5. X건물에 관하여 G 앞으로 소유권이전등기를 마쳐주었다.
위 임대차가 2014. 4. 9. 기간만료로 종료된 후, F는 G를 상대로 법원에 3,000만 원 상당의 유익비상환 또는 부당이득반환을 구하는 소를 제기하였다. 위 임대차 종료 당시 X건물은 F가 지출한 비용만큼 가치가 증가하여 현존하고 있었다.
이 경우 법원은 어떠한 판단을 하여야 하며, 그 이유는 무엇인가? (15점)

〈제1문의 5〉

〈 기초적 사실관계 〉

B는 A로부터 2005. 2. 17.부터 2008. 6. 30.까지 사이에 합계 4억 3,000만 원을 차용하였다.

B는 2008. 7. 28. D와 매매대금 2억 원에 D 소유의 X부동산에 대한 매매계약을 체결하고, 자신의 아들인 C와 합의 아래 C에게 위 매매를 원인으로 한 소유권이전등기를 마쳤다.

C 명의로 위 소유권이전등기가 마쳐질 무렵, B의 채무는 A에 대한 4억 3,000만 원과 그 외 금융기관에 대한 1억 원의 대출금 채무가 있었던 반면, B의 재산으로는 시가 1억 원 상당의 주택 외에, 현금 2억 원이 있었는데 그 돈은 X부동산의 매수대금으로 사용되었다.

A는 2009. 5. 10. C를 상대로 하여 B와 C 사이의 명의신탁이 채권자를 해하는 행위라는 이유로 채권자취소소송을 제기하였다.

〈 추가적 사실관계 〉

B가 D와 사이에 X부동산에 관한 매매계약을 체결할 때 매매계약서상의 매수인 명의를 B와 D의 합의로 B의 아들인 C로 하였다.

B는 X부동산을 매수하는 계약을 체결한 후, 이를 계속 점유·사용하였다.

매도인 D는 매매계약서에 당사자로 표시된 C를 한 번도 만난 적이 없고, 매매계약과 관련된 협상과 거래는 모두 B를 상대로 하였다고 증언하였다.

C는 당시 대학생(25세)으로서 X부동산을 직접 매수할 만한 자력이 있었다는 자료도 없다.

< 문제 >

1. 위 채권자취소소송에서 C는 자신이 X부동산 매매계약의 당사자이므로 명의신탁이 아니라고 주장하였다. 매매계약의 당사자 확정에 관한 원칙에 대하여 설명하고, 이를 이 사안에 구체적으로 적용한 결과를 서술하시오. (10점)
2. C는 자신의 명의로 경료된 등기가 명의신탁으로 인한 것이어서 무효라 하더라도 그와 같은 명의신탁은 사해행위에 해당하지 않는다고 주장하였다. C의 주장에 대한 타당성과 그 이유를 설명하시오. (15점)

< 추가적 사실관계 >

C는 2008. 8. 1. E에게 X부동산에 관하여 소유권이전등기청구권 보전을 위하여 가등기를 설정하여 주었는데, E는 2008. 9. 1. 위 가등기를 F에게 이전하여 주고 가등기이전의 부기등기를 마쳤다.

A는 2009. 6. 10. E와 F를 공동피고로 하여 ① E와 F에 대하여는 B와 C 사이의 사해행위의 취소를, ② E에 대하여는 X부동산에 대한 E 명의 가등기의 말소를, ③ F에 대하여는 E 명의의 가등기와 F 명의의 가등기이전 부기등기의 말소를 각 구하였다.

재판과정에서 E와 F는 X부동산에 관하여 C 명의의 등기가 경료된 경위를 전혀 알지 못하였다고 주장하였으나, 그에 관한 구체적인 증명은 없었다.

< 문제 >

3. B와 C 사이의 명의신탁이 사해행위로 취소된다는 전제 아래, 법원의 E와 F에 대한 원상회복에 관한 판단과 그 이유를 설명하시오. (15점)

〈제2문의 1〉

건강기능식품 판매점을 운영하는 甲은 친환경 농법으로 재배된 수삼을 원료로 하여 만든 홍삼 진액을 구입하려고 한다. 그런데 甲의 경쟁업자인 乙은 자신이 홍삼 도매상 丙을 통하여 친환경 인증을 받은 홍삼 진액을 구입하였는데 아주 좋은 제품이라고 甲에게 소개하면서 丙으로부터 홍삼 진액을 구입하라고 적극적으로 권유하였다. 그러나 乙은 丙으로부터 홍삼 제품을 구입한 사실도 없을 뿐만 아니라 丙이 판매하는 홍삼 진액이 친환경 인증을 받은 바도 없었음에도 불구하고, 乙이 거짓말을 한 것이다.
하지만 甲은 위와 같은 乙의 말을 그대로 믿고 2014. 12. 1. 丙과 G-200 홍삼 진액 30상자를 상자당 50만 원씩 구입하되 같은 해 12. 10. 오전 10시에 甲의 점포에 배달하는 것을 내용으로 하는 매매계약을 체결하였다.
이에 따라 丙은 2014. 12. 10. 오전 10시 자신의 배달차량에 홍삼 진액 30상자를 싣고 甲의 점포에 도착하였으나, 문이 잠겨 있어서 위 제품을 인도하지 못하였다. 당시 甲은 丙과의 약속을 깜박 잊고서 점포 문을 닫고 외출한 상태였다.
한편, 丙은 甲의 점포 앞에서 1시간여 동안 甲을 기다리다가 甲이 끝내 나타나지 않고 전화도 받지 않자 홍삼 진액 30상자를 배달차량에 그대로 싣고 되돌아와 자기가 관리하는 창고 앞에 위 차량을 주차해 놓았다. 그런데 2014. 12. 11. 아침에 丙이 고용한 직원 丁의 경미한 실수로 창고에 화재가 발생하였고, 그 불이 창고 앞에 주차되어 있던 배달차량에 옮겨 붙어 차량이 전소함으로써 그 홍삼 진액 30상자는 모두 소실되었다.
丙은 甲과의 계약내용에 따라 2014. 12. 10. 오전 10시에 홍삼 진액 30상자를 甲의 점포로 가지고 가서 계약내용에 따른 이행의 제공을 하였는데 甲이 외출하는 바람에 인도하지 못한 것일 뿐이라고 주장하면서 甲을 상대로 홍삼 진액 30상자에 대한 1,500만 원의 지급을 구하는 물품대금지급청구소송을 제기하였다.
이에 대하여 甲은 다음과 같은 주장을 하면서 위 물품대금의 지급을 거절하는 답변서를 제출하였다.
甲이 제기한 각 주장에 대하여 가능한 논거를 설명하고 그 각 주장에 관한 결론을 도출하시오.

1. 이 사건 계약은 착오 내지 사기를 원인으로 하여 체결된 것이므로 구매에 관한 의사표시를 취소한다. 따라서 위 물품대금을 지급할 의무가 없다. (15점)
2. 丙이 새로운 홍삼 진액 30상자를 인도한다면 그와 동시에 물품대금을 지급하겠다. (15점)
3. 또는, 丙이 홍삼 진액 30상자를 인도하지 않음으로써 발생한 손해배상금을 지급한다면 그와 동시에 물품대금을 지급하겠다. (15점)
4. 丙의 홍삼 진액 30상자에 대한 인도의무는 이행이 불가능하게 되었으므로 물품대금을 지급할 의무가 없다. (20점)

〈제2문의 2〉

甲은 乙 명의로 소유권이전등기가 되어 있는 X토지를 1993. 3. 1.경부터 소유의 의사로 평온, 공연하게 점유하여 왔다. 위 X토지에 대한 점유취득시효는 2013. 3. 1.경 완성되었으나, 甲이 乙에게 취득시효 완성을 원인으로 한 소유권이전등기를 청구하지는 않았다. 한편, 점유취득시효가 완성되었다는 사실을 모르는 乙은 2013. 5. 1. A은행으로부터 8,000만 원을 대출받으면서 X토지에 채권최고액을 1억 원으로 하는 근저당권을 설정하였다.

1. 甲이 위 토지상에 설정되어 있는 근저당권을 말소하기 위하여 乙이 대출받은 8,000만 원을 A은행에 변제하였다. 이 경우 甲은 乙에게 8,000만 원 상당의 부당이득반환을 청구할 수 있는지 여부를 판단하시오. (15점)
2. 甲이 2013. 10. 1. 乙에게 소유권이전등기청구소송을 제기하여 그 소장부본이 같은 해 10. 7. 乙에게 송달되었는데, 그후 乙이 위 토지를 丙에게 매도하고 소유권이전등기를 경료하였다. 이 경우 甲은 乙에게 불법행위로 인한 손해배상을 청구할 수 있는지 여부를 판단하시오. (20점)

2015년 제4회 변호사시험

[제1문의 1]

문제1 | 사례 027(민소법)
Ⅰ. 문제의 소재
Ⅱ. 피보전채권에 대한 패소판결이 존재하는 경우
Ⅲ. 결론

문제2 - (1),(2) | 사례 106(민소법)
Ⅰ. 문제의 소재
Ⅱ. 설문(1)-예비적 공동소송인 추가
   1. 예비적 공동소송의 추가 요건
   2. 소결
Ⅲ. 설문(2)-B와 D에 대한 판단
   1. 무권대리인의 책임
   2. 본안 재판의 통일
   3. 소결

문제3 | 사례 092(민소법)
Ⅰ. 문제의 소재
Ⅱ. C와 E의 매매계약의 효력
Ⅲ. 확정판결의 기판력
   1. 전소 확정판결의 기판력 범위
   2. 채권자대위소송의 기판력
   3. 기판력의 작용
   4. A의 채권자대위에 기한 E 명의의 2012. 11. 25.자 소유권이전등기의 말소청구
   5. A의 채권자대위에 기한 컨테이너철거 및 X토지의 인도청구

[제1문의 2]

문제 | 사례 063(민법)
Ⅰ. 문제의 소재
Ⅱ. 전세권이 기간 만료로 소멸한 경우
Ⅲ. 채권만족 방법
Ⅳ. 결론

[제1문의 3]

문제 | 사례 123(민법)
Ⅰ. 문제의 소재
Ⅱ. 채무자의 채권양수인에 대한 상계가능성
Ⅲ. 결론

[제1문의 4]

문제 | 사례 157(민법)
Ⅰ. 문제의 소재
Ⅱ. 대항력 취득 여부
Ⅲ. G에 대한 청구
   1. 임차권에 기한 유익비상환청구
   2. 점유권에 기한 유익비상환청구
   3. 부당이득반환청구(전용물소권)
Ⅳ. 결론

[제1문의 5]

문제1 | 사례 013(민소법)
Ⅰ. 문제의 소재
Ⅱ. 계약당사자 확정
Ⅲ. 결론

문제2 | 사례 093(민법)
Ⅰ. 문제의 소재
Ⅱ. 사해행위의 의미
Ⅲ. 무효인 명의신탁이 사해행위가 될 수 있는지 여부

문제3 | 사례 093(민법)
Ⅰ. 문제의 소재
Ⅱ. 원상회복의 방법
Ⅲ. 결론

[제2문의 1]

문제1 | 사례 007(민법)

Ⅰ. 문제의 소재
Ⅱ. 동기의 착오에 의한 취소
Ⅲ. 제3자의 사기에 의한 취소
Ⅳ. 결론

문제2 | 사례 082(민법)

Ⅰ. 문제의 소재
Ⅱ. 종류물채권인지 여부
Ⅲ. 종류물채권의 특정의 효과
Ⅳ. 결론

문제3 | 사례 085(민법)

Ⅰ. 문제의 소재
Ⅱ. 丙의 채무불이행 책임 여부
Ⅲ. 甲의 채권자지체 성립 여부
Ⅳ. 결론

문제4 | 사례 137(민법)

Ⅰ. 문제의 소재
Ⅱ. 위험부담의 이전
Ⅲ. 결론

[제2문의 2]

문제1 | 사례 035(민법)

Ⅰ. 문제의 소재
Ⅱ. 점유취득시효의 효과
  1. 소급효의 제한
  2. 취득시효 완성자가 저당권자에게 대위변제한 경우
Ⅲ. 결론

문제2 | 사례 035(민법)

Ⅰ. 문제의 소재
Ⅱ. 시효취득 후 처분행위
Ⅲ. 결론

2014년도 시행 제3회 변호사시험 — 민사법

〈제1문의 1〉

< 공통된 사실관계 >

○ 甲은 乙에게서 P시에 소재하는 1필의 X토지 중 일부를 위치와 면적을 특정하여 매수했으나 필요가 생기면 추후 분할하기로 하고 분할등기를 하지 않은 채 X토지 전체 면적에 대한 甲의 매수 부분의 면적 비율에 상응하는 지분소유권이전등기를 甲 명의로 경료하고 甲과 乙은 각자 소유하게 될 토지의 경계선을 확정하였다.

< 문제 1 >

X토지 옆에서 공장을 운영하던 丙은 X토지가 상당 기간 방치되어 있는 것을 보고 甲과 乙의 동의를 받지 아니한 채 甲이 소유하는 토지 부분에는 천막시설을, 乙이 소유하는 토지 부분에는 컨테이너로 만든 임시사무실을 丙의 비용으로 신축, 설치하여 사용하고 있었다. 이를 알게 된 甲은 천막시설과 컨테이너를 철거하여 X토지 전체를 인도하라고 요구하였고, 丙이 이에 불응하자 甲은 甲 자신만이 원고가 되어 丙을 상대로 X토지 전체의 인도를 구하는 소송을 제기하였다(천막 및 컨테이너의 각 철거를 구하는 청구는 위 소송의 청구취지에 포함되어 있지 않다). 위 소송에서 丙은 'X토지 전체가 甲과 乙의 공유인데 乙은 현재 X토지의 인도를 요구하지 않고 있다.'는 취지의 주장을 하고 있다. 甲의 丙에 대한 청구가 인용될 수 있는지와 그 근거를 서술하시오. (20점)

< 추가된 사실관계 >

○ 甲과 乙은 각자 소유하는 토지 부분 위에 독자적으로 건축허가를 받아 각자의 건물을 각자의 비용으로 신축하기로 하였다. 각 건물의 1층 바닥의 기초공사를 마치고 건물의 벽과 지붕을 건축하던 중 자금이 부족하게 되자 甲과 乙은 공동으로 丁에게서 건축 자금 1억 원을 빌리면서 X토지 전체에 저당권을 설정해 주었다. 이후 건물은 완성되었으나 준공검사를 받지 못하여 소유권보존등기를 하지 못하고 있던 차에 자금 사정이 더욱 나빠진 甲과 乙은 원리금을 연체하게 되어 결국 저당권이 실행되었고 경매를 통하여 戊에게 X토지 전체에 대한 소유권이전등기가 경료되었다. 戊는 甲과 乙에게 법률상 근거 없이 X토지를 점유하고 있다는 이유로 각 건물의 철거 및 X토지 전체의 인도를 청구하고 있다. 甲과 乙은 위 소송 과정에서 자신들이 승소하기 위하여 법률상 필요하고 유효적절한 항변을 모두 하였다.

< 문제 2 >

1. 戊의 甲, 乙에 대한 소의 주관적 병합의 형태와 그 근거를 서술하시오. (10점)
2. 戊의 甲, 乙에 대한 청구가 각 인용될 수 있는지와 그 근거를 서술하시오. (20점)

< 소송의 경과 >

○ 戊는 위 甲, 乙을 상대로 한 각 건물의 철거 및 X토지 전체 인도소송(이하에서는 '위 소송'이라고만 한다)의 소장에서 "甲과 乙이 각 건물을 신축할 당시 甲과 乙이 X토지를 각 구분하여 특정부분을 소유한 바는 없다."라고 주장(이하에서는 '戊의 소송상 주장'이라고만 한다)하였고, 甲은 위 소송의 제1회 변론기일에서 戊의 소송상 주장을 인정하는 취지의 진술(위 진술은 甲에게 불리한 진술로 간주한다)을 하였고, 반면 乙은 戊의 소송상 주장에 대하여 '甲과 乙은 각 건물이 위치한 부분을 중심으로 하여 토지 중 각자의 지분에 해당하는 토지를 특정하여 구분소유하고 있었다.'는 취지로 위 제1회 변론기일에 진술한 이래, 甲과 乙은 각 본인의 위 각 진술을 변론종결시까지 그대로 유지하였다. 그러나 법원은 관련 증거를 종합하여 볼 때 乙의 위 주장이 객관적 진실에 부합한다고 판단하고 있다.

< 문제 3 >

법원은 甲과 乙의 위 각 진술이 甲과 乙에 대한 각 관계에서 미치는 영향 및 戊의 청구에 대하여 어떻게 판단하여야 하는지와 그 근거를 서술하시오. (18점)

< 변형된 소송의 경과 >

○ 甲이 변론종결시까지 그 주장을 그대로 유지하지 않고, 위 소송의 제4회 변론기일에서 위 제1회 변론기일에서 한 자신의 종전 진술과 달리 "甲과 乙은 각 건물이 위치한 부분을 중심으로 하여 토지 중 각자의 지분에 해당하는 토지를 특정하여 구분소유하고 있었다."라고 진술을 번복하면서 이를 증명하기 위하여 증인을 신청하였으며, 증인은 "甲과 乙이 각자 건물을 짓기 위해 분필하려 했으나 분필 절차가 번거롭고 까다로워 각 건물이 위치한 부분을 중심으로 하여 토지 중 각자의 지분에 해당하는 토지를 특정하여 소유하고 있었다."라고 증언하였고 법원은 위 증언이 객관적 진실에 부합하는 것으로 판단하였다. 그런데 위 제1회 변론기일에서 한 甲의 진술이 착오에 기한 것인지에 대하여 甲은 변론종결시까지 아무런 주장, 증명을 하지 않았다. 한편, 戊는 甲이 "甲과 乙은 각 건물이 위치한 부분을 중심으로 하여 토지 중 각자의 지분에 해당하는 토지를 특정하여 구분소유하고 있었다."라고 진술을 번복한 부분과 관련하여 그 진술의 번복에 대하여 이의를 제기하지는 않았다.

< 문제 4 >

법원은 甲의 위 진술 번복이 甲과 乙에 대한 각 관계에서 미치는 영향 및 戊의 청구에 대하여 어떻게 판단하여야 하는지와 그 근거를 서술하시오. (12점)

< 소송의 경과 >

○ 戊가 위 소송 도중에 사망하였으나, 변호사 A가 戊를 소송대리하고 있었기 때문에 소송이 중단되지는 않았다. 그런데 戊의 유일한 상속인인 B가 미처 소송수계를 신청하지 않은 상태에서 변론이 종결되고 제1심 판결이 선고되었다.

< 문제 5 >

위 판결선고 이후 B가 소송수계신청을 하지 않은 상태에서 변호사 A에게 판결정본이 송달된 경우 위 판결이 확정되는지 여부 및 그 근거를 각 경우의 수로 나누어 서술하시오. (10점)

〈제1문의 2〉

< 사실관계 >

○ C는 A에 대하여 3천만 원의 대여금 채권이 있고, A는 B에 대하여 1천만 원의 대여금 채권이 있다. C는 위 3천만 원의 대여금 채권에 대하여 이미 승소확정판결을 받았고 이를 집행권원으로 하여 A를 채무자, B를 제3채무자로 한 채권압류 및 추심명령을 신청하여 법원으로부터 채권압류 및 추심명령을 받았는데 그 후 A가 B를 상대로 대여금반환청구의 소를 제기하였다.

< 문제 >

위 사실관계 기재 소송의 제1심 변론종결 전에 C가 위 채권압류 및 추심명령 신청을 취하하고 추심권을 포기한 경우(그 관련 서류가 증거로 법원에 제출되었다) 법원은 어떤 판결 주문(소송비용부담과 가집행 관련 주문은 제외한다)으로 선고하여야 하는지와 그 근거를 서술하시오. (15점)

〈제1문의 3〉

< 사실관계 >

○ A가 B에 대하여 가지는 1억 원의 대여금 채권을 A가 C에게 2012. 2. 9.에 채권양도하고 A가 2012. 4. 9. B에게 내용증명 우편으로 채권양도통지를 하여 2012. 4. 11.에 위 내용증명 우편이 B에게 송달되었다. 위 대여금 채권에 대하여 A의 채권자인 D가 제주지방법원에 채권가압류신청을 하여 위 법원이 2012. 3. 15. 채권자 D, 채무자 A, 제3채무자 B, 청구금액 5천만 원으로 된 채권가압류 결정을 발한 다음 위 결정이 2012. 3. 17.에 B에게 송달되었다. C는 위 양수금 채권 1억 원(지연손해금은 청구하지 아니한다)의 지급을 구하는 소송을 B를 상대로 2013. 1. 3.에 제기하였다. C가 위 양수금 청구소송을 제기하기 전인 2012. 4. 2. 제주지방법원에서 채권자 D는 청구채권 원금 5천만 원과 이자 및 지연손해금 800만 원 등 합계 5,800만 원으로 하여 위 채권가압류결정에 기하여 본압류로 전이하는 채권압류 및 전부명령을 발령받아 그 결정은 2012. 4. 4.에 D, A, B에게 각 동시에 송달되었고, 위 채권압류 및 전부명령이 2012. 4. 12.에 확정되었다.

< 문제 >

위 양수금 소송에서

1. 피고 B는 위 압류 및 전부명령으로 인하여 C는 원고 적격이 없다고 주장하는데 이에 대하여 법원은 어떤 판단을 하여야 하는지와 그 근거를 서술하시오. (10점)
2. 위 양수금 소송은 2013. 6. 10.에 변론종결되었고, D가 법원으로부터 받은 위 압류 및 전부명령은 유효하다. 위 양수금 소송에서 법원은 어떤 판결 주문(소송비용부담과 가집행 관련 주문은 제외한다)으로 선고하여야 하는지와 그 근거를 서술하시오. (15점)

〈제1문의 4〉

< 사실관계 >

○ 甲은 2005. 1. 4. A에게 1억 5천만 원을 이자 월 2%, 변제기 2005. 3. 4.로 정하여 대여하였다. 2007. 11. 26. A의 유일한 재산인 X건물에 관하여 2007. 4. 10.자 매매를 원인으로 하여 A의 여동생 B 명의의 소유권이전등기가 경료되었고, 2007. 12. 11. 乙을 권리자로 하여 2007. 12. 10.자 매매예약을 원인으로 한 소유권이전청구권 가등기가 경료되었다. 甲은 2008. 6. 2. B를 상대로, A와 B 사이에 체결된 2007. 4. 10.자 매매계약이 사해행위임을 이유로 위 매매계약의 취소 및 X건물에 관하여 B 명의로 경료된 소유권이전등기의 말소 소송을 제기하여, 2008. 12. 30.에 원고 전부 승소 판결이 선고되었으며 제1심 판결이 2009. 1. 20. 확정되었다. 위 2007. 4. 10.자 매매는 A가 사해의사를 가지고 한 사해행위임이 명백하고, B와 乙도 위 2007. 4. 10.자 매매가 사해행위임을 알고 있었다. 이러한 사실들을 甲은 2008. 5. 25.에야 비로소 알게 되었다.

< 문제 >

甲이 원상 회복의 차원에서 2009. 10. 30.에 乙을 상대로 소유권이전청구권가등기 말소청구소송을 제기한 경우 법원은 어떤 판단을 하여야 하는지와 그 근거를 서술하시오. (20점)

〈제2문〉

〈 공통된 사실관계 〉

의류도매업자 甲은 2007. 1. 5. 乙에게 의류 1,000벌을 1억 원에 매도하였다. 乙은 2007. 3. 5.까지 의류대금을 지급하기로 약속하고, 甲에게서 의류 1,000벌을 인수하였다. 당시 甲이 乙의 대금지급능력에 대하여 의문을 표시하자, 乙의 친구 丙은 2007. 3. 7. 乙의 甲에 대한 의류대금채무를 연대보증하였고, 乙의 다른 친구 丁은 2007. 3. 10. 자기 소유 X 주택에 채권최고액을 1억 2,000만 원으로 하는 근저당권을 甲에게 설정해 주었다. 그 주택에는 戊가 거주하고 있었는데, 戊는 丁과 임차보증금 8,000만 원으로 하는 임대차계약을 체결하고 2007. 3. 10. 전입신고를 하고, 같은 날 임대차계약서에 확정일자를 받았다(이하 각 설문은 서로 독립적이다).

〈제2문의 1〉

〈 추가되는 사실관계 〉

2008. 3. 10. 丁은 X 주택을 A에게 2억 5,000만 원에 매도하고 소유권이전등기를 경료하여 주었다. 이때 丁은 A와의 사이에 戊의 보증금은 2009. 3. 9. 丁이 책임지고 반환하고, 甲 명의의 근저당권등기도 책임지고 말소하기로 약정하였다. 乙이 채무를 이행하지 못하자 甲은 X 주택에 설정된 근저당권을 실행하였고, X 주택은 1억 5,000만 원에 B에게 매각되었다. 戊는 배당요구의 종기까지 배당을 요구하지 않았다. 매각대금 중 1억 원은 2008. 10. 1. 甲에게 배당되었고, 잔액 5,000만 원은 A에게 배당되었다.

1. A는 2009. 4. 10. 丙을 상대로 구상금청구소송을 제기하여 대위변제금 1억 원과 면책일인 2008. 10. 1. 이후부터 다 갚는 날까지 위 1억 원에 대한 연 5%의 이자(민법 제425조 제2항의 법정이자)의 지급을 구하였다.
   이 소송에서 丙은 ① 물상보증을 선 자는 A가 아니라 丁이며 A는 제3취득자에 불과하므로 보증인인 자신에게 구상할 수 없으며 ② 가사 A에게 구상권이 있더라도 보증인인 자신이 전액 구상의무를 부담할 이유가 없을 뿐 아니라 면책일 이후의 법정이자도 지급할 이유가 없다고 다투었다.
   이 사건 소의 결론[각하, 청구기각, 청구일부인용(일부인용의 경우 그 구체적인 금액과 내용을 기재할 것), 청구전부인용]을 그 논거와 함께 설명하시오. (20점)

2. 戊는 A와 丁을 피고로 해서 각각 8,000만 원의 X 주택에 관한 임대차보증금반환청구소송을 제기하였다. A는 ① 丁이 보증금을 반환하기로 약정하였기 때문에 丁에게서 반환받든지, ② 배당 절차에서 배당을 요구하지 않았으니 B에게 보증금의 반환을 청구하여야지 자신에게 그 지급을 청구해서는 안 된다고 다투었고, 丁은 ① 보증금은 A 또는 B가 지급할 문제이지 자신이 지급할 것은 아니라고 다투었다. 戊의 위 각 소의 결론[각하, 청구기각, 청구일부인용(일부인용의 경우 그 구체적인 금액과 내용을 기재할 것), 청구전부인용]을 그 논거와 함께 설명하시오. (20점)

〈제2문의 2〉

〈 추가되는 사실관계 〉

乙은 2007. 1. 5. 甲에게 위 의류대금의 지급을 위하여 액면금 1억 원, 지급기일 2007. 3. 5. 발행지 및 지급지 서울, 지급장소 주식회사 대안은행 서초동 지점, 발행일 2007. 1. 5. 수취인 백지로 된 약속어음 1장을 발행하였다. 甲은 2010. 1. 5. 위 약속어음금채권을 피보전채권으로 하여 乙 소유의 Y 토지에 관하여 청구금액 1억 원으로 한 가압류를 신청하여 2010. 1. 7. 그 가압류등기가 마쳐졌다. 한편, 乙은 2013. 1. 11. 위 가압류에 대한 이의신청을 제기하여 법원은 2013. 3. 30. 甲의 가압류신청을 기각하고, 위 가압류를 취소하는 결정을 하였고, 위 결정은 2013. 4. 10. 확정되었다. 甲은 2013. 10. 5. 丙을 상대로 하여 위 연대보증금 1억 원 및 이에 대한 2007. 3. 6.부터 다 갚는 날까지 연 5%의 비율에 의한 지연손해금의 지급을 구하는 소를 제기하였다.

〈 소송의 경과 〉

소송에서 丙은 "乙의 의류대금채무는 3년의 소멸시효기간이 지났으므로 소멸하였고, 그에 따라 丙의 보증채무도 역시 소멸하였다."라고 주장하였고, 이에 대하여 甲은 "의류대금채무는 甲이 2010. 1. 5. 乙 소유의 Y 토지에 가압류를 신청하여 2010. 1. 7. 집행됨으로써 그 시효가 중단되었다."라고 주장하였다.

丙은 이에 대하여 "甲의 가압류는 이 사건 의류대금채권의 집행을 보전하기 위한 것이 아니라, 그 지급을 위하여 발행된 어음채권의 집행을 보전하기 위한 것이므로 이 사건 의류대금채권의 시효를 중단시키는 효력이 없고, 가사 그 효력이 있다고 하더라도 甲은 수취인란을 보충하지 않은 상태에서 가압류를 신청하였으므로 역시 그 가압류는 시효중단의 효력이 없다. 또한 위 가압류는 乙의 이의신청에 의하여 취소되었으므로 시효중단의 효력이 소급적으로 소멸하였다." 라고 주장하였다.

이에 대하여 甲은 "이 사건 소송을 제기한 직후 丙으로부터 '지금은 사정이 어려우니 조금만 기다려 주면 조금씩이라도 변제하도록 하겠으니, 소를 취하해 달라.'라는 취지의 부탁을 들은 적이 있는데, 이와 같은 丙의 태도는 소멸시효의 중단사유인 승인에 해당하거나, 시효이익을 포기하는 것에 해당하므로, 丙의 소멸시효항변은 받아들일 수 없다."라고 주장하였는데, 丙이 甲에게 같은 취지의 말을 하였다는 사실은 증명되었다.

이 소송에서 법원은 어떠한 판결을 선고하여야 하는가에 관한 결론[각하, 청구기각, 청구일부인용(일부인용의 경우 그 구체적인 금액과 내용을 기재할 것), 청구전부인용] 및 각 당사자의 주장의 당부에 관한 판단이 포함된 근거를 쓰시오. (20점)

〈제2문의 3〉

1. 乙은 甲에게 (1) 2006. 5. 6. 8,000만 원을 이자 월 1%(매월 5. 지급), 변제기 2006. 8. 5.로 정하여 대여하고, (2) 2007. 1. 6. 다시 5,000만 원을 이자 월 2%(매월 5. 지급), 변제기 2007. 2. 5.로 정하여 대여하였는데, 甲이 위 각 대여금에 대한 원금 및 이자 등을 전혀 변제하지 않자, 2007. 7. 10. 소를 제기하여 위 대여금 합계 1억 3,000만 원 및 그중 8,000만 원에 대하여는 2006. 5. 6.부터 다 갚는 날까지 월 1%, 5,000만 원에 대하여는 2007. 1. 6.부터 다 갚는 날까지 월 2%의 각 비율에 의한 이자 및 지연손해금의 지급을 구하였다.
이에 대하여 甲은 2007. 8. 6. 乙이 출석한 변론기일에서 乙에 대한 의류대금 1억 원 및 이에 대한 그 변제기 다음 날인 2007. 3. 6.부터 다 갚는 날까지 연 5%의 비율에 의한 지연손해금 채권을 자동채권으로 하여 乙의 위 각 채권과 상계한다고 항변하였다.
乙의 청구에 대한 결론[각하, 청구기각, 청구일부인용(일부인용의 경우 그 구체적인 금액과 내용을 기재할 것), 청구전부인용]을 그 논거와 함께 서술하라. (20점)

2. (공통 사실관계) 乙은 2009. 2. 1. F가 야기한 교통사고로 사망하였는데, 사망 당시 상속인으로는 배우자인 C와 망인의 父 D, 母 E가 있었고, 상속재산으로는 甲에 대한 위 1억 원의 의류대금채무 및 Z 부동산(가액은 2억 원), W 동산(1,000만 원 상당)과 F에 대한 5,000만 원의 손해배상채권이 있었으며, C, D, E는 이러한 상속재산의 현황을 잘 알고 있었다. (이하 문항은 상호 관련되지 않은 별개임)

2-1. 乙의 사망 당시 C는 태아(乙의 친자라고 가정한다)를 포태 중이었는데, 남편의 사망으로 정신적 충격으로 고민 끝에 2009. 3. 낙태하였다.
한편, D는 F로부터 위 교통사고로 인한 망인의 손해배상금을 추심하여 변제받아 이를 소비하지 않은 채 E의 예금계좌로 송금한 후, 상속을 포기하기로 마음먹고 2009. 4. 1. 가정법원에 가서 적법요건을 갖춘 상속포기신고를 마쳤다.
甲이 2009. 7. 1. 1억 원의 의류대금청구소송을 제기할 때 누구를 상대로 얼마의 금원을 청구하면 전부승소를 받을 수 있는지(혹은 C, D, E 누구에게도 청구할 수 없다면 그 점을) 그 논거와 함께 서술하라(이자, 비용은 고려하지 않는다). (10점)

2-2. D, E는 2009. 6. 1. C에게 'C가 망인의 채무를 포함한 재산 전부를 상속하는 것에 대해 이의를 제기하지 않겠다'는 취지의 각서를 작성해 주었다.
이러한 사실을 알게 된 甲은 2009. 7. 1. C를 상대로 의류대금 1억 원 전액의 지급을 구하는 소를 제기하였다. 위 소에 대한 결론[각하, 청구기각, 청구일부인용(일부인용의 경우 그 구체적인 금액과 내용을 기재할 것), 청구전부인용]을 그 논거와 함께 서술하라(이자, 비용은 고려하지 않는다). (10점)

2014년 제3회 변호사시험

[제1문의 1]

문제1 | 사례 047(민법)

Ⅰ. 문제의 소재
Ⅱ. 甲의 X 토지인도청구권의 요건사실
Ⅲ. 강제집행이 불가능한 토지인도의 청구만의 소의 이익 인정여부
Ⅳ. 구분소유적 공유에서 공유자 1인이 토지 전체에 대한 인도청구를 할 수 있는지 여부
   1. 甲과 乙의 X 토지 소유의 법적성질
   2. 구분소유적 공유의 경우 법률관계
Ⅴ. 결론

문제2 - 1 | 사례 111(민소법)

Ⅰ. 문제의 소재
Ⅱ. 통상공동소송의 의미, 다른 주관적 병합의 형태와의 구별
Ⅲ. 공유자에 대한 소송의 형태
Ⅳ. 결론

문제2 - 2 | 사례 057(민법)

Ⅰ. 문제의 소재
Ⅱ. 戊의 각 청구에 대한 요건사실
   1. 토지 인도청구의 요건사실(제213조)
   2. 건물철거청구의 요건사실(제214조)
   3. 사안의 경우
Ⅲ. 甲과 乙이 법정지상권을 취득하는지 여부
   1. 법정지상권의 성립요건
   2. 건축 중인 건물에 법정지상권이 성립하는지 여부
   3. 구분소유적 공유에도 법정지상권이 성립하는지 여부
Ⅳ. 결론

문제3 | 사례 111(민소법)

Ⅰ. 문제의 소재
Ⅱ. 통상공동소송의 의의
Ⅲ. 통상공동소송의 경우 심판방법(제66조)
   1. 공동소송인 독립의 원칙의 의의
   2. 통상의 공동소송의 심판방법
Ⅳ. 甲, 乙의 소송상 행위에 대한 판단
   1. 법정지상권 성립의 요건사실로서의 구분 소유한다는 주장
   2. 甲의 주장에 대해 재판상 자백이 성립하는지 여부
   3. 사안의 경우 甲의 주장이 재판상 자백에 해당하는지
   4. 乙의 주장이 甲에게도 효력을 미치는지
Ⅴ. 결론

문제4 | 사례 062(민소법)

Ⅰ. 문제의 소재
Ⅱ. 재판상 자백의 철회요건
   1. 재판상 자백의 효력
   2. 재판상 자백의 철회요건
   3. 반진실의 자백의 경우 착오에 의한 것이 추정되는지
   4. 사안의 경우
Ⅲ. 상대방의 동의가 있었는지 여부
Ⅳ. 결론

문제5 | 사례 020(민소법)

Ⅰ. 문제의 소재
Ⅱ. 당사자가 소송 중 사망한 경우의 소송절차의 진행
   1. 소송대리인이 있는 경우 소송절차의 중단 여부
   2. 소송대리인의 수권 범위
   3. 상소의 특별 수권에 따라 소송절차가 중단되는지 여부
Ⅲ. 결론

[제1문의 2]

문제 | 사례 007(민소법)

Ⅰ. 문제의 소재
Ⅱ. 채권의 압류 및 추심금 청구에서의 당사자적격
   1. 당사자적격의 의미
   2. 채권의 압류 및 추심의 당사자적격자
Ⅲ. 소송요건의 존부 판단시기
Ⅳ. 결론

[제1문의 3]

문제1 | 사례 012(민소법)

Ⅰ. 문제의 소재
Ⅱ. 압류 및 전부명령이 있는 경우의 원래의 채무자의 당사자적격 구비 여부
   1. 이행의 소의 당사자적격의 판단
   2. 채권의 압류 및 전부명령의 경우
Ⅲ. 결론

문제2 | 사례 111(민법)

Ⅰ. 문제의 소재
Ⅱ. 채권양도의 제3자에 대한 대항요건
Ⅲ. 채권의 이중양도시 대항요건의 판단기준
Ⅳ. 전부명령의 효력발생시기
Ⅴ. 전부명령의 효력이 부대채권에 대해서도 미치는지 여부
Ⅵ. 결론

[제1문의 4]

문제 | 사례 089(민법)

Ⅰ. 문제의 소재
Ⅱ. B만을 피고로 하여 확정된 판결이 전득자인 乙에게도 효력이 미치는지 여부
Ⅲ. 사해행위의 취소없이 원상회복만을 구할 수 있는지 여부
Ⅳ. 제척기간의 도과여부

[제2문의 1]

문제1 | 사례 134(민법)

Ⅰ. 문제의 소재
Ⅱ. A의 丙에 대한 구상권 행사 여부
   1. 물상보증의 목적물의 제3취득자의 지위
   2. 연대보증인에 대한 구상권 인정 여부
   3. 사안의 경우
Ⅲ. 구상권의 범위
   1. 물상보증인(및 제3취득자)의 구상권 성립요건
   2. 물상보증인(및 제3취득자)의 구상권의 근거규정
   3. 구상권의 범위에 면책일 이후의 법정이자도 지급해야 할 의무가 있는지 여부
   4. 사안의 경우
Ⅳ. 결론

문제2 | 사례 152(민법)

Ⅰ. 문제의 소재
Ⅱ. 임차인 戊의 대항력 및 우선변제력 취득 여부
Ⅲ. 임차주택의 양수인에게 대항할 수 있는지 여부
   1. 양수인이 대항력 있는 임대차계약의 임대인 지위를 승계하는지 여부
   2. 양도인이 임대차보증금반환의무를 지는 약정이 유효한지 여부
Ⅳ. 최선순위 저당권과 대항력 있는 임차권과의 관계
   1. 임차권이 경매로 인하여 소멸하는지 여부
   2. 배당요구채권의 경우 배당금에 대한 부당이득반환을 청구할 수 있는지 여부
   3. 경매의 매수인B에게 보증금 반환 청구하라는 A의 주장에 대하여
Ⅴ. 결론

[제2문의 2]

문제 | 사례 014(민법)

Ⅰ. 문제의 소재
Ⅱ. 甲의 연대보증에 기한 금전지급청구의 요건사실
Ⅲ. 丙의 항변
Ⅳ. 甲의 재항변-가압류로 인한 시효의 중단의 항변
   1. 甲의 시효 중단의 항변의 근거
   2. 어음채권을 피보전채권으로 한 가압류의 경우 원인채권에 시효중단 효력이 있는지
   3. 백지를 보충하지 않은 가압류 신청의 시효 중단의 효력
Ⅴ. 丙의 재재항변
Ⅵ. 甲의 재재항변에 대한 반박
   1. 변제기간의 연장이 시효이익의 포기에 해당하는지 여부
   2. 보증채무에 관하여 시효이익을 포기한 후에도 보증채무의 이행을 거절할 수 있는지
   3. 사안의 경우
Ⅶ. 결론

문제2-2 | 사례 182(민법)

Ⅰ. 문제의 소재
Ⅱ. 상속받은 금전채무가 상속재산의 협의재산의 분할의 대상이 되는지 여부
Ⅲ. 乙의 금전채무를 C가 단독으로 부담하기로 한 협의가 면책적 채무인수인지 및 채권자의 승낙을 요하는지 여부
Ⅳ. 甲의 이행청구를 묵시적인 채무인수의 승낙으로 볼 수 있는지 여부
Ⅴ. 결론

[제2문의 3]

문제1 | 사례 122(민법)

Ⅰ. 문제의 소재
Ⅱ. 甲의 상계 주장의 타당성 검토
   1. 상계(제492조)의 요건사실
   2. 사안의 경우
Ⅲ. 상계의 효과
   1. 자동채권과 수동채권의 확정 및 상계적상일의 확정
   2. 상계적상일의 수동채권 및 자동채권의 액수
   3. 상계충당의 계산
Ⅳ. 결론

문제2-1 | 사례 182(민법)

Ⅰ. 문제의 소재
Ⅱ. C가 상속결격자에 해당하는지 여부
   1. 상속에 유리하다는 인식이 필요한지 여부
   2. 사안의 경우
Ⅲ. D의 상속포기가 유효한지 여부(제1026조 제1호)
Ⅳ. D, E가 금전채무의 상속인에 해당하는지 여부
Ⅴ. 결론

2013년도 시행 제2회 변호사시험 — 민사법

〈제 1 문〉

〈공통된 기초사실〉

○ A 주식회사(대표이사 B)는 2009. 1. 3. 乙의 대리인임을 자처하는 甲으로부터 乙 소유의 X 부동산을 대금 7억 원에 매수하면서, 계약금 1억 원은 계약 당일 지급하고, 중도금 3억 원은 2009. 3. 15. 乙의 거래은행 계좌로 송금하는 방법으로 지급하며, 잔금 3억 원은 2009. 3. 31. 乙로부터 X 부동산에 관한 소유권이전등기 소요서류를 교부받음과 동시에 지급하되, 잔대금 지급기일까지 그 대금을 지급하지 못하면 위 매매계약이 자동적으로 해제된다고 약정한 후(이하 '이 사건 매매계약'이라 함), 같은 날 甲에게 계약금 1억 원을 지급하였다.

〈제1문의 1〉

〈추가된 사실관계〉

○ 甲은 乙의 사촌 동생으로서 乙의 주거지에 자주 내왕하는 사이였는데, 乙의 건강이 악화되어 관리가 소홀한 틈을 타 평소 乙의 거실 서랍장에 보관되어 있던 乙의 인장을 임의로 꺼내어 위임장을 위조한 후 그 인감증명서를 발급받는 한편 평소 위치를 보아 둔 X 부동산의 등기권리증을 들고 나와 A 주식회사 대표이사 B에게 제시하면서 乙의 승낙 없이 이 사건 매매계약을 체결한 것이었다.

○ 乙은 2009. 3. 15. A 주식회사로부터 자신의 거래 계좌로 3억 원을 송금받자 이를 이상히 여기고 평소 의심스러운 행동을 보이던 甲을 추궁한 끝에, 甲이 乙의 승낙 없이 A 주식회사에게 X 부동산을 매도하고 계약금 1억 원을 착복하였으며 그 중도금으로 3억 원이 위와 같이 입금되었다는 사정을 알게 되었다. 그러나 乙은 평소 甲에 대하여 1억 원 가량의 채무를 부담하고 있었던 터라 甲과 사이에서 이 사건 매매계약을 그대로 유지하고 甲에게는 더 이상의 책임을 추궁하지 않기로 합의하였으며, 그 무렵 甲은 이를 B에게 통지하여 주었다.

○ 乙은 2008. 11.경 丙으로부터 1억 5,000만 원을 차용하면서 그 담보로 丙에게 X 부동산에 관하여 저당권(이하 '이 사건 저당권'이라 함)을 설정하고 그 등기를 마쳐준 바 있는데, 丙은 2008. 12.경 丁에게 위 대여금 채권을 양도하고 이를 乙에게 통지하는 한편 이 사건 저당권을 양도하고 같은 날 丁에게 이 사건 저당권 이전의 부기등기를 마쳐 주었다.

〈소송의 경과〉
○ A 주식회사는 2012. 10.경 乙·丁을 상대로 이 사건 소송을 제기하여, ① 乙에 대하여는 甲이 乙을 적법하게 대리하여 이 사건 매매계약을 체결한 것이라고 주장하면서 X 부동산에 관하여 이 사건 매매계약을 원인으로 한 소유권이전등기를 구하고, ② 丁에 대하여는 乙이 丁에게 이 사건 저당권에 의한 피담보채무를 전액 변제하였다고 주장하면서 이 사건 매매계약에 기한 소유권이전등기청구권 보전을 위하여 乙을 대위하여 소유권에 기한 방해배제로서 X 부동산에 관하여 마쳐진 이 사건 저당권 설정등기 및 이 사건 저당권 이전 부기등기의 각 말소등기를 구하였다.
○ 제1회 변론기일에서 A 주식회사는 이 사건 매매계약서를 증거로 제출하였는데, 乙은 이 사건 매매계약서 중 매도인란에 기재된 乙 이름 옆에 날인된 인영이 자신의 인장에 의한 것임은 맞으나 자신은 이를 날인한 사실이 없다고 다투었고, A 주식회사는 乙의 사촌동생인 甲이 乙을 대신하여 날인한 것이라고 주장하였으며, 乙은 甲이 이를 날인하였다는 A 주식회사의 주장을 이익으로 원용하였다.

〈 문제 〉
1. 乙에 대한 소유권이전등기청구 관련,
   가. 이 사건 매매계약서의 형식적 증거력이 인정될 수 있는지 여부를 그 논거와 함께 서술하시오. (10점)
   나. 양쪽 당사자의 주장·입증이 위 〈소송의 경과〉와 같다면, 법원은 표현대리의 성립 여부에 대하여도 판단하여야 하는지 여부를 그 논거와 함께 서술하시오. (10점)
   다. A 주식회사가 이 사건 매매계약의 효력이 乙에게 미친다고 주장하는 근거로서, 주위적으로 표현대리(민법 제126조)를, 예비적으로 추인을 내세우는 경우, 위 각 주장이 받아들여질 수 있는지 여부를 그 논거와 함께 서술하시오. (20점)
   라. 乙이 설령 이 사건 매매계약의 효력이 자신에게 미친다고 하더라도 A 주식회사가 잔금을 지급하지 아니한 채 잔금지급기일이 지났으므로 이 사건 매매계약은 해제 의사표시가 담긴 이 사건 준비서면의 송달로써 자동으로 해제되었다고도 항변하였다면, 乙의 이 부분 주장이 받아들여질 수 있는지 여부를 그 논거와 함께 서술하시오. (10점)
2. 丁에 대한 각 말소등기청구 관련(아래 각 문항에서 대위의 요건은 모두 갖추어진 것으로 가정한다),
   가. 만일 丁이 소재불명으로 판명되어 소장 기타 소송서류 일체가 공시송달의 방법으로 송달되고 변론기일에도 불출석하였으며, A 주식회사가 이 사건 저당권의 피담보채무 변제에 관하여는 별다른 입증자료를 제출하지 아니하였을 경우, 위 각 청구에 대한 결론[각하, 청구전부인용, 청구일부인용(일부 인용되는 경우 그 구체적인 금액 또는 내용을 기재할 것), 청구기각]을 그 논거와 함께 서술하시오. (20점)
   나. 만일 丁이 제1회 변론기일에 출석하여 저당권의 피담보채권 중 2,000만 원이 변제되지 아니한 채 남아 있다고 주장하였고, 심리 결과 그것이 사실로 인정된 경우, 위 각 청구에 대한 결론[각하, 청구전부인용, 청구일부인용(일부 인용되는 경우 그 구체적인 금액 또는 내용을 기재할 것), 청구기각]을 그 논거와 함께 서술하시오. (20점)

〈제1문의 2〉

〈추가된 사실관계〉

- 한편, A 주식회사 대표이사 B는 이 사건 매매계약의 중도금을 지급하기 위하여 C에게 돈을 빌려줄 것을 부탁하였고, 이에 C는 연대보증인 2인을 구해 오면 1억 원을 빌려주겠다고 하였다.
- B는 우선 당시 A 주식회사의 이사로 있던 D에게 위와 같은 사정을 설명하고 연대보증을 허락받았고, 다른 한 명의 연대보증인은 연대보증의 의미나 효과에 대해서 전혀 알지 못하는 등록된 지적장애인인 자신의 조카 E(남, 38세)에게 부탁하였다. C는 B, D, E를 직접 만나서 2009. 3. 1.경 D와 E의 연대보증 아래 A 주식회사에게 1억 원을 변제기 2010. 3. 1. 이율 월 2%로 정하여 대여하였고, 계약 체결 당시 B는 E가 조카여서 연대보증을 해 주는 것이라 설명하여, C는 E의 지적장애 상태를 알지 못한 채 위 계약을 체결하였다.
- A 주식회사 대표이사 B는 위 차용금 채무의 변제기가 다가오자 C를 찾아가 몇 개월만 더 변제기를 연장해 달라고 부탁하여, 2010. 2. 1. C와 사이에서 위 채무의 변제기를 2010. 10. 1.까지 연장하기로 합의하였다.
- 한편, D는 2010. 1. 10. A 주식회사의 이사직을 사임한 후 퇴직하였고, 그 직후인 2010. 1. 12. C에게 A 주식회사 이사직을 사임하였으므로 위 연대보증계약을 해지한다고 내용증명우편으로 통보하여, 위 통보가 2010. 1. 18. C에게 도달되었다.

〈소송의 경과〉

- C는 A 주식회사 측에 위 대여금의 지급을 촉구하였으나 지급받지 못하자 C1 변호사에게 소송을 의뢰하였고, C1은 C의 소송대리인이 되어 2012. 8. 1. D 및 E를 상대로 연대보증채무의 이행을 구하는 소송을 제기하였다.
- D는 C의 소장을 송달받은 후 변호사 D1을 소송대리인으로 선임하면서 ① 일체의 소송행위, ② 반소의 제기 및 응소, 상소의 제기 및 취하, ③ 소의 취하, 화해, 청구의 포기 및 인낙 등의 권한을 위임하였다.
- E는 2012. 11. 3. 금치산선고를 받았는데, 아버지 E1이 후견인으로 선임된 후 친족회 동의를 얻어 E의 법정대리인으로서 C의 본소에 대하여 답변하는 한편, 반소로서 위 연대보증채무(C가 E에게 청구한 본소청구 금액 전부)가 존재하지 아니한다는 내용의 채무부존재확인의 소를 제기하였다.

< 문제 >

1. D의 소송대리인 D1은 'D는 회사의 이사 지위에서 부득이하게 연대보증을 선 것이어서 이사 사임 직후 위 연대보증계약을 해지한 이상 연대보증채무를 부담하는 것은 부당하며, 나아가 연대보증인의 동의 없이 주채무의 기한을 연장한 이상 그 후에 확정된 대출금 채무를 연대보증인에게 청구하는 것은 부당하다'는 취지로 주장하였다. 위 각 주장이 받아들여질 수 있는지 여부를 논거와 함께 서술하시오 (보증인 보호를 위한 특별법은 고려하지 말 것). (10점)

2. 만약 위 소송에서 피고 D가 소송계속 중 상속인으로 처와 아들 1명을 남기고 사망하였으나, 법원이 이를 알지 못한 채 피고를 D로 표시한 판결을 선고하였고, 그 판결문이 소송대리인 D1에게 송달되었다면 위 판결의 효력이 상속인들에게 미치는지 여부와 상소기간이 진행되는지 여부를 각 논거와 함께 서술하시오. (20점)

3. E 측은 본소에 대한 항변 및 반소청구원인으로 C와 E 사이의 연대보증계약은 주위적으로 폭리행위여서 무효라고 주장하고, 예비적으로 의사무능력자의 행위여서 무효라고 주장하였다. E 측의 위 각 주장이 받아들여질 수 있는지 여부를 논거와 함께 서술하고, C의 본소와 E의 반소의 각 결론[각하, 청구전부인용, 청구일부인용(일부 인용되는 경우 그 구체적인 금액 또는 내용을 기재할 것), 청구기각]을 그 논거와 함께 서술하시오. (30점)

<제 2 문>

< 공통된 사실관계 >
- 甲과 甲의 동생인 A는 2010. 9.경 甲이 제공한 매수자금으로 A를 매수인, B를 매도인으로 하여 B 소유의 X 부동산에 대한 매매계약을 체결하고 A 명의로 소유권이전등기를 경료하기로 하는 명의신탁약정을 체결하였다.
- A와 B는 2010. 10. 12. X 부동산에 관한 매매계약을 체결하고 A 명의로 소유권이전등기를 마쳤다. B는 甲과 A 사이의 명의신탁약정에 대하여는 전혀 알지 못하였다.
- 甲은 A가 X 부동산을 매수한 이래 현재까지 X 부동산을 무상으로 사무실로 사용하고 있으며, 2010. 12.경 X 부동산을 개량하기 위하여 5,000만 원 상당의 유익비를 지출하였다.
- 한편, A는 2011. 6. 3. C로부터 금 2억 원을 변제기 2012. 6. 3.로 정하여 차용하면서 甲이 모르게 X 부동산에 C 명의로 근저당권(채권최고액 2억 5,000만 원)을 설정해 주었다.

<제2문의 1>

< 사실관계 및 소송의 경과 >
- A가 변제기에 C에게 채무를 변제하지 못하자 C는 근저당권을 실행하였고, 乙은 경매절차에서 2012. 7. 14. 매각대금을 완납하고 2012. 8. 1. 그 소유권이전등기를 경료하였다.
- 그 후 乙은 X 부동산의 소유자로서 甲을 상대로 '피고는 원고에게 X 부동산을 인도하고, 부당이득반환 또는 불법점유로 인한 손해배상으로 2010. 10. 12.부터 X 부동산의 인도완료일까지 월 200만 원의 비율에 의한 금원을 지급하라'는 내용의 소를 제기하였고, 이 소장부본은 2012. 8. 14. 甲에게 도달하였다.
- 乙의 청구에 대해서 甲은 다음과 같은 주장을 하였다.
  ① X 부동산의 실제 소유자는 甲 자신이므로 A가 甲의 동의 없이 C에게 설정해 준 근저당권은 실체법상 무효이고, 무효인 근저당권의 실행을 통한 경매절차에서 매각대금을 완납한 乙은 X 부동산의 소유자가 아니다.
  ② 설령 乙이 X 부동산의 소유자라도, 甲은 A에 대하여 X 부동산의 매수자금 상당의 부당이득반환청구권이 있고, X 부동산을 개량하기 위하여 유익비 5,000만 원을 지출하였으므로 민법 제611조 제2항에 따라 유익비상환청구권을 가지기 때문에 A로부터 매수자금과 유익비를 반환받을 때까지 X 부동산을 인도할 수 없다.
  ③ 또한 甲은 乙의 금원지급청구와 관련하여, 甲 자신이 X 부동산의 소유자로서 X 부동산을 적법하게 점유하여 사용·수익하고 있으므로 부당이득반환청구 또는 불법점유를 원인으로 한 손해배상청구에 응할 수 없다.
  ④ 설령 乙이 X 부동산의 소유자라도, 甲은 유치권자로서 X 부동산을 사무실로 사용하고 있으며 이는 유치물의 보존에 필요한 사용이므로 부당이득반환 또는 불법점유를 원인으로 한 손해배상청구에 응할 수 없다.

○ 乙은 甲의 항변에 대해서, 甲과 A 사이의 명의신탁약정은 무효이고, X 부동산의 매수자금 상당의 부당이득반환청구권에 기하여 유치권이 성립하지 않으며, 유익비는 A에게 반환을 청구할 수 있을 뿐이므로 유익비상환청구권에 기하여도 유치권이 성립하지 않는다고 주장한다.
○ 법원의 심리 결과, 甲의 유익비 지출로 인하여 X 부동산의 가치가 5,000만 원 정도 증대되어 현존하고 있는 사실과 2010. 10. 12.부터 현재까지 X 부동산의 임료가 월 100만 원임이 인정되었다.

< 문제 >

甲에 대한 乙의 청구에 대한 결론[각하, 청구전부인용, 청구일부인용(일부 인용되는 경우 그 구체적인 금액 또는 내용을 기재할 것), 청구기각]을 그 논거와 함께 서술하시오. (40점)

〈제2문의 2〉

< 변형된 사실관계 >
○ A는 2011. 8. 1. 자신의 사업 자금을 조달하기 위하여, 丁으로부터 2억 원을 빌렸다.
○ 그러나, A의 사업은 경기침체로 인하여 더 어려워졌고, 결국, 평소 A의 재무 상황을 잘 파악하고 있는 丙에게 "내가 급히 사업자금이 필요하여 나의 유일한 재산인 X 부동산을 급하게 매각해야 하니까, 매수해달라."라고 요청하여, 이를 승낙한 丙에게 2011. 9. 1. X 부동산을 당시 시가인 5억 원에 매도하고, 같은 날 丙은 자기 명의로 소유권이전등기까지 마쳤다.
○ 2012. 6. 3. 丙은 X 부동산에 이미 설정되어 있던 근저당권의 피담보채무 전액 2억 원을 C에게 변제하고 근저당권을 말소하였다.
○ 그 이후, 丙은 2012. 7. 1. A가 D 은행으로부터 1억 원을 대출받을 때 X 부동산을 담보로 제공하고 D 은행 명의로 채권최고액 1억 5,000만 원의 근저당권설정등기를 경료했다.
○ 丁은 A가 X 부동산을 丙에게 매도한 사실을 2012. 9. 15.에 비로소 알게 되었고, 2012. 10. 1. 丙을 상대로 '1. 피고와 소외 A 사이에 X 부동산에 관하여 2011. 9. 1.에 체결된 매매계약을 2억 원의 범위 내에서 취소한다. 2. 피고는 원고에게 2억 원 및 이에 대하여 판결 확정 다음날부터 다 갚는 날까지 연 5%의 비율에 의한 돈을 지급하라.'라는 소를 제기하였다.
○ 丁의 청구에 대해서 丙은 ① 丙이 X 부동산의 소유권을 취득한 날부터 1년이 경과한 후 丁이 소를 제기하였으므로 丁의 청구는 부적법하고, ② X 부동산을 시가 5억 원에 매매하였기 때문에 A의 책임재산에 변동이 없으므로 사해행위가 성립할 수 없으며, ③ 丙이 아직 등기부상 소유자이므로 원물반환을 청구할 수 있을 뿐이며 가액반환을 청구할 수는 없고, ④ 설사 백보를 양보하여 사해행위가 성립하더라도, C에게 이미 설정된 근저당권의 채권최고액 2억 5,000만 원 및 丙이 D 은행에 대하여 물상보증인으로서 설정한 근저당권의 채권최고액 1억 5,000만 원을 모두 공제한 후 가액배상을 해야 한다고 항변한다.
○ 법원의 심리 결과, A는 2011. 9. 1.부터 변론종결 시까지 채무초과상태였다. 또한, 2012년 부동산경기 침체 때문에 변론종결 당시 X 부동산의 시가는 3억 5,000만 원이며, C의 피담보채권액은 2억 원으로 근저당권 설정 당시부터 丙이 변제할 때까지 변동이 없다고 밝혀졌다.

< 문제 >

丙에 대한 丁의 청구에 대한 결론[각하, 청구전부인용, 청구일부인용(일부 인용되는 경우 그 구체적인 금액 또는 내용을 기재할 것), 청구기각]을 그 논거와 함께 서술하시오. (30점)

〈제2문의 3〉

〈변형된 사실관계〉
○ A는 X 부동산을 戊에게 매도하고 인도하였으며, 戊는 X 부동산을 다시 己에게 매도하고 인도하였다. A, 戊, 己 전원은 X 부동산의 소유권이전등기를 A의 명의에서 바로 己의 명의로 하기로 합의하였다. 그 후 A와 戊는 둘 사이의 매매대금을 인상하기로 약정하였다.

< 문제 >
1. 己가 戊의 A에 대한 소유권이전등기청구권을 대위행사하였다. 이 경우에 戊의 A에 대한 소유권이전등기청구권은 A, 戊, 己 3인의 합의에 의하여 이미 소멸하였다는 이유로 A가 己의 청구를 거절할 수 있는가? (15점)
2. 己가 A에게 소유권이전등기의 이행을 청구할 당시 戊가 A에게 인상된 매매대금을 아직 지급하지 않았다면 A는 이를 이유로 己의 청구를 거절할 수 있는가? (15점)

2013년 제2회 변호사시험

[제1문의 1]

문제1 - 가 | 사례 067(민소법)
Ⅰ. 문제의 소재
Ⅱ. 사문서의 형식적 진정성립의 추정과 복멸
   1. 작성명의인의 인영이 진정한 것으로 인정되면 문서 전체의 진정성립이 추정되는지 여부
   2. 형식적 증거력에 대한 2단의 추정의 복멸(도용의 항변)
Ⅲ. 결론

문제1 - 나 | 사례 010(민법)
Ⅰ. 문제의 소재
Ⅱ. 변론주의와 주장책임
Ⅲ. 유권대리의 주장에 표현대리가 포함되어 있는지 여부
Ⅳ. 결론

문제1 - 다 | 사례 010(민법)
Ⅰ. 문제의 소재
Ⅱ. 주위적 주장으로서의 표현대리의 인정 여부
   1. 민법 제126조의 권한을 넘은 표현대리의 요건사실
   2. 사안의 경우
Ⅲ. 무권대리인의 추인 주장 인정 여부
   1. 요건사실
   2. 무권대리 추인의 방법
   3. 무권대리 추인의 상대방
   4. 사안의 경우
Ⅳ. 결론

문제1 - 라 | 사례 136(민법)
Ⅰ. 문제의 소재
Ⅱ. A와 乙의 매매계약 상의 동시이행관계
Ⅲ. 실권조항에 의한 자동해제 조항의 효력
Ⅳ. 결론

문제2 - 가 | 사례 068(민소법)
Ⅰ. 문제의 소재
Ⅱ. 丁에 대한 저당권설정등기 말소소송에 대하여
   1. 변론기일 불출석에 따른 자백간주를 적용하기 위한 요건(제150조 제3항)
   2. 자백간주가 성립하지 않는 경우의 법률관계
   3. 등기의 추정력에 기한 증명책임
   4. 사안의 경우
Ⅲ. 저당권이전의 부기등기 말소 소송에 대하여
   1. 소의 이익의 하부개념으로서의 권리보호이익
   2. 부기등기의 말소청구의 권리보호이익
Ⅳ. 결론

문제2 - 나 | 사례 042(민소법)
Ⅰ. 문제의 소재
Ⅱ. 장래이행의 소의 의미, 취지
Ⅲ. 장래이행의 소의 적법요건
Ⅳ. 선이행청구의 적법요건
Ⅴ. 처분권주의 위배 여부
   1. 처분권주의의 의미
   2. 선이행 판결의 처분권주의 위배 여부
Ⅵ. 결론

[제1문의 2]

문제1 | 사례 133(민법)
Ⅰ. 문제의 소재
Ⅱ. 확정채무에 대하여 사정변경을 이유로 보증계약을 해지할 수 있는지 여부
Ⅲ. 변제기 연장을 이유로 보증채무의 이행을 거절할 수 있는지 여부

문제2 | 사례 024(민소법)

Ⅰ. 문제의 소재
Ⅱ. 소송계속 중 변론종결 전 당사자 사망의 효과
   1. 당사자 지위의 당연승계 여부
   2. 소송절차의 중단 여부
Ⅲ. 소송대리인에게 상소 특별수권이 있는 경우 상소기간의 진행 여부
   1. 소송대리인의 수권 범위
   2. 상소의 특별 수권에 따라 소송절차가 중단되는지 여부
   3. 사안의 경우
Ⅳ. 결론

문제3 | 사례 001(민법)

Ⅰ. 문제의 소재
Ⅱ. C의 본소 주장에 대한 판단
   1. 소비대차계약에 기한 금전지급채권의 연대보증에 의한 이행청구 요건사실
   2. 사안의 경우
Ⅲ. E의 항변에 대한 판단
   1. 불공정한 법률행위로서 무효(제104조)라는 주위적 주장에 대한 판단
   2. E가 계약 체결 당시 의사무능력이어서 연대보증이 무효라는 항변
   3. 사안의 경우
Ⅳ. E의 반소에 대한 판단
   1. 반소의 소송요건
   2. 반소의 이익의 의미
   3. 사안의 경우
Ⅴ. 결론

[제2문의 1]

문제 | 사례 068(민법)

Ⅰ. 문제의 소재
Ⅱ. 乙의 부동산 청구에 대한 판단
   1. 乙의 부동산 인도청구의 요건사실
   2. 甲의 항변에 대한 판단
   3. 甲의 유치권 항변
   4. 상환이행판결의 적법 여부
   5. 소결론
Ⅲ. 乙의 甲에 대한 부당이득, 불법행위 손해배상청구에 대하여
   1. 불법행위 손해배상의 요건사실(제750조)
   2. 사안의 경우 甲의 점유가 위법한지
   3. 부당이득반환청구의 요건사실(제741조)
   4. 유치권자의 목적물 사용이 소유자에 대한 부당이득이 성립하는지 여부
Ⅳ. 결론

[제2문의 2]

문제 | 사례 098(민법)

Ⅰ. 문제의 소재
Ⅱ. 丁의 채권자취소권 행사의 적법성 검토
   1. 채권자취소권의 요건(제406조)
   2. 피고적격 구비 여부
   3. 제소기간 도과 여부
Ⅲ. 채권자취소권 행사의 인용 여부
   1. 피보전채권의 존재 및 성립시기
   2. 사해행위 여부
   3. 채무자의 악의 및 수익자의 악의 추정 여부
Ⅳ. 원상회복의 방법 및 범위
   1. 원상회복의 방법
   2. 가액배상의 범위
   3. 사해행위 후 수익자가 저당권설정등기를 한 경우 가액배상에서 공제되어야 하는지
Ⅴ. 결론

[제2문의 3]

문제1 | 사례 027(민법)

Ⅰ. 문제의 소재
Ⅱ. 중간생략등기의 합의의 유효요건
Ⅲ. 중간매수인의 최초매도인에 대한 소유권이전등기 청구권 유무
Ⅳ. 결론

문제2 | 사례 027(민법)

Ⅰ. 문제의 소재
Ⅱ. 중간생략등기의 합의로 인해 최초 매도인의 중간매수인에 대하여 갖고 있는 매매대금청구권의 행사가 제한되는지 여부
Ⅲ. 각 당사자의 법률관계
Ⅳ. 결론

2012년도 시행 제1회 변호사시험 — 민사법

〈제 1 문〉

甲(주소지: 서울 성동구)은 2009. 3. 1. 乙(주소지: 서울 강남구)로부터 서울 강남구 소재 대한빌딩 중 1, 2층을 임대보증금 1억 원, 월 차임 400만 원, 임대차기간 2년으로 약정하여 임차하였다. 그리고 위 임대차계약서 말미에 "본 임대차와 관련하여 甲과 乙 사이에 소송할 필요가 생길 때에는 서울중앙지방법원을 관할법원으로 한다."라는 특약을 하였다. 甲은 乙에게 위 임대보증금 1억 원을 지급한 후 위 건물에서 '육고기뷔페'라는 상호로 음식점을 경영하고 있다. 甲은 도축업자인 丙(주소지: 서울 노원구)에게서 돼지고기를 구입하여 왔는데, '육고기뷔페'의 경영 악화로 적자가 계속되어 丙에게 돼지고기 구입대금을 제때에 지급하지 못하여 2010. 12.경에는 丙에 대한 외상대금이 1억 원을 넘게 되었다. 이에 丙이 甲에게 위 외상대금을 갚을 것을 여러 차례 독촉하자 甲은 부득이 乙에 대한 위 임대보증금반환채권을 丙에게 2011. 1. 17. 양도하게 되었고, 甲은 2011. 1. 20. 乙에게 내용증명 우편으로 위 채권양도 사실을 통지하여 다음날 乙이 위 내용증명 우편을 직접 수령하였다. 한편, 甲에 대하여 3,000만 원의 대여금채권을 가지고 있는 A는 위 채권을 보전하기 위하여 甲의 乙에 대한 위 임대보증금반환채권에 대하여 채권자를 A로, 채무자를 甲으로, 제3채무자를 乙로 하여 법원에 채권가압류신청을 하였고 위 신청에 대한 가압류결정이 고지되어 가압류결정 정본이 2011. 1. 22. 제3채무자인 乙에게 송달되었다. 甲과 乙은 2011. 2. 28. 위 임대차기간을 2년 연장하기로 합의(묵시의 갱신은 문제되지 아니하는 것을 전제로 함.)하였다. 임대차기간이 연장된 것을 전혀 모르는 丙이 乙에게 임대보증금의 지급을 요구하자 乙은 위 임대차기간이 연장되었음을 이유로 丙에게 임대보증금의 반환을 거절하였다.

※ 각급 법원의 설치와 관할구역에 관한 법률은 <제1문>에 첨부된 [참조조문]을 기준으로 판단할 것.

1. 乙이 甲과의 위 임대차기간 연장 합의를 이유로 丙에게 임대보증금의 지급을 거절한 것에 관하여 丙은 乙에 대하여 어떠한 법률상 주장을 할 수 있는가? (10점)
2. 丙은 변호사 丁을 찾아가서 임대보증금의 반환을 받는 방법에 대해 자문하였다. 현재 乙은 甲에게서 임대목적물을 인도받지 않았기 때문에 임대보증금을 반환할 수 없다는 입장이고, 甲 역시 자신이 점유 중인 임대목적물을 임의로 乙에게 인도할 생각이 전혀 없다. 변호사 丁으로서는 丙이 실질적으로 위 임대보증금을 반환받을 수 있도록 하려면 누구를 상대로 어떤 소송을 제기해야 한다고 답변하는 것이 적절한가? (이 경우 공동소송의 요건은 충족된 것으로 봄.)(30점)
3. 甲과 乙이 한 위 관할 합의에 관한 특약은 丙에게 효력이 미치는가? (20점)
4. 丙은 변호사 丁이 위 2.에서 답변한 내용에 따라 소송을 제기하기로 하여 그에 따른 소장을 작성한 후, 2011. 6. 10. 위 소장을 서울중앙지방법원에 접수하였고, 그 소장 부본은 2011. 6. 24. 소장에 기재된 피고측에 송달되었다. 한편, 乙은 甲을 상대로 2011. 6. 9. 서울동부지방법원에 甲의 3기 이상 월 차임 연체를 이유로 한 임대차계약의 해지를 청구원인으로 하여 위 건물 1, 2층의 인도를 구하는 소송을 제기하였고, 그 소장 부본은 2011. 6. 28. 甲에게 송달되었다. 丙이 제기한 소와 乙이 제기한 소는 각각 적법한가? (40점)

5. 위 임대보증금반환청구권과 관련하여 A가 받은 채권가압류결정과 丙이 받은 채권양도 중 어느 것이 우선하는가? (10점)
6. 위 임대보증금반환채권을 가압류한 A는 丙이 제기한 위 4.의 소송에서 피고 乙을 보조참가하는 신청을 하였고 이에 대하여 丙은 아무런 이의를 제기하지 아니하여 보조참가는 유효하게 되었다. 丙이 제기한 위 4.의 소송에서 원고 청구에 대한 전부 인용 판결이 선고되었다고 가정하고, 2011. 12. 12. 그 판결 정본이 피고 乙에게, 2011. 12. 14. 피고 보조참가인 A에게 각각 송달되었고, 피고 乙은 기한 내에 항소를 하지 아니하였으며, 피고 보조참가인 A는 2011. 12. 28. 제1심 법원에 항소장을 제출하였다면 위 항소는 효력이 있는가? (10점)
7. 乙은 위 4.의 소송에서 연체차임이 임대보증금에서 공제되어야 한다는 항변을 전혀 하지 아니한 채 소송이 종료된 후, 乙은 甲이 연체한 차임이 5,000만 원이라고 주장하면서 승소가능성을 고려하여 일단 3,000만 원만을 청구하는 것임을 소장 청구원인에서 명시적으로 밝히고 그 지급을 구하는 별도의 소를 甲을 상대로 제기하였다. 이 소송 제1심에서 원고 청구가 전부 기각되어 그 제1심 판결이 그대로 확정된 후 乙이 나머지 2,000만 원 부분에 대하여 甲을 상대로 소를 다시 제기하는 경우, 이 소는 적법한가? (30점)

[참조조문] 각급 법원의 설치와 관할구역에 관한 법률

제1조(목적) 이 법은「법원조직법」제3조 제3항에 따라 각급 법원의 설치와 관할구역을 정함을 목적으로 한다.

제2조(설치) ① 고등법원, 특허법원, 지방법원, 가정법원, 행정법원과 지방법원의 지원(支院) 및 가정법원의 지원을 별표 1과 같이 설치한다.
② 시법원 또는 군법원(이하 "시·군법원"이라 한다)을 별표 2와 같이 설치한다.

제3조(합의부지원) 지방법원의 지원 및 가정법원의 지원에 합의부를 둔다. 다만, 대법원규칙으로 정하는 지원에는 두지 아니한다.

제4조(관할구역) 각급 법원의 관할구역은 다음 각 호의 구분에 따라 정한다. 다만, 지방법원 또는 그 지원의 관할구역에 시·군법원을 둔 경우「법원조직법」제34조 제1항 제1호 및 제2호의 사건에 관하여는 지방법원 또는 그 지원의 관할구역에서 해당 시·군법원의 관할구역을 제외한다.

1. 각 고등법원·지방법원과 그 지원의 관할구역: 별표 3
2. 특허법원의 관할구역: 별표 4
3. 각 가정법원과 그 지원의 관할구역: 별표 5
4. 행정법원의 관할구역: 별표 6
5. 각 시·군법원의 관할구역: 별표 7
6. 항소사건(抗訴事件) 또는 항고사건(抗告事件)을 심판하는 지방법원 본원 합의부 및 지방법원 지원 합의부의 관할구역: 별표 8
7. 행정사건을 심판하는 춘천지방법원 및 춘천지방법원 강릉지원의 관할구역: 별표 9

제5조(행정구역 등의 변경과 관할구역)
① 법원의 관할구역의 기준이 되는 행정구역이 변경된 경우에는 이 법에 따라 법원의 관할구역이 정하여질 때까지 정부와 협의하여 그 변경으로 인한 관할구역을 대법원규칙으로 정할 수 있다.
② 인구 및 사건 수 등의 변동으로 인하여 시·군법원의 관할구역을 조정할 필요가 있다고 인정되는 경우에는 이 법에 따라 관할구역이 정하여질 때까지 그 관할구역의 변경을 대법원규칙으로 정할 수 있다.

[별표 3] 고등법원·지방법원과 그 지원의 관할구역 중 일부

고등법원	지방법원	지원	관할구역
서울	서울중앙		서울특별시 종로구·중구·성북구·강남구·서초구·관악구·동작구
	서울동부		서울특별시 성동구·광진구·강동구·송파구
	서울남부		서울특별시 영등포구·강서구·양천구·구로구·금천구
	서울북부		서울특별시 동대문구·중랑구·도봉구·강북구·노원구
	서울서부		서울특별시 서대문구·마포구·은평구·용산구

〈제 2 문〉

〈 공통된 기초사실 〉

甲과 乙은 2010. 3. 1. 甲이 乙에게 나대지인 X 토지를 매매대금 3억 원에 매도하되, 계약금 3,000만 원은 계약 당일 지급받고, 중도금 1억 원은 2010. 3. 31.까지 지급받되 미지급 시 그 다음날부터 월 1%의 비율에 의한 지연손해금을 가산하여 지급받으며, 잔대금 1억 7,000만 원은 2010. 9. 30. 소유권이전등기에 필요한 서류의 교부와 동시에 지급받기로 하는 내용의 매매계약(이하 '이 사건 매매계약'이라 한다.)을 체결하고, 그에 따라 같은 날 乙로부터 계약금 3,000만 원을 지급받았다.

〈제2문의 1〉

〈 추가된 사실관계 〉

○ 甲은 2010. 3. 10. 丙에게 이 사건 매매계약의 내용을 설명하면서 위 중도금 1억 원 및 그에 대한 지연손해금 채권을 양도하였고, 乙은 같은 날 위 채권양도에 대하여 이의를 유보하지 아니한 채 승낙을 하였다.

○ 한편 乙은 丁에 대한 서울고등법원 2009나22967호 약정금 청구사건의 집행력 있는 조정조서 정본에 기초하여 2010. 4. 20. 서울중앙지방법원 2010타채5036호로 丁의 甲에 대한 1억 5,000만 원의 대여금 채권(변제기는 2010. 2. 28.임)에 대하여 채권압류 및 전부명령을 받았고, 그 명령은 2010. 5. 20. 甲에게 송달되어 그 무렵 확정되었다.

○ 戊는 乙에 대한 5억 원의 대여금 채권을 보전하기 위하여 2010. 7. 15. 乙의 甲에 대한 X 토지에 관한 위 매매를 원인으로 한 소유권이전등기청구권을 가압류하였고, 그 가압류 결정은 2010. 7. 22. 甲에게 송달되었다.

< 소송의 경과 >
○ 甲과 丙은 2011. 2. 10. 乙을 상대로, '乙은 甲에게 위 잔대금 1억 7,000만 원 및 이에 대한 이 사건 소장부본 송달일 다음날부터 다 갚는 날까지 연 20%의 비율에 의한 소송촉진 등에 관한 특례법에 정해진 지연손해금을, 乙은 丙에게 위 양수금 1억 원 및 이에 대한 2010. 4. 1.부터 이 사건 소장부본 송달일까지는 월 1%의 비율에 의한 약정 지연손해금을, 그 다음날부터 다 갚는 날까지는 연 20%의 비율에 의한 위 특례법상의 지연손해금을 각 지급하라'는 내용의 소를 제기하였다.
○ 그러자 乙은 제1차 변론기일(2011. 6. 20.)에서, 甲으로부터 X 토지에 관한 소유권이전등기를 넘겨받기 전에는 丙의 청구에 응할 의무가 없고, 가사 그렇지 않다 하더라도 乙은 위 전부명령에 의하여 甲에 대하여 1억 5,000만 원의 채권을 취득하였으므로 이를 자동채권으로 하여 丙의 위 양수금 채권과 대등액에서 상계하면 丙의 채권은 소멸하였다고 주장하였다.
○ 이에 대하여 丙은, 중도금의 지급은 잔대금의 지급의무와는 달리 선이행 의무이고, 또한 乙이 위 채권양도에 관하여 이의 유보 없는 승낙을 하였기 때문에 甲에 대한 동시이행의 항변권을 원용할 수 없을 뿐 아니라, 甲에 대한 위 전부금 채권으로 丙의 위 양수금 채권과는 상계할 수 없다고 주장하였다.
○ 乙은 다시, 丙이 이 사건 매매계약의 내용을 알고 있었고, 乙로서는 위 채권양도 당시에는 전부금 채권을 취득하지 아니하였기 때문에 이의 유보 없는 승낙을 하였으나, 그 후 취득한 전부금 채권의 변제기가 수동채권의 변제기보다 먼저 도래할 뿐만 아니라, 현재 양 채권 모두 변제기가 도래하여 상계적상에 있으므로 상계할 수 있다고 반박하였다.
○ 그 후 乙은 甲에게 잔대금 1억 7,000만 원을 지급할 테니 X 토지에 관한 소유권이전등기절차를 이행해 달라고 요구하였으나 甲이 이를 거절하자, 2011. 7. 25. 甲을 피공탁자로 하여 위 잔대금 1억 7,000만 원을 변제공탁한 다음, 같은 날 甲을 상대로 X 토지에 관하여 위 매매를 원인으로 한 소유권이전등기절차의 이행을 구하는 반소를 제기하였다.
○ 甲은 제2차 변론기일(2011. 8. 1.)에서, 戊가 乙의 甲에 대한 위 소유권이전등기청구권에 관하여 가압류하였으므로 乙의 반소청구에 응할 수 없다고 주장하는 한편, 乙에 대한 잔대금지급 청구의 소를 취하하였고, 乙은 甲의 소취하에 대하여 동의하였다.
○ 심리 결과, 위 사실관계의 내용 및 당사자의 주장사실은 모두 사실로 입증되었고, 이 사건과 관련하여 위에서 주장된 내용 이외에는 특별한 주장과 입증이 없는 상태에서 2011. 8. 1. 변론이 종결되고, 2011. 8. 16.이 판결 선고기일로 지정되었다.

< 문제 >
소송의 경과에서 제기된 당사자들의 주장 내용을 토대로, 丙의 乙에 대한 청구 및 乙의 甲에 대한 반소청구에 대한 각 결론[청구전부인용, 청구일부인용(일부 인용되는 경우 그 구체적인 금액 또는 내용을 기재할 것), 청구기각]을 그 논거와 함께 서술하시오. (50점)

⟨제2문의 2⟩

⟨ 추가된 사실관계. 다만 제2문의 1에 추가된 사실관계와는 별개임 ⟩

○ 乙은 X 토지의 소유권을 취득한 다음 2011. 3. 20. A와 사이에, A의 비용으로 X 토지 지상에 2층 건물을 신축하되, 그 소유관계는 각 1/2 지분씩 공유하기로 서로 합의하고, 그에 따라 乙과 A가 공동건축주로서 신축을 시작하였다.

○ 그 후 乙은 위 신축건물의 규모와 종류를 외관상 짐작할 수 있을 정도로 공사가 진행된 무렵인 2011. 4. 8. 자신의 동생 B가 C에 대하여 부담하고 있는 매매대금 3억 원(변제기는 2011. 7. 20.임)의 지급채무를 담보하기 위하여 C 명의로 X 토지에 관한 소유권이전등기를 경료해 주기로 상호 합의하였다.

○ 乙은 B가 C에 대한 채무를 변제하지 못하자, 2011. 7. 25. 위 합의에 따라 X 토지에 관하여 C 명의의 소유권이전등기를 경료해 주었고, 그 당시 위 신축건물은 완공되지는 않았으나 2층 건물 공사 대부분이 마무리되고 내장공사만 남아 있었다.

○ A는 2011. 7. 30. 乙과 아무런 상의 없이 일방적으로 D에게 위 신축건물 전체를 월 임료 500만 원으로 약정하여 임대하여 주었다.

< 문제 >

1. C는 2011. 9. 20. 乙과 A를 상대로 위 신축건물의 철거 및 X 토지의 인도를 구하는 소를 제기하였다. 이 경우 乙과 A가 제기할 수 있는 실체법상 타당한 항변은 무엇인지를 그 논거와 함께 서술하시오(다만 X 토지에 관한 C의 소유권 취득은 정당한 것으로 전제함). (15점)

2. 乙은 2012. 1. 6. D를 상대로 위 신축건물의 인도 및 2011. 7. 30.부터 위 신축건물의 인도완료일까지 건물 임대료(월 500만 원) 상당액의 부당이득반환을 구하는 소를 제기하였다.
그러자 D는 위 신축건물에 관한 1/2 지분권자인 A로부터 적법하게 임차한 다음 A에게 임료 전액을 지급하였으므로 乙의 청구는 부당하다고 주장하였다.
위 사실관계의 내용 및 당사자의 주장사실이 모두 사실로 입증되고, 이 사건과 관련하여 다른 주장이 없다면, 乙의 청구에 대한 결론[청구전부인용, 청구일부인용(일부 인용되는 경우 그 구체적인 금액 또는 내용을 기재할 것), 청구기각]을 그 논거와 함께 서술하시오. (15점)

〈제2문의 3〉

< 추가된 사실관계. 다만 제2문의 1, 2에 추가된 사실관계와는 별개임 >
- 乙은 친구인 E와 각각 매매대금을 1억 5,000만 원씩 부담하여 X 토지를 매수하여 각 1/2 지분씩 공유하되, 매매에 따른 소유권이전등기는 乙 명의로 하기로 상호 합의하였고, 그 합의에 따라 乙이 甲과 이 사건 매매계약을 체결하였다. 그리고 甲은 이 사건 매매계약 체결 당시 위 합의 내용을 알지 못하고 있었다.
- 그 후 乙은 이 사건 매매계약에 따른 중도금을 지급한 다음 잔대금을 지급하면서 E와 한 위 합의와는 달리 이 사건 매매계약에 따른 등기명의를 자신의 동생인 F 앞으로 넘겨줄 것을 甲에게 요구하였고, 그에 따라 2010. 9. 30. X 토지에 관하여 F의 동의 아래 F 명의의 소유권이전등기가 마쳐졌다.
- E는 2011. 3. 20. X 토지에 관한 소유권이전등기가 乙이 아닌 F 명의로 마쳐진 사실을 뒤늦게 알게 되었고, 또한 乙이 최근 사업에 실패하여 다른 재산이 없다는 사실도 알게 되었다.

< 문제 >
1. E는 乙과 F에 대하여 어떠한 내용의 청구를 할 수 있는지를 그 논거와 함께 서술하시오. (10점)
2. E는 위 청구권을 보전하기 위하여 누구를 상대로 어떤 내용의 소를 제기할 수 있는지를 그 논거와 함께 서술하시오. (10점)

2012년 제1회 변호사시험

[제1문]

문제1 | 사례 109(민법)

Ⅰ. 문제의 소재
Ⅱ. 보증금반환 채권양도 통지 후에 임대차기간 연장합의를 채권양수인에게 주장할 수 있는지 여부
　1. 채권양도 통지의 효력
　2. 임대차보증금반환채권양도 후 임대차기간 연장합의를 양수인에게 주장할 수 있는지
Ⅲ. 결론

문제2 | 사례 109(민법)

Ⅰ. 문제의 소재
Ⅱ. 임대차계약상의 동시이행항변권을 채권양수인에게도 주장할 수 있는지 여부
　1. 임대차계약에서의 동시이행관계
　2. 채권양수인에게도 임대차 계약상의 동시이행항변권을 주장할 수 있는지 여부
Ⅲ. 채권자대위권 행사를 통한 丙의 甲에 대한 청구
　1. 채권자대위소송을 통해 임대목적물을 임대인에게 반환할 것을 청구할 수 있는지 여부
　2. 채권자대위의 요건(제404조)
　3. 보전의 필요성 요건 관련하여 채무자의 무자력을 요구하는지 여부
　4. 사안의 경우
Ⅳ. 丙의 乙에 대한 임대차보증금반환채권의 양수금 청구
Ⅴ. 결론

문제3 | 사례 002(민소법)

Ⅰ. 문제의 소재
Ⅱ. 관할합의의 유효요건
Ⅲ. 당사자의 합의가 전속적 관할합의인지 여부
　1. 당사자의 관할합의가 불분명한 경우
　2. 이 사건의 관할합의가 전속적 관할합의인지 여부
Ⅳ. 甲과 乙의 관할합의가 채권의 양수인에게도 미치는지 여부
　1. 관할합의의 효력이 미치는 범위
　2. 丙이 지명채권의 특정승계인인지 여부
Ⅴ. 사안의 해결

문제4 | 사례 040(민소법)

Ⅰ. 문제의 소재
Ⅱ. 丙의 乙에 대한 양수금 청구소송의 적법 여부
　1. 장래이행의 소에 해당하는지 여부
　2. 장래이행의 소의 적법요건
　3. 사안의 경우
Ⅲ. 丙의 甲에 대한 채권자대위소송의 적법 여부
　1. 채권자대위소송의 적법 요건(민법 제404조)
　2. 사안의 경우
Ⅳ. 乙의 甲에 대한 목적물 인도청구의 소 적법 여부
　1. 전속적 관할합의 위반 여부
　2. 중복소제기 위반 여부
Ⅴ. 사안의 해결

문제5 | 사례 109(민법)

Ⅰ. 문제의 소재
Ⅱ. 채권양도의 제3자에 대한 대항요건(제450조 제2항)
Ⅲ. 채권양수인 丙과 채권의 가압류권자인 A 중에서 누가 우선하는지 여부
Ⅳ. 결론

문제6 | 사례 121(민소법)

Ⅰ. 문제의 소재
Ⅱ. 상소기간의 기산일과 종료일
Ⅲ. 보조참가인의 지위
Ⅳ. 결론

문제7 | 사례 082(민소법)

Ⅰ. 문제의 소재
Ⅱ. 기판력의 작용 범위
Ⅲ. 전소에서 주장하지 않은 연체차임 공제항변을 후소에서 주장하는 것이 기판력에 반하는지
　1. 판결 이유 중 판단에 대한 구속력 인정 여부
　2. 전소에서 주장하지 않았던 공제항변에 대하여 후소의 연체차임지급 청구가 전소의 기판력에 저촉되는지 여부
　3. 사안의 경우
Ⅳ. 전소의 일부청구의 경우 기판력이 미치는 범위
　1. 일부만 청구한 경우 소송물이 무엇인지
　2. 사안의 경우
Ⅴ. 결론

[제2문의 1]

문제 | 사례 100(민소법)

Ⅰ. 문제의 소재
Ⅱ. 丙의 청구에 대한 판단
　1. 丙의 乙에 대한 양수금 청구
Ⅲ. 乙의 甲에 대한 반소청구에 대한 결론
　1. 반소 소송요건의 적법성
　2. 본소취하 시 반소의 적법 여부
　3. 소유권이전등기청구권이 가압류 된 경우의 법률관계
　4. 현재이행의 소를 제기한 경우 장래이행판결을 할 수 있는지
Ⅳ. 결론

[제2문의 2]

문제1 | 사례 061(민법)

Ⅰ. 문제의 소재
Ⅱ. C의 주장에 대한 판단
Ⅲ. 乙과 A의 항변에 대한 판단
　1. 관습상의 법정지상권 성립 요건
　2. 건물이 완성되지 않은 경우에도 관습상의 법정지상권이 인정될 수 있는지 여부
　3. 건물의 공유자 중 1인이 토지 소유권자인 경우를 토지와 건물이 동일인 소유인 것에 해당하는지 여부
　4. 사안의 경우
Ⅳ. 결론

문제2 | 사례 045(민법)

Ⅰ. 문제의 소재
Ⅱ. 乙의 D에 대한 건물인도 주장에 대한 판단
　1. 乙의 건물인도청구권의 근거
　2. D가 점유할 권원이 있는지 여부
Ⅲ. 乙의 D에 대한 부당이득반환청구 주장에 대한 판단
　1. 부당이득반환청구의 요건
　2. 1/2지분권자인 乙에 대한 부당이득 성립 여부 및 반환 범위
　3. 선의점유자 D의 과실수취권이 인정되는지 여부
Ⅳ. 결론

[제2문의 3]

문제1 | 사례 053(민법)

Ⅰ. 문제의 소재
Ⅱ. 사안의 명의신탁약정의 유형
　1. 乙과 E사이의 명의신탁의 약정의 형태 및 효력
　2. 乙과 F에 대한 명의신탁 약정의 형태 및 효력
Ⅲ. E의 乙에 대한 부당이득반환 청구권 인정 여부
Ⅳ. E의 F에 대한 청구권의 인정 여부

문제2 | 사례 086(민법)

Ⅰ. 문제의 소재
Ⅱ. 채권자대위소송의 인정 여부
　1. 채권자대위의 요건
　2. 乙에 대한 E의 부당이득반환채권의 보전필요성에 대한 채무자의 무자력 요건 충족 여부
　3. 채권자대위권도 피대위권리가 되는지 여부
　4. 사안의 경우-E의 채권자대위소송의 제기

제1문

[제1문의 1]

〈공통된 사실관계〉
A는 2022. 3. 15. 원래 알고 지내던 변호사 B에게 2억 원의 대여금 반환청구의 소제기를 위임하였고, 이들은 위임계약을 체결함에 있어서 추가로 증거를 수집한 후 2달 이내에 소장을 제출하기로 약정하였다. 그런데 A가 2022. 4. 5. 교통사고로 사망하였고 유족으로 16세의 아들 C만 있다. C의 법정대리인은 조부인 D이다. B는 2022. 4. 7. A의 사망사실을 모른 채로 A를 원고로 기재하여 소를 제기하였다.

문제 1.
위 소제기는 적법한가? 판례의 입장을 설명하고 이를 비판해 보라. (15점)

문제 2.
1심 소송계속 중 C는 어떤 조치를 해야 하는가? 만약 1심 소송계속 중에 아무런 C의 조치 없이 원고가 A로 기재된 채로 판결이 선고되었다면, 그 판결의 효력이 어떠한가? C측이 위 판결에 불복할 경우 어떤 조치를 취해야 하는가? (10점) (B에 대한 상소제기의 특별수권은 없었음을 전제로 함)

[제1문의 2]

<공통된 사실관계>
甲은 의류판매업을 하는 乙로부터 丙에 대한 4억 원의 매매대금 채권을 양수하였다고 주장하면서, 丙을 상대로 양수금 청구의 소를 제기하였다. 甲이 소장에 첨부한 乙과 丙 명의의 매매계약서(이하 "갑제1호증"이라고 한다)에 의하면, "乙은 丙에게 티셔츠 40,000매를 인도하고, 丙은 乙에게 대금으로 금 4억 원을 지급한다."고 기재되어 있었으며, 乙과 丙의 인장이 각각 날인되어 있었다.

※ 추가된 사실관계는 각 별개임.

<추가된 사실관계 1>
제1차 변론기일에서 진행된 성립인부절차에서 丙이 갑제1호증에 대해서 부지(不知)로 답하자, 법원은 그 인영의 인정여부를 물었으며, 丙은 "도장은 내 것이 맞으나, 매매계약서에 날인한 적은 없다."고 답하였다. 또한 丙은 "그 도장은 사무실에서 항상 보관하고 있는 것이며, 직원들이 업무상 수시로 사용하고 있으므로 인장의 도용가능성이 있다."고 주장하며, 도장을 사무실에서 보관한 사실을 증명하기 위해 직원 丁에 대한 증인신문을 신청하였고, 법원은 그 증인신문을 실시하였다.

문제 1.
법원이 증거조사를 완료하였음에도 인장의 도용 여부에 관하여 확신을 갖지 못하고 있는 경우, 법원은 갑제1호증의 진정성립에 관하여 어떻게 판단하여야 할 것인가? (15점)

<추가된 사실관계 2>
제1차 변론기일에서 진행된 성립인부절차에서 丙은 갑제1호증에 대해서 성립을 인정하였으나, 제2차 변론기일에서는 이를 번복하여 갑제1호증의 성립을 부인하였다. 丙은 갑제1호증의 기재내용도 거짓이라고 주장하였으나 이를 뒷받침할 만한 증거를 제출하지 못하였다. 법원이 갑제1호증의 진정성립을 인정하면서도, 그 기재내용을 신뢰할 수 없다며 갑제1호증을 배척하면서, 별다른 배척사유를 설시하지 아니한 채 매매계약의 체결사실을 인정하지 않고 원고 청구를 기각하였다.

문제 2.
이러한 판결은 적법한가? (15점)

[제1문의 3]

<공통된 사실관계>
　甲은 2017. 12. 28. 야간에 대리운전 업체 乙 주식회사(이하 '乙'이라고 한다) 소속 기사 A가 운전하는 차량을 타고 귀가하던 중 차량이 도로 옆 가로수에 부딪히면서 그 충격으로 약 12주의 치료를 요하는 요추 골절상을 입고 병원에 입원하였다. 입원 치료를 마치고 2018. 4. 1. 퇴원한 甲은 2020. 9. 30. 대리운전 업체인 乙을 상대로 사용자책임에 기하여 불법행위를 원인으로 한 적극적 손해의 배상금으로 2억 원의 지급을 구하는 소를 제기하였다.

※ 추가된 사실관계는 각 별개임.

<추가된 사실관계 1>
　甲이 제출한 소장에는 청구금액을 위 2억 원으로 하되, 향후 치료 경과에 따라 청구금액이 확장될 수 있으며 2억 원은 전체 손해배상액 중 일부라는 기재가 있었다. 그런데 甲은 2020. 11. 1. 제출한 청구취지 및 청구원인 변경신청서에서 위 2억 원 중 퇴원 시 구입한 보조구 구입비 2천만 원을 청구범위에서 제외한다는 의사를 밝히고 청구금액을 1억 8천만 원으로 감축하였다. 그런데 甲은 2021. 11. 2. 제출한 청구취지 및 청구원인 변경신청서에서 추가로 소요된 치료비를 포함하여 청구금액을 3억 원으로 증액하면서 여기에는 위 보조구 구입비 2천만 원이 포함된다고 기재하였다. 이에 대하여 乙은 2021. 12. 1. 자 준비서면에서 보조구 구입비 2천만 원 부분은 채무자 및 손해를 안 날(보조구 구입일인 2018. 4. 1.)로부터 3년이 지나 청구한 것이므로 소멸시효가 이미 완성된 것이라고 항변하였다.

문제 1.
　乙의 위 소멸시효 항변은 타당한가? (15점)

<추가된 사실관계 2>
　甲은 제1심 소송 도중인 2021. 1. 30. 청구취지 및 청구원인 변경신청서를 제출하면서, 기존의 불법행위(사용자책임)에 기한 손해배상청구를 주위적 청구로 하고, 주위적 청구가 인정되지 않을 경우에 대비하여 대리운전 계약상 채무불이행에 기한 손해배상으로 2억 원의 지급을 구하는 예비적 청구를 추가하였다. 제1심법원은 주위적 청구를 전부 기각하고, 예비적 청구만 인용하였는데 이 판결에 대하여 乙만 항소를 제기하였다.

문제 2.
　만일 항소심법원이 제1심법원과 달리 불법행위에 기한 손해배상청구는 이유 있으나, 채무불이행에 기한 손해배상청구는 이유 없다는 심증을 가지게 되었다면 어떤 판결을 해야 하는가? (15점)

[제1문의 4]

A가 乙에 대하여 부담하는 물품대금 채무를 담보하기 위하여 甲이 자신의 소유 부동산에 乙 명의의 근저당권설정등기를 경료해 주었다. 그후 甲은 乙을 상대로 근저당권설정등기말소등기 청구의 소를 제기하면서 그 청구원인으로서 다음의 1), 2)를 주장하였다.

"1) A가 乙에 대한 채무 외에도 다액의 채무를 부담하여 변제자력이 충분하지 않은 사실을 乙은 알면서도 甲에게 그러한 사실을 숨기고 오히려 A가 충분한 자력이 있는 사람이라고 甲을 기망하여, 이를 잘못 믿은 甲으로 하여금 위 근저당권설정계약을 체결하게 한 것이다. 따라서 위 계약은 乙의 사기에 의한 하자 있는 의사표시에 기한 것이므로 이를 취소하고 그 근저당권설정등기의 말소를 구한다.
2) 위 근저당의 피담보채무인 A의 乙에 대한 물품대금채무가 모두 변제되어 위 근저당권설정등기는 피담보채무가 존재하지 아니하므로 그 말소를 구한다."

제1심이 원고 패소 판결을 선고하자 甲은 이에 불복하여 항소를 제기하였고, 항소심 제2차 변론기일에서 '위 청구원인 1) 부분을 유지하고, 위 청구원인 2) 부분을 철회한다'고 진술하였다. 그 후 甲은 다시 항소심 제3차 변론기일에서 '위 청구원인 2) 부분을 다시 추가한다'고 진술하였다.
항소심 변론종결시까지 제출된 주장과 증거를 종합해 보면, 사기에 의한 의사표시의 취소를 원인으로 한 근저당권설정등기말소 주장은 이를 인정할 증거가 없고, 피담보채무 부존재를 원인으로 한 근저당권설정등기말소 주장은 인정된다.

문제.
이러한 경우 항소심 법원은 어떠한 판결을 선고하여야 하는가? (15점)

[제1문의 5]

A는 2020. 11. 1. 甲에게 5,000만 원을 변제기 2021. 10. 31.로 정하여 무이자로 대여하였다. 甲은 채무초과 상태에 있던 2021. 3. 7. 처인 乙, 처제인 丙, 처남인 丁에게 각 그들에 대한 차용금의 변제로 1억 원씩 계좌이체의 방법으로 송금하였다.

A는 2022. 1. 20. 乙, 丙, 丁을 상대로 채권자취소권을 행사하여 위 각 변제를 전부 취소하고, 원상회복으로서 각 1억 원씩의 지급을 구하는 소를 제기하였다. 증거조사 결과 乙, 丙, 丁은 실제로 2020년경 甲에게 각 1억 원씩 대여한 사실이 있으나, 자신들 외에 다른 채권자들이 다수 있고 그 채권액을 합하면 30억 원에 이르지만, 甲에게는 위 3억 원 외에 다른 재산이 전혀 없는 사실을 알고 있었고, 그럼에도 불구하고 자신들의 채권을 우선적으로 변제받기 위해 甲을 재촉하여 각 변제를 받은 사실이 인정되었다.

문제 1.
법원은 A의 청구에 대하여 어떠한 판결을 선고하여야 하는가? (30점)

〈추가되는 사실관계〉

소송 중에 밝혀진 바에 의하면, 甲의 또 다른 채권자인 B는 2021. 4. 20. 乙을 상대로 乙에 대한 변제가 사해행위임을 이유로 그 취소와 원상회복을 구하는 소를 제기하여 2022. 2. 25. 원고 승소 판결이 선고되었고, 이에 대해 乙이 항소하여 현재 항소심이 계속 중이다. 乙은 "채권자 B가 먼저 자신을 상대로 사해행위취소소송을 제기하여 승소판결을 받았음에도 A가 동일한 사해행위취소소송을 제기하는 것은 중복제소에 해당하고 권리보호이익도 없으므로 이 사건 소는 부적법하다."고 주장하였다.

문제 2. (문제1과는 독립적이다.)
乙의 위 주장은 타당한가? (20점)

제 2 문

[제2문의 1]

〈공통된 사실관계〉

甲은 2022. 1. 10. 乙에게 "온라인 도박장을 개설하기 위한 사업자금이 필요하다."고 설명하고 乙로부터 5억 원을 차용하였다.

문제 1.

甲은 이 차용금채무의 담보를 위하여 X 부동산에 乙 명의의 저당권설정등기를 해 주었다. 乙이 2022. 6. 15. 위 대여금의 지급을 구하는 소를 제기하자, 甲은 위 대여 약정이 무효이므로 이행할 수 없다고 주장하는 한편, 乙을 상대로 X 부동산의 저당권설정등기의 말소를 구하는 소를 제기하였다. 甲과 乙의 각 청구에 대하여 법원은 어떤 판단을 하여야 하는가? (10점)

문제 2.

乙이 2022. 3. 1. 위 차용금의 용도를 알고 있는 丙에게 甲에 대한 채권을 양도하고 甲이 이에 대하여 이의를 보류하지 않은 승낙을 한 경우, 丙은 甲에 대하여 양수금의 지급을 청구할 수 있는가? (5점)

[제2문의 2]

A는 甲으로부터 건물 소유를 목적으로 하여 甲 소유 X 토지를 임차하고, 위 토지상에 Y 건물을 신축하여 자신 명의의 소유권보존등기를 마쳤다. A는 B 은행으로부터 금원을 차용하면서 Y 건물에 저당권을 설정하여 주었다. 저당권 설정등기를 마친 후 A는 건물의 유지에 필요한 에너지의 공급을 위하여 乙로부터 태양광발전설비에 관한 설치 및 렌탈계약을 체결하였다. 위 계약에 따르면 乙이 Y 건물에 태양광발전설비를 설치 대여하되, 렌탈기간은 5년으로 하고, 렌탈기간 종료 후에는 계약을 갱신하거나 잔존가치를 평가하여 A가 이를 매입하기로 하였다. 위 태양광 발전설비는 태양광패널 부분과 패널에서 생산된 전기를 저장하는 축전설비 부분으로 나뉘는데, 그 중 태양광패널 부분은 분리하면 훼손되어 경제적 가치를 상실할 정도로 건물 외벽에 고착(固着)되었고, 축전설비는 이를 용이하게 분리하여 다른 건물에도 설치하여 사용할 수 있는 상태로 유지되었다. A가 B 은행에 대한 차용금을 변제하지 못하자 B 은행은 법원에 저당권 실행을 위한 경매를 신청하였고 그 신청이 받아들여져 Y 건물의 경매절차가 개시되었다. 丙은 이 경매절차에서 Y 건물을 경락받아 매각대금을 납부하고 태양광 발전설비가 부속된 상태로 Y 건물을 인도받아 현재까지 사용하고 있다.

문제 1.

甲은 A에 대하여 채무불이행을 이유로 X 토지 임대차계약의 해지를 통지하고 丙에 대하여 Y 건물의 철거와 X 토지의 인도를 구하는 소를 제기하였다. 이에 대하여 丙은 甲의 해지는 부적법하고 만약 위 해지가 적법하다면 甲에 대하여 토지 임대차에 기한 건물매수청구권을 행사한다고 주장하였다. 甲의 청구와 丙의 주장의 타당성을 검토하시오. (15점)

문제 2.

乙은 丙에 대하여 태양광패널 및 축전설비의 반환과 丙의 Y 건물 소유권취득 시부터 위 태양광패널과 축전설비를 반환할 때까지 그 사용으로 인한 부당이득의 반환을 구하는 소를 제기하였다. 乙의 청구에 대하여 丙은 위 태양광패널 및 축전설비를 선의취득하였다고 주장한다. 乙의 청구와 丙의 주장의 타당성을 검토하시오. (15점)

[제2문의 3]

문제.

다세대주택인 X 건물의 소유자 甲은 2010. 10. 7. 이 건물의 203호에 입주하고자 하는 乙과 보증금 2억 원, 임대차기간 2010. 10. 25.부터 2년으로 하는 임대차계약을 체결하였다. 이 무렵 乙은 위 203호에 이주한 다음 전입신고를 마치고 임대차계약서상의 확정일자도 갖추었다.

乙은 2012. 10. 24. 임대차 기간 만료에 즈음하여 甲에게 자신은 곧 이사를 나갈 것이라고 하면서 임대차보증금의 반환을 요구하였다. 그러나 자력이 부족했던 甲은 乙에게 임대차보증금을 돌려주지 못하고 있었다. 회사 근무지 변경으로 상황이 다급해진 乙은 2012. 11. 30. 丙과 전대차계약을 체결하고, 乙 자신은 다른 곳으로 이주하고 전입신고도 마쳤다. 丙은 2012. 11. 30.경 위 203호에 입주하면서 전입신고를 마치고 거주하여 왔다. 甲은 丙이 乙로부터 위 203호를 전차하여 거주하고 있는 사실을 알게 되어 2013. 5.경 乙에게 위 임대차의 해지를 통지하였다. 한편 甲은 2011. 12. 10. 丁 은행으로부터 10억 원을 대출을 받으면서 그 담보로 X 건물에 위 은행 앞으로 저당권을 설정해 준 바 있었다. 甲이 피담보채무를 변제하지 않자 2013. 10.경 丁 은행은 담보권실행을 위한 경매를 신청하였고, 이 경매절차에서 X 건물은 10억 원에 매각되었다. 乙은 위 임대차보증금채권 2억 원의 배당요구를 하였다. 경매법원은 매각대금을 누구에게 얼마씩 배당하여야 하는가? 집행비용과 각 채권의 지연손해금은 고려하지 않고, 매각대금을 배당받을 다른 채권자는 존재하지 않는다고 가정한다. (30점)

[제2문의 4]

A는 1994. 2. 20. 그 소유의 X 부동산에 관하여 배우자 乙에게 같은 날 증여를 원인으로 한 소유권이전등기를 마쳐 주었다. A는 2017. 5. 1. 그 소유의 유일한 재산인 Y 부동산을 乙과 사이에서 출생한 丙에게 증여하는 내용의 유언장을 비밀증서의 방식으로 작성하였다. A는 이 때 유언의 전문과 연월일, 주소, 성명을 자서하고 날인한 다음 이를 엄봉 날인하고 이를 乙과 A의 친구인 C의 면전에 제출하여 자기의 유언서임을 표시한 후, 그 봉서 표면에 제출연월일을 기재하고 A와 乙, C가 각자 서명날인하였다. A는 그 다음날 공증인에게 위 유언봉서를 제출하여 그 봉인상에 확정일자인을 받았다. A는 2017. 7. 30. 사망하였고, 사망 당시 유족으로는 乙과 丙, 전처 B와 사이에서 출생한 甲이 있었다. 丙은 2017. 9. 1. Y 부동산에 관하여 자기 앞으로 유증을 원인으로 한 소유권이전등기를 마쳤다.

문제 1.

A의 유언은 유효한가? (10점)

문제 2.

甲은 2017. 10. 1. 乙, 丙을 상대로 X, Y 부동산에 관하여 유류분 부족액 상당의 지분 이전을 구하는 소유권이전등기청구의 소를 제기하였다. 이 소장은 2017. 10. 21. 乙, 丙에게 송달되었다. 乙, 丙은 답변서와 준비서면을 통해 원고청구의 기각을 구하였다. 증거조사 결과 사망 당시 A에게는 적극재산과 소극재산이 없었고, 甲은 A로부터 증여받은 재산이 전혀 없으며, X, Y 부동산의 기간별 시가는 다음 표와 같은 사실이 인정되었다.

부동산	1980년-2000년	2000년-2017년	변론종결일(2020년) 현재
X	3억 원	6억 원	14억 원
Y	14억 원	22억 원	28억 원

甲의 청구에 대하여 법원은 어떻게 판단하여야 하는가? (A의 유언이 유효함을 전제로 한다.) (15점)

2022년 제3차 법전협 모의시험

[제1문의 1]

문제1 | 사례 019(민소법)
Ⅰ. 문제의 소재
Ⅱ. 사망한 자를 당사자로 표시한 소제기의 효력
Ⅲ. 원고가 소송위임 후 사망한 경우
Ⅳ. 판례에 대한 비판

문제2 | 사례 019(민소법)
Ⅰ. 문제의 소재
Ⅱ. 소송상 수계
Ⅲ. 간과판결의 효력
Ⅳ. C의 조치

[제1문의 2]

문제1 | 사례 064(민소법)
Ⅰ. 문제의 소재
Ⅱ. 문서의 진정성립에 관한 증명
Ⅲ. 인장도용항변의 증명책임

문제2 | 사례 065(민소법)
Ⅰ. 문제의 소재
Ⅱ. 문서의 진정성립에 대한 자백
Ⅲ. 처분문서의 실질적 증명력

[제1문의 3]

문제1 | 사례 052(민소법)
Ⅰ. 문제의 소재
Ⅱ. 명시적 일부청구로 인한 시효중단의 범위

문제2 | 사례 099(민소법)
Ⅰ. 문제의 소재
Ⅱ. 원고의 청구가 선택적 병합에 해당하는지 여부
Ⅲ. 부진정 예비적 병합의 허용여부
Ⅳ. 부진정 예비적 병합의 심판방법
Ⅴ. 선택적 병합의 이심범위, 심판범위

[제1문의 4]

문제 | 사례 072(민소법)
Ⅰ. 문제의 소재
Ⅱ. 별개의 소송물인지 여부
Ⅲ. 병합의 형태, 이심 및 심판의 범위
Ⅳ. 항소심법원의 판단
  1. 사기취소를 원인으로 한 근저당권설정등기말소청구
  2. 피담보채무 변제를 원인으로 한 근저당권설정등기말소청구

[제1문의 5]

문제1 | 사례 105(민법)
Ⅰ. 문제의 소재
Ⅱ. 사해행위취소부분
  1. 피보전채권
  2. 사해행위
  3. 사해의사 및 악의
Ⅲ. 원상회복청구부분
  1. 원상회복의 방법
  2. 가액배상의 범위

문제2 | 사례 048(민소법)
Ⅰ. 문제의 소재
Ⅱ. 중복제소 및 권리보호이익

[제2문의 1]

문제1 | 사례 003(민법)
Ⅰ. 문제의 소재
Ⅱ. 소비대차계약의 무효
Ⅲ. 저당권설정과 불법원인급여

문제2 | 사례 108(민법)
Ⅰ. 문제의 소재
Ⅱ. 이의보류없는 채권양도의 승낙의 효력

[제2문의 2]

문제1 | 사례 159(민법)

Ⅰ. 문제의 소재
Ⅱ. 저당권의 효력의 범위
Ⅲ. 임차권의 양도 및 임대차의 해지
Ⅳ. 건물매수청구권의 요건

문제2 | 사례 071(민법)

Ⅰ. 문제의 소재
Ⅱ. 저당권의 효력이 미치는 범위
Ⅲ. 선의취득의 인정여부

[제2문의 3]

문제 | 사례 144(민법)

Ⅰ. 문제의 소재
Ⅱ. 임차권의 대항력 및 우선변제권
Ⅲ. 丁 은행의 저당권과의 우열관계
Ⅳ. 전대차와 대항력 등의 소멸 여부
Ⅴ. 결론

[제2문의 4]

문제1 | 사례 171(민법)

Ⅰ. 문제의 소재
Ⅱ. 비밀증서에 의한 유언
Ⅲ. 자필증서에 의한 유언

문제2 | 사례 186(민법)

Ⅰ. 문제의 소재
Ⅱ. 유류분비율
Ⅲ. 유류분 산정의 기초재산 및 산정방법
Ⅳ. 유류분반환의무자의 반환범위
Ⅴ. 사안의 검토

2022년도 제2차 변호사시험 모의시험 – 논술형(사례형) 민사법

제1문

[제1문의 1]

甲은 乙로부터 X 건물을 대금 10억 원에 매수하였다. 계약 내용은 다음과 같다.

"계약금 1억 원은 당일 지급하고, 중도금 및 잔금은 6개월마다 1억 원씩 9회에 걸쳐 분할 지급한다. 甲이 30일 이상 대금의 지급을 지체한 때에는 乙이 계약을 해제할 수 있다. 매매대금을 전액 지급하기 전이라도 甲은 乙의 승낙을 얻어 X 건물을 점유·사용할 수 있다. 甲의 귀책사유로 매매계약이 해제되는 경우 甲은 乙에게 지체 없이 X 건물을 인도하고 그 점유·사용기간에 대한 점유사용료를 지급한다."

이에 따라 甲이 乙의 승낙을 얻어 X 건물을 사용하였는데, 甲이 5회차 중도금을 2개월 연체하자 乙은 매매계약을 해제하고 甲을 상대로 X 건물의 인도를 구하는 소(이하 "전소")를 제기하였다. 甲은 '乙에게 지급한 계약금과 중도금 일부를 반환받음과 동시에 건물을 인도할 의무가 있다'는 내용의 동시이행항변을 하였다. 이에 대해 乙은 '甲으로부터 지급받아야 할 X 건물에 대한 점유사용료가 甲이 동시이행항변으로 주장한 계약금 및 중도금 반환채권액을 초과하였다'고 주장하면서 상계의 재항변을 하였다. 법원은 상계의 재항변을 인정하여 甲에게 무조건의 인도판결을 선고하였으며, 이 판결은 그대로 확정되었다.

이후 甲은 乙을 상대로 위 매매계약에 따라 기지급된 계약금 및 중도금의 일부인 2억 원의 반환을 구하는 소(이하 "후소")를 제기하였는데, 후소 법원은 '후소가 전소 판결의 기판력에 저촉된다'고 판단하여 甲의 청구를 기각하였다.

문제.

후소 법원의 판단은 적법한가? (15점)

[제1문의 2]

<공통된 사실관계>
　　甲과 A는 乙(주택재개발정비사업조합)이 실시하는 건축설계도급 입찰에 참가하기 위하여 민법상 조합에 해당하는 공동수급체를 구성하였다. 乙은 임시총회에서 위 공동수급체의 경쟁업체인 B를 낙찰자로 선정하고, B와의 건축설계계약 체결을 승인하는 결의(이하 '이 사건 결의')를 하였다. 그러자 甲이 乙을 상대로 위 결의에 대하여 무효확인을 구하는 소를 제기하였다.

　　※ 추가된 사실관계는 각 별개임.

<추가된 사실관계 1>
　　위 소송에서 乙은 '1) 조합인 공동수급체의 구성원 중 1인인 甲이 단독으로 이 사건 소를 제기한 것은 부당하고, 2) 이 사건 결의는 乙과 B 사이의 권리관계에 관한 것인데 제3자에 불과한 甲이 그 효력 유무의 확인을 구하는 것은 부당하다'고 주장하였다.

문제 1.
　　乙의 위 각 주장은 타당한가? (20점)

<추가된 사실관계 2>
　　甲과 A는 위 입찰절차에서 乙에게 '乙이 정한 업체 선정방법, 乙의 총회에서의 낙찰자 및 계약자 선정 결과에 대하여 민·형사상 어떠한 소송도 제기하지 않고 이를 따르기로 한다'고 약정하였고, 이 약정 사실은 법원에 제출된 입찰관련 서류에 포함되어 있다. 그런데 甲이나 乙이 소송에서 위 약정의 성격이나 효력을 쟁점으로 삼아 소의 적법 여부를 다툰 바는 없다.

문제 2.
　　이 경우 법원은 어떠한 조치를 취하여야 하는가? (15점)

[제1문의 3]

甲은 乙을 상대로 공사대금채권 1억 원의 지급을 구하는 소를 제기하였다. 제1심 소송 진행 중 丙은 甲의 乙에 대한 공사대금채권 1억 원에 관하여 채권압류 및 전부명령을 신청하여 법원으로부터 결정을 받은 후 乙에 대하여 위 전부금의 지급을 구하면서 제1심 법원에 승계참가신청을 하였다. 甲은 丙의 승계여부에 대하여 다투지 않았으나 乙을 상대로 한 공사대금 청구의 소를 취하하지 아니하였다. 甲은 제1심 소송 계속 중 공사대금 채권을 뒷받침할 수 있는 증거를 제출하였다. 반면 丙은 재판에 출석하기는 하였지만 공사대금 채권에 관한 아무런 증명을 하지 아니하였다.

문제.
제1심 소송에서의 甲의 증명은 丙에게 효력이 있는가? (15점) (채권압류 및 전부명령은 적법하고 유효함을 전제로 하고, 공동소송의 성격에 관한 판례변경 전후를 비교하여 설명할 것)

[제1문의 4]

A는 서울 관악구 신림동 소재 단층 주택을 소유하고 있었다. A는 2018. 4. 1. 乙로부터 1억 원을 차용하면서 위 주택에 채권최고액 1억 2천만 원의 근저당권을 설정하였다. 甲은 2019. 10. 10. A와의 사이에, 甲이 A로부터 위 주택을 3억 원에 매수하는 내용의 매매계약을 체결하였는데, 위 매매계약 이후에도 乙의 근저당권은 계속 유지하면서 A가 乙에 대한 잔존 차용금 채무를 변제하기로 약정하였다. 이후 甲은 A에게 위 매매대금 3억 원을 지급하고, 2019. 11. 1. 甲 명의로 위 주택에 관한 소유권이전등기를 마쳤다. 이후 A는 乙에 대한 잔존 차용금 채무를 변제하지 못하였다. 위 주택의 매매계약 체결 당시 A는 채무 초과 상태에 있었고, 위 매매대금 3억 원은 수령 즉시 기존의 다른 채무변제에 모두 사용되었다.

甲은 2020. 6. 1. 乙을 상대로 위 근저당권의 채권최고액 1억 2천만 원을 변제공탁하였다며 소유권에 기한 방해배제청구로서 위 주택에 관한 乙 명의 근저당권의 말소등기청구의 소를 제기하였다. 이에 乙은 2020. 9. 20. 甲과 A 사이의 2019. 10. 10.자 매매계약이 사해행위에 해당함을 이유로 그 취소와 함께 원상회복으로 위 주택에 관한 甲 명의의 소유권이전등기의 말소등기청구를 반소로 구하였다.

乙의 반소 청구원인에 대하여, 甲은 위 주택매매계약이 사해행위에 해당하지 않는다고 주장하였다. 또한 사해행위 취소소송 중 취소 부분은 형성의 소로서 그 판결이 확정되어야 권리변동의 효력이 발생하므로, 제1심법원이 甲과 A 사이의 위 주택매매계약을 사해행위로 판단하여 취소하는지 여부와는 관계없이 甲의 본소 청구는 인용되어야 한다고 주장하였다. 심리결과 제1심법원은 甲과 A 사이의 위 주택매매계약이 사해행위에 해당한다는 심증을 가지게 되었고, 한편 甲이 乙에 대한 채권최고액 1억 2천만 원을 변제 공탁하였다는 사실도 증거에 의해 확인하였다.

문제.

이 경우 제1심법원은 위 본소와 반소 각 청구에 대하여 어떤 판결을 하여야 하는가? (15점) (각 청구별로 인용, 기각, 일부 인용 등으로 결론을 내리고 이유를 적을 것)

[제1문의 5]

甲(종중)은 1980. 2. 1. 종중원인 乙에게 X 토지를 명의신탁하여 乙 명의로 소유권이전등기를 하였는데, 丙이 2015. 3. 3. 乙로부터 위 토지를 매수하였음을 원인으로 丙 명의로 소유권이전등기를 마쳤다. 이후 甲은 2020. 8. 25. 명의신탁 해지를 원인으로 乙을 대위하여 丙을 상대로 소유권이전등기 말소등기청구의 소를 제기하였다.

제1심 법원은, 甲이 乙에게 X 토지를 명의신탁한 사실을 인정하고, 그 후 丙이 乙로부터 위 토지를 매수하였다는 점에 관해서는 乙과 丙 사이의 위 2015. 3. 3.자 매매계약이 통정허위표시에 기한 것으로 무효라고 판단하여, 2021. 2. 25. 甲의 청구를 인용하는 판결을 선고하였다. 이에 대하여 丙이 항소하였으나 항소심 법원도 2021. 8. 25. 제1심과 같은 이유로 丙의 항소를 기각하였다.

이에 대하여 피고 丙이 상고하였는데, 대법원에서는 乙과 丙 사이의 위 2015. 3. 3.자 매매계약이 유효하다고 판단하여 2022. 2. 1. 위 항소심 판결을 파기 환송하였다. 그런데 환송 후 항소심에서는 甲이 X 토지를 乙에게 명의신탁하였음을 인정할 증거가 없다는 이유로 2022. 6. 3. 甲의 소를 각하하는 판결을 선고하였고, 이에 대하여 甲이 상고를 제기하였다.

문제.

이에 대해 대법원은 어떤 판결을 선고해야 하는가? (20점) (상고 각하, 상고 기각, 파기 환송, 파기 자판(자판 시 자판 내용 포함) 등 결론을 기재하고 그 이유를 적을 것)

[제1문의 6]

<공통된 사실관계>
　　甲은 2019. 1. 30. A로부터 원금 3억 원을 변제기 2021. 1. 30.로 정하여 무이자로 차용하고, 이를 담보하기 위하여 2019. 2. 1. 甲 소유 X 부동산에 채권최고액 3억 6천만 원으로 하는 A 명의의 근저당권을 설정하여 주었다.
　　甲은 A에 대한 변제기 이후에도 위 차용금 채무를 변제하지 않던 중, 2021. 2. 10. 乙에게 X 부동산을 10억 원에 매도하되, A에 대한 채무 3억 원을 공제하고, 나머지 7억 원을 지급받기로 약정하였다. 甲과 乙은 매매계약 체결 당시 특약사항으로 "위 7억 원과는 별개로 乙은 X 부동산에 관한 등기서류를 교부받는 잔금지급기일인 2021. 6. 10.까지 A에 대한 차용금 채무를 대신 변제한다."고 약정하였다. 乙은 매매계약 체결 시부터 甲의 A에 대한 위 차용금 채무의 미변제를 알고 있었고 위 7억 원을 甲에게 모두 지급하였다.

　　※ 추가된 사실관계는 각 별개임.

<추가된 사실관계 1>
　　甲은 잔금지급기일에 X 부동산의 소유권이전등기에 필요한 일체의 서류를 법무사에게 맡겨 두어 등기이전에 관한 이행제공을 하였고, 2022. 2. 15.까지도 이행제공 상태를 유지하면서 乙에게 지속적으로 위 차용금 변제를 요구하였다. 그럼에도 乙이 변제하지 않자 A는 2022. 8. 5. X 부동산에 대하여 위 근저당권에 기하여 경매를 신청하였다. 그러자 甲은 스스로 위 차용금을 모두 변제하여 경매를 취하시켰다.

문제 1.
　　甲은 乙이 A에게 차용금을 변제하지 않았음을 이유로 X 부동산에 대한 매매계약을 해제할 수 있는가? (30점)

<추가된 사실관계 2>
　　甲의 乙에 대한 소유권이전등기가 이루어지지 않고 있던 중, 乙은 2022. 2. 16. 甲(주소 : 서울 서초구 서초동)이 변제할 것을 요구한 차용금의 원리금을 모두 A에게 변제하였다. 이때 甲과 乙은 X 부동산(소재지 : 대전 서구 둔산동)에 대한 매매계약서를 다시 작성하면서 2021. 2. 10. 체결한 매매계약서에 '甲은 乙에게 X 부동산의 소유권이 원만히 이전될 수 있도록 협조한다. 이후 X 부동산의 소유권 귀속 및 소유권에 기한 각종 청구에 관하여는 서울중앙지방법원을 관할법원으로 한다.'라는 특약을 추가하였다. 이후 乙은 2022. 2. 17. X 부동산 소유권이전등기를 경료한 다음, 2022. 2. 25. 丙에게 X 부동산을 매도하고, 2022. 2. 27. 丙 앞으로 소유권이전등기를 마쳐주었다. 그럼에도 甲이 X 부동산을 인도하지 않자 丙은 甲을 상대로 2022. 3. 31. 소유권에 기한 X 부동산의 인도청구의 소를 대전지방법원에 제기하였다. 이에 대하여 甲은 서울중앙지방법원에 전속적 합의관할이 있으므로 관할위반이라고 주장하였다.

문제 2.
　　甲의 주장은 타당한가? (20점)

제 2 문

[제2문의 1]

A는 2021. 8. 1. 甲으로부터 사업자금 1억 원을 이자는 월 5%, 변제기는 6개월 후로 정하여 차용하고 6개월분 선이자 3천만 원을 공제한 7천만 원을 수령하였다. A가 만기가 도래하여도 원금을 변제하지 않자 甲은 A의 집으로 찾아가 대여금을 당장 반환하지 않으면 사기죄로 고소하겠다고 위협하면서 이에 항의하던 A를 폭행하여 전치 4주의 상해를 입혔다. 이로 인해 병원에 입원 치료 중이던 A는 치료비 1천만 원을 병원에 지급하고 퇴원한 후 도주하여 가족과도 연락이 두절되었다. 그러자 甲은 A의 처(B)와 그 자녀 乙(만 18세)에게 채무의 변제를 독촉하였다. 이에 B와 乙은 甲이 제시한 "B와 乙은 2021. 8. 1.자 약정에 기한 A의 채무를 A와 함께 부담하겠다."는 문구의 지급각서에 각자 자신의 이름을 기재하고 서명 날인하여 주었다. 甲은 2022. 8. 1. 성년이 된 乙에 대하여 위 지급각서에 기하여 대여원금 1억 원 및 그에 대한 지연손해금의 지급을 구하는 소를 제기하였다. (아래 각 질문은 독립적이다.)

문제 1.

2021. 8. 1.자 소비대차에서 정한 변제기에 甲이 받을 수 있는 금액은 얼마인가? (10점)

문제 2.

甲의 청구에 대하여 乙은 위 지급각서 작성 당시 자신이 미성년자였음을 이유로 위 지급각서에 의한 합의를 취소한다고 주장하였다. 이에 대하여 甲은 친권자의 동의가 있었다고 다투고, 乙은 친권자의 적법한 동의가 없었다고 반박하였다. 乙의 취소 주장은 타당한가? (10점)

문제 3.

A의 치료비 상당 손해배상청구권으로 乙이 甲의 채권과 상계를 주장하는 경우 그 타당성에 관하여 검토하시오. (10점)

[제2문의 2]

문제 1.

　甲 종중은 그 명의로 등기된 X 부동산에 대하여 乙과 명의신탁약정을 맺고 乙 명의로 소유권이전등기를 마쳐 주었다. 甲 종중은 그 후 乙을 상대로 "소장 부본 송달로써 위 명의신탁약정을 해지한다."고 주장하며, 명의신탁 해지를 원인으로 한 소유권이전등기절차 이행을 구하는 소를 제기하였다. 법원은 甲 종중의 청구를 인용하는 판결을 선고하였고, 위 판결은 그 무렵 확정되었다. 甲 종중은 위 판결에 따른 소유권이전등기를 마치지 아니한 채 丙에게 X 부동산을 매도하기로 하는 매매계약을 체결하고, 甲 종중이 乙에 대하여 가지고 있는 'X 부동산에 관한 명의신탁 해지를 원인으로 한 소유권이전등기청구권'을 丙에게 양도한 후 乙에게 위 채권양도의 통지를 하였다.
　丙이 乙에 대하여 X 부동산에 관하여 丙 명의로의 소유권이전등기절차 이행을 청구하는 소를 제기하자, 이에 대하여 乙은 甲 종중이 아닌 丙에게는 소유권이전등기를 해줄 수 없다고 다투었다. 丙의 청구에 대하여 법원은 어떻게 판단하여야 하는가? (10점)

문제 2.

　甲은 2018. 1.경 Y 부동산에 관하여 소유자인 丁과 매매계약을 체결하여 丁에게 매매대금 5억 원을 모두 지급하고, Y 부동산의 소유권이전등기는 甲과 乙의 명의신탁약정에 따라 丁으로부터 바로 乙 앞으로 마쳤다. 乙은 그 후 A 은행으로부터 3억 원을 대출받으면서 Y 부동산에 채권최고액 4억 원인 근저당권을 설정하였다.
　甲은 (1) 丁을 대위하여 乙에 대하여 丁에게 진정한 등기명의 회복을 위한 소유권이전등기절차의 이행을 구하고, (2) 명의수탁자인 乙이 위 근저당권을 설정하고 대출을 받음으로써 피담보채무액 상당의 이익을 얻었고 그로 인하여 甲에게 같은 금액의 손해를 가하였다고 주장하면서, 乙을 상대로 위 이익 상당액의 부당이득반환을 청구하는 소를 제기하였다. 변론종결 당시 위 근저당권설정등기는 말소되지 않았다. 甲의 각 청구에 대한 결론을 그 근거와 함께 서술하시오. (15점)

[제2문의 3]
甲 은행은 2015. 4. 20. 乙에게 사업자금을 대출하면서 乙과 그 처인 丙이 공유하고 있던 X부동산(각 ½ 지분) 전체에 대하여 채권최고액 12억 원으로 하는 근저당권을 설정하였다. 당시 X 부동산의 시가는 15억 원이고 그 후 변동이 없다. 丁은 2017. 8. 10. 乙에게 1억 원을 변제기 2020. 8. 10.로 정하여 빌려주었다. X 부동산 외에 별다른 재산이 없던 乙은 2019. 6. 5. X부동산에 대한 자신의 지분을 처인 丙에게 증여하고 그 무렵 소유권지분이전등기도 마쳐 주었다. 丁은 2020. 2.경 乙의 X부동산에 대한 지분이 처분되었다는 사실을 알게 되었다. 그 후 丁은 2021. 3.경 乙에게 X부동산에 대한 지분 외에 별다른 재산이 없다는 사실을 알게 되어 2021. 4. 1. 丙을 상대로 위 증여가 사해행위임을 이유로 취소 및 원상회복을 구하는 소를 제기하였다.

문제 1.
丙의 사해행위 취소권 행사는 제척기간이 경과되었는지 여부를 판단하시오. (5점)

문제 2.
乙의 증여행위가 사해행위인지 여부를 판단하시오. (20점)

[제2문의 4]

문제.

X건물의 소유자 甲은 2010. 10. 7. 乙에게 위 건물을 월 차임 300만 원, 임대차 기간 2010. 10. 25.부터 2012. 10. 24.까지의 2년으로 정하여 임대하였다. 乙은 4천만 원의 비용을 들여서 위 건물에 고급재 바닥 난방 시설과 특수 창호를 설치하였다. 위 임대차는 그 후 여러 차례 갱신되었다. 乙은 2020. 10. 24. 임대차기간 만료일에 즈음하여 이제 계약을 연장하지 않겠다는 의사를 甲에게 전달하였다. 그러면서 乙은 자신이 위 건물에 투자한 비용 4천만 원의 상환도 함께 요구하였다. 한편, 乙은 2012. 8. 7. 甲으로부터 자신이 운영하는 운송업의 영업자금으로 5천만 원을 변제기 2013. 8. 7.로 정하여 빌린 바가 있었다. 乙의 비용상환 요구에 대하여 甲은 위 대여금채권과 상계하겠다고 하였다. 乙이 투자한 비용은 건물의 객관적인 가치 증가에 기여하였고, 그 현존 가치는 2천만 원이다. 甲의 주장의 법적 타당성을 검토하시오. (지연손해금은 고려하지 않음) (20점)

목차

2022년 제2차 법전협 모의시험

[제1문의 1]

문제 | 사례 089(민소법)

Ⅰ. 문제의 소재
Ⅱ. 상계의 항변과 기판력의 객관적 범위
   1. 원칙
   2. 예외
Ⅲ. 상계의 재항변과 기판력
   1. 판례
   2. 소결
Ⅳ. 사안의 경우
Ⅴ. 결론

[제1문의 2]

문제1 | 사례 030(민소법)

Ⅰ. 乙의 1)주장에 대한 판단
   1. 문제의 소재
   2. 민법상 조합의 당사자능력과 소송수행 형태
   3. 판례
   4. 사안의 해결
Ⅱ. 乙의 2)주장에 대한 판단
   1. 문제의 소재
   2. 판례
   3. 사안의 해결
Ⅲ. 결론

문제2 | 사례 039(민소법)

Ⅰ. 문제의 소재
Ⅱ. 부제소합의가 있는 경우 소송상 취급
Ⅲ. 부제소합의 위반에 대한 법원의 조치
   1. 판례
   2. 사안의 경우
Ⅳ. 결론

[제1문의 3]

문제 | 사례 127(민소법)

Ⅰ. 문제의 소재
Ⅱ. 甲과 丙의 법률관계 – 공동소송의 법적 성격
   1. 변경 전 판례
   2. 변경 후 판례
   3. 사안의 경우
Ⅲ. 丙의 주장 및 증명의 효력 – (필수적) 공동소송인 1인이 제출한 증거의 효력
Ⅳ. 결론

[제1문의 4]

문제 | 사례 103(민소법)

Ⅰ. 문제의 소재
Ⅱ. 본소 청구원인을 다투는 사해행위취소소송이 반소로 제기된 경우 법원의 조치
Ⅲ. 사안의 해결
Ⅳ. 결론

[제1문의 5]

문제 | 사례 131(민소법)

Ⅰ. 문제의 소재
Ⅱ. 환송판결의 기속력
   1. 일반론
   2. 사안의 경우
Ⅲ. 불이익변경금지 원칙의 적용
   1. 판례
   2. 사안의 경우
Ⅳ. 결론

[제1문의 6]

문제1 | 사례 140(민법)

Ⅰ. 문제의 소재
Ⅱ. 甲과 乙 사이에 체결된 특약의 법적 성질
   1. 판례
   2. 사안의 경우
Ⅲ. 이행인수인의 인수채무 불이행을 매매대금 일부의 미지급으로 평가할 수 있는지 여부
   1. 판례
   2. 사안의 경우
Ⅳ. 쌍무계약에서 이행지체를 원인으로 한 계약해제권
   1. 판례
   2. 사안의 경우
Ⅴ. 결론

문제2 | 사례 003(민소법)

Ⅰ. 문제의 소재
Ⅱ. 甲과 乙사이의 관할합의의 성질
   1. 관할합의의 요건
   2. 전속적 합의와 부가적 합의의 구별
Ⅲ. 관할합의의 주관적 효력범위
   1. 판례
   2. 사안의 경우
Ⅳ. 결론

[제2문의 1]

문제1 | 사례 116(민법)

Ⅰ. 문제의 소재
Ⅱ. 이자제한법에 위반하여 지급된 초과이자의 법적 취급
Ⅲ. 사안의 해결
Ⅳ. 결론

문제2 | 사례 173(민법)

Ⅰ. 문제의 소재
Ⅱ. 미성년자의 법률행위와 법정대리인의 동의
   1. 판례
   2. 사안의 경우
Ⅲ. 친권의 공동행사 원칙
   1. 일반론
   2. 사안의 경우
Ⅳ. 결론

문제3 | 사례 130(민법)

Ⅰ. 문제의 소재
Ⅱ. 중첩적 채무인수
Ⅲ. 부진정 연대채무자가 다른 채무자의 채권으로 상계를 주장할 수 있는지 여부
   1. 판례
   2. 사안의 해결

[제2문의 2]

문제1 | 사례 054(민법)

Ⅰ. 문제의 소재
Ⅱ. 판례
Ⅲ. 사안의 경우
Ⅳ. 결론

문제2 | 사례 049(민법)

Ⅰ. 문제의 소재
Ⅱ. 3자간 등기명의신탁의 법률관계
   1. 일반론
   2. 사안의 경우
Ⅲ. 3자간 등기명의신탁에서 명의수탁자가 제3자에게 부동산에 관한 소유명의를 이전하였을 때 명의신탁자가 명의수탁자에게 직접 부당이득반환청구권을 행사할 수 있는지 여부
Ⅳ. 명의수탁자가 부동산에 관하여 제3자에게 근저당권을 설정하여 준 경우 명의신탁자가 명의수탁자에 대하여 직접 부당이득반환을 청구할 수 있는지 여부
Ⅴ. 결론

[제2문의 3]

문제1 | 사례 095(민법)

Ⅰ. 문제의 소재
Ⅱ. 판례
Ⅲ. 사안의 해결

문제2 | 사례 091(민법)

Ⅰ. 문제의 소재
Ⅱ. 일반론
Ⅲ. 사안의 해결
Ⅳ. 결론

[제2문의 4]

문제 | 사례 158(민법)

Ⅰ. 문제의 소재
Ⅱ. 임차인의 유익비상환청구권
Ⅲ. 甲의 대여금채권의 시효 소멸
Ⅳ. 甲이 민법 제492조에 따라 이미 시효로 소멸한 대여금 채권을 자동채권으로 하여 유익비상환청구권과 상계할 수 있는지 여부
Ⅴ. 결론

제1문

[제1문의 1]

<공통된 사실관계>

서울 강남구에 본점이 있는 甲 은행은 2020. 5. 1. 대구 수성구에 주소를 두고 거주하는 乙에게 1억 원을 대여하면서 약관에 의한 대출계약을 체결하였다. 위 약관에는 향후 대출 관련 분쟁이 발생할 경우 '甲 은행의 영업점 소재지 법원'을 관할법원으로 한다는 조항이 포함되었다. 甲 은행의 영업점은 서울, 부산, 대구, 광주에 있었는데, 위 대출계약은 대구 수성구에 있는 영업점에서 체결되었다.

<아래 추가된 사실관계는 상호 독립적임>

<추가된 사실관계 1>

위 대출계약 체결 이후인 2021년 상반기에 甲 은행의 영남 지역 소송 관련 업무는 부산 영업점에서 전담하는 것으로 업무조정이 이루어졌다. 이후 乙이 대출원리금을 변제하지 못하는 상황에 이르자, 甲 은행은 2022. 4. 30. 乙을 상대로 대출금반환청구소송을 제기하면서 부산 영업점 소재지를 관할하는 부산지방법원에 소장을 제출하였다. 소장 부본을 송달받은 乙은 관할위반을 주장하면서 대구지방법원으로의 이송을 신청하였다.

문제 1.

법원은 乙의 관할위반을 이유로 한 이송신청에 대하여 어떻게 처리하여야 하는가? (15점)

<추가된 사실관계 2>

甲 은행은 乙에 대한 대출금채권을 자산유동화업무를 하는 丙 유한회사에게 2021. 8. 1. 양도하고 그 무렵 乙에게 채권양도 통지를 하였다. 서울 중구에 본점이 있는 丙 유한회사는 2022. 5. 1. 서울중앙지방법원에 양수금청구소송을 제기하였다. 소장 부본을 송달받은 乙은 관할위반을 주장하며 대구지방법원으로의 이송을 신청하였다.

문제 2.

乙의 관할위반 주장은 타당한가? (10점)

[제1문의 2]

문제 1.

甲은 2011. 10. 13. A 토지의 소유권을 취득하였는데, 乙은 그 이전부터 위 지상에 B 건물을 소유하고 있었다. 乙은 甲과의 사이에 위 건물의 소유를 목적으로 A 토지에 관하여 기간의 정함이 없는 임대차계약을 체결하고 甲에게 연간 3,000,000원의 차임을 지급하여 왔다.
甲은 乙을 상대로 B 건물의 철거 및 A 토지의 인도를 구하는 소를 제기하였고, 그 소장 부본이 2020. 11. 23. 乙에게 송달되었다. 이 소송의 변론에서 乙은 위 건물에 대한 매수청구권을 행사하였다.
이러한 경우 법원은 어떻게 재판하여야 하는가? (15점)

문제 2.

甲이 A 토지의 각 1/2 지분 공유자인 乙과 丙을 상대로 A 토지를 소유의 의사로 평온·공연하게 점유함으로써 취득시효가 완성되었다는 것을 이유로 각 공유지분에 관한 소유권이전등기를 구하는 소를 제기하였다. 2018. 7. 16. 甲의 청구를 모두 기각하는 제1심판결이 선고되었다. 이에 甲이 같은 해 8. 13. 항소를 제기하였고, 같은 해 8. 30. 丙이 항소심 소송대리인을 선임하지 아니한 상태에서 사망하였다. 그런데 丙의 단독 상속인 乙은 그 소송수계절차를 밟음이 없이 丙이 생존하여 있는 것처럼 같은 해 10. 11. 乙과 丙 명의로 변호사 B를 소송대리인으로 선임하여 그 변호사에 의하여 소송절차가 진행되었다.
항소심 법원은 丙이 사망한 사실을 모른 채 변론을 종결한 후 2019. 5. 4. 제1심 판결을 취소하고 甲의 청구를 인용하는 판결을 선고하였으며, 그 판결정본이 B에게 송달되었다. 그러자 乙은 같은 해 5. 30. 丙도 상고인의 한사람으로 표시하여 항소심 판결에 대하여 불복한다는 취지의 상고장을 제출하였다. 乙은 같은 해 7. 5.에 이르러 비로소 丙이 사망하였다고 하면서 대법원에 소송수계신청을 함과 동시에 항소심 판결의 절차상 흠에 관하여는 상고이유로 삼지 아니하고 본안에 관하여만 다투는 내용의 상고이유서를 제출하였다.
위 丙의 패소 부분에 관한 상고가 적법한지를 그 논거와 함께 서술하시오. (10점)

[제1문의 3]
 甲은 강원도 춘천시에 X토지를 소유하고 있는데 乙이 이를 점유하고 있다. 이에 甲은 乙을 상대로 乙이 X토지를 불법으로 점유하고 있으므로 토지소유권에 기하여 X토지의 인도를 구하는 소(전소)를 제기하였다. (각 설문은 독립적임)

문제 1.
 위 소송에서 甲은 승소판결을 받았다. 乙이 항소심에서 X토지를 매수하겠다고 약속하자 甲은 이를 믿고 위 소를 취하하였다. 그 뒤 乙이 X토지를 매수하는 것에 소극적인 태도를 보이자 甲은 X토지를 위 소에 관해 알지 못하는 丙에게 매도하였다. 소유권이전등기를 경료받은 丙은 바로 乙을 상대로 X토지의 인도를 구하는 소(후소)를 제기하였다. 변론에서 乙은 丙의 소는 재소금지의 원칙에 반하여 부적법하다고 주장하고 있으며, 법원은 乙의 점유가 권원 없이 이루어진 것으로 판단하고 있다. 법원은 어떠한 재판을 하여야 하는가? (20점)

문제 2.
 위 소송에서 甲은 패소판결을 받았으며 이는 그대로 확정되었다. 그 뒤 甲은 X토지를 丙에게 매도하고 소유권이전등기를 경료해 주었다. 그 뒤 丙은 乙을 상대로 X토지의 인도를 구하는 소(후소)를 제기하였다. 이에 乙은 丙의 후소는 전소 기판력에 저촉되어 부적법한 소라고 주장하였다. 법원이 丙의 본안에 관한 주장이 모두 이유 있다고 인정하는 경우 어떠한 재판을 하여야 하는가? (15점)

[제1문의 4]

문제 1.
　甲은 이웃동네에 사는 乙로부터 폭행을 당하였다는 이유로 乙에 대해 손해배상을 청구하는 소를 제기하였다. 그런데 심리 중 乙은 甲이 폭행당하였다고 하는 시간에 전혀 다른 장소에 있었기 때문에 자신이 불법행위를 할 수 없다고 주장하여 관련된 증거를 조사한 결과 甲을 폭행한 사람은 乙의 동생인 丙으로서 甲이 丙을 乙로 착각한 것으로 밝혀졌다. 이에 甲은 피고 乙을 丙으로 경정하는 신청을 하였다. 법원은 이러한 甲의 피고경정신청을 받아들일 수 있는가? (15점)

[제1문의 5]

<기초적 사실관계>

전자기기 판매업을 하고 있는 甲은 2014. 3. 10. 乙에게 사무용 컴퓨터 100대를 대당 100만 원씩 총 대금 1억 원에 매도하면서, 위 컴퓨터는 모두 2014. 3. 31. 인도하고, 2014. 4. 30. 위 물품대금을 지급받기로 약정하였다. 甲은 2014. 3. 31. 乙에게 컴퓨터 100대를 모두 인도하였으나, 물품대금지급기일이 지났음에도 물품대금을 지급받지 못하였다. 한편, 乙은 2014. 3. 31. 甲으로부터 인도받은 컴퓨터는 100대가 아니라 80대라고 주장하였다. 甲은 2016. 8. 5. 乙을 상대로 물품대금의 지급을 청구하는 소를 제기하면서 소장에 '일부청구'라는 제목 하에 "원고는 피고에게 1억 원의 물품대금채권을 가지고 있으나 정확한 금액은 추후 관련 자료를 확인하여 계산하고 우선 이 중 일부인 8,000만 원에 대하여만 청구합니다."라고 기재하였다. 甲은 위 소송이 종료될 때까지 청구금액을 확장하지 아니하였다. 법원은 2017. 3. 12. '피고는 원고에게 금 8,000만 원 및 이에 대한 지연손해금을 지급하라'는 판결을 선고하였고, 위 판결은 2017. 3. 28. 확정되었다.

※ 추가된 사실관계는 각각 별개임.

<추가적 사실관계 1>

위 판결이 확정된 이후 甲은 乙이 2014. 3. 31. 컴퓨터 100대를 모두 수령하였음을 확인하는 내용으로 작성한 서류를 찾아내었다. 甲은 2017. 8. 10. 乙을 상대로 나머지 물품대금 2,000만 원 및 이에 대한 지연손해금을 지급하라는 소송을 제기하였다. 이 소송에서 乙은 '위 물품대금채권 2,000만 원은 시효로 소멸하였다'고 항변하였다.

문제 1.

위 소송에서 법원은 어떠한 판단을 하여야 하는지 1) 결론(소 각하/청구 기각/청구 인용/청구 일부 인용 - 일부 인용의 경우에는 인용 범위를 특정할 것)과 2) 논거를 기재하시오. (25점)

<추가적 사실관계 2>

乙은 2018. 2. 20. 컴퓨터 100대를 모두 인도받았음을 인정하며 甲에게 나머지 물품대금 2,000만 원 중 500만 원을 우선 지급하였다. 그 후 甲은 2020. 10. 15. 乙에게 물품대금 1,500만 원의 지급을 요청하였으나 乙이 차일피일 미루며 나머지 물품대금을 지급하지 아니하였다. 甲은 2021. 3. 15. 乙을 상대로 위 1,500만 원을 지급하라는 소를 제기하였다가 이를 취하하였다. 甲은 2021. 7. 15. 乙을 상대로 물품대금 1,500만 원을 지급하라는 소를 다시 제기하였고, 이 소송에서 乙은 '위 물품대금채권 1,500만 원은 시효로 소멸하였다'고 항변하였다.

문제 2.

위 소송에서 법원은 어떠한 판단을 하여야 하는지 1) 결론(소 각하/청구 기각/청구 인용/청구 일부 인용 - 일부 인용의 경우에는 인용 범위를 특정할 것)과 2) 논거를 기재하시오. (25점)

제 2 문

[제2문의 1]

甲은 2014. 4. 2. 乙로부터 4억 9,000만 원을 이율 연 6%, 변제기 2018. 4. 1.로 정하여 차용하고 같은 날 위 차용금 채무를 담보하기 위하여 자신이 소유한 X 토지에 관하여 乙 명의로 근저당권을 설정하여 주었다('제1채무'). 한편, 甲은 2015. 4. 2. 乙로부터 무담보로 1억 원을 이율 연 5%, 변제기 2018. 4. 1.로 정하여 추가로 차용하였다('제2채무').

甲은 2019. 4. 1. 乙에게 5억을 변제하면서 원본에 먼저 충당해 달라고 부탁하였으나 乙은 거절하였다. 甲이 위와 같이 변제할 당시 '제1채무'는 원금 4억 9,000만 원과 500만 원의 지연손해금채무가, '제2채무'는 원금 1억 원과 1,500만 원의 지연손해금채무가 남아 있었다.

甲이 2021. 7. 29. 乙을 상대로 X 토지에 설정된 근저당권설정등기의 말소를 구하는 소를 제기하였다. 이 소송에서 乙은 '근저당권의 피담보채무가 모두 변제되지 않아 근저당권의 말소등기절차에 응할 수 없다'고 주장하였다.

문제 1.

위 소송에서 법원은 어떠한 판단을 하여야 하는지 1) 결론(소 각하/청구 기각/청구 인용/청구 일부 인용 - 일부 인용의 경우에는 인용 범위를 특정할 것)과 2) 논거를 기재하시오. (15점)

[제2문의 2]

<기초적 사실관계>
건축자재 중개업자인 甲은 乙을 직원으로 고용하여 건축자재 중개업을 하고 있다. 乙은 건축자재 공급업자 丙으로부터 건축자재 공급계약의 체결 및 물품대금의 수령에 관한 대리권을 수여받은 후 甲의 사무소에서 丙을 대리하여 丁과 건축자재 공급계약을 체결하였다. 乙은 丁으로부터 甲 명의의 업무용 은행계좌로 건축자재 공급계약에 따른 물품대금 5억 원을 지급받았으나 甲이 모르게 위 5억 원을 인출한 이후 자신(乙)의 채권자인 戊에 대한 채무변제에 위 5억 원을 모두 사용하였다. 戊는 변제받을 당시 위 5억 원이 乙이 횡령한 금원이라는 것을 전혀 알지 못하였고 이를 알지 못한 것에 대한 주의의무 위반의 사정도 없었다.

문제 1.
丙이 戊에게 5억 원을 부당이득으로 반환하라고 청구할 수 있는지 여부를 그 근거를 들어 설명하시오. (10점)

<추가적 사실관계 1>
乙의 횡령 사실을 알게 된 丙은 甲을 상대로 물품대금 상당액인 5억 원을 지급하라는 손해배상청구소송을 제기하는 한편, 乙로부터 1억 원을 지급받은 후 乙에 대해서는 채무를 면제해 주었다. 위 손해배상청구소송에서 丙은 乙에게 물품대금의 수령권한을 주면서도 그 사실을 甲에게 알리지 않았으며, 乙은 이러한 점을 악용하여 甲 모르게 5억 원을 횡령한 사실이 드러났다. 丙의 과실비율은 50%로 인정되었다.

문제 2.
丙이 甲을 상대로 제기한 손해배상청구소송에서 법원은 어떠한 판단을 하여야 하는지 1) 결론(소 각하/청구 기각/청구 인용/청구 일부 인용 - 일부 인용의 경우에는 인용 범위를 특정할 것)과 2) 논거를 기재하시오(지연손해금 등은 고려하지 말 것). (20점)

[제2문의 3]
〈기초적 사실관계〉
乙은 2012. 9. 1. 망부(亡父) A로부터 X 토지와 Y 토지를 단독으로 상속받았다. 乙은 2018. 3. 1. X 토지와 Y 토지에 대하여 각각 상속을 원인으로 소유권이전등기를 마쳤다. 乙은 서로 인접한 토지인 X 토지와 Y 토지를 일체로서 이용하다가 X 토지만을 甲에게 매도하였다. 甲은 2019. 9. 1. X 토지에 대하여 소유권이전등기를 마치고 인도받았다.
※ 추가된 사실관계는 각각 별개임.

〈추가적 사실관계 1〉
X 토지에서는 乙 소유 Y 토지나 丙 소유 Z 토지를 통과하지 않고서는 공로(公路)로 출입할 수 없다. 甲은 X 토지를 인도받은 이후부터 Y 토지를 경유하여 공로로 출입하였다. 甲은 X 토지에 관하여 丁에게 건물의 소유를 위한 지상권을 설정하여 주었다. 丁은 甲과 마찬가지로 Y 토지를 공로로 나가기 위한 통로로 이용하였다. 그런데 얼마 되지 않아 乙은 丁이 통행로로 사용하던 Y 토지 상의 통로에 콘크리트 장애물을 설치하는 등 丁의 통행을 계속해서 방해하였다.
이에 丁은 丙과 협의하여 丙 소유 Z 토지를 통행로로 사용하면서, 乙을 상대로 통행을 방해하는 Y 토지 상의 장애물의 철거 및 Y 토지 중 통행로 부분의 인도를 구하는 소를 제기하였다. 이 소송에서 乙은 다음과 같이 주장하였다. "① 丁은 X 토지의 소유자가 아니므로 통행에 관한 권리를 주장할 수 없다. ② 丁이 이미 丙과 협의하여 丙으로부터 통행로에 관한 권리를 확보하였으므로 자신을 상대로 통행권을 주장할 수 없다. ③ 설사 통행권이 인정되더라도 통행로 부분 토지의 인도를 구할 수 없고, ④ 통행로로 사용되는 토지 부분에 대하여 임료 상당의 손해를 보상하여야 한다."

문제 1.
丁의 청구에 대한 결론과 근거를 乙의 주장의 당부와 관련하여 검토하시오. (13점)

문제 2.
丁이 Y 토지를 통행로로 사용하던 중 乙이 Y 토지를 이러한 사정을 알고 있는 戊에게 양도한 경우, 丁은 戊에 대하여 계속해서 Y 토지에 통행할 권리를 주장할 수 있는지 검토하시오. (7점)

〈추가적 사실관계 2〉
A 사망 당시 A에게는 인지(認知)하지 않은 혼외자(婚外子) B(당시 20세)가 있었다. 혼외자 B는 2020. 9. 1.에 父 A가 사망하였다는 사실과 유일한 상속재산인 X 토지와 Y 토지에 대하여 乙 단독 명의의 상속등기를 거쳐 X 토지가 甲에게 처분된 사실을 알게 되었다.

문제 3.
B가 X 토지와 Y 토지와 관련하여 상속인으로서의 권리를 주장할 수 있는 방법에 대하여 검토하시오. 단, X 토지와 Y 토지는 상속 개시 당시 각각 시가(市價) 5억 원이었으나 甲에게 매도시 7억 원이었고, 그 후 지가(地價)가 지속적으로 상승하고 있다. (20점)

[제2문의 4]

甲은 2019. 6. 1. X 토지를 매입하여 같은 날 소유권을 취득하였다. 甲이 X 토지의 개발을 위하여 측량을 하던 중, 망(亡) A의 봉분(封墳)을 발견하였고, 망 A에게는 공동상속인으로 장남(長男) 乙과 차남(次男) 丙이 있다는 것을 알게 되었다. 甲은 2021. 6. 1. 乙을 상대로 위 봉분의 이장(移葬)과 2019년 6. 1.부터 위 봉분의 이장시까지 분묘기지의 사용에 대한 지료의 지급을 청구하는 소를 제기하였다. 이에 乙은 위 "봉분은 전부 개정된 장사 등에 관한 법률이 시행된 2001. 1. 13. 이전인 2000년 3월경에 설치되어 현재까지 관리되어 온 것"(소송 중 사실로 인정됨)으로 분묘기지에 관한 소유권이 시효로 취득되었으므로 봉분의 이장을 이행하거나 지료를 지급할 의무가 없다고 항변하였다.

문제 1.

위 소송에서 甲의 청구의 당부를 乙의 항변과 관련하여 검토하시오. (10점)

문제 2.

만약, 소송 계속 중 공동상속인 乙과 丙의 협의에 의하여 봉분의 관리와 제사를 차남 丙이 주재하여 왔다는 사실을 주장·증명된 경우, 법원은 어떻게 판결해야 하는지 검토하시오. (5점)

2022년 제1차 법전협 모의시험

[제1문의 1]

문제1 | 사례 004(민소법)
Ⅰ. 문제의 소재
Ⅱ. 전속적 관할합의
Ⅲ. 약관규제법에 따른 전속적 관할합의의 효력
Ⅳ. 관할위반을 이유로 한 이송신청

문제2 | 사례 004(민소법)
Ⅰ. 문제의 소재
Ⅱ. 관할합의의 효력이 미치는 범위

[제1문의 2]

문제1 | 사례 057(민소법)
Ⅰ. 문제의 소재
Ⅱ. 청구변경의 필요성
Ⅲ. 법원의 석명의무

문제2 | 사례 025(민소법)
Ⅰ. 문제의 소재
Ⅱ. 상고의 효력

[제1문의 3]

문제1 | 사례 074(민소법)
Ⅰ. 문제의 소재
Ⅱ. 재소금지원칙의 의미
Ⅲ. 재소금지원칙의 적용요건
   1. 당사자의 동일
   2. 소송물의 동일
   3. 권리보호이익의 동일
   4. 본안에 관한 종국판결의 선고
Ⅳ. 결론

문제2 | 사례 081(민소법)
Ⅰ. 문제의 소재
Ⅱ. 전소 기판력의 범위
Ⅲ. 변론종결후의 승계인의 범위

[제1문의 4]

문제1 | 사례 117(민소법)
Ⅰ. 문제의 소재
Ⅱ. 피고의 경정의 요건
Ⅲ. 피고를 잘못 지정한 것의 의미

[제1문의 5]

문제1 | 사례 051(민소법)
Ⅰ. 문제의 소재
Ⅱ. 물품대금채권의 소멸시효기간 및 기산점
Ⅲ. 명시적 일부청구의 시효중단의 범위
   1. 일부청구를 한 부분
   2. 일부청구를 하지 않은 부분
Ⅳ. 결론

문제2 | 사례 019(민법)
Ⅰ. 문제의 소재
Ⅱ. 甲의 물품대금채권의 소멸시효기간 및 기산점
Ⅲ. 일부변제와 시효이익의 포기
Ⅳ. 최고 및 소취하의 시효중단효
Ⅴ. 반복된 최고로 인한 시효중단의 효력

[제2문의 1]

문제1 | 사례 115(민법)
Ⅰ. 결론
Ⅱ. 논거
   1. 민법 제479조 제1항에 따른 변제충당
   2. 민법 제477조 제2호에 따른 변제충당

[제2문의 2]

문제1 | 사례 165(민법)
Ⅰ. 문제의 소재
Ⅱ. 부당이득반환청구의 요건
Ⅲ. 횡령금으로 변제한 경우 부당이득의 성립 여부

문제2 | 사례 131(민법)

Ⅰ. 결론
Ⅱ. 논거
   1. 사용자책임의 성립
   2. 甲과 乙의 채무의 부진정연대채무
   3. 과실상계
   4. 부진정연대채무자 중 다액채무자의 일부변제의 효력
   5. 부진정연대채무자 중 1인에 대한 채무면제의 효력

[제2문의 3]

문제1 | 사례 025(민법)

Ⅰ. 문제의 소재
Ⅱ. 丁이 통행권을 주장할 수 있는지 여부
Ⅲ. Z토지의 통행권확보와 통행권
Ⅳ. 통행권에 기한 토지의 인도청구
Ⅴ. 임료상당의 손해배상청구

문제2 | 사례 025(민법)

Ⅰ. 문제의 소재
Ⅱ. 특정승계인의 부담의 승계

문제3 | 사례 178(민법)

Ⅰ. 문제의 소재
Ⅱ. 인지청구의 소
Ⅲ. 상속회복청구
   1. Y토지에 대한 청구
   2. X토지에 대한 청구
   3. 제척기간

[제2문의 4]

문제1 | 사례 060(민법)

Ⅰ. 문제의 소재
Ⅱ. 분묘기지권의 시효취득

문제2 | 사례 060(민법)

Ⅰ. 문제의 소재
Ⅱ. 검토

제1문

[제1문의 1]

甲으로부터 2010. 10. 27. 3,000만 원을 차용한 乙이 2016. 4. 7. 사망하자, 망인의 1순위 단독 상속인인 자녀 丙이 상속포기신고를 하여 2016. 7. 6. 수리되었다. 그러므로 망인의 형인 丁이 그 2순위 단독 상속인으로서 위 차용금채무를 상속하게 되었다.

甲은 2020. 10. 23. 위 1순위 상속인인 丙을 피고로 하여 대여금반환청구의 소를 제기하였다가 2021. 6. 19. 피고를 위 2순위 상속인인 丁으로 바꾸는 피고경정신청서를 법원에 제출하였다.

이에 丁은 피고의 경정이 있는 경우 시효중단의 효과는 경정신청서를 제출한 때에 발생하며, 이 사건 대여금채권은 甲이 위 피고경정신청서를 제출하였을 당시에 이미 10년의 소멸시효기간이 지나 시효로 소멸한 것으로 보아야 한다고 항변을 하였다.

문제 1.

위와 같은 丁의 시효항변이 정당한지를 그 논거와 함께 서술하시오 (10점).

[제1문의 2]

乙 종중(대표자 회장 甲)은 2020. 5. 15. 丙을 상대로 매매에 기한 부동산 소유권이전등기청구의 소를 제기하였다. 그런데 甲은 같은 해 7. 31. 乙 종중 회장직에서 해임되었으며, 乙 종중은 丙에게 甲의 대표권 소멸사실을 통지하지는 않았지만, 같은 해 8. 18. 법원에 乙 종중의 새로운 대표자 丁이 대표자변경신고서를 제출하였다. 甲은 같은 달 19. 자신의 해임에 앙심을 품고 乙 종중 명의로 위 소를 취하하는 소취하서를 법원에 제출하였으며, 그 소취하서의 부본은 같은 달 25. 丙에게 송달되었고, 丙이 같은 달 31. 위 소취하에 동의하였다.

문제 1.

甲이 한 乙 종중 명의의 소취하는 유효한지를 그 논거와 함께 서술하시오 (10점).

[제1문의 3]

<기초적 사실관계>
甲과 乙 법인은 2층으로 된 X 건물을 2분의 1 지분씩 공동으로 소유하고 있는데, 건물 구입 당시 함께 추진하기로 한 사업이 여의치 않게 되어 甲은 이 건물을 매각하고 그 자금으로 다른 사업을 하고자 하나, 甲에 비하여 자금사정이 좋은 乙 법인은 시장상황이 좋아지기를 기다리며 매각을 반대하고 있다. 이에 甲은 乙 법인을 상대로 X 건물의 분할청구의 소를 제기하였다. (각 설문은 독립적임)

문제 1.
甲이 제출한 소장에는 乙 법인의 대표로 A가 기재되어 있으나, 막상 소장에 첨부된 乙 법인의 등기부 등본에는 B가 대표자로 등재되어 있다. 이에 재판장은 甲에게 소장을 보정하도록 명하였다.
이후 재판장은 보정명령으로 정해진 기간이 지났음에도 甲이 보정하지 않으므로 소장을 각하하였다. 이러한 재판장의 소장각하명령은 적절한가? (10점)

문제 2.
위 소송을 심리한 법원은 매각분할을 구하는 甲의 청구취지와 1층의 확보를 원하는 乙 법인의 요구를 고려하여, 乙 법인은 1층 전부의 소유권을 취득하고, 2층 전부의 소유권은 甲에게 부여하되, 乙 법인이 甲에게 각 층의 가치의 차액에 상당하는 5억 원을 배상하는 것이 합리적이라고 판단하고 있다. 법원은 위와 같은 분할판결을 할 수 있는가? (10점)

[제1문의 4]

X 부동산과 Y 부동산에 관해 그 소유자인 甲으로부터 乙 앞으로 소유권이전등기가 각 경료되었다. 甲은 2015. 1. 5. 자신은 X, Y부동산을 乙에게 매도한 바 없는데도 乙이 등기에 필요한 매매계약서 등 서류를 위조해 그 각 등기를 경료한 것이라고 주장하면서 乙을 상대로 그 각 등기의 말소등기를 청구하는 소('A소')를 제기했다. 이 소송사건의 변론이 2015. 9. 24. 종결되어 甲의 청구를 모두 인용하는 판결('A판결')이 선고되었고, 그 판결은 2015. 10. 15. 확정되었으며, 그 판결에 기해 그 각 소유권이전등기가 2015. 10. 30. 말소되었다. 甲은 2015. 11. 2. ① X부동산에 관해 2015. 9. 17.자 매매(유효한 계약임을 전제로 한다)를 원인으로 하는 소유권이전등기를 丙 앞으로 경료하고, ② 자신이 2015. 10. 20. 차용한 5,000만 원의 원리금 반환 채무를 담보하기 위해 Y부동산에 관해 채권최고액이 1억 원인 근저당권 설정등기를 丁 앞으로 경료했다. 그런데 乙은 자신이 A소송에서 패소한 것은 억울하고, 정당하게 작성된 매매계약서 등 증거를 발견했으므로 자신은 X, Y 부동산의 정당한 소유자라고 주장하면서 ① 丙을 상대로 X 부동산에 관해 진정한 등기명의 회복을 위한 소유권이전등기 청구의 소('B소')를 제기하고, ② 별소로 丁을 상대로 Y 부동산에 관해 근저당권 설정등기의 말소등기 청구의 소('C소')를 제기했다. B소와 C소의 청구원인에는 A소의 변론 종결 후에 발생한 새로운 사유의 주장은 없다.

문제 1.

법원은 B소와 C소에 관해 어떻게 판결하여야 하는가? (30점)

[제1문의 5]
甲은 乙을 상대로 소를 제기하면서 그 청구원인으로 ① 건물매매업무와 관련된 손해배상 10억 원 ② 부동산 임차업무와 관련된 손해배상 8억 원을 선택적 청구로 병합하여 청구하였다. (각 설문은 독립적임) (30점)

문제 1.

제1심 법원은 위 청구원인 중 건물매매업무와 관련된 손해배상청구만을 심리·판단하여 원고가 구하는 청구금액을 전부인용하고, 나머지 청구에 대해서는 원고가 어느 하나의 청구원인에서라도 전부인용판결을 받으면 추가적인 판단을 원하지 않는다는 이유에서 그 판단을 하지 않았다. 이 판결에 대해 피고만 항소한 경우 항소심 법원은 제1심에서 판단하지 않은 위 부동산 임차업무와 관련된 손해배상청구에 관해 심리·판단할 수 있는가? (15점)

문제 2.

제1심 법원은 ① 건물매매업무와 관련된 손해배상청구에 대해서는 청구기각, ② 부동산 임차업무와 관련된 손해배상청구에 대해서는 5억 원을 인용하는 판결을 선고하였다. 이 판결에 대해 피고만 항소한 경우, 항소심 법원은 위 건물매매업무와 관련된 손해배상청구 부분에 대해 심리·판단할 수 있는가? (15점)

[제1문의 6]

甲과 乙은 X부동산에 관하여 1/2 지분씩을 공유하고 있었다. 甲은 2018. 6. 8. 자신의 사업 자금을 융통하기 위하여 A은행으로부터 금전을 차용하면서 乙의 동의를 받아 X부동산 전체에 채권최고액을 1억 3,000만 원으로 하는 A은행 명의의 근저당권을 설정하여 주었다.

甲은 2019. 3. 15. 채무초과 상태에서 자신의 유일한 재산인 X부동산 중 1/2 지분을 乙에게 증여하고 소유권이전등기를 마쳐주었다. 당시 X부동산 전체의 시가는 1억 5,000만 원, A은행에 대한 甲의 피담보채무액은 9,000만 원이었다.

丙은 2019. 8. 14. 甲에 대한 물품대금채권 2,000만 원(변제기 2019. 1. 5.)을 피보전채권으로 하여 乙을 상대로 甲과 乙 사이의 X부동산 중 1/2지분에 대한 증여계약을 취소하고 지분권이전등기를 말소하라는 사해행위취소의 소를 제기하였다.

문제 1.

乙은 피담보채권액이 목적물 가액을 초과하므로 X부동산의 1/2지분에 대한 증여계약은 사해행위에 해당한다고 할 수 없다고 주장하고, 이에 대해 丙은 甲의 부동산 지분이 부담하는 피담보채권액은 각 공유지분의 비율에 따라 분담된 금액이므로 피담보채권액이 목적물 가액을 초과한다고 볼 수 없다고 주장하였다.

법원은 어떠한 판단을 하여야 하는지, 1) 결론(소각하/청구기각/청구전부인용/청구일부인용 - 일부 인용의 경우 인용범위를 특정할 것)과 2) 논거를 기재하시오. (X부동산의 시가는 사실심 변론종결시까지 변동이 없다고 가정하고, 丙의 물품대금채권에 대한 지연손해금은 고려하지 말 것) (20점)

[제1문의 7]

<기초적 사실관계>

甲은 2018. 6. 8. A은행으로부터 금전을 차용하며 자신이 소유한 X부동산에 대하여 채권최고액을 1억 2,000만 원으로 하는 A은행 명의의 근저당권설정등기를 마쳐주었다.

甲은 2019. 4. 15. 채무초과 상태에서 자신의 유일한 재산인 X부동산을 甲의 채권자인 乙에게 대물변제하고 소유권이전등기를 마쳐주었고, 같은 날 乙은 이미 설정되어 있던 근저당권의 피담보채무 8,000만 원을 변제하고 이를 말소하였다. 이후 乙은 2019. 10. 17. B은행으로부터 1,000만 원을 대출받으며 X부동산에 대해 채권최고액을 1,500만 원으로 하는 B은행 명의의 근저당권을 설정하여 주었다.

※추가된 사실관계는 각각 별개임.

<추가적 사실관계 1>

丙은 2018. 10. 5. 甲에게 5,000만 원을 무이자로 대여해 주고 변제받지 못하고 있었는바, 2020. 2. 10. 乙을 상대로 대물변제계약의 취소 및 소유권이전등기의 말소를 구하는 사해행위취소의 소를 제기하였다. 소송의 변론기일에서 乙은 ① 자신이 X부동산의 소유권을 취득한 이후 A은행의 근저당권이 말소되고 B은행의 근저당권이 설정되는 등의 사정이 있었으므로 원물반환은 불가능하여 丙의 청구는 부당하고, ② 가사 丙의 원상회복 청구가 받아들여진다고 하더라도, 乙 자신도 대물변제계약 당시 甲에 대한 4,000만 원의 물품대금채권을 가지고 있었으므로 이를 상계한 잔액만을 배상할 의무가 있을 뿐이라고 항변하였다.

문제 1.

乙이 이러한 채권을 보유하고 있음이 확인된다면, 법원은 丙의 청구에 대해 어떠한 판단을 하여야 하는지, 1) 결론(소각하/청구기각/청구전부인용/청구일부인용 - 일부 인용의 경우 인용범위를 특정할 것)과 2) 논거를 기재하시오. (X부동산 전체의 시가는 대물변제 약정 당시부터 사실심변론종결시까지 변함없이 1억 5,000만 원이었다고 가정하고, 지연손해금은 고려하지 말 것) (20점)

<추가적 사실관계 2>

사무기기 매장을 운영하는 丁은 2017. 1. 26. 甲에게 복사기 등의 사무용 물품을 공급하였으나, 대금 중 일부만 변제기인 2017. 3. 30.에 지급받았을 뿐, 잔여 대금 2,000만 원에 대해서는 아직까지 지급받지 못하고 있었다.

丁은 甲의 사정을 고려하여 이에 대해 아무런 조치를 취하지 않고 있었으나, 甲이 그 유일한 재산인 X부동산을 乙에게 대물변제한 사실을 알고 2020. 4. 2. 乙을 상대로 사해행위 취소의 소를 제기하였다.

문제 2.

재판 과정에서 乙이 피보전채권인 丁의 대금채권은 이미 시효로 소멸하였다고 항변한다면, 이에 대해 법원은 어떠한 판단을 하여야 하는지, 1) 결론(소각하/청구기각/청구전부인용/청구일부인용 - 일부 인용의 경우 인용범위를 특정할 것)과 2) 논거를 기재하시오. (X부동산의 시가는 사실심 변론종결시까지 변동이 없다고 가정하고, 지연손해금은 고려하지 말 것) (10점)

제 2 문

[2문의 1]

<기초적 사실관계>

甲은 건설업자 乙에게 건축공사를 의뢰하면서, 착공일 2020. 3. 10., 준공예정일 2020. 9. 1.로 정하여 도급계약을 체결하였다. 이 도급계약에는 공사대금채권을 제3자에게 양도하지 못한다는 특약이 명시되어 있었고, 공사대금 3억 원은 계약 당일 계약금으로 3,000만 원, 지하실, 1층, 2층, 3층, 4층의 각 골조공사 완성 후 각 1,000만 원씩, 공사 완료 후 잔금 2억 2,000만 원을 지급하기로 하였다. 한편, 乙은 건축공사와 관련하여 丙은행으로부터 5,000만 원의 대출을 받았고, 乙의 부탁을 받은 丁은 이 대출금채무에 대해 연대보증하였다.

이후 乙은 4층까지의 골조공사를 완성하였고, 甲으로부터 계약금 3,000만 원과 골조 공사에 대한 대금 5,000만 원을 지급받았다.

※추가된 사실관계는 각각 별개임.

<추가적 사실관계 1>

乙은 계속 공사를 진행하다가 자금이 부족하여 완공하지 못하였고, 이에 甲은 최고 등의 적법한 절차를 거쳐 2020. 8.경 계약을 해제하였다. 이후 乙은 2020. 10. 19. 甲을 상대로 공사를 중단할 때까지 자신이 지출한 2억 8,000만 원의 공사비 중 이미 지급받은 8,000만 원을 제외한 2억 원을 지급할 것을 청구하는 소를 제기하였다.

이 소송에서 甲은 乙의 귀책사유로 도급계약이 해제되었으므로 자신은 더 이상 공사대금 지급의무가 없고, 가사 공사대금을 지급해야 한다고 하더라도 전체 공사대금에서 기성고 비율을 적용한 금액만을 지급할 의무가 있을 뿐이라고 주장하였다. 감정 결과 공사 중단 당시 기성고 비율은 70%임이 확인되었다.

문제 1.

법원은 어떠한 판단을 하여야 하는지, 1) 결론(소각하/청구기각/청구전부인용/청구일부인용 – 일부 인용의 경우 인용범위를 특정할 것)과 2) 논거를 기재하시오. (지연손해금은 고려하지 말 것) (15점)

<추가적 사실관계 2>

乙은 계속 공사를 진행하여 준공예정일에 맞추어 공사를 완료하였으나, 甲으로부터 잔금을 지급받지 못하였다.

丁은 2020. 10.경 丙은행의 청구를 받고 乙의 대출금채무에 대한 보증채무를 이행하였고, 곧바로 乙에게 구상금을 청구하여 이에 대한 원고 승소판결이 확정되었다. 이를 기초로 丁은 2021. 5. 17. 乙의 甲에 대한 공사대금 채권 중 5,000만 원에 대해 압류 및 전부 명령을 신청하였고, 같은 달 21. 甲과 乙에게 송달된 후, 그 무렵 확정되었다. 한편, 乙은 2021. 5. 18. 戊에게 도급계약서 사본을 교부하면서 도급계약에 따른 잔금채권을 양도하였는데, 그 당시 戊는 계약서 내용을 살펴보지 않았다. 그 후 乙은 甲에게 내용증명우편으로 채권양도통지를 하였고, 이 통지는 2021. 5. 20. 도달하였다.

丁의 甲에 대한 전부금 청구소송에서 甲은 2021. 5. 20. 채권양도 통지를 받았으므로 전부 명령은 무효이고 따라서 丁에게는 지급의무가 없다고 항변하였다. 이에 대해 丁은 乙의 甲에 대한 공사대금 채권과 관련하여 양도금지 특약이 있었으므로 이러한 채권양도는 무효라고 주장하였고, 甲은 양도금지 특약의 효력이 당사자 간에만 미칠 뿐이므로 丁이 채권양도의 무효를 주장할 수는 없다고 반박하였다.

문제 2.
법원은 어떠한 판단을 하여야 하는지, 1) 결론(소각하/청구기각/청구전부인용/청구일부인용 - 일부 인용의 경우 인용범위를 특정할 것)과 2) 논거를 기재하시오. (이자 및 지연손해금 등은 고려하지 말 것) (15점)

[2문의 2]
丙은 2019. 5. 3. 3억 원을 丁으로부터 차용한 후 자신 소유의 X토지에 대하여 2019. 5. 6. 채권최고액 2억 원으로 하는 근저당권을 丁에게 설정해 주었다. 한편 丁은 위 3억 원을 확실하게 변제받기 위하여 추가로 2019. 5. 9. 甲 소유의 Y토지에 대하여 채권최고액 2억 원으로 하는 근저당권을 설정받았다. 丙은 2019. 7. 7. 乙에 대한 자재대금채무(2억 원)를 담보하기 위하여 X토지에 대하여 채권최고액 2억 원으로 하는 근저당권을 乙에게 설정해 주었다. 이후 丁은 2020. 5. 3. Y토지에 대한 협의취득보상금에 대하여 물상대위권을 행사하여 2억 원을 수령하였다. 한편 X토지에 대한 담보권 실행을 위한 경매절차가 진행되어 2020. 10. 5. 丁은 1억 원, 乙은 2억 원, 甲은 2억 원을 채권액으로 신고하였다. 법원은 2020. 11. 25. 매각대금에서 집행비용을 제외한 금액인 2억 원을 丁에게 1억 원을 乙에게 1억 원을 배당하고, 甲에게 전혀 배당하지 않았다. 이에 甲은 2021. 6. 5. 乙에 대한 배당액에 대해 이의하고 2021. 6. 9. 배당이의의 소를 제기하였다.

< 문제 >
법원은 어떠한 판단을 하여야 하는지, 1) 결론(소각하/청구기각/청구전부인용/청구일부인용 - 일부 인용의 경우 인용범위를 특정할 것)과 2) 논거를 기재하시오. (이자, 지연손해금은 고려하지 말 것) (20점)

[2문의 3]

乙은 2013. 3. 15. X건물에 대한 신축공사 중 전기배선공사를 완료하여 丙에 대하여 1억 원의 공사대금채권(변제기 2013. 5. 15.)을 갖게 되었다. X건물에 대한 2013. 11. 5. 담보권 실행을 위한 경매절차가 개시되어 그 경매절차에서 매수인 甲이 2015. 7. 19. 매각대금을 모두 납부하였다. 甲은 2016. 1. 12. X건물 내의 현장사무실에서 숙식하고 있던 乙을 강제로 쫓아내고 건물출입을 막았다. 乙은 2017. 1. 5. 甲을 상대로 점유회수의 소를 제기하여 2017. 9. 6. 승소판결을 받고, 甲으로부터 X건물의 점유를 반환받았다. 乙은 2014. 9. 1. 공사대금채권에 대한 지급명령을 신청하여 2014. 9. 25. 지급명령이 확정되었다. 甲은 2020. 2. 14. 乙에게 X건물의 인도를 청구하는 소를 제기하였다. 乙은 유치권을 주장하면서 인도를 거부하였다.

< 문제 >

법원은 어떠한 판단을 하여야 하는지, 1) 결론(소각하/청구기각/청구전부인용/청구일부인용 - 일부 인용의 경우 인용범위를 특정할 것)과 2) 논거를 기재하시오. (지연손해금은 고려하지 말 것) (20점)

[2문의 4]

丙은 2017. 4. 27. 丁으로부터 丁 소유의 X건물을 임대차보증금 5억 원, 임대차기간 2017. 4. 27.부터 2019. 4. 26.까지 2년으로 정하여 임차하고, 丁에게 임대차보증금 5억 원을 지급하였다. 丙은 2018. 10. 29. 戊가 甲에 대해 부담하는 대여금채무 5억 원을 담보하기 위하여 임대차보증금 반환채권을 담보로 제공하여, 甲과 사이에 위 임대차보증금 반환채권에 관하여 담보한도액을 5억 원으로 하는 근질권설정계약을 체결하였다. 丙은 2020. 3. 21. 임대차보증금 반환채권을 담보하기 위하여 X건물에 관하여 채권최고액 5억 원, 채무자 丁, 근저당권자 丙으로 된 근저당권을 설정받았다. 丁은 2020. 6. 7. 乙에게 X건물을 매도하였고, 2020. 7. 6. 乙 명의의 소유권이전등기가 마쳐졌다.

丙과 乙은 2020. 12. 27. 해지를 원인으로 근저당권설정등기의 말소를 신청하였고, 丙 명의의 근저당권설정등기가 2020. 12. 28. 말소되었다. 甲은 2021. 5. 6. 근질권자의 동의 없이 근저당권을 말소한 것은 위법하다고 주장하면서 근저당권설정등기의 회복등기절차의 이행을 구하는 소를 제기하였다. 법원의 심리결과 임대차계약과 근질권설정계약에는 근저당권설정에 관한 내용이 없었고, 근저당권설정등기에 관하여 근질권의 부기등기는 마쳐지지 않았다.

< 문제 >

법원은 어떠한 판단을 하여야 하는지, 1) 결론(소각하/청구기각/청구전부인용/청구일부인용 - 일부 인용의 경우 인용범위를 특정할 것)과 2) 논거를 기재하시오 (15점).

[2문의 5]

토지 X, Y, Z는 원래 乙의 소유였는데, 乙은 2010. 1. 29. 사망하기 직전인 같은 달 8. 공증담당 변호사와 증인 2인을 입회시킨 가운데 '자신의 명의로 등기되어 있는 일체의 부동산 및 기타 동산과 재산권을 포함한 일체의 재산을 배우자 甲의 소유로 하며, 권리이전에 관한 일체의 권한을 甲에게 부여한다'는 유언의 취지를 구수하고 공증인이 이를 필기낭독하여 유언자와 증인이 그 정확함을 승인한 후 각자 서명 또는 기명날인하였다. 甲과 乙 사이에는 자녀 丙이 있었는데, 丙은 甲이 유증에 의한 등기를 지체하자 2010. 12. 5. 서류를 위조하여 토지 전부에 관하여 乙로부터 상속을 원인으로 丙 명의의 소유권이전등기를 경료하였고, 丁에게 매도하여 2011. 11. 5. 丁 명의로 소유권이전등기가 경료되었다. 甲은 2020. 4. 5. 토지 X, Y, Z에 대한 등기부를 열람하고, 2021. 1. 5. 丁을 상대로 진정명의 회복을 위한 이전등기를 청구하는 소를 제기하였다.

< 문제 >

법원은 어떠한 판단을 하여야 하는지, 1) 결론(소각하/청구기각/청구전부인용/청구일부인용 - 일부 인용의 경우 인용범위를 특정할 것)과 2) 논거를 기재하시오 (15점).

목차

2021년 제3차 법전협 모의시험

[제1문의 1]

문제1 | 사례 016(민소법)

- Ⅰ. 문제의 소재
- Ⅱ. 소송당사자의 확정 및 당사자표시정정신청
- Ⅲ. 피고경정신청을 당사자표시정정으로 선해할 수 있는지 여부
- Ⅳ. 소제기의 실체법적 효력 발생시기

[제1문의 2]

문제1 | 사례 034(민소법)

- Ⅰ. 문제의 소재
- Ⅱ. 법인 등 단체의 대표자의 지위
- Ⅲ. 대표권의 소멸통지

[제1문의 3]

문제1 | 사례 038(민소법)

- Ⅰ. 문제의 소재
- Ⅱ. 소장심사의 내용
- Ⅲ. 소장각하명령의 가능성

문제2 | 사례 054(민소법)

- Ⅰ. 문제의 소재
- Ⅱ. 처분권주의
- Ⅲ. 공유물분할청구에 대한 법원의 판단

[제1문의 4]

문제1 | 사례 078(민소법)

- Ⅰ. 문제의 소재
- Ⅱ. 전소 확정판결의 기판력의 범위
- Ⅲ. 변론종결후 승계인의 범위
- Ⅳ. 丙과 丁이 甲의 변론종결후 승계인에 해당하는지 여부
- Ⅴ. 후소법원의 판단

[제1문의 5]

문제1 | 사례 096(민소법)

- Ⅰ. 문제의 소재
- Ⅱ. 원고의 청구의 법적 성질
- Ⅲ. 법원의 심판의 방법
- Ⅳ. 이심의 범위 및 심판의 범위

문제2 | 사례 093(민소법)

- Ⅰ. 문제의 소재
- Ⅱ. 이심의 범위
- Ⅲ. 심판의 범위

[제1문의 6]

문제1 | 사례 102(민법)

- Ⅰ. 문제의 소재
- Ⅱ. 사해행위취소청구의 요건
- Ⅲ. 근저당권이 설정된 목적물을 처분하는 경우 사해행위의 판단 기준
- Ⅳ. 공동저당권의 목적물에 대한 책임재산 산정 방법

[제1문의 7]

문제1 | 사례 101(민법)

- Ⅰ. 문제의 소재
- Ⅱ. 사해행위 성립여부
- Ⅲ. 원상회복청구 부분
  1. 원상회복의 방법
  2. 가액배상의 범위
- Ⅳ. 수익자의 상계가능성

문제2 | 사례 022(민법)

- Ⅰ. 문제의 소재
- Ⅱ. 피보전채권의 소멸시효 완성
- Ⅲ. 수익자의 소멸시효 완성 주장
- Ⅳ. 법원의 판단

[제2문의 1]

문제1 | 사례 160(민법)

Ⅰ. 문제의 소재
Ⅱ. 건축공사도급계약의 해제
Ⅲ. 공사대금의 정산방법

문제2 | 사례 110(민법)

Ⅰ. 문제의 소재
Ⅱ. 채권양도와 전부명령 사이의 우열관계
Ⅲ. 양도금지특약위반의 효력

[제2문의 2]

문제 | 사례 074(민법)

Ⅰ. 문제의 소재
Ⅱ. 누적적 근저당권의 구별기준
Ⅲ. 물상보증인의 변제자대위와 후순위근저당권자의 우열관계

[제2문의 3]

문제 | 사례 023(민법)

Ⅰ. 문제의 소재
Ⅱ. 유치권의 성립여부
Ⅲ. 점유의 상실과 유치권의 소멸
Ⅳ. 유치권의 피담보채무의 소멸시효 연장의 효력
Ⅴ. 상환급부판결

[제2문의 4]

문제 | 사례 070(민법)

Ⅰ. 문제의 소재
Ⅱ. 근질권의 효력이 근저당권에도 미치는지 여부

[제2문의 5]

문제 | 사례 177(민법)

Ⅰ. 문제의 소재
Ⅱ. 乙의 유언의 효력
Ⅲ. 포괄유증의 효력 및 상속회복청구권의 유추적용
Ⅳ. 제척기간의 기산점

제1문

[제1문의 1]

<공통된 사실관계>

甲은 乙에게 2020. 1. 1. 5,000만 원을, 2020. 3. 1. 1억 원을 각 무이자로 대여하여 주었는데, 乙은 2020. 4. 1. 甲으로부터 차용한 위 금원 중 5,000만 원을 다시 丙에게 대여하여 주었다. 甲은 위 각 채권의 변제기가 도래하였음에도 불구하고 乙로부터 1억 5천만 원을 변제받지 못하자, 2020. 5. 1. 위 채권 중 2020. 1. 1.자 5,000만 원의 대여금 채권을 피보전채권으로 하여 무자력자인 乙을 대위하여 丙을 상대로 "丙은 甲에게 2020. 4. 1.자 대여금 5,000만 원을 지급하라"는 취지의 소(전소)를 제기하였다. 한편 甲은 전소 계속 중인 2020. 7. 1. 乙에게 소송고지를 하였다. (아래 각 질문은 독립적임)

문제 1.

제1심 법원은 甲의 청구를 기각하는 판결을 선고하였고 甲이 이에 대하여 항소를 하였는데, 甲은 항소심 계속 중 전소를 취하하였다. 그 이후 乙이 丙을 상대로 2020. 4. 1.자 대여금 5,000만 원의 지급을 청구하는 소를 제기하였다면, 법원은 이에 대하여 어떤 판결을 하여야 하는가? (20점)

<추가된 사실관계 1>

전소에서 제1심 법원은 2020. 1. 1.자 5,000만 원의 대여금 채권이 변제로 소멸하였다는 이유로 소각하 판결을 선고하였고, 그 판결은 그대로 확정되었다.

그 이후, 甲은 乙을 상대로 2020. 1. 1.자 대여금 5,000만 원과 2020. 3. 1.자 대여금 1억 원, 합계 1억 5,000만 원의 지급을 구하는 소(후소)를 제기하였다.

문제 2.
후소 계속 중 乙은 甲의 대여금 청구 전체가 전소 확정판결의 기판력에 저촉되는 것이라고 주장하였다. 이러한 乙의 주장은 타당한가? (20점)

〈추가적 사실관계 2〉
전소에서 제1심 법원은 2020. 10. 24. 청구인용 판결을 선고하였고 그 판결은 2020. 11. 13. 확정되었다. 한편, 丁은 乙에 대한 1억 원의 집행력 있는 지급명령 정본에 기초하여 2020. 10. 20. 乙의 丙에 대한 5,000만 원의 대여금 채권에 대하여 채권압류 및 전부명령을 받았다. 이 명령은 丙에게 송달되고 2020. 11. 21. 확정되었다.

문제 3.
丁이 丙을 상대로 위 채권압류 및 전부명령에 따라 5,000만 원의 지급을 구하는 전부금 청구의 소를 제기하였다. 법원은 어떤 판결(각하, 기각, 인용)을 하여야 하는가? (10점)

[제1문의 2]

<공통된 사실관계>
甲 종중(대표자 A)은 2009. 8. 7. 乙에게 3억 원을 변제기 1년으로 하여 대여하였는데, 乙이 변제기가 지나서도 변제하지 않자, 2019. 6. 11. 乙을 상대로 3억 원의 대여금 청구의 소를 제기하였다. 위 소송에서 乙은 소송대리인 B를 선임하였고, B는 제1회 및 제2회 변론기일에서 대표자 A가 甲종중의 적법한 대표자가 아니고 또한 乙이 위 3억 원을 대여 받지 않았다고 주장하였다. (아래 각 질문은 독립적임)

문제 1.
제1심 법원은 심리 결과 甲 종중 대표자 A가 적법한 대표자인지에 대하여는 확신을 갖지 못하였으나 甲의 대여금 청구에 대하여는 이유 없다는 확신이 들었다. 이러한 경우 법원이 바로 청구기각 판결을 할 수 있는가? (10점)

<추가된 사실관계 1>
제3회 변론기일 직전에 乙이 사망하였고 그 상속인으로는 C와 D가 있었으나 C만이 소송절차를 수계하였다. 제1심 법원은 乙의 상속인이 2명인 사실을 알지 못한 채 피고를 C로만 표시한 원고청구 일부 인용 판결을 선고하였고 그 판결문은 2021. 1. 7. B에게 송달되었다. B에게는 상소제기에 관한 특별수권이 없다.

문제 2.
C는 2021. 1. 15. 자신의 명의로만 항소를 제기하였다. 위 제1심 판결 및 항소제기의 효력은 D에게도 미치는가? (15점)

<추가된 사실관계 2>
甲은 위 소송계속 중 丙에게 위 대여금채권을 양도했다고 주장하면서 소송인수를 신청하였다. 제1심 법원은 2020. 9. 30. 丙을 원고 인수참가인으로 하여 소송인수결정을 하였고, 같은 날 甲은 乙의 승낙을 받아 소송에서 탈퇴하였다. 제1심 법원은 2021. 2. 8. 甲과 丙 사이의 채권양도가 소송행위를 하게 하는 것을 주된 목적으로 이루어져 무효라는 이유로 丙에 대해 소각하 판결을 선고하였다. (아래 각 질문은 독립적임)

문제 3.

이에 대해 丙만 항소하였는데, 항소법원의 심리결과 甲과 丙 사이의 채권양도는 유효하나 위 대여금채권이 변제로 소멸한 사실이 인정되었다. 항소심 법원은 제1심 판결을 취소하고 丙의 청구를 기각하는 판결을 할 수 있는가? (15점)

문제 4.

위 소각하 판결에 대해 어느 쪽도 항소하지 않아 2021. 3. 7. 판결이 확정되자 甲은 2021. 4. 8. 乙을 상대로 위 2019. 6. 11.자 전소와 동일한 소(후소)를 다시 제기하였다. 이에 후소 법원은 위 대여금 채권은 소멸시효가 완성되었고 원고가 전소를 제기함으로써 발생한 시효중단의 효력도 원고가 전소에서 탈퇴한 2020. 9. 30.에 소멸하였다고 판단하여 甲의 청구를 기각하는 판결을 선고하였다. 이러한 법원의 판단은 정당한 것인가? (10점)

[제1문의 3]

<기초적 사실관계>

甲은 자기 소유 X 토지가 있는 지역이 곧 상업지역으로 전환되어 용적률이 대폭 상향 조정된다는 정보를 입수하였다. 이에 甲, 乙, 丙은 공동으로 낡은 건물을 재건축하여 판매하는 사업을 진행하기로 하면서 먼저 X 토지 위의 낡은 건물을 고층으로 재건축하는 공동사업을 진행하기로 합의하였다. 甲, 乙, 丙 사이의 합의에 따라 甲은 시가 50억 원 상당의 X 토지를 출연하고, 乙과 丙은 재건축에 필요한 소요자금으로 각각 50억 원씩 출연하기로 합의하였다. 위 약정에 따라 甲은 X 토지를 출자하고 乙은 50억 원을 출자하였으나 丙은 자금 부족으로 25억 원만을 출자하였다.

甲, 乙, 丙은 건축업을 영위하는 A 회사와 공사계약을 체결하고 공사대금은 100억 원, 공사기간 1년, 공사대금지급방법은 기성고에 따라 매 2개월마다 10억 원씩 5회 지급하고 나머지 공사대금 50억 원은 공사 완료 후 즉시 지급하기로 약정하였다.

위 건물 신축 공사계약에 따라 甲, 乙, 丙은 공동명의로 건축허가를 받아 A 회사가 공사를 개시하고 10개월 동안 기성고에 따라 50억 원의 공사비가 지급되었다.

(※아래 각 문항의 기재 사실은 별도의 제시가 없는 한 상호 무관함)

문제 1.

모든 공정이 종료되고 그 주요 구조 부분이 약정된 대로 시공되어 건물로서 완성되었으나 건물의 일부에 하자가 발생하였다. 그런데 하자는 중요하지 않아 하자로 인한 건물의 교환가치 감소액은 3억 원이지만 하자를 보수하는 데에 드는 비용은 45억 원이다. A 회사는 건물에 하자가 남아 있는 상태에서 甲, 乙, 丙에게 공사대금의 잔금 50억 원의 지급을 청구하였다.

이에 대하여 甲, 乙, 丙은 ① 위 하자 보수가 끝나지 않아 공사대금청구권은 발생하지 않았고, ② 설사 공사대금청구권이 발생했더라도 하자의 보수가 완료될 때까지는 잔금을 지급할 수 없으며, ③ 하자를 이유로 계약을 해제하겠다, ④ 하자 보수에 드는 45억 원의 비용을 손해배상채권으로 하여 공사대금과 상계하겠다고 각각 주장하였다. 甲, 乙, 丙의 주장이 타당한지 검토하시오. (30점)

문제 2.

건물신축공사 완료 후 A 회사는 甲만을 상대로 미지급 공사대금 50억 원의 지급을 구하는 소를 제기하였다. 이에 대하여 甲은 청구금액의 3분의 1에 대해서만 책임이 있다고 항변하였다. A 회사의 청구가 타당한지 甲의 항변을 고려하여 판단하시오. (20점)

제 2 문

[2문의 1]

〈기초적 사실관계〉

甲은 2016. 3. 6. 乙과 4년간의 여신거래약정을 체결하면서 현재 및 장래에 발생할 채권을 담보하기 위해 채무자 乙 소유의 X 부동산에 채권최고액 12억 원의 근저당권을 설정하였고 丙과 丁이 연대보증하였다. 甲은 변제기가 도래하자 확정된 피담보채권액 10억 원을 변제할 것을 보증인들에게 요청하였고 이에 丙은 3억 원을, 丁은 2억 원을 甲에게 지급하였다. 그 후 丙과 丁은 근저당권 일부이전의 부기등기를 마쳤다. 일부만 변제받은 甲은 乙이 잔존채무(5억 원)를 변제하지 않자 X 부동산에 대해 근저당권에 기한 경매신청을 하였다(이하 경매비용 및 이자 등은 고려하지 않음).

(※아래 각 문항의 기재 사실은 별도의 제시가 없는 한 상호 무관함)

문제 1.

위 경매를 통해 A가 8억 원에 X 부동산을 매수하였다. 8억 원의 매각대금은 누구에게 얼마씩 배당될 것인지 구체적으로 서술하시오. (15점)

〈추가된 사실관계〉

丙은 대위변제한 3억 원에 상응하는 비율로 甲으로부터 근저당권의 일부를 이전받으면서, '丙이 배당·회수금으로부터 甲보다 먼저 충당받기로 하는 특약(우선회수특약)'을 甲과 체결하였다. 한편 戊는 丙의 乙에 대한 구상채권을 보증하였다. 이에 따라 戊가 丙에게 보증채무를 이행한 후, 변제자대위에 기하여 丙으로부터 근저당권을 이전받았다.
위 경매에서 B가 5억 원에 X 부동산을 매수하였다. 그 5억 원은 모두 甲에 대한 채무변제에 충당되었다.

문제 2.

戊는 ① 甲을 상대로는 우선회수특약을 근거로 3억 원의 부당이득반환을, ② 丙을 상대로는 戊가 변제자대위로 취득한 권리에 관한 보존의무위반을 이유로 3억 원의 손해배상을 청구하였다. 戊의 甲과 丙에 대한 청구가 타당한지 판단하시오. (20점)

[2문의 2]

<기초적 사실관계>
  甲은 2017. 12. 24. 乙 소유의 X 토지를 3억 원에 매수하기로 하는 매매계약을 체결하면서 당일 계약금 3천만 원을 지급하였고, 잔금 2억 7천만 원은 2018. 3. 19.에 지급하기로 하였다.
(※아래 각 문항의 기재 사실은 별도의 제시가 없는 한 상호 무관함)

<추가된 사실관계 1>
  X 토지는 매매시에 부동산 거래신고 등에 관한 법률(구 국토이용관리법)상 관할관청의 허가가 필요하므로, 甲과 乙은 허가를 배제하고자 계약서에 '매매'가 아닌 '증여'로 표기하였고, 2018. 3. 19. 증여를 원인으로 이전등기를 마쳤다. 2020. 3. 4. X 토지에 대한 허가구역 지정이 해제되었다.

문제 1.
  乙이 甲을 상대로 위 계약이 무효임을 주장하면서 소유권이전등기의 말소를 청구한 경우, 그 청구가 타당한지 판단하시오. (15점)

<추가된 사실관계 2>
  甲은 X 토지 위에 Y 건물을 짓고자 X 토지를 매수하였는데, 잔금채무를 담보하기 위하여 신축하려는 건물의 건축허가 명의를 乙명의로 받았고, 甲은 2019. 6. 8. 신축한 Y 건물에 대해 乙명의로 소유권보존등기를 마쳤다.

문제 2.
  乙은 2019. 10. 4. 임의로 Y 건물을 丁에게 매도하고 등기를 이전해 주었다(丁은 매입 당시부터 Y 건물의 신축과정과 등기와 관련된 사정을 모두 알고 있었다). 甲은 乙에게 잔금을 지급한 후 丁에게 이전등기를 말소할 것을 청구하였다. 甲의 丁에 대한 청구가 타당한지 판단하시오. (10점)

[2문의 3]

<기초적 사실관계>

甲은 2018. 2. 5. 자기 소유 X토지 위에 단독주택인 Y건물을 신축하기 위하여 공사대금 10억 원, 준공일을 2019. 2. 5.로 정하여 乙과 도급계약을 체결하였다. 그리고 乙이 공사비용을 마련하기 위하여 K은행으로부터 5억 원을 대출받는 과정에서, 乙의 부탁을 받은 甲은 乙의 K은행에 대한 채무를 담보하기 위하여 X토지에 대한 근저당권을 K은행 명의로 마쳤다. 乙은 도급계약서를 제시하면서 甲을 대리하여 丙과의 자재공급계약을 체결하였고(대금 3억 원), 丙으로부터 2018. 3. 5.부터 2018. 9. 5.까지 공사에 필요한 골재(철근, 시멘트 등)를 공급받았다. 한편 丙은 자재대금의 완납 시까지 자재의 소유권을 자신에게 유보하였다(甲은 乙과 丙사이에 있었던 위와 같은 사실을 전혀 알지 못하였고 모르는데 과실이 없다). 乙은 2018. 12. 31. 자금사정이 곤란하여 건물의 외관은 갖추지 못한 상태에서 외부 골조공사 60%의 공정만을 이행한 채 중단하였다. 이에 甲은 2019. 5. 29. 도급계약의 해제를 통보하고 나머지 공사를 완료하여 Y건물을 완공하였다.

(※아래 각 문항의 기재 사실은 별도의 제시가 없는 한 상호 무관함)

문제 1.

3억 원의 자재대금채권을 가진 丙이 2020. 3. 5. 甲을 상대로 ① 자재공급계약에 따라 대금 3억 원을 지급할 것을, ② 민법 제261조에 따라 3억 원 상당을 보상해 줄 것을 청구하였다. 丙의 甲에 대한 청구가 타당한지 판단하시오. (15점)

<추가된 사실관계>

丁이 乙에 대한 3억 원의 대여금채권을 피보전채권으로 하여 2018. 9. 15. 발생한 乙의 甲에 대한 공사 관련 채권에 대하여 2018. 12. 5. 압류 및 전부명령을 신청하였고, 위 압류 및 전부명령의 효력은 2019. 1. 5. 발생하였다. 乙이 대출금의 이자지급을 지체하자, K은행은 X토지에 대한 근저당권 실행을 위한 경매를 신청하였고, 이에 甲은 2019. 2. 5. 5억 원을 변제하고 K은행 명의의 근저당권을 말소하였다.

문제 2.

丁은 甲에게 3억 원의 전부금을 청구하였고, 甲은 이에 대하여 구상금채권을 자동채권으로 하고 丁의 전부금채권 3억 원을 수동채권으로 하여 상계항변을 하였다. 丁의 甲에 대한 전부금청구의 인용여부를 금액을 고려하여 구체적인 논거와 함께 서술하시오(이자 및 지연손해금 등을 고려하지 말 것). (25점)

목차

2021년 제2차 법전협 모의시험

[제1문의 1]

문제1 | 사례 073(민소법)
Ⅰ. 문제의 소재
Ⅱ. 재소금지원칙 위반 여부
  1. 의의 및 내용
  2. 채권자대위소송의 경우
  3. 사안의 경우
Ⅲ. 결론

문제2 | 사례 079(민소법)
Ⅰ. 문제의 소재
Ⅱ. 2020. 3. 1.자 대여금 1억 원 청구가 전소의 기판력에 저촉되는지 여부
  1. 소송물의 구별
  2. 사안의 경우
Ⅲ. 2020. 1. 1.자 대여금 5천만 원 청구가 전소의 기판력에 저촉되는지 여부
  1. 기판력의 의의
  2. 대위소송에서 피보전채권의 부존재를 이유로 한 소각하 판결의 기판력이 미치는 범위
Ⅳ. 결론

문제3 | 사례 010(민소법)
Ⅰ. 문제의 소재
Ⅱ. 전부명령에 앞서 채권자대위소송 판결이 있는 경우
Ⅲ. 결론

[제1문의 2]

문제1 | 사례 036(민소법)
Ⅰ. 문제의 소재
Ⅱ. 비법인사단의 대표권 유무에 대한 법원의 판단방법
  1. 직권조사사항에 해당하여 법원이 심리·조사해야 하는지 여부
  2. 법관이 확신을 갖지 못한 경우의 판단
Ⅲ. 소송요건의 선순위성에 반하는지 여부
  1. 문제점
  2. 학설과 판례
  3. 사안의 경우
Ⅳ. 결론

문제2 | 사례 022(민소법)
Ⅰ. 문제의 소재
Ⅱ. 소송 계속 중 乙이 사망의 경우 대리인에 의한 재판 절차와 판결 효력이 D에게도 미치는지 여부
  1. 당사자의 사망과 대리인이 있는 경우 재판 절차
  2. 판결의 효력범위
Ⅲ. C의 항소제기의 효력이 D에게 미치는지
  1. 상속인 중 일부만 항소 제기한 경우
  2. 사안의 적용
Ⅳ. 결론

문제3 | 사례 134(민소법)
Ⅰ. 문제의 소재
Ⅱ. 소각하 판결에 항소한 丙의 청구가 이유 없는 경우 판결형태
  1. 불이익변경금지 원칙
  2. 학설 및 판례
Ⅲ. 결론

문제4 | 사례 050(민소법)
Ⅰ. 소송탈퇴 후 법률관계
Ⅱ. 사안의 경우
Ⅲ. 결론

[제1문의 3]

문제1 | 사례 154(민법)
Ⅰ. 문제의 소재
Ⅱ. 수급인의 담보책임 및 공사대금청구권이 동시이행관계인지 여부
  1. 수급인의 담보책임과 공사대금청구권
  2. 사안의 적용
Ⅲ. 계약 해제 여부
Ⅳ. 상계 가부
Ⅴ. 결론

문제2 | 사례 155(민법)

Ⅰ. 문제의 소재
Ⅱ. 甲, 乙, 丙 간 법률관계
Ⅲ. 공사대금에 대한 甲의 책임
Ⅳ. 상행위로 인한 조합채무에 대한 조합원 각자의 채무의 성질
Ⅴ. 결론

[제2문의 1]

문제1 | 사례 120(민법)

Ⅰ. 연대보증인의 일부변제의 효력
Ⅱ. 채권자와의 관계와 甲·丙·丁의 배당액
Ⅲ. 결론

문제2 | 사례 121(민법)

Ⅰ. 문제의 소재
Ⅱ. 부당이득반환청구에 대하여
  1. 문제점
  2. 우선회수특약의 효력
Ⅲ. 손해배상청구에 대하여
  1. 문제점
  2. 사안의 적용
Ⅳ. 결론

[제2문의 2]

문제1 | 사례 012(민법)

Ⅰ. 甲과 乙 간의 증여 매매 또는 계약의 효력
  1. 토지거래허가를 잠탈할 목적으로 체결된 계약의 효력
  2. 사안의 적용
Ⅱ. 허가지정해제 의한 매매계약의 효력
Ⅲ. 결론

문제2 | 사례 081(민법)

Ⅰ. 문제의 소재
Ⅱ. 乙 명의의 소유권보존등기의 법적 성질
Ⅲ. Y건물의 소유권 귀속
Ⅳ. 결론

[제2문의 3]

문제1 | 사례 043(민법)

Ⅰ. 문제의 소재
Ⅱ. 자재공급계약에 따른 대금지급청구
Ⅲ. 민법 제261조에 기한 부당이득반환청구
  1. 문제점
  2. 판례의 태도
  3. 사안의 적용
Ⅳ. 결론

문제2 | 사례 125(민법)

Ⅰ. 문제의 소재
Ⅱ. 전부금청구의 청구원인 판단
Ⅲ. 상계항변 허용 여부
  1. 지급금지채권을 수동채권으로 한 상계
  2. 사안의 적용
Ⅳ. 가분적인 금전채권 일부에 대한 전부명령과 전부채권자에 대한 상계 범위
Ⅴ. 결론

제1문

[제1문의 1]

乙은 丙에게 4,000만 원을 대여하여 주고 이를 돌려받지 못하고 있다. 이에 乙은 위 채권을 甲에게 양도하였고, 그 후 甲은 丙을 상대로 양수금청구의 소(전소)를 제기하여 2008. 6. 4. 전부승소판결을 받았고 이 판결은 같은 달 20. 확정되었다.
판결 확정 후에도 丙으로부터 전혀 변제를 받지 못한 甲은 2018. 5. 25. 채권 소멸시효중단을 위해 다시 丙을 상대로 위 양수금의 지급을 구하는 소(후소)를 제기하였다. (아래의 각 문제는 독립적임)

문제 1.

후소는 적법한가? (10점)

문제 2.

후소에서 법원은 甲이 乙로부터 채권을 양도받아 2008. 6. 4. 판결을 선고받은 사실은 인정하면서도, 乙이 丙에게 위 채권의 양도사실을 통지하였거나 채권양도에 대한 丙의 승낙을 인정할 아무런 증거가 없다고 판단하였다. 법원은 甲이 위 채권의 적법한 양수인이라 할 수 없다는 이유로 甲의 청구를 기각할 수 있는가? (15점)

문제 3.

후소의 소송계속 중 제2회 변론기일에서 甲이 후소의 소장 송달 하루 전에 이미 가정법원으로부터 성년후견개시심판을 받은 사실이 밝혀졌다. 법원은 어떠한 조치를 취해야 하는가? (10점)

[제1문의 2]

乙은 甲을 상대로 甲 소유의 토지에 관한 소유권이전등기청구의 소를 제기하였다. 이 소송에서 乙은 甲의 주소를 알고 있음에도 불구하고 甲이 마치 행방불명된 자인 것처럼 허위의 주소를 기재하여 재판장으로부터 공시송달명령을 받아 낸 다음, 제3자로 하여금 자신이 甲 소유의 토지를 매수한 것이라는 취지의 허위 증언을 하게 함과 아울러 위조된 매매계약서 등을 증거로 제출하여 승소판결을 받았다. 그 후 이 판결은 재판장의 명에 따른 공시송달의 방법에 의하여 확정되었고 乙은 자신의 명의로 소유권이전등기를 마쳤다. 그 후 위와 같은 사실을 알게 된 甲은 乙을 상대로 하여 위 토지에 관한 소유권이전등기가 원인무효임을 이유로 말소등기절차의 이행을 구하는 소를 제기하였다.

문제 1.

이 경우 법원은 어떤 판결을 하여야 하는가? (15점)

문제 2.

만약 甲이 위 소유권이전등기 말소등기청구소송에서 패소 확정된 후, 다시 乙을 상대로 위 토지에 관한 진정명의회복을 원인으로 한 소유권이전등기청구의 소를 제기하였다면, 법원은 어떤 판결을 하여야 하는가? (10점)

[제1문의 3]

건축업을 하는 甲은 乙로부터 수급을 받아 X건물을 건축하고 공사대금 10억 원을 지급받지 못하였다며 2020. 5. 10. 乙을 상대로 10억 원의 공사대금 청구의 소를 제기하였다. 한편 丙은 같은 해 6. 20. 甲의 乙에 대한 위 공사대금 채권 중 8억 원에 대하여 채권압류 및 전부명령을 받았고, 위 공사대금 청구 소송 계속 중 제3채무자인 乙에 대하여 8억 원의 전부금의 지급을 구하면서 승계참가신청을 하였다. 甲은 승계참가인의 승계 여부에 대해 다투지 않았으나 전부된 부분의 청구를 감축하지도 않았고 소송탈퇴도 하지 않았다.

문제 1.

甲과 丙 사이의 공동소송형태에 관해 설명하시오. (10점)

〈추가된 사실관계〉

제1심 법원은 2020. 11. 8. 甲의 청구를 기각하고 丙의 乙에 대한 청구 중 6억 원을 지급하라는 판결을 선고하였다. 乙과 丙은 각 2020. 11. 20. 제1심판결 중 자신의 패소 부분에 대해 항소하였고 甲은 항소하지 않았다. 항소심 계속 중 乙이 丙의 전부명령이 다른 가압류와 경합된 상태에서 발령되어 무효라고 다투자 甲은 2021. 3. 5. 부대항소를 제기하였다. 또한 乙은 甲이 제1심에서 패소한 뒤 불복하지 않아 甲에 대한 판결은 분리 확정되었고 그에 따라 甲이 제기한 부대항소는 부적법하다고 주장하였다. 항소심 법원의 심리결과 丙의 압류 및 전부명령이 乙에게 송달되기 전에 甲에 대한 또 다른 채권자 丁이 甲의 乙에 대한 공사대금 채권에 대하여 5억 원의 가압류를 한 사실, 乙의 甲에 대한 미지급 공사대금이 6억 원이라는 사실이 인정되었다.

문제 2.

항소심 법원은 어떤 판결을 하여야 하는가?(15점)

[제1문의 4]

甲은 A 법인의 대표인 乙로부터 폭행을 당하여 乙을 상대로 불법행위로 인한 손해배상청구의 소를 제기하였다. 甲이 乙의 주소지를 알지 못하였기 때문에 법원은 소장 부본을 A 법인에 있는 乙의 사무실로 송달하게 하였다. 그런데 乙이 부재중인 사실을 확인한 우편집배원이 통상 우편물을 수령하던 A 법인의 총무과 직원 C에게 소장부본의 수령을 요구하였으나 C가 수령을 거부하므로, 우편집배원은 C의 책상에 위 소장부본을 두고 간 후 법원에 해당 내용이 담긴 송달보고서를 제출하였다. 이에 법원은 30일이 경과된 후 답변서가 제출되지 않았음을 이유로 변론 없이 원고승소판결을 선고하였다.

문제 1.
위와 같은 법원의 판결은 적법한가? (15점)

[제1문의 5]

<기초적 사실관계>

甲은 2013. 1. 5. A상호신용금고(이하 'A 금고'라 한다)로부터 1억 원을 빌리면서 변제기는 2014. 1. 5.로 하고 이자는 월 1%로 매월 말일 지급하기로 하였다. 甲은 이 대출금채무를 담보하기 위하여 자신의 X 부동산(시가 1억 2천만 원) 및 乙 소유의 Y 부동산(시가 1억 원)에 대해 저당권 설정등기를 마쳐주었다. 그런데 甲은 乙에게 변제기가 지난 대여금채권 1억 원을 가지고 있었다.

그 후 乙은 2016. 4. 1. 丙으로부터 1억 원을 차용하면서 Y 부동산에 대해 2번 저당권을 설정해 주었고, 甲은 2016. 5. 1. 丁으로부터 5천만 원을 차용하면서 X 부동산에 대해 2번 저당권을 설정해 주었다.

(※ 아래 각 질문은 상호 독립적이고 서로 무관함)

<추가된 사실관계 1>

甲이 A금고에 대해 이자만 지급하고 대출 원금은 변제하지 않자, A 금고는 2018. 5. 3. Y 부동산에 대해 임의경매를 신청하였다. 이후 진행된 경매절차에서 Y 부동산이 1억 원에 경매되어 A 금고는 대출원금 1억 원 전액을 우선 배당받았다(이하 경매비용과 지연이자 등은 고려하지 말 것).

문제 1.

2019. 10. 10. X 부동산이 1억 2천만 원에 경매되었고 乙, 丙, 丁이 채권을 전혀 변제받지 못하여 채권 전액으로 배당신청한 경우, 그 매각대금은 누구에게 어떻게 배당되는지 판단하시오. (10점)

문제 2.

丙은 乙을 대위하여 A 금고에게 X 부동산에 대한 1번 저당권 설정등기의 이전을 구하였다. 그러자 오히려 甲은 乙의 甲에 대한 구상금 채권과 甲의 乙에 대한 대여금채권의 상계를 주장하면서 A 금고에게 1번 저당권 설정등기의 말소를 구하였다. 甲의 주장이 타당한지 판단하시오. (10점)

〈추가된 사실관계 2〉

甲은 A금고에게 원금은 물론 변제기 이후 이자조차 전혀 지급하지 못하고 있었다. 이에 A금고는 2020. 10. 5. X부동산에 대하여 임의경매를 신청하였고, 이에 따라 임의경매절차가 개시되어 2020. 12. 5. 배당기일에서 A금고가 매매대금 중 1억 원을 배당받는 것으로 배당표가 작성되었다. 甲은 경매절차의 진행사실을 알고도 아무런 이의를 제기하지 않았다.

문제 3.

A금고는 위 경매절차에서 매매대금 중 1억 원을 배당받아 그때까지의 이자 및 원금 일부의 변제에 충당하였다. A금고는 2021. 1. 15. 다시 나머지 원금을 변제받기 위하여 Y부동산에 대해 임의경매를 신청하였는데 乙은 소멸시효 완성의 항변을 하였다. 乙의 주장이 타당한지 판단하시오. (15점)

문제 4.

위 경매절차에서 甲의 일반채권자 戊는 배당절차에서 A금고의 배당에 대해 이의를 제기한 후, 甲을 대위하여 소멸시효 완성의 항변을 하였다. 이에 대하여 A금고는 ① 甲은 배당절차에서 아무런 이의를 제기하지 않았으므로 더 이상 소멸시효 완성을 원용할 수 없고, ② 설사 원용할 수 있더라도 제3자인 戊는 이를 대위할 수 없다고 주장하였다. A금고의 주장이 타당한지 판단하시오. (15점)

제 2 문

[2문의 1]

〈기초적 사실관계〉

甲과 乙은 1997. 11. 1. X 토지에 대하여 각 1/2의 지분으로 하는 공유등기를 마쳤다. X 토지의 관리는 乙이 하였다. 한편 甲은 사업자금을 마련하기 위해 A은행으로부터 5억 원을 차용하면서 2010. 1. 5. X 토지에 대한 자신의 1/2지분에 근저당권을 설정해 주었다.

(※ 아래 각 질문은 상호 독립적이고 서로 무관함)

문제 1.

乙은 甲 소유 지분에 대해 처분권이 없음에도 불구하고 甲의 동의를 얻은 것처럼 하여 1999. 3. 5. X 토지 전체를 丙에게 매도하였다. 丙은 소유권이전등기는 경료하지 않은 채 같은 날부터 현재까지 X 토지를 점유해 왔다. 한편 甲이 채무를 변제하지 않자 A은행은 저당권 실행의 경매를 신청하여 2018. 10. 1. 경매개시결정을 받아 당일 기입등기를 마쳤다. 2019. 5. 15. 丙은 甲으로부터 취득시효 완성을 원인으로 하여 그 지분에 관한 소유권이전등기를 받은 후 A은행을 상대로 근저당권등기의 말소를 구하는 소를 제기하였다. 이에 대해 A은행은 X토지 중 甲의 지분에 대한 압류에 의해 시효가 중단되었다고 항변하였다. 丙의 A은행에 대한 청구가 타당한지 A은행의 항변을 고려하여 판단하시오. (20점)

문제 2.

甲이 A은행에 대한 대여금채무를 변제하지 못한 채 X 토지가 2015. 5. 10. 공유물분할절차에 따라 X1, X2로 분할되었다. 乙은 2018. 5. 10 丙으로부터 1억 원을 차용하면서 자기의 단독 소유가 된 X2 토지에 대해 저당권을 설정해 주었다. 甲이 A은행에 대한 채무를 변제하지 않자, 2020. 10. 20. X2 토지에 대한 임의경매절차가 개시되어 2021. 1. 5. 배당기일에서 A은행이 X2 토지의 매각대금 2억 원 전부를 우선변제받는 것으로 배당표가 작성되었다. 이에 대하여 丙은 A은행에게는 X2 토지의 매각대금에 대하여 우선변제권이 없다고 이의를 제기하였다. 丙의 주장이 타당한지 판단하시오. (15점)

[2문의 2]

<기초적 사실관계>
甲은 1997. 5. 28. 乙로부터 그 소유 X부동산을 매수하여 1997. 7. 28. 소유권이전등기를 마치고 당일부터 X부동산을 점유하고 있다. 丙은 乙에 대하여 가지고 있는 5억 원의 채권을 피보전권리로 하여 甲을 상대로 위 매매계약에 대한 사해행위취소 및 원상회복을 구하는 소를 제기하였다. 이에 법원은 위 매매계약을 취소하고 甲은 丙에게 위 소유권이전등기의 말소등기절차를 이행하라는 판결을 선고하였고, 이는 1999. 2. 3. 확정되었다. 丙은 1999. 4. 6. 소유권이전등기 말소등기청구권을 보전하기 위하여 X부동산에 대한 처분금지 가처분등기를 마쳤다.

(※ 아래 각 질문은 상호 독립적이고 서로 무관함)

문제 1.
그 후로 별다른 조치를 취하지 않았던 丙이 2015. 3. 12. 위 판결에 기하여 X부동산에 대한 甲 명의의 소유권이전등기의 말소를 청구하자, 甲은 그 소유권이전등기 말소등기청구권이 시효가 완성되어 소멸하였음을 항변하였다. 丙의 甲에 대한 청구가 타당한지 판단하시오. (10점)

<추가된 사실관계>
그 후로 별다른 조치를 취하지 않았던 丙은 2015. 3. 12. 위 판결에 기하여 X부동산에 대한 甲 명의의 소유권이전등기를 말소하여 소유자 명의를 乙로 환원하였다. 그 후 丙은 경매신청을 하여 2015. 4. 18. X부동산에 대해 경매개시결정의 기입등기가 이루어졌다.

문제 2.
위 압류에 기하여 경매가 진행되었고 丁이 2017. 9. 19. X부동산을 취득하였다. 丁이 현재의 X부동산의 점유자인 A에게 소유권에 기하여 점유의 반환을 주장하자, A는 2016. 3. 5. 甲과의 계약으로 X부동산을 수리하여 공사대금 채권 2억 원을 취득하였음을 이유로 유치권을 행사하면서 인도를 거절하였다. 丁의 A에 대한 청구가 타당한지 판단하시오. (15점)

[2문의 3]

<기초적 사실관계>
甲은 2021. 1. 1. 乙 소유의 X 토지를 10억 원에 매수하는 계약을 체결하였다. 약정에 따라 계약금 2억 원은 계약 당일에, 중도금 4억 원은 같은 해 2월 1일, 잔금 4억 원은 같은 해 3월 1일 각각 지급하기로 약정하였다. 다만 甲은 계약 당일 1억 원만 乙의 계좌에 입금하고 나머지 계약금 1억 원은 1월 4일 입금하기로 합의하였다.

(※ 아래 각 질문은 상호 독립적이고 서로 무관함)

<추가된 사실관계 1>
계약 다음날 乙은 X 토지 인근지역의 개발정보를 접하고 甲에게 매매대금 인상을 위한 재협상을 요구하였다. 甲이 거절하자, 乙은 甲에게 수령한 계약금 1억 원의 배액인 2억 원을 제공하며 계약의 해제를 통지하였다. 甲이 그 수령을 거절하고, 2021. 1. 4. 나머지 계약금 1억 원을 乙의 계좌에 입금하자, 乙은 그 다음날 다시 해제의 의사표시를 하면서 계약금의 배액인 4억 원을 2021. 1. 17.에 반환하겠다고 통지하였다. 그러자 甲은 2021. 1. 15. 중도금 4억 원을 乙의 계좌에 입금하였다. 그러자 乙은 2021. 1. 17. 약정한 계약금의 배액인 4억 원 및 중도금 4억 원의 반환을 위한 이행의 제공을 하면서 해제의 의사표시를 하였다.

문제 1.
乙에 의한 계약의 해제 여부를 판단하시오. (20점)

<추가된 사실관계 2>
甲이 乙에게 계약금과 중도금을 지급하였으나 그 일대의 토지 가격이 급등하자, 乙은 丙에게 접근하여 X 토지를 18억 원에 매도하겠다고 제안을 하였고, 丙은 당해 토지가 이미 다른 사람에게 매각된 것임을 잘 알면서도 이를 승낙하였다. 이에 따라 乙과 丙은 X 토지에 대한 매매계약을 체결하고, 乙은 2021. 2. 15. 丙에게 소유권이전등기를 마쳐주었다.

문제 2.
甲이 丙을 상대로 소를 제기하기 전에 변호사에게 ① 乙과 丙 사이의 X 토지에 대한 매매계약이 반사회질서 법률행위로 무효인지, ② 乙과 丙 사이의 매매계약을 사해행위로 취소할 수 있는지를 자문하였다. 甲의 위 자문에 대한 변호사의 적절한 답변을 검토하시오. (20점)

2021년 제1차 법전협 모의시험

[제1문의 1]

문제1 | 사례 037(민소법)
Ⅰ. 문제의 소재
Ⅱ. 이행의 소의 소의 이익
Ⅲ. 소멸시효 중단을 위한 재소의 이익

문제2 | 사례 037(민소법)
Ⅰ. 문제의 소재
Ⅱ. 기판력의 시적 범위
Ⅲ. 시효중단을 위한 후소의 심판범위

문제3 | 사례 032(민소법)
Ⅰ. 문제의 소재
Ⅱ. 피성년후견과 소송능력
Ⅲ. 소송계속 전 소송능력의 상실과 법원의 조치

[제1문의 2]

문제1 | 사례 084(민소법)
Ⅰ. 문제의 소재
Ⅱ. 공시송달에 의한 편취판결의 효력
  1. 공시송달에 의한 편취판결의 효력
  2. 구제방법
Ⅲ. 甲의 乙에 대한 후소 소유권이전등기 말소등기청구의 기판력 저촉 여부
  1. 전소 기판력의 범위
  2. 甲의 후소 청구의 기판력의 저촉여부

문제2 | 사례 085(민소법)
Ⅰ. 문제의 소재
Ⅱ. 진정명의회복을 원인으로 한 소유권이전등기청구의 소의 소송물
Ⅲ. 甲의 후소 청구의 기판력 저촉 여부

[제1문의 3]

문제1 | 사례 115(민소법)
Ⅰ. 문제의 소재
Ⅱ. 丙의 참가신청의 적법여부
Ⅲ. 피참가인이 탈퇴하지 않은 경우 소송의 형태

문제2 | 사례 130(민소법)
Ⅰ. 문제의 소재
Ⅱ. 항소심의 심판
  1. 이심의 범위 및 심판의 범위
  2. 불이익변경금지원칙의 적용여부
Ⅲ. 甲의 부대항소의 적법성
Ⅳ. 압류의 경합으로 인한 전부명령의 무효
Ⅴ. 법원의 판단

[제1문의 4]

문제1 | 사례 060(민소법)
Ⅰ. 문제의 소재
Ⅱ. 무변론판결의 요건
Ⅲ. 송달의 적법여부
Ⅳ. 결론

[제1문의 5]

문제1 | 사례 076(민법)
Ⅰ. 문제의 소재
Ⅱ. 물상보증인의 변제자대위 및 후순위저당권자의 물상대위
Ⅲ. 물상보증인과 후순위저당권자의 우열관계
Ⅳ. 결론

문제2 | 사례 076(민법)
Ⅰ. 문제의 소재
Ⅱ. 상계의 요건
Ⅲ. 채무자의 상계가능성

문제3 | 사례 020(민법)

Ⅰ. 문제의 소재
Ⅱ. A 금고의 대여금채권의 소멸시효 완성여부
Ⅲ. 채무자 甲의 시효이익 포기
Ⅳ. 물상보증인의 시효항변의 가능성

문제4 | 사례 020(민법)

Ⅰ. 문제의 소재
Ⅱ. 甲의 시효이익의 포기
Ⅲ. 대위에 기한 소멸시효 주장의 가능성

[제2문의 1]

문제1 | 사례 034(민법)

Ⅰ. 문제의 소재
Ⅱ. 취득시효의 완성여부
Ⅲ. 지분에 대한 점유취득시효
Ⅳ. 취득시효기간 진행 중 설정된 부담의 소멸
Ⅴ. 취득시효중단여부

문제2 | 사례 044(민법)

Ⅰ. 문제의 소재
Ⅱ. 지분의 담보물권의 추급효
Ⅲ. A은행의 우선변제효

[제2문의 2]

문제1 | 사례 097(민법)

Ⅰ. 문제의 소재
Ⅱ. 원상회복청구권의 소멸시효
Ⅲ. 소멸시효의 중단

문제2 | 사례 067(민법)

Ⅰ. 문제의 소재
Ⅱ. 유치권의 성립요건
Ⅲ. 압류이후 설정된 유치권의 효력

[제2문의 3]

문제1 | 사례 142(민법)

Ⅰ. 문제의 소재
Ⅱ. 계약금의 일부만 지급된 경우 해제의 방법
Ⅲ. 이행기 전 이행의 착수
Ⅳ. 이행기 전 이행의 착수가 금지되는 경우

문제2 | 사례 090(민법)

Ⅰ. 문제의 소재
Ⅱ. 민법 제103조를 위반하였는지 여부
Ⅲ. 사해행위취소의 가능성
    1. 소유권이전등기청구권을 피보전채권으로 한 사해행위취소청구
    2. 채무불이행에 기한 손해배상청구권을 피보전채권으로 한 사해행위청구

제1문

[제1문의 1]

甲은 2020. 4. 5. 丁, 丙을 상대로, "甲은 2010. 1. 5. 乙에게 1억 원을 변제기 2010. 3. 4., 이자 월 0.5%(월 50만 원, 매월 4일 지급)로 정하여 대여하였고, 丙은 乙의 위 채무를 연대보증하였다. 乙은 2016. 9. 30. 사망하였고, 그 유일한 상속자로는 아들 丁이 있다. 따라서 丁, 丙은 연대하여 위 채무를 변제할 의무가 있다."고 주장하면서, '丁, 丙은 연대하여 甲에게 1억 원 및 이에 대하여 2010. 1. 5.부터 갚는 날까지 월 0.5%의 비율로 계산한 돈을 지급하라.'는 소를 제기하였다.

丁에 대하여는 2020. 4. 20. 소장 부본이 적법하게 교부송달되었으나, 丙에 대하여는 이사불명으로 송달불능이 되었고, 법원은 2020. 5. 15. 공시송달명령을 하였다. 丙은 변론기일에 출석하지 않고, 甲, 丁만 출석하였는데, 丁은 "甲이 2010. 1. 5. 乙에게 1억 원을 변제기 2010. 3. 4., 이자 월 0.5%, 매월 4일 지급 조건으로 대여한 사실, 乙이 2016. 9. 30. 사망하여 丁이 乙을 단독상속한 사실은 다툼이 없으나, 위 대여금과 이자, 지연손해금은 민사채무로서 그 소멸시효기간은 10년이므로, 각 그 변제기로부터 10년이 도과하여 시효소멸하였다."고 항변하였다. 甲은 이에 대하여 "위 대여금과 이자, 지연손해금의 소멸시효기간이 10년인 사실은 다툼이 없으나, 甲은 2016. 9. 25. 乙을 채무자로 하고 위 대여금, 이자, 지연손해금을 피보전채권으로 하여 乙 소유의 X부동산에 관하여 부동산가압류신청을 하였고, 2016. 10. 4. 법원이 가압류결정을 하였으며, 2016. 10. 7. X부동산에 관하여 가압류기입등기가 마쳐졌으므로, 위 대여금과 이자, 지연손해금 채무의 시효는 중단되었다."고 재항변하였다.

법원은 심리 결과, 甲이 주장하는 대여일, 변제기, 이율은 인정되나 다만 대여금의 액수는 1억 원이 아니라 8,000만 원만 인정되고, 한편 위 가압류 관련 甲의 주장사실은 모두 진실하다는 확신을 갖게 되었다.

법원은 어떠한 판결을 하여야 하며(소 각하/청구 기각/청구 인용/청구 일부 인용, 단 일부 인용 시 피고별로 인용범위를 정확하게 기재), 그 근거는 무엇인가? (40점)

[제1문의 2]
    甲은 주택을 신축하려고 2019. 2. 2. 乙로부터 그 소유의 X토지를 12억 원에 매수하였는데, 잔금지급 및 토지인도는 2019. 3. 3.에 하기로 하되, 甲의 세금관계상 이전등기는 위 잔금일 후 甲이 요구하는 날에 마치기로 했으며(통지는 7일 전에 하기로 함), 위 3. 3.에 인도 및 잔금지급을 마쳤다.
    세금문제가 해소되어 甲이 2019. 9. 9. 乙에게 이전등기를 요청했으나 乙이 응하지 않았고 그 후에도 몇 차례 독촉했으나 乙의 반응이 없다. (이하의 각 사실관계는 독립적임)

문제 1.
    甲이 확인한 결과, 乙은 이미 2019. 12. 1.에 X토지를 丙에게 매도하고 丙 앞으로 소유권이전등기를 마쳤다. 甲은 乙을 상대로 ① 丙 앞으로 마쳐진 소유권이전등기의 말소등기 및 ② 2019. 2. 2. 매매를 원인으로 한 소유권이전등기를 구하는 소를 제기하려 한다. 甲이 乙을 피고로 삼아서 위 ① 또는 ②의 소를 제기하는 경우, 각 소는 소송절차상 적법한가? (20점)

문제 2.
    [丙 앞으로 이전등기가 마쳐지지는 않은 경우임.] 甲은 乙을 상대로 X토지에 관하여 2019. 2. 2. 매매를 원인으로 한 소유권이전등기청구의 소를 제기하였는데, 乙은, 위 2019. 2. 2. 매매계약은 자신은 모르는 일이고, 평소에 X토지를 관리하던 자신의 동생인 丁이 아무런 권한 없이 乙의 대리인임을 자처하면서 甲과 매매계약을 체결하였다고 주장했다. 그래서 甲은 乙의 위 주장이 받아들여질 경우에 대비하여, 丁에 대하여 손해배상을 구하는 예비적 청구를 추가하였다.

    가. 법원이 심리한 결과 丁에게 乙을 대리할 권한이 없다고 판단된다면, 법원의 판결주문은 어떠해야 하는가? (15점)

    나. 乙을 주위적 피고로, 丁을 예비적 피고로 한 위 소송에서 乙에 대한 청구기각 및 丁에 대한 청구인용의 제1심판결이 선고된 후에, 丁만 항소를 하고 甲은 항소를 하지 않았다. 그런데 항소심은 위 매매계약 당시 丁에게 대리권이 있었다는 확신을 갖게 되었다. 항소심이 제1심 판결을 변경하여 甲의 乙에 대한 청구를 인용할 수 있는지 여부 및 그 논거를 설명하시오. (25점)

[제1문의 3]
〈공통된 사실관계〉

甲과 乙은 공유하고 있던 X건물에 관하여 2018. 1. 10. 丙과 임대차계약을 체결하면서, 보증금을 3억 원, 임대기간을 2020. 1. 9.까지로 약정하였다. 甲·乙과 丙은 임대기간이 만료되는 즉시 임대목적물의 반환과 상환하여 보증금을 반환하기로 하고, 만일 甲과 乙이 보증금반환채무를 이행하지 않는 경우 월 1%의 지연손해금을 丙에게 지급하기로 하였다. 그런데 甲과 乙의 신용상태가 2019. 9.말경 심각하게 악화되자 丙은 甲과 乙에게 보증금 반환을 확보하기 위하여 담보 제공을 요구하였고, 이에 A, B, C가 위 보증금반환채무를 담보하기 위하여 丙과 연대보증계약을 체결하는 한편 B 소유인 시가 2억 원인 Z토지에 관하여 丙 명의의 근저당권을 설정해주었다. 한편 丙은 위 임대차계약에 관하여 자세하게 설명하면서 2019. 11. 15. 보증금반환채권을 丁에게 양도하였고 이에 대하여 같은 날 甲과 乙은 이의 없이 승낙하였다. 임대차계약기간이 만료되었지만 甲과 乙은 보증금을 반환하지 않고 있고, 이에 따라 丙은 X건물을 인도하지 않고 있다.

〈추가된 사실관계〉

丁은 2020. 2. 10. 甲과 乙을 상대로 각각 "양수금 3억 원 및 그에 대한 2020. 1. 10.부터 다 갚는 날까지 월 1%의 비율로 계산된 지연손해금을 지급하라."는 내용의 소를 제기하였다. 이에 대하여 甲과 乙은 ① "丙에 대하여 행사할 수 있었던 항변권으로 丁에게 대항할 수 있으므로 丙이 X건물을 인도하지 않는 한 이에 응할 의무가 없다.", ② "丁의 청구에 응하더라도 보증금반환채무는 분할채무로서 각각 양수금 1억 5,000만 원을 부담할 뿐이고, 丁이 청구한 지연손해금 역시 지급할 의무가 없다."고 항변하였다.

문제 1.

丁의 청구에 대한 결론(소 각하, 청구 전부인용, 일부인용, 기각, 일부인용의 경우 구체적인 금액과 내용을 기재)을 그 근거와 함께 서술하시오. (25점)

〈별도의 추가된 사실관계〉

A가 2020. 2. 10. 丁에게 연대보증채무를 이행한 후 2020. 3. 9. B와 C를 상대로 각각 "구상금 1억 원 및 이에 대한 2020. 1. 10.부터 다 갚는 날까지 월 1%의 비율로 계산된 지연손해금을 지급하라."는 내용의 소를 제기하였고, 위 소장은 2020. 3. 20. B와 C에게 송달되었다. 이에 대하여 C는 "B가 보증인과 물상보증인의 지위를 겸하는 지위에 있으므로 자신은 B에 비하여 1/2의 금액만 지급하면 되므로 A의 청구액 전부를 지급할 의무가 없다."고 항변하였고, 나아가 B와 C는 ① "甲과 乙로부터 부탁받지 않은 공동보증인으로서 구상채무는 그 이익을 받은 한도에 불과하므로 이자나 지연손해금을 지급할 의무가 없다.", ② "설령 지연손해금을 지급하더라도 2020. 1. 10.부터 A가 청구한 월 1%로 계산된 돈을 지급할 의무는 없다."고 항변하였다.

문제 2.

A의 청구에 대한 결론(소 각하, 청구 전부인용, 일부인용, 기각, 일부인용의 경우 구체적인 금액과 내용을 기재)을 그 근거와 함께 서술하시오. (25점)

제 2 문

[제2문의 1]
〈기초적 사실관계〉
　　甲은 고서화 소매업을 운영하는 사람이다. 甲이 마침 단원 김홍도 선생의 산수화 1점을 보유하고 있음을 알게 된 乙법인(전통 문화예술품의 수집, 보존, 전시 등을 목적으로 하는 비영리법인이다)의 대표이사 A는 위 산수화를 전시하기 위하여 2014. 3. 1. 甲의 화랑을 방문하여 乙명의로 위 산수화를 대금 1억 원에 매수하는 내용의 매매계약을 체결하였다. 甲은 다음 날 A로부터 대금 전액을 지급받으면서 그 산수화를 인도하였다. 다음 각 독립한 물음에 답하시오.

문제 1.
　　乙법인의 정관에 법인 명의로 재산을 취득하는 경우 이사회의 심의, 의결을 거쳐야 한다는 규정이 있었음에도 A가 이를 무시하고 그와 같은 이사회를 소집하지도 않은 채 위 산수화를 매수하였으며, 甲 또한 乙법인과 빈번한 거래로 말미암아 위 정관 규정을 알고 있었음에도 이를 문제 삼지 않았다. 乙법인과 甲 사이에 매매계약은 유효한가? (15점)

〈아래 문제 2에 적용되는 추가되는 사실관계〉
　　A는 甲과 위 매매계약을 체결할 당시 위 산수화가 단원의 진품이라고 감정된 한국고미술협회의 감정서를 甲으로부터 제시받았다. 甲과 A는 한국고미술협회의 권위를 믿고 위 산수화가 진품이라는 것에 대하여 별다른 의심을 하지 않았다. 그런데 위 작품의 진위 여부에 관하여 우연한 기회에 의구심을 갖게 된 A는 2019. 2. 28. 한국미술품감정평가원에 그 감정을 의뢰하였고, 2019. 3. 3. 위 산수화가 위작이라는 회신을 받았다.

문제 2.
　　2019. 7. 1.을 기준으로 乙법인이 甲과의 매매계약의 구속력으로부터 벗어날 수 있는 방법에 관하여 검토하시오. (20점)

〈아래 문제 3에 적용되는 추가적 사실관계〉
　　乙법인은 甲으로부터 단원산수화를 구입한 후 금전을 차용할 필요가 있어서 2014. 5. 1. 丙으로부터 3개월 후 상환하기로 하면서 5,000만 원을 차용하였다. 그러면서 乙법인은 丙에게 차용금채무의 담보로 위 단원산수화를 양도하기로 하되, 乙법인이 전시를 위해 계속 소장하기로 하였다. 그 후 乙법인은 2014. 7. 15. 이러한 사정을 알 수 없었던 丁에게 위 단원산수화를 1억 2,000만 원에 팔기로 하면서 매매대금을 지급받고 그림을 즉시 인도해 주었다. (乙법인의 행위는 적법한 것으로 간주한다.)

문제 3.

2014. 8. 15. 乙법인으로부터 차용금을 상환받지 못하고 있던 丙은 丁이 단원산수화를 보관하고 있는 것을 알게 되었고, 이에 丁을 상대로 그림의 인도를 구하고 있다. 丙의 인도청구에 대한 법원의 판단과 그 근거를 서술하시오. (15점)

[제2문의 2]
〈기초적 사실관계〉
1. 甲은 2005. 5. 10. 丙에게서 X토지를 2억 원에 매수하는 매매계약을 체결하였다. 甲은 위 매매계약에 따라 2005. 5. 20. 丙에게 매매대금 2억 원을 지급하였고, 같은 날 X토지 중 1/2지분은 甲명의로, 나머지 1/2지분은 동생 乙에게 부탁하여 乙명의로 소유권이전등기를 각각 경료하였다.
2. 그 후 X토지는 2018년 경 X1토지와 X2토지로 분할되었으며, LH공사는 2020. 1월 경 X2토지를 협의취득 방식으로 수용하면서 소유명의자인 甲과 乙에게 수용보상금으로 각각 1억 원을 지급하였다. 甲은 2005. 5. 30. 丙으로부터 X토지를 인도받은 후 위와 같이 수용되기 전까지 주차장 등의 용도로 사용하여 왔다.

문제 1.

甲은 2020년 2월 경 X1토지의 소유 명의를 이전받기 위하여 ① 乙에 대하여는 X1토지 중 1/2 지분에 관하여 2005. 5. 20.자 소유권이전등기의 말소를 구하고, ② 丙에 대하여는 위 1/2 지분에 관하여 2005. 5. 10. 매매를 원인으로 하는 소유권이전등기를 구하였다. 위 청구에 대하여 乙과 丙은 "甲은 매매대금에 대한 반환을 구할 수는 있어도 부동산 자체의 반환을 구할 수 없다."고 주장한다. 甲의 위 청구가 인용될 수 있는지를 그 근거와 함께 설명하시오. (20점)

문제 2.

甲은 乙에게 LH공사로부터 지급받은 수용보상금 1억 원을 자신에게 반환하라고 청구할 수 있는가? (10점)

[제2문의 3]

o 甲은 2015. 2. 1. 자기소유의 X부동산에 관하여 채권자 乙에게 채권최고액 2억 5,000만 원의 1순위 근저당권 설정등기를 경료해 주었다.

o 甲은 2015. 8. 1. 자신의 유일한 재산인 시가 5억 원의 X부동산을 丙에게 2억 원에 매도하고, 같은 날 丙 명의로 소유권이전등기까지 마쳤다. 丙은 2016. 4. 2. X부동산에 설정되어 있던 근저당권의 피담보채무 전액 2억 원을 乙에게 변제하고 근저당권을 말소하였다.

o 甲에 대하여 5,000만 원의 대여금채권을 가지는 채권자인 丁은 2017. 1.경 甲의 乙에 대한 근저당권설정 사실을 알게 되었고, 2017. 2. 2. 乙을 상대로 사해행위취소 및 원상회복 청구의 소를 제기하였다. 이후 2017. 10.경 丁은 승소확정판결을 받았다.

o 甲에 대한 채권자 戊(총 채권액 7억 원)는 2018. 2.경 甲이 X부동산을 丙에게 매도한 사실을 알게 되었고, 2018. 3. 1. 丙을 상대로 '1. 피고와 소외 甲 사이에 X부동산에 관하여 2015. 8. 1.에 체결된 매매계약을 취소한다. 2. 피고는 원고에게 5억 원 및 이에 대하여 매매계약일부터 다 갚는 날까지 연 5%의 비율에 의한 돈을 지급하라.'라는 소를 제기하였다.

o 丙은 ① 2015. 8. 1. 매매계약은 사해행위가 아니고, ② 설령 사해행위이더라도 자신은 5억 원을 반환할 의무가 없으며, ③ 가액반환의무에 대한 지연손해금의 발생시점은 소장부본 송달 다음날이라고 주장하였다.

o 법원의 심리결과, 甲은 2015. 1. 1.부터 변론종결시까지 계속 채무초과상태이고, 변론종결당시 X부동산의 시가는 5억 원으로 동일하며, 乙의 피담보채권액은 2억 원으로 근저당권 설정 당시부터 丙이 변제할 때까지 변동이 없다고 밝혀졌다.

丙에 대한 戊의 청구에 대한 결론[각하, 전부인용, 일부인용(일부 인용되는 경우 그 구체적인 금액 또는 내용을 기재할 것), 기각]을 그 논거와 함께 서술하시오. (20점)

목차

2020년 제3차 법전협 모의시험

[제1문의 1]

문제 | 사례 114(민소법)

Ⅰ. 문제의 소재
Ⅱ. 통상의 공동소송에서의 공동소송인 독립의 원칙
Ⅲ. 丁에 대한 청구 부분
   1. 자백의 인정범위(청구원인)
   2. 소멸시효항변
   3. 소멸시효의 재항변
   4. 소결
Ⅳ. 丙에 대한 청구 부분
   1. 공시송달과 자백간주
   2. 소결
Ⅴ. 결론

[제1문의 2]

문제1 | 사례 006(민소법)

Ⅰ. 문제의 소재
Ⅱ. 말소등기청구소송의 피고적격
Ⅲ. 이행청구소송의 당사자적격
Ⅳ. 집행불능의 소의 권리보호이익

문제2 - 가 | 사례 109(민소법)

Ⅰ. 문제의 소재
Ⅱ. 예비적 공동소송의 요건
Ⅲ. 예비적 공동소송의 심판

문제2 - 나 | 사례 109(민소법)

Ⅰ. 문제의 소재
Ⅱ. 예비적 공동소송의 심판방식
Ⅲ. 예비적 공동소송의 이심 및 심판의 범위

[제1문의 3]

문제1 | 사례 107(민법)

Ⅰ. 문제의 소재
Ⅱ. 이의를 보류하지 않은 채권양도의 승낙
Ⅲ. 공동임대인의 임대차보증금반환채무의 법적 성질
Ⅳ. 동시이행항변의 존재효
Ⅴ. 결론

문제2 | 사례 117(민법)

Ⅰ. 문제의 소재
Ⅱ. 보증인과 물상보증인의 지위를 겸유하는 자의 법적 지위
Ⅲ. 연대보증인의 구상권의 범위

[제2문의 1]

문제1 | 사례 002(민법)

Ⅰ. 문제의 소재
Ⅱ. 정관의 규정의 성격
Ⅲ. 대표권 제한의 등기

문제2 | 사례 008(민법)

Ⅰ. 문제의 소재
Ⅱ. 하자담보책임에 기한 해제권
   1. 민법 제580조의 요건
   2. 해제권 및 제척기간
Ⅲ. 착오에 기한 취소권
   1. 동기의 착오에 해당하는지 여부
   2. 하자담보책임과 별도로 착오에 기한 취소를 주장할 수 있는지 여부
   3. 소결

문제3 | 사례 080(민법)

Ⅰ. 문제의 소재
Ⅱ. 동산양도담보권의 효력
Ⅲ. 선의취득의 요건 구비여부

[제2문의 2]

문제1 | 사례 051(민법)

Ⅰ. 문제의 소재
Ⅱ. 甲, 乙, 丙 사이의 명의신탁의 유형
Ⅲ. 대위말소의 가능성
Ⅳ. 소유권이전등기청구권의 소멸시효

문제2 | 사례 050(민법)

Ⅰ. 문제의 소재
Ⅱ. 수탁자의 처분행위의 효력
Ⅲ. 부당이득반환청구

[제2문의 3]

문제 | 사례 100(민법)

Ⅰ. 문제의 소재
Ⅱ. 사해행위취소부분
   1. 피보전채권
   2. 사해행위
   3. 사해의사 및 악의
Ⅲ. 원상회복청구부분
   1. 원상회복의 방법
   2. 가액배상의 범위
   3. 지연손해금의 기산점

2020년도 제2차 변호사시험 모의시험 – 논술형(사례형) 민사법

제1문

[제1문의 1]

<기초적 사실관계>

甲은 2010. 1. 5. 乙에게 1억 원을 변제기 2010. 3. 4.로 정하여 무이자로 대여하였다.(아래의 각 설문은 독립적임. 지연손해금은 고려하지 말 것.).

문제 1.

甲은 乙을 상대로 2020. 2. 11. 위 대여금의 지급을 구하는 소를 제기하였고, 그 소장은 2020. 2. 22. 乙에게 송달되었다. 한편 甲의 채권자 丙은 강제집행을 승낙하는 취지가 기재된 소비대차계약 공정증서를 집행권원으로 하여 2020. 3. 10. 甲의 乙에 대한 위 대여금 채권에 관한 채권압류 및 추심명령신청을 하여, 2020. 3. 15. 채권압류 및 추심명령이 내려지고, 2020. 3. 20. 乙에게 위 추심명령이 송달되었다. 丙은 甲의 乙에 대한 소송의 변론기일이 계속 진행 중인 상태에서 2020. 5. 1. 乙을 상대로 추심금 청구의 소를 제기하였다.

가. 丙의 소는 적법한가? (15점)

나. 甲은 2020. 5. 10. 乙에 대한 위 대여금 청구의 소를 취하하였고, 乙도 같은 날 소취하에 동의하였다. 한편 丙의 乙에 대한 위 추심금 청구 소송에서 乙은 '위 대여금은 변제기 2010. 3. 4.로부터 10년이 지나 시효소멸하였다.'고 항변하였고, 이에 대하여 丙은 '甲이 소멸시효 완성 전에 재판상 청구를 하였고, 甲이 그 후 소를 취하하기는 하였지만 丙이 별도로 추심금 청구를 하였으므로 위 대여금 채무의 시효는 중단되었다.'고 재항변하였다. 법원은 그 상태에서 변론을 종결하였다.

쌍방 주장사실이 모두 인정되는 경우, 법원은 어떠한 판결을 하여야 하며(소 각하/청구 기각/청구 인용), 그 근거는 무엇인가? (15점)

문제 2.
　　甲에 대하여 공사대금채권을 가지는 甲의 채권자 丙은 甲을 대위하여 乙을 상대로 위 대여금의 지급을 구하는 소를 제기하여, 자백간주로 승소판결을 받았고, 위 판결은 그대로 확정되었다. 丙은 판결 직후 甲에게 위 확정판결문 사본을 등기우편으로 송부하여 甲이 수령하였다.
　　그 후 甲의 다른 채권자 丁은 강제집행을 승낙하는 취지가 기재된 소비대차계약 공정증서를 집행권원으로 하여 甲의 乙에 대한 위 대여금 채권에 관한 채권압류 및 전부명령신청을 하여, 채권압류 및 전부명령이 내려지고, 그 결정문이 甲, 乙에게 각 송달되었다. 甲, 乙 모두 즉시항고 기간 내에 항고하지 않았다.
　　丁은 乙을 상대로 전부금 청구의 소를 제기하였는데, 乙은 이미 甲의 다른 채권자 丙이 채권자대위소송을 제기하여 승소확정판결을 받고 甲도 그러한 사정을 알고 있으므로, 丁의 채권압류 및 전부명령은 무효라고 주장하였다.
　　법원은 어떠한 판결을 하여야 하며(소 각하/청구 기각/청구 인용), 그 근거는 무엇인가?(20점)

[제1문의 2]
〈기초적 사실관계〉
　　乙은 甲에게 자기 소유의 X토지와 Y건물을 매도하였으나 X토지와 Y건물에 대한 소유권이전등기의무를 이행하지 않고 있던 중 丙에게 X토지를 매도하였고, 丙은 자신의 명의로 X토지에 관하여 소유권이전등기를 마쳤다.(추가적 사실관계는 각각 별개임)

〈추가적 사실관계 1〉
　　甲은 乙과 丙을 상대로 乙에게는 X토지에 대한 매매를 원인으로 한 소유권이전등기를, 丙에게는 X토지에 관한 乙과 丙 사이의 매매가 통정허위표시에 의한 것이어서 무효라는 이유로 乙을 대위하여 X토지에 대한 소유권이전등기말소를 청구하는 소를 제기하였다.

문제 1.
　　제1심 법원은 ① 甲의 乙에 대한 청구는 '乙은 甲으로부터 매매잔대금을 지급받음과 동시에 甲에게 X토지에 관하여 위 매매를 원인으로 한 소유권이전등기절차를 이행하라'는 내용으로 일부 인용하고, ② 丙에 대한 청구는 기각하였다. 甲은 丙에 대한 청구 부분에 대하여만 항소를 제기하였다. 항소심 법원은 甲의 乙에 대한 청구 부분도 심리한 후 '甲의 乙과 丙에 대한 항소를 모두 기각한다'고 판결하였다. 항소심 법원의 판단은 타당한가? (15점)

〈추가적 사실관계 2〉
　　丁은 乙에 대해 3억 원의 채권을 주장하면서 乙의 명의로 남아 있던 Y건물을 가압류하였다. 丁은 이 가압류에 관한 본안소송으로 乙에 대하여 3억 원의 지급을 구하는 소를 제기하였다.

문제2.
　　甲은 '丁이 승소하면 Y건물에 대한 강제집행에 나설 것이고 그렇게 되면 甲은 Y건물의 소유권을 취득하지 못하게 되는 손해를 입게 된다'고 주장하면서 乙의 보조참가인으로 참가하였는데 丁과 乙은 甲의 보조참가신청에 대하여 이의를 신청하지 않았다. 乙은 변론기일에 출석하지 않고 丁이 주장하는 사실을 명백히 다투지도 않았으나 甲은 변론기일에 출석하여 丁의 乙에 대한 위 3억 원의 채권이 변제로 소멸하였다고 항변하였다. 법원이 심리 결과 채권의 존재 및 변제 사실 모두에 관하여 확신을 갖게 된 경우, 법원은 어떻게 판결하여야 하는가?　(15점)

[제1문의 3]
　　X토지에 관하여는 甲의 명의로 소유권이전등기가 마쳐져 있다가 그 후 다시 乙의 명의로 소유권이전등기가 마쳐졌다. 甲은 乙을 상대로 乙의 등기가 원인무효라고 주장하면서 X토지에 관한 소유권이전등기말소청구의 소를 제기하였다. 제1심 법원은 甲의 청구를 인용하는 판결을 선고하였고 위 판결은 그대로 확정되었다. 이에 甲은 乙 명의의 X토지에 관한 소유권이전등기를 말소하였다.
　　그 후 丙은 甲으로부터 X토지를 매수하여 소유권이전등기를 마쳤고, 丁에 대한 채무를 담보하기 위하여 X토지에 관하여 丁에게 근저당권설정등기를 마쳐 주었다. 그러자 乙은 자신의 소유권이전등기가 원인무효가 아님에도 잘못 말소된 것이므로 자신이 여전히 X토지의 소유자라고 주장하면서, 丙을 상대로는 X토지에 관하여 진정한 등기명의의 회복을 원인으로 하는 소유권이전등기청구의 소를 제기하는 한편, 丁을 상대로는 X토지에 관한 근저당권설정등기말소청구의 소를 제기하였다.

　　법원이 심리 결과 乙의 등기가 원인무효가 아니고 乙이 진정한 소유자라는 확신을 가지게 된 경우, 乙의 각각의 청구에 대해 어떤 판결을 하여야 하는가?(소 각하/청구 인용/청구 기각) (20점)

[제1문의 4]
〈사실관계〉

A농협은 2005. 12. 23. 甲에게 3억 5천만 원을 대출하면서, 甲, 乙과 사이에 甲소유의 X토지와 乙소유의 Y토지에 관하여, 근저당권자를 A농협으로, 채무자를 甲으로, 채권최고액을 4억 9천만 원으로 각 정하고 甲이 A농협에 대하여 현재 및 장래에 부담하게 될 여신거래, 신용카드거래 등 모든 채무를 포괄하여 담보하는 내용의 근저당권 설정계약을 체결하였고, 같은 날 X토지 및 Y토지에 관하여 위 토지들을 공동담보로 하여 A농협 명의의 근저당권설정등기가 경료되었다.

한편 甲은 2007. 1. 23. 丙에 대한 자신의 채무의 변제를 담보하기 위하여 丙에게 X토지를 소유권이전등기청구권가등기 형식으로 담보로 제공하고 丙 명의로 가등기를 마쳐주었다.

Y토지에 관하여 A농협보다 후순위 근저당권자인 丁이 2006. 8. 18. 담보권실행을 위한 경매를 신청함에 따라 진행된 경매절차에서, A농협은 2007. 3. 26. 위 근저당권에 기하여 甲에 대한 2005. 12. 23.자 대출원리금 합계 3억 7천만 원을 전액 우선배당받았다. A농협이 근저당권의 피담보채무를 전액 변제받음에 따라 Y토지에 관하여는 근저당권설정등기가 말소되었으나, 경매목적물이 아니었던 X토지에 관하여는 근저당권설정등기가 말소되지 않았다.

A농협은 위 근저당권을 담보로 2007. 10. 31. 甲에게 추가로 8천만 원을 대출하였고 그 후 甲과의 여신거래 관계는 종료되었다.

그 후 丙은 A농협을 상대로 가등기담보권에 기한 방해배제청구권의 행사로써 또는 채권자대위권의 행사로써 X토지 위 A농협 명의의 근저당권설정등기의 말소를 구하는 소를 제기하였다.

丙은 "위 경매절차에서 A농협 명의의 근저당권설정등기의 피담보채무가 모두 변제되어 근저당권설정등기는 무효가 되었고, A농협은 甲에게 8천만 원을 대출하면서 무효가 된 근저당권설정등기를 유용한 것으로 이는 그 전에 등기부상 이해관계를 가지게 된 丙에 대하여 효력이 없다."고 주장하였다.

이에 대하여 A농협은 "근저당권자가 아닌 제3자가 공동저당물의 일부인 Y토지 등에 대하여 경매신청을 한 경우 경매목적물이 아닌 X토지에 관하여는 근저당권설정등기의 피담보채무가 확정되지 않으므로, 피담보채무가 전액 배당되어도 X토지의 근저당권설정등기는 유효하다."고 주장하였다.

문제 1.
  丙의 주장을 검토하고 丙의 청구에 대하여 법원이 어떻게 판단하여야 하는지 설명하시오. (20점)

문제 2.
  X토지에 대하여 경매가 이루어진 경우 A농협, 乙, 丙이 어떠한 순서로 배당받을 수 있는지 설명하시오. (10점)

[제1문의 5]
　　甲은 2018. 9. 1. 丙으로부터 X부동산을 2억 원에 매수하면서, 같은 날 丙에게 계약금 2,000만 원을 지급하고 잔금 1억 8,000만 원은 2018. 10. 13. 지급하기로 약정하였다. 甲은 위 매매계약에 따라 丙에게 계약금과 잔금을 지급하고, 2018. 10. 15. 丙으로부터 甲명의로 X부동산의 소유권이전등기를 경료받았다. 甲은 乙과의 명의신탁약정에 따라 乙로부터 제공받은 자금으로 위 계약금과 잔금을 지급한 것이고, 丙은 위와 같은 사정을 알지 못하였다.
　　X부동산은 甲의 유일한 재산이다. 자금사정이 나빠진 甲은 2018. 12. 2. 자신의 처남인 戊와 X부동산에 대한 매매계약을 체결하고 戊에게 소유권이전등기를 경료하였다.
　　甲은 2018. 1. 5. 丁으로부터 1억 원을 변제기 2018. 11. 5.로 차용하였다. 2019. 5. 5. 甲이 戊에게 X부동산을 매도한 사실을 알게 된 丁은 2019. 5. 10. 戊를 상대로 甲이 X부동산을 戊에게 소유권을 이전한 것은 丁에 대하여 사해행위에 해당하므로 甲과 戊와의 위 매매계약을 취소하고 소유권이전등기의 말소를 구하는 소를 제기하였다. 甲은 戊와의 매매계약시부터 변론종결 당시까지 채무초과상태에 있었다.

　　丁의 청구에 관한 결론을 그 논거와 함께 서술하시오. (20점)

제 2 문

[제2문의 1]
〈사실관계〉

X토지는 1970. 5. 1. A명의로 소유권이전등기가 마쳐지고, 1993. 5. 1. B명의로 소유권이전등기가 마쳐졌다가, 그 중 1/2 지분에 관하여는 2012. 5. 1., 나머지 1/2 지분에 관하여는 2014. 5. 1. 각각 甲명의로 소유권이전등기가 마쳐졌다. B에 대한 금전채권자 丁은 자기채권을 보전하기 위해 X토지에 대하여 2010. 3. 10. 가압류등기를 마쳤고, 위 가압류등기는 현재까지 존속하고 있다.

乙은 1972. 7. 1. X토지 지상에 Y건물을 신축하여 그 명의로 소유권보존등기를 마쳤고, 乙이 1980. 8. 9. 사망한 이후에는 乙의 단독상속인인 丙이 소유명의를 가지고 있다.

甲은 2015. 9. 5. 丙을 상대로 "丙은 甲에게 Y건물을 철거하고, X토지를 인도하며, X토지에 대한 차임 상당 부당이득금으로 2014. 5. 1.부터 인도완료일까지 월 500만 원의 비율에 의한 돈을 지급하라."는 내용의 소를 제기하여 그 소장부본이 같은 해 9. 12. 丙에게 송달되었다.

〈소송의 경과〉

○ 이에 대하여 丙은 "① 乙이 1972.경 A로부터 X토지를 증여받았으나 X토지에 대한 소유권이전등기를 마치지 아니한 채 그 지상에 Y건물을 신축한 것이어서 X토지에 대한 점유는 적법하고, ② 설령 증여사실이 인정되지 않더라도 乙이 1972. 7. 1.부터 X토지를 점유하여 그로부터 20년이 경과한 1992. 7. 1. X토지에 대한 점유취득시효가 완성되었으며, ③ 그렇지 않다 하더라도 B가 X토지의 소유권을 취득한 1993. 5. 1.부터 20년 동안 X토지를 점유하여 2013. 5. 1. X토지에 관한 점유취득시효가 완성되었다."고 주장하였다.

○ 그러자 甲은 "① A가 乙에게 X토지를 증여한 사실이 없어 乙의 점유는 타주점유에 해당하고, ② 1992. 7. 1. X토지에 관한 점유취득시효가 완성되었다 하더라도 그 이후에 X토지에 관하여 소유권을 취득한 B 및 甲에 대하여는 그로써 대항할 수 없고, ③ 취득시효 진행 중에 소유자가 변경된 경우에는 점유기간의 기산점을 임의로 선택할 수 없으므로 1993. 5. 1.을 점유취득시효의 기산점으로 삼을 수 없으며, 설령 1993. 5. 1.을 기산점으로 삼을 수 있다고 하더라도 그로부터 20년이 경과하기 이전에 X토지에 관한 등기부상 소유명의자가 다시 변경되고 丁의 가압류등기가 X토지에 경료됨으로 인하여 시효가 중단되었고, ④ 적어도 1/2 지분에 관하여는 丙이 주장하는 시효완성일인 2013. 5. 1. 후에 甲이 그 소유권을 취득하였으므로 丙은 시효완성으로 甲에게 대항할 수 없다."고 주장하였다.

○ 심리 결과, 乙이 A로부터 X토지를 증여받았다는 점을 증명할 뚜렷한 증거가 제출되지 아니하였고, X토지 전체가 Y건물의 사용·수익에 필요하고, X토지의 차임은 2014. 5. 1.부터 현재까지 월 300만 원임이 인정되었다.

문제 1. 위 사안에서 甲의 丙에 대한 청구 중,

1. Y건물의 철거 및 X토지의 인도 청구에 대한 결론[각하, 전부인용, 일부인용(이 경우 구체적인 인용범위를 기재할 것), 전부기각]을 그 논거와 함께 서술하시오. (35점)

2. 부당이득금 반환청구에 대한 결론[각하, 전부인용, 일부인용(이 경우 구체적인 인용범위를 기재할 것), 전부기각]을 그 논거와 함께 서술하시오. (15점)

[제2문의 2]

甲은 2013. 7. 1. 乙에게 물품을 공급하고 5억 원의 물품대금채권(변제기 2014. 6. 30.)을 취득하였다. 乙의 부탁을 받은 丙은 乙의 甲에 대한 위 물품대금채무를 연대보증하였다. 乙은 물품대금채무의 변제기 이후에도 채무를 변제하지 못하였다.

甲은 乙의 요청으로 물품대금채무의 변제기를 2015. 12. 31.로 연장해 주었다. 丙은 2018. 12. 1. 甲에게 연대보증인으로서 물품대금채무 원금 및 지연손해금 전액을 지급하였다.

한편 丁은 乙과의 건물신축에 관한 공사도급계약에 따른 건물을 완공하여 乙에게 2017. 2. 1. 인도하였음에도 공사대금을 지급받지 못하고 있던 중 2017. 9. 1. 乙을 상대로 공사대금 3억 원의 지급을 구하는 소를 제기하였다. 이 소송에서 丁은 2018. 7. 1. '乙은 丁에게 3억 원 및 그에 대하여 2017. 2. 1. 다음날부터의 지연손해금을 지급하라'는 취지의 승소판결을 받았고 그 무렵 확정되었다. 한편 乙은 丙에게 자기 소유의 부동산을 매도하고 소유권이전등기를 마쳐주었으나 丙으로부터 받지 못한 3억 원의 매매대금채권(변제기 2017. 6. 1.)을 가지고 있었다.

丁은 2018. 9. 15. 乙에 대한 위 승소판결에 기하여 乙의 丙에 대한 위 매매대금채권에 대하여 채권압류 및 추심명령을 받았고 이는 2018. 9. 20. 丙에게 송달되었다. 이후 丁은 2018. 10. 1. 丙을 상대로 추심금의 지급을 구하는 소를 제기하였다. 이 소송에서 丙은 다음과 같이 주장하였다.

(1) 丙은 乙의 甲에 대한 물품대금채무를 연대보증한 사람으로 2018. 12. 1. 甲에 대하여 보증채무를 이행하였으므로 乙에 대하여 구상권을 취득하였고 이 구상권을 자동채권으로 하여 乙의 丙에 대한 매매대금채권과 상계함으로써 乙의 丙에 대한 채권은 소멸하였다.

(2) 丙이 연대보증한 乙의 甲에 대한 물품대금채무의 변제기가 2014. 6. 30. 도래함으로써 丙이 乙에 대하여 취득한 사전구상권과 乙의 丙에 대한 매매대금채권은 丁의 신청에 의한 乙의 丙에 대한 매매대금채권에 대한 압류 및 추심명령이 丙에게 송달될 당시인 2018. 9. 20. 이미 상계적상에 있었던 바 상계함으로써 乙의 丙에 대한 채권은 소멸하였다.

丙주장의 타당성에 대하여 검토하시오. (30점)

[제2문의 3]

A의 단독상속인 甲은 한정승인 신고를 마쳤다. 그 후 甲은 상속재산인 X부동산에 대하여 자신의 채권자인 乙에게 근저당권설정등기를 마쳐주었다. 또한 甲의 일반채권자 丙은 위와 같이 근저당권설정등기가 경료된 이후 X부동산에 대하여 가압류등기를 경료하였다. 그 외 A의 일반채권자 丁이 있었다. X부동산에 대한 경매절차에서 배당이 이루어질 경우 丁과 乙, 丙 사이의 우열관계에 관하여 설명하시오. (20점)

목차

2020년 제2차 법전협 모의시험

[제1문의 1]

문제1 - 가 | 사례 044(민소법)
Ⅰ. 문제의 소재
Ⅱ. 중복제소의 요건
Ⅲ. 중복제소인지 여부

문제1 - 나 | 사례 016(민법)
Ⅰ. 문제의 소재
Ⅱ. 甲의 대여금채권의 소멸시효의 중단여부
Ⅲ. 소멸시효중단효과의 승계여부

문제2 | 사례 009(민소법)
Ⅰ. 문제의 소재
Ⅱ. 피대위채권에 대한 전부명령의 효력
Ⅲ. 전부명령이 무효인 경우 압류의 효력
Ⅳ. 결론

[제1문의 2]

문제1 | 사례 118(민소법)
Ⅰ. 문제의 소재
Ⅱ. 통상의 공동소송에 해당하는지 여부
Ⅲ. 공동소송인 독립의 원칙과 상소불가분의 원칙(이심의 범위)
Ⅳ. 심판의 범위

문제2 | 사례 119(민소법)
Ⅰ. 문제의 소재
Ⅱ. 보조참가의 요건
Ⅲ. 피참가인의 소송행위의 범위

[제1문의 3]

문제 | 사례 076(민소법)
Ⅰ. 문제의 소재
Ⅱ. 전소 확정판결의 기판력의 범위
Ⅲ. 진정명의회복등기청구의 법적 성질
Ⅳ. 丙과 丁이 甲의 변론종결후 승계인에 해당하는지 여부
Ⅴ. 乙의 청구에 대한 후소법원의 판단

[제1문의 4]

문제1 | 사례 079(민법)
Ⅰ. 문제의 소재
Ⅱ. 근저당권의 피담보채무의 확정
Ⅲ. 공동근저당권의 피담보채무의 확정
Ⅳ. 결론

문제2 | 사례 118(민법)
Ⅰ. 문제의 소재
Ⅱ. A와 乙의 우열관계
Ⅲ. 乙과 丙의 우열관계

[제1문의 5]

문제 | 사례 056(민법)
Ⅰ. 문제의 소재
Ⅱ. 乙, 甲, 丙 사이의 명의신탁의 유형 및 효력
Ⅲ. 사해행위취소부분
   1. 피보전채권
   2. 사해행위
   3. 채무자의 사해의사 및 수익자의 악의
Ⅳ. 원상회복청구부분

[제2문의 1]

문제1-1 | 사례 039(민법)

Ⅰ. 문제의 소재
Ⅱ. 丙의 증여항변
Ⅲ. 丙의 취득시효항변
   1. 자주, 평온, 공연한 점유
   2. 20년의 점유기간
   3. 취득시효의 중단
Ⅳ. 소수지분권자의 인도청구 및 방해배제청구

문제1-2 | 사례 162(민법)

Ⅰ. 문제의 소재
Ⅱ. 토지의 점유자의 부당이득반환의무 및 甲의 부당이득반환청구의 기산점
Ⅲ. 시효완성자에 대한 부당이득의 반환청구
Ⅳ. 부당이득의 반환범위
Ⅴ. 장래이행의 소의 요건을 구비하였는지 여부

[제2문의 2]

문제 | 사례 127(민법)

Ⅰ. 문제의 소재
Ⅱ. 압류 및 추심명령의 효력발생시기
Ⅲ. 지급금지명령을 받은 수동채권에 대한 상계
Ⅳ. 사전구상권의 요건
Ⅴ. 수탁보증인이 사전구상권으로 상계하기 위한 요건

[제2문의 3]

문제 | 사례 184(민법)

Ⅰ. 문제의 소재
Ⅱ. 한정승인자의 상속재산의 처분가능성
Ⅲ. 상속채권자와 담보권을 취득한 상속인의 채권자와의 우열관계
Ⅳ. 상속채권자와 상속인의 일반채권자와의 우열관계

2020년도 제1차 변호사시험 모의시험 - 논술형(사례형)   민 사 법

제1문

[제1문의 1]
부산광역시 동래구[토지관할 법원은 부산지방법원임]에 거주하는 甲은 경상남도 양산시[토지관할 법원은 울산지방법원임]에 있는 영업소 겸 공장에서 각종 자동차 부품을 생산해 자동차 제조 회사에 납품하는 기업을 경영하는 사람이고, 乙 주식회사는 자동차 부품을 생산하는 데 필요한 각종 기계·기구를 제조·판매하는 회사로서 주된 사무소는 경기도 수원시[토지관할 법원은 수원지방법원임]에 있다. 甲은 부산광역시 강서구[토지관할 법원은 부산지방법원 서부지원임]에 있는 乙 주식회사의 부산영업소에서 乙 주식회사가 제조·판매하는 공작기계를 구입했는데 그 기계에 중대한 하자가 있어 그것으로 생산한 자동차 부품에 많은 하자가 발생해 막대한 손해를 입었다는 취지로 주장하면서 부산지방법원에 乙 주식회사에 대한 손해배상 청구의 소를 제기했다. 乙 주식회사는 그 사건의 관할법원에 관해서는 아무런 언급도 하지 않은 채 乙 주식회사가 甲에게 제조·공급한 기계에는 아무런 하자도 없다고 주장하는 답변서를 부산지방법원에 제출했다. 그 후 부산지방법원은 민사소송법 제34조 제1항의 규정에 의해 이 소송을 수원지방법원으로 이송하는 결정을 했다. 그 이송결정은 법률상 타당한가? (20점)

[제1문의 2]
〈기초적 사실관계〉
甲은 자신의 X 토지를 2015. 3. 2.부터 乙이 무단 점유하면서 이를 도로로 사용하고 있다는 사실을 알게 되었다. 甲은 乙과 합의하여 일정한 액수의 배상액을 받기를 원했으나 둘은 합의에 이르지 못하였다. 이에 甲은 2017. 7. 25. 乙을 상대로 X 토지에 관하여 월 200만 원의 차임 상당의 부당이득반환을 구하는 소를 제기하였다. 제1심 법원은 X 토지의 월차임을 150만 원으로 인정한 뒤, 乙은 甲에게 2015. 3. 2.부터 2017. 7. 25.까지는 차임 상당의 부당이득(기존 차임)을 반환하고, 2017. 7. 26.부터 피고의 점유종료일까지는 월 150만 원의 부당이득금을 정기금으로 지급하라는 취지의 판결을 선고하였다(아래의 각 설문은 독립적임).

문제 1.
원고는 이에 불복하여 항소를 제기하였으나 정기금 지급을 명한 부분에 대해서는 항소취지를 누락하였다. 항소심은 이 사건 토지가 '도로'가 아닌 '대지'임을 전제로 위 기존 차임 부분에 대해 월 500만 원의 비율로 산정한 차임 상당의 부당이득을 반환하라고 판결하였으나 정기금 청구 부분은 항소가 없었으므로 이를 변경하지 않았으며, 이 판결은 상고심에서 그대로 확정되었다. 그 후 원고는 전소 항소심에서 항소취지를 누락하지 않았다면 위 정기금 청구 부분에 대해서도 월 500만 원을 지급하라는 판결이 선고되었을 것이라는 이유로 변경의 소를 제기하였다. 법원은 어떠한 판결을 해야 하는가? (10점)

문제 2.

위 제1심 판결은 그대로 확정되었고, 판결확정 후 丙은 甲으로부터 이 사건 토지를 매수하여 소유권이 전등기를 넘겨받았다. 丙은 위 제1심 판결의 확정 후 이 사건 토지의 시가 및 차임 상당액이 10배 이상 앙등하였다고 주장하면서 월차임을 1,000만 원으로 변경하는 변경의 소를 제기하였다. 이 소는 적법한가? (15점)

[제1문의 3]
〈기초적 사실관계〉

甲은 2018. 4. 1.경 丙으로부터 X 점포를 매수하고 같은 날 이에 관한 소유권이전등기를 마쳤는데, 乙은 丙으로부터 X 점포를 임대차보증금 1억 원, 임대차기간 2018. 1. 1.부터 2018. 12. 31.까지, 차임 월 500만 원(매월 1일 지급)으로 정하여 임차하고 위 임대차보증금을 丙에게 교부한 후 사업자등록을 마치고 음식점을 운영하고 있었다. 甲은 2018. 11. 말경 자신이 X 점포를 사용할 계획이어서 임대차계약의 갱신을 거절한다는 취지를 乙에게 통지하였다. 乙은 2018. 12. 31.이 지나도록 X 점포를 인도하지 않고 계속 음식점을 운영하면서 2019. 1.부터는 차임을 지급하지 않고 있다.

문제 1.

甲은 乙을 상대로 채무불이행과 불법행위를 원인으로 하여 2019. 1. 1.부터 乙이 X 점포를 甲에게 인도할 때까지 월 500만 원의 지급을 구하는 소를 병합하여 제기하였다. 법원은 甲의 청구에 대하여 어떠한 판결을 하여야 하는가(20점).

〈추가된 사실관계〉

甲이 乙을 상대로 임대차계약의 종료를 원인으로 X 점포의 인도를 구하는 소를 제기하자 乙은 변론기일에 출석하여 자신이 丙에게 1억 원의 보증금을 지급하였으므로 그 반환을 받을 때까지는 X 점포를 甲에게 인도할 수 없다고 주장하였다. 甲이 乙의 보증금 지급사실을 다투자 乙은 1억 원의 보증금반환채권의 존재확인을 구하는 반소를 제기하였다.

문제 2.

법원의 심리 결과 乙이 丙에게 보증금 1억 원을 교부한 사실이 인정된 경우 법원은 甲의 본소와 乙의 반소에 대하여 어떠한 판결을 하여야 하는가? (15점)

[제1문의 4]
　　甲은 자신이 乙에게 2억 원을 대여하였고 丁이 丙을 대리하여 甲에 대한 乙의 채무를 연대보증하였다고 주장하면서 주위적으로 乙과 丙은 연대하여 甲에게 2억 원의 지급을 구하고, 丁이 무권대리인이라는 이유로 丙에 대한 청구가 기각될 경우에 대비하여 丁은 무권대리인으로서 丙의 연대보증의무를 이행하여야 한다고 주장하면서 예비적으로 乙과 丁은 연대하여 甲에게 2억 원의 지급을 구하는 소를 제기하였다.

　　제1심은 乙과 丁에 대한 청구를 인용하면서, 丙에 대한 청구는 기각하였고, 이에 丁만이 항소하였다. 항소심 법원은 甲의 丙에 대한 청구 부분은 제1심 판결이 확정되었으므로 항소심의 심판대상은 丁에 대한 청구 부분으로 한정된다고 인정하여, 丁의 항소를 기각하면서 丙에 대한 청구 부분에 대하여는 아무런 판단도 하지 아니하였다.

　　위와 같은 항소심 판단은 정당한가? (소제기의 적법 여부도 검토할 것) (20점)

[제1문의 5]
<공통된 기초사실관계>
　　甲은 2017. 3. 21. 乙과 사이에 乙 소유의 X 아파트를 임대차보증금 2억 원, 임대차기간 2017. 4. 1.부터 2019. 3. 31.까지 임차하는 내용의 임대차계약(이하 '이 사건 임대차'라 한다)을 체결하고, 2017. 4. 1. 임대차보증금을 2억 원을 지급하고서 X 아파트를 인도받아 당일 전입신고를 하고, 이 사건 임대차 계약서에 확정일자를 받았다.
　　甲은 2017. 4. 3. 丙으로부터 1억 5,000만 원을 이자 없이 변제기 2018. 3. 31.로 정하여 차용(이하 '이 사건 차용금'이라 한다)하면서 丙에게 이 사건 임대차에 기한 임대차보증금반환채권 중 1억 5,000만 원에 대하여 질권(이하 '이 사건 질권'이라 한다)을 설정해 주었다.
　　乙은 2017. 4. 4. 甲과 丙을 만나 이 사건 질권 설정을 승낙하고, 이 사건 임대차 종료 등으로 임대차보증금을 반환하는 경우 질권이 설정된 1억 5,000만 원은 丙에게 직접 반환하기로 약정하였다.

<아래의 각 추가된 사실관계는 상호 독립적임>

<추가된 사실관계 1>

乙은 2019. 3. 20. X 아파트를 丁에게 매도하면서 丁이 이 사건 임대차관계를 승계하는 특약을 체결하였고, 같은 날 丁 명의로 소유권이전등기를 마쳤다. 이 사건 차용금의 변제기가 지나도 甲이 변제를 하지 아니하자 丙은 2019. 5. 1. 乙을 상대로 질권이 설정된 1억 5,000만 원의 지급을 구하는 소를 제기하였다. 이에 대하여 乙은 1) 「민법」 제347조(설정계약의 요물성)에 근거해 이 사건 임대차계약서가 채권증서에 해당함에도 불구하고, 丙이 이를 甲으로부터 교부받지 못해 유효한 질권을 취득하지 못하였다고 주장하고(실제 丙이 변론과정에 甲의 교부사실을 증명하지 못하였다), 2) 임대차승계 특약을 하였으므로 자신이 면책되고, 3) 그것이 아니더라도 주택임대차보호법에 따라 丁이 임대인 지위를 승계하였으므로 자신은 면책된다고 항변하였다.

문제 1.

丙의 청구의 타당성 여부를 먼저 검토한 후, 乙의 위의 각 항변의 당부를 판단하여 위 청구에 대한 법원의 결론(인용, 일부인용, 기각, 각하)을 그 이유를 들어 검토하시오(30점).

<추가된 사실관계 2>

乙은 2019. 3. 20. 기존에 거주하던 임차인 甲에게 X 아파트를 3억 원에 매도하는 내용의 매매계약을 체결하면서 매매대금 3억 원 중 2억 원은 이 사건 임대차에 따른 임대차보증금 2억 원과 상계하기로 합의하고, 나머지 1억 원은 甲이 乙에게 당일 직접 지급하고서 2019. 3. 21. 乙은 甲 명의로 소유권이전등기를 마쳐 주어 당일 이 사건 임대차계약을 해지하였다.

이 사건 차용금의 변제기가 지나도 甲이 변제를 하지 아니하자 丙은 2019. 5. 1. 乙을 상대로 질권이 설정된 1억 5,000만 원의 지급을 구하는 소를 제기하였다. 이에 대하여 乙은 1) X 아파트를 이미 甲에게 매도하였으므로 자신은 면책되었고, 2) 甲과 사이에 한 상계합의로 이 사건 임대차에 따른 보증금반환채무는 소멸되었다고 주장한다.

문제 2.

乙의 위 각 항변의 당부를 판단하여 丙의 청구에 대한 법원의 결론(인용, 일부인용, 기각, 각하)을 그 이유를 들어 검토하시오(20점).

제 2 문

[제2문의 1]
〈공통된 기초사실관계〉
　　甲은 1994. 9. 21. 사망하였는데, 당시 상속인으로 처인 乙, 자녀 A, B가 있었다. 乙은 2009. 1. 17. 사망하였고, 乙의 상속인으로는 1) 甲과의 사이에서 태어난 자녀 A, B, 2) 甲과 혼인하기 전에 丙과의 사이에서 태어난 자녀 C가 있었다. 한편 사망 당시 甲은 자신 명의로 X 임야의 소유권이전등기를 마쳐두고 있었다.

〈이하의 각 추가된 사실관계는 상호무관하고 독립적임〉

〈추가된 사실관계 1〉
　　甲이 사망한 이후 甲의 상속인들 중 A를 제외한 나머지 상속인들은 X 임야를 장남인 A의 단독명의로 해 두기 위하여 각 상속포기 신고를 하여 1994. 11. 1. 가정법원으로부터 이를 수리하는 심판을 받았다. 그런데 1996. 5. 22. 乙이 공유물의 보존행위로서 공동상속인 모두를 위하여 상속등기를 신청하였다. 이에 상속인들의 법정상속분에 따라 A, B 명의로 각 2/7지분, 乙명의로 3/7지분에 관하여 각 소유권이전등기가 마쳐졌다. 그 후 A는 乙과 B로부터 X 임야의 각 지분을 매수한 사실이 없는데도 불구하고 보증서와 확인서를 위조하여 2007. 3. 4. 乙과 B의 위 각 지분에 관하여 1995. 5. 31. 매매를 원인으로 하여 구「부동산소유권 이전등기 등에 관한 특별조치법」(이하 '특별조치법'이라 한다)에 의하여 A 명의로 소유권이전등기(이하 '이 사건 소유권이전등기'라 한다)를 마쳤다.

문제 1.
　　2010. 5. 6. C는 A를 상대로 위 부동산에 관한 乙의 지분(X 임야의 3/7지분) 중 A의 상속분을 제외한 나머지 지분(X 임야의 2/7지분)의 원인무효를 이유로 이 사건 소유권 이전등기말소를 청구하는 소를 제기하였다. C의 A에 대한 청구의 결론[인용, 기각, 일부 인용, 각하]을 구체적 이유와 함께 적시하시오. (20점)

<추가된 사실관계 2>
1975. 3. 4.부터 丁이 소유의 의사로 평온·공연하게 X 임야를 점유하기 시작하였는데, 1991. 4. 5. 甲은 X를 A에게 증여하기로 약정하였다. 甲과의 증여계약에 따라 1996. 12. 3. 공동상속인들로부터 X 임야전부에 대한 이전등기를 A 명의로 마쳤다.

문제2.

1998. 5. 4. 丁이 취득시효를 이유로 A에게 X 임야에 대한 이전등기 청구의 소를 제기한 경우, 丁의 A에 대한 청구의 결론[인용, 기각, 일부 인용, 각하]을 구체적 이유와 함께 적시하시오. (15점)

<추가된 사실관계 3>
1976. 3. 4.부터 丁이 소유의 의사로 평온·공연하게 X 임야를 점유하고 있었다. 한편 1990. 5. 6. 甲은 등기서류를 위조하여 X 임야에 대한 소유권 이전등기를 마쳤는데, 1997. 3. 2. X 임야의 진정한 소유자인 戊가 진정명의회복을 위한 이전등기청구권을 보전하기 위하여 甲의 공동상속인들을 상대로 X 임야에 대한 처분금지가처분을 하였다. 1998. 3. 4. 丁이 甲의 공동상속인들로부터 점유취득시효를 원인으로 하여 이전등기를 마쳤다. 戊가 가처분의 본안소송에서 甲의 공동상속인들에 대해 승소판결을 받고 그 확정판결에 따라 2000. 3. 2. 진정명의회복을 원인으로 한 소유권이전등기를 하였고, 2001. 4. 5. D에게 매도한 후 이전등기를 마쳤다.

문제 3.

현재까지 X 임야를 점유하고 있던 丁이 戊와 D를 상대로 각 이전등기의 말소를 구하는 소를 제기한 경우, 丁의 戊와 D에 대한 청구의 결론[인용, 기각, 일부 인용, 각하]을 구체적 이유와 함께 적시하시오. (15점)

[제2문의 2]
〈공통된 기초사실관계〉
A(女)는 B(男)와 1996. 11. 5. 혼인신고를 마치고 2000. 2. 6. 슬하에 쌍둥이 甲과 乙을 낳은 다음 2012. 5. 2. 이혼하였다(친권과 양육권은 B가 가지기로 함). 2016. 3. 13. A가 사망하자, 甲과 乙이 A가 남긴 X 부동산을 상속하였고, B는 甲과 乙의 친권자로서 이들을 대리하여 2016. 6. 30. 丙에게 시가 10억 원 상당의 X 부동산을 3억 원에 매도하였고(이하 '이 사건 매매계약'이라고 한다), 丙은 B가 사리(私利)목적으로 이러한 매매행위를 한다는 사실을 알고 있었다. 2016. 7. 1. B는 X 부동산에 관하여 甲과 乙앞으로 2016. 3. 13. 상속을 원인으로 하는 각 1/2 지분의 소유권이전등기를 마친 다음, 같은 날 丙 앞으로 소유권이전등기를 마쳐주었다. 丙은 이러한 사실을 숨긴 채 X 부동산을 丁에게 매도한 후 2018. 8. 26. X 부동산에 관하여 丁 앞으로 소유권이전등기를 마쳐주었다.

문제 1.

甲과 乙은 2020. 6. 4. 이해상반행위 또는 친권남용을 이유로 丙을 상대로 그 명의의 소유권이전등기의 말소를 구하는 소를 제기하였다. 甲과 乙의 丙에 대한 청구의 결론[인용, 기각, 일부 인용, 각하]을 구체적 이유와 함께 적시하시오. (10점)

문제 2.

甲과 乙은 2020. 6. 14. 丁 명의의 소유권이전등기 역시 원인무효라고 주장하면서 丁을 상대로 그 말소를 구하는 소를 제기하였다. 甲과 乙의 丁에 대한 청구의 결론[인용, 기각, 일부 인용, 각하]을 구체적 이유와 함께 적시하시오. (10점)

[제2문의 3]
〈공통된 기초사실관계〉
　　甲은 A 은행 지점장과 공모하여 자신의 모(母)인 B명의의 대출거래약정서, 근저당권설정계약서 등을 위조하고 이를 행사해서 B 소유의 Y 토지에 대하여 2019. 5. 18. A 은행 앞으로 채무자 B, 채권최고액 4억 원인 근저당권설정등기(이하 '제1근저당권설정등기'라 한다)를 하고 3억 3,000만 원을 대출받았다. 제1근저당권설정등기가 된 후 A 은행은 2019. 5. 21. B에게 등기완료통지를 하였다. A 은행은 제1근저당권설정등기의 담보대출금 3억 3,000만 원에 대한 이자 납입이 연체되자, 2019. 8.경 B에게 대출금채무와 관련하여 기한의 이익 상실 예고통지를 하였고, 그 이후에도 연체가 계속되자 B에게 대출금 이자납입을 독촉하고 2019. 11. 16. 이 사건 제1근저당권설정등기에 기한 임의경매 실행예정 통지를 하였으며, B는 2019. 11. 19. 이를 직접 수령하였다. B는 2019. 12. 31. 직접 A 은행에 방문하여 새로운 대출 및 근저당설정계약을 위해 관련 서류(대출거래약정서, 근저당권설정계약서)에 자필 서명한 다음 Y 토지에 관하여 A 은행 앞으로 채무자 B, 채권최고액 1,600만 원인 근저당권설정등기(이하 '제2근저당권설정등기'라 한다)를 하고 1,400만 원을 대출받아 그 중 1,300만 원을 제1근저당권설정등기의 피담보대출금의 이자로 납부하였다.

문제 1.
　　만약 2020. 6. 3. B가 A 은행을 상대로 제1근저당권설정등기의 말소를 구하는 소를 제기한 경우, B의 A 은행에 대한 청구의 결론[인용, 기각, 일부 인용, 각하]를 구체적 이유와 함께 적시하시오. (15점)

〈추가된 사실관계〉
2020. 1. 23. B로부터 C가 Y 토지를 매매대금 10억 원(계약금 1억 원, 중도금 4억 원, 잔금 5억 원)에 매수하기로 하였다. 계약금은 계약 당일 C가 B에게 지급하였고, 2020. 4. 6. 지급하기로 한 중도금 4억 원에 대해서는 C가 Y 토지에 관한 각 근저당권의 확정된 피담보채무의 합계인 4억 원을 인수하는 것으로 갈음하였고, 2020. 6. 7. 잔금 5억 원의 지급과 Y부동산에 대한 소유권이전등기는 동시에 이행하기로 약정하였다. 그러나 매수인 C가 근저당권의 피담보채무의 변제기가 도래하였음에도 불구하고 이를 변제하지 않아 Y부동산에 관하여 근저당권의 실행으로 임의경매절차가 개시되고 B가 경매절차의 진행을 막기 위하여 C가 인수한 확정된 피담보채무 4억 원을 변제하여 A은행의 각 근저당권을 말소하였다.

문제 2.
　　2020. 6. 7. C가 B에게 잔금 5억 원을 지급하면서 Y부동산에 관한 등기의 이전을 청구한 경우, B가 취할 수 있는 법적 항변이나 조치를 구체적으로 검토하시오. (15점)

목차

2020년 제1차 법전협 모의시험

[제1문의 1]

문제 | 사례 001(민소법)

Ⅰ. 문제의 소재
Ⅱ. 부산지방법원의 관할
 1. 보통재판적
 2. 영업소의 관할
 3. 의무이행지
 4. 소결
Ⅲ. 변론관할의 성립여부
Ⅳ. 부산지방법원의 이송결정

[제1문의 2]

문제1 | 사례 075(민소법)

Ⅰ. 문제의 소재
Ⅱ. 정기금변경의 소의 요건
Ⅲ. 사정변경의 의미

문제2 | 사례 077(민소법)

Ⅰ. 문제의 소재
Ⅱ. 변경의 소의 원고적격
Ⅲ. 변론종결후 승계인의 범위
Ⅳ. 丙이 변론종결후 승계인인지 여부

[제1문의 3]

문제1 | 사례 041(민소법)

Ⅰ. 문제의 소재
Ⅱ. 장래이행의 소의 가능성
Ⅲ. 선택적 병합에 해당하는지 여부
Ⅳ. 甲의 각 청구의 인정여부

문제2 | 사례 101(민소법)

Ⅰ. 문제의 소재
Ⅱ. 甲의 본소청구
Ⅲ. 乙의 반소청구
 1. 반소의 요건
 2. 확인의 이익

[제1문의 4]

문제 | 사례 108(민소법)

Ⅰ. 문제의 소재
Ⅱ. 예비적 공동소송인지 여부
Ⅲ. 예비적 공동소송에서의 이심 및 심판의 범위
 1. 예비적 공동소송의 심리방법
 2. 예비적 공동소송에서의 이심 및 심판의 범위

[제1문의 5]

문제1 | 사례 145(민법)

Ⅰ. 문제의 소재
Ⅱ. 채권질권의 요건 및 효력
Ⅲ. 임대차계약서가 채권증서에 해당하는지 여부
Ⅳ. 임대차승계특약으로 질권자에게 대항할 수 있는지 여부
Ⅴ. 丁이 임대차계약상 채무를 면책적으로 인수하는지 여부
 1. 임대차의 대항력
 2. 임대목적물의 양도와 당연승계
Ⅵ. 결론

문제2 | 사례 146(민법)

Ⅰ. 문제의 소재
Ⅱ. 임차인의 임대인의 지위 승계 여부
Ⅲ. 상계합의로써 질권자에게 대항할 수 있는지 여부

[제2문의 1]

문제1 | 사례 175(민법)

Ⅰ. 문제의 소재
Ⅱ. 乙이 참칭상속인에 해당하는지 여부 및 乙 명의의 이전등기의 효력
Ⅲ. A명의의 매매계약에 기한 소유권이전등기의 효력
Ⅳ. 乙의 사망으로 인한 상속인 및 상속분의 결정
Ⅴ. C의 말소청구의 가능성

문제2 | 사례 041(민법)

Ⅰ. 문제의 소재
Ⅱ. T의 취득시효의 완성여부
Ⅲ. 취득시효완성이후의 이해관계인의 범위
Ⅳ. 상속인인 A가 취득시효완성이후의 이해관계인에 해당하는지 여부

문제3 | 사례 042(민법)

Ⅰ. 문제의 소재
Ⅱ. 가처분등기의 효력
Ⅲ. 가처분채권자에게 대항할 수 있는지 여부

[제2문의 2]

문제1 | 사례 174(민법)

Ⅰ. 문제의 소재
Ⅱ. 이해상반행위에 해당하는지 여부
Ⅲ. 친권남용에 해당하는지 여부

문제2 | 사례 174(민법)

Ⅰ. 문제의 소재
Ⅱ. 친권남용에 대한 선의의 제3자의 보호

[제2문의 3]

문제1 | 사례 013(민법)

Ⅰ. 문제의 소재
Ⅱ. 甲의 제1근저당권설정행위의 효력
Ⅲ. B의 무권리자 처분행위에 대한 추인

문제2 | 사례 139(민법)

Ⅰ. 문제의 소재
Ⅱ. 이행인수약정
Ⅲ. 동시이행항변과 그 범위
Ⅳ. 매매계약의 해제

2019년도 제3차 변호사시험 모의시험 - 논술형(사례형) | 민사법

제 1 문

[제1문의 1]
〈기초적 사실관계〉

甲은 2018. 4. 1. 그 소유의 2층 건물 중 1층 부분 100㎡(이하 '이 사건 건물' 이라고 함)를 乙에게 임대보증금 2억 원, 월차임 200만 원, 임대차기간 2년으로 정하여 임대하면서 같은 날 임대보증금을 수령함과 동시에 이 사건 건물을 인도하였고, 乙은 이 사건 건물에서 음식점 영업을 하고 있다.

2019. 5. 1. 24:00경 이 사건 건물 내부에서 원인불명의 화재가 발생하여 이 사건 건물이 불에 타 소실되는 사고가 발생하였다.

이 사건 화재의 발화지점은 1층 음식점 내로 추정되나, 발화원인에 관하여는 이 사건 화재를 진압한 서울서초소방서는 전기적 요인이 많아 보이나 명확한 증거를 찾을 수 없다는 이유로 원인미상으로 판정하였고, 화재현장을 감식한 서울지방경찰청 화재감식반은 전기합선이나 누전에 의한 발화가능성을 배제할 수 없으나, 화재로 인하여 전선을 지지하는 석고보드가 소실되었고 전선의 배선상태를 파악하기 곤란하여 구체적인 발화원인은 미상이라고 판정하였다.

甲이 乙을 상대로 불법행위에 기한 1억 원의 손해배상청구의 소를 제기하였다. 위 소송에서 甲은 乙의 과실로 화재가 발생하였다고 주장하였으나, 乙은 평소 이 사건 건물에 관하여 전기안전공사의 정기안전점검을 받아왔고, 이 사건 화재가 발생한 당일에도 안전점검을 마치고 전기 스위치를 내린 후 잠금장치를 하고 퇴근하였으므로 乙은 이 사건 화재에 아무런 책임이 없다고 주장하고 있다. 甲은 제1심 소송계속 중 불법행위의 요건사실을 모두 증명하기 어려워 패소할 수도 있다는 생각이 들자, 채무불이행에 기한 손해배상청구를 예비적으로 추가하였다(아래의 각 설문은 독립적임).

문제 1.

제1심 법원은 甲이 붙인 심판의 순위에 따라 판단하여 甲의 청구 중 불법행위에 기한 청구를 기각하고 채무불이행에 기한 청구에 대하여는 판단을 하지 않았다. 甲이 청구기각 부분에 대하여 불복하여 항소를 제기하였다. 항소심 법원의 심리결과 불법행위에 기한 손해배상청구가 이유 없다는 심증을 얻었다면 어떠한 판결을 선고할 것인가? (15점)

문제 2.

제1심 법원은 주위적 청구인 불법행위에 기한 손해배상청구는 기각하고 채무불이행에 기한 청구를 인용하는 판결을 선고하였다. 위 제1심 판결에 대하여 乙만 항소하였다. 항소심 법원의 심리결과 불법행위에 기한 손해배상청구가 이유 있다는 심증을 얻었다면 어떠한 판결을 선고할 것인가? (15점)

[제1문의 2]
가전제품 판매상인 甲은 2015. 6. 30. 乙에게 300만 원 짜리 TV 1대를 판매·인도하고 대금은 2015. 12. 31.에 받기로 약정했다. 甲은 그와 같은 사실을 잊고 지내다가 2018. 12. 26. 乙에 대해 그 300만 원의 지급을 청구하는 내용의 소장을 법원에 제출했다. 그런데 乙은 2018. 12. 1. 사망했고, 丙이 단독으로 乙의 권리·의무를 상속했는데도, 甲은 그러한 사정을 모르고 乙로부터 그 TV 판매대금을 받기 위해 그 소를 제기했다. 소장부본이 송달되는 과정에서 甲이 위와 같은 사정을 비로소 알고 2019. 3. 20. 피고를 丙으로 바꾸어 달라는 피고경정 신청서를 법원에 제출했다.

문제 1.
법원은 甲의 피고경정 신청에 대해 어떤 조치를 할 수 있는가? (10점)

문제 2.
甲의 채권에 관한 소멸시효는 중단되었는가? 중단되었다면 그 중단 시점은 언제인가? (20점)

[제1문의 3]
〈기초적 사실관계〉
A가 사망하자 A 명의의 X 토지를 乙(妻)과 丙(子, 27세)이 공동상속하여 그에 관한 상속등기를 마쳤다. 乙과 丙이 상속재산의 분배·관리 등과 관련하여 갈등을 겪던 중, 乙은 X 토지를 丙의 동의 없이 甲에게 매도하였다. 乙은 X 토지를 甲에게 매도할 당시 丙의 인감도장, 인감증명서, 위임장 등을 제시하지 않은 채 甲과 매매계약을 체결하였다(아래의 각 설문은 독립적임).

문제 1.
甲은 乙과 丙을 상대로 위 매매를 원인으로 한 소유권이전등기절차의 이행을 구하는 소를 제기하였다. 그 소제기 당시 丙은 해외에 근무하고 있었는데, 丙은 해외에 근무하기 전까지 乙과 주소를 함께 하면서 같은 곳에서 생활하였다. 乙은 丙에 대한 소송서류를 수령한 다음 丙에게 그 수령사실을 알리지 아니하여 丙은 甲이 자신을 상대로 소를 제기한 사실을 알지 못하였다. 법원은 甲의 청구를 인용하는 판결을 선고하였다. 乙은 2019. 5. 10. 위 판결정본을 송달받고도 丙에게 그 사실을 알리지 않았고, 항소를 제기하지도 아니하였다. 甲은 그 판결에 기해 그의 명의로 소유권이전등기를 마쳤다. 丙은 휴가차 집에 돌아와 있던 중, 2019. 6. 10.경 X 토지에 관한 등기기록을 열람해 보고 甲 명의로 소유권이전등기가 되어 있는 것을 발견하고, 乙에게 확인해 본 결과 甲이 소를 제기한 사실, 乙이 소장부본 이하 판결정본을 송달받은 사실을 알게 되었다. 위와 같은 사실을 알게 된 丙은 2019. 6. 17. 자신의 지분에 관한 판결에 대하여 항소장을 제1심 법원에 제출하였다. 丙은 항소장에 자신은 소제기 사실은 물론 판결이 송달된 사실을 전혀 몰랐으므로 2019. 6. 17.에 이르러서야 비로소 항소를 제기하게 되었다고 기재하였다. 丙의 항소는 적법한가? (15점)

문제 2.

　　甲은 乙과 丙을 상대로 위 매매를 원인으로 한 소유권이전등기절차의 이행을 구하는 소를 제기하면서 乙과 통모하여 소장의 丙의 주소란에 乙의 주소를 기재하였고(乙과 丙의 주소는 다르다), 그후 乙은 丙에 대한 소송서류를 직접 송달받고도 그러한 사실을 丙에게 알려주지 아니하였다. 피고들은 법원이 지정한 변론기일에 출석하지 않았고, 법원은 甲의 청구를 인용하는 판결을 선고하였으며, 乙과 丙에 대한 판결정본은 2019. 7. 4. 乙에게 송달되었다. 乙은 2019. 7. 10. 교통사고로 사망하였고, 2019. 7. 29.경 乙의 유품을 정리하던 丙은 甲이 乙과 丙을 상대로 소유권이전등기청구의 소를 제기하여 승소한 사실을 알게 되었다. 丙은 乙과 丙에 대한 甲의 청구를 인용한 위 판결에 대하여 소송상 어떠한 조치를 취할 수 있는가? (25점)

[제1문의 4]
<공통된 기초사실관계>

　　乙은 甲에게 매매대금을 지급하고 2001. 5. 1. 유효하게 X토지의 소유권을 취득했다. 무자력 상태인 乙이 아무런 대가없이 2015. 2. 6. 기존의 채권자들 중 1인(채권액 2억 원)인 A에게 X 토지에 관해 저당권(이하 '이 사건 저당권'이라 한다)을 설정하자, 2015. 2. 10. 乙의 채권자 B(乙에 대해 1억 원의 채권을 가지고 있음)가 A를 피고로 하여 이 사건 저당권설정계약의 취소와 이 사건 저당권설정등기의 말소를 구하는 소를 제기하였다. 법원이 2016. 10. 8. B 승소판결(이하 '이 사건 판결'이라 한다)을 선고하였고 판결은 그 무렵 확정되었다. 한편 이 사건 저당권설정등기가 말소되지 않은 상태에서 A에 의한 이 사건 저당권 실행을 위한 경매신청에 의하여 2016. 5. 6.부터 경매절차가 개시되어 2016. 11. 3. X 토지는 C에게 1억 500만 원에 매각되었다. 한편 경매비용을 제외한 매각대금 1억 원은 2016. 11. 10. 모두 채권자 A가 위 저당권에 기해 배당받았다.

문제 1.

　　B는 2016. 11. 30. A를 상대로 원물반환의 불능을 이유로 1억 원의 가액반환을 구하는 소를 제기하였다. 이에 대한 법원의 결론[인용, 일부 인용, 기각, 각하]을 구체적인 논거와 함께 서술하시오. (10점)

문제 2.

　　B는 2016. 11. 24. 대상청구권에 근거하여 A를 상대로 A가 지급받은 배당금 1억 원의 지급을 구하는 소를 제기하였다. 이에 대한 법원의 결론[인용, 일부 인용, 기각, 각하]을 그 구체적인 논거와 함께 서술하시오. (15점)

<추가된 사실관계>

X 토지를 매각 받아 소유권을 취득한 C는 X 토지의 시가가 크게 상승하자 그 위에 건물을 짓기 위해 2018. 1. 6. 丙에게 2억 원을 차용하였고, 이를 담보하기 위하여 X 토지(시가 4억 원)에 저당권을 설정하였다. D에게 2억 원의 채무를 부담하고 있는 등 이미 채무초과상태에 있는 C는 다른 2억 원의 채권자인 E로 하여금 D에 대한 채무를 대신 변제하게 하는 조건으로 E에게 자신의 유일한 재산인 X 토지를 대물변제하고 2018. 6. 25. 소유권이전등기를 마쳐 주었다. E는 2018. 7. 10. 丙에게 2억 원의 피담보채권을 변제하여 X 토지에 있던 저당권을 말소시켰다. 2018. 11. 20.에 뒤늦게 대물변제사실을 알게 된 D가 E를 상대로 사해행위취소 및 가액반환으로 2억 원의 지급을 구하는 소를 제기하였고 이에 법원은 사해행위 취소를 인정하고 E에게 원상회복으로 가액 2억 원을 D에게 반환할 것을 명하여 그 판결이 확정되었다. 한편 그 이전에 E는 D에게 3억 원의 대여금채권의 지급을 구하는 소를 제기하여 2015. 8. 1. 승소하여 그 무렵 그 판결(이하 E가 D에게 가지는 3억 원의 채권을 '이 사건 판결금 채권'이라 한다)이 확정되었다.

문제 3.

2억 원의 지급을 명하는 판결에 따라 D가 E에게 2억 원의 지급을 요구하자 E는 C에 대한 2억 원의 채권을 자동채권으로 하여 상계를 주장하였다. E의 주장의 타당성 여부를 구체적으로 판단하시오. (15점)

문제 4.

E가 D에 대해 가지는 이 사건 판결금 채권을 집행채권으로 하여 법원에 D의 E에 대한 2억 원의 가액반환채권에 대해 압류 및 전부명령을 신청하였다. 이에 대한 법원의 판단을 구체적인 논거와 함께 서술하시오. (10점)

제 2 문

[제2문의 1]
<공통된 사실관계>

甲은 2017. 4. 21. A 은행으로부터 1억 원을 이자율 월 1%, 변제기 2018. 4. 20.로 하여 대출받으면서 甲 소유의 X 건물에 채권최고액 1억 2,000만 원으로 하여 근저당권을 설정해주었다. 그 후 甲은 2017. 12. 10. 乙에게 X 건물을 3억 원에 매도하는 계약을 체결하였다. 이 계약에 따르면, 乙은 계약금 3,000만 원은 계약 당일 지급하고, 중도금 1억 2,000만 원은 2018. 1. 10. X 건물의 인도와 동시에 지급하며, 잔금 1억 5,000만 원은 2018. 3. 10. X 건물에 관한 소유권이전등기에 필요한 서류의 수령과 동시에 지급하되, 위 근저당권에 의하여 담보되는 甲의 A 은행에 대한 대출원리금 채무 전액을 乙이 갚기로 하고 나머지 금액을 甲에게 지급하기로 하였다. 위 매매계약에 따라 甲은 乙로부터 계약 당일 계약금 3,000만 원을 수령하였고, 2018. 1. 10. 중도금 1억 2,000만 원을 수령함과 동시에 乙에게 X 건물을 인도하였다.

한편, 甲으로부터 X 건물을 인도받은 乙은 2018. 1. 15. 무인 세탁소를 운영하고자 하는 丙과의 사이에 2018. 2. 1.부터 12개월 간, 보증금 1억 원, 월 차임 100만 원(이 금액은 당시의 차임 시세액으로서 이후 변동이 없다)으로 정하여 임대차계약을 체결하였다. X 건물을 인도받은 丙은 2018. 2. 15. 철제샤시, 방화셔터 등 1,000만 원의 유익비를 지출하고 사업자등록을 하지 않은 채 기계들을 들여놓고 운영하기 시작하였다. 유익비에 대하여는 공사가 완료되는 대로 乙이 丙에게 지급하기로 약정하였다.

※ 아래 각 문제는 서로 독립적임.

문제 1.

乙은 2018. 3. 10. 甲이 X 건물의 소유권이전등기에 필요한 서류들을 제공하였음에도 불구하고 잔금을 지급하지 않았다. 이에 甲은 몇 차례 기한을 연장해 주며 독촉을 하였지만 乙이 계속하여 잔금지급을 하지 않자 2018. 6. 1. 매매계약을 해제하고 丙을 상대로 X 건물의 인도 청구의 소를 제기하였다. 이에 대하여 丙은 甲이 해제로 자신에게 대항할 수 없으며, 설령 인도하더라도 보증금을 돌려주면 인도하겠다고 항변하였다. 이 경우 법원의 결론(인용, 기각, 일부 인용, 각하)을 근거와 함께 설명하시오. (25점)

문제 2.

　　乙은 잔금을 지급하고 X 건물의 소유권이전등기를 마친 후 2018. 9. 1. 丁에게 매도하고 소유권이전등기를 마쳤다. X 건물의 임대차가 2019. 1. 31. 기간만료로 종료된 후, 丁이 X 건물 인도를 요구하자 丙은 자신이 지출한 비용만큼 가치가 현존하고 있는 1,000만 원 상당의 유익비 상환 또는 부당이득반환을 丁에게 구하고 있다. 1,000만 원 상당의 유익비가 존재하고 있다는 점은 인정되었다. 丙의 주장의 법적 타당성 여부를 검토하시오. (20점)

〈추가된 사실관계〉

2018. 4. 2. 丙은 임대차보증금과 월 차임은 그대로 유지하되, 임대차기간을 2021. 1. 31.까지로 연장하기로 乙과 약정하고 같은 날 사업자등록을 하였다. 한편 乙은 A 은행에 대하여 갚기로 한 대출원리금 채무 전액을 제외한 나머지 금액의 지급과 함께 소유권이전등기는 넘겨받았지만 A 은행에 대한 채무를 변제하지 못하였다. 이에 A 은행은 2018. 6. 22. X 건물에 관한 근저당권 실행을 위한 경매신청을 하였고, 그 다음 날 경매개시결정 기입등기가 이루어졌다. 이후 경매절차에서 戊는 2018. 8. 25. 매각대금을 완납하였고, 2018. 8. 28. 소유권이전등기가 마쳐졌다. 戊가 丙을 상대로 X 건물의 인도를 구하였으나, 丙은 이를 거절하고 차임도 지급하지 않은 채 X 건물을 계속하여 점유하면서 보존을 위하여 사용하여 왔다.

문제 3.

　　戊는 2019. 6. 25. 丙을 상대로 X 건물의 인도 및 2018. 8. 26.부터 X 건물의 인도완료일까지 월 임료 100만원 상당의 부당이득반환을 구하는 소를 제기하였다. 이에 대해 丙은 1) 주위적으로 2021. 1. 31.까지 임대차관계가 존속한다고 다투었고, 2) 예비적으로 자신이 X 건물에 들인 비용을 반환받을 때까지 인도할 수 없다고 유치권의 항변을 하였다. 이에 대하여 戊는 丙의 주장을 모두 부인하면서 설령 유익비가 인정된다고 하더라도 丙이 지급해야 할 점유기간 동안의 임료상당의 금액과 상계하겠다고 주장하였다. 법원의 심리 결과 1,000만 원 상당의 유익비가 존재하고 있다는 점이 인정되었다. 丙과 戊의 항변과 재항변에 대한 법적 타당성 여부를 검토하시오. (25점)

[제2문의 2]
　　甲 종중은 1995. 5. 15. 자신 소유의 X 토지를 종중의 대표자 丙에게 명의신탁하였다. 乙은 1995. 5. 25. X 토지를 점유하면서 위 토지를 야적장으로 이용하고 있었다. 乙의 점유 개시 당시의 상황은 명확하게 밝혀지지 않았다. 甲 종중은 2017. 1. 15. 명의신탁계약을 해지하고 丙으로부터 X 토지에 대한 소유권이전등기를 마쳤다. 甲 종중은 乙이 X 토지를 점유·사용하고 있는 사실을 확인하고, 2019. 8. 3. 乙을 상대로 X 토지의 인도를 구하는 소를 제기하였다. 이에 대하여 乙은 시효취득을 주장하며 甲의 청구에 대항하고 있다. 甲의 청구에 대한 법원의 결론(인용, 기각, 일부 인용, 각하)을 근거와 함께 설명하시오. (15점)

[제2문의 3]
　　甲은 丙으로부터 丙 소유의 X 토지를 매수하고자 하면서 친구 乙과 명의신탁 약정을 체결하였다. 丙은 甲과 乙 사이의 명의신탁약정을 알면서 乙과 매매계약을 체결하고 매매대금을 지급받음과 동시에 乙 앞으로 X 토지의 소유권이전등기를 마쳐주었다. 이후 乙은 丁에게 X 토지를 매도하고 丁에게 소유권이전등기를 마쳐주었다. 그 후 丙은 乙이 X 토지를 임의로 丁에게 처분하여 丙의 소유권을 상실시킨 것은 자신에 대한 불법행위를 구성하므로 X 토지의 시가 상당액을 배상할 의무가 있다고 하면서 乙을 상대로 법원에 손해배상청구의 소를 제기하였다. 이에 대한 법원의 결론(인용, 기각, 일부 인용, 각하)을 근거와 함께 설명하시오. (15점)

2019년 제3차 법전협 모의시험

[제1문의 1]

문제1 | 사례 098(민소법)
Ⅰ. 문제의 소재
Ⅱ. 원고의 청구가 선택적 병합에 해당하는지 여부
Ⅲ. 부진정 예비적 병합의 허용여부
Ⅳ. 부진정 예비적 병합의 심판방법
Ⅴ. 선택적 병합의 이심범위, 심판범위
Ⅵ. 결론

문제2 | 사례 098(민소법)
Ⅰ. 문제의 소재
Ⅱ. 이심의 범위 및 심판의 범위
Ⅲ. 항소심 법원의 판단

[제1문의 2]

문제1 | 사례 015(민소법)
Ⅰ. 문제의 소재
Ⅱ. 소송의 당사자의 확정
Ⅲ. 피고의 보정방법

문제2 | 사례 015(민소법)
Ⅰ. 문제의 소재
Ⅱ. 매매대금채권의 시효기간 및 기산점
Ⅲ. 소제기의 실체법적 효력

[제1문의 3]

문제1 | 사례 059(민소법)
Ⅰ. 문제의 소재
Ⅱ. 송달이 유효한지 여부
Ⅲ. 추완항소의 요건의 구비여부
   1. 소송행위 추완의 요건
   2. 당사자의 책임질 수 없는 사유 및 추후보완기간
Ⅳ. 丙의 항소장의 법적 성질

문제2 | 사례 083(민소법)
Ⅰ. 문제의 소재
Ⅱ. 甲과 丙 사이의 소송
   1. 허위주소송달 및 의제자백에 의한 판결의 편취의 효력
   2. 구제방법으로서 항소의 제기
   3. 구제방법으로서 별소의 제기
Ⅲ. 甲과 乙 사이의 소송
   1. 소송절차의 중단
   2. 소송절차의 수계 및 항소장의 제출법원
   3. 수계신청법원
   4. 소결

[제1문의 4]

문제1 | 사례 104(민법)
Ⅰ. 문제의 소재
Ⅱ. 권리보호이익의 존부

문제2 | 사례 104(민법)
Ⅰ. 문제의 소재
Ⅱ. 대상청구권의 요건
Ⅲ. 사해행위취소채권자의 대상청구
Ⅳ. 대상의 범위

문제3 | 사례 104(민법)
Ⅰ. 문제의 소재
Ⅱ. 상계의 요건
Ⅲ. 수익자의 채권의 부활여부
Ⅳ. 수익자가 상계권을 행사할 수 있는지 여부

문제4 | 사례 104(민법)
Ⅰ. 문제의 소재
Ⅱ. 수익자의 압류 및 전부명령의 가능성

[제2문의 1]

문제1 | 사례 138(민법)

Ⅰ. 문제의 소재
Ⅱ. 甲의 해제권의 행사 및 그 효력
Ⅲ. 乙의 임대권한 및 丙의 상가임대차보호법상 대항력
Ⅳ. 丙이 민법 제548조 제1항 단서의 제3자에 해당하는지 여부
Ⅴ. 동시이행항변권 및 유치권의 행사

문제2 | 사례 164(민법)

Ⅰ. 문제의 소재
Ⅱ. 임대차계약상 유익비상환청구권의 요건
Ⅲ. 丙의 임대차의 대항력
Ⅳ. 점유권에 기한 비용상환청구권
Ⅴ. 부당이득반환청구권의 성립여부

문제3 | 사례 124(민법)

Ⅰ. 문제의 소재
Ⅱ. 임대차와 근저당권의 우열
Ⅲ. 유익비에 기한 유치권의 성립여부
Ⅳ. 戊의 상계의 가능성

[제2문의 2]

문제 | 사례 037(민법)

Ⅰ. 문제의 소재
Ⅱ. 乙의 취득시효완성 여부
Ⅲ. 甲 종중과 丙 사이의 명의신탁의 효력
Ⅳ. 이해관계있는 제3자의 범위

[제2문의 3]

문제 | 사례 052(민법)

Ⅰ. 문제의 소재
Ⅱ. 甲, 乙, 丙 사이의 명의신탁의 유형 및 효력
Ⅲ. 乙의 불법행위의 성립여부

제1문

[제1문의 1]
<기초적 사실관계>

甲은 친구인 乙에게 1억 원을 대여하였다. 약정 반환기일이 지났음에도 乙이 위 1억 원을 반환하지 않자, 甲은 乙을 상대로 위 1억 원의 지급을 청구하는 소를 제기하였다. 乙은 변론기일에서 甲의 주장에 대하여 "자신은 甲으로부터 돈을 차용한 적이 없다."라고 진술하였다.

제1심 소송이 진행되던 중, 乙은 법정 밖에서 甲을 만나 대화를 나누면서 "내가 너한테서 1억 원을 차용한 것은 인정한다. 내가 요즘 경제사정이 너무 어려워서 어쩔 수 없이 법정에서 거짓말을 했다. 미안하다."는 말을 하였는데, 甲은 乙이 알지 못 하는 사이에 이러한 乙의 말을 테이프에 녹음하여, 위 녹음테이프를 증거로 제출하였다.

<문제>

제1심 법원이 위 녹음테이프를 甲의 대여사실을 인정하기 위한 증거로 채택할 수 있는지 여부와 만일 증거로 채택할 수 있다면 어떠한 방법으로 증거조사를 하여야 하는 지를 논하시오. (15점)

[제1문의 2]
<기초적 사실관계>

甲은 乙에 대한 2억 원의 대여금채권(이하 'A채권'이라고 한다)을 가지고 있었고, 乙은 丙에 대한 1억 원의 대여금채권(이하 'B채권'이라고 한다)을 가지고 있었는데, A채권과 B채권은 모두 그 이행기가 도래하였다. 乙이 채무초과 상태에 있으면서 B채권을 행사하지 않자, 甲은 乙을 대위하여 丙을 상대로 B채권액인 1억 원의 지급을 청구하는 소를 제기하였고, 그 무렵 乙은 이러한 소제기 사실을 알게 되었다.

그 후 乙의 또 다른 대여금 채권자 丁이 B채권에 대하여 채권압류 및 전부명령을 받아 그 명령이 丙에게 송달된 후 확정되었다.

<문제>

제1심 법원은 어떠한 판결을 해야 하는가? (20점)

[제1문의 3]
<기초적 사실관계>
　　甲은 2010. 4. 10. 이래 그 생사를 알 수 없게 되었다. 법원은 2018. 12. 10. 甲에 대한 실종선고를 하였고, 이는 2018. 12. 29. 확정되었다.
　　한편 乙은 2018. 1. 22. 甲을 상대로 甲 소유의 X 토지에 관한 소유권이전등기청구의 소를 제기하고 甲에 대한 소장 등의 소송서류를 공시송달되게 하여 2018. 11. 15. 제1심에서 청구인용 판결을 선고받았는데, 그 판결정본은 2018. 11. 16. 甲에게 공시송달되었다(이상의 공시송달은 모두 유효하다).
　　甲의 유일한 상속인인 丙은 2019. 1. 17. 위 소제기 및 판결선고 사실을 알게 되었다.

<문제>
2019. 1. 17. 현재 丙은 추후보완 항소를 할 수 있는가? (20점)

[제1문의 4]
<기초적 사실관계>
　　甲 소유인 X 토지에 관하여 乙 앞으로 매매를 원인으로 한 소유권이전등기(이하 '이 사건 등기'라고 한다)가 마쳐졌다. 丙은 "丙은 甲으로부터 X 토지를 매수하였으므로 甲에 대하여 X 토지에 관한 소유권이전등기청구권을 갖는다. 그리고 乙은 甲으로부터 X 토지를 매수하지 않았음에도 등기관련서류를 위조하여 이 사건 등기를 마쳤으므로 이 사건 등기는 원인무효이다. 따라서 丙은 甲에 대한 위 소유권이전등기청구권을 보전하기 위하여 甲을 대위하여 乙을 상대로 이 사건 등기의 말소를 청구할 수 있다."라고 주장하면서, 甲과 乙을 공동피고로 하여, 甲에 대하여는 丙에게 X 토지에 관하여 매매를 원인으로 한 소유권이전등기절차를 이행할 것을 청구하고, 乙에 대하여는 甲에게 이 사건 등기의 말소등기절차를 이행할 것을 청구하는 소를 제기하였다.
　　소송과정에서 甲, 乙, 丙 중 누구도 "甲이 丙에게 X 토지를 증여하였다."라는 주장을 하지 않았는데, 제1심 법원은 甲이 제출한 증거를 통하여 '甲이 丙에게 X 토지를 매도한 것이 아니라 증여하였다.'는 확신을 갖게 되었다. 이에 제1심 법원은 甲에 대하여는 丙에게 X 토지에 관하여 증여를 원인으로 한 소유권이전등기절차를 이행할 것을 명하고, 乙에 대하여는 甲에게 이 사건 등기의 말소등기절차를 이행할 것을 명하는 판결을 선고하였다(乙에 대한 판결에 있어, 법원은 丙의 甲에 대한 증여를 원인으로 한 소유권이전등기청구권을 피보전권리로 인정하였다).

<문제>
1. 제1심 판결 중 甲에 대하여 증여를 원인으로 한 소유권이전등기절차의 이행을 명한 부분은 타당한가? (15점)
2. 丙은 甲과 乙을 상대로 하여 제1심 판결에 대하여 항소를 할 수 있는가? (20점)

[제1문의 5]
<기초적 사실관계>
　A 종중의 대표자 甲은 종중총회의 결의를 거치지 않고 A 종중을 대표하여 A 종중 소유의 X 토지를 乙에게 매도하고 乙 명의로 소유권이전등기를 경료해 주었는데, 그 당시 A 종중의 규약에는 종중재산 처분에 관한 내용이 없었다.
　그 후 A 종종의 대표자로 선임된 丙은 "위와 같은 X 토지의 처분은 종중총회의 결의 없이 이루어진 것이므로 위 소유권이전등기는 원인무효이다."라고 주장하면서 자신을 원고로 하여 乙을 상대로 위 소유권이전등기 말소등기청구의 소를 제기하였다. 위 소제기 전에 A 종중의 총회에서는 위 소제기에 찬성하는 결의가 있었다.

<문제>
　제1심 법원은 어떠한 판결을 해야 하는가? (10점)

[제1문의 6]
<기초적 사실관계>
　丙은 2017. 4. 1. 사망하였고, 丙의 상속인으로 그의 자(子) 甲과 丁이 있다.

<문제>
1. 甲은 2017. 2. 1. 乙에게 甲의 부(父) 丙의 소유인 X아파트에 관하여 자신을 매도인으로 하는 매매계약을 체결하면서, 2017. 5. 1. 소유권이전등기를 마치기로 약정하고 이후 계약금 및 중도금을 지급받았다. 甲은 X아파트에 관하여 매매계약을 체결한 사실을 2017. 4. 5. 丁에게 말하였다. 이를 들은 丁은 "최근 주택경기 활성화의 영향으로 주택가격이 급등하고 있으므로 X아파트를 계속 가지고 있는 것이 좋겠다"면서 X아파트의 소유권 이전을 적극 만류하였다. 甲은 이를 받아들여 2017. 4. 7. 丁과 상속재산인 X아파트를 丁의 단독소유로 하기로 상속재산 분할협의를 하였고, 丁 명의로 X아파트에 관하여 상속을 원인으로 한 소유권이전등기를 마쳤다. 乙은 상속재산 분할협의가 사회질서에 반하여 무효라고 주장하면서 丁 명의의 소유권이전등기의 전부 말소를 청구하였다.
　乙의 청구에 대한 법원의 결론(각하, 기각, 전부 인용, 일부 인용) 및 그 결론에 이르게 된 근거를 설명하시오. (20점).

2. 丙 사망 당시 상속재산으로 A은행에 대한 1억 원의 예금채권이 전부였고, 甲에게 6,000만 원의 특별수익분이 있었다. 丁은 甲에 대하여 위 예금채권에 관한 상속재산 분할협의를 제안하였고, 甲은 가분채권은 분할협의의 대상이 되지 않는다고 하면서 이를 거절하였다. 누구의 주장이 타당한가? (10점)

<변형된 사실관계>
戊는 2016. 5. 1. 甲에게 1억 원을 대여하였다. 丁은 2018. 5. 1. 그 당시 甲이 이미 채무초과상태임을 알면서도 유일한 상속재산인 X아파트(시가 3억 원)를 丁의 단독 소유로 하기로 甲과 상속재산 분할협의를 하였고, 丁은 위 아파트를 3억 원에 己에게 매도하고, 己에게 소유권이전등기를 경료하였다.

<문제>

3. 戊는 甲과 丁의 상속재산분할협의가 사해행위에 해당한다고 보아 1억 원의 한도에서 상속재산분할협의를 취소하고 丁에게 1억 원의 가액배상을 청구하였다. 이에 대하여 丁은 丙이 2015. 4. 1. 甲에게 사업자금으로 1억 원을 증여한 것을 고려하여 甲이 X아파트에 대한 권리를 포기한 것이라고 주장하였다. 가정법원의 기여분 결정절차에서 甲에게 피상속인을 특별히 부양하거나 피상속인의 재산의 유지 또는 증가에 특별히 기여한 사정이 인정되지 않았다.
    戊의 청구에 대한 법원의 결론(각하, 기각, 전부 인용, 일부 인용) 및 그 결론에 이르게 된 근거를 설명하시오.(20점).

제 2 문

[제2문의 1]
〈기초적 사실관계〉

甲과 乙은 각각 1/4, 3/4의 지분으로 X토지를 공유하고 있다. A는 2003. 2. 1. 甲과 乙을 대리하여 X토지에 대해 丙과 매매계약을 체결하고, 丙으로부터 매매대금을 수령한 다음, 2003. 4. 1. 丙의 명의로 소유권(공유지분)이전등기를 마쳐주었다. 丙은 2004. 3. 1. X토지에 대해서 丁과 매매계약을 체결하였고, 2004. 4. 1. 丁에게 X토지의 인도 및 소유권이전등기를 마쳐주었다.

乙은 2015. 4. 1. 丙과 丁을 상대로 X토지에 관한 각 이전등기 전부의 말소를 구하는 소를 제기하였다. 변론절차에서 乙은 甲·乙이 A에게 대리권을 수여한 적이 없으므로 甲·乙과 丙 사이에 체결된 매매계약은 무효이며, A가 등기관련서류를 위조하여 마쳐진 丙과 丁명의의 등기도 무효라고 주장하였다.

〈문제〉

1. 심리결과 A에게 甲과 乙을 대리할 수 있는 대리권이 있는지 여부가 증명되지 않았다. 법원은 乙의 丙과 丁에 대한 청구에 대하여 어떤 결론(각하, 기각, 전부 인용, 일부 인용)을 내려야 하는지와 그 결론에 이르게 된 논거를 설명하시오. (10점)

〈추가된 사실관계〉

乙이 丙과 丁을 상대로 제기한 소송의 1심에서 A가 대리권이 없음에도 불구하고 甲과 乙을 대리하여 丙과 매매계약을 체결하였고, 등기관련서류를 위조하여 丙의 명의로 소유권이전등기를 마쳐주었다는 점이 인정되었다. 따라서 丙명의의 공유지분이전등기와 丁명의의 소유권이전등기의 말소청구는 인용되었다.

<문제>

2. 乙이 제기한 소송의 판결이 2016. 2. 1. 확정되었다. 乙은 丁이 X토지를 인도받아 점유사용한 2014. 4. 1.부터 丁이 X토지를 반환하는 시점까지 월 임료 상당의 부당이득반환을 청구하였다. 심리결과 丁은 丙명의의 등기가 무효라는 점을 알지 못하였고, 그 오인에 정당한 이유가 있었으며, X토지의 월차임은 100만 원이었다. 乙의 청구에 대한 결론(각하, 기각, 전부 인용, 일부 인용) 및 결론에 이르게 된 논거를 설명하시오(이자 및 지연손해금은 고려하지 않음). (20점)

〈추가된 사실관계〉

乙의 청구가 1심법원에서 모두 인용된 후에 丙이 항소를 하지 아니하여 丙에 대한 판결은 확정되었지만, 丁은 X토지에 대한 등기부 취득시효가 완성되었다는 취지로 항소하였다. 항소심법원은 등기부 취득시효가 완성되어 丁명의의 등기가 실체관계에 부합하는 등기라는 이유로 청구기각판결을 선고하였고, 이 판결은 2016. 8. 1. 확정되었다.

<문제>

3. 乙은 丙에 대해 공유지분이전등기의 말소가 불능이 되었음을 이유로 민법 제390조를 근거로 X토지에 대한 자신의 지분의 시가에 상응하는 전보배상을 청구하였다. 이에 대한 법원의 판단(각하, 기각, 전부 인용, 일부 인용)과 그 근거를 설명하시오. (10점)

[제2문의 2]

甲과 乙은 X토지를 공유하고 있다. 甲의 지분은 1/4이었고, 乙의 지분은 3/4이다. 甲은 2017. 3. 1. 乙의 동의 없이 丙과 X토지의 옹벽설치공사를 공사대금 2억 원, 공사기간 2017. 3. 1.부터 같은 해 5. 1.까지, 공사대금은 공사완료일에 지급하기로 하는 도급계약을 체결하였다. 丙은 2017. 5. 1. 위 공사를 마쳤으나 甲은 丙에게 공사대금 중 1억 원을 지급하지 못했다. 丙은 공사대금을 모두 지급받지 못하였지만 乙이 당장 토지를 인도하라는 요구를 하는 바람에 乙에게 X토지를 인도해주었다. 위 공사로 X토지의 가치는 종전보다 2억 원 증가하였다.

<문제>

丙은 자력이 있는 乙을 상대로 ① 乙의 지분비율에 따른 공사대금의 지급청구, ② 유익비상환청구, ③ 부당이득반환청구를 하였다. 丙의 각 청구에 대한 법원의 결론(각하, 기각, 전부 인용, 일부 인용)과 그 결론에 이르게 된 근거를 설명하시오. (20점)

[제2문의 3]
<기초적 사실관계>

甲이 스키장 인근에 신축하여 소유하고 있는 3층 건물 중 1층과 2층을 乙이 임차하여 펜션으로 운영하고 있었다. 2018. 1. 20. 밤 펜션에 딸린 1층 주방에서 원인을 알 수 없는 화재가 발생하여, 2층과 3층으로 옮겨 붙었고 결국 위 건물 전부가 소실되고 말았다. 이에 甲은 乙을 상대로 건물 전부의 소실을 이유로 임대차계약상 의무불이행으로 인한 재산상 손해배상을 청구하였다. 乙은 위 건물 중 임차목적물인 1층과 2층 펜션에 대해서는 임대차계약상 관리, 보존의무의 위반을 인정하지만, 3층 부분에 대해서는 그러한 계약상의 의무가 없으므로 배상책임을 지지 않는다고 항변하였다. 법원의 심리결과 화재발생의 원인이 밝혀지지 않았다.

<문제>

1. 甲의 청구에 대한 법원의 판단(각하, 기각, 전부 인용, 일부 인용)을 근거와 함께 기술하시오. (10점)

<계속된 사실관계>

甲은 불타 없어진 건물을 재축하여 2018. 7.부터 펜션으로 직접 운영하여 왔다. 丙은 스키를 타기 위해 甲이 운영하는 펜션 201호를 계약하고 2018. 12. 17. 투숙하였다. 甲은 펜션 재축시 가스보일러 신제품을 직접 구입하여 시공을 하였으나, 201호 보일러 배관과 배기가스 연통이음새의 내연실리콘마감을 하지 않은 등 마감처리를 잘못하였다. 이로 인해 마감이 불량한 연통이 이탈되어 보일러 배관과 연통의 이음새가 벌어짐으로써 가스가 누출되었고 잠자던 丙이 일산화탄소가스에 중독되어 사망하였다.

<문제>

2. 丙의 유족은 甲을 상대로 망인 丙의 손해배상청구권을 행사하고자 한다. 甲의 丙에 대한 손해배상책임의 성립 여부에 관하여 근거를 들어 설명하시오(15점).

3. 丙의 유족으로는 친모인 丁과 사실혼배우자 戊가 있다. 丁, 戊가 甲을 상대로 채무불이행 또는 불법행위를 이유로 위자료를 청구하고자 할 경우 인용될 수 있는지, 丙의 甲에 대한 위자료청구권이 丁, 戊에게 상속되는지 각각 근거를 들어 설명하시오.(15점)

2019년 제2차 법전협 모의시험

[제1문의 1]
문제 | 사례 069(민소법)
Ⅰ. 문제의 소재
Ⅱ. 비밀녹음테이프의 증거능력
Ⅲ. 증거조사의 방법

[제1문의 2]
문제 | 사례 087(민법)
Ⅰ. 문제의 소재
Ⅱ. 피대위채권에 대한 전부명령의 효력
Ⅲ. 전부명령이 무효인 경우 압류의 효력
Ⅳ. 압류가 집행된 금전채무의 이행청구의 가능성

[제1문의 3]
문제 | 사례 058(민소법)
Ⅰ. 문제의 소재
Ⅱ. 실종선고의 요건 및 효력
Ⅲ. 실종기간 진행 중인 피고에 대하여 선고된 판결의 효력
Ⅳ. 추후보완 항소의 가능성

[제1문의 4]
문제1 | 사례 053(민소법)
Ⅰ. 문제의 소재
Ⅱ. 처분권주의의 위반여부
Ⅲ. 변론주의의 위반여부

문제2 | 사례 133(민소법)
Ⅰ. 문제의 소재
Ⅱ. 상소의 이익
Ⅲ. 丙의 상소의 이익

[제1문의 5]
문제 | 사례 029(민소법)
Ⅰ. 문제의 소재
Ⅱ. 종중의 소송수행방법
Ⅲ. 종중대표자의 당사자적격

[제1문의 6]
문제1 | 사례 005(민법)
Ⅰ. 문제의 소재
Ⅱ. 민법 제1015조 단서의 제3자의 범위
Ⅲ. 甲과 丁의 상속재산분할협의의 효력
Ⅳ. 법정상속지분
Ⅴ. 채권자대위권의 요건

문제2 | 사례 180(민법)
Ⅰ. 문제의 소재
Ⅱ. 가분채권에 대한 상속재산분할의 가능성

문제3 | 사례 092(민법)
Ⅰ. 문제의 소재
Ⅱ. 상속재산분할협의와 사해행위
Ⅲ. 사해행위 취소의 범위
Ⅳ. 구체적 상속분 및 사해행위 취소의 가액배상의 범위
　1. 구체적 상속분
　2. 사해행위 취소소송의 가액배상의 범위

[제2문의 1]
문제1 | 사례 030(민법)
Ⅰ. 문제의 소재
Ⅱ. 공유물의 보존행위
Ⅲ. 등기의 추정력

문제2 | 사례 031(민법)
Ⅰ. 문제의 소재
Ⅱ. 丁이 선의점유자인지 여부
Ⅲ. 선의점유자의 과실수취권
Ⅳ. 부당이득의 산정기준 및 지분권자의 부당이득반환범위

문제3 | 사례 084(민법)
Ⅰ. 문제의 소재
Ⅱ. 물권적 청구권자의 전보배상청구의 가능성

[제2문의 2]

문제 | 사례 163(민법)
Ⅰ. 문제의 소재
Ⅱ. 도급계약에 공사대금의 청구
Ⅲ. 민법 제203조에 기한 비용상환청구권
Ⅳ. 부당이득반환청구의 가능성

[제2문의 3]

문제1 | 사례 148(민법)
Ⅰ. 문제의 소재
Ⅱ. 임차인의 화재로 인한 손해배상의 범위

문제2 | 사례 167(민법)
Ⅰ. 문제의 소재
Ⅱ. 채무불이행에 기한 손해배상청구
Ⅲ. 공작물책임에 기한 손해배상청구
Ⅳ. 일반불법행위책임에 기한 손해배상청구

문제3 | 사례 170(민법)
Ⅰ. 문제의 소재
Ⅱ. 숙박계약에 기한 위자료청구권
Ⅲ. 민법 제752조에 기한 위자료청구권
Ⅳ. 위자료청구권의 상속 및 상속인

2019년도 제1차 변호사시험 모의시험－논술형(사례형) 　민　사　법

제1문

[제1문의 1]
〈기초적 사실관계〉
　　甲은 乙을 상대로 乙 소유로 등기되어 있던 X 토지에 관하여 매매를 원인으로 한 소유권이전등기를 청구하는 소(이하 'A소'라고 한다)를 제기하였다. 소송계속 중 乙은 변호사인 丙에게 소송대리를 위임한 후 사망하였는데, 丁이 그 유일한 상속인이었다. 乙의 사망 사실을 알지 못 한 법원은 乙을 피고로 하여 청구인용 판결을 선고하였고, 판결정본이 甲과 丙에게 송달된 때로부터 30일이 경과한 후 甲은 위 판결에 기하여 자신 앞으로 X 토지에 관한 소유권이전등기를 마쳤다.
　　그 후 丁은 위 소유권이전등기가 원인무효라고 주장하면서 그 말소를 청구하는 소(이하 'B소'라고 한다)를 제기하였다. 심리 결과 "甲은 乙로부터 X 토지를 매수한 적이 없고, 다른 실체법상 등기원인도 존재하지 않는다."는 점이 밝혀졌다.

〈문제〉
　　乙이 사망 전에 丙에게 상소제기의 수권을 한 경우와 위 수권을 하지 않은 경우를 나누어, 각 경우에 B소 법원이 어떠한 판결을 해야 하는지 논하시오. (30점)

[제1문의 2]
〈기초적 사실관계〉
　　甲은 乙에게 토지를 대금 1억 원에 매도한 후 위 대금의 지급기일이 도래하였음에도 채무초과 상태에서 위 대금 채권을 행사하지 않았다(이러한 사실은 아래 각 소송절차에서 모두 주장·증명되었다). 그 후 丙은 자신이 2016. 5. 4. 甲에게 2억 원을 변제기일은 2017. 5. 3.로 정하여 대여하였다는 사실(이하 '이 사건 대여사실'이라고 한다)을 주장하면서 위 2억 원의 대여금채권을 피보전채권으로 하여 甲을 대위하여 乙을 상대로 위 대금 1억 원의 지급을 청구하는 소(이하 'A 소'라고 한다)를 2018. 7. 2. 제기하였다. 甲은 같은 날 A 소의 제기 사실을 알게 되었다.
　　제1심법원은 이 사건 대여사실이 존재하지 않는다는 이유로 A 소를 각하하는 판결을 선고하였고, 이 판결은 그대로 확정되었다. 그 후 丙은 甲을 상대로 대여금 2억 원의 반환을 청구하는 소(이하 'B 소'라고 한다)를 제기한 후 그 소송절차에서 이 사건 대여사실이 존재한다는 진술을 하고 A 소의 소송절차에서는 제출되지 않았던 새로운 증거를 제출하여 B소 제1심법원으로 하여금 이 사건 대여사실이 존재한다는 확신을 갖게 하였다.

<문제>
1. A 소를 각하한 위 판결은 타당한가? (이 사건 대여사실이 존재하지 않는다는 법원의 판단에는 아무런 문제가 없음을 전제로 할 것) (15점)
2. B 소에 대하여 제1심법원은 어떠한 판결을 선고하여야 하는가? (15점)

[제1문의 3]
〈기초적 사실관계〉
Y 아파트는 제1동부터 제10동까지의 10개동으로 구성되어 있고, 甲과 乙은 Y 아파트 제2동의 입주자로서 Y 아파트 입주자대표회의의 구성원이다. 甲은 乙을 상대로 '乙이 위 제2동 동대표 지위에 있지 않다.'는 확인을 청구하는 소를 제기하였다.

<문제>
甲은 위 입주자대표회의를 위 확인청구에 대한 예비적 피고로 추가할 수 있는가? (15점)

[제1문의 4]
〈기초적 사실관계〉
甲 소유의 X 토지에 관하여 乙 앞으로 매매를 원인으로 한 소유권이전등기가 마쳐졌다. 甲은 "甲이 乙에게 X 토지를 대금 10억 원에 매도하는 내용의 매매계약(이하 '이 사건 계약'이라고 한다)을 체결한 후 위 소유권이전등기를 마쳤는데, 乙은 아직 대금을 지급하지 않았다."라고 주장하면서 乙을 상대로 주위적으로는 대금 10억 원의 지급을 청구하는 한편, 이 사건 계약 체결 사실이 인정되지 않을 것에 대비하여 예비적으로는 위 소유권이전등기의 말소를 청구하는 소를 제기하였다(아래 각 설문은 서로 별개이다).

〈아래 문제 1에 적용되는 추가적 사실관계〉
제1심 소송과정에서 乙이 이 사건 계약을 체결한 적이 없다고 진술하자, 甲은 이 사건 계약 체결 사실에 대한 증거로 이 사건 계약 내용이 기재된 매매계약서를 제출하였다. 이에 乙은 "위 매매계약서의 매수인란에 날인된 인영은 乙의 인장에 의한 것이지만, 乙은 위 인영을 날인한 적이 없다."라고 진술하였다. 심리 결과 위 인영은 丙이 날인한 것으로 밝혀지자, 甲은 "丙이 乙의 위임을 받아 위 인영을 날인하였다."라고 진술하였고, 乙은 "날인을 위임한 사실이 없다."라고 주장하였다.
법원은 乙이 丙에게 날인을 위임을 하였는지 여부에 대해 확신을 갖지 못 하였고, 위 매매계약서 외에 달리 이 사건 계약 체결 사실을 인정할 만한 증거가 없는 상태이다.

<문제>
1. 제1심 법원은 주위적 청구에 대하여 어떠한 판단을 하여야 하는가? (15점)

<아래 문제 2에 적용되는 추가적 사실관계>
제1심 법원은 이 사건 계약이 체결되지 않은 것으로 판단하여 주위적 청구를 기각하고 예비적 청구를 인용하는 판결을 선고하였고, 이에 乙만 항소하였다. 항소심 법원은 심리 결과 이 사건 계약이 체결되었다는 확신을 갖게 되었다.

<문제>
2. 항소심 법원은 어떠한 판결을 선고하여야 하는가? (10점)

[제1문의 5]
<기초적 사실관계>
甲 은행은 2017. 2. 9. 乙과 乙 소유의 X토지에 채무자 乙, 채권최고액 1억 3,000만 원, 근저당권자 甲 은행으로 한 근저당권설정계약을 체결하여 甲 은행 앞으로 근저당권설정등기를 마쳤고, 이어서 乙과 乙 소유의 X토지에 지료 없이 존속기간 2017. 2. 9.부터 만 10년으로 한 지상권설정계약을 체결하여 甲 은행 명의의 지상권설정등기를 마쳤다. 甲 은행은 2017. 2. 10. 乙에게 이율 연 5%, 변제기 2020. 2. 10.로 정하여 1억 원을 대출하였다.

<문제>
1. 乙은 지상권설정등기에 관한 피담보채무의 부존재 확인의 소를 제기하였다. 乙의 청구에 관한 법원의 판단(각하, 기각, 전부 인용, 일부 인용)을 근거와 함께 서술하시오(15점).

<추가된 사실관계>
<문제>
2. 丙은 2018. 2. 15. 乙과 X토지에 대한 사용대차계약을 체결한 후 X토지에 사과나무를 식재하였다. 甲 은행은 乙이 대출금에 대한 이자를 연체하자, 담보권 실행을 위한 경매를 신청하였고, 丁은 2019. 6. 5. 경매절차에서 최고가매수인으로 X토지에 대한 매각대금을 완납하였다.
사과나무의 소유권 귀속에 관하여 설명하시오(20점).

<변형된 사실관계>
<문제>
3. 乙은 甲 은행에 대한 대출금 이자를 연체하지 않고 있다. 한편 戊가 무단으로 X토지에 창고를 설치하여 자신의 물건을 보관하고 있다. 甲 은행은 戊를 상대로 지료 상당의 부당이득을 청구하였다. 甲 은행의 청구에 관한 법원의 판단(각하, 기각, 전부 인용, 일부 인용)을 근거와 함께 서술하시오(15점).

제 2 문

[제2문의 1]

〈기초적 사실관계〉

甲은 자신의 X토지 위에 Y주택을 소유하고 있다가 乙로부터 2억 원을 차용하면서 2016. 3. 10. X토지와 Y주택에 乙명의의 공동저당권을 설정해주었다. 그 후 甲은 2017. 2.경 Y주택을 헐고 그 위치에 Z건물을 신축하기 시작하여 같은 해 10.경 완공하였다. 그런데 甲이 乙에 대한 채무를 변제하지 않아 乙이 2018. 1. 20. X토지에 대해서만 경매를 신청하고 그 경매절차에서 丙이 매수하고 매각대금을 완납하였다. 丙은 甲을 상대로 Z건물의 철거소송을 제기하였고, 甲은 법정지상권의 취득을 근거로 항변하였다.

〈문제〉

1. 丙의 청구에 관한 법원의 판단(각하, 기각, 전부 인용, 일부 인용)을 근거와 함께 서술하시오. (15점)

〈계속된 사실관계〉

甲과 丙의 화해로 甲이 Z건물을 X토지 위에 유지할 수 있게 되었다. 丙은 丁은행으로부터 3억 원을 차용하면서, 2018. 2. 1. 丙 소유 X토지와 甲에게 부탁하여 甲 소유 Z건물에 관하여 丁명의의 공동근저당권이 설정되었다. 그 후 甲은 A로부터 1억 5,000만 원을 차용하면서 Z건물에 관하여 2018. 3. 10. A 명의의 제2순위 근저당권을 설정해 주었다.

〈문제〉

2. 丁은행은 丙이 채무를 변제하지 않음을 이유로 Z건물에 대한 경매를 신청하였고 경매절차가 진행되어 매각대금으로부터 2018. 5. 2. 丙의 위 채무가 전액 변제되었다. 이에 A가 甲 소유의 부동산에 대한 후순위저당권자로서 甲에게 이전된 근저당권으로부터 우선하여 변제받을 수 있다고 주장하며 丁은행을 상대로 근저당권설정등기의 이전을 구하였다. 이 경우 丙이 甲에 대한 대여금채권(변제기 2018. 4. 19.)을 자동채권으로 하여 甲의 구상금채권과 상계할 수 있는지를 근거와 함께 서술하시오. (20점)

〈계속된 사실관계〉

甲이 A의 피담보채무에 대한 이자를 연체하자, A는 2018. 7. 10. Z건물에 대하여 경매를 신청하였고, 丁은행이 2018. 9. 2. 배당에 참가하여 Z건물로부터 피담보채권액 3억 원을 우선 배당받았다. 그 후 B가 2018. 10. 6. X토지에 대하여 경매를 신청하여 2018. 12. 15. 매각대금이 완납되었다. 배당기일에 丁은행은 채권최고액의 범위 내에서 2018. 10. 26. 丙에게 1억 원을 추가로 대출하였으므로 X토지로부터의 우선변제권을 주장하였고, B는 丁은행이 Z건물의 배당에 참가하였으므로 X토지에 대해서도 그 당시 이미 피담보채권이 확정되었다고 주장하였다.

〈문제〉

3. B의 주장에 대한 법원의 판단을 근거와 함께 기술하시오. (15점)

[제2문의 2]

甲은 2017. 3. 6. 乙과 4년간의 여신거래약정을 체결하고, 현재 및 장래에 발생할 채권을 담보하기 위해 채무자 乙 소유의 X부동산에 채권최고액 9억 원의 근저당권을 설정하였고, 이 채무를 담보하기 위하여 丙과 丁이 공동으로 甲과 연대보증계약을 체결하였다. 상환기일에 乙이 채무를 상환하지 않자, 甲은 X부동산에 대해 근저당권에 기한 경매를 신청하였다. 경매절차가 진행되던 중 丙은 3억 원을, 丁은 2억 원을 甲에게 변제하였다. 丙과 丁이 대위변제액에 상응하는 비율로 甲으로부터 근저당권 일부의 이전등기를 받은 후 경매를 통해 A가 X부동산을 8억 원에 매수하였다. 경매신청시 甲의 乙에 대한 채권액은 10억 원이었으나 A가 매각대금을 완납할 당시 채권액은 12억 원이었다.

<문제>

매각대금 8억 원은 甲, 丙, 丁에게 얼마씩 배당되는지 근거와 함께 서술하시오.(비용, 이자 및 지연배상은 고려하지 않음) (15점)

[제2문의 3]

甲은 2009. 4. 5. X토지를 乙에게 1억 원에 매도하기로 하였고, 乙은 2009. 10. 5. 매매대금을 모두 甲에게 지급하고, 같은 날 甲으로부터 소유권이전등기를 경료받았다. 乙은 2018. 4. 5. X토지를 丙에게 2억 원에 매도하기로 하였고, 丙은 2018. 10. 5. 매매대금을 모두 乙에게 지급하고, 같은 날 乙로부터 소유권이전등기를 경료받았다. 丙은 위 토지 위에 건물을 신축하기 위하여 지반평탄화 작업을 하던 중 폐기물이 다량 매립된 것을 확인하여 2018. 11. 5. 이 사실을 乙에게 통보하였고 乙은 비로소 이 사실을 알게 되었다. 乙은 2019. 3. 5. 丙에게 폐기물처리비용으로 1억 원을 지급하고, 乙은 2019. 6. 5. 甲에게 1억 원 상당의 하자담보책임에 기한 손해배상의 소를 제기하였다. 이에 대하여 甲은 ① X토지의 매도 당시 폐기물 매립 사실을 몰랐으므로 하자담보책임이 성립하지 않으며, ② 6개월의 제척기간이 경과하였고, ③ 10년의 소멸시효기간이 경과하였다고 항변하였다.

<문제>

1. 甲의 항변의 당부를 근거와 함께 서술하시오 (15점).

[제2문의 4]

처와 사별한 甲에게는 자녀 乙, 丙이 있다. 甲은 "본인은 상속재산으로서 아파트 래미문 제1004호를 乙에게 물려준다. 사후에 자녀 간에 불협화음을 없애기 위하여 이것을 남긴다."는 내용의 유언장을 자필로 작성하였다. 유언장의 말미에 작성연월일, 주민등록번호, 성명을 자서한 후 날인하였고, 작성연월일 옆에 "암사동에서"라고 기재하였다. 甲은 위 유언장을 공증법인에서 공증을 받았고, 여기에 증인 1인의 참여가 있었다. 乙은 단독으로 상속재산인 래미문 1004호를 월 임대료 100만 원에 丁에게 임대하였고, 6개월이 지났다.

<문제>

丙은 乙에게 임료의 1/2에 관하여 부당이득반환을 청구하였고, 丁에게 건물의 명도를 청구하는 소를 제기하였다. 丙의 청구에 관한 법원의 판단(각하, 기각, 전부 인용, 일부 인용)을 근거와 함께 서술하시오. (이자는 고려하지 않음) (20점)

목차

2019년 제1차 법전협 모의시험

[제1문의 1]

문제 | 사례 026(민소법)

Ⅰ. 문제의 소재
Ⅱ. 당사자 사망시 소송절차의 중단 여부
Ⅲ. 상소제기의 특별수권이 있는 경우
   1. A소가 확정되는지 여부
   2. 기판력에 저촉되는지 여부
   3. 후소법원의 판단
Ⅳ. 상소제기의 특별수권이 없는 경우
   1. A소가 확정되는지 여부
   2. 기판력에 저촉되는지 여부
   3. 후소법원의 판단
Ⅴ. 결론

[제1문의 2]

문제1 | 사례 028(민소법)

Ⅰ. 문제의 소재
Ⅱ. 대위소송의 법적 성질
Ⅲ. 피보전채권과 당사자적격

문제2 | 사례 028(민소법)

Ⅰ. 문제의 소재
Ⅱ. A소의 기판력의 범위
Ⅲ. 후소법원의 판단

[제1문의 3]

문제 | 사례 116(민소법)

Ⅰ. 문제의 소재
Ⅱ. 입주자대표회의의 법적 성격
Ⅲ. 단체의 구성원에 대한 소송의 적법여부
Ⅳ. 예비적·선택적 공동소송인의 추가
   1. 예비적·선택적 공동소송인의 추가의 요건
   2. 소송법상 양립불가능한 경우 당사자 추가의 가능성

[제1문의 4]

문제1 | 사례 063(민소법)

Ⅰ. 문제의 소재
Ⅱ. 문서의 진정성립에 관한 증명
Ⅲ. 추정력의 복멸

문제2 | 사례 095(민소법)

Ⅰ. 문제의 소재
Ⅱ. 예비적 병합에 해당하는지 여부
Ⅲ. 일부항소인지 여부
Ⅳ. 주위적 청구도 이심되어 심판할 수 있는지 여부
   1. 이심의 범위
   2. 심판의 범위

[제1문의 5]

문제1 | 사례 062(민법)

Ⅰ. 문제의 소재
Ⅱ. 甲의 지상권의 법적 성격
Ⅲ. 확인의 이익
Ⅳ. 담보지상권의 피담보채권의 확인의 이익

문제2 | 사례 062(민법)

Ⅰ. 문제의 소재
Ⅱ. 담보지상권의 설정과 토지사용자
Ⅲ. 민법 제256조의 권원을 가진 자의 범위
Ⅳ. 근저당권의 효력의 범위

문제3 | 사례 062(민법)

Ⅰ. 문제의 소재
Ⅱ. 담보지상권자의 물권적 청구권
Ⅲ. 담보지상권자의 부당이득반환청구권

[제2문의 1]

문제1 | 사례 058(민법)

Ⅰ. 문제의 소재
Ⅱ. 민법 제366조의 법정지상권의 성립요건
Ⅲ. 공동저당권설정 후 건물이 철거된 경우 법정지상권

문제2 | 사례 077(민법)

Ⅰ. 문제의 소재
Ⅱ. 상계의 요건
Ⅲ. 물상보증인의 구상권 및 변제자대위
Ⅳ. 물상보증인 소유 부동산의 후순위 저당권자의 물상대위
Ⅴ. 채무자의 물상보증인에 대한 채권으로의 상계의 가능성

문제3 | 사례 078(민법)

Ⅰ. 문제의 소재
Ⅱ. 근저당권의 피담보채무의 확정
Ⅲ. 공동근저당권의 피담보채권의 확정

[제2문의 2]

문제 | 사례 119(민법)

Ⅰ. 문제의 소재
Ⅱ. 근저당권의 피담보채무의 확정시기
Ⅲ. 대위변제자에 대한 근저당권자의 우선변제권
Ⅳ. 대위변제자 사이의 우열관계 및 배당비율

[제2문의 3]

문제1 | 사례 147(민법)

Ⅰ. 문제의 소재
Ⅱ. 하자담보책임의 법적 성질
Ⅲ. 민법 제582조의 제척기간의 기산점
Ⅳ. 매수인의 손해배상채권의 소멸시효의 적용여부 및 기산점

[제2문의 4]

문제 | 사례 185(민법)

Ⅰ. 문제의 소재
Ⅱ. 자필증서에 의한 유언의 요건
Ⅲ. 소수지분권자의 임대차의 효력
Ⅳ. 소수지분권자의 인도청구 및 부당이득반환청구